重庆市璧山区行政区划图

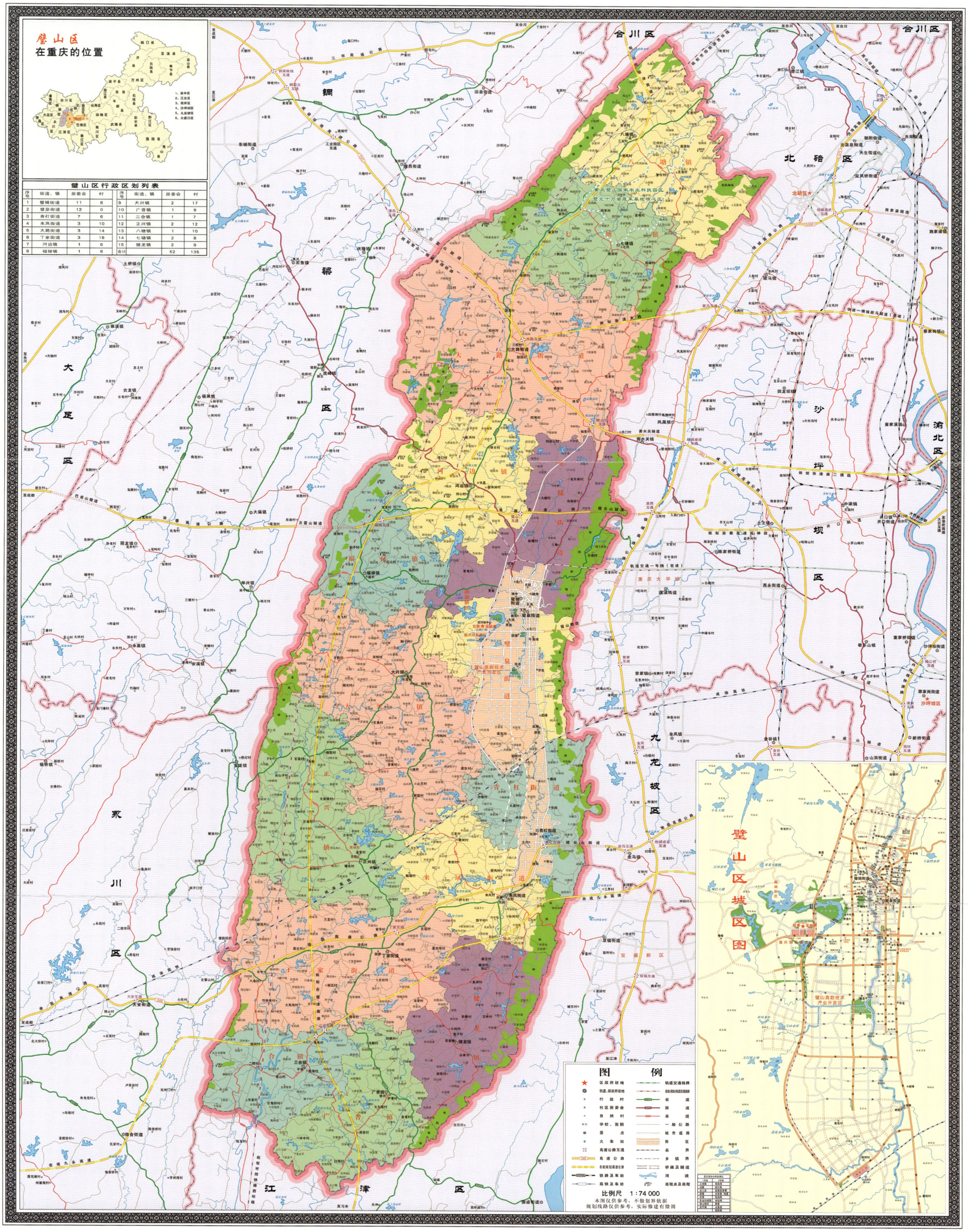

璧山区行政区划列表

序号	街道、镇	居委会	村	序号	街道、镇	居委会	村
1	璧城街道	11	6	9	大兴镇	2	17
2	璧泉街道	12	0	10	广普镇	1	8
3	青杠街道	7	6	11	三合镇	1	7
4	来凤街道	3	10	12	正兴镇	2	12
5	大路街道	3	14	13	八塘镇	1	10
6	丁家街道	3	16	14	七塘镇	2	8
7	河边镇	1	6	15	健龙镇	2	9
8	福禄镇	1	6	合计		52	135

重庆市璧山区民政局 编制　　二〇一六年二月

璧山区综合交通运输体系现状及规划布局图

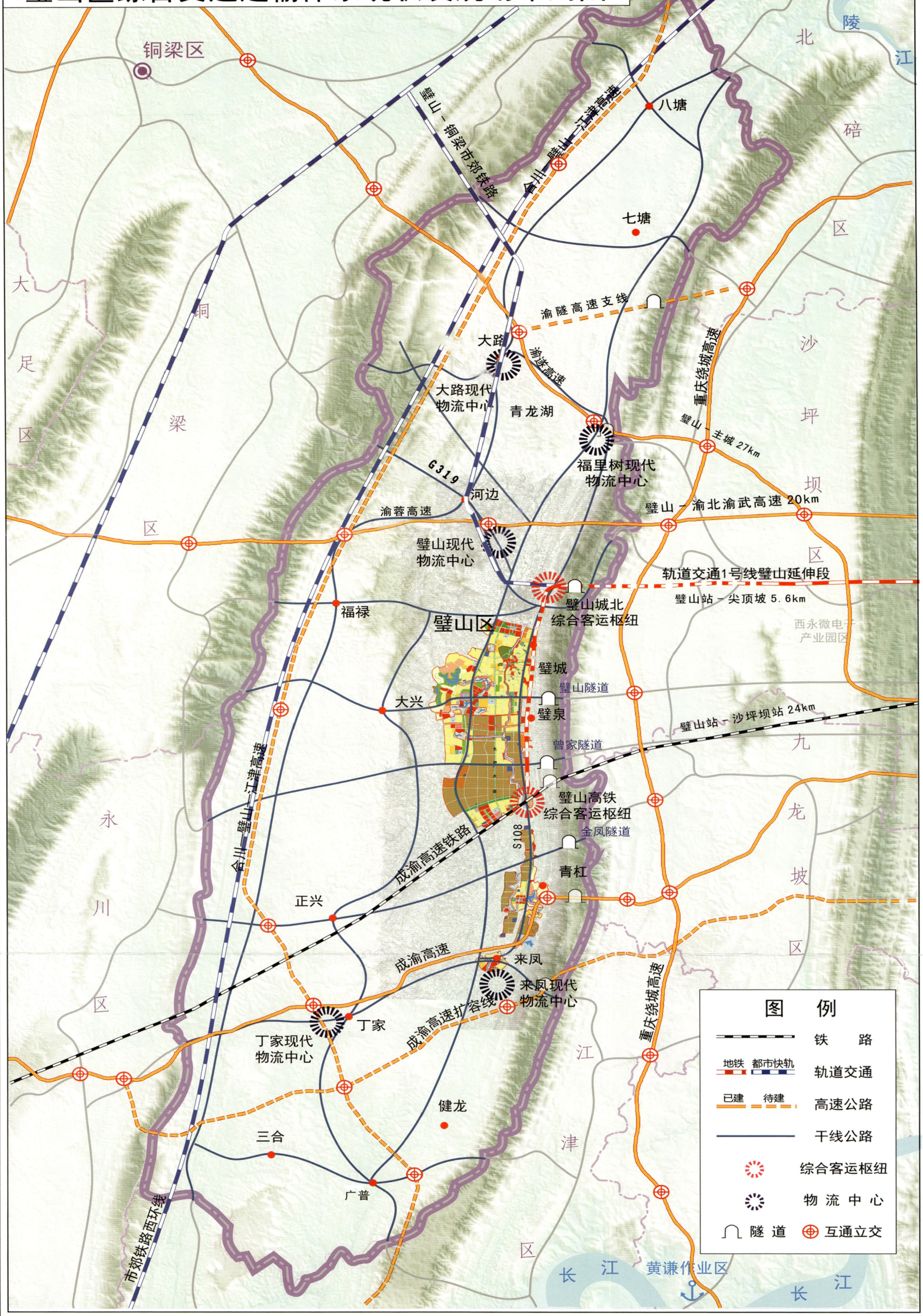

区交委提供

璧山年鉴

BISHAN NIANJIAN

2016

《璧山年鉴》编纂委员会

《璧山年鉴》编辑部

方志出版社

Publishing House of Local Records

图书在版编目（CIP）数据

璧山年鉴. 2016/《璧山年鉴》编纂委员会编. - -
北京：方志出版社，2016.9
ISBN 978-7-5144-2132-3

Ⅰ.①璧… Ⅱ.①璧… Ⅲ.①璧山区—2016—年鉴
Ⅳ.①Z527.193

中国版本图书馆CIP数据核字（2016）第242305号

璧山年鉴（2016）

编　　者：《璧山年鉴》编纂委员会
责任编辑：黄　彦
出 版 人：冀祥德
出 版 者：方志出版社
地址　北京市朝阳区潘家园东里9号（国家方志馆4层）
邮编　100021
网址　http://www.fzph.org
发　　行：方志出版社发行中心
电话（010）67110500
经　　销：各地新华书店
印　　刷：重庆巴南彩印厂
开　　本：889×1194　1/16
印　　张：25.75
字　　数：688千字
版　　次：2016年9月第1版　2016年9月第1次印刷
印　　数：0001~1200册
ISBN 978-7-5144-2132-3　定价：380元

《璧山年鉴》编纂委员会

《璧山年鉴》编辑部

《璧山年鉴》编审人员名录

主　　　审　胡正好　　徐安绪

总 纂 统 稿　刘　静

部 类 主 纂　王福忠

打 字 校 对　罗　敏

新 闻 图 片　璧山报社

谢　捷　　张承刚　　刘　畅　　罗　君　　周海瑞

陈富春　　连宏宇　　张　曦　　曾清龙　　苟寿成

编 辑 说 明

一、《璧山年鉴》于1998年创刊，由重庆市璧山区人民政府主管、区政府办公室主办、《璧山年鉴》编纂委员会、《璧山年鉴》编辑部承办的政府综合年鉴。是逐年记述本行政区域自然、经济、政治、文化、社会、生态等领域的年度资料性文献。旨在为领导决策服务，为宣传璧山服务，为民众提供信息，为修志积累史料。

二、《璧山年鉴》2016年卷（总第19卷）（以下简称“本年鉴”），本着存真求实，力求客观反映经济社会发展中取得的成绩，体现时代特征、地方特色、年度特点。

三、本年鉴记述时限为2015年1月1日至2015年12月31日，部分内容、数据适当下延至2016年。

四、本年鉴卷首设“璧山速览”“图说璧山”；卷中框架采用部目分目条目的编辑体例，有专记、璧山综述、“三区一美”建设概览、经济、政治、法治、文化、社会事业、武装、镇街、人物光荣榜等部目；卷末有大事记、文献、附录、索引。全书60万字。条目标题用黑体字加【】表示，大事记中同一日期用“是日”表示。

五、本年鉴主要记述形式为条目，体裁有述、记、图、表、录等。

六、本年鉴记载内容由区属各有关部门、镇街及相关单位提供，并经供稿单位审核。统计资料由区统计局提供。文中数据如有不一致，则以统计部门提供的数据为准。

七、本年鉴收录的领导图片排列顺序为国家部委局、重庆市级领导（排列顺序为市委、市人大、市政府、市政协主要领导，其他副职按各单位领导排列顺序）、区级主要领导（排列顺序同上），重大活动图片按时间先后顺序排列。光荣榜收录排序为：国家、市委、市政府、市级部门（主管部门和行业表彰除外）、区委、区政府表彰的先进集体和个人。

八、本年鉴凡直书月、日而未写明年份的，即为2015年；数据增加和减少未说明与某一年份比较的，即为本年鉴记载当年（2015年）与上年（2014年）比较。

九、本年鉴采用双重检索系统。书前有目录，书后有正文索引，索引采用主题分析法，按主题词首字汉语拼音字母顺序排列。

十、本年鉴特别鸣谢中共重庆市璧山区委宣传部、重庆市高新技术产业开发区管理委员会、重庆市璧山区经济和信息化委员会、重庆市璧山区统计局。

2015年，璧山城区新貌

1980年，璧山县城全景

璧山速览

（2015年度）

辖区面积	914.56平方公里
年末户籍人口	63.95万人
地区生产总值	381.76亿元
地方财政收入	130.2亿元
规模以上工业企业总产值	913亿元
固定资产投资	630.8亿元
社会消费品零售总额	106.6亿元
金融机构本外币存款余额	343.2亿元
金融机构本外币贷款余额	279.2亿元
外贸进出口总额	31119万美元
城镇常住居民人均可支配收入	29744元
农村常住居民人均可支配收入	14229元

领 导 关 怀

2015年3月28日，水利部部长陈雷（前排右二）到璧山区大路街道调研接龙农民新村

2015年2月5日，中国科协副主席程东红（右一）到璧山区调研大兴葡萄基地

2015年8月25日，重庆市委副书记张国清（左三）在璧山区召开的重庆城市发展新区群团工作座谈会上讲话

2015年4月3日，中共重庆市委常委、市纪委书记徐松南（前左三）到璧山中学调研党风廉政建设工作

2015年11月6日，中共重庆市委常委、政法委书记刘学普（中）到璧山区调研平安建设工作

2015年6月25日，中共重庆市委常委、统战部部长宋爱荣（前排中）到璧山区调研港台资企业落户经营情况

2015年8月26日，中共重庆市委常委、市委宣传部部长燕平（左二）到璧山区调研舆情工作

2015年11月10日，重庆市副市长陈和平（前排左三）到璧山区调研成渝高铁建设

2015年12月17日，重庆市副市长刘强（右三）在璧山区三合镇贫困群众家中调研生产生活情况

2015年4月20日，重庆市副市长谭家玲（前排左四）调研砂之船（璧山）奥特莱斯商贸服务业情况

2015年7月9日，重庆市政协副主席何事忠（右二）到璧山区调研医养结合型养老护理机构的发展情况

2015年11月17日，重庆市政协副主席陈贵云（左二）到璧山区调研卫生工作

2015年6月29日，重庆市政协副主席李钺锋（前排右二）到璧山区正兴镇调研露德堂修缮管理情况

区级主要领导调研

2015年2月9日，区委书记吴道藩（前排右二）慰问抗战老兵

2015年9月9日，区人大常委会主任薛方梅（前排右二）带队到璧城街道检查生态文明建设工作

2015年2月5日，区长章勇武（前排右三）调研交通设施建设

2015年10月14日，区政协主席向邦俊（右二）一行在中铁任之健康城建设现场调研

交流与合作

2015年1月5日，区委书记吴道藩（中）向重庆日报报业集团党委书记管洪（右二）、《重庆日报》总编辑张小良（左二）一行介绍璧山城市发展理念

2015年5月7日，香港星光集团有限公司到璧山区考察城市建设和产业发展

2015年5月16日，众泰集团领导到璧山区考察投资环境

2015年5月21日，各省市驻渝办事处领导到璧山区调研经济社会发展

2015年6月3日，重庆轨道集团领导到璧山区调研轨道交通尖顶坡至璧山段建设施工情况

2015年6月13日，璧山区党政代表团在上海福寿园参观考察

2015年6月13日，西南证券董事长崔坚（右二）到璧山区考察天安CBD（中央商务区）

2015年7月3日，麦德龙高层在重庆绿岛新区考察投资环境

2015年7月15日，台湾新竹市议会议员到璧山区考察台商工业园发展情况

2015年8月18日，16家海外华文媒体主要负责人到璧山区采访报道

2015年10月29日，璧山区在重庆市人民政府新闻办公室举行“挖掘历史资源·打造文化古城”项目新闻发布会

2015年11月26日，山水文园集团高层到璧山区考察自然风貌、生态环境、历史人文等

2015年11月30日，中华海外联谊会海外考察团到璧山区考察经济社会发展和招商投资环境

2015年12月18日，裸心集团高层考察璧山区

2015年12月21日，致公党重庆市委博士团到璧山区调研经济社会发展

重大活动

2015年5月19日，璧山区工业投资项目集中签约仪式

2015年7月2日，璧山区人民政府与西南证券股份有限公司签订战略合作协议

2015年7月23日，璧山中学教师获区委、区政府表彰（三等功）

2015年9月28日，璧山区30家金融机构集中签约仪式

2015年11月12日，众泰集团新能源汽车生产基地项目开工仪式

2015年11月18日，中国与意大利创新合作周重庆峰会在璧山区举办（会上璧山区签约项目6项）

2015年12月26日，国内运营速度最快的动车组——CRH380D，奔驰在成渝高铁璧山段

全力营造氛围

——中共重庆市

市委宣传部副部长万相兰（中）、璧山区委副书记李文勇（左二），区委常委、宣传部部长刘晋（右一）、报业集团领导、梦想企业代表上台点亮"梦想树"，宣布"梦想社区·幸福家园"主题活动启动

2015年，璧山宣传思想文化工作紧紧围绕 "三区一美"（建设重庆"城市发展新区"的生态宜居区、新型工业化示范区、统筹城乡先行区，打造"和美璧山"）发展战略，牢牢把握"城市营销"和"舆情处置"两大任务，顺应新常态，落实新举措，实现新作为，为区域经济发展、社会进步和文化繁荣发挥了积极有力的推动作用。

（一）唱响主旋律，理论阵地建设更加夯实有形

认真学习贯彻习近平总书记重要讲话精神，唱响主旋律。区委中心组举办20次专题学习活动，中心组成员发表文章10余篇，其中两篇文章获市级优秀；"百姓讲坛"和"好声音"宣讲队获市级先进典型。"小城故事会"理论宣讲品牌被央视《新闻联播》《人民日报》《经济日报》等中央媒体聚焦报道。

（二）营造好氛围，新闻舆论引领更加响亮有力

一是冲刺央媒，提升区域影响力。全年在央视《新闻联播》《经济半小时》等主力栏目和《人民日报》《光明日报》等中央主流媒体上稿35条，央视《新闻联播》在全国"两会"期间头条播报璧山工作，《新华社内参》《国内动态清样》2次刊载区生态建设情况，领跑全市。二是拓展渠道，强化城市美誉度。通过全天候在重庆卫视、高速公路沿线、主城知名楼盘电梯、核心商圈大型LED以及机场、轨道沿线、大学城重要节点持续投放璧山城市形象宣传广告，锁定重点受众精准营销。"全域重庆 清新璧山"资讯平台上线播映，港澳媒体高层重庆行、海外华文媒体重庆行、微博达人重庆行、中意创新合作周等对外宣传文化交流活动蓬勃开展，"清新璧山"形象得以传播推广。三是创新机制，深化舆情处置面。发挥全区作为中宣部舆情直报点的优势，创新舆情应急指挥，建立"中央、市、区、镇街"四级联动舆情扁平化处置机制，全市领先。中央网信办、上海、天津、河北、湖北等赴璧考察交流，中央和国家网信办专题刊发璧山创新经验并向全国推介。

（三）传播好声音，思想政治教育更加落地有效

创新音乐营销城市，借助乐坛泰斗庄奴、古月定居璧山的优势，发动组织全区文艺工作者创作一大批喜闻乐见的本土音乐MV，采取自编、自唱、自拍的方式搬上银屏。同时注

全面助推发展

璧山区委宣传部

重在音乐中植入社会主义核心价值观元素，实现春风化雨、寓教于乐的积极效果，得到市委宣传部燕平部长的肯定批示，并被市委《每日要情》刊载。

（四）凝聚正能量，精神文明创建更加提劲有神

持续深入开展精神文明创建活动，新创建全国文明单位1个、全国文明村镇1个；获评“重庆好人”7名、“中国好人”1名；志愿者注册人数达到8.8万余人，开展常态化志愿服务活动500余场。创新打造“志愿服务赶场天”活动品牌，志愿服务向农村延伸，实现城乡志愿服务的“统筹兼顾”和“双轮驱动”，被《新华每日电讯》和《重庆日报》专题报道。

（五）塑造好形象，文化艺术创作更加蓬勃有成

深耕发掘本土“状元文化”资源并将其文学化、艺术化，邀请市作协副主席刘运勇撰写的长篇历史小说《大宋状元冯时行》出版发行，进一步丰富了璧山历史文化底蕴；历史纪录片《美术教育家吕凤子》在央视播出，彰显璧山在中国美术界的历史地位；音乐MV《你是我的手杖》获得“广播电视新媒体微视频大赛MV类金奖”，原创歌曲《小而美》获“华语全球流行金曲榜中榜”冠军；赵兴中诗集《捕风者说》获重庆文学奖；胡正好书法《世说新语选录》获“中国书坛中青年百强榜”十强。

中央电视台新闻联播报道璧山深绿城市建设

2015年8月26日，在抗战图片展前：“9·13”空战亲历者张名源接受市级媒体采访

牵手国家战略

——璧山高新技术产

2015年6月12日，区长章勇武（中）出席蓝黛传动在深交所上市仪式

2015年9月29日，经国务院（国函〔2015〕175号）批准，璧山高新区升级为国家高新区，这是重庆24年来获批的第2个国家高新区。

综合实力快速提升。建成区16平方公里，入园企业940家。工业产值1554.8亿元，其中规上产值774亿元；固定资产投资270亿元。形成以先进制造业、互联网产业、大健康产业为主导的产业体系。集聚众泰汽车、德润电子、艾尔发、新加坡淡马锡等一大批国内同行业排名前5的高新技术企业。

产业规模不断扩大。洽谈项目300个，新引进包括德国大陆集团和新加坡淡马锡公司2家世界500强、100亿级企业众泰汽车在内的56个项目，总投资300亿元。新开工项目33个，投产达效东威科技等38家企业。

产城融合发展格局

创新体系不断完善。18家企业通过国家级高新技术企业认定，

梦想照进现实

业开发区管理委员会

累计33家，产值336.8亿元；专利申请1834件，专利授权1312件。引进重庆高技术创业中心（国家级孵化器），采取“政府+企业+市场”模式建设众创空间，璧山CBD金融街创业大厦、卓特众力等4家获重庆市众创空间授牌。

2015年，副区长黄文杰（右二）检查高新区企业安全生产

金融创新探索前行。秉承“创新+资本=新动力”经济逻辑，大力推进金融创新。成立“两山火炬股权投资基金”和“两山西证股权投资基金”，投资规模11亿元。22家签订股权投资协议企业中，凯成科技、大江动力等12家企业与西南证券公司签订辅导改制上市合作协议，蓝黛传动、瑞普电缆、兴渝涂料成功挂牌上市。

对外合作成效明显。11月，中国与意大利创新合作周重庆峰会在璧山举办，这是璧山历史上首次承担国际性交流合作活动，3轮200项次跨国项目对接，初步达成合作意向的项目对接50次，中意双方签订战略合作协议14项，其中璧山签约项目6个。

完善的基础设施

适应新常态 力推工

——璧山区

专题研判2015年下半年工业经济运行态势（璧山区经济信息委领导班子）

璧山遵循“创新+资本=新动力”逻辑，在企业科技、融资创新上下功夫。2015年，全区规模以上工业企业实现工业产值913亿元，增长12.5%；工业增加值244.2亿元，增长12.1%；工业投资335.7亿元，增长28%；搞好调研，利用内资239.6亿元，增长15.9%；单位GDP能耗下降4.5%，完成“十二五”节能降耗目标任务，推进工业经济又好又快发展。

工业经济运行调控 一是坚持每月召开运行调控会，调控主要经济指标，保证两会目标任务完成落实；二是搞好调研，完成《推进新型工业化建设的调研报告》《关于解决我区企业运行困难相关问题的专题协调意见的报告》；三是编制完善《重庆璧山工业园区国家低碳工业园区试点实施方案》等；四是着力抓好企业升规工作，升规企业15家。

产业政策引导 一是加大政策扶持力度，落实上级减负政策，累计申报企业295家，涉及参保人员2.5万人，获补助资金1.2亿元；二是全面贯彻实施《2015年“双百企业”贷款贴息实施办法》等，帮助重点企业争取贴息补助400万元；三是组织符合条件的企业申报市级民营发展专项资金项目18个、获资金支持1700万元，申报工业振兴资金项目7个、获资金支持299万元。

工业投资和利用内资 一是全年工业固定资产投资项目823个，新建项目31个，投资16.2亿元；技改项目626个，投资231.4亿元；续扩建项目166个，投资86.8亿元。二是起草制定《重庆市璧山区招商引资工作考核细则

业经济“扬帆远航”

经济信息委

（暂行）》并获政府行文下发，利用内资239.6亿元。三是做好重点项目的监测和管理工作，定期向市经信委报送6个重点项目和4个重点投产项目进展情况，确定2016年市级重点工业项目7个，筛选出“十三五”期间重点工业项目14个，验收民营发展专项资金项目38个。

信息化建设　完成“乡镇4G网络覆盖工程”和“行政村通光纤工程”。新建4G基站529个，完成15个街镇场镇4G网络全覆盖，FGTH新覆盖69568户，新建热点20个，22个行政村通光纤。启动全区信息化系统集约化建设工作。

技术创新、人才培训　认真抓好企业技术创新工作，积极引导有条件的企业申报重庆市技术创新项目。新增市级技术中心7家，组织申报成果转化项目4个。组织清华大学第八期班开学，为企业中层管理干部举办专题培训班3期，联合重庆市企业管理学校在2家企业举办TWI精益现场管理训练班。

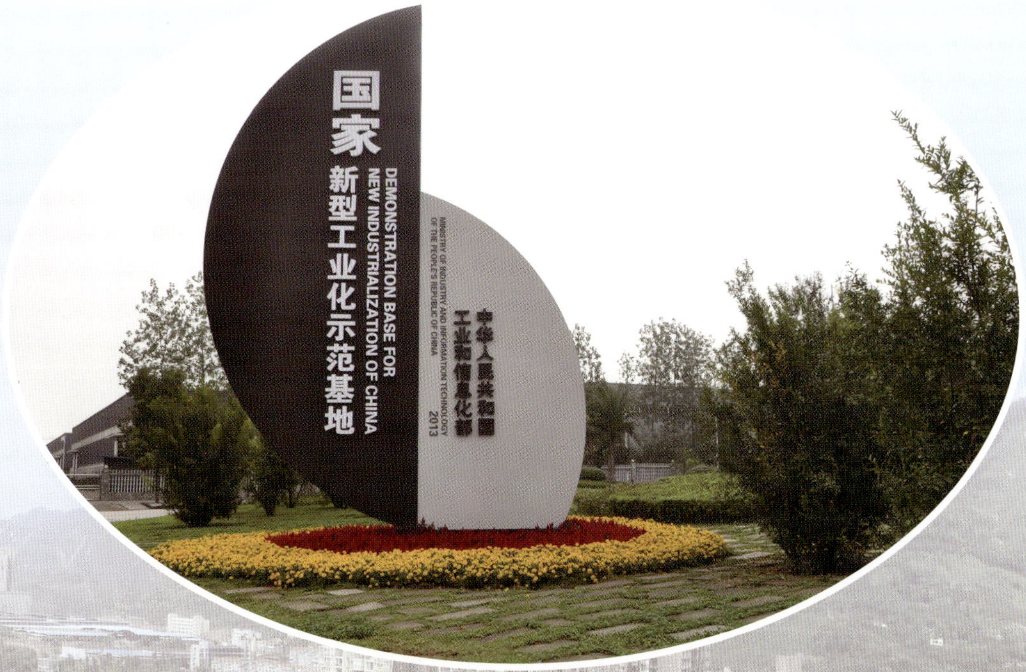

国家新型工业化示范基地

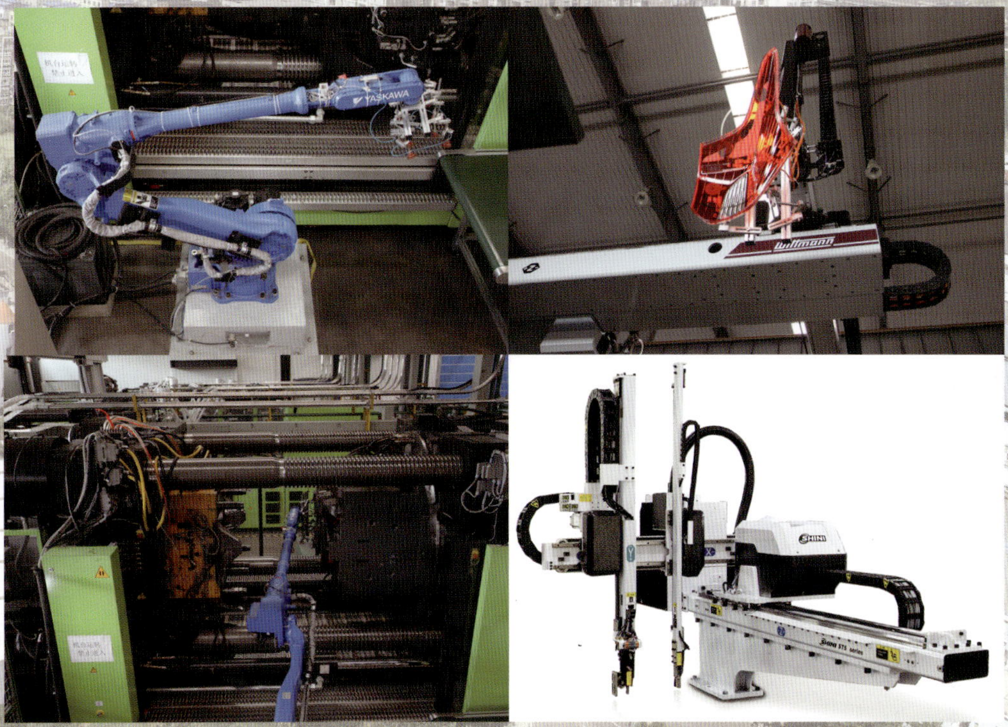

机器人智能化生产线

理清区域发展脉络

——重庆市璧

2015年4月21日，区委书记吴道藩（前排右二）陪同重庆市统计局局长蓝庆华（前排右三）到璧山区调研城镇建设

数据无言，但最有说服力。2015年，在区委、区政府的正确领导下，区统计局积极服务于“三区一美”发展战略，国民经济发展参谋作用进一步凸显。

统计监测评价——紧紧围绕全区经济发展目标重点，将32项核心经济指标纳入监测对象，建立灵敏的预警监测指标体系。全年，地区生产总值（GDP）381.8亿元，增长12.1%，增速比全市平均水平高1.1个点，居全市第4位、城市发展新区第3位。其中：第一产业增加值20.4亿元，增长4.4%；第二产业增加值273.63亿元，增长12.6%，其中工业增加值224.23亿元，增长12.1%；第三产业增加值87.73亿元，增长12.2%。

统计联网直报——首次开展联网直报企业调研工作。深入全区663家联网直报企业，调研生产经营、统计工作情况，及时帮助解决实际困难，指导完善相关统计工作机制，解决部分虚报、瞒报、迟报和拒报问题。

服务区域经济发展

山区统计局

数据质量管理　按照《重庆市联网直报数据在线审核规范》的要求，明确在线审核职责和工作流程，严把审核关，确保数据准确规范。加大指标逻辑性、匹配性审核力度，发现数据差错，核清主要原因。定期抽查数据质量，及时纠正填报误差。健全统计数据质量控制体系，加强对经济社会发展主要指标的质量控制，使各项统计数据真实反映客观实际。

统计制度改革　顺应统计生产关系变革趋势，贯彻落实《重庆市行业统计实施方案》，及时调整部署、数据采集、数据处理和数据评估等，统计管理方式平稳有序转变。改革统计核算、能源、固定资产投资等，不断优化服务业内部结构，提升规上服务业占比，夯实发展基础，增强服务业对经济增长贡献的后劲。

统计优质服务　积极推介安装“数据重庆”系列客户端，利用召开“两会”之机，印制宣传资料、专人讲解、现场协助安装等方式，发放宣传资料980份。及时发布《重庆市璧山区2014年国民经济和社会发展统计公报》，编辑出版《2014璧山统计年鉴》，编印《璧山统计月报》，提供各类分析报告32篇，统计信息110篇。

统计法制建设　利用“9·20”中国统计开放日、“12·4”全国法制宣传日、“12·8”统计法制宣传日等契机，并借助报纸、电视台、网络等，全方位、多角度开展各种统计宣传活动。不断强化统计执法，日常指导检查全区“四上”企业或单位，执法检查部分重点行业企业、特殊企业。

2015年3月27日，区统计局召开党风廉政工作会议

凤湖仙山

璧城夜空

目 录

专 记

璧山概貌

"三区一美"建设概览

经　济

政 治

法　治

文　化

社会事业

镇 街

人物 光荣榜

大事记

文 献

统计资料

附 录

索 引

Contents

Special Notes

General View of Bishan

General View of "New Urban District Development and Harmonious Bishan" Construction

Economy

Politics

Nomocracy

Culture

Social Undertakings

Subdistricts of Bishan

Figure Honour Roll

Historical Events

Literature

Statistical Materials

Appendix

Index

专 记

数说璧山“十二五”

“十二五”区域经济“乘势而上”，综合实力大幅提升。2015年地区生产总值381.8亿元，与2014年相比（下同）增长2.5倍；人均GDP8 134美元，增长1.9倍；地方财政收入130.2亿元，总量进入全市一梯队；城乡居民人均可支配收入22 022元，增长1.9倍；固定资产投资630亿元，增长2.8倍，总量居全市前茅；工业产值2 012亿元，增长4.8倍；社会消费品零售总额106亿元，增长1倍；国有资产超过600亿元，实现总量翻番。

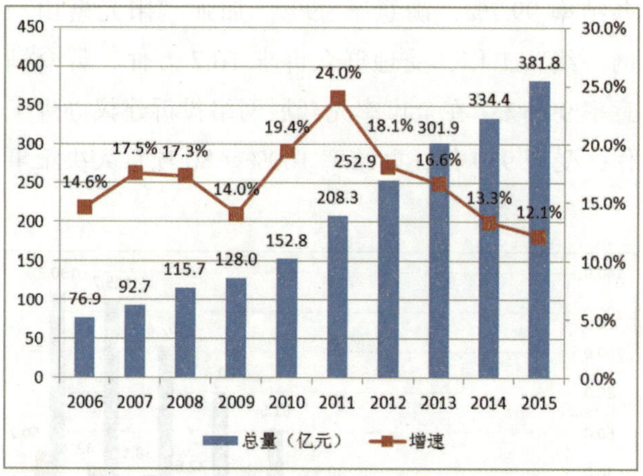

图1　2006—2015年GDP总量及其增长速度

“十二五”深绿城市“渐入佳境”，城市面貌焕然一新。到2015年，城镇化率50.5%，常住人口73万人。13平方公里绿岛新区核心区基本成型，行政中心、人民广场、规划馆、文化艺术中心、璧山中学、图书馆、人民医院、妇幼保健院、公共服务中心等城市功能要件相继建成。新建30个公园、20个广场，城市公共绿地面积1 600万平方米，建成区绿化覆盖率49%，人均公园绿地面积27平方米，城市植物品种2 600种。在全市率先出台环保负面清单，累计关停污染企业572家。成渝高铁、渝蓉高速、黛山大道建成通车，九永高速、轨道一号线大学城至璧山段开工建设，实施国省道路面改造160公里，新建农村公路640公里，全区路网密度181公里/百平方公里，融合主城、辐射周边的区域综合交通枢纽功能日渐清晰。

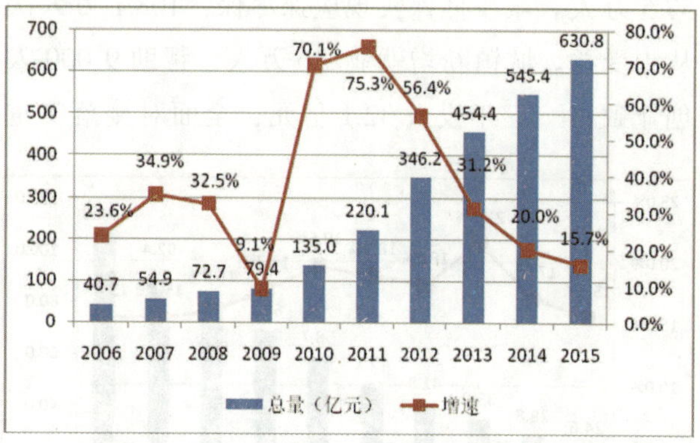

图2　2006—2015年固定资产投资总量及其增长速度

“十二五”产业发展“深度转型”，结构调整持续优化。到2015年，三次产业比重演进为5.1:71.6:23.3。规上工业企业322家，高新区成为全市第 5 个千亿级工业园区。“三农”支出累计 126.8 亿元，国家农业科技园区扬帆起航，农业三大基地基本建成。实施服务业倍增计划，服务业增加值 5 年增长 65.7%，达到 86 亿元。

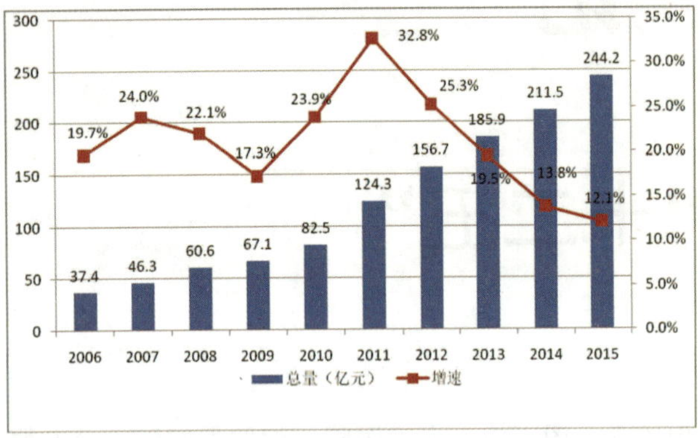

图 3　2006 —2015 年工业增加值及其增长速度

“十二五”社会事业“纵深推进”，民生幸福倍加温暖。财政收入 60%以上用于民生，累计投入 373 亿元。合理划分“四个功能区”，引导镇街走符合自身特色的科学发展道路。投入 72 亿元改善农村基础设施，大力实施村镇环境综合整治和生态创建。城乡居民收入五年翻番，城镇、农村常住居民人均可支配收入分别增长 75.4% 和 103%。“五险”参保人数达到 124 万人次，城乡居民养老保险和大病医疗保险分别覆盖 28.1 万人、57.5 万人。城乡低保实现应保尽保，108.1 万人次从中受益。城镇新增就业 7.6 万人，帮助 9 000 人创业致富。三年投入 32.1 亿元，全面对接落实重点民生实事。“一生之城”涉及的教育医疗、生活娱乐、就业居住、健身养老等 10 个重要节点高标准服务体系逐渐成型。

“十二五”民主法治“稳步向前”，发展环境不断改善。强化依法行政，开展规范性文件合法性审查备案，废止失效文件 303 件。组建公共资源交易中心，累计完成交易金额 410 亿元，为政府增收节支 10 亿元。坚持“政府投资瘦身，社会投资扩容”，政府投资和社会投资比例优化为 1:6。深入推进机构改革，整合精简机构 36 个，清理撤销临时机构和议事协调机构 146 个。完成食品药品监管体制改革，15 个镇街设立监管机构。深化行政审批制度改革，清理减少审批事项 342 项。积极构建三级服务体系，15 个镇街公共服务中心和 186 个村（社区）便民服务中心建成投用。实施“三年千人引才计划”，引进和培养硕士研究生、副高级职称以上人才 1 035 名。创新信访“三色告知”制度，坚持领导干部定期接待群众来访，化解突出信访问题和信访积案 168 件。严格执行中央八项规定，着力预防和惩治腐败，立案查处违纪违法案件 228 件，政纪处分 98 人。通过群众工作信息管理系统受理群众反映事项 10 456 件，办结率 99.7%，满意率 99%。加强“阳光璧山一网一线”工作，受理群众诉求 10.7 万件，群众满意率 99.6%。在全市率先开展网络投诉建议办理工作，受理 959 件，办结率 100%。80 项重大决策事

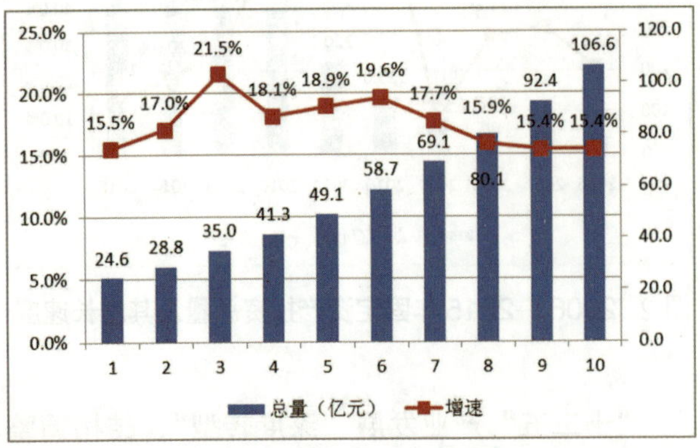

图 4　2006—2015 年社会消费品零售总额总量及其增长速度

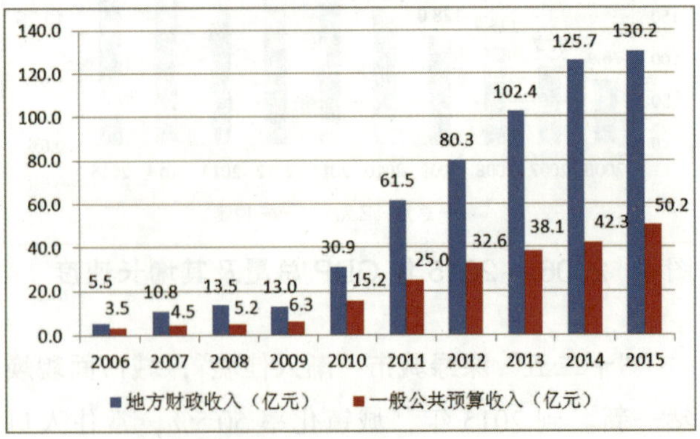

图 5　2006—2015 年地方财政收入、一般公共预算收入总量

前征求人大、政协意见，办结人大代表建议和政协委员提案 1 802 件，办复率和满意率均达到100%。全面完成“六五”普法。

“十二五”社会认可度不断增强，实现区域上档升位。“国家园林城市、国家城市湿地公园、中国人居环境范例奖、国家新型工业化示范基地、国家低碳工业园区、全国双拥模范城、国家农业科技园区、国家水利风景区、全国水生态文明城市试点、生态保护与建设示范区”等“国字号”名片花落璧山；国务院批准璧山“撤县设区”，让跨越20年的梦想照进现实；璧山高新区升级为国家高新区，让重庆迎来时隔24年的第二个国家高新区。

璧山国家级高新技术产业开发区

【概况】 国家级高新区是国务院批准成立的科技开发区，旨在通过实施针对性的各项优惠政策和改革措施，实现软硬环境的局部优化，最大限度地把科技成果转化为现实生产力而建立起来的集中区域。自1988年国务院批准设立第一家国家级高新区以来，至2015年，全国有145家国家级高新区。

璧山高新技术产业开发区（原重庆璧山工业园区）是2002年12月经重庆市政府批准设立的省级开发区，2006年进入《中国开发区审核公告目录》，2014年成为重庆市级高新区，规划面积30平方公里。高新区秉承“创新引领、融合发展”的理念，推动以装备制造、电子信息、食品医药为主导的特色优势产业发展，相继被工信部命名为“国家新型工业化示范基地”“中国汽车（摩托车）零部件制造基地”和“国家低碳工业园区（试点）”等。2015年9月29日，升级为国家级高新技术产业开发区，实行现行的国家高新技术产业开发区的政策。

璧山国家高新技术产业开发区

（罗君　摄）

【璧山高新区创建升级】 2014年，重庆市委四届79次常委会和市政府68次常务会研究决定，从重庆实施创新驱动发展战略大局出发，启动重庆璧山市级高新区申报国家高新区工作。市政府成立以市委常委、常务副市长翁杰明为组长，副市委吴刚为副组长，市科委、市发改委、市财政局、市经信委等部门为成员的升级推进工作领导小组，明确主要职责和工作制度。市政府向国务院报送《关于重庆璧山高新技术产业开发区升级为国家级高新技术产业开发区的请示》（渝府文〔2014〕42

号）。重庆市委书记孙政才、市长黄奇帆、市委副书记张国清先后到重庆璧山高新区视察指导创建工作。升级推进工作领导小组组长、市委常委、常务副市长翁杰明，升级推进工作副组长、副市长吴刚带队到北京专题汇报创建工作情况，并要求重庆璧山高新区按照国家高新区的标准，推动经济结构转型升级，为重庆经济持续发展增添动力引擎。2015年，璧山区委第54次常委会和璧山区政府第40次常务会研究重庆璧山高新区创建国家级高新区相关工作，完善产业布局、推动产业发展，并成立以区长章勇武为组长，副区长李丹、黄文杰为副组长，相关单位为成员的创建工作领导小组，全面统筹推进创建工作各项任务。

2015年3月26日–27日，科技部专家组一行到重庆璧山调研国家级高新区创建工作，实地考察高新区具有代表性的高新技术企业和科技创新示范基地。专家组充分肯定重庆璧山高新区近年来在打造一流生态环境、完善功能配套设施、加快产业转型升级、推动创新创业方面取得的成绩。并对高新区战略定位、管理体制创新、产业发展方向等提出指导性意见。根据专家组的意见，璧山高新区逐一制定具体整改措施，按照“以升促建”工作思路，明确工作重点、细化目标任务，进一步完善提升创建工作。

2015年9月29日，国务院同意璧山高新技术产业开发区升级为国家级高新技术产业开发区（国函〔2015〕175号），定名璧山高新技术产业开发区，实行现行的国家高表技术产业开发区的政策。获批国家级高新区，从申报到获批仅用时13个月，这是重庆市24年来的第2个国家级高新区。截至2015年，高新区建成区16平方公里，入园企业940家。实现工业产值1550亿元，同比增长15%，其中规上产值750亿元，增长13.6%；固定资产投资270亿元，增长33%。拥有国家级高新技术企业38家，国家级企业技术中心3家，各类市级研发平台45家，国家级实验室3家，国家级研究院1家。洽谈项目300个，新引进德国大陆集团、新加坡淡马锡公司2家（世界500强）、众泰汽车（100亿级企业）等项目56个，总投资300亿元。新开工怡得塑胶、首科实业等项目33个，东威科技、凯成科技、亨尔宝电器等38家企业投产达效。2015年申报国家级高新技术企业21家，18家企业通过国家认定，专利申请量达到1 834件，专利授权量1 312件。引进重庆高技术创业中心（国家级孵化器），璧山CBD金融街创业大厦、卓特众力、金智融汇、佳迪达磁电创业谷4家企业获重庆市众创空间授牌。与天安集团打造科技创新示范基地，主要包括创业大厦、创业大道、金融集聚区、璧山产业创新升级体验中心四大功能区。其中创业大道和创业大厦投用。秉承“创新+资本=新动力”经济逻辑，大力推进金融创新。成立“两山火炬股权投资基金”和“两山西证股权投资基金”，投资规模11亿元。签订股权投资协议企业21家，凯成科技等6家企业与西南证券公司签订辅导改制上市合作协议。建成铝山路、镁山路等市政道路10公里，建成区扩大到16平方公里。完成东林大道南延段道路、钾山路等20万平方米绿化。获微电园19期、道路三期等用地指标254.47公顷，启动渝蓉高速道口璧城街道范围土地拆迁247.53公顷。建成标准化垃圾台2座，五星级公厕1所，建成两山景苑廉租房，开工建设两山丽苑定向经济适用房。污水处理厂一期电镀污水处理部分投用，综合废水部分于9月建成并投入试运行，完成观音塘公租房分配工作。

2015年11月18日，中国与意大利创新合作周重庆峰会在璧山举办。参会人员700人（意方代表100人），中方企业68家，意大利企业32家，实现3轮200项次跨国项目对接，覆盖创新创业、高端设备、机械制造、科技服务业、能源环保、农业、生物技术、生物医药、食品、信息通信技术等十几个热门高新技术领域，初步达成合作意向项目对接50次。同时，中意双方签订战略合作协议14项，其中璧山签约项目6个。

成渝高铁璧山段建设

【概况】 成渝城际铁路客运专线是连接重庆、成都的1条高速铁路客运专线，线路全长308公里，项目投资398亿元。该工程途经重庆市渝中区、沙坪坝区、璧山区、永川区、大足区、荣昌区后，进入四川省，终点站是成都东站。成渝城际铁路客运专线设站点12个，于2010年9月动工，2015年12月26日建成通车。其中，璧山段设站点1个（以下简称璧山站），随成渝城际铁路专线通车，璧山站建设完成并投入使用，这是璧山境内第1条铁路。

【璧山站】 是成渝城际铁路客运专线12个站之一，位于重庆市璧山区青杠街道棕树村。总投资3.37亿元，用地9.33公顷，主要包括站前广场、站前连接道、候车大厅、公寓塔楼等。该站于2012年启动建设，璧山区铁建办负责整个璧山站建设的协调工作，由中铁八局负责承建。璧山站建设规模6 000平方米。配套建设站前广场、停车场和交通枢纽站。广场下方是3层地下车库，可容纳1 400辆社会车辆停放，广场左右各有一个地下车库出入口，行人可通过电动扶梯出入地下车库。宽敞明亮的候车大厅内有乘客休息座椅、LED显示屏、安检机、闸机等设施，大厅左侧设有公共卫生间、饮水间等。候车大厅右侧是售票处，售票处设有5个人工售票窗口和4台电子售票机。

【璧山换乘枢纽站】 站前广场的左侧是成渝城际铁路客运专线璧山换乘枢纽站，由璧山区交委负责建设，占地10公顷，按照交通运输部一级汽车站标准建设，具备长途专线、城市公交、出租车、社会车辆等多种交通方式综合换乘功能，成为璧山城市的“新地标”。包括长途客车和短途公交车，近20条线路在此经停，与高铁站形成无缝接驳。成渝城际铁路客运专线开通后，801、901、112路等璧山公交线路延伸至高铁站。该站于2012年启动，9月完成土地平整，2014年7月实施屋面网架安装、室内外装修以及设备安装等工序施工，2015年12月基本建成，2015年12月26日投入使用。

成渝高铁璧山站

（璧山报社　供图）

【璧山段建设】 成渝城际铁路客运专线在璧山区

境内有23公里，途经璧泉街道、青杠街道、来凤街道、丁家街道、正兴镇、大兴镇6个，投资32亿元，征用土地100公顷，施工建设临时占用土地100公顷，拆迁房屋350户，搬迁企业6户。自2010年9月进场施工以来，璧山高度重视，迅速开展成渝城际铁路征地红线范围内征地拆迁工作，及时移交工程施工用地。2012年6月，完成征地拆迁投资19 446万元，完成并移交红线内用地91.57公顷、工程施工临时用地100公顷，完成房屋拆迁（含企业）44 437.4平方米。2012年9月完成土地平整。2014年7月全面实施铁路线下工程、电气安装、站房装饰及设备安装，同年7月29日启动铺轨工作。2015年12月，完成璧山站建设并移交成都铁路局，组织动车联调联试。12月26日通车运行。

（璧山年鉴编辑部）

延伸阅读 ▶▶

一河三湖九湿地

一河是指璧南河；三湖是指秀湖、御湖、白云湖；九湿地是指在城市规划区内建设至少九个湿地公园，包括观音塘湿地公园，以及已建成或新建的非饮用水源水库（养鱼水库、打鼓塘水库、王家沟水库、菜子沟水库、冉家沟水库、百家店水库、东岳水库、黛山水库等）改造成湿地公园。

中水回用

“中水”是相对于上水（给水）、下水（排水）而言的。中水回用，就是把生活污水、城市污水、工业废水经过深度技术处理，达到国家规定的杂用水标准，再应用于地面清洁、浇花、洗车、空调冷却、冲洗便器、消防、景观等领域。中水回用补充水资源的短缺，减少自来水的消耗量和排向水域的污水量，实现环境效益与经济效益的统一。

南门唐城

位于秀湖公园正南门对面，由得智中国（香港）发展有限公司投资建设。占地面积2.8万平方米，规划建筑面积5.1万平方米，设计为汉唐风格的古建筑群，与秀湖公园主大门仿古建筑实现协调统一，成为璧山又一文化旅游亮点和商业集聚地。

环秀湖商圈

以秀湖公园为核心，整合天安城市综合体、金融街、餐饮综合体、御湖商业街、秀湖水街、南门唐城（含北区、南区）、金科商业街、同景商业街等周边商业设施，形成的150万平方米区域一体化高端商业商务中心。

天安城市综合体

位于绿岛新区核心区，由香港天安集团斥资70亿元打造160万平方米的璧山CBD建筑群落。该综合体集5A写字楼，金融街总部基地，世界级购物公园，五星级酒店，高档酒店公寓，以及高层住宅、花园洋房、别墅于一体。整体商务集群90万平方米，将以金融产业、电子信息产业、生产性服务业为主导，高端商贸物流、创意设计为重点，创新型服务为补充，形成重庆高端商务发展的新模式。预计4至5年时间建成。

服务业“三年倍增”计划

即坚持生活性服务业和生产性服务业两手抓，谋划好现代物流、科技服务、商务服务、金融服务、休闲旅游、商贸流通以及房地产业等7个服务业发展规划，用三年时间（2013—2015年），第三产业增加值在2012年的基础上实现翻番。

璧山概貌

建置沿革

【概况】 璧山，于唐至德二年（757）置县。清乾隆《璧山县志》载，“唐至德二年，始析巴、江津、万寿三县地，置璧山县，属渝州”。《新唐书·地理志》《四川通志》，记载亦同。

璧山原名壁山，因山为名。唐《元和郡县图志》载：“壁山县，本江津、万寿、巴三县地，……川中有一孤山，西北二面险峻，东南面稍平，土人号为重壁山，至德二年置县，因山为名。”约为明成化十九年（1483）复置璧山之后，以“山出白石，明润如璧”，更名璧山。明江朝宗《新建璧山县记》曰：“昔人云‘四山如壁’，又云‘山出白石，明润如璧’，故名。”

置县前，璧山境为梁州之城（《禹贡》），周代为巴子国地属江州县，秦代为巴郡地，汉代为巴郡地属益州，三国时属蜀汉，晋代为巴郡地属梁州，南北朝时为巴郡地属益州，隋代为巴、江津二县地属渝州。

唐置县时，隶属渝州。县境约为中梁山以西、云雾山以东、长江以北、嘉陵江以南的区域。清乾隆《璧山县志》载，“古志曰：璧山，形如柳叶，环境皆山，外高中平，两江夹送，周回弯曲六百里”。

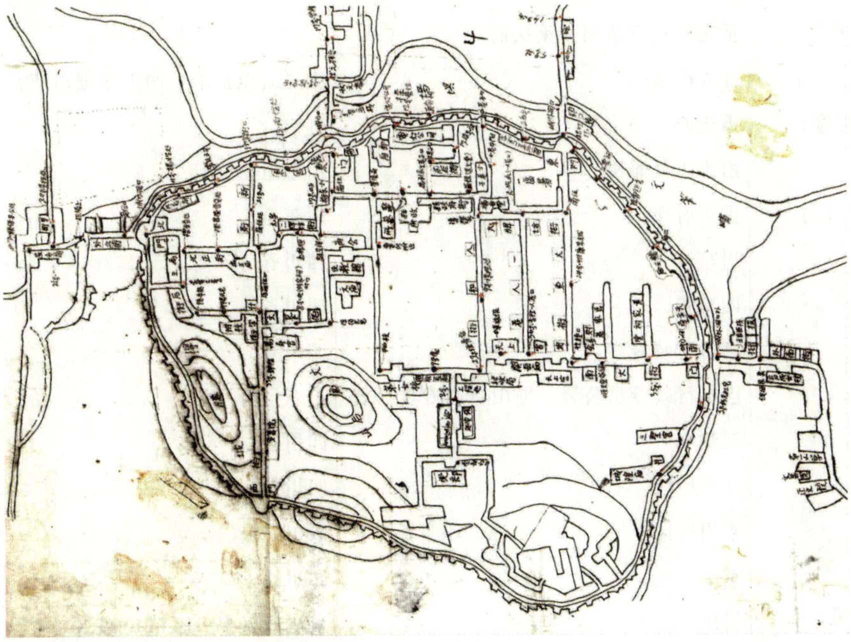

民国时期1940年绘制的璧山县城图

（区档案馆提供　罗君摄）

唐大历十一年（776），分璧山西南部分地置永川县。北宋崇宁元年（1102），渝州改名恭州，璧山隶属恭州。南宋淳熙十六年（1189），升恭州为重庆府，璧山属之。元至元二十二年（1285），璧山因屡遭兵灾、地广人稀并入巴县。明成化十九年（1483），复置璧山县，属重庆府。清康熙元年（1662），因户口尚少，停璧山县铨，交由永川代管。清雍正七年（1729），复置璧山县，属川东道重庆府。

民国三年（1914），璧山属四川省川东道。民国十七年（1928）撤道后，属四川省。民国二十五年（1936），四川省设行政督察区制，璧山属第三行政督察区。民国二十九年（1940），重庆成为陪都，以成渝、川黔公路两侧80公里范围为重庆卫戍区和陪都迁建区，璧山属之。此后，民国时的县政府、中华人民共和国成立后的县人民政府（璧山行政专员公署、区人民政府）所在地一直在今璧城街道凤凰山麓。2015年经重庆市璧山区第十六届人大常委会第二十六次会议决定迁移至璧城街道双星大道369号东岳庙旧址。

（振羽）

璧山县（区）建置沿革简表

表1–1

历史时期	建置名称	直隶	总隶
夏商			梁州之域
周			巴子国地
秦			巴郡地
汉		巴郡地	益州
三国			蜀
晋		巴郡地	梁州
南北朝		巴郡地	益州
隋			渝州
唐至德二年	璧山县（始置）	巴、江津、万寿三县地	渝州
五代	璧山县		后蜀
北宋崇宁元年	璧山县	恭州（渝州改名恭州）	
南宋淳熙十五年	璧山县	重庆府（升恭州为重庆府）	
元至元二十二年	（撤）	并入巴县	大夏（至正末，明玉珍据重庆）
明成化十九年	璧山县（复置）	重庆府	
清康熙六年	（撤）	由永川县兼摄	川东道重庆府
清雍正七年	璧山县（复设）	重庆府	川东道
中华民国（1914）	璧山县	川东道	四川省
中华民国（1928）	璧山县	四川省	四川省
中华民国（1936）	璧山县	第三行政督察区	四川省
中华人民共和国（1949）	璧山县	巴县行政专员公署　璧山行政专员公署	川东行署
中华人民共和国（1951）	璧山县	江津专区	四川省
中华人民共和国（1968）	璧山县	江津地区	四川省
中华人民共和国（1981）	璧山县	永川地区	四川省
中华人民共和国（1983）	璧山县	重庆市	四川省
中华人民共和国（1997）	璧山县	重庆市	重庆市（中央直辖）
中华人民共和国（2015）	璧山区	重庆市	重庆市（中央直辖）

政　区

【地理位置】　璧山位于重庆市以西，北纬 29°17′~29°53′，东经 106°02′~106°20′。东邻沙坪坝、九龙坡，南界江津，西连铜梁、永川，北接合川、北碚。辖区面积约 915 平方公里，辖 6 个街道（璧城、璧泉、青杠、来凤、丁家、大路）、9 个镇（河边、正兴、大兴、八塘、七塘、福禄、广普、三合、健龙）。

璧山，自古居成渝要冲，扼渝西咽喉。宋李浚《璧山普泽庙记》云：“国朝蜀分为四，而方各有镇。由剑之里为七曲，剑以东为白崖，剑之西为玉垒，自蜀而下为渝，则有璧山。是四山者，如蜀之镇，一道生灵之司命也。”璧山境内旧有东大路、东小路、小川东路、西北路。其中，东大路系驿传古道，自巴璧交界处老关口入璧山境，经来凤、丁家、马坊桥到小马坊入永川界，跨境 30 公里，为历代重庆至成都的驿传、调遣军队、运送粮饷及商贾往来的主要通道。西北路系重庆至合川的旱塘路线，由青木关入璧山境，经六塘、七塘、八塘，在风垭入合川界，跨境 35 公里。

璧山，已成为重庆向西连接成渝经济带的重要节点。穿越境内的成渝、渝蓉、渝遂 3 条高速公路，成渝客运专线（高铁）建成通车，成渝高速扩能工程正在建设。连接重庆主城的璧山隧道已于 2010 年 9 月 28 日建成通车，重庆轨道交通 1 号线璧山段开工建设。璧山正在由重庆西大门蝶变渝西交通枢纽。

【行政区划】　1949 年 12 月 1 日璧山解放，属川东区巴县行政专员公署。是年 12 月 20 日，巴县行政专员公署改驻璧山，更名璧山行政专员公署。川东区璧山专署辖巴县、璧山、江津、永川、合川、江北、铜梁、荣昌、大足、綦江、南川、长寿、涪陵 13 县和北碚管理局。

1951 年 4 月，璧山专署迁江津，更名江津专区。1968 年，江津专区更名江津地区。1981 年，江津地区更名永川地区。璧山先后属江津专区、江津地区和永川地区。1983 年 4 月 1 日，永川地区并入重庆市，璧山属重庆市。1997 年重庆直辖，璧山县隶属重庆直辖市 2014 年 5 月 2 日，经国务院批准，璧山撤县设区，1257 年的置县历史结束。

县署，唐置县时即设于今璧城街道。清雍正六年（1728）复置时，因县城残破，衙署无存，短时寄治来凤驿。清雍正十年（1732），于璧城重建县衙署。此后，今璧城街道一直为璧山县政府、璧山县人民政府所在地。2015 年经重庆市璧山区第十六届人大常委会第二十六次会议决定迁移至璧城街道双星大道 369 号东岳庙旧址。

【人口】　2015 年年末全区总户数 25.21 万户，总人口（户籍人口）63.95 万人，其中非农业人口 28.39 万人，农业人口 35.56 万人。在总人口中,男性 32.51 万人，女性 31.44 万人。全年出生人口 6 747 人，死亡人口 4 473 人；人口自然增长率 3.22‰。出生人口性别比 101.3（出生人口、死亡人口含漏统数据）。2015 年，全区常住人口 72.52 万人，其中城镇人口 36.65 万人，农村人口 35.87 万人；城镇化率 50.54%。

【民族宗教】　璧山区系少数民族散居地区，有土家族、苗、回、蒙古、彝、满等少数民族 32 个，总人数 2 500 人，分布在全区 15 个镇街。璧山区有佛教、天主教、基督教（真耶稣教派，下同）三大宗教。有爱国宗教团体 2 个，宗教活动场所 21 处（其中佛教 10 处、基督教 9 处、天主教 2 处），分布在全区 15 个街镇。有宗教界人士 40 人，有信教群众 6 万人，其中信奉佛教的人数 5 万人，天主教信徒近 4 000 人，基督教真耶稣教派信徒 5 000 人，道教信众数百人，民间信仰的信教群众难以统计。信教群众构成的基本特点是：“四多四少”即年纪大的多、年轻的少，女性多、男性少，文盲半文盲多、有初中以上文化的少，信佛教的多，信天主教、基

2015年重庆市璧山区行政区划一览表

表1-2

镇（街道）	村、居、社区名称
璧城街道	10个社区：城中社区、东关社区、塘湾社区、大旺社区、北门社区、芋荷社区、黄葛社区、双龙社区、三角社区、马家桥社区 6个村：新堰村、来龙村、龙井湾村、四面山村、大塘村、天池村
璧泉街道	13个社区：文凤社区、南关社区、牛角湾社区、华龙社区、双狮社区、天门社区、新胜社区、虎峰社区、观音社区、团堡社区、养鱼社区、鹰嘴社区、大岚社区
青杠街道	7个社区：大兴社区、大字社区、双路社区、青山社区、清明社区、石河社区、塘坊社区 6个村：中兴村、大森村、梁山村、沙坡村、棕树村、莲花村
来凤街道	3个社区：东街社区、西街社区、花园社区 10个村：来凤村、登凤村、安乐村、孙河村、四平村、魁塘村、鹿河村、三星村、普新村、新七村
丁家街道	3个社区：铜锣社区、沙堆社区、合中社区 16个村：石垭村、天灯村、黉学村、凉风村、莲花坝村、走马村、龙安村、铜瓦村、三五村、杨寺村、大岚坳村、长五村、八寿村、高古村、新民村、竹林湾村
大路街	3个社区：红石社区、接龙社区、六合社区 14个村：三担村、团坝村、阳河村、高拱村、三江村、新房村、郭家村、大竹村、大沟村、四维村、福里村、龙泉村、三台村、大堂村
正兴镇	2个社区：文华社区、太和社区 12个村：沙塝村、河堰村、金堂村、大面坡村、朝阳村、石院村、尖山子村、湾塘村、团结村、石龙村、卫寺村、曙光村
大兴镇	2个社区：兴隆社区、油田社区 17个村：长隆村、狮子村、龙飞村、万民村、高桥村、朝元村、船形村、石鼻村、平安村、茅莱村、均田村、符家村、双柏村、独耳村、山王村、联盟村、莲生村
七塘镇	2个社区：七兴社区、金凤社区 8个村：建设村、将军村、喜观村、阳岫村、盐店村、四合村、三步梯村、跃进村
八塘镇	1个社区：一品社区 10个村：江兴村、智灯村、青云村、石庙村、五龙村、凉水村、敢英村、三元村、阳龙村、前进村
河边镇	1个社区：文昌社区 6个村：同心村、铁石村、盐井河村、新四村、浸口村、复兴村
福禄镇	1个社区：福中社区 6个村：斑竹村、龙宝村、胜利村、红山村、和平村、浸河村
广普镇	1个社区：普兴社区 8个村：护普村、马鞍村、白鹤村、金龙村、大石塔村、周家村、柏杨村、坪中村
三合镇	1个社区：平安社区 7个村：新场村、龙凤村、高山村、石龙桥村、二郎村、天星村、双河村
健龙镇	2个社区：肖家嘴社区、龙江社区 9个村：白果村、寨子村、玉林村、画眉村、小河村、弥勒村、鱼洞村、新石村、睦佳村

督教的少。（璧山年鉴编辑部、统战部）

自然环境

【地质】　璧山区地质构造属川东南弧形构造带，华蓥山复式背斜中的温塘峡背斜（东山，缙云山脉）与沥鼻峡背斜（西山，云雾山脉）之间璧山向斜。缙云山、云雾山为天然屏障，其间为丘陵，总地貌有二山夹一谷之特点。东山，北段称缙云山，中段称金剑山，南段称龙隐山。海拔500~810米，绵延61公里，山势磅礴，北高南低。西山，北起八塘镇仰天高，南止永川区云谷关，海拔500~885米，其中燃灯寺峰高885米，为区境最高。西山插旗山以南，受构造控制分为两支，构成背斜核部的高山入铜梁区为东山，构成背斜翼部的低山延至花果山。

【地貌】　区境地形地貌，清同治《璧山县志》载“形如柳叶，环境皆山，外高中平”。璧山区地貌按其海拔高度，可分为低山、丘陵、宽谷几种地貌类型。低山海拔为500~885米，分布于境内东西两山，山间灰岩溶蚀成槽谷。低山占全区总面积的17.6%。丘陵海拔为240~500米，按海拔高度梯次及丘陵形态可分为坪状高丘、桌状高丘、山麓状深丘、单斜深丘、桌状中丘、馒头状中丘、单斜中丘，丘陵占全区总面积的43.6%。宽谷海拔240米左右，分布于璧南河、璧北河、梅江河流域广大地区，宽谷占区域总面积的38.8%。

全境内断层不发育，主要分布在缙云山、云雾山两背斜，走向多数与褶曲轴线一致，为纵向逆断层。境内出露地层为第四系堆积层、三叠系上统须家河组、下统嘉陵江组及侏罗系地层。缺失白垩系及第三系地层，地腹内隐伏三叠系下统飞仙关组及其以下地层。

【山脉】　区境内受地质控制，形成东山（温泉山）、西山（云雾山），其间为丘陵。东山北起巴山十二峰之一的缙云山，南止江津区华盖山。海拔500~810米，绵延61.5公里。山势磅礴，北高南低，中部隆起。西山为金屏山东麓延至璧山境内称之。北起八塘仰天窝，南止永川云谷关。海拔500~885米，绵延68公里。西山由北而南至插旗山，山势雄伟，有名峰36座，其燃灯寺峰高885米，为境内最高峰。插旗山以南，西山受构造控制，分为两支，构成背斜部的高山进入铜梁区，为铜梁东山，构成背斜翼部、海拔在500米以下的低山继续南延至花果山复升到600米。东西山约161平方公里，占全区的17.6%，丘陵753平方公里，占82.4%。东西山间为丘陵，其间，龙门溪，保家的石弹沟、鸡公山、堡上、连架山一线，分水岭以北为二峡夹一谷，；分水岭南低山集聚，以太仙山、龙梭山、茅莱山地势较高，海拔在400~500米。与东山、西山组成三峡二谷的特点。中部丘陵除低山外，还广布海拔400米以下的高丘。

【河流】　区域地表水属外流水系，有大小溪河72条，总长200公里，其中汇水面积大于10平方公里的有10条，而以璧南、梅江、璧北3条河流最大，其余溪河均是短源，属季节性的流水。璧南、梅江、璧北3条河均发源于西部低山区，在区域内总流长163.1公里，流域集雨面积913平方公里。3条主要河流及其支流分别属长江水系和嘉陵江水系。其中，璧南河为长江水系左岸一级支流、梅江河为长江水系左岸二级支流；璧北河为嘉陵江水系右岸一级支流。

璧南河，位于长江左岸嘉陵江右岸。主河道发源于大路街道大竹村古老寨、黄桷桥一带，由西北向南方流经大路、河边、璧城、璧泉、青杠、来凤、健龙、广普等镇街辖区，止于广普镇柏杨村与江津区长冲乡金山村结合部“两口河”交界处与梅江河汇流后进入江津区长冲乡，再经江津区油溪镇注入长江左岸。璧南河河流总长度95.4公里，区境内长度为73.1公里，平均坡降2.65‰，境内流域面积455.10平方公里，占区域面积的49.8%，多年平均年径流量20 725万立方米。流域内有支流38条，其中，支流长度在5公里以上有7条，5公里以下31条。夏秋时有洪水，冬春季上游近枯竭。原流域内建有水库50座，正常储水量2 511.49万立方米。

梅江河，位于璧南河右岸。发源于原福禄乡白果树村（今福禄镇浸河村），沿西山山麓南流，流域集雨地面有福禄、大兴、正兴、丁家、三合5个镇街道，止于三合镇天星村离境进入江津区吴滩镇、长冲乡金山村与璧山区广普镇柏杨村结合部“两河口”交界处汇入区境内璧南河。集雨面积272.29平方公里，河流总长度60.6公里，区境内长度37.7公里，平均坡降2.02‰，区境内流域面积246.90平方公里，占区域面积的27%，区境内流域面积多年平均年径流量11 524万立方米。区境流域内支流21条，其中，支流长度在5公里以上有6条，5公里以上有15条。流域内有永川区九龙河在丁家街道马坊场官井村小河坝处汇入梅江河。丁家街道马坊以上河宽15米，以下河宽20~35米，从源头到出境处落差130米，流量随季节而变，夏秋常泛滥，冬春枯竭，最大流量每秒3.44立方米。原流域内建有水库25座，正常储水量2 142.34万立方米。

璧北河，位于嘉陵江右岸。主河道发源于境内大路街道大沟村与铜梁区西泉镇南天门村交界处一带，由西向东北方向流经大路、七塘、八塘、五龙等街道场镇辖区，止于八塘镇智灯村大水塘堰出境进入北碚区澄江镇五一村、盐滩村交界处，再经北碚区澄江镇汇入嘉陵江右岸。璧北河河流总长44.8公里，区境内长度37公里，平均坡降4.46‰，境内流域面积212.52平方公里，占区域面积的23.2%，多年平均年径流量9 560万立方米。流域内有支流13条，其中，支流长度在5公里以上有7条，5公里以下有6条。七塘镇以上河宽15~30米，七塘镇以下最宽约35米，由源头到出境处落差241米，最大流量每秒1.82万立方米，春夏洪泛，冬季干枯。多年平均平径流总量6 500万立方米，占全区总流量的22.18%。原流域内建有水库11座，正常储水量850.3万立方米。

过境河流。璧山区境内唯一过境河流有九龙河。九龙河发源于永川区大安镇薄刀岭，先北偏东流后转南，由永川区隆济镇进入璧山境内最南端的丁家街道马坊场官井村小河坝处汇入梅江河右岸,九龙河入境璧山境内约10公里后在境最南端三合镇天星村离境进入江津区境内。九龙河流域面积218平方公里，多年平均年径流总量9 478万立方米。（璧山年鉴编辑部、区水务局）

气　候

【概况】　璧山属亚热带湿润气候。区域东、西是低山区，两山间为丘陵谷地，对夏季来自海洋潮湿的气流扰动辐射作用。因此，具有春旱、夏热、冬暖霜雪少，无霜期长，雨量充沛，以及风小、湿度大、云雾多、日照少、绵雨多、多雷电等特点。同时，受东南季风、西南季风和北方冷空气的影响，以及它们与西风带和副热带高压的不同季节配合、进退和持续时间的长短，形成区域冬半年、夏半年气候的另一个特征。

历年平均气温18.0℃，极端最高气温42.2℃，极端最低气温-3.0℃；历年平均降雨量1 064.7毫米；历年平均日照时数1 051小时；历年平均风速1.7米/秒；历年平均相对湿度81%；历年平均无霜期364天。

2015年，境内气象灾害有：干旱、洪涝、寒潮、低温、阴雨、大风、冰雹和雾，其中危害最大的是干旱和洪涝，其次是寒潮、低温、阴雨、大风、冰雹和雾。主要灾害是暴雨、强降温，其中暴雨较为突出。年内：平均温度19度，极端最高气温38.1度；年极端最低气温2.2度。年降水量1 269.4毫米。雨日142天，大于50毫米雨日数5天，一日最大降水量96毫米。年日照时数1 055小时，距平百分率0.3%。全年气象站出现

2015 年气候数据表

表 2-1

月份	月平均气温（℃）	月降雨量（毫米）	年平均气温（℃）	年降雨量（毫米）
1 月	9.2	13.7	19.0	1269.4
2 月	11.4	4.5		
3 月	16.3	27.4		
4 月	20.3	102.3		
5 月	22.7	122.5		
6 月	25.4	207.1		
7 月	27.5	217.5		
8 月	27.0	206.3		
9 月	23.3	220.4		
10 月	19.8	108.2		
11 月	15.7	10.5		
12 月	9.5	29.0		

强降温天气 2 次、暴雨天气 5 次。雨量略偏多，温度显著偏高，日照正常，年内出现的强降温、暴雨等天气给全区的工农业生产和人民的生活带来一定影响。（区气象局）

自然资源

【土地资源】 璧山区位于重庆市主城区以西，渝东南平行岭谷褶皱区西南侧，系华蓥山脉向西南延伸的低山丘陵体系。北纬 29°17′~29°53′，东经 106°02′~106°20′，南北长 66.5 千米，东西宽 15.5 千米，辖区面积 914.42 平方公里。土壤质量分五级，以水稻土为主，次为紫色土。根据土地变更调查结果显示，2015 年全区土地总面积 91 442.48 公顷，其中农用地为 75 508.12 公顷，建设用地 14 514.19 公顷，未利用地 1 420.17 公顷，分别占全县土地总面积的 82.57%、15.88%、1.55%。按一级分类划分，耕地面积 43 650.25 公顷,园地和林地土地变更调查面积 4 952.66 公顷和 18 213.82 公顷,草地 268.13 公顷，城镇村及工矿用地面积 12 863.73 公顷，交通运输用地面积 2 040.48 公顷，水域及水利设施用地 3 055.97 公顷，其他土地面积 6 397.44 公顷。按行政区域划分详见附表。

（区国土房管局）

【矿产资源】 璧山境内已发现矿产有煤、铁、天然气、石膏等。其中石膏、石英砂、石灰石、页岩等规模大、品质高，开采条件好。

【水资源】 璧山区属于典型的水源区，几乎无入境河流，因水资源匮乏，成为重庆西部典型的缺水区。从近 30 年来看，水资源总量不足是璧山区经济发展的主要制约因素之一。璧山区全区 1959–2010 年多年平均地表水资源量为 4.18 亿立方米，占重庆市地表水资源量的 2.0%；相应径流深为 449 毫米，高于重庆市平均值。在丰水年（p=25%）情况下全区地表水资源量 4.90 亿立方米；一般枯水年（p=75%）情况下全区地表水资源量 3.22 亿立方米，特枯水年（p=95%）情况下全区地表水资源量 2.25 亿立方米。璧山区水能资源也较为短缺，理论蕴藏量仅 2489 千瓦，其中可开发水能资源 1535 千瓦，年发电量 565 万千瓦时。截至

2015 年璧山区土地面积统计表

表 2-2　　　　单位：公顷

地区	耕地	园地	林地	草地	城镇村及工矿用地	交通运输用地	水域及水利设施用地	其他土地	总面积
璧山区	43650.25	4952.66	18213.82	268.13	12863.73	2040.48	3055.97	6397.44	91442.48
璧城街道（含璧泉）	2447.83	958.51	1932.44	13.02	4049.69	449.52	242.14	445.14	10538.29
青杠街道（含来凤）	3844.48	479.22	1978.67	4.46	1939.02	257.2	332.21	592.68	9427.94
八塘镇	2852.21	416.69	2147.15	45.19	404.26	65.66	124.1	383.31	6438.57
七塘镇	3021.78	105.69	1580.09	18.73	526.42	71.71	154.94	421.74	5901.1
大路街道	5304.12	159.14	3309.71	123.83	1068.7	228.14	353.01	969.49	11516.14
河边镇	2551.81	401.33	769.83	11.15	543.9	141.83	258.8	344.56	5023.21
福禄镇	1525	570.48	1123.88	4.43	400.57	100.03	92.31	318.44	4135.14
大兴镇	5084.84	670.62	1197.61	8.82	993.04	178.1	367.71	773.98	9274.72
正兴镇	4102.04	290.93	1118.42	19.07	771.68	140.63	311.95	626.59	7381.31
丁家街道	5373.21	92.55	699.05	1.82	1100.2	209.71	290.25	761.45	8528.24
广普镇	3159.01	205.19	377.09	0.59	355.13	71.11	211.92	305.38	4685.42
三合镇	1995.44	512.54	507.08	4.69	236.27	60.38	94.21	187.11	3597.72
健龙镇	2388.48	89.77	1472.8	12.33	474.85	66.46	222.42	222.42	4994.68

2015 年年底已建成水电站有 7 个，总装机容量 1435 千瓦，年发电量 495 万千瓦时。

（区水务局）

【动植物资源】 全年野生动物有 30 种。其中常见的有野兔、白鹤、秧鸡、斑鸠、野鸡、画眉、山雀、燕子、点水鹊等。家禽家畜有 40 种，其中良种有 14 种，常见的有猪、牛、羊、鸭、鸡、兔、鹅、蜂等。鱼有 15 科、36 种，主要有青鱼、草鱼、白鲢、花鲢、鲤、红鲤、非洲鲫鱼、泥罗罗非鱼等。两栖、爬行类有团鱼（鳖），乌龟，青蛙，癞蛤蟆，蝙蝠，四脚蛇，菜花蛇、乌梢蛇、青竹标蛇等。昆虫有蜜蜂、蝴蝶、蜻蜓等 85 种。其中对农业生产有密切关系的有水稻害虫（大螟，二化螟等）、麦作害虫（麦小蝇、麦长管蚜等）、杂粮害虫（大螟、玉米螟等）、柑橘害虫（以螨类，蚧类较为普遍）以及地下害虫、蔬菜害虫、森林害虫、捕食性益虫、寄生性益虫等。

境内植物属亚热带常绿阔叶林区川东盆地偏湿性常绿阔叶林带。植物种类繁多，资源丰富。常见高等植物有 191 科 586 属 900 种。其中孢子植物 40 科 65 种，裸子植物 8 科 25 种，被子植物 143 科 810 种。植物为自然植被和栽培植被。

自然植被中常绿针叶林以马尾松为主，杉木林、柏木林为辅；常绿阔叶林是区内主要森林植被，现已被常绿针叶林取代；竹林属木本群落，有大径竹、小径竹 2 类。栽培植被主要植物有禾本科的水稻、玉米、高粱、小麦等；十字花科的油菜、白菜、卷心菜、萝卜等；蝶形花科的黄豆、蚕豆、豌豆、绿豆、四季豆、花生等；葫芦科的西瓜、黄瓜、冬瓜等；茄科的茄子、辣椒、番茄等 24 科 58 属。

境内植物资源主要分森林资源、农作物资源、中药材资源。森林资源主要分布在东西低山区，其特点：（1）针叶林多，阔叶林少。由马尾松、杉木、柏木组成，约占境内林地的 60%。亚热带竹林以慈竹为主，占林地 18.8%。（2）单纯林多，混交林少。在东西两低山的马尾松纯林，占乔木林地的 70%，极少有杉木、线栗和其他阔叶林树种的混交林。（3）中幼林多，成熟林少。中幼林占全区森林的 91.2%，成熟林仅占 8.8%。

农作物资源丰富：种植业中有粮、油、麻、丝、茶、糖、菜、烟、果、药、杂等。农作物品种分属 34 科 58 属，有上千个品种。其中粮食作物有 136 个品种。

中药材资源，境内常产常销的野生药材 94 种，种植 23 种，产量较多的 13 种，即半夏、香附子、管仲、黄栀子、苡仁、陈皮、积壳、青皮、薄荷、淡竹叶、菊花、鸡血藤、杂枳实。

（璧山年鉴编辑部）

旅游资源

【概况】 璧山旅游资源丰富，古有“璧山八景”，即“金剑晴雪”“东林晓钟”“觉院夜雨”“茅莱仙境”“圣灯普照”“虎峰马迹”“凉伞云遮”“石泉凝脂”，八景经历代浩劫多残存无几。璧山是“巴渝名邑”，有石寨 36 座、石墓 95 处 713 座。其中 15 口汉画像石棺名冠全国，图案多以人首蛇身的伏羲、女娲图腾和双阙、鼓乐、杂技、侍从、武士等人物形象组成。汉代画像石棺对研究中国汉代文化和璧山当时社会经济发展状况，提供珍贵的实物资料。改革开放以来，开辟出一批市级风景旅游区，有白云湖风景区，位于成渝高速公路璧山南站（青杠街道），现已不存在。青龙湖风景区，位于县城西北 29 公里处的大路镇云雾山，2000 年被评为市级风景区，2002 年被评为国家级森林公园。以青龙湖和两座宋代寨堡为中心，有 12 个景观和 72 个景点，被园林专家誉为“川东小九寨沟”，旅行家誉为“川东小峨眉”。金堂湖风景区，位于县城以西 35 公里处的正兴镇金堂水库，主要景点是重庆地区保存最好、最大的天主教堂“露德堂”，占地 2 公顷，历时百年至今完好无损。来凤鱼乐城，位于县城以南 19 公里。有近 100 个品种鱼味，不少文人墨客，海外来宾都以品尝来凤鲜鱼为快，并竞相撰文泼墨题词。璧山观音塘湿地公园，位于璧山城区，占地 41.53 公顷，是重庆最大城市湿地公园，于 2014 年 5 月 30 日，被批准为国家 AAAA 级旅游景区。璧南河沿河路被评为 2011 重庆“最美大道”。璧山秀湖公园，位于璧山老城区与绿岛新区的结合部，紧邻璧山新商业中心，公园占地 100 公顷，其中水面 33.33 公顷，公园建筑全部为仿古建筑，43 000 平方米，再现璧山建县 1 257 年的人文景观、名胜古迹、民俗风情、历史名人，成为演绎璧山厚重文化的优美“画卷”。2014 年 10 月，璧山区璧南河水利风景区成功创建为国家水利风景区。璧南河水利风景区位于璧山城市核心区，景区因其紧紧依附在穿城而过的璧南河上，故称为璧南河水利风景区。该景区主要由璧南河畔的秀湖公园、璧南河城区段及观音塘湿地公园三大骨干水利景区组成。景区规划 6.3 平方公里，其中三大骨干景区 2.78

正兴露德堂

（郭昌禄　摄）

广普云坪风光

（郭昌禄　摄）

平方公里，水域 1.15 平方公里。景区将山、水、城、林、路、石、亭、廊等融为一体，是典型的城市河湖型水利风景区。

2015 年，区委、区政府对旅游城市建设和旅游产业发展高度重视，提出“全域景区·支柱产业”的发展定位，加强秀美绿城、活力水城、文化古城建设，建成吸引力强的优秀旅游城市，致力于打造“重庆郊区旅游优秀目的地”。全区有国家级 AAAA 级景区 1 个（观音塘湿地公园），AA 级景区 1 个（露德堂），国家森林公园、省级风景名胜区 1 个（青龙湖），省级森林公园 1 个（金剑山）、国家级城市湿地公园 1 个（观音塘湿地公园）；农家乐 66 家（其中四星级农家乐 1 家、三星级农家乐 13 家）；温泉酒店 1 个（天赐华汤温泉酒店）；国内旅行社 3 家，旅行社网点 21 个；正在建设的五星级饭店 1 个（地派温泉大酒店）。

依据重庆对渝西地区“环主城游憩旅游经济带”的总体布局与定位，将休闲度假的发展理念融入社会生活、产业发展、区域经济等各个方面，部署璧山旅游“四大功能区”。

（1）璧中生态城市旅游片区。璧中依托秀湖公园——观音塘湿地公园休闲体验、御湖绿岛新区休闲度假、东林寺文化体验、地派温泉和天赐华汤温泉沐浴养生、翰林庄文化养生、砂之船奥特莱斯休闲购物为主要资源基础，积极构建以休闲度假养生为主的旅游格局。

（2）璧北山水田园旅游片区。璧北依托青龙湖古老寨生态观光体验、大路任之健康城休闲养生、璧北蔬菜基地观光体验、八塘樱桃基地、凤湖仙山山水观光为主要资源基础，积极构建田园风情乡村旅游片区。

（3）璧南生态园林休闲旅游片区。璧南依托渝西园林基地、广谱登云峰、谢唯进故居景区为主要旅游资源，积极构建生态园林休闲旅游片区。

（4）璧西生态果园体验旅游区。璧北依托大兴葡萄园基地、露德堂为主要资源基础，积极构建璧西乡村旅游采摘体验旅游区。

（璧山年鉴编辑部、商务局）

特色产品

【土特产品】 璧山传统的土特产品是“璧山土布”“璧山干酒”“玉麒麟锦缎”“青杠板栗”“大路七蕊黄花”“天池银丝粉”。这些土特产品除“大路七蕊黄花”“青杠板栗”“璧山干酒”有生产，其余的已不存在。现土特产品有青龙湖竹山玉笋、云雾绿茶、瑞峰灵芝。

【2015 年市级以上名特优农产品】 2015 年，全区“三品一标”和重庆名牌农产品累计认证 256 个，其中无公害农产品 124 个、产地认证 85 个，绿色食品认证 29 个，地理标志 1 个，重庆名牌农产品 17 个。其中有效期内的有 191 个（无公害农产品 83 个、产地认证 62 个，绿色食品认证 28

2015年市级以上名特优农产品表

表2-3

名称（商标）	主要产地	批准时间（年、月、日）	授予（批准）单位	建成规模（公顷、吨）	备注
璧莹儿菜	璧山丁家	2015.7.16	重庆名牌农产品评选认定委员会	300公顷	名牌
渝璧.玉血橙	璧山七塘	2015.7.16	重庆名牌农产品评选认定委员会	100公顷	名牌
璧北黄瓜	璧山八塘	2015.7.16	重庆名牌农产品评选认定委员会	10公顷	名牌
正禾葡萄	璧山青杠	2015.7.16	重庆名牌农产品评选认定委员会	10公顷	名牌
七蕊黄花	璧山大路	2015.7.16	重庆名牌农产品评选认定委员会	33.3公顷	名牌
土老坎葡萄	璧山大兴	2015.12	中国绿色食品发展中心	7公顷	绿色食品
蜜莉葡萄	璧山来凤	2015.12	中国绿色食品发展中心	7.13公顷	绿色食品
三贵葡萄	璧山正兴	2015.12	中国绿色食品发展中心	10公顷	绿色食品
鲍哥葡萄	璧山丁家	2015.12	中国绿色食品发展中心	8.67公顷	绿色食品
辣椒	璧山八塘	2015.2.04	农业部农产品质量安全中心	50吨	无公害
番茄	璧山八塘	2015.2.4	农业部农产品质量安全中心	180吨	
茄子	璧山七塘	2015.2.4	农业部农产品质量安全中心	135吨	
结球甘蓝	璧山七塘	2015.2.4	农业部农产品质量安全中心	105吨	
芹菜	璧山七塘	2015.2.4	农业部农产品质量安全中心	105吨	
莴笋	璧山七塘	2015.2.4	农业部农产品质量安全中心	75吨	
葡萄	璧山来凤	2015.2.4	农业部农产品质量安全中心	40吨	
天意甜橙	璧山七塘	2015.6.19	农业部农产品质量安全中心	150吨	
葡萄	璧山大兴	2015.6.19	农业部农产品质量安全中心	300吨	
厚华番茄	璧山八塘	2015.6.19	农业部农产品质量安全中心	95吨	
厚华黄瓜	璧山八塘	2015.6.19	农业部农产品质量安全中心	168吨	
厚华苦瓜	璧山八塘	2015.6.19	农业部农产品质量安全中心	251吨	
厚华茄子	璧山八塘	2015.6.19	农业部农产品质量安全中心	254吨	
苦瓜	璧山八塘	2015.6.19	农业部农产品质量安全中心	180吨	
辣椒	璧山八塘	2015.6.19	农业部农产品质量安全中心	120吨	
南瓜	璧山八塘	2015.6.19	农业部农产品质量安全中心	240吨	
苦瓜	璧山八塘	2015.6.19	农业部农产品质量安全中心	350吨	
茄子	璧山八塘	2015.6.19	农业部农产品质量安全中心	520吨	
普通淡水鱼	璧山建龙	2015.10.30	农业部农产品质量安全中心	150吨	
普通淡水鱼	璧山大兴	2015.10.30	农业部农产品质量安全中心	60吨	
活鸡	璧山广普	2015.12.2	农业部农产品质量安全中心	150吨	
抱子芥	璧山七塘	2015.09.28	农业部农产品质量安全中心	475吨	
苦瓜	璧山七塘	2015.09.28	农业部农产品质量安全中心	100吨	
茄子	璧山七塘	2015.09.28	农业部农产品质量安全中心	280吨	
番茄	璧山健龙	2015.12.23	农业部农产品质量安全中心	305吨	
苦瓜	璧山健龙	2015.12.23	农业部农产品质量安全中心	140吨	
菜豆	璧山健龙	2015.12.23	农业部农产品质量安全中心	26吨	

2015年市级以上名特优工业产品表

表 2-4

名称（商标）	主要产地	批准时间（年、月、日）	授予（批准）单位	建成规模（万元、万台）	备注
“顾地”牌 PVC-U 难燃线槽、线管	璧山青杠	2015.12.1	重庆市名牌产品协会	产值：15127 万元	
“顾地”牌埋地排水用钢带增强聚乙烯(PE)螺旋波纹管	璧山青杠	2015.12.1	重庆市名牌产品协会	产值：9876 万元	
“顾地”牌 HDPE 给水管材	璧山青杠	2015.12.1	重庆市名牌产品协会	产值：7689 万元	
汽油高压清洗机	璧山区	2015.11.26	重庆市科技委员会	40 万台	大江动力
通用小型汽油机	璧山区	2015.11.26	重庆市科技委员会	60 万台	大江动力

个，地理标志1个，重庆名牌农产品17个），农业标准化生产和规模化程度较高，农产品质量总体向好。（璧山年鉴编辑部、区农委）

经济社会发展

2015年，全区全年完成地区生产总值381.76亿元，同比增长12.1%。按三次产业分，第一产业增加值20.40亿元，增长4.4%；第二产业增加值273.63亿元，增长12.6%；第三产业增加值87.73亿元，增长12.2%。全年完成农林牧渔业总产值31.4亿元，按可比价计算，增长4.5%，完成增加值20.4亿元，按可比价计算，增长4.4%。璧北10万亩蔬菜基地2 466.67公顷，本年新增蔬菜基地133.33公顷，播种7 733.33公顷，蔬菜产量26.4万吨。绿化（花卉）苗木基地5 153.33公顷，本年新增绿化（花卉）苗木133.33公顷。璧山葡萄风情园1 400公顷。完成工业增加值244.2亿元，增长12.1%。工业对全区经济增长的贡献率达67.0%，拉动经济增长8.1个百分点。全区规模以上工业企业324户，完成工业总产值913.0亿元，增长18.1%。完成固定资产投资630.8亿元，增长15.7%。高新区完成投资268.0亿元，增长28.0%；绿岛新区完成投资77.8亿元，下降5.6%。房地产开发投资85.8亿元，下降23.8%。完成社会消费品零售总额106.6亿元，增长15.4%。其中限额以上法人企业完成社会消费品零售额40.9亿元，增长24.9%。年末全区公路里程1 656公里，其中等级公路1 355公里。全年完成邮电业务收入3.9亿元，增长2.2%。全年接待游客1 260.72万人次，增长114.9%；完成旅游收入29.3亿元，增长151.2%。全年实际利用内资239.6亿元，增长15.9%。实际利用外资15 923万美元,增长19.2%。完成进出口总额31 119万美元，增长7.7%。全年辖区内财政收入143.8亿元，增长4.2%。地方财政收入130.2亿元，增长3.6%。全区市级以上技术中心30个，高新技术企业33家，高新技术产品68个。全年全区获授权专利1 943件。年末全区有各级各类医疗卫生机构486个。全区常住人口72.52万人，其中城镇人口36.65万人，农村人口35.87万人；城镇化率为50.54%。全体居民人均可支配收入21 800元，增长11.0%；城镇常住居民人均可支配收入29 744元，增长9.1%。（区统计局）

民营个体经济

【概况】 2015年年末，全区私营企业9 628户，注册资本（出资金额）194.18亿元，带动就业121 624人。个体工商户33 215户，资金数额13.02亿元，带动就业55 156人；其中，城镇个体工商户29 809户，资金数额11.52亿元，带动就业48 889人。私营个体经济投资416.8亿元，同比增长28.5%。

【民营企业】 全年，新登记私营企业1 860户，注册资本（出资金额）43.51亿元，带动就业23 010人。

【个体工商户】 全年，新登记个体工商户5 908户，资金数额3.63亿元，带动就业11 262人。

【小微企业】 全年，全区累计发展小微企业3 583户，注册资本（金）90.81亿元，从业人员40 295人，营业收入108.33亿元，资产总额969.70亿元。（区工商局）

精神文明建设

【概况】 2015年，全区推荐评选上“重庆好人”7人，“中国好人”1人。组织“好人在身边”微访谈活动8场，其中市级示范活动1场。黄兴中、邓世友当选为第五届重庆市道德模范。创建成全国文明单位1个，全国文明村镇1个，市级文明单位2个，市级文明村镇3个，2名市民被评选“重庆市文明市民”。常年组织200名文明劝导员全天在城区重要路口开展“礼让斑马线，文明我点赞”志愿服务活动，推荐评选医德好、医术好、群众满意的“基层好医生”10名。注册志愿者人数8.8万人，超过全区常住人口总数的12%，开展志愿服务活动1 000场，受益群众5万人。依托区内治安岗亭建立志愿服务岗亭10个，全区187个村（社区）均建立志愿服务工作站。组织开展“志愿服务赶场天”活动79场，参与志愿者人数5 000人，收到群众意见建议1 800条，帮助困难群众1.5万人次。

【群众性精神文明创建】 一是不断深化文明城市、文明单位、文明村镇创建活动。二是深入开展“我们的节日”主题活动。组织开展“红红火火过大年”“中秋团圆”等形式多样的群众文化活动，让“我们的节日”活动进广场、进社区、进校园、进机关、进家庭，引导市民进一步了解传统节日、过好传统节日，感受传统文化的魅力，增强爱国情感。三是持续开展“微笑满渝州”文明礼仪行动和“善美行业”文明行风行动。同时在区内媒体上开设“曝光台”，媒体曝光市民的不文明行为，纠正违背公德的言行，引导人们培养良好行为习惯。四是不断推进农村精神文明建设。以打造院落福文化为主题，广泛开展农村精神文明创建活动。开展“孝敬是福”“互助是福”等创建活动，引导村民破除陈规陋习，倡导健康文明生活方式，反对邪教和封建迷信；深入开展“清洁家园行动”，完善环卫基础设施建设，建立健全环卫保洁制度、队伍；深化城乡结对帮扶、城乡共建活动。

“传承孝善爱满璧山”活动现场

（罗琴　摄）

【志愿服务活动】 一是完善志愿服务组织建设，成立区志愿服务指挥中心，全区15个街镇成立志愿服务工作站，187个村（社区）均建立志愿服务岗亭，形成区、镇街、村（社区）三级组织机构网络，为志愿服务制度化提供保证。二是以“志愿服务赶场天”为抓手推动志愿服务常态化。整合民政、教委、环保、文化委、卫计委、总工会、妇联、科协、科委、残联、红十字会、关工委、老龄办等部门志愿服务力量和资源组建“你说我帮”志愿者队伍，利用赶集日集中开展便民利民志愿服务活动，解决群众身边的烦心事，受到群众一致好评。三是广泛宣传，营造氛围。设计制作一批视屏类、平面类、剪纸等形式的志愿服务公益广告，在全区范围广泛刊播，形成立体化、全覆盖的宣传展示。充分利用区内广播、电视、报纸、网络、微博、微信、APP等新闻媒体强化志愿服务活动宣传力度，推出一批热心公益、乐善好施、甘于奉献、勇于助人的先进典型，使志愿服务理念深入人心。

【公民思想道德建设】 一是深入开展“我推荐、我评议身边好人”活的，用身边好事感染身边群众，利用区内媒体策划宣传“我推荐、我评议身边好人”活动等专题，组织广大干部职工学习好人先进事迹，参与评议和投票活动。二是开展道德讲堂建设。在全区各级各类文明单位、村镇（社区）建道德讲堂297所，为基层开展道德教育提供坚实阵地。三是广泛开展“讲文明树新风”公益广告宣传。以璧山剪纸为创作元素，创作“文明礼仪我先行”“向雷锋学习”等公益广告400幅，将这里公益广告在区内3家媒体上刊播，并张贴于车站、公园、广场、社区等公共场所，并免费赠送市民家庭。璧山广播电台播放“安全行车”“关爱老人”“学雷锋”“梦娃”系类等公益广告5 000分钟；《璧山报》常年刊播各类文明礼仪公益广告整版50个；璧山网、璧山文明网等网站首页位置积极刊播公益广告图片，总点击量超过200万次。四是开展“衣食住行”文明生活行动。广泛开展“衣旧情深”“文明餐桌行动”等活动，倡导市民节用惜福、文明用餐、邻里互助、文明出行，进一步提高市民文明素质。深入开展“文明引导、文明交通、文明餐桌、文明传播”行动，引导人们从身边做起，从小事做起，推动全社会践行礼仪规范。组织开展“礼让斑马线”“文明交通我先行”等活动，引导广大市民、司机自觉遵守交通规则，维护交通秩序、营造良好的交通环境。开展“小餐桌”带动“大文明”实践活动，引导各餐饮酒店和广大消费者提高文明消费意识，摒弃不良饮食习惯。

【未成年人思想道德建设】 一是参加“九童圆梦”活动和关爱山区留守女童“红樱桃”行动，向市文明办报送“九童圆梦”参赛作品，璧山区选送的多部作品获奖励，配合市文明办在璧山区七塘小学、依凤小学、保家小学开展关爱山区留守女童“红樱桃”行动，取得积极成效。二是开展“做一个有道德的人”主题实践活动。组织全区未成年人开展“学习雷锋、做美德少年”网上签名寄语活动。广泛开展“认星争优，做美德少年”活动，以认星、创星、争优为活动步骤，积极开展星级少年评选活动。组织开展“网上祭英烈”“向国旗敬礼”网上签名寄语等活动，敬一个礼、献一束花、留一句言、寄一份思，让广大未成年人了解革命先烈英勇事迹，珍惜今天的幸福生活，激发他们热爱祖国、热爱社会主义的感情。三是引导乡村学校少年宫建设和使用。区8所乡村学校少年宫均按照“一校一特色”品牌建设，规范操作、专款专用、阳光透明、严格开支、强化管理。书法、古筝、陀螺、铁环等20项兴趣小组活动让农村孩子在“家门口”实现与城里孩子“同学同乐”。全年参与考核测评的5所学校中，获一等奖学校3所，获二等奖学校1所，获三等奖学校1所。 （区委宣传部）

“三区一美”建设概览

综 述

2013年9月15日，中共璧山县委十三届二次全会上提出“三区一美”战略，即建设重庆“城市发展新区”的生态宜居区、新型工业化示范区和统筹城乡先行区，打造和美璧山。经过2年多的贯彻落实，“三区一美”战略指引璧山步步前进、续写辉煌。2015年，地区生产总值381.8亿元，人均GDP8 134美元，地方财政收入130.2亿元，总量进入全市一梯队，全体居民人均可支配收入21 800元，固定资产投资630.8亿元，总量居全市前茅；规上工业产值突破1 000亿元，社会消费品零售总额106.6亿元，国有资产超过600亿元，实现总量翻番。截至2015年，璧山区获“国家园林城市、国家城市湿地公园、中国人居环境范例奖、国家新型工业化示范基地、国家低碳工业园区、全国双拥模范城、国家农业科技园区、国家水利风景区、全国水生态文明城市试点、生态保护与建设示范区”等13张“国字号”名片；璧山高新区升级为国家高新区，让重庆迎来时隔24年的第2个国家高新区。　　(卢义)

建设重庆“城市发展新区”的生态宜居区

【绿城建设】　2015年，按照“深绿城市”定位，全面打造秀美绿城，新增城市绿地78公顷，城市绿地面积1 519公顷，其中本年新增公园城市绿地58公顷，公园城市绿地面积594公顷。人均公园绿地22.67平方米，继续推进引进千种植物进城，新引进植物品种600种，栽植的城市植物品种2 600种。推进东岳、漫水湾公园建设，建成南康、村家、翠微、蜀望、余庆5个公园，城市绿化从“平面”走向“立体”，完成公共区域立体绿化260

璧玉广场

(曾清龙　摄)

秀湖水街

（陈亮　摄）

处、居民楼院立体绿化 1 456 户。

【水城建设】 以“一河三湖九湿地”为蓝图，扎实推进活力水城建设，取得较好成效。编制完成古佛寺、黛山、土田水库初步设计报告，编制棕树湿地和王家沟水库建设工程初设报告。新建雪山、双凤、安乐、竹林沟等水库 4 座，实施李家沟水库扩建工程，其中完成雪山水库单位工程验收，安乐、双凤和竹林沟水库主体工程完工。新建成团堡湿地、翠微湿地、两岔湿地。完成璧南河熊家桥至中兴堰综合治理工程和福里河山洪沟防洪治理工程。建成一批以秀湖水街、“秀水湾”为典型代表的水景观工程。全年实施的水库、湿地及河流治理工程，新增蓄水能力 102 万立方米，新增水域 34 公顷，新增和恢复水网长度 6 公里。城区水域占比 9%，人均水域 9 平方米，水网长度 2.52 公里/平方公里，实现“山与水、水与城、城与人”的相依相融。

（区水务局）

【古城建设】 2015 年，全区原有（仿）古建筑 15 058.2 平方米（见附表：（仿）古建筑情况统计表）。新建成仿古建筑 132 361.6 平方米。其中，观音塘湿地公园建成非商业仿古建筑 9 317 平方米，秀湖公园建成非商业仿古建筑 4 688 平方米，商业仿古建筑 64 739.16 平方米，南门唐城 53 617.44 平方米。

同时，在仿古建筑中，璧山深入挖掘璧山历史文化资源，逐步将璧山历史上的重要人物、重

（仿）古建筑情况统计表

表 3-1-1　　　　单位：平方米

序号	名称	年代	地理位置	占地面积	建筑面积
1	文庙大成殿	清咸丰四年（1854），始建明万历四年（1576）	璧城街道办城中社区大成广场西侧，凤凰坡东麓	1023	505
2	林氏宗祠	清道光五年（1825）	丁家镇杨寺村 1 社	454	404
3	露德堂	清光绪十六年至光绪十九年（1890–1893）	正兴镇金堂村 1 社	13300	2025
4	禹王观戏台	清代	广普镇政府大院内	75.6	151.2
5	福荫寺	明清	青杠街道办石河村 14 社	3300	1200
6	笙家湾谢氏民居谢（唯进祖父旧居）	清代	璧山县广普镇笙家村笙家湾	2000	1616
7	大竹林王家宅	清代	璧山县三合镇双河村 1 社	1140	255

续表 3-1-2

序号	名称	年代	地理位置	占地面积	建筑面积
8	回龙湾谢氏民居	清代	璧山县丁家街道办凉风村 6 社	2000	1680
9	谢家大屋基	清代	璧山县丁家街道办天灯村 4 社	1500	1214
10	王家宅(翰林山庄)	清代	璧山县青杠街道孙河村 5 组	8600	1300
11	胡俺铨故居	清代	璧山县七塘镇四合村 11 社	6400	496
12	东林寺		璧城街道	3000	1509
13	大佛寺		来凤街道	800	1100
14	龙桂寺	仿古建筑	璧城街道水天池	6000	1603
			合计	49772.6	15058.2

要景观、重要诗文、重要事件等等进行展现，以恢复璧山历史文脉，增加古城历史底蕴。

2015 年 10 月 28 日，在市政府新闻发布厅，璧山区宣布在“十三五”期间，计划投入 350 亿元积极挖掘和保护璧山 1200 多年的历史文脉，复建 70 万平方米古建筑群，打造千年文化古城，让璧山成为重庆郊区旅游的首选地。

【轨道交通 1 号线大学城至璧山段】 全长约 5.6 公里，其中地下段长 3.6 公里（主要为两座隧道，1 号隧道全长 177 米，2 号隧道全长 3 359 米），高架段长 2 公里，设璧山高架站 1 座，设璧山车场 1 座，19.2 公顷。项目总投资 21.9 亿元（不含征地拆迁、管网迁改、绿化移植及利息等费用）。2015 年 1 月，成立重庆市璧山区交通项目建设指挥部，由区长章勇武任指挥长，常务副区长何平为常务副指挥长、区人大常委会副主任杨红军、区政协副主席刘正忠任副指挥长。2014 年 6 月 17 日，轨道交通 1 号线璧山段开工以来，至 2015 年年末，项目控制性工程缙云山隧道累计完成开挖支护 1 500 米。高架、车站及维修车场工程，编制完成可行性研究报告。

【城市管理】 建成智慧城管监督指挥中心，安装智能化控制终端 5 套。严格城市道路、绿化开挖审批，市政设施完好率 98%以上。开展城区河道清淤清漂，疏浚城区下水道 300 公里。规范“骑门摊”，治理“牛皮癣”，拆除违规广告牌 232 块。新增公共停车位 3 030 个。环保物联网试点工作取得阶段性成效，“智慧环保”系统上线运行。深入开展环保“五大行动”和“四清四治”专项行动，空气质量优良天数 346 天，城区噪声达标区实现全覆盖。

【天安城市综合体建设】 天安城市综合体占地 56.67 公顷，建筑 160 万平方米，其中住宅 56 万平方米，高层均价 4 500 元/平方米，洋房均价 5 500 元/平方米，商业体 104 万平方米，均价 30 000 万/平方米。项目集 5A 写字楼、滨水购物公园、五星级酒店、金融街和高端住宅社区于一体。完工项目 33 万平方米，包括住宅 11 万平方米，商业 19 万平方米，地下车库及其他 3 万平方米。

【环秀湖商圈建设】 环秀湖商圈位于璧山区绿岛新区核心区，环秀湖公园而建，占地 300 公顷，规划建筑 450 万平方米，其中商业 150 万平方米，包含天安城市综合体、秀湖商业体、南门唐城、金科秀湖天街、红星美凯龙渝西国际家居广场和同景商业街等项目。其中：秀湖商业体为 8 万平方米明清风貌仿古建筑群，位于秀湖公园内，依秀湖原生水岸而建，建筑4.96万平方米，包括四大组团：1.8万平方米的正南门、1.38万平方米的翰林院、1.94万平方米的水街和465平方米的四合院。翰林院七大组团，打造特色餐饮、高端休闲、养生、娱乐等；水街9大组团，1、6组团主营特色餐饮、住宿；2组团主营客栈、酒吧；3、4、5组团主营特色餐饮、休闲、养生等；7组团主营休闲茶吧、酒吧等；8、9组团主营特色酒吧、休闲养生。

南门唐城为仿唐代风格建筑，占地2.8公顷，商业5.4万平方米，项目整体定位三大主题商业区：都市精品区—主要承接秀湖公园休闲人群及周边常住人口的休闲购物类及生活配套类需求；风情美食区—侧重秀湖公园休闲人群、周边常住人口及商务宴请人群的餐饮聚会类需求；休闲娱乐区—针对秀湖公园休闲人群、周边常住人口及大学城高校师生，配套大型影院、KTV等时尚娱乐业态。主体全面完工，进入装饰装修阶段，签约入驻的企业有保利万和影院、儿童主题乐园、金福山韩式烤肉等。

南门唐城

（得劲房地产开发有限公司　摄）

红星美凯龙渝西家居广场用地17.33公顷，总建筑40万平方米，主要建设内容包括璧山恒美城市综合体，红星美凯龙生活广场，主题商业天街，高端SOHO办公、居住等，致力于构建家居全功能、家庭全业态、消费全时段、购物全体验的一站式家居主题购物中心。

金科秀湖天街占地约3.33公顷，采用现代欧式经典建筑风格，是一个集休闲、餐饮、娱乐、零售、百货为一体的购物中心。圆缘园茶餐厅、紫荆酒楼、联合100超市等全国知名商家相继签约入驻。

同景国际城占地近26.67公顷，建筑100万平方米。项目包括住宅和商业，其中住宅为新古典主义建筑风格，50栋，全部为高层；商业部分总体量10万平方米，分三期开发，一期二期为社区临街底商，三期为集中商业，商业功能业态分布：2个中心+4条商业街，分别为家庭消费中心、商务会晤中心、餐饮美食街、医教服务街、便民生活街、精品零售街。同景国际城致力于打造集购物、餐饮、娱乐、休闲、旅游、社交、商务等功能于一体的体验式街区。截至年末在售为一期商业部分，二期和三期正在规划中。签约保利电影院、新世纪超市、北京幸福福泉双语幼儿园、海悦会高端健身。

环秀湖商圈会同璧山政务中心、教育中心、文化中心、医疗中心和生活中心，形成集休闲购物、餐饮娱乐、高端商务、高新产业为一体的低碳、环保商业集群，计划经过3~5年时间的建设和业态培育，形成一个200亿级的城市核心商圈。

天安绿岛中心一期项目40万平方米，其中新增A2地块高层7万平方米。总体建成29万平方米，其中住宅14万平方米，商业10万平方米，地下车库及其他5万平方米。在建10万平方米，其中住宅7万平方米，商业3万平方米。其中金融街主体已施工完毕，正在幕墙施工中；A2地块高层43、46、47号楼主体施工中。

金融街5号楼、6号楼、7号楼底商已全部售罄。一期项目招商工作取得重大进展，涉及主力商家5家。其中确定入驻的有3家，分别是：博纳电影院、洲际酒店、麦当劳；意向入驻商家2家，分别是：银泰百货、益田百货。

【“人生链条”服务体系建设】 一是完成人民医院迁建工程内外装修。完成一标段（医疗综合楼）土建工程及排水管、电线管安装，消防主管和给水管安装分别完成98%和85%；完成二标段（行政后勤科研综合楼）土建、消防主管及电线管的安装，排水管和给水管安装分别完成95%和80%。分别安装一、二标段空调水管90%和80%，完成风管安装80%。装饰工程，完成一标段外墙保温、玻璃及石材幕墙的预埋件、挂外墙玻璃的铝合金型材及挂外墙石材的钢龙骨施工，分别完成外墙玻璃安装及石材干挂95%和70%；完成二标段外墙玻璃施工，外墙石材干挂95%。二是推进人民医院和妇幼保健院“三甲”创建工作。1.人民医院通过市卫生计生委组织的“二甲”医院复评，并接受“三甲”医院创建指导，针对指导中发现的问题进行逐一整改；修订完善医院内部管理制度；组织开展全院培训15次、三甲医院应知应会考试1次。2.妇幼保健院按照“大保健”的发展思路，规范设置孕产保健部、儿童保健部、妇女保健部3个业务部门；修订完善《院内会议制度》《印章管理制度》等管理制度，邀请重医附属医院等三甲医院专家对等级医院评审、医院质量管理、诊疗流程等进行现场指导；组建抢救室、增添急救设备、组织全院职工开展心肺复苏培训，提升急诊急救能力；组织全院护理人员开展微笑服务；派出妇产科、影像科主任2位进修学习；引进应届硕士研究生1名、招录应届本科生3名。

伊顿国际学前教育基地是璧山区完善人生链条服务的重要内容，该项目临近人民广场，总投资逾5 000万元，占地7 300平方米，建筑7 000平方米，户外活动2 000平方米。基地由国内外专业设计师倾心打造，是重庆市最大的国际幼儿园。项目规划于2016年春季建成，秋季招生。2月，巴蜀小学、璧山区实验小学牵手互助合作办学。两校通过管理互动、教师互动、学术交流、资源共享等方式合作。巴蜀小学从文化建设、课程文化、管理团队三个方面着手，立体“包装”实验小学，把实验小学打造为全区小学优秀管理干部、优秀教师培养和输出“基地”。投资4 900万元升级改造璧山中学初中部。至年底，改造完成正兴楼、明德楼、格致楼、学生公寓、塑胶操场、绿化景观等“硬件”设施。璧山中学与重庆一中联盟办学向纵深推进：合办新教师招聘会；对原有年级管理模式进行改革，学校主要领导直接参加高三年级工作领导小组，亲临一线；引进重庆一中“三段式”备课模式；加强组内讲课制度；交流学习、师资培训深入化；到重庆一中顶岗学习，两校互派教师交流；打造校本选修课程；组织各级教研活动，展示交流总结；同拟教学计划、共享教学资源；两校备课组携手教研。

（璧山年鉴编辑部、区商务局、
区交委、区教委、区卫计委）

建设重庆“城市发展新区”的新型工业化示范区

【概况】 2015年，璧山建设新型工业化示范区，围绕绿色工业示范区为主要目标，加快装备制造、电子信息、食品医药的大力发展。三大支柱产业得到进一步发展。

一、鼓励企业科技创新，提升企业科技含量。鼓励企业自主创新，加快科技成果转化。出台《璧山区促进科技创新奖励办法》《璧山区创业行动计划》等政策措施，全力支持企业创建企业技术中心、工程技术研究中心、重点实验室、协同创新中心等科技研发平台。全区新建工程技术研

新型工业化示范区一角

（罗君　摄）

1 000亿元，实现利税50亿元以上。已培育蓝黛公司成功上市，与21家签订股权投资协议，其中凯成科技、龙润公司、瑞普电缆等10家企业与西南证券公司签订辅导改制上市合作协议，加快推动企业通过资本市场发展，实现转型升级和做大做强。二是成立专项基金。根据企业发展不同阶段，建立从种子期、初创期到成长期的种子投资基金、天使投资基金、风险投资基金，其中创业种子投资基金规模达到3 000万元，用于支持创业团队和种子期创新型小微企业发展。

究中心4个，协同创新中心1个，企业技术中心7个，全区科技创新平台45个。协助企业申报高新技术企业和各类专利发明。出台《璧山区专利资助办法》《璧山区科技成果登记管理办法》等政策措施，鼓励申报高新技术企业和各类专利发明。全年专利申请2 596件，授权1 787件，有效发明专利235件，万人发明专利拥有量3.4件，新增国家高新技术企业16家，高新技术产品68个，企业R&D经费投入9.25亿元，占GDP的比重2.5%。璧山有国家级高新技术企业38家，国家级企业技术中心3家，各类市级研发平台45家，国家级实验室3家，国家级研究院1家，博士后科研工作站4家，高新技术产业产值占规模以上工业产值的比重52%。

二、实施金融创新，强化企业融资保障。秉承“创新+资本=新动力”经济逻辑，大力推进金融创新，帮助企业解决融资难题。一是设立专项股权投资基金。成立“两山火炬股权投资基金”和“两山西证股权投资基金”，投资规模11亿元。计划通过3年时间培育扶持30家企业改制挂牌上市，可撬动社会资本投入300亿元以上，企业总产值规模

三、协调解决困难，保障企业正常发展。一是协调区级部门解决经营问题。会同区发改委、区经信委等相关部门，在贷款融资、电力供应、人力保障、社保减免、项目资金等方面给予企业最大力度的支持，为128家企业申报社保减免政策等，确保企业正常经营所需。二是保障和改善企业职工民生。推动经济适用房和公租房配租工作，解决企业职工住房625套；协调解决企业子女入学81个，安排并完成62家企业的立体绿化工程，化解辉洲、威浩等企业的矛盾纠纷和债务问题。

【装备制造】　璧山区是中国汽车摩托车零部件制造基地。2015年有汽车摩托车等装备制造规模以上企业145家，实现产值454亿元。以青山、红宇、蓝黛、龙润、金冠等整车和总成企业为支撑、零部件企业配套的“5+400”汽车产业体系，形成自动变速器、制动总成、电子助力转向器总成、特种车四大集群。与重庆长安、福特、上汽、柳微、比亚迪、重汽、长城、江淮、吉利、众泰、

力帆、株齿、綦齿、江津齿轮等整车及零部件整装企业形成紧密的配套协作关系。正在积极推进众泰新能源汽车整车项目建设，推动汽车零部件企业的产品提档升级，提升配套水平，逐步进入中高级轿车和重型汽车配套体系。摩托车整车及零部件主要以重庆宗申三轮、大江珠峰摩托、大江三轮摩托等为主的“3+200”摩托车产业体系，形成电动和燃油的三轮、两轮摩托车整车，辐射整个西部地区；摩托车零部件主要有齿轮及齿轴、减震器、发动机气门、车架、车厢、轮胎、塑料覆盖件等，除区内配套外，主要与嘉陵、宗申、隆鑫、建设、力帆等整车企业配套。

【电子信息】 电子信息产业集中布局在高新区内(璧青公路以西、黛山大道以东、璧城永嘉大道以南、工业大道以北)，设置六大功能区，即机构件区、中低端芯片产业区、元器件与电子材料区、应用电子产品产业区、软件及服务外包区、综合服务区。重点发展以笔记本电脑机构件，即笔记本连接轴、支架、外壳等配套产品及相关的电子类产品；引进和培育发展IP、集成电路、电子元件、汽摩电子、电子材料、信息家电和软件及服务外包产业。培育和发展一批微电子信息产业企业。2015年，投产电子企业174家，其中：规模以上电子企业53家，实现产值167亿元。

【食品医药】 食品医药产业积极推进，2015年全区有食品医药企业173家，其中：规模以上企业8家，实现产值24.6亿元。乐百氏（重庆）食品饮料有限公司、重庆统一企业有限公司；重庆市中亚动物药业有限公司、重庆嘉瑞动物生化药业有限公司、重庆金福莱科技有限公司等医药企业。

【推动企业改制上市】 推动资本市场服务实体经济发展。发挥资本市场在结构调整、产业转型、战略性新兴产业成长中的巨大能量，组建“两山火炬股权投资基金”和“两山西证股权投资基金”，30家企业改制上市有序推进，蓝黛传动成为首家上市的本土企业。

（璧山高新区管委会、区经济信息委）

建设重庆“城市发展新区”的统筹城乡先行区

【概况】 2015年，统筹城乡进一步发展。完成精准扶贫精准脱贫任务。投入1.7亿元，落实六大类、46项重点任务，实现3个市级贫困村整村脱贫、1 891户建卡贫困户越过扶贫标准线。道口经济发展拉开序幕。效益农业加快发展。农林牧渔业产值31.4亿元，增长4%。璧北十万亩蔬菜基地播种7 266.67公顷、产量24万吨，璧南十万亩苗木基地、璧西五万亩果木基地分别新增种植133.33公顷、333.33公顷，三大基地实现产值15亿元。新建改造农村公路50公里。建设水利设施2 500处，恢复改善灌溉3 866.67公顷。流转土地20 066.67公顷，流转率51.4%，土地规模经营集中度达到44.4%。新增农业龙头企业5家、农民专业合作社19家，带动3.4万农户增收。新增无公害农产品基地15个、无公害农产品16个、绿色食品8个。加强农业科技创新，创建科技部全国首批农业“星创天地”试点。开展农村产权制度改革试点，实现“三权”抵押融资5亿元。生态创建深入推进。完成青杠污水处理厂管网及配套设施建设，新建改造14个场镇污水处理厂（站），城镇生活污水处置率80%以上。设置田间废弃物收集点150个，农村垃圾收集率50%。整治病险水库7座、河道18公里，严控水源地和次级河流水质。实施公路绿化870公里、水系绿化150公里，林木覆盖率达到49.7%。完成10个国家级生态镇街、1个市级生态街道创建申报，47个涉农的村（社区）创建为市级生态村（社区）。

【精准扶贫脱贫】 璧山区是市级扶贫开发非重点

区县，2015年贫困村3个（丁家街道三五村、正兴镇大面坡村、三合镇二郎村）；贫困户5 240户10 804人，其中低保户3 349户5 790人，建卡贫困户1 879户4 903人（原为1 891户5 014人，因死亡等原因自然销号12户111人）。

为保障扶贫攻坚顺利进行，全区成立扶贫开发建档立卡工作联席会议制度；贫困村均组建驻村工作队，由镇街分管农业的领导挂帅，镇街为贫困村脱贫的第一帮扶单位和责任单位；各贫困村由村民民主推荐3人组成义务监督员小组，负责督查落实扶贫资金及项目实施；各贫困村配齐配强村级领导班子，带领群众发家致富；由镇街统筹为每个贫困村和贫困户差异化编制脱贫计划。

2015年，通过政策倾斜，资金整合，实现贫困村通村公路全部硬化，完善村级公路网络，基本实现贫困村人行便道入户，贫困村自来水入户。推进农村垃圾集中收运系统，加强农村面源污染整治，全面推进清洁能源。区财政安排到户产业发展资金225.6万元，实施到户产业项目1 000个。推进贫困户结对帮扶，累计投入帮扶资金（含物资）132.4万元，因户施策，助贫困户脱贫致富。实施高山生态扶贫搬迁，建设大兴镇集中安置点1处，搬迁安置401人。实施危房改造项目，其中：C级危房改造196户，D级危房改造191户。从全区建卡贫困户中，识别深度贫困户347户763人，全部纳入民政局低保系统，截至年底为其发放低保金10.7万元，实现兜底脱贫。全年投入42.4万元，按照110元/人标准，实现贫困户城乡合作医疗保险全覆盖。卫生计生医疗专项救助768人，补助资金8.5万元；民政因病致贫重大医疗救助278人，补助资金26万元。建立精准扶贫学生档案，对建卡贫困户家庭学生免费健康体检，免费提供心理咨询服务。义务教育阶段贫困学生免费享受“爱心午餐”全覆盖。投入25万元资助建卡贫困户家庭学生378人，减免学费16人，发放大学生生源地贷款13人。

【道口经济发展】 完成8个道口片区发展战略规划及控规编制，明确各个道口功能定位。实施渝遂高速大路道口片区征地51.74公顷，完成万家欢国际农贸城开工准备工作。

【璧北十万亩蔬菜基地建设】 2015年，园区整合各类资金2.3亿元投入璧北十万亩蔬菜基地建设，全面实现“公路到基地、便道到菜园、沟渠相通、能排能灌”格局，生产更加集约高效，科技部全国首批农业“星创天地”试点项目落户园区，成功创建市级创业孵化基地。

基础设施升级。实施韩蛮路等9条道路、廖家桥及连接线总里程23.43公里。新整治山坪塘49口；新建及加固璧北河七塘镇—八塘五龙场镇段堤防5.69公里，新增河道及岸线整治7.51公里；新建供水管网（引调提水工程）10.12公里；

蔬菜基地全景

（曾清龙　摄）

实施节水配套工程，新增灌区渠道整治和防渗长度28.94公里，有效灌溉193.33公顷。新建蔬菜钢架大棚80 000平方米、瓜果长廊3 500米、蔬菜冷藏库1 000立方米、土壤改良666.67公顷、土地平整33.33公顷、蔬菜商品化处理场4 600平方米，购置太阳能杀虫灯131盏，新建生产便道4 000米、公路涵洞1座、机耕路2 000米。

产业发展增效。培育市场主体，成立蔬菜产业协会，入会会员实现抱团发展。启动蔬菜基地用工保险、蔬菜自然灾害保险工作，促进蔬菜产业稳定发展。全区蔬菜播种21 600公顷，产量70.3万吨，产值8亿元。其中，璧北蔬菜基地累计播种7 733公顷，产量26.4万吨，产值3.01亿元，发挥保供主城"菜篮子"作用。

科技创新引领发力。实施"121科技支撑项目"，构建"蔬菜产地环境信息数据库"。联合重庆师范大学开发完成2款APP软件（蔬菜标准化生产服务系统和蔬菜市场价格查询与行情预测系统APP、全区首款农产品智能手机交易平台APP—"秒易"），将农产品销售流通带入互联网时代。启动400平方米组培工厂建设，增强园区新品种研发、繁殖能力；新引进试验优新品种900个、新技术6项，示范推广200公顷，每公顷平均1 650元；完善研发中心监控设施，科技专家大院建设，为专家入驻正常工作提供便利。

产业融合提速。统筹布局种养殖产业，促进立体循环生态农业发展。优化产业调结构，配套发展血橙、樱桃等经果林533.33公顷，产业结构进一步优化。启动国家农业科技园区田园体验区规划，将蔬菜基地、血橙基地、中铁任之健康城、古老寨等项目串联组团，实现"景区化""公园化"，进一步完善"吃住行游购娱"等配套功能，促进三产融合发展，打造"金色郊区"。

【璧南十万亩苗木基地】 2015年，全区花木种植5 153.33公顷，花卉苗木品种400个，品种日趋齐全，销售渠道日益拓宽，从原来的重庆、四川两地，拓展到贵州、云南、陕西、河南、湖北、湖南、上海、江西、福建、广东、广西等十多个省（自治区、直辖市）。苗木年产量近2 000万株，苗木销售收入10亿元，从业人员超过20 000人，苗木经纪人规模达到1 500人，花卉苗木种植户15 000户，从事花卉苗木生产经营企业289家（其中园林一级企业2家，园林二级企业4家，园林三级企业6家）。重庆渝西园林（集团）有限公司保持国家重点农业产业化龙头企业称号，重庆文星园林工程有限责任公司、重庆渝川园林（集团）有限公司新命名为市级林业龙头企业称号。

花卉苗木生产朝规模化、专业化、标准化方向发展。为适应市场发展、满足市场需求，全区花卉苗木生产逐步朝规模化、专业化、标准化发展。重庆渝西园林集团公司是区花卉苗木发展的一个缩影：重庆渝西园林集团公司是区的一家园林一级资质企业，该公司花卉苗木生产基地达到540公顷，基地内生产便道纵横交错、排灌设施遍布，桂花、香樟、银杏等植物成片栽植，实现规模化、专业化、标准化生产。全区建立333.33公顷以上大型苗圃1个，66.67公顷以上较大苗圃2个，6.67~66.67公顷中型苗圃26个。同时，全区发展10个6.67公顷以上专业苗圃，建成桂花苗圃、香樟苗圃、鸡爪槭苗圃、红叶石楠苗圃、千层金苗圃等专业苗圃。

花卉苗木品质上档升级。借鉴成都温江、江苏沭阳和广东中山等地的先进经验，引进新技术、新品种，使花卉苗木品质上档升级。全区花卉苗木主要有以下几个大的转变：由低效品种向高效品种转变，由原来小叶榕、黄葛树、天竺桂等价值较低的品种向桂花等价值高的品种转变；由小苗向大苗、大树转变，由原来的培育常见小苗转向直接移植大径香樟、桂花、银杏、皂角、黄连木和朴树等大苗；由常规品种向专用品种转变，由原来的小叶榕等常规绿化品种向适合市场需求的专用品种转变；由露天栽培向设施栽培转变。

花卉苗木产业带动相关产业迅猛发展。花卉

苗木产业发展还带动生态旅游、物流、包装、餐饮等行业。全区起苗用8吨-35吨吊车45台，运苗用货车120台，吊车年收入8万元~15万元，货车年收入6万元~10万元，整个花卉苗木物流行业年收入1 400万；丁家街道的银桂园、塘上金秋等农家乐依托花卉苗木基地经营生态旅游和餐饮，年收入100万以上；重庆花木公司利用花卉苗木基地的环境优势，修建一家集花卉苗木生产、生态旅游、商务、餐饮于一体的高档生态园林式酒店。

【璧西五万亩果木基地】 以璧西五万亩果木基地建设项目为依托，以提升核心区葡萄种植技术为抓手，继续推进葡萄设施栽培技术，改善基地配套设施。新增果木基地333.33公顷，新建和改建葡萄设施大棚86 710平方米，21.33公顷果园配套滴灌设施，新建葡萄产品处理场4处（400平方米），柑橘冷藏室2处（500平方米）；实施现代特色效益农业（切块资金和产业链）项目，将新建葡萄钢架大棚176 831.2平方米，配套果园滴灌设施103.2公顷，产品处理场4处（820平方米），改建和新建葡萄观光长廊3 320米，葡萄文化广场环境改造1 520平方米，葡萄酒窖1处（700平方米），柑橘周转场和处理场1处（300平方米）。同时，璧山区交通、水务、国土、农业综合开发等部门积极给予支持，对园区内的道路交通、山坪塘、人行便道、蓄水池等新修、改造和配套。改善区水果种植基地环境，为提升水果栽培模式上档升级和休闲观光体验园区建设奠定坚实的基础。区农委通过实施市、区农业综合开发土地治理项目，加强对樱桃、蜜柚、脐橙、蔬菜等新技术推广运用和宣传，为特色水果产业在技术上予以保障。

为适应市场需求，在原有水果产业发展上，不断调整品种结构，延长水果上市期。在柑橘方面，先后引进爱媛38、春见、红心蜜柚、沃柑、特晚熟塔罗科血橙等优新品种，上市期为10月初至次年5月；伏淡季水果方面，2015年年初，引进心意、甜心皇后、黑美人等葡萄新品种19个，同年12月再引入葡萄新品种15个试验示范，从中优选出适合本地种植的一系列葡萄新品种，上市期从6月初至10月底，以延长葡萄货架期；引进云南泡壳核桃、梨枣、青脆李、无花果、樱桃等多个品种，弥补各季水果空缺，做到一年四季都有新鲜水果采摘和上市，为璧山发展乡村旅游在特色水果方面奠定基础。

加强特色经果园农产品质量安全监管，清理统计全区水果、茶叶种植0.67公顷以上种植农业企业、专业合作社、大户，并将种植3.33公顷以上的种植业主全部纳为农产品质量安全监管对象，专人专管，发放生产记录簿、定期不定期检查督促，积极配合区农产品质量监督检测站抽样检查，确保农产品质量安全。同时，主动动员水果、茶叶种植企业、专业合作社、大户等农产品“三品一标”的申报，加强品牌建设。全年，推荐申报的“渝璧·玉血”橙获“全国百个合作社百个农产品品牌”，水果、茶叶通过无公害产品认证3个、产地认证5个，获重庆名牌农产品2个；新申报无公害农产品4个、产地4个、绿色食品10个。

（区农委）

【生态创建】 自2014年11月全区生态创建动员大会以来，青杠街道、大路街道、丁家街道、八塘镇、七塘镇、福禄镇、河边镇、广普镇、大兴镇、正兴镇、健龙镇、三合镇12个镇街创建为国家级生态镇街，来凤街道创建为重庆市生态街道，全区80%的乡镇达到全国环境优美乡镇考核要求并获命名。全区151个涉农村（社区）中，134个村（社区）创建为璧山区生态村（社区），61个村（社区）创建为重庆市生态村（社区）。在创建过程中，整治环境违法，立案查处环境违法行为63起，办理环境违法行政拘留案件6起和环境污染刑事案件3起，行政拘留当事人6名。累计关停污染源1 055个，其中，工业污染源572个、养殖等其他污染源483个。打造智慧环保。对废气排放大户制砖行业开展专项整治，强推脱硫设施和在线

壁南河畔

（何燕雯　摄）

Ⅳ类以上；对剩余的2 551口山坪塘和590个精养鱼池开展自然修复或生态养殖改造，水质要求达到地表水Ⅴ类以上。8月，区人大组织向社会各界征求对全区生态文明建设工作的建议和意见，发放书面征求意见1 200份，满意率95%；网络问卷收回246份，"好"以上的比例96%。

（壁山年鉴编辑部、区农委、区环保局、区林业局、国家农业科技园区管委会）

监测安装全覆盖。安装电子标签1 894个，视频监控设施41套，在线监测设施46套，工况监控设施35套。构建一张拥有庞大数据支撑的多图层电子地图，通过实时在线监管倒逼企业守法排污。

继续实施五大行动。全区空气质量优良天数346天，建成区噪声达标区覆盖率100%，覆盖面积24.66平方公里，覆盖人口25万。做好"水文章"。完成正兴、广普、健龙、龙江、定林5个污处理厂的升级改造，建成保家（第3个污水处理厂）、青山、来凤部队、来龙、老蒲元5个污水处理站，完成高新区污水处理厂综合污水处理部分建设并投入试运行。高品质打造宜居环境。公路绿化870公里，水系绿化150公里，林木覆盖率49.7%；农村环境连片整治覆盖率70%；累计帮助6.7万农户实施卫生厕所改造，粪便无害化处理率96.6%，比原计划提前两年达到国家级创建目标。全域水体实施严控严管。对全区所有水库（91座）和可能直接影响饮用水源地或次级河流水质的山坪塘571口、精养鱼池148个开展为期2年的集中整治，水质要求达到地表水

打造和美璧山

【概况】　2015年，用改革提升行政效能，纵深推进法治政府、服务型政府建设。深化投融资体制改革，坚持"三道防线"控制负债，政府债务保持在绿色安全区域内。坚持"政府投资瘦身，社会投资扩容"，政府投资和社会投资比例优化为1:6。深入推进机构改革，整合精简机构17个，清理撤销临时机构和议事协调机构70个。积极构建三级服务体系，15个镇街公共服务中心和186个村（社区）

区妇幼保健院

（曾清龙　摄）

便民服务中心全部建成投用。坚持区级领导信访包案，一对一包案化解重点信访矛盾32件，公开接待、走访群众2.4万人次，解决问题4 493件。畅通民意诉求渠道，做好“阳光璧山一网一线”工作，受理群众诉求23 556件，解决率100%；服务群众工作信息管理系统三级互通，受理群众反映事项8 206件，办结8 060件，满意率95%；创新开展网络留言办理工作，受理诉求244件，办结率100%。积极推进公车改革，停止新购和更新一般公务用车，整合行政资源，38家单位入驻行政中心集中化办公。加强政府采购管理工作，完善政府采购目录，严控采购金额，全年采购合同金额2.6亿元，节约资金2 800万元，节约率10.8%。强化公共资源交易管理，完成交易金额64.93亿元，为政府增收节支1.06亿元。完成“三年千人引才计划”，全年引进和培养高层次人才329人，全区累计引进和培养硕士研究生（或副高职称、高级技师）及以上高层次人才1 035人。

城北小学5V5对抗赛

（曾清龙　摄）

【重点民生实事】　对接全市重点民生实事，完成全区25件民生实事年度任务。其中，污水处理厂（站）建设、农村饮水安全、山坪塘整治和撤并村卫生室建设4件提前完成3年目标，生态停车场建设、关闭污染企业、农村危房改造等9件超额完成年度任务。完成14 500户城市供水“一户一表”改造。建设村社便道220公里，安装22.2公里农村公路危险路段安保设施。精神卫生中心开工建设，完成164个村卫生室基本设备配备，实施15个镇街卫生院、9个社区卫生服务站、269个村卫生室医用计量器具免费检定。建成社区便民商业设施10个、社区养老服务站5个。建成保障性住房33.9万平方米，完成高山生态扶贫搬迁401人。新建改造公厕19座、垃圾收集站22个，实施45个行政村环境连片整治。完成殡仪馆迁建项目6.61公顷报批和土地征地拆迁，项目连接公路建成通车。完成公益性公墓153公顷土地报批手续。完成安乐水库库区和坝区土地征地拆迁工作。扩大就业技能培训4 283人。完成1 969名孕妇产前出生缺陷筛查和2.3万人次农村妇女“两癌”筛查。改扩建学校11所，义务教育阶段学生营养餐全覆盖。808场流动文化服务进镇街和村（社区），22个行政村光纤全覆盖。规范设置城区重要节点信号灯和交通标志30个，改造43栋老旧居住建筑消防设施。

【社会事业】　新建民办幼儿园5所，启动凤凰小学、御湖小学建设。实施教育绩效考核改革，12所试点学校课程改革有序推进。引进40名高层次教育人才，面向全国选调33名优秀教师到璧任教。深入推进医药卫生体制改革，区级公立医院实行药品零差率销售，让利群众3 275万元。实施体育馆改造，新建体育健身广场2个、全民健身路径10条、农体健身工程44个。基层文化阵地面积超过10万平方米，实现全免费开放。

【社会保障】　城镇新增就业2.1万人，4 695名城

居民小区

（何燕雯　摄）

镇登记失业人员和2 008名就业困难人员实现就业，城镇登记失业率控制在2.31%。发放创业担保贷款5 030万元，新发展微型企业750户，帮助1 100人实现创业。连续11年调整城镇职工养老保险待遇，惠及4.9万人。2 194名参保居民获大病医疗补助1 159万元。改扩建敬老院1所，新建社会养老机构3所。为9 479名城乡低保对象发放低保金2 670万元，2 069名城市"三无"人员领取供养金1 053万元。3 241人纳入农村五保供养，发放待遇1 417万元。1.7万名80岁以上老人享受高龄营养补贴1 100余万元，692个失独家庭获特别关爱金410万元。实施医疗救助、临时救助14.6万人次，发放救助金2 180万元。

【平安建设】　新增治安卡点33处、高清监控摄像头1 223个，落实18个反恐重点单位安保措施，群众安全感指数达95.8%。破获集资诈骗、非法吸收公众存款等经济案件46件，为群众挽回损失2.6亿元。优化应急处置流程，修订区级应急预案11个，开展应急演练32次。通过购买法律服务，在全市率先建立疑难复杂信访问题导入法律程序工作机制。关闭危险化学品生产企业5家、煤矿和非煤矿山7家，全年未发生较大以上安全生产事故。

（杨钊）

2010—2015年璧山国字号名片表（13张）

表3-2

名称	授予时间（年、月）	授予（批准）单位
国家园林城市	2012.2	住房和城乡建设部
全国双拥模范城	2012.2	全国双拥工作领导小组、民政部、总政治部
国家新型工业化示范基地	2012.12	工业和信息化部
全国科技进步先进县	2011.11	科技部
国家农业科技园区	2013.9	科技部、农业部等6家单位
国家一级图书馆	2013.10	文化部
国家城市湿地公园	2013.12	住房和城乡建设部
中国人居环境范例奖	2014.2	中国人居环境奖工作领导小组办公室
全国水生态文明城市试点	2014.5	水利部
国家低碳工业园区	2014.7	工业和信息化部、国家发展改革委
国家水利风景区	2014.10	水利部
全国纳税服务示范区	2014.8	国家税务总局
国家生态保护与建设示范区	2015.5	国家发改委、环保部等11个部门

经济

农业

综述

【概况】 2015年，全区乡村户数17万户，农业人口33.45万人，农林牧渔业从业人员10.4万人.耕地2.5万公顷（其中田17 366公顷、土7 592公顷），有效灌溉1.82万公顷，保灌1.15万公顷。全区农村土地流转2.02万公顷，流转率52.2%，规模经营集中度达到44.86%。全年新增无公害农产品基地15个，无公害农产品16个，绿色食品8个，获重庆市名牌农产品5个，注册“璧山葡萄”地理标志证明商标。

【农业生产】 全年农林牧渔业总产值31.4亿元（其中农业14.8亿元、林业0.4亿元、畜牧业13.6亿元、渔业2.3亿元、服务业产值0.3亿元），增长4.5%；农林牧渔业增加值20.58亿元，增长4.5%；农林牧渔及水利固定资产投资28亿元，增长18%。粮食产量17.48万吨，油料产量4 655吨，蔬菜产量70.3万吨，茶叶产量430吨，水果13.99万吨，出栏生猪28.89万头，出栏家禽3 232万只，出栏兔364万只。肉类总产量7.64万吨，水产品产量1.79万吨。

【农民收入】 全区农村常住居民人均可支配收入

现代收割机取代传统手工收割

（郭昌禄　摄）

14 229元，增长11.1%，绝对额连续16年保持全市各县第一位。其中，工资性收入8 509元；家庭经营性收入3 167元，财产性收入605元，转移性收入1 948元。人均消费支出9 759元，增长18.6%。

【农村改革】 全年完成来凤街道来凤村等2个点的农村产权制度改革试点工作。实现“三权”抵押融资5亿元。农业废弃物资源化利用率达到80%。建成投入使用“猪—沼—菜”循环农业模式示范区3个（1 000公顷），无害化处理率45%。田间废弃物收集点150个，垃圾收集率50%。建立对关停养殖场83家、整治养殖场209家、整治屠宰场8个、精养鱼池126个的常态巡查监管机制，确保生态创建工作有序推进。实施水利改革，办理3 557处小型水利工程产权证，采取切实措施，推进农业水价综合改革工作，完成项目区农业水权分配、农业水价核定、农民用水户协会建设以及各项工程建设等工作，水的有效利用系数由0.45提高到0.95，农业灌溉节水率达50%以上，项目区实现人均年增收2 000元以上。

正兴镇金堂村村民给草皮除杂草

（张承刚　摄）

【农村社会事业】　完成3个贫困村、1 879户建卡贫困户精准扶贫精准脱贫任务，完成高山生态扶贫搬迁121户401人集中安置点工程建设并分房，实现80%搬迁入住。核实登记农村水库移民1 255人，按季发放移民直补资金75.39万元，投入1 200万元资金，为水库移民区建设一批以山坪塘、蓄水池、农村公路等为重点的农村移民后期扶持项目建设。依托村便民服务中心，以市场化经营为手段，以连锁配送形式在8个镇街建成10个村级农资超市。

【农业产业化发展】　新增区级农业龙头企业15家，新增农民合作社29家，新增发展家庭农场54个，培育市级家庭农场示范场5个。全区参加合作社农民成员数90 662个，带动农户数33 889户，参合率59.4%。重庆渝西园林（集团）有限公司保持国家重点农业产业化龙头企业称号，引进重庆嘉之树农业有限公司、重庆银鑫源生态农业开发有限公司等企业10家入驻璧山。全区土地流转20 040公顷，新增368.27公顷，流转率51.43%；规模经营17 060公顷，新增629.8公顷，规模经营集中度44%。

【农民工子女就学】　随着璧山区经济建设发展水平的提高，区外到璧务工、经商人员不断增多。区教委坚持以流入地政府为主、以公办学校为主，安排符合条件的流动人口随迁子女就学。璧城、璧泉地区根据务工子女实际居住地，按照相对就近的原则统筹安排到大鹏小学、狮子小学、蒲元小学、河边小学、来龙小学、正则中学C区、蒲元初中、河边初中五所小学和三所初中学校就读。其他街镇的中小学根据实际情况接收务工子女和返乡农民工子女入学。2015年解决进城务工人员随迁子女入学5 610人，其中学前教育3 327人、小学1 754人、初中529人。凡到璧接受义务教育阶段教育的进城农民工随迁子女，学校不收取任何费用，与本地户籍学生享有同等的奖励、资助等权益。　（区农委、区教委）

美丽乡村建设

【概况】　2015年，贯彻落实中央、市农村工作会议精神和区“三区一美”发展战略，以统筹城乡发展先行区为目标，扎实推进农业现代化建设，开展美丽乡村、美丽农庄创建工作，打造乡村旅游品牌，发展“周末经济”，推动农业产业化发展，促进农业农村经济持续快速发展。

【农村基础设施建设】 全年新建农村村社便道220公里，完成任务的110%。实施7个镇街15个村的农村饮水安全工程，解决0.74万人饮水安全问题，提前半年超额完成3年解决10万农村人口（实际解决10.74万人）饮水安全的目标，实现全区农村饮水安全全覆盖，39万多农村群众饮上安全卫生的自来水。实施7座新出现的病险水库除险加固建设，整治山坪塘461口，新增和恢复蓄水能力116万立方米，新增和恢复灌溉800公顷，受益群众3万人。完成1.45万户居民供水“一户一表”改造任务，新建或改建的青杠、来凤、丁家、正兴、广普等11个污水处理厂（站）基本完成主体工程。

【农村人居环境】 全年开展以农村危房改造、村道硬化、安全饮水、垃圾处理、污水处理、卫生改厕等项目整治，建成市级美丽宜居村庄16个，在城区外13个镇街建设垃圾收集站35个、收集点690个，配备各类垃圾运输车59辆、扫地车7辆、清洗车14辆、环卫手推作业车159个、垃圾桶2 991个、果皮箱804个、垃圾房（池）623个。垃圾无害化处理率超过95%，垃圾收集清运率100%。璧南河流域整治养殖户验收合格54户，拆除圈舍647 531平方米，恢复耕地64 309平方米，璧北河流域整治养殖户验收合格30户，拆除圈舍49 748平方米，恢复耕地49 715平方米，实施总量减排养殖场项目18个。

【休闲农业与乡村旅游】 全年完成璧泉街道鹰嘴村等8个美丽乡村、来凤街道雪域农庄等5个美丽农庄创建任务。开展创建市级美丽乡村5个、区级美丽乡村7个、区级美丽农庄6个、精品农业园8个；璧山区被评为重庆市休闲农业与乡村旅游示范区县，春海花乡、云雾山庄、古老寨田园山庄被评为市级休闲农业与乡村旅游示范点。

种植业

【概况】 全区水果种植10 926公顷、总产量14.74万吨、产值71 619万元，比2014年同期分别增长3.61%、11.04%、9.36%。其中，葡萄产量、产值增长速度较快，2015年产量4.34万吨、产值33 080万元，增长12.44%、13.13%。全区茶叶种植520公顷、产量520吨、产值1 450万元，同期分别增长4.6%、7.6%。

璧山区2015年大春作物产量对比表

表4-1-1

品种	2014年（实际）			2015年			2015年比2014年增减					
	面积（公顷）	亩产（公斤）	总产（吨）	面积（公顷）	亩产（公斤）	总产（吨）	面积		亩产		总产	
							绝对数	相对数	绝对数	相对数	绝对数	相对数
一、大春粮食	24554.80	443.1	163192	24522.40	445	163656	-486	-0.13	1.85	0.42	463.80	0.28
1.谷物	15132.93	500.3	113574	15050.87	503	113565	-1231	-0.54	2.69	0.54	-9.20	-0.01
中稻	15111.93	501.0	113566	15035.53	504	113559.0	-1146	-0.51	2.51	0.50	-7.00	-0.01
再生稻	21.00	25.2	7.95	15.33	25	5.8	-85	-26.98	-0.24	-0.94	-2.20	-27.67
2.豆类	236.00	288.7	1022	238.53	291	1042.0	38	1.07	2.52	0.87	20.00	1.96
春豆	95.40	219.0	313.4	102.93	230	354.6	113	7.90	10.66	4.87	41.20	13.15
冬豆	90.20	364.4	492.98	90.60	357	484.5	6	0.44	-7.85	-2.15	-8.48	-1.72
杂豆	38.27	302.3	173.5	45.00	301	202.9	101	17.60	-1.67	-0.55	29.40	16.95

续表 4-1-2

品种	2014 年（实际）			2015 年			2015 年比 2014 年增减					
	面积（公顷）	亩产（公斤）	总产（吨）	面积（公顷）	亩产（公斤）	总产（吨）	面积		亩产		总产	
							绝对数	相对数	绝对数	相对数	绝对数	相对数
秋大豆	12.13	230.0	41.86	0.00	0	0.0	-182	-100.00	-230.00	-100.00	-41.86	-100.00
3.薯类	4497.13	297.5	20067	4514.07	299	20272.0	254	0.38	1.91	0.64	205.00	1.02
红苕	4256.07	305.0	19472	4272.40	306	19642.0	245	0.38	1.49	0.49	170.00	0.87
马铃薯	241.07	164.5	595	241.67	174	630.0	9	0.25	9.25	5.62	35.00	5.88
4.玉米	4590.40	410.3	28252	4620.27	411	28484.0	448	0.65	0.70	0.17	232.00	0.82
5.高粱	98.33	187.8	277	98.67	198	293.0	5	0.34	10.18	5.42	16.00	5.78
二、油料	237.27	125.0	445	238.60	129	462.0	20	0.56	4.05	3.24	17.00	3.82
1.花生	234.53	125.6	442	235.60	130	459.0	16	0.45	4.24	3.38	17.00	3.85
2.芝麻	2.73	73.2	3	3.00	67	3.0	4	9.76	-6.50	-8.89	0.00	0.00
三、麻类	0.00	0.0	0	0.00	0	0.0	0	0.00	0.00	0.00	0.00	0.00
四、甘蔗	7.53	1370.8	154.9	7.47	1387	155.3	-1	-0.88	15.81	1.15	0.40	0.26
五、烟叶	0	0.0	0	0	0	0.0	0	0.00	0.00	0.00	0.00	0.00
全年粮食	28866.07	402.9	174464	28744.27	405	174796.0	-1827	-0.42	2.48	0.61	332.00	0.19
全年油料	2755.60	108.0	4464	2848.73	109	4655.0	1397	3.38	0.94	0.87	191.00	4.28

【粮油生产】 全区粮食产量 17.4 万吨。璧山区农技中心以项目实施镇街为重点，推广种植胡豆青、油菜青等绿肥品种 3 600 公顷，项目区绿肥鲜草亩产达到 1 500 千克以上，本田压青减少化肥施用量 10%以上。在丁家街道高古村 3、6 社，长五村 1 社，三五村 6、7 社实施“2015 年璧山区稻田周年高产高效新品种新技术集成示范与推广”，涉及农户 69 户，项目主推稻田养分周年高效利用技术，其中，水稻采用重庆市 2013 年审定的新品种“渝优 865”，主推技术为稻—菜轮作模式，儿菜少免耕种植技术。

广普镇高粱

（陈富春 摄）

【水果生产】 完成新发展种植清见、沃柑及特晚熟塔罗科血橙等 346.67 公顷；新建葡萄钢架大棚176 831.2 平方米，配套果园滴灌设施 103.2 公顷，产品处理场 4 处（820 平方米），改建和新建葡萄观光长廊 3 320 米，葡萄文化广场环境改造 1 520 平方米，

2015年与2014年水果生产同期对照

表4-2

项目	2014年面积（公顷）	2015年面积（公顷）	增减%	2014年总产量（万吨）	2015年总产量（万吨）	增减%	2014年总产值（万元）	2015年总产值（万元）	增减%
总计	10545.13	10897.4	3.34	13.01	14.79	13.7	65487.6	71619	9.36
其中：一、柑橘	3265.87	3565.87	9.19	3.83	4.56	19.21	12258	13433	9.59
二、伏淡季水果	7078.13	7331.53	3.58	8.86	9.88	11.47	52302.6	57136	9.24
梨	2921.73	2921.73	0	3.02	3.26	7.95	10696	11357	6.18
李	250.6	250.6	0	0.37	0.45	21.62	2055	2395	16.55
桃	620.4	601.07	-3.12	0.84	0.94	11.9	3271	3451	5.5
葡萄	2332.4	2332.4	0	3.86	4.34	12.44	29240	33080	13.13
枇杷	609.47	622.8	2.19	0.47	0.50	6.81	5219	1950	-62.64
茶叶	520	520	0	0.05	0.05	4.63	1347	1450	7.6

葡萄酒窖1处（700平方米），柑橘周转场和处理场1处（300平方米）；引进葡萄新品种15个。全区水果种植10 897.4公顷，总产量14.79万吨，产值71 619万元，分别增长3.34%、13.7%、9.36%。茶叶520吨，产值1 450万元，产量和产值分别增长4.63%和7.6%。

养殖业

【概况】 2015年，坚持以科学发展观为指导，围绕“保供给、保安全、保生态”目标，科学规划，强力推进，促进畜牧养殖业向优质、生态、安全发

2015年畜牧基本情况对比表

表4-3-1

指标名称	单位	2014年	2015年	±%
大牲畜				
年末存栏数	头	1417	1526	7.69
出栏或自宰的牛	头	582	625	7.39
牛肉产量	吨	75	81	8.00
牛奶产量	吨	51	29	-43.14
生猪				
年末存栏数	万头	17.88	17.55	-1.85
能繁母猪	万头	0.92	0.91	-1.09
出栏肥猪	万头	29.21	28.89	-1.10
猪肉产量	万吨	2.16	2.13	-1.39
羊				
年末存栏数	万只	1.22	1.32	8.20
出栏羊	万只	1.56	1.70	8.97

续表 4-3-2

指标名称	单位	2014 年	2015 年	±%
羊肉产量	吨	214	237	10.75
家兔				
年末存栏数	万只	97.70	97.72	0.03
出栏兔	万只	360.08	363.78	1.03
兔肉产量	吨	4372	4417	1.03
家禽				
年末存栏数	万羽	960.29	978.85	1.93
鸡	万羽	918.02	936.56	2.02
年内出栏	万羽	3183.90	3231.63	1.50
鸡	万羽	3072.51	3119.31	1.52
禽肉产量	吨	4.94	5.00	1.21
禽蛋产量	吨	0.75	0.75	0

展，实现动物产品的提质增量，畜牧养殖取得健康持续的发展。全年生猪存栏、出栏数量分别17.55万头、28.89万头，减少1.85%、1.10%；家禽存栏、出栏数量分别978.85万羽、3231.63万羽，增长1.93%、1.50%；肉兔年栏数、出栏数量分别97.72万只、363.78万只，增长0.03%、1.03%；畜禽肉类总产量7.64万吨，7.59万吨增长0.66%，其中：猪肉2.13万吨、减少1.39%，禽肉5万吨、增长1.21%。

【畜牧项目实施】 全年实施项目5个，项目资金189万元，分别是：实施重庆市璧山区云清养殖场肉鸡标准化示范场创建项目1个，建设资金25万元；实施璧山区阳河科技有限公司肉兔标准化养殖示范场及重庆市璧山区文会生猪养殖有限公司圈舍改造优势特色效益农业切块资金建设项目2个，建设资金75万元；实施璧山区秦岭养殖专业合作社现代特色效益农业产业链项目1个，建设资金30万元；实施璧山万红青年鸡养殖场肉鸡标准化鸡舍农业技术推广与服务补助资金建设项目1个，建设资金60万元。

【动物疫病防控】 与各畜牧兽医站签订动物重大疫病防控工作及畜产品安全工作目标管理责任书，

大兴镇温氏种鸡场 （郭昌禄 摄）

2015年动物免疫注射基本情况对比表

表4-4

指标名称	单位	2014年	2015年	±%
猪				
猪瘟	万头/次	29.26	22.38	–23.51
口蹄疫	万头/次	30.93	22.65	–26.77
猪繁殖与呼吸综合征	万头/次	21.35	17.88	–16.25
猪丹毒	万头/次	0	0	
猪肺疫		0	0	
细小病毒	万头/次	0	0	
仔猪副伤寒	万头/次	0	0	
伪狂犬	万头/次	0	0	
牛				
口蹄疫	头/次	1378	715	–48.11
牛出败	头/次	0	0	
羊				
口蹄疫	万只/份	1.44	1.91	32.64
山羊痘	万只/份	0	0	
小反刍兽疫	万只/份	0.56	0.98	75
鸡				
新城疫	万羽/次	6145.03	6238.61	1.52
禽流感	万羽/次	4608.77	4678.96	1.52
鸭				
禽流感	万羽/次	20.82	23.27	11.77
鹅				
禽流感	万羽/次	3.67	4.11	11.99

2015年动物产地检疫基本情况对比表

表4-5

指标名称	单位	2014年	2015年	±%
生猪	万头	12.63	14.69	16.31
家禽	万羽	1783.91	1893.15	6.12
家兔	只	2325	10627	357.08
牛	头	219	270	23.29
羊	只	884	1153	30.43
蜜蜂	群	890	564	–36.63

明确责任、加强管理，把工作落实到实处。全年全区免疫口蹄疫猪、牛羊分别22.7万头次、2万头次，猪瘟22.4万头次，高致病性猪蓝耳病17.9万头次，禽流感4 706万羽次，新城疫6 238万羽次，免疫密度分别达应免畜禽的100%，免疫狂犬病3.6万头次并达到应免犬只的81.5%；养殖消毒

8.7 万户，消毒面 100%。完善动物免疫机制，每月分上、中、下三旬分类免疫和实施首免后二次加强免疫措施，增强动物重大疫病的常年密度，经动物的抽血测抗，免疫合格率在 70%以上。

市民在农庄挑选甲鱼

（刘畅 摄）

【水产概况】 全年全区水产品总产量 17 906 吨，养殖 2 894 公顷，培育各类鱼苗 9 807 万尾，鱼种 2 827 吨，渔业产值 2.31 亿元。推广新品种长丰鲢 66.67 公顷，“中科三号”异育银鲫 33.33 公顷，生态甲鱼养殖 33.33 公顷；推广“池塘鱼菜共生综合种养技术”76.67 公顷。鱼病监测主养品种 6 个，测报 40.47 公顷。完成捕捞渔民全部参加渔民人身平安互助保险；试点开展渔业养殖保险，投保 57.53 公顷。加强水产品安全宣传、指导和生产环节检查，抽检产地水产品 56 样次，水产苗种 20 样次，快检未发现孔雀石绿、氯霉素等禁用药物残留；抽检饲料 8 样次，快检未发现添加喹乙醇，保障水产品安全生产。

2015 年水产基本情况对比表

表 4-6-1

指标名称	单位	2014	2015	±%
养殖面积	亩	2882.33	2894.47	0.4
水库	亩	1098.47	1098.47	0.0
池塘	亩	584.67	584.67	0.0
商品鱼基地	亩	64.47	64.4	-0.1
耕地养鱼	亩	994.67	1009.87	1.5
河道网箱	亩	0.00	0.00	0.0
其他	亩	140.13	137	-2.2
稻田养鱼面积	亩	634.13	636.4	0.4
生产鱼苗	万尾	9975	9807	-1.7
水产品产量	吨	16733	17906	7.0
水库	吨	1792	1885	5.2
池塘	吨	14242	15313	7.5
河沟	吨	23	0	-100.0
稻田	吨	39	37	-5.1
河道网箱	吨	0	0	0.0

续表 4-6-2

指标名称	单位	2014	2015	±%
鳙鱼	吨	1070	1240	15.9
鲫鱼	吨	6643	6778	2.0
罗非鱼	吨	369	408	10.5
鲶鱼	吨	62	88	42.4
鳝鱼	吨	89	134	51.4
泥鳅	吨	196	271	38.7
其他	吨	519	674	29.9
虾蟹类	吨	32	61	92.5
贝类	吨	47	72	53.0
淡水捕捞	吨	498	511	2.6
其他	吨	139	160	15.1
在产量合计中				
草鱼	吨	2014	2203	9.4
鲤鱼	吨	660	674	2.0
鲢鱼	吨	5034	5304	5.4

【水产项目实施】 全年实施水产项目3个，分别为：吨鱼万元生态养殖集成技术项目，100公顷；新品种推广项目，推广新品种长丰鲢66.67公顷，中科三号“异育银鲫”33.33公顷亩、松浦镜鲤20公顷；池塘鱼菜共生综合种养技术项目，项目实施池塘鱼菜共生综合技术76.67公顷。

（区农委）

林 业

【概况】 2015年，全区林业工作契合重庆“城市发展新区”全新定位，按照“三区一美”发展战略要求，以建设重庆“城市发展新区”的生态宜居区为目标，主动适应林业发展新常态，通过实施生态修复、生态保护、生态富民、生态服务、生态文化五大林业行动，全年林业各项工作迈上新台阶。

【深绿璧山建设】 以建设重庆“城市发展新区”的生态宜居区为目标，借助国家巩固退耕还林成果等林业重点工程项目的实施，推进深绿璧山建设。一是组织开展全民义务植树工作，创新活动形式，全年完成义务植树120万株，全区约43万

深绿秀湖公园

（罗君 摄）

适龄公民参加义务植树，义务植树尽责率96%；二是组织开展市级生态文明建设示范区建设，不断完善农村基础设施，改善农村人居环境，全力打造靓丽宜居村庄。完成村社道路绿化132公里；三是组织开展森林抚育工作，开展中幼林抚育2 666.67公顷，争取中央财政林业补助资金220万元；四是组织开展重要节点绿化，推进区生态文明建设，建设全域景区城市。栽植尾巨桉营养袋苗6 000株、红花羊蹄甲、天竺桂园林绿化植物3 000株。

壁山区福禄古柏位于浸河村，树龄600年

（郭昌禄　摄）

【集体林权制度改革】　继续做好集体林权制度改革的配套改革工作，认真收集有关林权制度改革后续工作中问题，全面、准确地了解和掌握林权制度改革后期中的各种情况，积极为林农解决林权纠纷中遇到的问题。

【林业产业】　一是围绕全区“四个功能区”的划分，进一步加强璧南十万亩苗木基地建设，强化产业发展向导，形成“错位发展、齐头并进”局面，优化升级璧南十万亩苗木基地品种结构，进一步推动璧南苗木基地品种结构向精品化发展。新增苗木133.33公顷，全区绿化苗木种植5 153.33公顷，苗木销售收入10亿元；二是实施特色经济林木标准化示范园建设等林业特色产业项目，争取市级财政专项林业特色产业项目资金60万元。

【退耕还林】　组织开展退耕还林成果巩固工作，解决影响退耕农户长远生计问题。在大兴镇、福禄镇、七塘镇等街镇种植沃柑、脐橙、血橙等实施巩固退耕还林成果后续产业种植业604公顷，争取中央资金453万元。

【天然林保护】　一是全面推行森林资源管护责任制，全面落实1.57万公顷公益林（其中国有林0.49万公顷，集体林1.08万公顷）的管护任务。二是顺利完成2015年度公益林生态效益补偿金直补任务。2015年度公益林补偿1.16万公顷，其中集体林约1.07万公顷，补偿资金约237.44万元，国有林0.08万公顷，补偿资金约5.8万元。公益林补偿让林农享受到补助，增强林农森林自主管护的积极性，使区公益林得到有效保护。三是完成2015年森林保险任务申报工作。申报森林保险任务1.57万公顷，其中公益林1.49万公顷，商品林0.08万公顷，继续帮助区林业生产经营者有效分散林业风险。

【森林资源管理】　树立“不破坏就是发展，保护好青山绿水就是科学和谐发展”的理念，认真落实严管措施，巩固林业建设成果。一是加强林地征占用管理。建立林地管理台账制度，加强对林地资源的管理，严格征占用林地审核审批手续，全年办理征占用林地17起，涉及37.06公顷，缴纳森林植被恢复费200.4万元，其中审核转报市局审核（批）永久占用林地11件，涉及32.28公顷；

审批直接为林业生产服务占用林地手续6件，涉及4.78公顷。同时启动非法征占用林地的清理。二是加强林木采伐限额管理。严格执行采伐限额管理制度，杜绝超数量，超范围，超期限采伐林木的行为发生，无乱砍滥伐林木，无超限采伐林木现象发生。全年发放林木采伐许可证24份，审批办理商品林采伐565.31立方米，公益林采伐244.12立方米。三是坚持凭证经营（加工）和凭证运输木材制度。督促各经营（加工）户建立(完善）木材购销登记台账，进一步加强对木材经营（加工）市场的管理。全年年审木竹经营（加工）个体或企业201家，并新办木竹经营（加工）许可证23份。截至年底全区木竹经营（加工）个体或企业231家。坚持凭证运输木材制度，严格规范办理木材运输证，办理木材运输证958份。通过对林业政策法律法规宣传，加大执法检查力度和实行定期检查等措施，有效的制止非法木材进入经营（加工）市场和煤矿企业。四是开展打击非法融资工作。为贯彻落实《重庆市璧山区财政局关于开展打击非法金融宣传活动的通知》精神，制定方案，并到相关的涉林企业宣传非法融资的危害。宣传活动开展5场，发放宣传单2万份。五是加强湿地保护管理。

【野生动植物管理】 一是加强古树名木的保护宣传和采挖树木审批管理，严格采挖树木数量和技术管理，实行采挖树木公示制度；二是严厉打击破坏野生动物的非法行为，并结合一年一度的“爱鸟周”“世界野生动植物日”等宣传活动，广泛开展爱护野生动物宣传教育活动；三是加强野生动物驯养繁殖（经营）户管理，区陆生野生动物驯养繁殖（经营）单位18家，主要养殖经营蓝孔雀、虎纹蛙、眼镜蛇、中华蟾蜍、野猪、雉鸡、刺猬、竹鼠等。

【林业有害生物防治】 坚持“预防为主，科学治理，依法监管，强化责任”的防治方针，实施林业有害生物可持续控制战略。一是广泛宣传《植物检疫条例》《森林病虫害防治条例》等有关法律法规以及林业有害生物防治技术等，让广大群众了解松材线虫等林业有害生物的危害性以及加强检疫的重要性和必要性。二是加强检疫，从源头上遏制林业有害生物扩散蔓延。以产地检疫为重点，把好源头检疫关，加强对调运检疫的管理，做到既不漏检漏查，又不重复检疫和擅自扩大检疫范围，种苗产地检疫率和调运检疫率均100%。三是加强防控，将林业有害生物危害控制在不成灾水平。以国家级中心测报点为骨干，以16个镇（街道、林场）监测单位为基础，依据森林资源二类调查成果资料以及市级部门确定区林业有害生物重点监测对象和区森林资源的分布情况，适时开展林业有害生物监测预报。开展松材线虫病春、秋两季疫情普查，通过普查，没有发生松材线虫病疫情。

【森林防灾】 强化基础设施建设，加大宣传教育力度，不断提高群众防火意识，开展森林火灾隐患排查、做好查漏补缺以及适时开展督查等一系列防火措施，全区各级各部门通力合作,社会各界积极参与，形成齐抓共管的良好局面。全年无重大森林火灾发生。

【科技兴林】 强化科技兴林，开展璧山珍稀濒危野生红豆杉野外救护与繁育项目前期准备工作和龙梭山科技示范基地示范林的松土、除草、施肥等幼林抚育工作；推广林木良种，全年新造林中良种使用率90%；推广林业先进适用技术，印发技术资料2万份；通过开展璧山区2015年林业科技实用技术培训会，参加重庆市林业局林业专业知识培训，培训林业技术员和林农1 000人次。

【林业法治】 开展“打击破坏濒危野生动植物违法犯罪专项行动”“爆炸物品大清查专项行动”“缉枪治爆专项行动”等专项行动，围绕建设“森林璧山”的工作大局，精心部署，制定有效方案，深入调查摸底，深挖案件线索，从严从重从快打击违法征占用林地，毁林开荒、盗伐林木、滥伐林木等违法犯罪行为。全年受理各类森林案件28件，查处28件，受处理违法犯罪人员6人，林政处罚47人。为国家挽回各种损失18万元。

（区林业局）

水利事业

【概况】 2015年，全区水利工作牢固树立“与水共生，依水发展”理念，发扬水利人“献身、负责、求实”的行业精神，全年争取市级以上国家水利资金3.5亿元，完成水利投资10.5亿元。深入扎实地开展“三严三实”专题教育活动、“微党课”学习活动和日常党建工作，全面开展正风肃纪专项行动和廉政风险防控活动，在全系统形成“为民、务实、清廉”的良好氛围。安全信访稳定工作、精神文明建设工作、关心下一代工作、工会工作、老协工作、群团工作均取得较好成绩。新获全国生态保护与建设示范区，“禹王杯”水利综合工作被市水利局考核为一等奖，局机关继续保持重庆市文明单位和全国水利文明单位。

三江水库美景

农村饮水安全工程

（王炯其　提供）

【水利项目规划】 认真搞好水利规划和项目储备工作，着重抓活力水城、水生态文明城市、骨干水源、城乡饮水、防汛抗旱、城市堤防、中小河流治理、病险水库除险加固、水文水质、水土保持、灌区改造、山坪塘整治、污水处理、农村五小水利等及各类民生水利项目的前期工作，编制完成《璧山区水利发展“十三五”规划》《农村饮水安全巩固提升规划》《河道岸线保护与利用规划》等一系列专项水利规划，为夯实水利发展后劲、争取国家更多投入奠定良好基础。

【重点水利工程】 长江提水璧山供区工程于4月28日启动，至年底完成缙云山隧洞掘进300米。三江水库至城区22公里的输水管道工程完工投入运行，并于3月17日实现向璧山城区供水，每年可向城区供水800万立方米。盐井河水库扩建工程大坝枢纽工程完工，完成8公里供水管道建设，年初输水到千层岩水厂，提升供水保障能力。千层岩水厂扩建工程于年初完工投入运行，日供水量由3.5万吨提升至6.5万吨。璧城污水处理厂二期工程完工投入运行，日处理污水能力由3万吨提升至6万吨。璧南河大灌区改造年度工程顺利完成，整治续建渠道总长157公里，新增和恢复灌溉3 333公顷，年增节水能力1 288万立方米，20万人受益。

【水利民生实事】 超额完成区委、区政府赋予区水务局4件民生实事任务。一是农村饮水安全任务。解决7 400人的安全饮用水问题。二是完成山坪塘整治461口。三是完成“一户一表”改造1.45万户。四是完成青杠、来凤、丁家等11个污水处理厂（站）的新建和改扩建。

【农田水利】 开展农田水利基本建设，重点围绕蔬菜、苗木、水果、特色食品等农业主导产业，完成各类水利设施项目 2 500 处。其中：兴建小型水源工程 140 口，维修养护机电提灌站 274 处，修复水毁工程 520 处，新建防渗渠道 150 千米，维修清淤渠道 980 千米，恢复改善灌溉面 3 867 公顷，新增灌面 1 733 公顷。

璧北蔬菜基地节水灌溉工程

（王炯其　提供）

【河流治理】　在城市重点河段治理和堤防建设方面，完成璧南河熊家桥至中兴堰段综合治理工程，综合治理河道长度 7.69 公里，新建防洪护岸工程 15.1 公里，新建翻板闸 3 座、排水箱涵 12 处。在中小河流治理方面，实施福里河山洪沟治理工程和马坊桥河堤整治工程，完成河段治理 6 公里、新建成堤防 10 公里。同时，完成璧北河、梅江河河道管理范围划界工作。

【水库除险加固】　7 座新出现的小（2）型病险水库除险加固工程全部竣工投入运行，恢复和新增水库蓄水能力 300 多万立方米。

【防汛抗旱】　在来凤街道孙河村和城区大岚水库组织 300 名抢险队员开展防汛抗旱应急救援演练，实施 10 处重点防洪工程和 5 处抗旱应急工程，增强工程性抗灾能力；在汛期，成功抗御“6·30”“7·15”　“8·17” 3 次大暴雨，最大的“8·17”降雨量近 200 毫米，城区和镇街均未造成洪灾损失，群众生命财产安全得到保障。同时，指导丁家街道完成“8·17”抗洪抢险救灾工作。

【供排水事业】　城区累计供水 1 600 万立方米，保障城区供水安全，其余镇街的供水均正常保障。在排水工作方面，城市核心区和 39 个场镇污水处理厂（站）均严格按工艺处理污水，达标排放，城市核心区的污水收集处理率达 93%以上，镇街污水处理率 83%，城区中水回用率 29%，大兴、福禄等多个镇街开始推广使用中水。

【水政水资源及水文水质监测】　在“世界水日”和“中国水周”期间，开展以水法、水土保持法以及重庆市水资源管理条例和河道管理条例为重点的水法律法规宣传活动，增强人们的水忧患意识、水资源保护和河道管理意识。切实搞好 50 多座饮用水源水库的水质保护工作，科学实施全区城乡饮用水源地、生活饮用水和水功能区监测工作，监测范围覆盖全区镇街自来水厂 15 个、场镇供水工程 8 个、已建成的农村集中式供水工程 33 个、场镇饮用水水源 16 个，完成全区 3 162 口山坪塘每季度 5%的水质检测任务；完成区域水环境监测区域分中心建设，进一步提高水质监测能力；严格水务综合执法，及时查处乱打井、乱占河道、随意侵害水利设施等水事违法行为 9 起。

【水土保持】　审批水土保持方案 6 件，征收水土保持规费 37 万元，验收 5 个生产建设项目的水土保持设施。治理水土流失 45.1 平方公里。

【水库精准扶贫和移民后期扶持】　扶持正兴镇大面坡村、丁家街道三五村、三合镇二郎村等 3 个村，帮助 3 村规划建设一批水利基础设施，基本解决村民的生产生活用水问题，帮扶 10 户贫困家庭。全区核实登记水库移民 1 255 人，按季发放农村移民直补资金，确保全区无一农村移民上访和群访、集访事件发生，维护社会稳定；投入 1 200

万元资金，为水库移民区建设一批以山坪塘、蓄水池、农村公路等为重点的项目建设。

【水利改革】 完成小型水利工程管理体制改革，对3 557处小型水利工程办理产权证，进一步明确小型水利工程的管理主体，破解部分水利工程无人管局面，最大限度地保障水利工程效益的发挥。扎实推进农业水价综合改革，完成项目区农业水权分配、农业水价核定、农民用水户协会建设以及各项工程建设等工作，累计整治渠系34公里，整治提灌站2处，新安装用水计量设施23处，更新改造计量设施77处。农业水价综合改革工作7月通过市级验收。完成城区阶梯式水价改革，开展基层水利服务机构标准化建设工作，初步验收镇街水务工作站11个。（王炯其）

农业综合开发

【概况】 2015年，在全区3个街镇组织实施农业综合开发项目，累计投入各类资金2 474万元，用于土地治理、市级集中科技推广项目，其中：中央财政资金1 510万元，市级财政资金655万元，县级财政配套资金164万元，自筹资金145万元。农业综合开发项目极大改善项目区群众的农业生产基本条件，提高农业综合生产能力。

【土地治理项目】 实施农业综合开发土地治理项目3个，即正兴镇高标准农田建设项目、大兴镇高标准农田建设项目、丁家街道高标准农田建设项目，建设地点分别为：正兴镇卫寺村、团结村和曙光村，大兴镇船形村、狮子村和莲生村，丁家街道杨寺村、走马村、龙安村、天灯村、八寿村和铜瓦村，完成治理土地1 166.67公顷。完成的项目工程有：开挖疏浚渠道145千米，新修衬砌渠道16.67千米，渠系建筑物11座，山坪塘28座，蓄水池6座，便民池20座，整修机耕道路36.06千米，生产便道29.21千米（含沟带路16.33

便民池与衬砌渠道一角（罗琴 摄）

千米）。实施《葡萄病虫绿色防控示范与推广》《水稻—儿菜水旱轮作配方施肥技术示范推广》《优质柚丰产稳产技术示范推广》《小白菜高产栽培技术示范推广》科技示范推广项目4个，加快蔬菜基地、水果基地和苗木基地的建设。完成项目总投资2 419万元，其中各级财政资金投资2 274万元。

【市级集中科技推广项目】 完成由璧山区农业技术推广中心实施的“香型优质稻渝香203标准化生产示范及推广”“优质樱桃高效栽培技术示范推广”2个市级集中科技项目。项目采取邀请专家现场召开培训会、深入田间实地指导、发放技术宣传资料、观摩交流、建立示范片等形式，组织培训农民1 562人次、发放培训资料10 756份、建立示范田61.39公顷，完成项目总投资55万元。

市农科院专家在大棚内查看南瓜套速生叶菜的长势（张承刚 摄）

农业机械化

【概况】 2015年，完成机插秧3 400公顷；机耕4.58万公顷；机收1.25万公顷；推广新机具2 153台套；培训各类农机人员450人次。

【农机作业】 采取抓住重点、全区铺开、全区推进策略，将大兴、丁家、福禄、青杠、来凤确定为全区示范重点，其余为一般示范点。在示范过程中，先后召开培训会16次，派出专业技术人员98人次，解决技术难题60件，印制、发放《璧山水稻机械化插秧技术要点》5 000份。经实地称量和理论测产2种方式综合测定，机插秧亩产量达520公斤以上，较人工栽插增产10%以上。亩增收节支300元以上。

【农机技术推广】 采取扎实措施，全力抓好农机装备水平提升。春耕期间，召开田间演示现场会30次，发放宣传资料2万份，组织机具下乡巡展32次，制作宣传标语46幅，派出农机技术人员进村入户320人次，广泛宣传，使机具推广得到全面发展，全年，全区推广各类机具2 153台（套）。

【农业生产综合机械化率】 全年，全区累计拥有各型注册登记拖拉机914台，联合收割机51台。农业机械补贴机具备案登记率100%，拖拉机联合收割机注册登记率100%。

【农机化服务体系建设】 一是在青杠、大路高速路口，设立接待服务总站，其余镇街设立分站，对外来机手提供作业信息服务。引进外地机子400多台，加上本地农户自购130台，实现机收1.26万公顷，仅此就为农民节约支出5 400万元，相比人工减少粮食损失折合人民币920万元。二是争取区财政资金30万元、市级财政资金10万元支持建设农机维修网点，采取服务外包，企业参与的方式，给农机请保姆，使农户维修难，难维修的问题得到解决。建镇级维修网点38个，区级1个，服务队1支。只要农户有求，24小时内问题就能解决。

【农机购置补贴】 全年，全区争取农机购置补贴中央资金400万元。建立和完善一系列农机购置补贴监管工作制度。对所有上报补贴产品，按照规定，入户核查和电话抽查，电话核查率达90%以上，单机补贴在3 000元上以机具入户核查率100%，15个街、镇及时在村里公示全部补贴信息。全区销售补贴机具2 153台，兑付农机购置补贴资金112万元，受益农户1 772户，为全区农业机械化整体水平的提升打下坚实物质基础。

三合镇石龙村村民用大型农用拖拉机开沟、翻土

（张承刚　摄）

【农机安全监管】 全年，全区出动农机安全监理人员260人次，清查整改、限期整改安全隐患170件，通过农机交通安全警务室处罚0.5万元，全年未发生重特大农机安全生产事故。璧泉街道创建为“平安农机”示范镇，璧泉街道天门社区、青杠街道大字社区、来凤街道三星村、丁家街道新民村、大路街道四维村、八塘镇前进村、正兴镇沙塝村、大兴镇高桥村、健龙镇睦佳村、七塘镇三步梯村创建为“平安农机”示范村。

农业行政执法

【概况】 2014年11月13日，璧编委〔2014〕47号文件将璧山县农业行政综合执法大队（挂璧山县渔政管理站牌子）更名为重庆市璧山区农业行政综合执法大队（挂重庆市璧山区渔政管理站牌子）。璧编委〔2014〕49号明确重庆市璧山区农业行政综合执法大队为正科级事业单位。主要职责是：负责水生动植物资源的保护，受区农业行政主管部门委托，依法实施法律、法规、规章规定由区农业行政主管部门行使的监督检查权和行政处罚权，依法查处各类农业违法案件；受理种子、农药、肥料、兽药、饲料与饲料添加剂、种畜禽、渔业、农产品质量安全等方面违法行为的投诉、举报，并承担相应的涉农纠纷调解工作；负责本系统行政执法工作的组织、指导、协调；负责农业法律法规的宣传和培训；监督管理渔业船舶安全工作；承办主管部门交办的其他工作。

全年接到投诉举报57件，调解农业生产事故纠纷6起。其中种子3起，农药3起。农业部纪检组长宋建朝及重庆市农业部门、执法机构先后到璧山指导、交流学习，均给予一致好评。

【专项整治行动】 以“绿剑护农”行动和农产品质量安全专项整治为主线，深入开展种子、农药、肥料、兽药、饲料各项专项整治行动。制定《2015年璧山区农业执法大队农资打假实施方案》《2015年璧山区“绿剑护农”种植业执法行动实施方案》《2015年璧山区“绿剑护农”养殖业执法行动实施方案》《2015年璧山区兽药安全专项整治实施方案》《2015年璧山区农产品质量安全执法行动实施方案》等方案，明确各项专项整治的目标、任务、要求。加强农资市场执法检查出动执法人员3 956人次，检查街镇15个，门市（摊点）399个，生产企业19个。检查产品4 878个。

【质量抽检】 全年抽检杂交水稻、玉米种子样品22个，不合格1个；抽检农药样品22个，其中不合格的5个；抽检豆芽产品6个，全部合格。

【违法案件查处】 全年查处案件20件，立案调查20件，其中种子1件，农药5件，兽药7件，渔政7件。查获违法物品10.7公斤，挽回经济损失133万元。

【高毒农药定点经营试点】 全区确定高毒农药定点经营批发企业2家，另设零售单位26个。严格按照“五项制度”经营高毒农药：一是实行购销备案制度。二是完善进销台账制度。三是建立高毒农药经营专柜制度。四是实行购买实名制度。五是实行公开承诺制度。

【农业法治宣传】 全年在重庆农业农村信息网发表信息16篇，在重庆农业执法网发表信息13篇，重庆渔政信息网发表信息15篇，在璧山农业农村信息网发表信息25篇，璧山网3篇，《璧山报》7条，璧山区公众信息网4篇，璧山电视台宣传2次。

农业植保

【概况】 2015年，主要对全区水稻、玉米、油菜、蔬菜等农作物预测预报，坚持每周到田间实地调查病虫害发生动态，制定全区水稻一代螟虫、农作物中后期病虫防治意见等。开展蔬菜病虫专业化统防统治与绿色防控融合示范项目和蔬菜病虫监测与绿色防控项目。以七塘镇将军村、喜观村、建设村，八塘镇智灯村为主，建立示范区，建立蔬菜病虫测报点2个，系统调查主要病虫害种类。

【农作物病虫测报与防治】 全年全区病虫害为中等偏重发生年份，水稻病虫害以稻瘟病、纹枯病、稻飞虱、稻纵卷叶螟、水稻螟虫为主，发生2.91万公顷次，防治2.76万公顷次，占发生面积的94.58%，挽回损失1.33万吨；玉米病虫害以纹枯病、玉米蚜、地老虎、蝼蛄为主，发生0.98万公顷次，防治0.89万公顷次，占发生面积的90.92%，挽回损失1.12万吨；蔬菜病虫害发生3.5万公顷次，防治3.08万公顷次，其中病害主要有霜霉病、软腐病、早疫病、晚疫病、青枯病等，发生1.66万公顷次，防治1.38万公顷次；虫害主要有菜蚜、菜青虫、小菜蛾、斜纹夜蛾、甜菜夜蛾、白粉虱、菜螟、红蜘蛛等，发生1.84万公顷次，防治1.70万公顷次。

【植物检疫】 全年，签发产地检疫合格证19份，涉及无检疫对象的各类种子82 500千克，各类水果苗木478.5万株。各省间调运各类种子、苗木和植物产品53批次，涉及无检疫对象的各类种子2 068千克，各类苗木242 000株。市内调运各类种子、苗木和植物产品93批次，涉及无检疫对象的各类种子80 115千克，各类苗木516 400株。开展市场检疫，对璧山区种子经销商所代理销售的种子、市场销售的果苗和果品实施检疫检查，未发现检疫性病虫害。

疫情监测与防控植物危险性病虫害。一是柑橘生产非疫区建设。对柑橘果园、苗圃开展柑橘溃疡病、黄龙病普查，柑橘溃疡病监测点20个，柑橘黄龙病监测点10个，未发现疫情。设置实蝇53个及检疫性有害生物监测点，其中实蝇监测点53个，未发现柑橘“大实蝇”。二是检疫性有害生物红火蚁疫情监测与普查。开展红火蚁疫情普查工作，根据红火蚁的生活习性，普查人工和自然草坪、城市绿化地、苗木繁殖场、花卉苗木市场、广场、果园、农耕地等场所；并在璧泉街道秀湖公园和观音塘湿地公园、丁家街道渝西园林公司、健龙镇万方苗圃场、广谱镇万旭园林公司5个监测点，定期监测、诱集和标本收集。在璧山未发现红火蚁的入侵。三是检疫性害虫稻水象甲疫情防控普查：2011年至2015年连续5年对稻水象甲普查防控，在璧山区域内未发现稻水象甲的发生。

【农药检定和管理】 全年按照重庆市主管部门要求主要开展全区高毒农药定点经营的试点工作，积极配合市级部门、农业综合执法大队开展农药检定和管理，严格实行实名购买，进销台账等5项制度。一是整治农资市场的违法行为。在切实抓好七大类农资市场整治的同时，突出种子、农药、肥料、饲料、兽药等重点违法行为。农药检定近3年完成市监督检验任务各30个，立案处罚不合格产品12个。

【农业植保服务体系建设】 选定正兴镇、大路街道和丁家街道等地作为大春作物田间病虫测报点，从5月6日到7月30日，坚持每周到各街镇田间实地调查水稻病虫害发生动态，并要求各街镇农业服务中心同步调查。向各街镇农业服务中心印发《一代二化螟虫发生趋势及防治意见》和《水稻中后期病虫发生趋势及防治意见》300份，指导全区大面积作物病虫防治工作，做到预报准确、防治及时。同时根据对蔬菜病虫田间调查和远程虫害定点监测，发布《2015年璧山区斜纹夜蛾防治警报》预防斜纹夜蛾幼虫大发生，降低蔬菜病虫的重大损失。

【农业植保科技】 全年，全区开展农作物种质资源普查与收集工作，摸清区农业种质资源情况，挽救一些濒临灭绝的地方品种和野生近缘种，制定《璧山区农作物种质资源普查与收集行动实施方案》，召开全区“农作物种质资源普查培训及工作布置会”，对各街、镇农作物种质资源普查与收集工作进行抽查，查清璧山作物种质资源家底，保护携带重要基因的资源。

农村能源

【概况】 2015年，加强农村能源建设，以沼气为重点，结合与改圈、改厕、改厨相结合，实现家居温暖清洁化、庭院经济高效化、农业生产无害化。

【农村能源综合建设】 全年，累计建成农村沼气池25 974口，占全区适宜农户的87.83%。推广安装各种太阳能热水器19 044台，37 631平方米；推广省柴节煤灶8 508台；推广节能炉16 920台。

农村扶贫开发

【概况】 2015年，全区以减少贫困人口和增加贫困农民收入为主攻方向，通过政策倾斜、整合资源，突出整村整片开发、特色产业发展、人力资源开发、社会扶贫等攻坚重点。全年，实现建卡贫困户年人均可支配收入8 953.92元，3个贫困村实现零贫困发生率，完成市委市政府交办的任务。

【整村整片扶贫】 累计投入4 815万元，硬化公路30公里，改扩建村社道路17.2公里，实现贫困村通村公路全部硬化；新建人行便道15.5公里，新建沟带路1.3公里，基本实现贫困村人行便道入户；新建二郎水厂1座，新建和整治山坪塘62口，整治水渠10公里，安装管网22.7公里，建机井300口，基本实现贫困村自来水入户。

【产业扶贫】 全区以贫困村原有特色产业为依托，丁家街道三五村建成儿菜种植基地100公顷，苗木基地60公顷；正兴镇大面坡村建成蔬菜基地40公顷，蜜柚基地46.67公顷，苗木基地20公顷；三合镇二郎村建成茶叶基地133.33公顷，水果基地33.33公顷，花椒基地53.33公顷，黄栀子6.67公顷。投入贫困户到户产业帮扶资金225.6万元，实施到户产业项目1 000个，助贫困户脱贫致富。

【扶贫培训】 积极开展扶贫干部政策培训，累计培训134人次。专门针对建卡贫困户积极开展到户技能技术培训，累计培训1 000人次，涉及培训专业10项，实现转移就业198人。

【社会扶贫】 全区所有贫困村实现通电、通广播电视、通电话100%。适龄儿童入学率100%，未能升学的应届初中和高中毕业生接受职业教育的比例达到98%以上。符合条件的贫困家庭全部纳入农村居民最低生活保障范围。投入42.4万元，按照110元/人标准，实现贫困户城乡合作医疗保险全覆盖。投入24.9万元，按照50元/人标准，实现贫困户小额意外伤害保险全覆盖。投入24.9万元，按照50元/人标准实现贫困户大病补充医疗保险全覆盖。

【高山生态扶贫搬迁】 全区累计整合资金1 993万元，完成大兴镇集中安置点建设1个，累计搬迁401人。

农业生态建设

【概况】 2015年，紧紧围绕农业和农村经济发展，坚持与农业结构调整相结合、与不断增加农民收入相结合、与提高农民生产生活环境质量相结合，积极推进生态富民计划，取得显著效益。全年累计建成农村户用沼气池25 974口，全区农村沼气使用户数占全区适宜农户的87.83%。

《福禄橘园》——福禄斑竹村333.33公顷沃柑基地

（郭昌禄　摄）

【生态农业建设】 通过“畜—沼—果（菜、粮）”生态农业模式的建立，以沼气为纽带，将养殖业和种植业结合起来，减少农药、化肥施用量，降低农药残留量，达到无公害农产品标准。同时，减少薪柴的砍伐量，保护森林植被，防止水土流失。实行“一池三改”后，人畜粪便进入沼气池，一些病菌和寄生虫被杀死，减少疾病传播，同时降低农民的劳动强度，提高农民的生活质量，改变农村能源结构，节能、增收、减排效果明显。1个8立方米的沼气池，生产沼肥10吨，沼液，发酵有机肥料及沼渣可为0.27~0.33公顷无公害果园或蔬菜地综合利用；农户因减少化肥、农药的施用量、农产品增产，增加收入200多元。

【农业生物资源保护】 按照2015年外来入侵生物防治工作要求，坚持“广泛发动、防除并举、突出重点、注重实效”的方针，广泛发动社会各界力量参与灭毒除害行动，构建长效防控机制；在全区各街镇开展水花生、福寿螺、水葫芦、加拿大一枝黄花等主要外来入侵生物调查，并对调查发现主要分布在湿地公园和秀湖公园内的加拿大一枝黄花集中防除，防除面积140.5公顷。

【农业生态项目】 分别在大兴镇船形村、广普镇坪中村实施生态农业试点村建设项目。每个村项目市级投资25万元。通过项目建设，促进试点村农业生产方式转变，解决农业生产对环境的污染及资源的浪费问题，改善村容村貌，提升农村生活环境、农产品品质，提高农民保护农业生态环境的意识。有效控制化肥投入量，禁用高毒高残留三致农药，提升废弃物资源化率，灌溉用水符合《农田灌溉水质标准》（GB5084~2005），农产品农药残留零检出，产品中重金属含量符合《食品中污染物限量》（GB 2762~2012）标准。

【惠农政策】 认真组织实施2015年粮油补贴工作，全年补贴金额3 118.02万元，其中农资综合直补2 593.24万元，粮食直补65.44万元，良种补贴459.34万元。以上补贴资金已通过区邮政银行（一卡通）全部兑付给种粮农户。（区农委）

国家农业科技园区建设

【概况】 重庆璧山国家农业科技园区于2013年9月由科技部、农业部等6部委批准建立的全国第五批国家级农业科技园区之一，也是重庆市第3家国家级农业科技园区。党工委、管委会于2014年8月成立，属区委、区政府派出机构，正处级参公事业单位。园区管委会主要负责以蔬菜为代表的全区现代农业发展，城区规划区外的渝遂高速大路道口、成渝高速丁家道口、定林道口等高速公路道口开发、重庆西郊人文纪念公园建设三大任务，推进一二三产业融合发展，促进城乡统筹。园区现行组织架构是“1+1+1”（1个参公单位即管委会、1个事业单位即科技创新中心、1个所属国有企业即重庆国隆农业科技发展有限公司)。管委会核定参公事业干部编制20名，内设机构5个部，即：综合部、规划建设部、土地利用部、招商服务部、财务部。下属正科级事业单位——农业科技创新中心，核定事业干部编制6名。所属国有企业——重庆国隆农业科技发展有限公司，注册资本金5亿元，主要负责农业科技园区范围内的开发建设及投融资工作。

【大路道口产业区建设】 根据区委、区政府明确的道口开发主体责任，按照“整体规划、分期实施、滚动发展”原则，成熟一个发展一个，率先以渝遂高速大路道口为突破拉开道口经济发展序幕。完成控规编制和大路街道总规局部修改5.5平方公里，落实保障建设用地需求51.73公顷，筹得“第一桶金”包装土储项目贷款1.7亿元，先期启动市政道路建设2条，组建园区所属“重庆国隆农业科技发展有限公司”，到位注册资本金2 000万元并完成资产划拨。大力招商引资，落户项目9个，合同引资14.8亿元。

【重庆西郊人文纪念公园建设】 园区管委会牵头筹集资金，完成殡仪馆搬迁、安乐水库坝区和库区14.32公顷用地征地拆迁安置工作，取得公墓用地征地批文10.2公顷。配套公路建成通车，安乐水库基本建成。引进国内殡葬行业领军企业——上海福寿园集团，合资组建“重庆福寿园西苑实业公司”，共同建设“重庆西郊人文纪念公园”，各项工作有序推进。

【中铁任之健康城】 项目位于大路道口片区的大路街道三担村，规划占地200公顷，总投资约60亿元，总建筑150万平方米。项目以国际化的高端视野和理念，以“健康养老和乡村生态旅游”为主题，规划建成涵盖“医疗康复、生活护理、养老养生、文化娱乐、生命研发、生态农业”等功能为一体的现代大型居家养老社区。2015年启动建设一期养老配及公寓主体项目，新改建洋家乐1栋，完成北区部分湿地乐园建设，以及路网8公里等。

（欧　林）

延伸阅读 ▶▶

地派宋城

位于重庆机电职业学院以南，壁青路与金剑山之间，由广东华宇物业投资有限公司投资建设。占地面积250亩，建筑面积8万平方米，设计为宋式建筑风格的五星级标准温泉度假酒店，2012年被授予重庆市创建“世界温泉之都”的温泉旅游重点项目。

无线城市

使用高速宽带无线技术覆盖城市公共区域，向公众提供利用无线终端或无线技术获取信息的服务。市民可以通过手机或各种无线终端随时、随地、随需地获得与政务公开、公共事业服务、个人生活等相关的各种城市服务信息，是城市信息化和现代化的一项基础设施，也是衡量城市运行效率、信息化程度以及竞争水平的重要标志。

工　　业

综　　述

2015年，全区牢牢把握“稳增长、调结构”这一主线，按照建设城市发展新区“排头兵”总体要求，务实推动产业结构调整，加快推进招商项目落地，积极主动抓好经济运行调控，持续提升发展质量和效益，工业经济运行总体平稳、增速较快、效益向好，对全区经济社会较快发展发挥重要支撑作用。

工业经济运行。全区规模工业企业324家，工业产值913亿元，同比增长18.1%；工业增加值244亿元，增长12.3%；工业投资335.6亿元，增长28%；实际利用内资239.6亿元，增长15.9%；单位GDP能耗下降4.5%，完成“十二五”节能降耗目标任务。

发展特点。1.工业经济。规模以上工业企业产值增速12.5%，工业增加值244亿元，工业增加值占GDP的比重64%，拉动GDP增长7.8个百分点，对经济增长贡献率64.8%，工业经济实现稳步增长。2.产业结构。规模以上工业企业324家，新增48家。装备制造、电子信息、医药食品等为主的三大支柱产业中，规模以上企业206家，产值635亿元，增长13.2%，增速高于全区增速0.7个百分点，对全区规模工业总产值的贡献率68.5%，三大支柱产业支撑工业经济的格局彰显。3.工业投资。新改扩建设项目823个，其中：新建项目31个，投资16.2亿元；技改项目626个，投资231.4亿元；续扩建项目166个，投资86.8亿元。投资结构明显优化，其中装备制造业492个、电子信息业120个、医药食品业23个，累计投资277亿元，占工业投资的比重82.8%。工业投资占全社会投资稳定在50%，对工业经济持续健康发展起到重要作用。4.对外开放。工业新增外资项目29个，实际

5月26日，央视经济半小时走进壁山

（罗君　摄）

利用外资 8 450 万美元；工业内资项目 48 个，实际利用内资 112.7 亿元。进出口总额 2 亿美元，主要集中在装备制造和电子信息，工业经济对外开放稳步推进。5.技术创新。新增市级技术中心 7 家，市级研发中心 3 家，科技成果转化项目 4 个，开发重点新产品 264 件，市政府颁发优秀新产品 3 个，市级技术创新指导计划项目 162 个，高新技术产品 62 件，建成两化融合贯标企业 2 家。高新技术产业产值占规模工业产值的比重 35%。6.能源保障能力。按照保民生、保稳定、保重点，全力做好能源保障工作。全区用电总量 21.26 亿千瓦时，其中：工业用电 15.89 亿千瓦时；全区共用天然气 0.99 亿立方米，其中工业用气 3752 万立方米。建成中贵线马坊阀室、虎溪至璧山气源管线，供气保障能力提高到日供气 100 万立方米以上。

发展举措。1.全力推动监测预警，确保工业经济平稳运行。一是深入开展调研活动，坚持每月召开一次运行调控分析会，密切关注经济运行的外部环境和市场预期，抓好工业经济运行监测调控。二是协助有条件的企业在新三板上市、挂牌的企业做好前期包装及辅导工作，密切关注各级在稳增长、化解过剩产能、干预市场方面的政策走向。三是抓好要素保障，确保规上工业企业和重点项目不停电、不停气。2.抓好主导产业发展，保证工业经济稳中求进。一是全力推进以众泰、青山、红宇、蓝黛、龙润、金冠等整车和变速器、转向器总成企业为支撑、零部件企业配套的“6+400”汽车产业体系建设，形成成车、自动变速器、制动器总成、电子助力转向器总成、特种车五大产业集群，力争众泰汽车投产。二是借助汽车零部件企业的产业优势，特别是汽车底盘、车轿、架、汽车电子、汽车电池等全力对接众泰汽车项目配套生产，提高企业的盈利能力，做大做强汽车零部件产业，力争实现主营业务收入增长 15%以上。三是鼓励电子企业积极争取订单，充分释放零部件企业的产能，发挥“整机零部件”垂直一体化的集聚功能。四是鼓励医药食品企业加大技术改造，形成新的增长点，帮扶品正食品等企业尽快投产达产。3.加大招商引资力度，促进增量提速。一是专项基金引导企业发展十大战略新兴产业，重点引进新能源汽车、智能化装备制造、电子核心零部件。二是以项目投资见效、落地建设为重点，强力推进项目建设，新开工项目 30 个。三是继续实施区级领导联系重点企业制度和“走进企业、助推发展”服务制度。4.拓展产业空间布局，优化产业结构。一是在完成新规划建设 20 平方公里控规编制的基础上，实施详规编制，每年按照 1~2 平方公里的速度建设，为项目落地提供空间。二是按照“绿色、环保、低碳”标准，主要布局以延长产业链和发展新兴产业相结合，重点引进汽车、电子、智能装备、生物医药及医疗器械、食品等项目。5.加大企业的资金支持，实施“企业成长计划”。充分发挥市级民营专项资金和区级专项资金的作用，鼓励企业继续加大技术改造投资，重点培育一批有潜力的企业，做大工业经济总量，提升工业经济发展质量。继续抓好企业升规工作，全年新培育规模工业企业 25 个。重点实施“企业成长计划”，扶持本土企业上档升级，培育一批 10 亿级、50 亿级、100 亿级企业。

规模企业

2015 年，全区规模以上工业企业 324 户，完成工业总产值 913.0 亿元，同比增长 18.1%。主营业务收入 870.8 亿元，增长 18.3%。利税总额 82.8 亿元，增长 16.5%。利润总额 54.6 亿元，增长 17.1%。从业人员平均人数 95871 人，下降 6.2%。规模以上工业经济效益综合指数 258.9%，提高 23.2%。其中产品销售率 98.9%，提高 0.3%；总资产贡献率 18.7%，提高 0.3%；资本保值增值率 116.2%，降低 12.2%；成本费用利润率 6.6%，降低 0.3%；资产负债率 55.9%，降低 3.6%；流动资产周转率 3.8 次，增加 0.1 次；全员劳动生产率 243 113 元/人，提高 19.4%。

高新技术产业

高新技术产业主要布局在璧山高新技术产业开发区。2015 年，高新产业建成区 12 平方公里，在建 4 平方公里，拓展 30 平方公里，入园企业 940 家，形成以先进制造、互联网及电子信息、食品医药为主导的产业体系，全年实现工业产值 1550 亿元，同比增长 15 %，其中规上产值 750 亿元，增长 17.6%；固定资产投资 270 亿元，增长 33%；每平方公里投入超过 50 亿元、产出超过 100 亿元、税收超过 3 亿元。2015 年 9 月 29 日经国务院批准升级为国家级高新区，成为重庆市 24 年来的第二个国家级高新区。全年，引进 100 亿级企业众泰集团、世界 500 强企业德国大陆集团、新加坡淡马锡公司等项目 56 个，开工建设项目 37 个，投产达效企业 45 家。科技创新逐步形成新的驱动力。启动高新区科技创新示范基地建设，与 8 所高校、25 家企业合作打造大学生实训基地。新增国家高新技术企业 16 家、市级企业技术中心和工程技术研究中心 14 家、市级众创空间 4 家、协同创新中心 1 家。规上工业研发经费支出 7.7 亿元，增长 18%，占 GDP 的比重达到 2.1%。高新技术产业占规上工业比重 35%。中意产业创新合作重庆峰会在璧山举办。组建“两山火炬股权投资基金”和“两山西证股权投资基金”，30 家企业改制上市有序推进，蓝黛传动成为首家上市的本土企业。 （王福忠）

制　鞋　业

2015 年，全区鞋业生产企业及配套经营户 1 012 家，解决就业岗位近 10 万人。生产皮鞋 1.58 亿双，实现总产值 230.26 亿元，同比增长 16.17%；销售收入 224.74 亿元，增长 11.65%；向国家缴纳税金 3.63 亿元，利润收入 6.07 亿元，出口额 2 319 万美元。 （高尔金　周清云）

延伸阅读 ▶▶

一河三湖九湿地

一河是指璧南河；三湖是指秀湖、御湖、白云湖；九湿地是指在城市规划区内建设九个湿地公园，包括观音塘湿地公园，以及将已建成或新建的非饮用水源水库（养鱼水库、打鼓塘水库、王家沟水库、菜子沟水库、冉家沟水库、百家店水库、东岳水库、虎峰水库）改造成为湿地公园。

海绵城市

是指城市能够像海绵一样，在适应环境变化和应对自然灾害等方面具有良好的“弹性”，下雨时吸水、蓄水、渗水、净水，需要时将蓄存的水“释放”并加以利用。

建筑业

综述

【概况】　2015年，全区有建筑企业99家，其中建筑工程施工总承包一级3家，建筑装饰装修专业承包一级1家；建筑工程施工总承包二级5家，建筑装饰装修专业承包二级3家，金属门窗安装工程专业承包二级2家；三级企业及劳务企业85家。全年实现建筑业总产值152.8亿元，完成计划数100%，同比增速20%。

2015年重庆市璧山区建筑企业情况

表4–7　　单位：家

级别	施工总承包	专业承包	劳务分包	合计
一级	3	1	30	34
二级	5	5	1	11
三级	26	28	0	54

【审批项目】　全年办理施工许可证87个，建筑221万平方米，增速–30%，其中房地产开发项目24个，建筑139万平方米，增速–3%；办理竣工备案118个，建筑245万平方米。办理初步设计审批项目83个（含初步设计备案项目6个），建筑339.85万平方米，减少8.3%，总概算92.35亿元（含道路、桥梁等市政工程）。办理施工图审查备案125件，392.05万平方米（施工图变更、幕墙工程、市政道路、桥梁工程等未计入面积）。

【能效测评】　全年能效测评单位工程292个（其中居住建筑197个，公共建筑95个），约221.67万平方米，能效测评合格率100%。

【建筑装备】　全区建筑企业建筑设备保有量进一步提高，塔吊35台，砼运输车50台，挖掘机32台，施工升降机25台，吊车10台。

建设工程招标管理

建设工程招标依据《璧山县公共资源交易管理办法》《璧山县国有工程建设项目招标投标实施细则》等相关法律、法规。城乡建委、水务局、交通局、农委、林业局、市政园林局分别为房屋建筑及市政工程建设、水利建设、交通建设、农业建设、林业建设、园林建设等招标项目的法定行政监督部门。由区发改委对国有工程建设项目招标规模、范围及方式进行审批；各法定行政监督部门牵头组织招标文件会审；对招标文件及其补遗、答疑审批和发布工作；评标专家的抽取和开评标现场监督；受理投诉和质疑。2015年全区招标国有工程建设项目91个，成交金额18.16亿元。

工程监理

根据《建设工程监理规范》（GB/T50319–2013）和《重庆市建设工程监理管理办法》，工程监理单位（依法取得工程监理单位资质证书，具有法人资格，对建设工程实施专业化监督的企业）受建设单位的委托，在监理合同约定的范围内，依据法律、法规及有关的技术标准、设计文件和建设工程承包合同，对建设工程质量、建设工期和建设资金使用等方面实施监督。2015年，区城乡建委招标科监理合同备案建设工程项目72个。参与监理合同备案的监理单位30个，项目总监72个，主监79个，辅监53个，监理员106个。72个建设工程中包含国有投资项目17个，私人投资项目55个。

工程质量监督

严格按照《中华人民共和国建筑法》《建设工程质量管理条例》《房屋建筑和市政基础设施工程质量监督管理规定》等相关法律法规执行建设工程质量监督工作。开展工程质量监督管理，并采取随机、飞行检查的方式对工程质量实施监督，继续实行建筑施工企业质量行为诚信评价工作；同时加强监理行业管理，加强监理合同备案和备案后的过程监管。深入推进工程质量治理两年行动和质量常见问题治理，并组织召开初装饰交房标准现场观摩会以提高住宅工程交房质量水平。加强质量检测行业的管理和强化建筑材料的使用和管理，加大建设工程质量行政执法力度，开展工程监理、质量检测、预拌商品混凝土等行业质量行为的专项执法检查，规范相关市场行为。2015年，建设工程质量监督在建在监建设工程135个，建筑608.8万平方米，市政工程9个，工程总造价9 573万元；新受理监督工程86个，建筑423.6万平方米，市政工程8个，工程总造价7 562万元；竣工工程110个，380.27万平方米，市政工程7项，工程总造价3 208万元，提交《工程质量监督报告》110份，在监工程监督覆盖率和工程竣工验收合格率均100%。

建筑安全生产管理

2015年，全区在建建筑安全生产受监项目142个、382万平方米，安全竣工验收项目107个、198.7万平方米；召开全区建筑安全生产专题会议6次，举办安全生产专题教育21场。开展各类专项检查12次，排查整改一般隐患3 967项，下发责令停工整改通知书20份，约谈企业15家；实施简易处罚256件，立案处罚36件，处罚金额84.6万元；办理平安卡1 335张。全年未发生建筑安全死亡事故。

全年，开展春节节后复工和全国“两会”期间建筑安全生产工作，落实节后复工“四个不准原则”；继续深化“两防”专项行动，开展各项专项检查及联合大检查，落实危险性较大的分部分项工程实施细则；组织开展安全生产月活动，举办“安全在我心中”主题演讲比赛，加强安管人员安全责任意识；初创建筑从业人员体检，控制“两工地”从业人员职业病发生；修订建设工程安全生产应急救援预案，开展应急演练；继续加大对在建项目安全意识的宣传、指导，推进“平安卡”管理制度，不断提升建筑行业从业人员的整体素质。

建筑材料质量检测

区建设工程质量监督站检测所主要承担建筑工程施工现场所用建筑材料及其制品、建筑结构或构件等质量的委托检测业务。是具有第三方公正地位的非营利性、独立开展质量检测工作、独立出具检测报告的检测机构。检测所有建筑工程见证取样检测、主体结构工程现场检测资质。具备检测项目37个、检测参数205个的检测能力。完成主体结构实体检测、材料力学性能检测等报告40 372份，其中不合格检测报告1 020份。

为更好的服务区建筑材料的检测工作，区建

设工程质量监督站检测所多项措施严把建筑材料检测质量关。一是加强检测人员的培训，提高检测人员的技术能力。二是严格按照规范要求进行建筑材料检测。三是16个高清摄像头对检测场地实行视频全覆盖，对检测数据实时上传并对检测结果采取监控措施。四是加强检测环境的控制以及购买先进仪器设备，进一步提高检测数据的准确性。五是定期参加实验室之间的比对或能力验证活动。

建筑材料管理

2015年，出台文件推广新技术、新材料，璧建发〔2015〕58号文要求加大新型节能墙体材料推广力度，民用建筑外围护填充墙应使用新型节能墙体材料，如节能型混凝土复合小型空心砌块、节能型烧结页岩空心砖、蒸压加气混凝土砌块等，鼓励有条件的项目在分户墙使用新型节能墙体材料。全区现有新型节能墙体材料生产厂家为节能型混凝土复合小型空心砌块生产厂和节能型烧结页岩空心砖生产厂各1家。

工程档案

2015年，区城建档案馆藏档案门类齐全、结构合理。接收工程档案249个10 730卷，其中文字卷5 073卷，图纸卷5 380卷，光盘144张，照片133册，库藏60 352卷，提供利用工程 档案182个306卷、500人次，著录249个工程，10 730卷工程级。8月29日，重庆市城市建设档案馆阎国际馆长、谭家发副馆长、邓朝华副馆长、游宏宇科长一行到城建档案馆调研，并对璧山区城建档案工作给予肯定。

具体措施：一是依法建档。严格执行《重庆市城乡建设档案管理办法》（市政府240号令）、《重庆市建设工程档案编制验收标准》《重庆市建设工程档案专项验收办法》。档案验收合格证作为工程竣工验收的一个必备条件，档案移交才能进入办理竣工验收备案。二是做好档案的“收、管、用”日常事务性工作。加强工地业务指导，把问题解决在现场，及时提供服务。落实专人指导嘉陵、春和景明、天安绿岛中心等，给施工、建设单位争取时间和确保档案的质量。全年指导单位工程102个，1 200人次，加强档案专项验收工作，全年专项验收工程112个，合格率100%。

预拌砼行业

全区有4家预拌混凝土搅拌站。重庆飞强混凝土有限公司企业资质三级（C60以下），年生产能力180万立方米；璧山区庆华混凝土有限公司企业资质三级（C60以下），年生产能力150万立方米；冀东水泥重庆混凝土有限公司企业资质三级（C60以下），年生产能力90万立方米；重庆璧山区慧江混凝土有限公司企业资质三级（C60以下），年生产能力150万立方米。

区建设工程质量监督站成立预拌混凝土质量小组，定期对预拌混凝土搅拌站的原材料情况、生产过程、管理情况进行检查。各预拌混凝土搅拌站原材料采购手续齐全、原材料在使用前能按批次的复试检验，对于不合格的原材料予以退场；生产过程中的搅拌设备称量设备定期检定、搅拌设备计算机控制系统的计量偏差满足规范要求、施工配合比严格按照规定，并根据原材料的变化情况对配合比调整、混凝土抗压强度试件按留置符合要求，做好台账，并每月对混凝土强度数据分析，以此控制好混凝土质量和调整生产配合比；部分搅拌站建立与企业相适应的质量体系以保证生产过程能有序进行。预拌混凝土小组成员定期地对搅拌站的原材料如砂石、水泥、外加剂等抽样并送有相关资质的检测机构检验。就抽样的情况来看，原材料的质量状况是良好的。

建筑科技

2015年，全区贯彻执行市城乡建委“一、二、三、四、五、六、七、八号禁限通告”。组织五大员、标准员、技术工人2 162人，培训5次，考试通过率92%；网上和实际培训五大员继续教育326人，全部考试并取得合格证书。建造师196人通过新注册、增项、变更等取得执业资格证书。

建筑中介服务

2015年，根据有关法律法规制定《重庆市璧山区国有建设工程项目招标代理机构管理办法》。区城乡建委对适用于本办法的招标代理机构实施综合监督和管理。项目招标工作由法定行政监督部门对监管行业内项目的招标代理机构代理行为监督和管理。成立璧山区国有工程建设项目招标代理机构名录库由区城乡建委组建及管理，由重庆市璧山区公共资源交易中心使用。

招标代理机构取得相关资质并符合相关条件，还需自愿接受本办法及对本办法作出的修订和补充，方可进入名录库，入库有效期为1年，实行动态管理，中途可酌情增补。对库内招标代理机构代理行为实行考核制度。代理项目考核由法定行政监督部门、招标人、招标文件会审组、开评标监督组及区交易中心等分别打分，对代理机构在代理项目招标投标中的代理情况考核，由区建委汇总。区建委将考核结果在5个工作日内书面递交区交易中心，依据考核结果退还其招标文件售卖费。

招标代理机构抽取情况、被扣减考核得分由区城乡建委汇总后，在璧山公共资源交易网上每3个月通报1次。招标代理机构在璧从业情况，由区城乡建委整理后适时上报市城乡建委。

勘察设计

2015年，璧山区唯一一家勘察设计企业是重庆市瑞丰建筑勘察设计有限责任公司（原名重庆市璧山建筑勘察设计院），成立于1981年，2005年由事业单位改制为私营股份制企业。公司注册资金328万元，拥有建筑行业（建筑工程）甲级资质，市政（道路工程）设计资质，下设计划经营部、办公室、财务室、生产技术质量部4部门，从业人员80人，其中建筑、结构、给排水、电气和暖通专业等国家一级注册师12名，二级注册师5名，高级工程师15名，工程师22名，助理工程师10名。

全年审批初步设计项目83个，发现纠正违反强规制性条文21条。全年外地入渝设计企业13家，总设计规模85.62万平方米（道路工程4 653.48米）。强化对勘察设计单位资质、人员资格审核把关，加大地勘作业现场抽检抽查力度，确保其按规范程序作业。建立“约谈”机制和黑名单制度，对1年内在相同问题上不及时整改出现3次及以上的勘察设计单位主要负责人约谈，情节严重的通报批评并依法查处，禁止其在区内从事勘察设计业务。对设计图纸双重把关，严格初设及施工图审查，邀请市建委的权威专家对审查合格的项目3个施工图抽查复审，对16个勘察项目作业情况现场抽查，实现全区建筑工程勘察设计质量的稳步提高。

（黄成）

交　通

【概况】 2015年，公路运输是璧山的主要运输方式，承担着全区99%以上客货运输任务。璧山辖区内有成渝、渝遂、渝蓉高速公路3条，其中成渝高速公路境内长22千米，开设青杠、丁家互通立交下道口2个；渝遂高速公路境内长18千米，开设璧山（保家)、大路互通立交下道口2个；渝蓉高速公路境内长15千米，开设璧山、福禄互通立交下道口2个。国道319线、省道108线、109线、208线等干线公路过境璧山。璧山隧道建成通车，实现璧山与重庆主城的“无缝”对接；黛山大道北段、中段、南段全线贯通，串联3条高速公路和成渝高铁；璧山汽车南站建成投用，填补璧山无综合换乘枢纽空白；成渝高铁建成投用，改写璧山单一交通运输方式的历史；轻轨交通尖（顶坡）璧（山）段、九永高速开工建设；合璧津高速、渝遂高速公路扩能及支线、渝蓉高速接北环立交等项目正开展前期工作。璧山与重庆主城已形成“多点融入，无缝对接”的交通格局。

“和谐号”驶入成渝高铁璧山站

（刘畅　摄）

2015年4月11日，轨道交通缙云山隧道工程施工现场　（张承刚　摄）

公路交通。璧山公路通车总里程1 656千米（为普查前数据）。按行政等级划分，国道（含高速路）79千米、省道（S108线、S109线、S208线）155千米、县道170千米、乡道178千米、村道1 065千米、专用公路9千米。按技术等级划分，高速公路55千米、一级公路46千米、二级公路150千米、三级公路24千米、四级公路1 080千米、等外级公路301千米。公路密度181千米/百平方千米、26千米/万人。实现“镇镇通沥青路，村村通水泥路”目标，乡通畅率100%，村通畅率100%，撤并村公路通达率100%。较“十一五”末期，沥青混凝土路面铺装里程增加197千米；水泥混凝土路面铺装里程增加590千米。

水上交通。全区有等外级航道112千米，水库渡口26个、渡船2艘、游船67艘。

道路运输。全区有客运企业4家，全区现有公交线路26条公交车289辆，公交线路里程424千米，实现“镇镇通公交”目标；出租汽车300辆；省际线路13条班车23辆；县际线路33条班车233辆；农村客运线路23条农客102辆，符合通行条件的行政村通客车率100%；货运车辆4 977辆，17 390吨；汽车客运站23个。形成以公交为主，班线客运为辅，出租车为补充的城乡客运体系。

【基础设施建设】　以实现璧山交通与主城区同城化，与周边联系快速化，城乡交通一体化，运输方式协同化的“四化”建设为目标，加快推进区域综合交通枢纽建设。

轨道交通路尖璧段建设。项目全长约5.6千米，总投资估算约21.9亿元。工程于2014年6月17日开工建设。2015年缙云山隧道出口段（即璧山侧）累计完成开挖支护约1 500米，沙区境内建设于2015年8月进场施工；车站及高架部分工程启动前期工作；换乘枢纽站及连接线完成征地拆迁。

成渝高铁枢纽站及连接线建设。项目主要包括高铁枢纽站（汽车南站）、连接线（虎峰大道）、站前广场（高铁广场）等3部分。连接线及站前广场总投资约3.3亿元，采取BPO模式建设，9月28日建成投用。枢纽站按交通运输部部颁一级汽车站标准建设，采取PPP模式建设，总投资约3.37亿元，12月26日与成渝高铁同步投用。

九永高速璧山段建设。成渝高速扩能项目是全市重点工程，全长约48千米，璧山境内约21千米，途经来凤、丁家、三合、健龙等镇街4个，并设来凤、三合互通立交2个。基本完成璧山段土地征地拆迁153.07公顷，控制性结点工程2个于8月进场施工。

干线及农村公路建设。完成河福路改建工程项目，河福路于9月全线完工通车。实施国道G244线八塘至澄江段、省道S445线大兴至石院段、县道梅（江）茶（山）路15千米路面改造工程。完成50千米农村公路硬化任务。

公墓专用公路建设。河边复兴村公墓专用公路全长1.71千米，总投资约1 071万元。主体工程已完工，安保设施、标志标线等附属工程正抓紧施工。

生命防护工程建设。提前做好前期工作，计划20千米，细化分解防护工程到农村公路改造路段，累计完成生命防护工程21千米，超额完成目标任务。

【公路管理养护】　强化养护绩效检查考核，提高公路养护质量。开工建设公路应急服务中心；修补受损路面2.2万平方米；栽植行道树232千米；维护和补装防护栏11千米；更换标志标牌117块，国省道干线公路优良率提高3个百分点。完善路政巡查机制，加大上路巡查力度，拆除违章建筑13处，清理非公路标志标牌40块，路容路貌得到有效治理。建成全国首条可进行处理处罚的治超动态检测系统，办理超限处罚3 400件，全区超限率仅为0.4%。完成129千米公路工程质量监管，发出工程质量监督检查意见书44份，确保公路工程建设质量，通过交通运输部5年一次的“国检”考核。

【平安交通建设】　围绕各项专项行动的开展，完成维修企业27家、货运企业2家标准化建设达标定级工作；实现9座以上客车和危化品运输车辆动态监管；实施在建公路工程项目安全监督常态化管理；交通安全工作各项指标均控制在市区下达范围内。严格执行3级预警机制，化解工程建设领域和运输行业的不稳定因素，稳定工作实现“四个零”目标。

【交通行政执法】　结合“六五”普法工作的开展，累计投入普法专项经费20万元，征订和编辑各类普法教材和资料2 000册，组建20人的普法宣传队伍，全行业5 000人次接受普法教育，做到“应普尽普”。认真贯彻实施新修订颁布的《重庆

璧山区交通概况表

表 4-8-1

公　路			
通车里程（公里）	总里程：1656（为普查前数据）		
	其中	高速公路	55
		一级公路	46
		二级公路	150
		三级公路	24
		四级公路	1080
		等外公路	301
公路密度	以国土面积计算（公里/百平方公里）		181
	以人口数量计算（公里/万人）		26
通达情况	通公路的乡镇 15（个）占乡镇 100（%）		
	通公路的村 137（个）占村 100（%）		
养护里程（公里）	总里程：1592		
	其中	国省道	179
		县道	170
好路率（%）	国省道		95
	县道		95
绿化里程（公里）	国省道		179
	县道		170
运站（个）	总数（个）：23		
	其中	一级站	0
		二级站	2
		三级站	2
		四级及以下站	19
营运汽车	客车 647（辆）25164（座）		
	货车 4977（辆）17390（吨）		
公路运量	客运	运量（万人）	2292
		周转量（万人公里）	136543
	货运	运量（万吨）	2141
		周转量（万人公里）	198370
地方重点建设项目	总数（个）：1		
	新开工（个）	路桥	
		站（点）	
	续　建（个）	路桥	1
		站（点）	
	总投资（亿元）		5
	2015 年完成（亿元）		1.5

续表 4-8-2

内河航运			
水路运量	客运	运量（万人）	2.59
		周转量（万人公里）	12.93
	货运	运量（万吨）	0
		周转量（万吨公里）	0

市公路管理条例》，修订完善《璧山区农村公路管理办法》，依法规范公路建、管、养、执法体系及国、省、县、乡道路管理责任机制。组织开展执法单位交叉互评和执法民主评议，累计发放调查问卷 200 份，收到意见和建议 30 条，提升执法单位依法行政水平。交通系统办理的交通行政案件，无一起行政复议和诉讼败诉案件。

【交通行业文明建设】 深入开展党的群众路线教育实践活动，并把活动与交通行业文明建设紧密结合起来，通过在交通执法部门开展“雷锋式执法标兵”“雷锋式执法车”等创建活动，在公路行业开展文明路、所、站、班（组）等创建活动，促进作风转变，提高行业的文明程度。全年，璧山交通系统创建保持全国、市、县级青年文明号 10 个，巾帼文明岗 7 个，市级、县级模范职工之家 5 个，县级文明单位创建率 100%，委机关保持市级文明单位标兵，交通行业保持区级和市交委级文明行业。（赵万军）

运输管理

【概况】 2015 年，全区有客运企业 4 家，农村客运线路 23 条，农客 102 辆，符合通行条件的行政村通客车率 100%；县际线路 33 条班车 233 辆，省际线路 13 条班车 23 辆，公交线路 26 条公交车 289 辆，出租汽车 300 辆，货运车辆 4 977 辆、17 390 吨；汽车客运站 23 个，维修业 575 户，驾驶培训学校 5 家，汽车租赁业户 7 户。

道路客货运输周转量增速 18.6%，规模以上交通运输业营运收入增速 37.8%。

新增规模以上货运企业 5 家，3 家危化品企业实行公司化经营。完成直通物流、世开物流申报交通运输部甩挂运输试点项目企业工作，淘汰黄标车 71 辆。

【农村客运】 实现全区所有镇街公交线网全覆盖，公交线路里程 424 公里。协调勘察拟开行农村客运道路 4 条，经验收合格后开行农村客运车辆；合并 101、104 公交线路，新建公交站亭 30 个。在公交站、牌上公示公交运行线路，实行公交车语音报站，在八塘、丁家汽车站内设立公共汽车 IC 卡充值点，全年办理公交 IC 卡 36 657 张。落实特殊群体免费或半价乘车财政补贴 1 746 万元、农客燃油补贴 389.6 万元、燃气补贴 640 万元、保险 66.7 万元、营运补贴 62 万元、特殊群体免费或半价乘车财政补贴 2 100 万元，划拨普通卡刷卡资金 2 163 万元，公交首末站补贴 375 万元。

【从业资格管理】 区内达国标验收驾校 5 家。道路运输驾驶员继续教育培训考试 1 250 人次，新增驾驶员从业资格培训 1 621 人次，道路运输驾驶员诚信考核 3 601 人次。全区驾校招收学员 8 756 人，建立健全毕业学员档案。

【应急保障】 春运投放客运车辆 613 台次，客运量 270.9 万人次，同比增长 12.5%。确保春节、全国“两会”“高、中考”等重大节假日和重大活动期间旅客运输应急保障。

璧山区公交线路运行表

表 4-9-1

路号	起点站	主要途经站	终点站
101	大鹏	黛山大道、铁山路、剑山路、蓝黛公司、嘉陵集团（东）、实验小学、图书馆、区医院（新）、同景国际、党校、天湖花园、区医院门诊、南街、大东门、向阳农贸市场、宝安大厦、金山农贸市场、安川桥、北门部队、北门社区、璧铜路、城北小学、新堰、龙井湾	原蒲元场
	原蒲元场	龙井湾、新堰、城北小学、璧铜路、北门社区、北门部队、安川桥、金山农贸市场、宝安大厦、中医院、重百、东关小学、文星大桥、南关社区、党校、同景国际、莱山路、区医院（新）、图书馆、实验小学、嘉陵集团（东）、蓝黛公司、剑山路、铁山路、黛山大道	大鹏
102	蒲元卫生院	叶家湾、交通职培中心、瀚恩公园、林家店、璧泉小学、重长司车站、金三角、小东门、大成广场、南街、区医院门诊、天湖花园、党校、锦城天秀、红宇大桥、体育中心广场、双星大桥、妇幼保健院、区医院 (新)、璧山中学、文化艺术中心	人民广场
103	行政服务中心	太阳堡、紫竹三路、璧玉广场、福顺大桥、质检中心、皮革市场、永嘉大桥、璧河国际、双星大桥、妇幼保健院、区医院（新）、同景国际、规划展览馆、锦城天秀、红宇大桥、璧城大厦、重百、东关小学、文星大桥、南街、大成广场、安川桥、金三角、重长司车站、璧泉小学、林家店、瀚恩公园、天佑山水、万盛花园、祥和小区	一天门
	一天门	祥和小区、万盛花园、天佑山水、瀚恩公园、林家店、璧泉小学、重长司车站、金三角、安川桥、大成广场、大东门、向阳农贸市场、中医院、重百、璧城大厦、红宇大桥、锦城天秀、规划展览馆、同景国际、区医院(新)、妇幼保健院、双星大桥、璧河国际、永嘉大桥、皮革市场、质检中心、福顺大桥、璧玉广场、紫竹三路、太阳堡	行政服务中心
105	新胜	聚金大道路口、东林大道、溯园、两山秀苑、上界国际、东山路、实验小学、图书馆、天安绿岛中心、同景国际、党校、天湖花园、区医院门诊、南街、大东门、向阳农贸市场、宝安大厦、一天门、祥和小区、万盛花园、天佑山水	瀚恩公园
	瀚恩公园	天佑山水、万盛花园、祥和小区、一天门、宝安大厦、中医院、重百、东关小学、文星大桥、南关社区、党校、同景国际、天安绿岛中心、图书馆、实验小学、东山路、上界国际、两山秀苑、溯园、东林大道、聚金大道路口	新胜
106	桑家坪	观音阁、人民广场、文化艺术中心、璧山中学、区医院 (新)、同景国际、党校、天湖花园、区医院门诊、南街、大东门、向阳农贸市场、宝安大厦	一天门
	一天门	宝安大厦、中医院、重百、东关小学、文星大桥、南关社区、党校、同景国际、区医院 (新)、璧山中学、文化艺术中心、人民广场、观音阁	桑家坪

续表 4-9-2

路号	起点站	主要途经站	终点站
107	瀚恩公园	林家店、璧泉小学、皮革一区、皮革二区、宝安大厦、中医院、重百、璧城大厦、体育中心广场、科普中心、金剑小学、牛角湾路口、永嘉大道、摩登时代广场、奥康大厦、瑞湖名苑、紫竹一路、利安总部基地、太阳堡	行政服务中心
108	行政服务中心	太阳堡、沿河西路、湿地公园、溯园、两山秀苑、康宁路、瀛嘉天下、永嘉大道、牛角湾路口、金剑小学、科普中心、体育中心广场、璧城大厦、重百、中医院、宝安大厦、金山农贸市场、安川桥、北门部队、北门社区、璧铜路、城北小学、吉旺房产、北城馨园	农产品中转站
109	虎溪电机厂（西）	虎溪电机厂（北）、蓝黛公司、嘉陵集团（东）、春和景明、上界国际、瀛嘉帝逸城、南河丽景、璧兰河 1 号、妇幼保健院、区医院（新）、图书馆、天安绿岛中心、同景国际、规划展览馆、锦城天秀、红宇大桥、璧城大厦、重百、中医院、宝安大厦、金山农贸市场、金三角、重长司车站、兴旺正街	瀚恩阳光
111	金剑山森林公园	天赐华汤温泉、一天门、宝安大厦、金山农贸市场、小东门、大成广场、陵园、职教中心、天湖花园、南门唐城、水街、秀湖公园（西）、登云公园、人民广场、文化艺术中心、璧山中学、区医院（新）、妇幼保健院、双星大桥、科普中心、双星立交桥	奥特莱斯
112(A)	农产品中转站	北城馨园、吉旺房产、城北小学、东林大道路口、城丁路口、北门车站、北门部队、大成广场、南街、城关幼儿园、南关社区、党校、同景国际、区医院（新）、东山路、实验小学、图书馆、璧山中学、文化艺术中心、人民广场	碧桂园
	碧桂园	人民广场、文化艺术中心、璧山中学、图书馆、实验小学、东山路、区医院（新）、同景国际、党校、天湖花园、区医院门诊、南街、大成广场、北门部队、北门车站、城丁路口、东林大道路口、城北小学、吉旺房产、北城馨园	农产品中转站
112(B)	农产品中转站	北城馨园、吉旺房产、城北小学、东林大道路口、城丁路口、北门车站、北门部队、大成广场、南街、城关幼儿园、南关社区、党校、同景国际、区医院（新）、东山路、实验小学、图书馆、璧山中学、文化艺术中心、人民广场、碧桂园、黛山大道	高铁璧山站
	高铁璧山站	黛山大道、碧桂园、人民广场、文化艺术中心、璧山中学、图书馆、实验小学、东山路、区医院（新）、同景国际、党校、天湖花园、区医院门诊、南街、大成广场、北门部队、北门车站、城丁路口、东林大道路口、城北小学、吉旺房产、北城馨园	农产品中转站
201	一天门	宝安大厦、金山农贸市场、安川桥、北门部队、北门社区、璧铜路、城北小学、河边、冀东水泥公司	浸口

续表 4-9-3

路号	起点站	主要途经站	终点站
202	来龙	城西（刺楠竹）、城丁路口、北门车站、北门部队、大成广场、南街、城关幼儿园、南关社区、党校、锦城天秀、红宇大桥、体育中心广场、科普中心、金剑小学、牛角湾路口、永嘉大道、摩登时代广场、奥康大厦、瑞湖名苑、福顺大桥、两山秀苑、溯园、湿地公园、沿河西路、太阳堡	行政服务中心
	行政服务中心	太阳堡、沿河西路、湿地公园、溯园、两山秀苑、福顺大桥、瑞湖名苑、奥康大厦、摩登时代广场、永嘉大道、牛角湾路口、金剑小学、科普中心、体育中心广场、红宇大桥、锦城天秀、党校、天湖花园、区医院门诊、南街、大成广场、北门部队、北门车站、城丁路口、城西（刺楠竹）	来龙
203	交通职培中心	瀚恩公园、林家店、璧泉小学、重长司车站、金三角、安川桥、北门部队、北门车站、城丁路口、北街小学、职教中心、区医院门诊、南街、大东门、向阳农贸市场、中医院、重百、璧城大厦、红宇大桥、锦城天秀、莱山路、凝山路、锦春、璧兰河 1 号、南河丽景、南河公园、永嘉大桥、璧河名都、康宁路口、福顺大桥	状元桥
	状元桥	福顺大桥、康宁路口、璧河名都、永嘉大桥、南河公园、南河丽景、璧兰河 1 号、锦春、凝山路、莱山路、锦城天秀、红宇大桥、璧城大厦、重百、东关小学、文星大桥、南关社区、天湖花园、职教中心、北街小学、城丁路口、北门车站、北门部队、安川桥、金三角、重长司车站、璧泉小学、林家店、瀚恩公园	交通职培中心
204	交通职培中心	农产品中转站、北城馨园、大旺桥（西）、大旺桥（东）、瀚恩阳光、兴旺正街、重长司车站、金三角、小东门、大成广场、大东门、向阳农贸市场、中医院、重百、红宇家苑、红宇大道路口、中石油加气站、双星立交桥、牛角湾、永嘉大道路口、星岛公园、石堡公园、湖上大酒店、机电学院、铁山路、太阳堡	行政服务中心
	行政服务中心	太阳堡、铁山路、机电学院、湖上大酒店、石堡公园、星岛公园、永嘉大道路口、牛角湾、双星立交桥、中石油加气站、红宇大道路口、一天门、一天门农贸市场、重百、东关小学、文星大桥、南街、大东门、大成广场、小东门、金三角、重长司车站、兴旺正街、瀚恩阳光、大旺桥（东）、大旺桥（西）、北城馨园、农产品中转站	交通职培中心
301	青山公司	青山花园、青山北路、青杠车站、青杠中学、海尔幼儿园、青杠小学、永辉超市、青杠街道办事处、新桥医院、云湖西城、杨柳小区、青柳阳光	民生新城
801	客货中心璧山车站	红宇大道路口、中石油加气站、双星立交桥、牛角湾、永嘉大道路口、星岛公园、石堡公园、湖上大酒店、机电学院、紫竹三路路口、铁山路路口、聚金大道路口、展运（南）、荷香苑、狮子、狮子粮站、高铁璧山站、瓷砖厂、塘坊、塘坊村委、石杨三路、民生新城、石河村委、青柳阳光、杨柳街、云湖西城、青杠加油站、白云湖、民安街、青杠车站、青山北路、青山医院、护养中心、重医卫校、安乐村委、来津路口、来凤小学、来凤桥、来凤中学、来凤敬老院、部队、双堰路口、新七新村、杨城、兴隆、石垭、电杆厂、花卉基地	丁家新车站

续表 4-9-4

路号	起点站	主要途经站	终点站
802	北门汽车站	来龙、大兴、船型、丹凤	正兴汽车站
803	北门汽车站	来龙、大兴、同心	石院
804	北门汽车站	来龙、大兴	梅江
805	北门汽车站	来龙	福禄
806	重长运璧山汽车站	翰恩阳光、大旺桥、吉旺房产、城北小学、东林大道路口、双龙、渝蓉高速璧山站、袁家坝、蒲河路口、渝遂高速璧山北站、庙儿坡、保家小学、保家、保家初中、郭家村委、杨家院子、毛家垭口、狮子桥、大路加油站、大路金山站、迎宾广场、大路场口、团坝新村、团坝、逸夫小学、新民、高拱村委、石板丘、亚峰药业、盐店、二郎桥、红旗岔路口、卷洞桥、依凤、依凤农商行、七依路口、梨树弯、璧北蔬菜基地、石坡、敢英村委、八塘新街	八塘汽车站
807	重长运璧山汽车站	蒲元、福里树、保家（六塘）、鞍子、铁厂、水库（七塘）	临江
808	丁家新车站		健龙
809	丁家新车站		广普
810	丁家新车站		三合
901 (A)	职教中心	天湖花园、党校、同景国际、区医院（新）、妇幼保健院、科普中心、城市管理学院、西部新城客运站、东方剑桥、重大东门、轨道交通大学城站	大学城美院
901 (B)	高铁璧山站	东林大道、溯园、两山秀苑、上界国际、区医院（新）、妇幼保健院、科普中心、城市管理学院、西部新城客运站、东方剑桥、重大东门、轨道交通大学城站	大学城美院

注：1.101、102、103、105、106、107、108、109、111、112 路为重庆长途汽车运输集团璧城客运有限公司经营，监督投诉电话：41416912

2.201、202、203、204、901 路为重庆长途汽车运输（集团）有限公司璧山分公司经营，监督投诉电话：41401634

3.301 路为重庆公路运输（集团）有限公司民鸿分公司经营，监督投诉电话：41559011

4.801~810 路为重庆长途汽车运输集团璧城客运有限公司、重庆长途汽车运输（集团）有限公司璧山分公司、重庆市璧山区丁家运输有限公司共同经营，监督投诉电话：41416912、41401634、64302961　（区交委）

【安全稳定】 开展安全生产“打非治违”等专项整治行动，完成客、货运输企业、客运站、维修企业、驾校的年度安全服务质量考核，实现运输安全事故“零”目标；妥善处理三轮车载客车主和乱刷爱心卡持卡人的上访，调解 807、808 经营困难和 809 与丁家至江津、马坊、永川的客运矛盾，调解璧山、丁家至主城的客运矛盾。

【行风建设】 深化“三严三实”专题教育，严格执行中央“八项规定”，开展“吃、拿、卡、要”专项整治，修订《职工管理考核办法（试行）》等机关管理制度 5 个。坚持节假日不间断为群众办理公交 IC 卡，利用早、中、晚休息时间有效整治城区运输秩序。　（区运管所）

路政管理及公路养护

【概况】 2015年，全区养护和管理国道24.17公里、省道131.526公里、县道95.597公里，合计251.29公里。全年按照区委、区府“三区一美”战略目标和区交委构建“和谐交通”的总体要求，以公路管养为中心，认真履行“保护路产、维护路权，保障公路完好、安全和畅通”的工作职责，确保区内国省县公路的畅、安、舒、美。

【公路养护】 始终坚持公路管养工作的月度检查制度和加强公路日常保洁与公路设施维护工作，严格按照公路工程施工与养护技术规范搞好养护生产，公路养护质量逐步提高。

1.公路维修和日常养护工作。公路日常养护，长期保持国省干线及璧山隧道、黛山大道南北段、虎峰大道路面清洁、边沟畅通、路肩顺适、护栏标牌整洁。修补沥青混凝土路面102 594.37平方米。其中G319线96 994.37平方米，S108线1 375平方米，S109线625平方米，S208线1 500平方米，县道浸大路2 100平方米。修补来津路泥结碎石路面10 820平方米。修补水泥混凝土路面284平方米。其中S208线广黄路30平方米，S208线河大路38平方米，县道正石路216平方米。修补县道接八路沥青贯入式路面320平方米。修复挡土墙1 426.425立方米/21处，翻修涵洞2处21米，处理青杠长涵洞露筋约1 000平方米，新安装钢筋混凝土盖板（支路搭接）79米/12处，电缆沟盖板150米，修复石水沟234米，硬路肩198.15立方米。完成沥青路面灌缝12 000米。贴缝14 800米。清除水毁塌方864立方米。完成璧山隧道至双星大道跨线桥引道、匝道路面及路面坑槽维修460平方米。完成福里树至黛山大道沥青混凝土路面改造1.1公里，8 500平方米。修复黛山大道及璧青路的人行道板300平方米。清理涵洞9道，边沟268公里，路肩堆积物3 048立方米,清理整形路肩89 860米。补安国、省、县道公里桩，百米桩及国、省、县道所有公里桩、百米桩的刷白、填字工作。更换国、省、县道47座公路桥梁的限重及公示牌标志117块；定期检查国、省、县道28座公路桥梁；公路桥梁“一桥一档”工作收集建设、养护、维修、管理等各方面的资料。完成国、省道公路的行道树粉刷工作。完成G319线西璧公路养护站道班房维修升级改造工程。完成国道319线道路美化，种植鲜花24 000平方米。完成国道319线路面维修及标线施划工程。协助区交委完成璧山境内13个街道、镇的国、省、县道公路232公里行道树栽植工作，栽植行道树45 852株。完成大旺桥中心供水管道搬迁工程。

2.璧山隧道管养工作。对路面、洞内防火装饰板、检修道、防护栏杆、桥梁栏杆等进行经常性清洗和保洁，全年捡拾垃圾约3.5吨，清除危及行车安全的散落物约1.8吨。疏通边沟400米，清理沉砂池1个，更换窨井盖8个。更换防火装饰板32张，67平方米。维修隧道灯具383盏，更换100瓦钠灯72盏、250瓦钠灯7盏、400瓦钠灯205盏，更换LED轮廓灯41个，58瓦荧光灯45盏。对曾家变电房外线开展巡查4次。检查高位水池55次，注水10 000立方米，及时检修消防栓、消防管的漏水。通过洞内喊话的形式劝返进入隧道的行人200人次。路灯管理检修璧山至来凤段、黛山大道（南北段）路灯40次，维修不亮灯具130盏，更换600瓦钠灯13盏，更换路灯灯杆10根、灯罩15个，维修10千伏路灯控制柜接地线1次，更换黛山大道7号柜保险2根，更换何曾一线跌落保险1次。保证管辖内亮灯率达98%以上。

3.公路防洪抢险应急管理进一步完善。修订完善公路防洪抢险、防震减灾、防冰冻灾害、防交通阻断等各项应急抢险制度和值班制度。按照公路防洪等应急预案，加强应急演练，做好应急抢险设施设备、应急工具的储备工作。加强公路边沟和涵洞清理和疏通，确保排水系统的完善。强化公路雨天“三查”（雨前查沟、雨中查险、雨后查路），加强公路洪期巡查与观测，特别是对高边坡、高挡墙、公路沉陷路段、危桥、危岩、地质灾害等危险路段实行“一盯一”监控，及时发现和处理险情。认真开展安全隐患大排查大整治活动。做好各种突发情况的应急抢险工作。

4.农村公路技术指导服务工作扎实开展，进一步发挥农村公路养护技术指导服务队的作用，对全区 15 个街道、镇的农村公路养护人员开展各类技术指导服务 120 人次。开展农村公路管养模式的探索调研工作。

【路政管理】 加强路政日常管理，确保公路完好畅通。全年，上路巡查 4 746 人次，出动执法车1 582 辆次，查处路政案件 3 498 件，其中，简易治超处罚案件 3 369 件，一般程序处理处罚案件 129 件，结案率 98%以上；办理路政许可 32 件，许可正确率 100%，未产生行政复议变更、撤销案件和行政诉讼败诉案件。保证管辖公路的畅洁、美观，保障公路安全畅通，维护和巩固公路建设和养护成果。投入路政治超执法人员 23 711 人次，执法车辆 1 325 辆次，查处非法超限运输车辆 3 453 辆次，卸载车辆 3 443 辆次，卸货及转运 9 230 吨，超限率 0.4%，远低于市政府确定的“车辆超限超载率控制在 5%以下”的治理目标。全市第一批不停车检测系统在璧山隧道安装完毕，是璧山首条不停车检测系统，正在性能调试。璧山主要交通干线治超网络覆盖率 80%以上。

（张代文）

公路养护施工现场

（区公路养护所　供图）

邮　电

综　述

2015年，全区邮电事业取得较快发展。主要表现：一是邮政方面，有邮政营业网点43处，其中城区网点10个，农村网点33个，全国邮政储蓄联网网点41个。自办汽车邮路3条，长度392公里,邮运车辆4辆。农村投递路线长度1 756公里，城市投递路线长度557公里。二是电信方面，集有线、无线一体的无缝网络覆盖能力得到增强。三是移动方面，连续7年实现年度业绩考核优秀。四是联通方面，经营业务稳步提升，用户保有持续改善，集客发展进步明显。（李明洋）

邮　政

【概况】 2015年，全区邮政以“解放思想、转变作风，深化改革、转型创新，善谋实干、攻坚克难”二十四字工作方针为指导，坚持以“提能力、善作为，转方式、提质量，调结构、增效益，防风险、可持续”为核心，以“提升服务质量、增强发展能力”为重点，立足实际，追求实效，坚持改革创新，加快推进企业转型工作。

【邮政业务】 为满足社会各界对邮政服务的新需要，不断拓宽服务领域，加强深层次开发，增加业务品种，丰富服务种类，服务质量逐步提高，服务水平不断提升。拓展范围包括代发工资、代发养老金、代发低保金、代发廉租房补贴、代收电信资费、代收公用事业费（水、电、气费）等代收代发普惠金融业务以及“三农”分销、身份证专递、票务预订等业务。全年，邮政业务总量7 252.39万元，比2014年增长19.58%，业务收入7 779.39万元，同比增幅25.00%，利税1 789.41万元。

【邮政金融与服务】 配备代理金融专职检查人员，切实履行检查职责,让代理金融风控体系进一步健全,且陆续开展“一加强两遏制”“民间借贷”专项排查、“强履职、治顽疾”“两个加强、两个遏制”“合规回头看”等多项检查工作，规范业务流程，确保金融资金安全。在服务质量方面，坚持以网点转型为重点，成立专门机构、配置专人开展转型工作；制定并完成“一局一策”和41个网点“一点一策”的编写，结合实际民情完成对客户的规范化服务礼仪；新增导入转型网点11个，转型网点19个。七步法、四有声，用统一的标准，规范网点的服务模式，树立标志统一、外表美观、环境整洁、服务文明的邮政窗口形象，实现服务标准化和客户体验的一致性，使客户感受到更加专业、精细、优质、贴心的服务。在服务“三农”方面，为方便群众，凡农户征订邮政局分销产品，均用邮车将产品配送到户，让农民足不出户就能用上农资产品。整合人员，组织成立“服务三农宣传队”，在农村召开数百场院坝会，大力宣传农村用邮、金融理财、防止金融诈

2015 年邮政业务收入情况

表 4-10　　单位：万元

项目		累计完成	同比增幅（%）
邮务类	函 件	201.48	-38.94
	包 裹	163.51	6.83
	机 要	1.88	72.47
	报 刊	208.20	6.26
	集 邮	150.64	-14.03
	电子商务	102.81	-77.28
小计		828.52	-36.65
速递物流类	代理速递物流	23.98	-53.58
	分销	442.11	-12.92
金融类	代理金融	6246.44	34.94
出售品		16.33	196.91
其他业务（快递、房屋出租等）		222.01	412.13
总计		7779.39	25.00

骗、辨别假币等相关知识，现场帮助并指导老百姓怎样合理施肥、播种等科学种植方式，为参加院坝会的老百姓发放对联、年画、洗衣粉、肥皂等小礼品，为老年百姓测量血压等。

【邮政网点设置】　全区拥有邮政网点 43 个（其中储蓄网点 41 个）：城区网点 10 个，农村网点 33 个。点均服务面积为 20.8 平方公里，其中：城区点均服务 11.72 平方公里，农村点均服务 23.13 平方公里；点均服务人口 1.43 万人，其中：城区点均服务人口 3.33 万人，农村点均服务人口 0.94 万人。全年完成中兴、大路、新生路 3 个网点迁址装修，蒲元原址装修；布放 ATM 机、存取款一体机 23 台；以组织部“三进”助农取款工作为平台，建设以农村小额助农取款为主的便民服务站 85 个，充实小区一站通 23 家。

【邮掌柜与商易通】　在加强农村服务能力方面，设立邮政“邮掌柜”项目。该系统实现商品批发、线下代购、进销存管理、会员管理、便民服务等 5 大功能，让农民享受到更多便利。其中，“邮掌柜”系统的“便民服务”功能可以使农村居民“足不出村”即可缴纳电费、电话费和有线电视费等公共事业费，购买飞机票、火车票等票务性业务，实现在整个农村地区购物不出村、缴费不出村、购票不出村、取款不出村以及寄递不出村等便利。年底，根据区委组织部提出的“农资超市、农产品网店、金融网点‘三进村’”的工作方案，与组织部联系，汇报邮政电商发展情况，得到组织部认可，同意通过邮政电商平台入驻各镇乡便民服务站。根据安排，对全区 85 个行政村进行“商易通”的安装，旨在补充和解决农村老百姓就近小额取款的问题，同时对部分有条件的 25 个村社便民服务站的“邮掌柜”系统进行安装并投入使用，为广大农民朋友提供金融取款、缴费、购物等便捷服务功能。邮政还将集合全区地方特色，引入线上销售，打造“璧山特色馆”，在全国邮政电商平台“邮乐网”上销售。（区邮政局）

电　信

【概况】　中国电信股份有限公司璧山分公司坐落在璧山区璧泉街道文星路 171 号。1997 年 7 月邮政、电信分离，改称璧山县电信局，1998 年 7 月寻呼剥离，1999年7月移动分离，2002年12月电信成功在香港上市，改称中国电信股份有限公司璧山分公司。现中国电信璧山分公司是璧山区域内历史最悠久的国有综合信息服务企业。设4部1室：综合管理部、销售服务部、宽频部、政企客户部、网络部；城区设4个支局：一天门支局、远林支局、绿岛支局、奥康支局；区乡设6个支局：青杠支局、来凤支局、丁家支局、河边支局、大路支局、大兴支局，

中国电信股份有限公司璧山分公司现有从业人员139人，其中：合同制员工89人，派遣制用工1人，代管外包人员49人；本科及以上学历72人，专科学历58人，专科以下学历9人。璧山分公司2013年、2014年、2015年，份额提升分别为1.04%、0.80%及1.36%。

【网络设施】 中国电信璧山分公司有通信端局2个，接入机房38个，156个3G无线基站，172个4G无线基站，408个EPON室外接入点，550个FTTH小区，IP城域网覆盖璧山所有街道和场镇，主要场镇采用10G环网进行保护，为璧山区提供集有线、无线一体的无缝网络覆盖能力。所有端局和接入点具备良好的通信基础设施，配置31台固定式和10台移动式油机，每个接入机房和无线机房均配备蓄电池，提供机房设备的7X24小时不间断的通信电源保障。城区区域基本实现全光网覆盖,建到乡镇和非建到乡镇所在场镇区域覆盖达99%,接入宽带达100M以上。全区143个行政村有29个已实现FTTH覆盖,预计到2016年6月底前完成剩余60%的行政村覆盖。

【电信业务】 中国电信璧山分公司主要经营固定电话网络、宽带、数字电视、CDMA手机网络等业务，通信能力覆盖全区乡镇村社，建成22个天翼专营店，14个全网通手机店，92个便利店，宽带服务中心9个。光纤覆盖率达90%以上客户，仅家庭客户光纤上网就可达独享100兆，移动网络能顺利实现3G、4G平滑过渡；拥有“天翼飞yang”“天翼e家”“天翼领航”等品牌，具备电信全业务、多产品整合的服务渠道体系的能力；电信“天翼对讲”、公安高清视频监控网的使用，有力推动平安璧山、和谐璧山、文明璧山的建设；璧山分公司坚守并实践着“用心服务、用户至上”的服务理念，为全区党政机关、企事业单位及广大人民群众提供更快、更稳、更安全的信息通信服务保障。（中国电信公司璧山分公司）

移　动

【概况】 中国移动通信集团重庆有限公司璧山分公司（以下简称璧山移动）隶属于中国移动通信集团重庆有限公司。自1999年9月成立以来，以客户为根，服务为本，建设以销售、服务、协调为中心的渠道平台，促进整体市场健康发展。2015年，公司有员工114人，平均年龄31岁，大学本科占比55.7%，内设职能部门4个（综合部、市场部、集团客户部、建设维护部）、业务支撑中心1个、片区营销中心3个（青杠营销中心、丁家营销中心及大路营销中心）、旗舰厅1个（时代商都营业厅）、营业厅109个、村级服务站193个。

【公司业绩】 秉承“正德厚生，臻于至善”的核心价值观，坚持打造良好而巩固的客情关系，持续关注客户利益，建设以“客户认同”为目标的经营服务体系，深挖客户价值，在内部开展围绕生产一线的各种劳动竞赛，调动员工积极性，企业连续7年实现年度业绩考核优秀。

【基站建设】 截至2015年，璧山移动基站总数量1170个，其中2G基站440个（璧山主城200个、青杠片区90个、丁家80个、大路70个），3G基站220个（璧山主城170个、青杠30个、丁家10个、大路10个），4G基站510个（璧山主城

300个、青杠90个、丁家50个、大路70个)。2015年累计完成基站建设200个,全面提升网络质量,为客户通话质量、流量使用等提供保障。

【网络建设】 全年完成驻地网建设20 000户,政企一网通建设2 000户;完成零星专线建设200条,固话200门,其中重点项目“平安璧山”圆满完成新增584个点位(962个摄像头)的专线建设。完成无线城市WLAN热点2 780个AP的复查验收。 (中国移动璧山分公司)

联 通

【概况】 中国联合网络通信有限公司(以下简称中国联通)是直属于国资委管理的特大型国有控股企业,而中国联合网络通信有限公司璧山区分公司(以下简称璧山联通)作为中国联通在璧山区的分支机构,承载着地方基础通信网络建设和用户服务的职责;公司所经营的业务为GSM第二代数字蜂窝移动通信业务、WCDMA第三代数字蜂窝移动通信业务、LTE/第四代数字蜂窝移动通信业务、卫星国际专线业务、因特网数据传送业务、国际数据通信业务、国内通信设施服务业务、固定网国内数据传送业务、无线数据传送业务、因特网接入服务业务和信息服务业务、固定电话、IP电话等全电信业务。

2015年,璧山联通有员工71人,平均年龄31岁,大学专科及其以上占比88.8%,内设职能部门(销售服务支撑中心、建维中心)2个、网格(家客网格、自有厅网格、存量网格、大客户网格、商企网格、社会渠道网格、丁家网格及大路网格)8个。2G机站252个,3G机站226个,4G机站305个。

全年,全区联通手机用户12万户,宽带用户2.4万户,固话用户1.2万户;用户集中于中高端,主要以党政军用户、城市家庭、企事业单位员工和外来企业员工为主。4G无线网络无缝隙覆盖。

(中国联通璧山分公司)

移动公司基站

(中国移动璧山分公司 供图)

商贸旅游业

商贸流通综述

2015年璧山区社会消费品零售总额106.6亿元，同比增长15%；批发和零售业商品销售总额实现224.8亿元，增长22%；住宿和餐饮业营业收入实现33.9亿元，增长20.5%。环秀湖商圈由璧山CBD、秀湖商业体、南门唐城、红星美凯龙渝西国际广场、金科秀湖天街、同景国际城、秀湖鹭岛构成。

环秀湖商圈会同璧山政务中心、教育中心、文化中心、医疗中心和生活中心，形成集休闲购物、餐饮娱乐、高端商务、高新产业为一体的低碳、环保商业集群，计划经过3年至5年时间的建设和业态培育，形成一个200亿级的城市核心商圈。

环秀湖商圈

（周海瑞　摄）

【商贸民生】　按照《璧山区人民政府办公室关于印发重点民生实事工作实施方案的通知》要求(璧山府办发〔2015〕36号)，完成社区便民商业设施任务10个，其中社区便民商圈2个，乡镇微型商圈2个，社区综合超市4个，标准化菜市场1个，乡镇农贸市场1个，投入资金7 000万元，其中政府投入800万元，带动社会投入6 000万元。

【发展会展经济】　组织商贸企业开展促销活动，精心组织购物美食消费节、家居建材购物节、汽车消费展、葡萄文旅游文化节、樱桃采摘节等一系列节庆展会活动，有效拉动全区消费增长。全年，举办和组织参加各类展会15次，展出8万平方米，实现会展直接收入2.8亿元，增长28%，拉动消费9.8亿元，增长81%。

水街

（张曦　摄）

购物中心、大型商场、超市

【新世纪百货商场】 新世纪百货商场的经营主体是重庆商社新世纪百货连锁经营有限公司，商场位于重庆市璧山区向阳街196号，于2006年12月22日开业迎宾，经营11 957平方米，2015年销售额为4 500万元，从业人员200人。

【重百商场】 重百璧山商场的经营主体是重庆百货大楼股份有限公司，位于璧山区璧城镇上海城C栋，紧邻名豪步行街、时代商都步行街，总营业面积1.9万平方米，从业人员118人，2015年销售额为30 000万元。该商场由地下1层，地上4层组成，经营设置分别为：超市、装容名品馆、黄金珠宝馆、少淑四鞋馆、绅仕运动馆、精品名媛家居馆。购物中心内设施完善，布局合理、商品齐全，引进“周大福”“百丽”“依恋”“马天奴”“堡尼”“迪迪博迩”“杰克琼斯”等品牌。

【砂之船奥特莱斯】 砂之船奥特莱斯的经营主体是砂之船（重庆）商业有限公司，项目位于璧泉街道牛角湾白杨路1号，于2014年1月18日实现试营业，营业7万平方米，从业人员1 000人，2015年销售额30 000万元。项目拥有国际精品、男装、女装、运动休闲、皮具童玩等几大部类，200个国内外知名品牌。

【摩登时代广场】 摩登时代广场的经营主体是重庆捷正经贸有限责任公司。项目位于金剑路496号，于2013年10月开业，营业4万平方米，集娱乐、美食、休闲、购物于一体，2015年销售额8 000万元。入驻的商家：世纪华联超市、迈动健身馆、横店电影院、锦绣花园酒店、温州海鲜城等。

【永辉超市】 永辉超市时代商都店，位于文星路248号，营业4 800平方米，从业人员480人，2015年销售额15 000万元。永辉超市金山水岸店位于洋河街101号，营业6 000平方米，从业人员280人，2015年销售额达到7 000万元。

专业市场

【家具交易市场】 璧山家具交易市场主要全友家私、绿岛国际家居广场、金三角家具市场和红星美凯龙渝西国际广场。

全友家居专营店位于金剑路时代雅苑2楼（新体育中心旁），营业4 000平方米，2015年销售额800万元，从业人员12人。全友家居有20多个系列，涵盖中式、欧式、美式、韩式、法式等各类款式，包括套房家具、沙发、电视柜、茶几、餐桌椅、酒柜、隔断、床垫等。

砂之船奥特莱斯一角

（张承刚　摄）

绿岛国际家居广场位于璧泉街道金剑路205号，营业2 800平方米，从业人员6人，2015年销售额达到500万元。

金三角家具市场占地37万平方米，营业2.5万平方米，固定摊位30个，从业者200人，2015年销售额15 000万元。

红星美凯龙渝西国际广场项目位于璧山区黛山大道以西，剑山路以东，自来水厂以南，金科中央公园以北，开发业主为上海红星美凯龙实业有限公司，占地17.33公顷，总建筑40万平方米，其中商业17万平方米。项目正在建设中，计划工期为2014—2017年。

【建材市场】 2015年，全区建材市场有商家890家，总经营7.5万平方米，经营方式以零售为主。大型的建材市场有光大建材市场、大宏鼎建材市场和瀛嘉天下家具建材城。

璧山区大宏鼎家居建材市场由璧山大宏鼎商贸有限公司投资5000万元资金打造。以“新的体验，心的服务”作为经营理念，为消费者提供“一站式服务”的经营模式。项目位于璧青大道与福顺大道交会处（湖上大酒店旁，机电学院斜对面），于2015年1月1日开业，项目占地2公顷，经营4.5万平方米，拥有车位300个，汇集璧山所有高中端建材家居经营户200户，装饰公司10家，品类涉及装饰板材、卫浴洁具、墙地砖、木地板、定制家具、门窗、石材、灯饰灯具、厨卫电器、涂料、五金、壁纸布艺等。市场入驻商家128户，签约入驻品牌150个。

光大建材市场由璧山区富斯德物业管泉市理公司负责经营管理，位于璧永路93-3号，营业7 000平方米，固定摊位360个，全年销售额15 000万元，就业人数400人。经营品种：装饰板材、卫浴洁具、墙地砖、木地板、定制家具、门窗、石材、灯饰灯具、厨卫电器、涂料、五金、壁纸布艺等。

瀛嘉天下家居建材城近13万平方米，分为A、B、C三个区域，其中A区为瀛嘉天下绿岛天地组团，约2.2万平方米；B区为瀛嘉天下帝逸城和水岸国际两个组团，总建筑约7万平方米；C区为南河郦景商业片区，已入驻建材家居商家逾110家。

【家电交易市场】 璧山经营家用电器的商家有45家，总经营1.2万平方米，主要分布在金剑路、金三角，经营方式为零售。主要的家电商家有苏宁电器、国美电器和重百电器。

苏宁电器位于璧城街道金剑路18号，营业3 000平方米，从业人员120人，2015年销售额6 000万元。

国美电器位于文星路上海城A栋，营业2 229平方米，从业人员40人，2015年销售额5 100万元。

重百电器位于文星路57号，营业4 166平方米，从业人员115人，2015年销售额8 200万元。

【奥康皮鞋交易市场】 奥康皮鞋交易市场位于璧泉街道奥康大道8号，经营品种主要为鞋材制品。项目占地10公顷，营业8万平方米，仓储2.5万平方米，固定摊位550个，从业人员1 600人，年销售额为4.5亿元。

餐 饮 业

2015年璧山餐饮市场总营业面积8万平方米，规模以上商家有635家，2015年总营业额130 000万元。璧山特色美食：大刀烧白、来凤鱼、水八碗、璧山财兔、璧山唐兔等。璧山餐饮名店：大江龙餐饮、锦宏居大酒店、虹源大饭店等。

现形成规模的餐饮一条街有：红宇大道美食街、远林美食街、东林大道美食街、瀛嘉天下美食街、沿河路冷酒一条街等。

物 流 业

2015年，全区快递及物业公司销售总额21 080万

重庆市万家欢实业有限公司调查表

表 4–11

企业名称	重庆市万家欢实业有限公司	注册资金	5000 万元
企业注册地	重庆市璧山区大路街道三担村 3 社		
拟建项目类别	商贸物流（创建绿色示范仓库）		
企业基本情况	重庆市万家欢实业有限公司是由万家欢农业股份有限公司出资设立的有限责任公司（法人独资），注册时间为 2015 年 11 月，占地 20 公顷，建筑约 40 平方米，投资 6 亿元，建设农产品加工、配送一条龙的冷链物流，投产后年交易额 30 亿元，税收 5 000 万元。 2015 年 7 月 14 日，项目签约；10 月，项目开始根据预可研红线图进行设计；11 月，项目完成发改委备案，重庆万家欢实业有限公司注册成功。		

重庆直通宏业物流中心有限公司调查表

表 4–12

企业名称	重庆直通宏业物流中心有限公司	注册资金	500 万元
企业注册地	重庆市璧山区璧泉街道金剑路 221 号		
拟建项目类别	笔电/电商/综合传统行业现代物流建设项目		
企业基本情况	重庆直通宏业物流中心有限公司位于 2013 年 3 月注册于璧山县台商工业园区，功能设施运输集散中心、保税仓库、标准厂房。主营甩挂拖车业务、货运代理服务、保税仓储、货物包装、装卸服务等，建筑 24 522 平方米，投入人民币 7 200 万元，人员配置 150 人。 重庆直通宏业物流有限公司自成立以来大力推行现代企业经营管理模式。继建立和完善企业法人治理结构后，又大力推进以目标管理、绩效管理、预算管理及关键流程控制等管理措施。近年来，随着国家产业西进政策的大力推进，直通宏业抓住发展机遇，调整经营理念，在“推动区域经济发展”的经营理念指导之下，通过信息交易、甩挂运输、仓储、配送、零担快运、管理服务“六大板块”以及完善的配套服务功能模块建立与运营，快速形成物流服务、物流载体、物流需求、物流管理服务四大资源的聚集，搭建高效的甩挂运输物流平台。 2015 年完成本项目的 80%，主要用于土地购买，以及房屋建筑安装部分。		

重庆市璧山区万达物流中心有限公司调查表

表 4–13

企业名称	重庆市璧山区万达物流中心有限公司	注册资金	1000 万元
企业注册地	璧山区农业科技园区内		
拟建项目类别	建设区域性物流中心		
企业基本情况	重庆市市璧山区万达物流中心有限公司成立于 2015 年，注册资本 1 200 万元。该公司是一个“物联网+”的现代物流交易中心，该公司充分利用互联网信息技术集空港、公路、铁路、水路为一体，主要经营货物交易、配载、百货，并以安全、快捷、低价的优势占据着无锡地区庞大的物流交易市场。 该公司在重庆市成立璧山区万达物流中心有限公司，占地 13.33 公顷，建成后年交易额达 10 亿元，税收 1 亿元，2015 年主要建设情况为办理注册璧山独立法人公司。		

丰树重庆璧山物流公司调查表

表 4–14

企业名称	丰树重庆璧山物流公司	注册资金	8000 万元
企业注册地	璧山区高新区内		
拟建项目类别	商贸物流、电商物流、冷链物流（智能物流配送）		
企业基本情况	丰树重庆璧山物流平台是淡马锡控股的全资子公司，是淡马锡旗下唯一投资产业设施的运营平台，注册资金 8 000 万元，占地 10 公顷，主要建设高标准立体航空中转仓库、装卸平台及配套设施 6 万平方米。 2015 年主要建设情况为办理璧山独立法人公司注册事宜。		

重庆普璧仓储设施有限公司调查表

表 4–15

企业名称	重庆普璧仓储设施有限公司	注册资金	14500 万元
企业注册地	重庆市璧山区璧泉街道双星大道 8 号		
拟建项目类别	仓储物流项目（公共配送中心+共同配送）		
企业基本情况	公司为中外合资公司，出资方分别为 CLH24（HK）LIMITED 和四川中交工程管理咨询有限公司。 该项目总用地 18.77 公顷，修建国际标准仓库 5 栋、倒班楼 1 栋，总建筑 100 520 平方米。其中：一期：用地 11.75 公顷，修建仓库 3 栋、倒班楼 1 栋，建筑 62 715 平方米；二期：用地 7.02 公顷，修建仓库 2 栋，建筑 37 805 平方米。 2015 年完成项目前期设计及施工准备。		

璧山区快递及物流公司调查表

表 4–16–1

序号	企业名称	地址	年销售额（千元）	年快递件数（万件）	网点个数
	合计		21080	265	18
1	重庆邮政快递物流有限公司璧山分公司	璧城街道文风路 15 号	8000	80	8
2	顺丰速运重庆有限公司璧山营业部	璧泉街道脂山路南河丽景 5 幢 15 号	4000	6	1
3	重庆圆通快递有限公司璧山分公司	璧城街道文星路 86 附 1 号	1200	80	3
4	速尔快递璧山分公司	机电学院还建房 A 幢	400	4	1
5	重庆鑫全峰快递物流有限公司	璧泉街道柿子街 19 号	240	2	1
6	璧山安能物流有限公司（大型物品）	河西工业区康宁路 7–8 号	1000	2	1
7	北京宅急送快去股份公司重庆分公司璧山营业部	奥康工业园区工业路 4 号	320	4	1
8	百事汇快运营业部	皮鞋小区北二街	920	7	1
9	重庆国达通物流有限公司璧山分公司	璧城街道洋河步行街 B 幢 73 号	5000	80	1
10	韵达快递公司	湿地公园旁边，金冠大门斜对面			
11	百世汇通快递公司	皮革小区北二街 78 号			

续表 4-16-2

序号	企业名称	地址	年销售额（千元）	年快递件数（万件）	网点个数
12	中通快递公司	璧城街道兴旺一路 2 号			
13	璧山申通速递有限公司	双星大道 1 号			
14	北京京邦达贸易公司璧山分公司	脂山路 1 号附 125 号			
15	重庆荣昭物流璧山分公司	皮鞋城南一街 39 号			
16	重庆运红物流有限公司	金剑路 221 号			
17	重庆广泰兴物流有限公司	铜山路 86 号			
18	重庆双弘物流有限公司	金剑路 364 号附 1			
19	璧山城运物流有限公司	福顺大道 4 号			
20	余氏物流有限公司	丁家镇回龙路 38 号			
21	利博物流有限公司	金剑路 777 号			
22	金洪通快递有限公司	永嘉大道 106 号附 332 号			
23	皇源货物运输有限公司	皮鞋小区北一街 121 号			
24	三毛物流有限公司	学府居北苑 7 号			
25	万生物流有限公司	青杠街道缙云路 51 号			
26	义得物流有限公司	北门社区			
27	宏升物流有限公司	青杠镇清明街			
28	荣鼎物流有限公司	南关三路 76 号			
29	志颍运输有限公司	青杠街道新桥街 121 号			

（区商务局）

元，快递件数 265 万件、网点 18 个。有快递及物流公司 30 家，在建物流公司 5 家，登记没有明确地址 5 家。

供 销 业

【概况】 2015 年，全区供销工作一手抓为农服务，一手抓社有企业发展，搞活流通，助农增收。全年实现商品销售总额 14 亿元，实现利润 625 万元，同比分别增长 14%、23%；其他主要经济指标均比 2014 年增长，2015 年度综合业绩考核获市供销总社一等奖。

【基层组织建设】 切实加强供销社基层组织建设，拓展基层社为农服务功能。在河边、福禄镇和来凤街道等地新组建 3 个由区供销社所属企业参（控）股的基层供销合作社有限公司，供销社服务三农的网络不断增强。

【农村合作经济组织建设】 新发展农民合作社 33 个（其中农民股份合作社 16 个），参合率提高 0.9 个百分点，全年规范农民合作社 15 个。在全区农民合作社中开展打击非法金融宣传工作，由供销社创办、领办的合作社均未出现非法集资情况。组织所辖农民合作社开展农超对接、农社对接，农校对接工作，全年实现农副产品销售额 5.4 亿元。

【村级农资超市建设】 以市场化经营为手段，以连锁配送形式相继在8个街镇建成10个村级农资超市服务三农。其中在璧城街道新堰村，大路街道团坝村、高拱村，七塘镇喜观村，大兴镇船形村，青杠街道莲花村，来凤街道三星村，正兴镇卫寺村，丁家街道黉学村、走马村各建设一家农资超市。

【农村现代流通服务网络体系建设】 组织供应各种农资17 000吨，占社会用肥量75%以上，承担90%的政府淡储任务；日用品经营网络构建起区有配送中心、街镇有综合超市、村有便利店的连锁经营体系，在农村消费品零售额中的占比达到30%以上；再生资源回收利用网络不断完善，建立街道社区和村镇回收网点，回收量占全社会近80%；农副产品现代购销网络加快发展，通过在产地办节办会开拓农产品市场，拓展销售渠道的创新，年实现农产品销售额5.42亿元；电子商务发展步伐明显加快，区供销社于9月18日举办2015年电子商务运营管理培训会，加快推动璧山区电商发展，并参股组建重庆供禾电子商务有限公司；区农资、烟花爆竹、再生资源等协会积极参与相关行业政策研究和业务培训，特别是区再生资源行业协会加强行业自律管理，现有120户站点，在全区街镇覆盖率达100%，年实现再生资源销售额1.18亿元，再生资源回收量占全区的75%以上。

【联合社建设】 开展“三严三实”专题教育，严格执行中央八项规定，落实“两个责任”，推进专项整治，初步形成作风建设长效机制；进一步加强党风廉政建设和反腐败工作，加大纪检监察、审计等监督力度，强化“一岗双责”；坚持正确选人用人导向，深化人事制度改革，提高干部选拔任用科学性和公信度，强化教育培训工作；大力弘扬供销社“扁担精神” “背篓精神”，认真践行“为农、诚信、创业、合作”的新时期供销合作社精神，积极推广供销合作社标志。（黄文良）

粮油购销

【概况】 2015年，采购各类粮食206 858吨，其中采购小麦27 561吨，稻谷50 689吨，玉米93 789吨，大豆25 966吨。销售各类粮食12 739吨，其中销售稻谷395吨，玉米6 702吨。其中市外采购粮食130 297吨，占采购量的63%，小麦采购于湖北，玉米主要采购于山西、陕西，部分采购于甘肃、吉林、宁夏、新疆、云南、河南，大豆采购于广西。有395吨稻谷销售至四川，6 702吨玉米销售至吉林。采购食用油11 005吨，其中菜籽油10 007吨，花生油204吨，调和油488吨。销售食用油11 029吨，其中菜籽油10 053吨，花生油183吨，食用油488吨。重粮集团璧山粮食公司丁家加工厂为市级应急加工企业，日处理稻谷100吨。仓储设施。辖区库区165 136平方米。完好仓容19098吨，其中平仓房16 098吨，立筒仓3 000吨。储粮罩棚1 200平方米。应用环流技术熏蒸仓容14 636吨，应用粮情测控系统仓容14 363吨，应用机械通风仓容17 636吨。

（区商务局）

特种商品和经营

【概况】 截至2015年12月，全区有成品油加油站39家，液化石油气充装站3个，液化气经营户79家，废旧物资回收企业或经营户112家，典当企业1家，二手车市场1个，废汽车拆解企业2个，酒类经营户2 881户。全年做好成品油、液化气、酒类、废旧物资回收、典当、散装水泥推广、二手车交易和报废汽车拆解等特殊商品和特种行业的监督管理工作，指导企业生产经营活动，提出行业管理要求和意见，积极协调解决企业生产经营中的困难和矛盾，督促企业严格执行国家相关法律法规，使璧山区特种商品行业得到健康有序发展。

【成品油】 全区39家成品油加油站，其中，中石油璧山经营部12家中石油重庆公司3家；中石化6家；壳牌加油站3家；龙禹3家；民营加油站12家。39家成品油经营企业中，33家经营状况良好；4家因迁建等原因暂停营业；2家存在安全隐患，被责令限期整改。全年成品油销售12.9万吨，其中汽油6.2万吨，柴油6.7万吨。

【液化石油气】 全区储气能力275吨，销售气量700吨。有液化石油气充装站3个，液化气经营户79家。为确保用气安全，深入开展“打非治违”行动，制定《重庆市璧山区商务局开展餐饮及农贸市场等特殊用气场所液化气安全大检查大整治工作方案》，并会同区安监、质监和镇街，对全区餐饮等特殊用气场所开展安全用气大整治行动。

检查整治范围:全区所有使用液化气的特殊用气场所，包括餐饮店、农贸市场、建筑工地食堂、烧烤店、商场、宾馆、机关、学校等。整治行动取得良好成果。共检查餐饮店258家，学校7所，工矿企业12家，液化气经营户79家，纠正错误用气行为139处，查处违规经营行为5起。

6月，安全知识培训全区液化气经营业主和从业人员230人，重点学习《中华人民共和国安全生产法》《中华人民共和国消防法》和《重庆市液化石油气经营管理条例》等法律法规，并严格进行考试，保证经营法人及送气人员持证上岗。

从7月1日起，在全区范围内强制推行粘贴《液化气安全使用须知》标签，10月份，在液化气充装企业，强行推行市商委、公安消防总队规范液化气（二甲醚）安全警示标志。

11月，利用璧山电视台、《璧山报》、和美璧山微信订阅号等区内宣传平台对石油液化气的安装使用方法进行宣传。

全年出动安全执法检查330人次，督促企业整改安全隐患21起，投入经费5万元，增添安全设施19件，查处违法违规行为6起，没收违规液化气气瓶106个，查处液化气“黑气”案件3起，没收气瓶91个，行政处罚2.1万元。

【再生资源】 全区备案的废旧物资回收企业或经营户112家，比2014年减少24家。区商务局牵头起草《重庆市璧山区推进生态文明建设加强再生资源回收行业规范化管理的指导意见》。

【典当行业】 3月，按照市商委要求，对全区典当企业——重庆裕隆典当有限责任公司进行年审，并对公司的典当业务情况开展调查与评估。经查，该公司严格执行收当、续当、赎当查验证件证照等典当行业制度，无非法吸存、发放高利贷等违规行为。由于市场经济等各方面的原因，2015年典当业务开展不畅。该公司总资产563万元，当年纳税额仅1万元。

【散装水泥】 全年销售散装水泥164.5万吨，由于散装水泥的广泛推广和运用，璧山区从2014年以后就未收取散装水泥基金。

【汽车报废与更新】 璧山区有2家报废汽车拆解企业，2015年，全区报废拆解汽车522辆，其中轿车78辆，货车285辆，客车146辆，农用车3辆，专项作业车10辆；全年拆解摩托车565辆。5月，市商委对璧山区报废汽车更新补贴工作进行审核验收，经检查，2家汽车拆解企业的信息管理系统数据与实际补贴资金完全吻合，无弄虚作假骗取补贴资金的违法违规行为。

【二手汽车】 2015年，璧山恒光二手车交易市场销售二手车634辆，交易额1 255万元。

【酒类管理】 进一步推行酒类流通备案登记制度和《酒类流通随附单》制度。全区酒类经营户2 881户，新增137户，发放《随附单》2 000本。认真开展酒类流通环节专项整行动。与工商、公安紧密配合，开展酒类流通环节专项整治行动，出动执法检查人员96人次，检查超市、酒类专卖店、酒类批发商1 000家，发出《整改通知书》38份。在区公安局的配合下，先后查获3起侵犯知识产权的假冒洋酒、红酒和假贵宾郎酒（歪嘴），涉案数量达230瓶，涉案金额近4万元。

（区商务局）

盐业及盐务管理

【概况】 重庆市盐务管理局璧山分局是区人民政府盐业行政主管部门，主管全区盐业工作，负责全区盐业行业管理、盐政执法和食盐专营工作。2015年，围绕“4335”发展改革任务，强化集团公司战略规划的执行，坚持“市场为导向、效益优先、稳中求进、改革创新”的工作策略，各项工作稳步推进，食盐销售秩序稳定，食盐消费市场安全有序，食盐保供任务圆满完成，食盐品种结构合理，食盐产品丰富。品种盐占比和销量同步提升，流通渠道客户逐步聚焦，经营质效和规模同步增长。获重庆市盐业（集团）有限公司2015年大宗商品营销优胜奖一等奖、营销能手“非盐营销能手”“非盐营销先进个人”等荣誉。

【盐务执法及管理】 为确保食盐市场的稳定和安全，加强食盐品种结构的调整，全区有低钠盐、钙盐、天山湖盐等食用盐品种18个。同时加大对品种盐的宣传推广，引导市民健康用盐，控制食盐用量，避免和减少高血压、心脑血管等慢性疾病；利用“5·15碘缺乏病日”加强食盐补碘宣传，引导孕妇及新生婴儿的食盐补碘工作，保障孕婴的健康成长。在行业盐管理方面，从行业用盐单位的资格审查，实地调查，办证管理，购盐方式及物流配送等实行全过程监督管理，防止其流入食用盐市场。全年集中盐政执法5次，参与人员20人次，参与车辆10台次，确保全区盐政市场的安全稳定。

【主要经济指标】 公司全年盐及非盐产品的销售情况：销售盐总量5 261.80吨，其中口盐销售2 225.60吨，品种盐销售1 182.58吨，品种盐占口盐的比例达到53.14%；非盐销售收入：5 107.76万元，大米、食用油、酒类、调味品均完成任务目标，其中白糖销售收入：4 677.26万元，同比增长224%，成为公司销售规模及利润的重要支撑。2015年，公司的经营管理成果得到集团公司认可。

（刘勇）

广 告 业

【概况】 2015年，全区新增广告主体104户，净增90户，累计达384户，同比增长30%；新发展专业广告公司67户，净增58户，累计213户，增长37%；全区广告经营额7523万元，增长18%。

【广告管理】 一是继续保持对媒体广告高压严管态势。对电视台2个频道广告进行全天候监测，及时采取责令整改、责令暂停、停止发布、案件移送等监管措施，监管成效明显。二是加强户外广告发布审批和监管。严格按照《重庆市户外广告管理条例》的规定，加强对户外广告内容的审查把关，确保广告内容真实合法、文明规范。重点开展房地产广告、居民小区和商住楼广告、投资及投资咨询类等市场主体非法集资广告资讯以及印刷品广告等专项整治行动，强化监督管理，形成震慑，并逐步建立长效监管机制。

【广告业发展措施】 一是营造产业发展宽松环境。继续以重庆建设国家广告产业园区为载体，指导帮助璧山广告企业做大做强，推进产业发展。做好国家、市级、区级出台的有关支持广告业发展优惠政策的落地工作，推动广告业发展成为现代服务业及文化产业新的增长点，切实把广告产业发展工作进一步融入到全区经济社会发展战略之中。二是加强新《中华人民共和国广告法》宣传培训工作。承办渝西片区新广告法培训暨广告工作会议，并作交流发言；通过制作喜闻乐见的宣传片，运用璧山电视台、《璧山报》、璧山门户网站、户外LED显示屏等各种媒体，高频率地进行新广告法宣传；组织开办3期培训班，分别对监管干部、广告企业、新闻媒体、烟草经营者等到进行培训，有效规避广告法律风险。

旅 游 业

【概况】 2015年，坚持景城一体，实现全域景区化城市。自2009年以来，璧山牢固树立深绿型生态化城市建设理念，坚持把全区作为一个有机整体，用景区化的视野管控生产、生活、生态空间，积极构建全域旅游发展格局，初步形成“处处皆景、移步换景”的全域景区化城市，在重庆乃至全国闯出一条景城一体化推进的新路，为创建国家全域旅游示范区打下坚实的基础。坚持特色发展，城市形象个性鲜明。“秀美绿城”建设，以“一河三湖九湿地”为框架的“活力水城”建设及文化古城建设，让璧山“深绿璧山·一生之城”城市形象深入人心。全年，全区接待游客1 260.72万人次，同比增长114.9%；完成旅游收入29.3亿元，增长151.2%。坚持产业融合，旅游产品更加丰富。以旅游产业为驱动力，建立一产与三产、二产与三产的共融共生，形成以秀湖公园、观音塘湿地公园、青龙湖、金剑山等为重点的城市生态旅游，以璧山CBD（中央商务区）、南门唐城、奥特莱斯、红星美凯龙等为重点的都市休闲购物旅游，以东林寺、茅莱山、露德堂、水天池碑林等为重点的历史文化旅游，以谢唯进故居、抗战纪念公园等为重点的红色传统旅游，以璧北蔬菜基地、璧南花卉苗木基地、璧西果木基地等为重点的乡村生态旅游，以巴渝文化民俗博物馆、御湖古街、翰林山庄等为重点的古镇民俗风情旅游产品体系。坚持错位发展，城乡一体格局初步形成。根据“四大功能区”的战略部署，全区旅游发展基本形成4个片区：一是以湿地公园休闲体验、宗教文化体验、温泉沐浴养生、巴渝文化养生、休闲购物为主要内容的璧中都市休闲旅游片区；二是以山水观光、生态观光、采摘体验、休闲养生为主打产品的璧北山水田园风情旅游片区；三是以渝西园林基地、广谱登云峰、谢唯进故居景区等主要资源的璧南生态园林休闲旅游片区；四是以大兴葡萄园基地、正兴蜜柚基地、福禄沃柑基地、露德堂等采摘体验为主要活动的璧西生态果园体验旅游区。坚持互联互通，旅游交通体系更加完善。“六横三纵”的立体交通网络，将重庆主城、渝西片区及四川东部游客纳入一小时半径，形成近7 000万的主力消费人群。位居世界级旅游精品——重庆大都市

秀湖公园一角

（程超 摄）

与大足石刻一小时路径的中点。全区实现“城乡通”“城景通”“景景通”，形成多层次、全方位的交通互联互通格局。坚持超前谋划，旅游厕所建设走在全国前列。在璧山，厕所已经成为一道美丽风景，成为一个民生品牌，成为一张城市名片，成为一件招商法宝。8月24日，市政府召开旅游厕所推进工作会，璧山区现场交流工作经验。

【旅游宣传与营销】 坚持借力音乐，旅游宣传营销有声有色。坚持做大“音乐与城市”推介平台，大力挖掘地域特色文化，走出一条“借力音乐之声，推介城市之美”的路子。享誉世界华人圈的著名词曲作家庄奴和古月专门为璧山量身创作《小而美》《来了就是璧山人》等大量歌曲。全民参与“原创音乐营销城市之美”，凝聚和美城市精神，有效传播城市影响。加强璧山旅游整体形象的策划规划并纳入全区外宣工作总体部署，科学编制璧山旅游宣传营销方案、包装璧山旅游品牌，大力在主流媒体上宣传推广，全面提升璧山旅游形象；推进区域联动、企业联合、媒体联姻、电子联网的营销战略，开展以目标城市推介、目标人群推介、媒体广告宣传为主的宣传营销；打破传统的营销模式，加强对社交型、移动终端类新媒体、新技术在旅游宣传营销上的运用，为游客提供更丰富便捷的旅游资讯；探索出台入璧旅游奖励政策，集聚璧山旅游人气；办好露德葡萄文化节、樱桃节等节庆活动，以节造势，以展促游。

（区商务局）

【第六届大兴葡萄文化节】 为展示“中国优质葡萄之乡”——璧山的风采，发掘葡萄历史文化，推动现代旅游观光农业发展，打造露德风情葡萄小镇，6月15日至8月25日在大兴镇葡萄风情园举办第六届大兴葡萄文化节。由璧山葡萄协会主办，璧山区饮食行业协会、重庆市漫寰农业发展有限公司、重庆璧山紫琦农业开发有限公司、重庆璧山区腾飞葡萄种植股份合作社及重庆蜀都农业产品股份合作社协办。本届葡萄采摘节聘请专业公司进行整体策划宣传，并得到璧山区委宣传部、区农业科技园区管委会、区农业委员会、区商务局、区农业技术推广中心、区公安局交巡警支队及大兴镇人民政府的大力支持。采摘节期间，举行“葡萄仙子”选拔赛、优质葡萄评选、“海吃葡萄”比赛、亲子游等一系列丰富多彩的活动，区内外游客超过5万人，仅鲜葡萄1项，每千克均价上涨达2元以上，群众增收4 000万元，葡萄产品的深加工企业增加到4个，销售葡萄酒2 000吨，使大兴葡萄的知名度、美誉度获质的飞跃。

（大兴镇）

【第二届正兴文化蜜柚节】 12月18日，正兴镇民生广场“2015正兴镇·卫寺蜜柚旅游文化节”开幕。近千市民前来参观品尝，2.38千克重的柚子王拍出10 888元，2家企业与蜜柚专业合作社签订120吨柚子购销协议。正兴镇种植蜜柚农户达到6 000户，近2万人，产值近1 000万元，柚农

葡萄基地

（曾清龙　摄）

人均增收约 1 000 元。卫寺蜜柚基地由以前的卫寺村发展到卫寺村、团结村、尖山子村，约 333.33 公顷柚园，年产成品果约 3 000 吨。多数柚农一改以往粗放式、传统种植管理模式，采取较为科学化管理方法，其产量和质量有较大提高。卫寺蜜柚外形美观，果肉多汁化渣，口味甘甜。富含维生素以及多种对人体有益的矿物质，具有祛痰润肺、降火利尿、降血糖、降血脂、减肥、美容养颜等功效，是天然的保健水果，并极耐贮藏，自然条件下存放 4 月至 6 个月，是很好的馈赠礼品。蜜柚开园活动，让广大游客和消费者目睹“柚子王”、观看文艺表演、参加“吃柚比赛”、体验蜜柚采摘的乐趣。

【第二届云雾山樱桃采摘节】 4 月 15 日，为期 15 天的璧山第二届“云雾山樱桃采摘节”在八塘镇拉开帷幕。“云雾山樱桃采摘节”由璧山区八塘凉水樱桃种植专业合作社、璧山区七塘梨檬樱桃种植股份合作社主办，主题是“品云雾山樱桃，采璧北绿色蔬菜”，旨在依托璧北国家农业科技园区成形的规模、良好的蔬菜品质、优美的田园风光，借助“云雾山樱桃红了”时令鲜果采摘狂欢季，着力打造集休闲、观光、体验于一体的周末乡村旅游业。云雾山樱桃谷总占地 200 公顷，其核心区位于云雾山脚下的八塘镇凉水村和七塘镇四合村。该区域紧邻云雾山畔，依山傍水，土壤肥沃，降水充沛，昼夜温差大，具有种植樱桃得天独厚的自然优势。该地区有近 40 年栽培樱桃的历史，素有“樱桃之村”的美誉，该地区普遍种植的红花樱桃具有皮乌、多汁、鲜甜的显著特点。核心区入社农户 1 800 户，樱桃种植 133.33 公顷，年产量 800 吨，产值 1 200 万元。樱桃谷内路网完善，以单向行驶方式保证车辆畅通，可同时容纳几百人纵情于山水间品尝红花樱桃带来的视觉和味蕾冲击。云雾山樱桃谷交通便利，从主城出发经渝遂告诉公路大路下道口往八塘方向车行约 13 公里即到达樱桃谷入口，完善的道路指引系统可保障车行无忧；此外，从北碚经澄江到八塘也可顺畅到达云雾山樱桃谷。

【青龙湖国家森林公园】 青龙湖国家森林公园，位于璧山北部云雾山中，景区以青龙湖和两座宋代寨堡为中心，有主要景观 12 个和小景点 72 个。青龙湖风景区，2000 年被重庆市政府评为市级风景名胜区，2002 年被评为国家级森林公园。青龙戏水、九女出浴、群峰腾雾、观音坐莲等自然秀色令人心旷神怡，赤壁夕照、铁围晚霞、金坛虎啸、双狮鸣螺、古寨笑佛、五虎闹山等奇景使人流连忘返，被园林专家誉为“川东小九寨沟”。铁围寨断崖百丈，壁立千仞，被旅游行家赞为“川东小峨眉”。更令人称奇叫绝的是青龙湖“三宝”“三奇”“三绝”。“三宝”是青龙湖的三大特产：竹山玉笋、云雾绿茶、七蕊黄花；“三奇”是指青龙湖的三大奇观：青龙抬头、且听龙吟、双狮鸣螺；“三绝”是指青龙湖的双头蛇、树根龙、

青龙湖一角

（曾清龙　摄）

初春蒴鸥。青龙湖是重庆市近郊森林植被和水质保护最好的森林公园和风景名胜区。其景色以“翠、绿、幽、秀”著称。美丽的青龙湖山水相映，风光旖旎，像一处玲珑幽秀的山中盆景，有着挡不住的诱惑，是人们休闲、观赏、娱乐、游玩的理想去处。

秀湖公园天子桥

（曾清龙　摄）

【观音塘湿地公园（AAAA）】　观音塘湿地公园，占地40公顷，总投资2亿元，2014年被评为国家AAAA级景区。整个湿地公园以巴渝文化为背景，倾注“自然、文化与未来”的概念，兼具“以人为本、天人合一”的可持续发展理念，吸纳璧山深厚而丰富的历史文化内涵，融合建筑、娱乐设施和道路、水体、广场之间的整体构架，形成山、水、林完美结合的绿色生态湿地游览区，营造出一幅纯朴、神秘、极具浓郁地方特色的山水画卷和诗意栖息的“精神家园”。湿地公园内，有仿古建筑11栋，建筑凸显明清风格，亭台楼阁以璧山“古八景”命名，再现古代建筑巧于变化、精于组合的博大精深。整个公园形成“亭台到处皆临水，楼阁虽多不碍山”的独特意境。公园的著名景点“状元桥”长120米，桥上的彩绘、雕塑等全为手工完成；廊桥仿照明清宫廷风格，雕梁画栋、飞檐翘角；廊桥两侧镌刻的36幅名家字画和诗词歌赋，均出自璧山历代书法大家和著名文人之手，体现璧山千年文化之精华，游客走过状元桥，犹如穿越时光隧道感知璧山文化。激光音乐喷泉占地21 000平方米，长200米、宽40米，最高水柱可喷至20层楼高（60米）。喷泉以动水型组合为主，泉水、音乐和灯光浑然一体，五彩斑斓，11种光影声效亦幻亦真，造型各异。整个景区植被繁多，到处鸟语花香，空气清新，水车引渠、飞檐反宇、亭台水榭、林荫步道、芳草依依，拾阶而上处处是景。为广大市民亲近大自然，品味原生态的自然景观，放飞性情的绝佳旅游地。

【秀湖国家湿地公园】　秀湖公园，占地100公顷，其中水体33.33公顷，公园布局植物800种，其中开花植物300种，基本可实现一年365天，天天都有植物在开花。公园以“现代景观素材与自然景观、人文景观”有机融合，即强烈的具有现代艺术构成形态的都市景观与柔和起伏的自然生态景观、悠久的历史人文景观相互结合，又互相形成对比。突出“生态、生活、生机”主题，是璧山“西花园”和城市“绿肺”。公园内有“五大主题”（即1.花之乐：以湿地花卉为主构成湿地花海，形成一个立体的花世界；2.乐之乐：以音乐为元素的主题广场，促进民众心灵交往的空间；3.林之乐：打造“城市中的深山”；4.石之乐：将整改的生肖文化、山石文化通过艺术的形式展示出来；5.水之乐：通过建造跌水让水动起来，使之成为秀湖精神场地的关键，秀湖公园里还建有重庆最高水柱灯光音乐喷泉）。

【旅行社】　境内旅行社2家，重庆手拉手国际旅行社和重庆万国国际旅行社。

【旅游饭店（农家乐）】 境内4星级农家乐1家：璧山青龙湖林园宾馆，多家3星级农家乐：璧山银桂圆农业开发有限公司、璧山情人谷山庄和璧山青龙湖卧龙山庄等。

【旅游商品】 境内旅游资源丰富，商品种类齐全，其中包括：三业茶叶、微雕（潘启慧）、黑色养生食品（“七蕊黄花”、黑土豆、黑玉米、黑花生等）、竹木雕和葡萄酒等。

【旅游发展政策】 设立旅游发展专项资金，主要用于旅游开发建设、旅游产业提升、旅游市场促进、旅游产业培育等项目的扶持。在使用过程中，完善审批、支付的程序，强化各个环节的监督，发挥资金的引导和促进作用。

【旅游法治建设】 在节假日期间组织开展《中华人民共和国旅游法》社会宣传咨询周活动，集中力量开展旅游市场大检查工作，落实旅游综合协调机制、旅游市场联合监管机制、旅游投诉统一受理机制、建立和完善旅游安全保障机制、旅游公共服务机制、旅游规划编制评价机制以及旅游景区管理机制等作出明确要求。

【旅游行业管理】 通过规划、法律、政策，引导市场趋势，建立市场规则，进而协调、监督、维护市场秩序，以规范企业行为，维护旅游者的权益，为旅游产业快速、健康、持续发展树立良好形象，创造良好的经营环境。

【旅游人才队伍建设】 制定《璧山县旅游人才队伍建设实施纲要（2012—2020）》，把旅游人才队伍培训作为2015年旅游人才队伍建设的重点。

【旅游安全】 制定旅游安全工作计划，与各涉旅企业签订安全责任书，按照市旅游局统一安排按时、按质进行旅游安全检查，有计划，有总结。全年全区未发生旅游安全责任事故。

（区商务局）

延伸阅读 ▶▶

两山一带多走廊

两山：指缙云山和云雾山两山为区域核心生态源地；一带：指依托区域中部贯穿南北的山体，建设南北贯穿的生态走廊；多走廊主要包括沿河渠绿色生态防护廊道、城镇建设空间隔离廊道，形成生态网络体系。

构建方便快捷的交通体系

建成成渝高速复线、成渝高铁及璧山换乘枢纽、轨道交通一号线璧山段、黛山大道向南延伸至成渝高铁站等一批重要交通设施，形成区域综合交通枢纽；打通与主城连接的7个隧道，实现与主城“无缝连接”“多点融入”的态势；加快城市主次干道建设，完善微循环路网，科学规范设置交通标志标线，提高往来便捷度。大力发展绿色交通，倡导市民选择低能耗、低排放的低碳交通出行方式。

对外经济贸易

综 述

2015年，璧山区把握国家“一带一路”和“成渝经济区”发展战略深义，扩大对内对外开放，培育产业集群、营造大环境，加快完善开放型经济新体制，推动内陆开放高地建设全面拓展。

【概况】 全年获进出口经营权备案企业16家，全区有进出口经营权企业208家，实际发生有进出口业绩67家。其中，贸易型企业11家，生产型企业56家，基本形成以嘉陵摩托、大江通机、皮鞋等工业产品出口，工业设备、笔电配件及原材料进口为主的外贸进出口格局。进出口总额3.11亿美元，同比增长7.74%，总量居城市发展新区考核组第6。其中，出口2.7亿美元、进口0.41亿美元。

【项目引进与落地】 突出“以外引外”“以民引外”，加大产业链招商，以“品牌聚集”和“链条补缺”促进产业聚集，全力拓展“微电园拓展区”和“重庆台商工业园”，策划启动首期1平方公里“机器人产业园”，着力提升装备制造、电子信息、医药食品三大主导产业规模，做强支柱产业。新引进外资企业2家，外资企业累计54家。其中，装备制造企业8家，笔电配套企业34家，消费品企业7家，商贸地产企业5家，利用外资以工业和地产为主，商贸领域取得突破，普洛斯、统一、碧桂园、砂之船等知名外资企业落户璧山。

【利用外资】 实际利用外资15 922万美元，增长19.21%，总量居城市发展新区考核组第4，增速居同考核组第6。实到外资中，工业企业到资8 526.92万美元，商业企业到资6 903万美元，分别占53.55%和43.35%，利用外资结构进一步优化。

【开放型经济】 全力推进商贸旅游重点项目建设，提升城市开放度。依托绿城、水城、古城建设，做好包装策划、招商引资和宣传营销，促进房地产、金融、物流业协同发展，培育引进外资新增长点。每季度有针对性地组织企业参加市里的“外经贸政策及实务培训”，邀请市外经贸委、重庆海关领导到璧专题讲授4次，采取“走出去”和“请进来”的方式培训企业家。组织企业参加渝洽会、广交会、俄罗斯汽车及零配件展、美国拉斯维加斯鞋展等国际国内重要展会。全年，大江动力、天赐温泉2家公司率先走出去投资，大江公司在美国成立销售机构，天赐温泉在法国收购酒店，对外投资额近4 000万美元。同时，积极鼓励本地企业承接服务外包，服务外包执行额1 529万美元。

【企业服务】 一是加强政策指导，帮助企业选好项目，用好金融与保险政策，积极申报争取商务发展促进资金、中小企业国际市场开拓资金等政策支持。二是深入企业开展调研，组织召开外经贸企业座谈会，及时了解企业运行情况，尽可能地协调、解决企业的实际困难和问题。三是积极帮助和支持特别是民营企业到境外设立分公司和贸易机构，开展境外加工贸易。四是积极帮助企业线上线下融合，让更多更好的璧山造产品利用跨境电商走出国门。

【贸易便利化政策措施】 加大金融支持力度。积极引导银行业金融机构加大对外贸企业的信贷投入力度，尤其对有市场、有出口订单的中小外贸企业适当降低贷款门槛，提高贷款审批效率，及时提供信贷资金支持。鼓励银行开展出口退税账户托管贷款、贸易融资等涉外信贷产品创新。扩大担保融资。增加补贴适用的担保公司范围，为企业提供50%担保费补贴。提供高效率的税收服务。加速政策兑现。按季兑现“11项外经贸促进政策”，减轻企业资金压力。认真落实包括西部大开发在内的各项促进对外贸易的税收优惠政策。为外来投资者特别是跨国公司和世界500强企业提供上门服务、跟踪服务等，满足他们的个性化需求。提高行政审批效率。对办理对外贸易经营者备案登记、外资企业审批、加工贸易业务审批等手续实行即到即办；对产品研发、技改资助按月审核拨付；对国际市场开拓的资助一个季度办理一次。

【进出口贸易】 全区具有自营进出口权的企业208家，其中有进出口实绩的有67家，实现进出口总额3.11亿美元，同比增长7.74%。其中，出口2.7亿美元，自营出口主要以装备制造行业和鞋业为主，缺乏具有国际竞争力的骨干企业和具有竞争优势的拳头产品，产品科技含量不高，抗风险能力较弱，如：帅美鞋业公司因资金链断裂被迫停产。其中，进口0.41亿美元，全年进口同期下降29%,进口主要以笔电零配件和汽摩零配件为主。外贸企业规模散小弱，无上亿美元本地龙头外贸企业带动，进出口额度在100万美元以下的企业39家，1 000万美元以上3家，本地企业突破进出口额5 000万美元仅1家。

【外商投资】 外商投资工作以项目引进和落地为重点，突出“以外引外”“以民引外”，加大产业链招商，充分利用高新区、绿岛新区、农业科技园区平台，主动对接招商，优化企业服务。实际利用外资排名前3位的企业：重庆市璧山碧桂园房地产开发有限公司、展运（重庆）电子有限公司、精元（重庆）电脑有限公司。

（区商务局）

延伸阅读 ▶▶

建成绿城

按照“深绿城市”标准，以“绿岛新区”为载体，在城市建设中切实做到“尊重天、尊重地、尊重人”，体现“崇尚自然、回归自然”的天然美。注重“城”与“山”的融合，切实保护好山体，凸显“四面环山、显山露水”的自然本底。

建成古城

挖掘保护1200多年璧山历史文化、人文精神和民俗风情，彰显璧山文化的深厚内涵；合理布局古建筑空间，恢复建设寺庙、文庙、祠堂、书院、牌坊、塔楼、戏楼、会馆、宅院、驿站、古桥、古街等古建筑50万平方米，营造古城的视觉环境。

环境保护

【概况】 2015年，根据璧编办〔2015〕10号文件，全区15个镇街设立环境监察中队，其中6个街道设立中队长1名、监察人员3名，9个镇设立中队长1名、监察人员2名。区环境监察支队下设璧中、璧北、璧南、璧西四个直属大队，分片区指导督促镇街环境监察工作。全区187个村（社区）至少明确1名兼职环保员负责辖区村级污染源的巡查监管工作。

2015年，区环保局狠抓机制建设，建立环保行政执法与刑事司法衔接机制，建立环境准入机制，严格执行排污权有偿使用制度；狠抓环保五大行动；狠抓总量减排，全区已无造纸、印染、火电、钢铁等减排全口径企业，璧城污水处理厂污水处理量1 478万吨，大力推进污染源在线监测、视频监控工程；狠抓能力建设。组织开展镇街环保员的业务和法律法规培训7期，参培人员超过400人次；组织参加环保部、市环保局《中华人民共和国环境保护法》业务骨干、镇街环保系统工作人员培训68人次；狠抓风险防范。开展环保“四清四治”专项行动、环境执法专项行动，完善应急预案机制；狠抓环境宣教工作。开展生态文明和环保宣传“十进”活动，加大环保信息公开力度，做好环保动态宣传，结合“世界环境日”等重要节日，开展“生态文明—我的绿色璧山梦”演讲、征文比赛等活动，组织策划生态文明摄影大赛等系列生态环保宣传活动；组织开展“环保世纪行”新闻集中采访活动；生态文明建设扎实推进。

璧山区被重庆市人民政府命名为重庆市生态区，被国家发改委等11部委命名为生态保护与建设示范区。已创建成国家级生态镇街1个，市级生态镇街12个，市级村（社区）61个，区级生态村（社区）128个。

【四清四治】 成立由区长章勇武任组长的“四清四治”工作领导小组。区环保局牵头、环境监察支

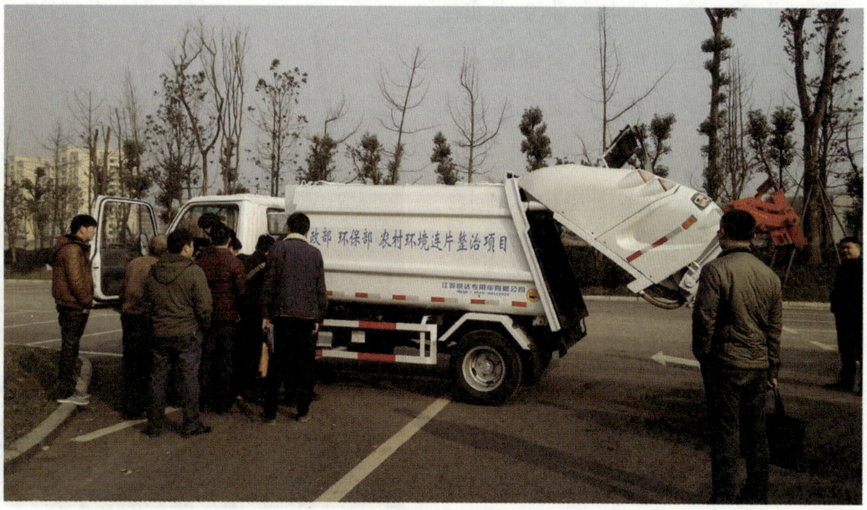

璧山区农村环境连片整治专用车

（区环保局 提供）

队支队长具体负责开展全面整治。办理环保相关审批手续企业813家，开展清查整治排污许可证，加大环境监管力度，完成治理210家，整治区控以下工业企业1 201家，畜禽养殖企业130家，整治危险废物处置企业1家、城市垃圾填埋场1家，规范园区污水集中处理厂，完成清理出的餐饮油烟问题的治理，整治餐饮企业130家。注重整改防辐射问题，完成整治问题11个。进一步加强环境风险防范，环境风险企业委托专业机构编制突发环境事件风险评估报告，转发《企业事业单位突发环境事件应急预案备案管理办法（试行）》，编制预案，组织应急演练，完善企业应急设施，落实救援机构。规范整治环境风险企业27家。

【环保物联网建设】 审批管理、污染防治、环境监测等板块初具雏形。整合国控、市控企业7家，接入点位在线监测数据8个，接入物联网32家。整合原有企业视频资源24家，接入物联网27路，试点企业9家全部接入10路视频，从9家试点单位中选取5家安装工况点位27个。监控治理设施主要电机、加药泵运行状态，标定污染源企业262家电子标签点位1 484个，对区控及以上污染源企业实现监管到点。实现数据融合。全区污染源企业4 528家，纳入四清四治管理的企业2 808家，标定企业262家、试点企业9家实施一企一档电子数据整理，全部输入数据库，完善电子档案，形成璧山区所有污染源、敏感点、感知设备、执法资源的地理位置的多图层电子地图，完成3085个数据点位的采集工作，其中污染源企业坐标点位2 212个，敏感点坐标点位873个，完成试点企业3D模型9家。实现“横向到边、纵向到底”环保监管网络全覆盖，区级监管企业200多家、镇街监管700多家、村（社区）监管1 000多家实现分级监管，环保物联网调度中心与31名区级环境监察人员、59名镇街、高新区管委会环保专职人员和璧城、璧泉30名村（社区）专兼职环保人员形成金字塔式的管理体系；利用手机终端牵线搭桥，借助“四清四治”专项行动领导小组考核机制，全区近180名兽医站人员、50名食药监局巡查人员，以及水务局下属洁源排水公司近20名工作人员纳入环境监察队伍中，建立一套行之有效的指挥调度运行体系，由支队长兼任物联网调度中心主任，3名副支队长和综合科长任副主任并轮流担任值班长，抽调5名人员专职从事调度中心工作。

【环保“五大行动”】 蓝天行动：控制燃煤及工业废气污染，巩固无煤区建设成果，禁止城市建成区新建20蒸吨/小时及以下的燃煤锅炉；完成重庆凌云橡塑制品有限公司、美日防水建材工程有限公司废气深度治理，关闭顺博铝合金有限公司；完成7.5蒸吨/小时燃煤锅炉淘汰任务；涉气的国控、市控重点企业均安装废气在线监控设施，完成砖厂集中整治41家，停产停业3家，按规定安装脱硫设施和在线监测设备砖厂38家；控制城市扬尘污染，推广使用全密闭建筑垃圾运输，定期开展扬尘污染专项整治行动，巩固和创建扬尘控制示范道路和工地各5个；完成冀东水泥璧山有

璧山区福禄镇新建污水处理罐

（郭昌禄　摄）

限责任公司除尘设施升级改造，辖区内混凝土搅拌站均达到控尘“十项要求”；完成黄标车和老旧车淘汰年度目标任务和加油站油气回收治理33家以及辖区油烟治理餐饮单位29家，开展露天烧烤专项行动，城区内露天烧烤摊点全部进店经营，并安装好油烟净化和油水分离设施；完成璧山长安聚福汽车（4S店）公司和中国嘉陵工业股份有限公司表面挥发性有机物治理工程；新建1个空气自动监测站，提前一年实施PM2.5监测预警。制定大气污染防治应急预案。全年，璧山区空气质量优良天数达到346天，其中PM10年均浓度为0.05毫克/立方米；二氧化硫年均浓度为0.01毫克/立方米；氮氧化物年均浓度为0.03毫克/立方米。

碧水行动：完成集中式饮用水源地警示牌和标志牌规范化建设，完成饮用水源地保护区生活、船舶、违章建筑等污染源的整治和饮用水源地的清理调查，完成保护区划分并纳入监管。查处经营性污染饮用水源行为8起，修建水源地周边院落污水引出工程5处，建设农户三格式化粪池860个。加密监测集中式饮用水源地24个，水质达标率100%。完成审核清洁生产企业6家，高新区污水处理厂建成投运，完成升级改造璧南污水处理厂5个。实现全区所有场镇、自然集镇生活污水处理厂（站）建设全覆盖，建立河道清漂保洁长效机制，定期开展次级河流的监测和巡查，璧南河、璧北河、梅江河水质稳定达标。

宁静行动：新建成市级安静居住小区（鑫港湾小区）1个，完成家貌物资回收有限公司噪声整治，青杠街道榆璧陶瓷厂停产。环保、公安和文化部门联合开展噪声污染专项整治行动，接到噪声方面的投诉229件。

绿地行动：优化国土空间与重点功能区建设，将4个功能区生态环境保护目标任务纳入区生态文明建设“十三五”规划内容，完成《重庆市璧山区生态环保空间规划》编制，将具有重要生态保护价值的重点生态功能区和生态敏感区划入生态保护红线，实施分区分类管控，构建区域性生态安全格局。

田园行动：积极开展畜禽养殖污染综合整治，完成禁养区畜禽养殖场的关闭或搬迁30个和污染治理存栏生猪3.3万头。

【环保宣传】 一是开展生态文明和环保宣传“十进”活动，发放宣传资料18万份，联合区人大组织开展“环保知识进校园”活动接受环保理念教育师生近4 000名，加强对全区重点工业企业及其负责人的环保宣传教育，累计培训人数800人次，邀请市局专家和相关领导为区委中心组成员、市、区、镇三级人大代表和全区领导干部及备管干部、内设科室负责人等宣讲新《中华人民共和国环保法》。二是加大环保信息公开力度，建成并投运区环保局门户网站，发布环保相关信息2 000条。三是做好环保动态宣传，编制、上报各类信息254条，其中81条被市局《环境保护信息》、区委《工作通报》、区政府《政务信息》采用，11篇被环保部网站、东方网等采用，74篇被市级媒体采用，114篇被区级媒体、网站采用，在区委办“工作通报”、区政府办“政务信息”、市环保局“环境保护信息”中排名名列前茅。四是结合“世界环境日”等重要节日，配合区人大开展“生态文明—我的绿色璧山梦”演讲、征文比赛等活动，组织策划生态文明摄影大赛等系列生态环保宣传活动，在大型多媒体阅读器、学校和社区的电子显示屏、村村通广播等阵地定期更新播放生态文明建设成效视频进行宣传。五是组织开展“环保世纪行”新闻集中采访活动，西南地区主要污染物总量减排会议、重庆市“四清四治”试点、物联网试点推进会相继在璧山举行。

【环保执法】 一是加大执法强度，震慑违法企业。关闭污染企业23家，消除污染企业对环境的影响。制定《关于加强执法衔接的工作方案》和《关于行政执法法律监督的工作意见》。依托打击环境违法犯罪“利剑1号”专项行动，环保部门和公安机关建立联动方案，共同打击环境污染违法犯罪行为，环保行政处罚案件60起，收到罚款136.49万元，移送公安机关对环境违法当事人行政拘留3起，侦办环境污染刑事案件1起。二是疏堵结合，开展各类专项行动。“两会一节期间”结合“四清四治”和环境风险隐患集中排查治理等工作，检查企业34家，出动执法人员98人次，排查出环境风险隐患9处，专项整治砖厂41家，重点检查辖区内集中式饮用水源地，化工、涉重金属企业、尾矿库、防辐射源使用单位、垃圾处理填埋场等，汛期安全隐患排查专项行动出动执法人次78次，检查企业52家，属于风险源企业16家，均完成限期整改。开展高中考期间噪声专项整治。开展集中排查整治环境风险隐患专项行动，发现问题35个，12月底前对其验收。开展执法检查危险化学品生产、使用以及排放危险废物单位，制定《区环境风险防控体系》，完善危险化学品企业监管档案。开展城区噪音专项整治、抗生素调查专项行动、环保大检查、城区烧烤摊整治等。三是加强排污费核定和征收工作。征收排污费907.83万元，超额完成规定任务。四是加强突发事件处置工作。完成环境风险源突发环境事件风险评估企业事业单位19家，其中按风险评估结果开展风险防控措施建设企业事业单位18家。五是及时处理群众投诉。受理投诉1 446件。

【生态村镇创建】　自2013年7月启动生态创建工作以来，全区生态村（社区）和生态镇街创建有序推进。截至2015年年底，全区15个镇街中，青杠街道、大路街道、丁家街道、八塘镇、七塘镇、福禄镇、河边镇、广普镇、大兴镇、正兴镇、健龙镇、三合镇12个街镇创建为国家级生态镇街，来凤街道成功创建为重庆市生态街道，全区80%的街镇达到全国环境优美乡镇考核要求并获命名。全区151个涉农村（社区）中，134个村（社区）创建为璧山区生态村（社区），61个村（社区）创建为重庆市生态村（社区）。

【农村环境连片整治】　2014年年底完成《重庆市璧山区2014年农村环境连片整治项目实施计划》，2015年3月启动各镇街项目实施方案编制工作，6月23日组织专家组对实施方案评审，7月初通过复审。截至12月，完成工程建设和设备购买。2014年申请2015年建设的农村环境连片整治项目主要工程内容为二三级污水管网工程和垃圾收运系统建设。全年修建二三级污水管网19 160米，购置5吨挂桶式垃圾压缩车2辆，3吨挂桶式垃圾压缩车8辆，1吨拉臂钩车2辆，1.5吨拉臂钩车1辆，240升垃圾桶3 692个，果皮箱76个，1.5立方米垃圾箱36个，3.0立方米垃圾箱25个，15立方米垃圾压缩箱12个，垃圾手推车74辆。

（区环保局）

土地资源和房地产

土地资源管理

【概况】 璧山区国土资源和房屋管理局是璧山区政府的工作部门，内设9个科室，专设监察室1个，管理5个国土资源管理所（派出机构），7个事业单位（其中正处级事业单位1个，副处级事业单位1个，正科级事业单位5个）。2015年10月，璧山区编委批准，在不动产登记职责主管部门增设不动产登记科，将原璧山区房地产交易所更名为重庆市璧山区不动产登记中心，承担不动产登记事务工作，为璧山区国土房管局管理的正科级全额补助公益一类事业单位，核定事业编制36名。2015年年末系统在职职工214人。

2015年，全区国土工作“保护”“保障”两手并重，精准把控全力维稳，严格把握政策，分类处置闲置土地，积极整改土地出让收支和耕地保护审计以及节约集约用地专项督察指出的问题，持续解决遗留问题，推进保障性住房建设、配租工作，服务民生见成效。全面推进不动产登记制度改革，完成不动产机构设置和人员的配备。强化队伍建设，严格选人用人机制，选拔任用正副科级领导干部45名。璧山区被国家土地总督察办公室评为2014年度土地利用和管理形势观测分析工作成效突出观测点，1名同志被评为全国国土资源信访工作先进工作者。

强化队伍建设。利用纪检监察干部大下访、民主评议政风行风、规范廉洁从政行为、公布办事程序、办事要件，精简办事流程等方式听取群众心声、接受社会各界的监督和指导、增强拒腐防变能力，切实解决群众关心的重点、难点。

【土地征收】 全年取得土地利用总体规划调整批复366.67公顷，取得新增建设用地计划指标21宗，427公顷，取得市政府征地批文31个，678公顷。

【高山生态扶贫】 通过市政府批准高山生态扶贫搬迁集中安置点8个，用地3.49公顷，计划搬迁安置总人数1 524人。农村贫困人群住房问题得到解决。

【土地供应与监管】 把节约集约用地、提高供地率、闲置土地处置、供后监管纳入重要议程。全年供应土地112宗，508.48公顷，完成计划的138.52%，比2014年同期减少23.97%。实际完成土地出让金征收入库80.97亿元，占全年任务108%。分类处置闲置土地，处置完成土地出让收支及耕地保护审计和节约集约用地专项督察闲置土地10宗，61.72公顷。

【执法监察】 坚持“预防为主、预防和查处相结合”的原则，建立区、镇（街道）、村、社巡排网络和部门、镇街联动工作体系，实现全覆盖动态巡查。开展非法采矿专项整治行动，关停非法采石场37个。牵头开展轻轨一号线、黛山大道两侧违法用地建筑拆除工作，140 宗违法建筑已拆除 122 宗 110 000 平方米。始终保持高压态势，坚决查处违法行为。全年立案查处土地、矿产违法用地行为 76 宗 12.85 公顷，其中矿产越层越界开采违法案件 9 宗；没收并移交国资公司 20 宗，建构筑物 28 900 平方米；及时向法院申请强制执行违法案件。认真抓好行政复议和行政诉讼，全年办理行政复议 5 件，行政诉讼 20 件。

地质环境管理

【地质灾害防治】　完成全区地质灾害核查和警示防范区划定、《重庆市璧山区突发性地质灾害应急专项预案》编修工作。开展地质灾害综合演练 1 次，简易演练 48 次，增强防灾减灾应变处置能力。完善专家主导的地质灾害应急调查处置工作机制。全年组织专业技术单位进行地质灾害应急调查 10 次，出具调查报告 10 个。

投入资金 123 万元, 对丁家红学村等 3 个地质灾害点进行工程治理；搬迁避让璧城徐家院子滑坡等 3 处地质灾害，整体搬迁 10 户 22 名受威胁群众。

【矿产资源管理】　继续开展矿产资源“打非治违”行动，关闭无证开采砂石采场 37 个，立案查处越界开采行为 3 起。加强矿山开采巡查、矿山储量动态核查，规范矿产资源开采和监管活动。开展废弃（关闭）矿山生态修复工作。组织生态环境恢复与治理大路、河边、大兴、八塘、福禄等 11 个街镇的 34 个废弃（关闭）矿山，整治 11.07 公顷。

土地储备、整治

【土地整治】　加大土地整治力度，统筹规划、综合整治，不断优化城乡土地利用结构和布局，努力挖掘耕地后备资源，着力提高耕地质量建设，加大力度建设旱涝保收高标准农田，夯实农业现代化基础，促进经济社会持续健康发展。2015 年实施土地整治项目 41 个，规模 12 713 公顷，预算总投资 22 638.96 万元。其中：实施市级投资土地整治项目 2 个，实施规模 869 公顷，预算投资 4 623.13 万元，预计新增耕地 69 公顷；实施区级投资土地整治项目 21 个，实施规模 5 931 公顷，预算投资 10 432.15 万元，预计新增耕地 651 公顷；实施高标准基本农田项目 18 个，实施规模 394.2 公顷，预算投资 7 583.68 万元。全年建成高标准基本农田 2 295.89 公顷，完成计划的 115%；实现新增耕地 311.53 公顷，完成计划的 117%；整治项目区耕地质量等别平均提升一等。

来凤街道普新村土地整治项目
（区土地整治储备中心供图）

【建设用地复垦】　实施农村建设用地复垦项目 26 个，规模 58.2 公顷,新开工实施增减挂钩类复垦项目 11 个，规模 39.68 公顷；正在入库备案的复垦项目 16 个，规模约 41.5 公顷。通过农村建设用地复垦，为农户和农村集体经济组织带来财产性收入约 12 309.3 万元。

【土地储备】 确保璧山区基础设施、重大项目资金需求，加大土地储备融资力度。编制 2016 年土地储备整治计划、年度供应计划；根据区政府的相关安排，对有条件的土地进行收储，储备土地 206.98 公顷；分别与招商银行和三峡银行洽谈融资项目，完成在建融资项目 2 个，融资总额 4.7 亿元；做好储备融资项目的后续放款工作,全年放款 20.62 亿元，到位资金 32.07 亿元；做好债券债务的置换工作，全年债券置换债务 1.32 亿元。储备融资贷款为璧山区经济社会发展和“三区一美”建设提供用地和资金保障。

征地拆迁

【概况】 2015 年，实施征地拆迁项目 18 个，征地拆迁 266.7 公顷，拆迁房屋 1 113 户，拆房 128 806 平方米，人员安置 3 591 人，住房安置 2 980 人，发放各项安置补偿金 6.03 亿元。完成璧山区轨道交通、三担健康城、殡仪馆整体搬迁等重点项目的征地拆迁工作。

【征地拆迁重点项目】 璧山区轨道交通项目是贯彻实施五大功能区发展战略，加快城市发展新区工业化、城镇化进程，加快构建和完善城市发展新区与都市功能拓展区之间的交通网络体系，促进璧山与主城产业、重大基础设施等深度融合的重要举措。该项目经渝府地〔2014〕1 106 号批准，完成征收新堰村、三角居、双龙居 12 个社部分集体土地，实施征地拆迁 65.18 公顷，拆迁房屋 376 户，拆房 51 541 平方米，人员安置 1 261 人，住房安置 1 314 人。

【耕地保护】 重庆市政府下达璧山区耕地保有量 39 780 公顷，实际完成耕地保有量 43 515.45 公顷，完成计划的 109%；基本农田保护 34 600 公顷，实际划定基本农田 34 635 公顷，完成计划的 100%。确保基本农田保护面积总量不减少。

（江红英）

房地产开发

【概况】 2015 年，全区房地产开发投资额度减缓，完成投资 85.8 亿元，同比下降 23.73%，房地产市场发展略有放缓，总体呈下降趋势。引入房企与本地房企竞争增大，进而推动璧山区房地产开发品质上升和销售战略领域的创新突破。80、90 后的刚需，老房换新房的消费群体，对于高品质楼盘追求的高收入群体，主城区和邻近区县投资的群体，带来璧山区消费者格局的新变化。全年璧山区规划批准建设总规模 239.76 万平方米，增长 28.44%；区建委批准新开工项目 113 万平方米，下降 8.88%。主要由鸥鹏、金科、卉森、秋实、天安、俊豪、星瑞等开发企业投资建设。

2015 年重庆市璧山区房地产开发企业基本情况表

表 4-17-1 单位：平方米

序号	企业名称	企业负责人	资质级别	施工面积	竣工面积	备注
1	青海万兴实业有限公司	李万信	一级	39166.18	39134.44	
2	中冶建工集团重庆房地产有限公司	邓涛	二级	131563.54	130484.92	
3	重庆奥康置业有限公司	王振滔	二级		27828.1	
4	重庆奥迈地产有限公司	曾涛	暂定	33903.21	34013.56	

续表 4-17-2

序号	企业名称	企业负责人	资质级别	施工面积	竣工面积	备注
5	重庆北翼房地产开发有限公司	张永会	暂定	16641.65	16641.65	
6	重庆璧锦地产发展有限公司	杜江林	暂定	37236.66	36905.33	
7	重庆璧山县金科众玺置业有限公司	喻林强	三级		89012.7	
8	重庆璧升地产发展有限公司	胡明中	暂定	36788.28	40776.64	
9	重庆璧源房地产开发有限公司	邓勋跃	暂定	7752.7	7752.7	
10	重庆大圆祥房地产开发有限公司	刘健	二级		110	
11	重庆瀚恩物业发展有限公司	刘章毅	二级	61606	48555.11	
12	重庆浩誉实业有限公司	全洪利	暂定	14514.3	14514.3	
13	重庆合绘房地产开发有限公司	任超	二级		17678.2	
14	重庆吉厦房地产开发有限公司	吴友佳	暂定		53115.43	
15	重庆吉旺房地产开发公司	邱吉	二级	196868.72	197158.7	
16	重庆立和房地产开发有限公司	鄢国强	三级		45582.5	
17	重庆绿岛资产经营管理有限公司	仇剑波		162558.19	145566.45	
18	重庆润辉房地产开发有限公司	李翠容	暂定		38308.7	
19	重庆市璧山碧桂园房地产开发有限公司	杨文杰	暂定		74663.87	
20	重庆市宽泰房地产有限公司	沈大秀	三级	26047.22	25971.35	
21	重庆市唐扬房地产开发有限公司	唐孝驹	三级	23606.6	22703.21	
22	重庆市瀛嘉房地产有限公司	艾科	二级		93697.1	
23	重庆天安云城两山投资开发有限公司	戴宏亮	暂定		2094	
24	重庆天赐温泉（集团）有限公司等六家公司	艾泽兵等人	暂定	26384.86	25526.2	
25	重庆同景共好置地有限公司	喻顺	暂定	92126.56	91610.63	
26	重庆雅瑞阁物业有限责任公司	苏宇平	二级	30786.14	30786.14	
27	重庆友锦房地产开发有限公司	曹必泗	二级	86564.71	86898.59	
	合计			1024115.52	1437090.52	

房地产管理

【权属纠纷和权属登记】 加大群众办证历史遗留问题的解决力度，全年解决历史遗留问题 18 件 660 人。2015 年发放房地产权证 33 900 个，其中国有权证发放 28 767 个，集体权证发放 5 133 个；受理房地产业务 81 566 件，其中土地房屋初始登记 978 件、各类转移登记 21 922 件（其中涉及拆迁安置还房 2 429 件）、各类变更登记 3 350 件。

【公积金管理】 扩大公积金归集覆盖面，建立住房公积金缴存制度民营企业 24 个。归集职工个人住房公积金 31 192.34 万元，完成年度目标任务的 118.6%，新增单位 27 个，新增缴存人数 2 361 人；提取使用住房公积金 8 955 人次 23 541.7 万元，占当年缴存额的 75.47%，其中 81.88%用于职工购买自住住房，缓解职工购房资金短缺的压力，归集余额为 84 068.39 万元；发放贷款 467 笔 13 846.2 万元，现住房贷款余额为 69 706.12 万元，逾期率为0.02‰，远低于目标任务的0.17‰；截至12月，实现增值收益2 378.82万元。

全区房地产开工项目17个

（连宏宇　摄）

【物业管理】　全年新增前期物业服务合同备案24宗，111.59万平方米，房屋7 800套。归集物业专项维修资金5 280万元，累计归集物业管理专项维修资金23 333万元；支取物业专项维修资金278万元，累计支取物业专项维修资金1 003万元，确保物业设施的正常使用。

【保障性住房】　全力推进保障性住房建设及保障工作。建成保障性住房33.9万平方米；利用往年节余廉租住房专项补助资金912.5万元，通过政府采购平台购买廉租住房52套2 363.88平方米；摇号配租廉租住房1 608套，保障2 201人，安置高新区公共租赁住房512套，保障1 024人；发放年度租赁补贴1 603户2 346人226.79万元。　（江红英）

房地产市场

【房地产交易】　深入开展部门联动的房地产经纪市场秩序专项整治工作，坚持整顿规范和制度建设并重、专项整治和日常监督并重、加强管理和改善服务并重、受理投诉和主动监管并重，逐步建立规范化的日常动态监管机制，严厉打击中介公司不法行为，专项检查房地产中介机构67家并予以公示。

建立商品房预售资金共同监管机制，确保预售资金安全。批准商品房预售许可63件8 222套126.18万平方米；办理商品房网签10 496件，下降约29.88%，成交122.34万平方米，下降约31.63%，成交金额45.20亿元，下降约22.60%；预购商品房预告登记7 520件，72.68万平方米，金额29.37亿元；办理房屋抵押登记15 311件616.90万平方米，抵押金额167.7亿元；办理国有土地抵押登记132件789.11万平方米，抵押金额141.83亿元。　（区国土房管局）

城乡建设与管理

综　述

2015年，区城乡建委多措并举，全面完成各项目标任务，推动城乡建设健康发展。

全年狠抓重点工程建设，不断完善城市功能。成立项目建设组，分组实施，责任到人，倒排工期，限时督战，完成大旺桥至朱家桥沿河道路改造、秀湖公园水街路面、污水管网等工程，完成河西安置房、同景、狮子变电站、天恒宾馆、千层岩水厂等5个生态停车场。

做优做特中小城镇，建设美丽幸福乡村。严把“改造对象关、建设标准关、建设质量关、建筑风貌关、检查验收关”，狠抓农村危房改造工作，完成农村C级危房改造1 570户，完成农村D级危房改造352户，分别完成市目标任务的105.67%、117.33%。

打造精品，推动房地产开发上档升级。全年完成房地产开发总投资85.77亿元，完成全年计划数100%，同比增速-23.77%；新开工商品房139万平方米，完成全年计划数113.5%，增速-8.9%；竣工商品房97.8万平方米，完成全年计划数80万平方米的122.25%，增速-9.6%；商品房销售173.1万平方米，完成全年计划数169.7万平方米的102%，增速10%。建筑施工总量稳步壮大。实现建筑业总产值152.8亿元，完成全年计划数100%，增速20%；办理施工许可证87个，建筑221万平方米，增速-30%，其中房地产开发项目24个，建筑139万平方米，增速-3%；办理竣工备案118个，建筑245万平方米；办理初步设计审批项目83个，建筑339.47万平方米，总概算92.35亿元（含道路、桥梁等市政工程）；办理施工图审查备案125件，建筑392.05万平方米（施工图变更、幕墙工程、市政道路桥梁工程等未计入面积）。完成城市建设配套费征收入库3.56亿元，增速-37%。大力加强建筑市场监管，规范建筑市场秩序。建筑施工安全生产平稳可控，无较大安全事故发生。在监工程监督覆盖率和工程竣工验收合格率均达100%。　（黄成）

城乡规划

【概况】　2015年，全区核发用地规划许可201.43万平方米，核发工程规划许可总建筑325.33万平方米，完成规划方案审批总建筑454万平方米，完成竣工规划核实总建筑380.98万平方米。立案查处违法建设案件215件，10.53万平方米，拆除违法建筑4.99万平方米 。其中开展轨道交通一号线、黛山大道沿线违法建筑专项整治工作，查处违法建筑80宗，5.83万平方米,拆除违法建筑77宗，4.69万平方米。

【璧山城乡总体规划局部修改】　《璧山城乡总体规划（2013年编制）》（2015年修改）于2015年12月24日获市政府批准。该规划在现行总体规划确定的人口规模47万人，城市建设用地53.5平方公里不变的前提下，优化城市用地空间布局，主要对规划建设用地范围，各组团片区的建设用地规模平移和置换，解决城市规划服务于地方社会经济发展和城市建设问题。

【控规编制】 御湖新区控规、工业园区璧城组团控规、金剑山旅游休闲带控规、成渝高铁璧山站前片区控规、高新区璧泉组团至成渝高铁璧山站前片区控规、青杠塘坊清明河西片区控规、绿岛新区南部片区控规获区政府批准，轨道一号线站前片区控规通过专家和行政评审。

【专业专项规划编制】 从完善功能、增强城市承载力出发，主导或配合相关部门开展《全区交通门户地区发展战略规划》等14项专业专项规划的编制工作。其中《全区交通门户地区发展战略规划》《重庆城市发展新区·璧山综合交通规划》《重庆市璧山区生态环保空间规划》《璧山区旅游发展总体规划》《秀湖旅游度假区总体规划》《翰林庄养生文化村策划及概念性规划》《璧山区“十三五”配电网规划》《璧山区“十三五”天然气基础设施规划》《璧山区城乡消防规划(2015—2020)》《璧山区高新技术产业开发区战略规划》《璧山区高新技术产业开发区产业发展规划》等11项专业专项规划获区政府批准，《历史文化遗产保护规划》和《邮电通信基础设施规划》形成方案审查稿，《璧山区“缙云山”管制区生态休闲游憩规划》形成初步方案。

【镇、村规划编制】 依据新一轮城乡总体规划成果，完成大路街道、河边镇、福禄镇、大兴镇、正兴镇、健龙镇6个镇街总规修编和璧城街道龙井湾村等15个村规划编制，并获区政府批准。

【8个道口片区相关规划及城市设计】 完成8个道口片区相关规划及城市设计工作。8个道口片区研究用地50.3平方公里，规划近期建设用地27.9平方公里。剖析新时期璧山区所处的发展环境，对璧山区在区域经济中应当扮演的角色和承担的主导功能进行综合判断；按照错位发展的理念，确定各道口的主导功能，对各道口片区和道口用地布局、交通组织、市政管网以及近远期规划提出对策。

【地下管线工作】 开展地下管线普查工作。统筹协调给水、排水、电力、燃气和通信各权属单位实施地下管线普查，完成地下管线普查长度1325公里，为璧山区科学制定和实施城乡规划，规划管理和规划决策提供重要参考。

【新农村建设测绘保障示范项目】 编制完成璧山区新农村建设测绘保障示范项目。项目包含农村基础地图测制、农村影像地图生产、农村区域地图编制、农村实用专题地图制作、城乡基础地理信息服务平台建设、全区1:5000地形图测绘等内容。该项目的实施，实现全区大比例尺地形图的全覆盖，为全区镇街和新农村规划、建设、管理提供现实性强、精确度高的基础地理信息服务。

【地理国情普查】 配合市地理国情普查办对璧山区全域915平方公里范围地理国情普查工作。完成专题资料收集梳理汇交、普查宣传、外业调查等工作。为下一步的地理国情普查工作做好前期准备。 （区规划局）

城市建设

【概况】 狠抓重点工程建设，不断完善城市功能。大旺桥至朱家桥沿河道路改造工程长约2公里，宽11.4米，计划投资3 998万元，已于2013年12月22日开工建设，2015年1月竣工验收，正在审计中；秀湖公园水街路面、污水管网等工程已竣工，报结算审计；原县武装部营房装饰工程已竣工，结算审计完毕；嘉陵公园环湖道路工程于2014年11月开工建设，该道路长约1.6公里，计划总投资2 000万元，已竣工验收，正结算审计。

完成河西安置房、同景、狮子变电站、天恒宾馆、千层岩水厂等生态停车场5个，建设规模20 000平方米，投资约1 800万元。

完成璧城街道芋荷二组徐家院子滑坡治理工程，治理规模8 000平方米，完成投资约190万元。“来凤街道酒厂片区”棚改项目拟建安置房建设工程于2015年6月动工建设，计划2017年竣工投用。该项目计划投资1.2亿元，规划开工建设619套房屋，建筑6.42万平方米；“璧城街道面粉厂片区”棚改项目拟还建住宅房屋356套，建筑30 546平方米，商业门市44套，建筑2 984平方米，已完成征收补偿，安置房建设计划2018年竣工投用。

申报成为重庆市绿岛新区海绵城市建设项目，计划引入建设资金5亿元；申报璧山区“深绿城市”建设暨国家绿色生态城区示范奖，进入现场调研和收集资料阶段。（黄　成）

天安绿岛城市综合体

（曾清龙　摄）

文化艺术中心外装工程

（璧山报社供图）

绿岛新区建设

【概况】 2015年，是绿岛新区建设实现“五年成城”后，围绕“三区一美”发展战略，在项目建设、招商引资和机关效能建设等方面取得成效。全年完成固定资产投资77.8亿元，御湖新区环湖道路、后勤服务中心、南门唐城商业街建成投用，快速推进定向经济适用房B区建设，生态宜居成为新区最显著的价值底色。

正在快速崛起的绿岛新区核心区

（璧山报社 供图）

【投融资与土地出让】 全年，绿岛新区核心区范围内完成固定资产投资77.8亿元，其中房地产完成投资60亿元，绿岛新区管委会完成投资11亿元，由政府其他部门完成投资6.8亿元。完成融资放款11.2亿元。全年出让土地28宗、82.55公顷，实现土地出让收入28.93亿元。

【招商】 编制《重庆绿岛新区管理委员会招商工作方案》，成立绿岛新区管委会招商工作领导小组，全年接待40次项目考察，洽谈项目10个。北部片区城市综合体、“南宋御街”等一批重大产业项目落户新区。天安商业综合体一期32万平方米、南门唐城商业街5.4万平方米年底前建成投用。

【御湖新区建设】 完成御湖新区环湖路市政道路设计和手续办理工作；完成御湖新区道路系统工程一期（御湖路等）等项目设计工作；5月初启动4.65公里的环湖路工程建设，年底前建成通车。

建设中的御湖新区环湖路

（曾清龙　摄）

【征地拆迁安置】 征地拆迁取得明显成效。实施征地拆迁161.6公顷；完成定向经济适用房A区销售，销售4 080套，销售24.5万平方米，实现销售收入2.33亿元，安置璧泉街道拆迁群众7 957人。

【市政道路建设】 新建市政道路8.11公里，年底前建成通车。完成主干道黛山大道5个标段7.77公里道路和双星大道二标1.72公里道路的审计结算工作；完成次干道路网工程17.02公里道路和文星路5.79公里、双星西延A段0.59公里道路的竣工验收和移交工作；完成WB线污水干管（演武桥—天安桥—拱秀桥段长1 163米）、（东林大道文星路—沿河西路段长680米）1 843米的竣工验收工作。

【文化艺术中心建设】 完成文化艺术中心土建工程扫尾、B区剧院装饰、A区会议中心装饰、中央空调、电梯、智能化、舞台机械、舞台灯光、舞台音响、附属景观以及供电、供水、天然气安装等工程的全部施工内容。

【公共服务中心建设】 协助区机关事务局完成主楼1、2号楼投用入驻的相关服务工作，主楼计划入驻单位39个，入驻37个。完成后勤服务中心土建工程扫尾、室内装饰、智能化、中央空调安装、电梯安装、附属景观以及供水、供电、天然气安装等工程，确保年底投用目标的顺利实现。

【定向经济适用房建设】 快速推进定向经济适用房B区建设。其中一标段建筑5.9万平方米，为高层建筑，主体修建至5层；完成定向经济适用房B区二标段2.9万平方米多层安置房主体和内装建设。

【管线搬迁】 完成110千伏田秀东线、东岳公园片区10千伏线路、御湖新区环湖路片区强电及弱电线路、北部路网片区强电及弱电线路、东林大道7档10千伏线路迁改，迁改线路总长32公里。

【规划设计】 开展1平方公里的双凤水库片区控制性详细规划编制和绿岛新区A02、A05地块控制性详细规划调整工作，协助规划局开展轨道一号线站前片区2.3平方公里和绿岛新区南部地区2.4平方公里控制性详细规划编制。

【新区安全生产】 每季度与建委安监站定期开展安全联合大检查，邀请安全生产专家到新区进行安全生产培训和检查；落实“党政同责、一岗双责、失职追责”制度，做到安全生产工作“有安排部署、有任务指标、有工作履职、有考核奖惩、有追责问责”，确保全年新区无安全事故发生。

（绿岛新区管委会）

村镇建设

【概况】 2015 年，璧山区围绕建设重庆“城市发展新区”的统筹城乡先行区，大力实施农村危房改造、市级中心镇建设、一般小城镇建设、市级农民新村示范点建设和改善农村人居环境，全力助推扶贫攻坚，全区村镇建设再上新台阶。璧山正兴镇申报成为重庆市第二批特色景观旅游名镇，填补璧山区无特色景观旅游名镇的空白。

【农村危旧房改造】 严把“改造对象关、建设标准关、建设质量关、建筑风貌关、检查验收关”，狠抓农村危房改造工作，全年完成农村 C 级危房改造 1 570 户，完成农村 D 级危房改造 352 户，分别完成市目标任务的 105.67%、117.33%。

【农民新村建设】 完成河边镇文昌居和大路接龙社区两个市级农民新村示范点建设。完成璧山区《改善农村人居环境总体规划（2015—2020 年）》编制，积极打造丁家街道莲花坝村、大兴镇莲生村、七塘镇喜观村、八塘镇智灯村 4 个市级农村人居环境示范村，形成“样板工程”。

【小城镇建设】 中心镇建设进展顺利。大兴镇完善场镇至环城路市政基础设施建设，完成人行步道 1.5 公里；福禄镇完成橘园街道路白改黑 2026 平方米，市政公路建设，橘园文化活动中心及配套设施建设 600 平方米，完成斑竹碧苑新区环城公路市政改造 0.64 公里；其余镇街也对各自的综合市民广场、垃圾收运系统、镇级卫生服务体系、公共文化活动中心、福利院或敬老院、品牌超市、农产品交易市场、汽车站、主街道综合整治、绕城公路建设等进行进一步完善，城镇集聚功能明显增强。

加快推进一般小城镇建设。正兴镇石院敬老院扩建项目完成，主要建设内容包括：建设 2 栋 4 层房屋，其中 1 层设置餐厅、活动室、健身室、医疗室、办公室；2 层至 4 层设置标准 2 人间房间，新增床位 76 张。河边镇田园路改建项目有序推进，主要建设内容包括：路基土石方挖方 13 973 立方米，填方 4 148 立方米，修建长 1 000 米，宽 7.5 米的沥青混凝土市政道路，同时修建排水沟 1 500 米，安装管涵 10 个，以及挡墙护坡、标志标线、市政绿化等。

（黄成）

市政管理

【概况】 2015 年，市政园林管理工作按照区委、区政府“三区一美”战略的统一部署，以问题为导向，以民生为导向，深入推进城市精细化管理，强化生态建设和市政基础设施改造，提升市政设施服务功能、环境卫生保洁水平、市容秩序监管效能、生态园林景区化内涵、景观灯饰保障效果，

璧山城区环卫机清扫路面

（曾清龙　摄）

市政园林美誉度、满意度不断提高。

【市政基础设施维护管理】 不断加强市政设施精细化管护水平，提升基础设施承载能力。一是全年修补人行道1.5万平方米、车行道1 240.7平方米，道路完好率达98%以上。检测结构设施11座，整治C类桥梁2座，城市结构设施应检必检，有效必治。二是大力实施树圈整治，完成整治5000个，封土控尘效果明显。三是更换自调式防沉降球墨铸铁防盗井盖200套、水篦子1 955套，疏浚清掏城区下水道22万米。

【市容环境卫生管理】 深入推进城区环境卫生精细化、机械化进程。一是成立9支快速保洁队，对垃圾产生频率高的区域移动式快速保洁。二是购置环卫监测车2辆，长安收集车5辆，大件垃圾收集车1辆，垃圾车2辆，道路清洗车5辆，25T拉臂钩车2辆，15立方米移动压缩箱体5个，垃圾桶500个，果皮箱200个，机动清漂船2艘，实行严格的保洁质量检查与考核办法，机械化作业率95%，在市远郊区县中位列第一。三是全区大件垃圾、建筑垃圾、卫生死角等，全年清运城区生活垃圾71 435.05吨。四是进一步完善垃圾处置费征收平台软件，全年征收垃圾处置费1 207万元。五是完善水体清漂保洁长效机制，与全区15个镇街、城区沿河两岸社会单位签订《重庆市城市水域环境卫生管理责任书》。北门小河沟与芋河小河沟清淤方量4 878米，应急清漂小组全年打捞城区水域垃圾385吨。六是全年排查化粪池3 000座，合格率95%，对不合格化粪池下达限期整改通知书，并统一复查，确保化粪池运行安全。七是开展扬尘污染专项整治，控制城市脏源，全年查处违章案件123件。八是快速推进“标准化”公厕、垃圾站、垃圾收集点建设，全区新建公共卫生间14座，改造公厕3座，新建“标准化”垃圾收集站22座，改建2座，新建 “标准化”垃圾收集点5个。九是成立“思群劳模创新工作室”，对城区环卫工作全面督查，接待人民群众来访，处理投诉、信访案件，并开展创新工作。十是以人为本，设置“环卫爱心驿站”10处，解决环卫工人作业期间休息难、饮水难、如厕难、热饭难、就医难等问题。

【城市照明设施建设与管理】 不断加强路灯灯饰功能照明，实现节能高效。一是持续推进“巷院光明”工程以及部分路段道路路灯改造工程，新建改造路灯1 439盏，主次干道装灯率100%。二是加强照明设施维护管理和巡查检修力度，全年维修路灯6 000盏，更换镇流器2 000个、钠灯2 100支，更换损坏节能灯、灯具1 800个，检修更换老化、被盗、损坏电缆17 000米，确保全城12 250盏路灯设施常年完好率99%以上，主次干道亮灯率99%以上，支次干道、背街小巷亮灯率98%以上。三是对路灯设施、控制设备全面清洁，清除灯杆灯具照明设施上的喷漆、油墨广告等“牛皮癣”500处和灯杆悬挂物200处，并对部分掉漆路灯补漆。四是绿色照明取得新进展，在秀湖公园、登云公园、璧南河1号、湿地公园凤凰城等路段补充安装智能化控制终端设备60套。五是对规划区范围内新建（构）筑物夜景灯饰实行“三同时”，按规定程序和时限对社会单位配套灯饰项目审批和验收，全年收到报批灯饰建设项目73件，验收73件。六是加强对社会单位景观照明设施的监管力度，全年发送景观照明检修整改通知50次，督促社会单位检修、维护楼宇灯饰40幢，维护楼宇灯饰20幢、排除高空坠物等安全隐患30起。七是对1 400根路灯杆、信号灯、指路牌等改色，确保城区设施规范统一。八是加强对镇街村镇环境综合整治和生态村镇创建路灯安装、维修的督促指导工作，协助镇街进行路灯维护维修工作，全年出动高空作业车10车次，维修人员30人次。

【城市市容秩序维护管理】 加强市容秩序常态化管理，提升市政管理执法水平。一是全力做好洋和街至24队车站段、天怡街“占道经营规范管理街区”创建巩固工作，塑造精品城市形象。二是遵循“突出重点、主攻难点、精细管理、梯次推进”的工作思路，集中整治骑门摊游摊。设置便民商摊95个、临时摊区3个。三是会同区食药监分局、区公安局、区环保局、璧城街道、璧泉街道等部门，开展露天烧烤专项整治，全面取缔以街为市的露天烧烤摊。四是关注民生，治理石堡片区、新塔片区、皮革二区、吉旺片区、南门小河沟农贸市场、安川桥草街子、鸡冠石路等市政秩序乱点20处，取缔占道经营摊点500个，收缴乱摆设广告牌3 660块，违规派发的经营性宣传品6 182张，拆除违规广告牌2 914块，横幅、竖幅499幅，查处各类违反市政管理的违法行为796件。五是加大“牛皮癣”整治力度，为合法广告安个家，设立满足市民对家政、通信、应急等信息需求的张贴栏，改造安装新型张贴栏200块，建立“呼死你”系统暂停违法行为人电话号码168个，处罚96件次。六是推进标准化户外广告治理，提高门头店招规范设置档次，彰显特色，提升文化内涵。新增芋荷街、秀湖公园还建房片区2条户外广告管理示范街区，城区店招牌审批备案1 084件，设置合格率98%以上。七是开展行政执法培训3期，培训300人次，行政执法人员执法行政能力和办案水平不断提高。八是升级市政执法执勤装备，购置100台执法记录仪、50台对讲机、8台人脸识别考勤系统和1套城管语音警示系统，搭建指挥调度和人员监管平台。九是启动全区智慧城管系统工程建设，完成城区15平方公里的城市部件综合普查和监督指挥中心的装修工程。十是以“3·19”城市管理主题日、城管进社区、城管进单位、市政自愿者等活动为契机，采用发放市政管理法律法规宣传单、制作展板、有奖问答、便民咨询的形式，向市民展示近年来市容环境整治成果，针对群众生活中遇到的城市管理问题与市民互动。开通市政微博、市政微信，宣传城市管理动态。 （区市政园林局）

园林绿化

【概况】 2015年，按照“深绿城市”定位，全面打造秀美绿城，全年新增城市园林绿地200万平方米（其中新增公园绿地20万平方米），建成区绿化覆盖率提高到49%，人均公园绿地27平方米，相较2014年建成区绿化覆盖率上升1%，人均公园绿地面积上升2平方米。继续推进引进千种植物进城，新引进600种植物品种，截至年底已栽植的城市植物品种2 600种。

【园林绿化建设与管理】 一是完成青杠老年护养中心至来凤段、锡山路、茅山路、永嘉大道西延段、泉山路西延段、虎峰大道、沿河西路南延段

村家公园全景

（罗君 摄）

（聚金大道以南）、东林大道南延段（聚金大道以南）、璧南河大旺桥上游段、剑山路（聚金大道以南）、聚金支路、钨山路、铝山路、镁山路、钾山路等多个区域城市道路绿化建设。二是完成社会单位配套类绿化项目建设48个，新增附属绿地24万平方米，其中包括大路中学、重庆市璧山区特殊教育学校、中国嘉陵工业股份有限公司（集团）等单位配套绿地3.4万平方米。三是深化推进市场化养护，纳入市场化养护的城市绿地面积已增加到215.23万平方米。编制《璧山区城市园林绿化栽植及管护技术要求》，在植物栽植、管护等方面提出具体的技术要求和操作流程。与重庆市风景园林科学研究院就病虫害监测与防治、大树复壮、肥水管理、测土配方施肥等方面协作，并提交《璧山区园林有害生物防控技术服务报告》1册，其中包括园林病虫害预测预报12篇以及大树复壮方案。四是启动城区园林植物多样性调查，全面掌握城区植物的资源现状，有利于科学提供养护措施，强化植物资源管理，指导植物引进，保护绿化成果。五是抓好节约型绿地建设与管理，有效控制建设成本。紧密结合城区绿地新建，统筹安排，科学调配，将现有绿地内过密苗木移植到新建绿地。新建翠微公园、蜀望公园、余庆公园等公园绿地，园中所有乔木及开花植物全部从城区原有绿地移植而来。全年移植过密苗木3 000株，节约政府资金2 000万元。六是启动鲜草花基地和园林绿化苗圃建设，自主培育所需品种。人民广场东支路苗圃基地建成投用。七是加大日常巡查监管力度，严格建设项目配套绿化工程的审批手续。全年办理修剪、移植、砍伐城市树木、临时占用绿地审批66件，查处毁绿案件14件，办理建设单位审批手续44个。八是加强对各镇街的园林绿化业务指导和生态镇街创建绿化工作的督促和指导工作，帮助各镇街搞好城镇园林绿化建设管理。

【公园、广场建设】 完成东岳公园整体方案设计，环湖道路和污水管网已全面进场施工，漫水湾公园已完成环湖道路建设。建成投用高新区管委会社区公园、南康公园、三台坡公园、村家公园、翠微公园、蜀望公园、余庆公园7个社区公园。截至年底，城区拥有大小公园、广场47个，其中广场13个，综合性公园11个，社区公园13个，小微型公园（广场）10个。古建筑塔廊61处，休闲亭72个，其中八角亭45个，四角亭27个。

【生态停车场建设】 竣工投用养鱼安置片区生态停车场、高新区管委会生态停车场、奥特莱斯生态停车场、河西安置片区生态停车场、锦春生态停车场、成渝高铁站前广场生态停车场等6个，新增停车位809个。

【立体绿化建设】 3月3日，区委书记吴道藩专题调研城区立体绿化工作，明确立体绿化将作为全区2015年绿城建设重点工作之一。“3·12”植树节上，吴道藩宣布城市立体绿化正式启动，提出2年做到全市第一，5年达到全国一流的工作目标。4月22日，成立城区立体绿化工作领导小组，确定目标任务、技术标准和认定标准。领导小组办公室内设现场技术服务组，并从相关单位抽调人员实现集中办公，陆续对主动对接的责任单位开展技术指导。年底，公厕、垃圾台、护坡、高压廊道等公共建筑立体绿化实现全覆盖，完成城市道路护坡、堡坎立体绿化70处，公厕、垃圾站台屋顶绿化30处，单位公共建筑墙体绿化162处，栽植苗木20万株。单位申报居民楼院立体绿化102个，完成栽植1 478户，超额完成本年度1 220户目标任务。 （区市政园林局）

财政税务

财　政

【概况】 2015年，全区财政工作以“三严三实”专题教育活动为契机，按照“有进有退有作为”的工作要求，坚持深化改革、稳中求进、挖潜增收、优化支出、加强监管，全面抓好财政工作，积极为全区经济和社会事业健康发展提供财力保障。全年，完成各项财政指标，资产负债率17.5%，严格控制在绿色警戒线之内。

【财政收入】 围绕完成财政收入是第一责任目标，立足“三个强化、建立两个机制”，进一步挖潜增收。“三个强化”即：一是强化征管措施。分解收入任务、落实责任目标，健全协税护税网络和机制，不断完善税收征管措施。二是强化财税收入研判。开展税源分析，加强收支预算执行分析和预测，狠抓税收入库，实现财政收入均衡入库。三是强化非税收入征管。加强票据管理，实行非税收入平台一体化管理，加强非税收入监督检查，确保非税收入及时入库。“两个机制”即：建立部门联动机制和联席会议机制，及时分析收入形势，一线解决存在问题，强化征管部门责任，做到应收尽收。配合区级各部门，注重项目包装和协调，积极对接上级补助政策，全年向上争取资金21亿元，融资到位51.0亿元。争取市分配政府债务22.9亿元。上报政府性债务控制在104.2亿元限额以内，平台公司资产总额597.3亿元，资产负债率20.7%。

重庆市璧山区2015年度财政财务决算编审工作会

全区地方财政收入130.2亿元，为年度预算的103.6%，增长3.6%，按收入性质划分：一般公共预算收入50.2亿元，为年度预算的100.0%，增长16.0%，其中：税收收入25.4亿元，为年度预算的99.9%，增长16.5%；非税收入24.8亿元，为年度预算的100.2%，增长15.5%；政府性基金收入80.0亿元，为年度预算的105.9%，下降2.9%，其中国有土地使用权出让收入76.4亿元，为年度预算的104.4%，下降4.3%。

【培植税源】 一是安排工业强区专项资金2 000万元，安排优惠政策退税补助资金3 500万元，安排出口退税4.8亿元，安排土地出让金20亿元，加大对装备制造、电子信息、医药食品等三大骨干产业的支持力度，提升企业创新能力，帮助企业转型升级。二是支持“国家高新技术园区”基础设施投入15亿元，强化园区支撑作用。三是全力支持“3+3+N”招商模式，进一步优化招商引资环境。四是安排商业结构专项资金1 820万元，支持第三产业发展。五是制定支持金融发展政策，优化金融发展环境，让金融业支持璧山发展的同时，成为一项重点产业税源。新设立金融机构6家，洽谈4家，助推企业上市1家。

【财政支出】 坚持“统筹兼顾，突出重点”原则，有效保障民生和各项重点支出，财政支出的均衡性得到改善。进一步加强专项资金的预算管理，提高专项资金使用效益。严格执行新《中华人民共和国预算法》，坚持“先有预算、后有支出”原则，切实增强预算的约束力，不断提高预算执行率和财政资金使用效益。民生支出97.4亿元，占全区地方财政支出的65.1%，其中主要有：公共安全支出2.1亿元，比2014年（以下同）增长18.0%；教育支出8.2亿元，下降25.7%；科学技术支出1.4亿元，增长153.7%；文化体育与传媒支出7 378万元，增长104.8%；社会保障和就业支出5.9亿元，增长23.8%；医疗卫生支出8.0亿元，增长1.4%；节能环保支出3.5亿元，增长26.9%，城乡社区支出24.1亿元，增长43.9%，农林水事务支出5.9亿元，增加4.0%；交通运输支出2.5亿元，增长53.8%；住房保障支出完成3.2亿元，增长122.6%。安排40亿元大力支持“三区一美”重点项目和“绿城、水城、古城”建设及25件民生实事等。

【财政管理】 按照财预〔2014〕36号和国务院令第492条要求，制定《璧山区预决算公开工作实施方案》，按照市财政局统一部署，逐步公开年初预算及“三公”经费，全年除四大家和常委单位外，其他所有一级预算单位的部门预算及“三公”经费全面公开。不断完善“金财工程”应用支撑平台办理国库集中收付业务，全年国库集中支付39.1亿元，其中直接支付31.8亿元，增长17.9%，占集中支付的81.4%。有序推进公务卡结算制度改革，公务卡消费报销占比70%。完成财政专用账户清理规范。按照国务院国发〔2014〕70号文件精神，完善《重庆市璧山区财政结余结转资金管理暂行办法》，对历年结转结余资金全面清理，特别是对2012年以来的结转结余资金全部收回财政重新安排预算，盘活存量财政资金2.1亿元。稳步推进政府购买服务，总投入2 765万元。落实区级部门三年滚动财政预算规划编制，细化预算编制，提高年初预算到位率。深化政府采购制度改革，推进政府采购网上公开招标改革。硬化预算约束，强化预算绩效管理，努力提高资金使用效益。

【财政监督】 一是切实加强部门上报项目的资金审查。按照相关政策和规定，注重与部门协调，从严审查新报项目资金。二是加强政府性投资项目评审。全年投资评审项目284个，送审金额23.0亿元，审减金额2.6亿元，审减率11.3%。三是加强政府采购管理工作。完善政府采购目录，严控采购金额，严格采购程序，严肃采购监督。全年采购合同金额3.3亿元，节约资金3 034万元，节约率8.4%。四是加强财政监督检查。开展会计监督检查、财政收支管理检查、“小金库”治理检查、财政内部检查等，确保财政资金使用安全、规范。五是开展财政专项资金绩效评价工作。按照“预算编制有目标、预算执行有监控、预算完成有评价、评价结果有反馈、反馈结果有应用”的管理要求，确定13个项目作为预算绩效评价项目，评价结果均为良好以上。

（刘莹垠）

国库收付中心

【概况】 璧山区国库集中收付中心（挂重庆市璧山区财政资金管理部牌子）办公地点位于双星大道369号后勤服务中心C区一、二楼，为重庆市璧山区财政局管理的财政全额补助事业单位，按副处级管理。设内设机构3个：综合科、支付科、核算科，内设机构规格为副科级。主要负责区级部门及所属事业单位、璧城街道办事处、璧泉街道办事处的财政性资金、代管资金等资金的统一收纳、拨付和管理，负责财政零余额账户和财政代管资金账户的核算，办理财政代管资金结算，负责集中核算、集中支付、资金结算的会计档案管理等10个方面的工作。

【国库收付】 2015年，完成行政事业单位277个的集中支付11.34万笔39.10亿元，比2014年（以下同）增加支付4.05万笔,增长55.49%,支付额增加6.48亿元,增长19.83%。其中：直接支付5.69万笔31.82亿元，增加支付2.12万笔,增长59.09%,支付额增加4.82亿元,增长17.8%；授权支付5.65万笔7.28亿元，增加支付1.93万笔,增长52.03%,支付额增加1.66亿元,增长29.59%。完成非税收入429.44万元，办理现金收付4.98亿元。全年转入银行存款79.72亿元，转出银行存款80.74亿元。完成集中核算单位40个72套账的账务处理,实现资金管理、账务处理零差错。

（区国库财付中心）

国家税务

【概况】 2015年，7名青年干部先后被总局、市局抽调、借调，上挂市局锻炼。进一步完善“两讲两坛”平台，加强专业化人才培养，组织税收业务能手摸底考试，积极开展岗位练兵、业务竞赛等活动，4名干部入围市局第一届税收业务能手竞赛前30名，1名干部被市局表彰为税务稽查能手。组织风控知识、税收业务能手、青年干部会计基础知识、兼职教师等培训，参训人员1 699人次。落实《党政干部任用选拔条例》，选拔中层干部副职5人，任用中层干部正职1人，晋升副调研员3人，29名中层干部通过测评如期转正。加大对离退休干部职工的关怀力度，倾听基层干部意见建议，改建璧城税务所员工食堂，解决新进人员周转房问题。引入对标管理理念，以“岗得其人、人适其岗”为原则，分门别类梳理个人岗位职责，19个基层部门制定完成个人工作任务289个，人均承担3~5个核心指标，实现考评全覆盖。

确立“一引二转三化”的“三严三实”专题教育总体思路，理清“两个责任”清单，详细列明党组及成员主体责任、纪检组监督责任、基层单位主体责任等具体任务内容147条，坚持开展“五个一”学习活动，结合“巩固深化拓展”主题活动，举办“学法守纪讲规矩”主题教育活动、预防职务犯罪法治讲座、“重庆国税精神”大讨论活动，初步确立“责任胜于能力，集体荣誉高于一切”的璧山国税核心价值理念；先后接受市局财务工作专项检查、“涉税中介”专项检查、民政福利企业专项检查等9次，自行组织开展办公用房、民政福利企业等专项自查4项，对查出问题认真落实整改；排查行政管理、干部管理、税收执法中存在风险点16个。党组成员同党员、干部进行廉政谈话84人次，交心谈心168人次。坚持“五制”并举，认真落实中央“八项规定”精神。璧山国税创建全国文明单位，12次被《中国税务报》《重庆日报》等媒体宣传报道，部门站位持续提升。组织绩效考评成绩全市国税系统排名第4，纳税人满意度调查排名大幅提升20名。“三严三实”专题教育深入开展，得到重庆市国税局局长李杰的肯定性批示。

【税收收入】 国税收入保持两位数增长，实现收入15.2亿元，同比增收2.1亿元，增长16.27%，增速比全市国税快4.24个百分点,比城市发展新区快14.03个百分点。完成区政府下达全年计划的102.20%，超计划0.33亿元，实现全年收入任务。在城市发展新区税收规模排名第5位，增速排第3位，增量排第3位。地方级收入增速快于中央级，中央级收入11.3亿元，增长15.99%；地方级收入3.95亿元，增长17.07%，快于中央级1.08个百分点。落实各项结构性减税政策，累计减免税金3.7亿元；办理出口退税4.76亿元，同比多退11 098万元；办理减免退税0.1亿元。

【纳税服务】 加大纳税服务工作力度，接续完成示范建设后续任务，持续开展便民办税春风行动，取消4项行政许可审批事项以及非行政许可审批事项，推行涉税业务“先批后审”的工作流程。《规范》2.3版中725条基本规范落地，389条升级规范落地306条，占比78.66%，“免填单”服务实现前台税收业务全覆盖。认真落实“三证合一、一照一码”登记制度，积极探索“互联网+”便捷服务，大力推行网上申报，网上申报率97%。适时畅通“税企连线”，税企QQ群、税企微信群、微信公众号、三方平台等征纳互动。推出电子问卷5 698份，分析并收集服务“堵点”。以《国地税合作规范1.0》为纲领，探索制度保障、窗口整合、统一执法、宣传辅导、税收分析、信息共享、业务培训、权益保护等8个方面深化国地税合作，打造璧山“税收服务中心”，设立通办业务窗口12个，实现“进一家门办两家事。联合打造24小时自助办税室，全方位方便纳税人。

【税务稽查】 全年稽查涉税纳税人57户（其中立案查处27户），查补税款、滞纳金及罚款2 461万元（其中入库1 961万元），移送公安机关8件。以企业所得税和出口退税户作为检查重点，清理产权转让、资产转让、各项补贴6户。税收专项检查民政福利企业，查补税款322万元。开展总局、市局“黄金案”专票专案检查，查补税款、滞纳金及罚款412万元。对房地产、接受虚开发票的受票企业、专项检查跨地区关联企业29户，稽查查账软件应用4户，协同公安经侦精确打击买卖专票的纳税人，遏止发票虚开行为的蔓延。2名稽查干部获市局稽查能手和税收信息化能手前30名。

【税收征管】 围绕区局“两点一线”工作思路，完善基础征管数据和个体定额管理，建立“起征点临界”户分类管理台账。完成增值税发票系统整合升级，实现增值税一体化管理。规范一般纳税人登记，做好财务核算、纳税辅导、发票管理、税负监控等后续管理。加强对前期“营改增”行业政策执行情况的监督、试点行业调查研究和业务培训，严密防控风险、开展分析评估，重点解决好上游企业增值税链条完善问题，推进“营改增”行业健康有序地融入增值税抵扣链。以归口管理、共同参与、集中处置、双向互评为运转模式，提升风险应对的精准度，发布涉税风险提醒360户次。搭建多部门联合“数据仓库”，探索制定风险防范工作流水线图，即征即退、征前减免企业风险控制方案、发票风险防控方案以及代开发票控管风险防控方案。全年入库营改增增值税3 345万元，增收630万元，增长23.20%；纳税评估、税务稽查纳税人105户，查补税款3 000万元，入库2 163.7万元，抵减增值税留抵税额1 123万元，弥补以前年度亏损24 295万元。

（区国税局）

地方税务

【概况】 2015年，全区地税系统有干部职工171人，其中：在职职工114人，退休职工32人，临聘人员25人。内设机构9个：办公室、政策法规科、税政管理科、社会保险费征收管理科、收入核算科、征收管理科、税源管理科、人事科、监察室。直属机构1个：稽查局。派出机构6个：璧城第一税务所（办税服务厅）、璧城第二税务所、重点税源管理所、青杠税务所、丁家税务所、大路税务所。

全年，地税工作认真贯彻落实重庆市地税局和璧山区委、区政府各项决策部署及工作要求，通过抓好干部队伍建设，促进组织收入、风险防控、依法治税、征管改革、纳税服务等各项工作的落实，努力推进税收现代化。组织税费收入39.98亿元，为璧山“三区一美”建设和高标准建设“城市发展新区”提供财力保障。

【税费收入】 全年实现税费收入39.98亿元，同比增长17.22%，增收5.88亿元。其中：税收收入26.91亿元，增长16.74%，增收3.86亿元。社会保险费收入11.94亿元，增长17.89%，增收1.81亿元，征缴率99.1%，其中：职工基本养老保险费收入4.98亿元，失业保险费收入3 328万元，医疗保险费收入2.94亿元，工伤保险费收入2 964万元，生育保险费收入1 225万元。教育费附加收入6 077万元，增长24.55%。地方教育费附加收入4 047万元，增长24.41%。代征各项基金、规费1 176万元，其中工会经费（筹备金）579万元，残疾人保障金（筹备金）597万元。

【税收特点及分析】 一是税收总量持续攀升。税收总量占全市税收收入的2.08%，在城市发展新区排名第5位，税收增幅高于全市平均增速4.57个百分点。二是中央级税收增幅高于地方级。中央级税收收入2.15亿元，增长39.69%，增收6 096万元，增幅提高30.05个百分点；受建安房地产营业税影响，市级税收收入3.15亿元，增长6.58%，增收1943万元；区县级税收收入21.61亿元，增长16.46%，增收3.11亿元。三是税收产业结构有待优化，建筑房地产支撑作用显著下降，商务服务业依赖作用日益增强。四是从税种看，土地增值税收入下滑，其余各税均实现增长。五是税源向重点企业集聚，国有投资公司占主导地位。91户重点监控企业税收收入17.63亿元，增长22.1%，增收3.19亿元，占税收的65.52%，其中国有投资公司增长42.55%，增收2.76亿元。全区前100名纳税大户纳税19.93亿元，占税收的74.07%，较2014年提高8.72个百分点。

【税收法治】 联合开县地税局开展税收交叉执法督查，追缴税款227.4万元，退还税款63.2万元。贯彻执行重大税务案件集体审理制度，规范审理行为。配合璧山区审计局开展税收预算执行情况审计。落实各项税收优惠政策，积极支持“大众创业 万众创新”。全年减免税款2.26亿元，退抵税1 409.52万元，小型微利企业所得税优惠覆盖面达到100%。

【税种管理】 企业所得税核定征收面下降到10%

国地税一窗通办

（区地税局 供图）

以下。推进个人所得税全员全额申报，个税代扣代缴系统覆盖率74.9%，明细申报率95.44%。开展营业税专项清理，清理房地产、建筑业税收7 300万元，清理国有投资公司税收10.41亿元，查补城建税2 400万元。加强财行税管理，财行税收入16.05亿元，占税收的59.6%，地方税收入进一步发展壮大。

【税收征管】 截至2015年12月31日，璧山地税局管辖的纳税人39 520户，其中：单位纳税人9 008户，个体经营21 426户。对建筑业、房地产、金融保险、制造业等五大行业开展税源调研，摸清家底。认真落实地方税收保障办法，收到全区各行政主管单位涉税信息4万条，涉及税源近10亿元。规范迁移户登记、外出经营管理，推动“三证合一”登记制度改革落地。开展电子税务局试点工作，注册电子税务局纳税单位和自然人799户，电子税务局系统入库税款7 668万元。采取措施应对风险户900户，开展现场审计中央在渝某集团企业成员单位9户，查补税款970万元。开展委托贷款业务、房产税、城镇土地使用税和建筑业税收风险评估，补税830万元。

【纳税服务】 加强与璧山国税局的合作，深入开展“便民办税春风行动”，认真落实《国家税务局、地方税务局合作工作规范》，与璧山区国税局协力推出具体合作项目8大方面23类55个。联合璧山区国税局成功打造“璧山区税收服务中心”，统一设置办税区域、联合开办纳税学堂、培养业务通办能手、开展纳税维权等，形成“五个一”服务模式，即由一个人在一个窗口利用1台电脑和显示屏同时办理国地税业务，并通过1台POS机将税款征收入库，真正实现纳税人“叫一次号、排一次队、在一个窗口办理完2家业务”。《全国县级税务机关纳税服务规范2.1版》在璧山落地。

【税务稽查】 加强风险管理导向下的稽查工作，严厉打击假发票，查处偷、逃税等违法行为，整顿和规范地方税收秩序。先后开展税收检查自查、市级重点税源企业轮查等活动。全年检查89户，查补收入6 113.7万元，为2014年查补收入的145%，其中：税款5 088.6万元，滞纳金1 018.26万元，罚款6.87万元。大案要案查补收入6 282万元，增长52%，其中：查补税百万元以上案件12件，补税5 467万元，以查促管的稽查职能得到充分发挥。

2015年璧山区地方税收主要行业完成情况表

表4-18　　　　单位：万元

产业	累计完成	2014年同期	增减	幅度（%）
合计	269086	230503	38583	16.74
一、第一产业	152	228	–76	–33.33
二、第二产业	68888	59833	9055	15.13
制造业	32438	26982	5456	20.22
其中：汽车制造业	12883	9379	3504	37.36
建筑业	33294	30236	3058	10.11
三、第三产业	200046	170442	29604	17.37
金融业	15599	14274	1325	9.28
其中：货币金融服务	11784	10216	1568	15.35
保险业	2057	1652	405	24.52
其他金融业	1531	2300	–769	–33.43
房地产业	67005	76312	–9307	–12.2
租赁和商业服务业	99355	64432	34921	54.2

2015年璧山区地方税收分税种完成情况

表4–19　　单位：万元

税种	累计完成	2014年同期	增减	幅度（%）
营业税	72872	69280	3592	5.18
个人所得税	14604	11485	3119	27.16
城市维护建设税	14186	9290	4896	52.7
车船使用税	8	0		
房产税	10169	7686	2483	32.31
资源税	1681	1559	122	7.83
城镇土地使用税	73011	60199	12812	21.28
企业所得税	21155	14113	7042	49.9
印花税	4220	3953	267	6.75
土地增值税	15354	17091	–1737	–10.16
耕地占用税	9012	5500	3512	63.85
契税	32814	30347	2467	8.13
合计	269086	230503		

（王治）

延伸阅读 ▶▶

建成生态工业园区

遵从工业生态学原理和循环经济“3R”原则，对已建成的10平方公里工业园区不断优化，继续关闭一批高污染、高能耗企业，进一步改善园区环境和经济行为，加快传统工业园区向生态工业园区转变。按照“绿色、环保、低碳”标准，以产业共生和产业生态学为核心，新规划建设20平方公里生态园区，加强自然、能源、原料、物流、水流、信息和建筑设计，发展“混血经济”，寻求集合利益，从根本上消除工业发展与环境的矛盾。注重产城融合，按照“20分钟步行半径”，布局园区生活服务设施。坚持“高调的森林，低调的建筑”，倾力打造园区园林景观。全面导入“CI”，提升企业品牌价值。

实施服务业“三年倍增”计划

坚持生产性服务业和生活性服务业同步推进，重点打造天安城市综合体、金融街、御湖新区、金剑山旅游休闲区、青龙湖旅游区、福禄休闲旅游区、南门唐城、餐饮综合体、台湾夜市和一批专业市场，建成吸引力强的优秀旅游城市。

金 融 业

金 融

【概况】 2015 年，紧紧围绕城市发展新区和“三区一美”战略目标，积极做好金融业服务于重点项目、实体经济、“三农”发展、中小微企业等工作，服务区经济结构调整和发展方式转型升级，做大做强金融产业，创新金融服务方式和产品，构建良好金融生态环境，为璧山区经济社会稳步发展贡献力量。

【投资概况】 2015 年，全区固定资产投资总体保持平稳运行，完成 630.8 亿元，同比增长 15.7%。分经济类型看，私营个体经济投资保持较快增长。国有经济投资 133.3 亿元，增长 6.0%；集体经济投资 0.9 亿元，下降 56.5%；私营个体经济投资 416.8 亿元，增长 28.5%；港澳台及外商经济投资 3.8 亿元，下降 48.9%；其他经济投资 76.0 亿元，下降 11.5%。私营个体经济投资占全区投资比重 66.1%，对全区投资增长的贡献率为 108.3%，拉动全区投资增长 17.0 个百分点。

分产业看，第二产业的工业投资拉动全区投资保持稳定增长。第一产业投资 19.6 亿元，下降 6.9%；第二产业的工业投资 335.7 亿元，增长 28.0%；第三产业投资 275.5 亿元，增长 5.1%。工业投资占全区投资比重 53.2%，对全区投资增长的贡献率 86.1%，拉动全区投资增长 13.5 个百分点。从重点投资板块看，高新区投资和基础设施建设投资拉动全区投资保持稳定增长。高新区投资 268.0 亿元，增长 28.0%，占全区投资比重 42.5%，拉动全区投资增长 10.7 个百分点；基础设施建设投资 131.2 亿元，增长 32.5%，占全区投资比重 20.8%，拉动全区投资增长 5.9 个百分点。 （钟邦琳）

【融资概况】 据区国资中心统计，截至 2015 年 10 月 31 日，国资中心、国资公司、城投公司（以下简称公司）累计融资总额 54.4 亿元，融资余额 19.73 亿元，其中：国家开发银行 0.48 亿元，区农发行 3 亿元，区工行 2.14 亿元，区农商行 0.4 亿元，区建行 3. 07 亿元，中信渝北支行 0.85 亿元，中信九龙坡支行流动资金贷款 1.8 亿元，交行流贷 2.09 亿元，四川信托公司 2 亿元，重庆国际信托公司 1.9 亿元，建信资本股权融资 2 亿元。

截至 2015 年 10 月新到位融资款 5.49 亿元，其中：建设银行国际信托项目 2 亿元、农发行梅江河项目 1 亿元、交行璧山支行过桥流动资金贷款 2.09 亿元、农商行流动资金贷款 0.4 亿元。

获银行预审批，等待落实抵押物等相关放款条件的项目。1. 绿岛新区安置房 B 区建设项目：融资银行为建设银行，融资额度 1.6 亿元，期限 7 年，成本 7.1%，该项目前置审批手续基本完备，已审批落实放款。2. 轨道交通璧山站站前片区工程及附属设施建设项目：融资银行为三峡银行，融资额度 5 亿元，期限 5 年，成本 7.5%，该项目前置审批手续基本完备，已预审批，等待落实相关放款条件。3. 高铁璧山站换乘枢纽工程和市政配套设施建设项目：融资额度5亿元，期限5年，成本7.5%，重庆银行已预审批，等待落实相关放款条件。4. 流动资金贷款，融资银行为交通银行，该笔融资所需的前期资料已全部送交通银行审批通过，该项目融资3亿元，实际审批2.1亿元，已放款2.09亿元。

落实融资银行，正办理相关手续的项目。1.流动资金贷款，融资银行为浙商银行，融资额度3亿元，期限5年，成本7.5%，该项目正在落实抵押物。2.水务类企业资产租赁融资项目：融资银行为招商银行，融资额度15亿元，期限20年，成本7.5%，该项目正在办理报批手续。3.城投公司完成发行企业债券项目：发行企业债23亿元，期限8年，成本6%左右，该项目已通过市发改委备案，待报国家发改委审批。

正在开展前期融资工作的项目。1.申万宏源证券公司：拟为城投公司做PPN（私募债），该项目额度10亿元~15亿元，正在准备相关资料。2.国家开发银行：拟为城投公司做股权融资，该项目额度2亿元，正在准备相关资料。

城投公司于2015年10月26日获东方金诚国际信用评估有限公司评为主体信用等级AA，评级展望为稳定，债券信用等级为AA。

（区国资中心）

【绿岛公司】 2015年，公司总资产超过100亿元，资产负债率控制在30%以内。绿岛公司（中心）通过加强与政策性银行和商业银行的沟通协调，深入研究国家货币政策和信贷投向，精心包装符合金融机构贷款要求的融资项目，融资工作顺利推进。璧山县太阳堡公租房融资项目贷款已经三峡银行放款；璧山区御湖新区基础设施建设项目（二期）获重庆银行璧山支行审批；经济适用房B区建设项目获建设银行审批并放款部分资金。

（区绿岛中心）

【金融机构】 全区有金融机构49家，网点171个。其中：银行16家（包括小微、社区支行3家），保险公司19家（包括营销部2家），证券公司3家（包括2家营业部），基金公司2家，小贷公司7家（包括营销部1家），担保公司2家（包括分公司1家）。新设立金融机构5家，包括：西南证券重庆第一分公司、招商银行璧山支行、中国人寿财产保险璧山支公司、重庆两山火炬股权投资基金合伙企业（有限合伙）和重庆两山西证股权投资基金合伙企业（有限合伙）。

【本外币存贷款】 区本外币各项存款余额343.2亿元，同比增长10.9%，本外币各项贷款余额285.9亿元，增长7.3%，存贷款余额之和增长11.1%，存贷比83.3%。

【金融发展环境】 加强“软硬件”设施建设，营造良好的金融发展环境。1.在硬件上打好基础。在璧山新区核心位置，打造独具特色、富有吸引力的郊区金融中心，金融街由9栋高层建筑组成，11万平方米。2.在软件上加强支持。出台一系列政策，鼓励金融机构入驻和发展。一是制订《重庆市璧山区关于鼓励金融产业发展暂行办法》，对符合要求的金融机构进入璧山购房设立支行的，给予一次性基础设施建设补助4 000元/平方米，进入金融街的，再增加1 500元/平方米的补助；二是制订针对金融机构管理人员的金融贡献奖政策；三是制订《重庆市璧山区财政局财政性存款资源分配暂行办法》，进一步规范财政性存款资源的分配。3.加强打击非法金融活动力度，营造健康的金融生态环境。召开打击非法金融工作会议10次，出台工作文件13个，开展打击非法集资宣传活动5次，发放各类宣传资料70万份，与全区1 000家企事业签订打非工作任务目标责任书，排查企业1 505次，对检查中发现的问题现场指导和责令整改130次，公安机关破获非法金融案件5起，涉案价值1.61亿元，抓获犯罪嫌疑人5人，打击处理3人，为公众挽回经济损失5 000万元。

全年，未出现涉及牵头处置非法集资案件不力导致嫌疑人外逃和涉案资金、资产大量转移，辖区内未发生重大群体性事件或有人进京上访等情况。

【招商引资】 加大对各类金融机构招商引资力度，做大金融产业规模，完善金融服务模式和组织体系。4月，区金融办代草拟并以区政府名义出台《重庆市璧山区人民政府关于印发重庆市璧山区关于鼓励金融产业发展暂行办法的通知》（璧山府办发〔2015〕21号），以优惠政策吸引金融机构落户璧山，鼓励金融机构入驻CBD金融街。5月28日，区金融办积极协调市银行业协会开展“外资银行走进璧山”活动，11家外资银行到璧考察交流。9月28日，璧山区CBD金融街“产城融合 共创未来”入驻企业集中签约仪式举行，30家金融机构参加仪式并签订意向入驻协议。11月12日，重庆银行业协会带领市内17家银行的相关负责人到璧山，开展“走进璧山”调研活动。

【上市公司】 6月12日，重庆蓝黛动力传动机械股份有限公司在深圳证券交易所首次公开发行A股。该公司首次公开发行新股5 200万股，融资金额约3.99亿元。7月2日，璧山区与西南证券股份有限公司签署战略合作协议，在服务实体经济上市融资、满足政府融资、助推实体经济和区域经济转型发展等方面展开深度合作。同时由重庆两山产业投资有限公司与西南证券合作，共同成立重庆两山火炬股权投资基金合伙企业（有限合伙）和重庆两山西证股权投资基金合伙企业（有限合伙）两支股权投资基金，规模约11亿元，将直接对区内符合条件的企业投入资金，解决企业融资难的问题，减轻企业负担。两支基金于11月27日获市金融办备案批复，12月在区工商局办理注册登记手续。7月30日，璧山区与凯成科技、金冠汽车、渝青机械等在璧重点企业签署股权投资合作协议，重点对签约的本土企业实施股权改造，辅导企业上市融资，解决企业融资难题。西南证券公司与政府合作，为辖区内企业改制挂牌上市提供服务，截至2015年年底，52家企业纳入储备库，31家开展调查，10家签约，5家完成股份制改制，4家申报资料，1家区外挂牌新三板的企业将经营地址变更到璧山。

【微企融资】 分别与璧山建设银行合作开展小微企业“助保贷”业务、设立中小企业融资增信基金，与璧山工商银行探索合作“银政通”业务，积极解决实体企业，尤其是中小微企业融资难、融资贵的问题，加大区支持银行、实体企业发展力度。

【完善社会保险保障】 3月18日，印发《重庆市璧山区人民政府转发〈重庆市人民政府关于加快发展现代保险服务业的实施意见〉的通知》（璧山府发〔2015〕19号）。截至2015年年底，在消防责任保险、公立医疗机构医疗责任保险、小额扶贫保险、大病医疗保险、农业保险、自然灾害公众责任保险等方面取得成效。同时，商业车险改革试点工作推进平稳有序，截至12月底，璧山区无一起相关突发事件发生。

【金融自助服务】 10月13日，由区委组织部、区金融办与农商行璧山支行共同合作，在璧城街道新堰村、青杠街道莲花村、丁家街道黉学村和走马村、大路街道高拱村、七塘镇喜观村、大兴镇船形村、正兴镇卫寺村8个村设立农村便民金融自助服务点投入运行，为周边群众提供便捷的金融服务。

【农村金融定向补贴】 根据相关文件要求，按9:0.5:0.5的比例由中央、市级、区县三级财政共同承担补贴资金，区财政局（金融办）对辖区内符合条件的金融机构给予2014年度农村金融机构定向费用补贴608万元。

银　　行

【概况】　2015年，全区有银行类金融机构15家运营，1家入驻。分别是：中国农业发展银行重庆市璧山支行、中国工商银行股份有限公司璧山支行、中国农业银行股份有限公司重庆璧山支行、中国银行股份有限公司重庆璧山支行、中国建设银行股份有限公司璧山支行、交通银行股份有限公司重庆璧山支行、中国邮政储蓄银行股份有限公司重庆璧山区支行、重庆农村商业银行股份有限公司璧山支行、重庆银行股份有限公司璧山支行、重庆三峡银行股份有限公司璧山支行、汉口银行股份有限公司重庆璧山支行、重庆璧山工银村镇银行有限责任公司、浦发银行璧山小微支行、民生银行璧山社区支行、招商银行璧山小微支行；招商银行璧山支行2015年年底入驻。

【农发行璧山支行】　农发行璧山支行在支持璧山经济社会建设发展中，营销贷款项目5个，申报贷款额71.1亿元；上报总行审批项目2个，申报贷款额58亿元，其中改善农村人居环境建设项目为重庆市分行首例。办理农发重点建设基金项目6个，金额4.29亿元，有效发挥基金在“稳增长、调结构”中带动社会资本投资的积极作用。全年累计发放各项贷款13.51亿元（含基金项目，下同），同比增加1.61亿元，增长13.5%。年末各项贷款余额41.54亿元，比年初增加2.1亿元，增长5.3%；各项存款余额3.51亿元，比年初减少1.4亿元，下降28.5%，多降1.67亿元。实现利润7 268万元，增加333万元，增长4.8%；上缴地方税金1 373万元，增加92万元，增长7.3%。贷款无逾期、无欠息，不良贷款继续保持为零。内部管控保持平稳，“两个责任”履职到位，“两个从严”落到实处，“三严三实”教育取得实效，各类案件、重大责任事故为零，创新、稳健发展成为常态。在市分行全市分支机构经营绩效考评中排名第11位，获优胜奖。

【工行璧山支行】　抓好客户扩户、存款组织及产品销售；抓资产业务发展，个人信贷业务快速增长。在监管政策许可、符合该行信贷政策的范围内，支持小微企业客户；严格内部管理。信用风险、操作风险、声誉风险总体可控，前台业务综合考评保持稳定，内部管理更加规范。积极有效应对各级监管部门、工商、公安消防等外部机构各类检查评价和内外部维稳工作，连续10年无案件事故发生；走进社区、学校、企业、市场，认真开展金融消费权益保护工作和金融知识普及活动。

【农行璧山支行】　以支持地方经济发展为己任，大力营销国家级重点建设项目中的在渝在璧项目和重点建设基础设施项目，陆续发放区人民医院8亿元，俊豪2.7亿元贷款。大力开展住房按揭贷款业务，发放生产经营贷款、助业贷款，积极拓展专业大户、家庭农场和农民专业合作社，大力支持新型城镇化改造建设。以扶贫小额贷款、新农村建设贷款等大力推进精准扶贫、精准脱贫。该行被评为璧山市民最信赖金融机构。

【中行璧山支行】　沉着应对错综复杂的经营环境，努力践行“担当社会责任，做最好的银行”的战略目标。坚持狠抓业务营销，积极拓展重点项目。坚持激发内生动力，提升预算管控水平。坚持依法合规经营，提升风险管控能力。坚持加强队伍建设，以人为本凝聚人心。坚持全面从严治党，加强党风廉政建设。坚持精神文明创建，推进企业文化建设。扎实推进年初部署的各项工作，实现经营管理的提升发展。系统内绩效考核等级被评为A等，存款、贷款、中间业务收入市场份额全面实现正增长。

【建行璧山支行】　以“大资产带动负债业务发展”开展工作，各项业务较好发展。2015年，该行为璧山城投和绿岛公司审批3.3亿元债务置换额度，并联合建信信托为璧山区人民亿元授信1亿元融资租赁额度。

【交行璧山支行】 秉持“扎根璧山，服务大众”的理念，全力支持璧山各项事业的发展，为璧山区人民医院融资2亿元，为璧山区城投融资2.09亿元，目前贷款不良率为零。

【邮储银行璧山支行】 超额完成全年收入目标；“咬紧牙关”开源节流，全年累计实现拨备后利润2 120.26万元，增加481.12万元，增幅29.35%；成本收入降低4.96个百分点，收入利润率同比增长4.47%，劳动生产率、人均创利分别增加9.78万元、6.35万元；点均收入、点均创利分别增加115万元、80.19万元。资产质量处于良好水平，期末各项逾期贷款金额124.56万元，逾期率0.16%；不良贷款金额112.42万元，不良率0.14%，资产质量处于良好水平。2015年严控案防风险，提高安全防卫能力，全年无资金案件和重大风险事件发生，无重大安全生产事故发生，各类安防设施达标巩固率100%。

【农商行璧山支行】 2015年，抓发展，奋力完成目标任务，面对经济持续下行、市场竞争更为激烈的不利态势，狠抓业务发展不放松，增强必胜信念，努力攻坚克难，保持经营业务较好发展。抓管理，固本强基提水平，以保位提质为目标，再接再厉，增添措施，进一步加大内控管理的力度，使内控管理水平有新提升。抓防控，努力防范信贷风险，在经济持续下行、实体经济经营困难、民间借贷风险传染加剧等严峻形势下，将风险防范摆在更加突出的位置，采取有力措施，严密进行防控，收到良好成效。抓改革，着力推进转型发展，在业务发展、内部管理、安全保卫、规范化服务等方面取得较好成绩。抓队伍，不断提高整体素质，强化教育培训、切实加强员工管理、广泛征求员工意见。抓和谐，增强企业内生动力。截至2015年年末，支行存款余额109.02亿元，比年初增加7.92亿元；各类贷款余额62.28亿元。

【重庆银行璧山支行】 按照总行年初制订的“在经济金融新常态下，全行经营工作稳中求进的总基调”，以总行的发展战略为先导，以“五有”文化为核心，以规范管理、加大风险防控为重点，以加快业务发展为中心，结合实际，内抓管理，外拓业务，从容应对各种困难和挑战，业务发展屡创新高，风险管控日益成熟，安全保卫落到实处，党建工作稳步推进，工会工作扎实开展，取得较好的成绩。以转型发展为统领，全力抓经营管理，确保支行发展稳中求进。以“三严三实”教育活动为指导，积极推进“三重一大”集体决策制度有效落实，支行党组织建设水平得到提升。以“五有”文化为遵循，着力建设“家园文化”，凝心聚力，打造团结稳定的职工队伍。以“两加强两遏制”检查为重点，抓内控、促合规，着力构建案件防控新体系。

【三峡银行璧山支行】 日均储蓄存款14 196万元，新增个人客户数3 270户，新增渠道产品客户数1 272户，新增电视银行客户数181户，新增POS商户数29户。努力提高防范能力，以各种风险防范预案为基础，定期培训员工，开展反恐、防爆炸、防抢劫及消防安全演练，提高员工在实战中的防范能力，对安全防范的设施、设备、物品经常性检查、发现问题及时处理，保证防护设施施工正常使用，在全市组织的金融机构安全评估中，获好成绩。2015年度，未发生任何案件及重大责任事故和安全事故。精准扶贫10户，其中1户情况特殊，其余9户均脱贫。

【汉口银行璧山支行】 组织员工进社区、校园、企业、商圈、广场开展金融知识普及、征信、“3·15”等10个主题宣传，组织宣传活动20次。

成立以支行负责人为组长，支行办公室主任、营业经理和客户经理为组员的精准扶贫小组，根据《全区精准扶贫精准脱贫工作会》的会议精神，精准扶贫、脱贫10户。

【璧山工银村镇银行】 坚持服务“三农”、服务璧山、服务小微的经营定位，努力克服经营中存在的诸多不利因素，完成年度经营管理目标，实现资产、负债的稳步发展。2015年，分别实现拨备前利润、拨备后利润4 251万元、2 599万元，拨备后利润较总行下达的预算目标2 453万元超额146万元,完成计划的105.95%。年末该行已累计提取拨备3 757万元，拨备覆盖率和资产损失准备充足率高于监管标准，具备较强的风险抵补水平。

【浦发银行璧山小微支行】 以小微信贷业务和社区理财业务为主要经营项目，本着普惠金融，服务社区和小微企业的服务理念，完成既定目标。2015年，该行完成日均存款1 500万元，日均贷款5 200万元，理财产品销售4 025万元，开卡量超过500张。

【招商银行璧山小微支行】 2015年，开展各类金融服务活动，宣传招行，服务周边商户、小区。7月，联合华西口腔医院为招行客户提供免费口腔检查服务，得到周边群众的欢迎和支持。另外，该行联合周边物业为小区居民送温暖、送服务，进一步起到宣传招行，联动客户的作用。

2015年重庆市璧山区银行基本情况表

表4–20 单位：万元

单位	地址	法人代表	期末职工人数	期末存款余额	期末贷款余额	备注
农业发展银行璧山支行	璧泉街道双星大道36号	杨作华	27	35100	415400	
工商银行璧山支行	璧山区璧城街道璧渝路2号	胡斌	70	202200	230000	
农业银行璧山支行	重庆璧山璧泉街道文风路140号	曾庆平	207	683879	642375	
中国银行璧山支行	重庆市璧山区璧城街道沿河西路北段77号	杨建华	68	258372	237982	
建行璧山支行	璧城街道向阳街45号	向军	89	314000	296100	
交通银行璧山支行	重庆市璧山区璧泉街道仙山路8号	曾咏梅	18	36625	20240	
邮储银行璧山支行	重庆璧山区璧泉街道文风路15号	罗彬	82	534030	96527	
重庆农村商业银行璧山支行	重庆市璧山区璧城街道璧铜路4号	赵国忠	386	1090205	622807	
重庆银行璧山支行	璧山区金剑路205号附3–5号	王伟列	42	174394	179343	
三峡银行璧山支行	重庆市璧山区金剑路266号附1号	谢宝勇	19	71487	21590	
汉口银行璧山支行	璧山双星大道32号	曾慧（代职）	18	19692	61436	
璧山工银村镇银行	璧山区奥康大道一号	何小燕	29	90961	72970	
浦发银行璧山小微支行	璧山区璧泉街道仙山路7号附8号	胡淼	6	399	4284	
民生银行璧山社区支行	璧山区璧城街道文星路228号附7号	李亮	3	700	0	
招商银行璧山文星路小微支行	重庆市璧山区璧城街道文星路248号4幢5、6号	陈雅茜	2	1500	0	

（区金融办）

保　险

【概况】　2015年，全区有保险类金融机构19家，其中：财产保险公司8家，分别是人保财险璧山支公司、太保财险璧山支公司、平安财险璧山支公司、永安财险璧山支公司、安诚财险璧山支公司、阳光财险璧山支公司、中华联合财险璧山支公司、人寿财险璧山支公司；人寿保险公司11家，分别是中国人寿璧山支公司、平安人寿璧山支公司、人保寿险璧山支公司、泰康人寿璧山支公司、阳光人寿璧山支公司、生命人寿璧山支公司、幸福人寿璧山支公司、太平人寿璧山支公司、太保人寿璧山支公司、新华人寿璧山营销部、中新大东方璧山营销部。为加快璧山区现代保险服务业健康快速发展，全年璧山区各保险公司陆续开展一系列普惠性保险服务。一是开展自然灾害公众责任保险，全年累计向区内234户受灾群众

2015年重庆市璧山区保险基本情况表

表4-21-1　　单位：万元

单位	地址	法人代表	业务范围	保费收入	参保赔付	备注
中国人民财产保险股份有限公司璧山支公司	重庆市璧山区璧城街道向阳街208号	周永红	非寿险	13814.5	8653	
中国太平洋财产保险股份有限公司璧山支公司	重庆市璧山区璧泉街道奥康大道一号	段毅	财产损失保险、责任保险、法定责任保险、信用保险，农业保险等	5680	2800	
中国平安财产保险股份有限公司璧山支公司	璧山区璧城街道仙山路7号附7号3-2	伍朋	企业财产损失保险、家庭财产损失保险、短期健康保险、意外伤害保险、建筑工程保险、安装工程保险、货物运输保险、机动车辆保险、船舶保险、能源保险、法定责任保险、一般责任保险、保证保险、信用保险、种植保险、养殖保险、代理国内外保险检验、理赔、追偿及其委托的其他有关事宜	5977	2618	
永安财产保险股份有限公司璧山支公司	重庆市璧山区北二环119号4楼	何忠伟	机动车保险、企业财产保险、责任保险、家庭财产保险、工程保险、人身意外险等	707	350	
安诚财产保险股份有限公司重庆分公司璧山支公司	重庆市璧山区璧城街道办事处文风路6号1层	胡大刚	财产损失保险、责任保险、信用保险和保证保险、短期健康保险和意外伤害险，上述业务的再保险业务，经中国保监会批准的其他业务	362.2	64.4	
阳光财产保险股份有限公司重庆市璧山支公司	重庆市璧山区璧城街道奥康大道1号奥康大厦7楼	赵海廷	财产保险	860	542	
中华联合财产保险股份有限公司重庆分公司璧山支公司	璧山区璧泉街道璧青北路792号2幢1-2/1-3	唐俊伦（负责人）	财产损失险，责任险，农险，保证险，意健险等	786	409	

续表 4-21-2

单位	地址	法人代表	业务范围	保费收入	参保赔付	备注
中国人寿财险璧山区支公司	重庆市璧山区璧泉街道东山路4号附41号2-1	邹顺政	财产损失保险、责任保险、信用保险和保证保险、短期健康保险和意外伤害保险	605.4	271.1	
中国人寿保险股份有限公司重庆市璧山区支公司	重庆市璧山区璧城街道向阳街200号	陈继云	人寿保险、健康保险、意外伤害保险等各类人身保险业务；人身保险的再保险业务；国家法律法规允许的或国务院批准德资金运用业务；各类人身保险服务、咨询和代理业务；经中国保险监督管理委员会批准的其他业务(在《中华人民共和国经营保险业务许可证》核定德有效期内从事经营)。	28533	16450	
中国人民人寿保险股份有限公司重庆市璧山区分公司	重庆市璧山区奥康大道1号奥康大厦2楼人保寿险	谢小梅	人寿保险、健康保险和意外伤害保险等保险业务	11667.5	239.5	
中国平安人寿保险股份有限公司重庆市璧山支公司	重庆市璧山区璧城街道金剑路223号附7号	罗国庆	人寿保险、健康保险、健康保险等，经中国保监会批准的其他业务	1341	无法提到数据	
泰康人寿保险股份有限公司重庆市璧山支公司	重庆市璧山区璧城街道东林大道璧秀苑栋第二层	袁永洪	个人意外伤害保险、个人定期死亡保险、个人两全寿险、个人终身寿险、个人年金寿险、个人短期健康保险、个人长期健康保险、团体意外伤害保险、团体定期寿险、团体终身保险、团体年金保险、团体短期健康保险、团体长期健康保险以及经中国保险监督管理委员会批准的其他人身保险业务	702.3		
太平洋寿险璧山支公司	璧山区璧城街道沿河西路32号	余江	人寿保险	3010	130.3	
幸福人寿保险股份有限公司璧山支公司	璧山区璧城街道安居小区24号地1幢1-202号	袁永洪	人寿保险	80		
富德生命人寿保险股份有限公司重庆市璧山支公司	重庆市璧山区璧泉街道金剑路209号（大圆祥双星阳光）附17号4-2	卢忠林	意外伤害保险，健康保险，人寿保险，年金保险已经经中国保险监督管理委员会批准的其他人身保险业务。	697	39	
太平人寿璧山支公司	璧山区红宇大道19号	易晓梅	个人意外伤害保险、个人定期死亡保险、个人两全寿险、个人终身寿险、个人年金保险、个人短、长期健康险、团体意外、定期、终身、年金、短长期健康保险	512	13.7	
阳光人寿璧山支公司	重庆市璧山区璧城街道奥康大道1号7层	何健	人寿保险、健康保险、意外伤害保险等各类人寿保险业务；经中国保监会批准的其他业务	1344.1	52.3	

（区金融办）

支付理赔款55.48万元；二是开展机关事业单位交通工具驾乘意外伤害保险；三是开展小额人身意外伤害保险等，取得良好效果。全区财产保险收入为2.7亿元，同比增长17.2%，理赔支出1.5亿元，增长3.4%。人寿保险收入为3.9亿元，增长6.9%，理赔及给付支出1.7亿元，增长56.1%。

【中国人寿璧山支公司】 2015年，贯彻落实“新国十条”。即国务院关于加快发展现代保险服务业的若干意见（国发〔2014〕29号）。配合璧山区做好发展“三农”保险，创新支农惠农方式，着力拓展“三农”保险广度和深度。具体抓好“环卫工人意外险”“公务员医疗保险”“计生险”“老龄保险”“扶贫保险”“信贷保险”“村建险”“小额保险”等工作，努力构建民生保障网，满足社会日益增长的多元化保险保障需求，为地方经济建设保驾护航。该公司缴纳营业税和个人所得税等382.3万元，支持地方经济建设；受理保全业务101 228件，其中保单借款4 956件；理赔、生存给付金额16 450万元；保单借款给付19 353万元，全市排名第二；公司个险、团险、银保三大销售渠道新增人员620人。

【平安财险璧山支公司】 2015年，实收保费5 977万元，增长21.98%，其中车险总计保费收入5 573万元，增长23.8%；财产险总计保费收入271万元，增长21.1%；意健险保费收入133万元，增长-24%。全年赔款金额2 618万元，截至2015年12月31日，未决赔款总额1 288万元。

【安诚财险璧山支公司】 截至12月9日，达成保费收入318.79万元，计划达成率66.41%。公司与区内车商、汽修、物流等加强合作，保证相关业务稳定发展，公司全年车险保费收入307.71万元，计划达成率102.57%。

【阳光财险璧山支公司】 树立服务意识，加强客服理赔人员培训，提高客服理赔人员综合技能素质，严格奉行“热情、周到、优质、高效”的服务宗旨，坚持“主动、迅速、准确、合理”的原则，严格按照岗位职责和业务操作实务流程的规定作好接、报案、查勘定损、条款解释等各项工作；通过专职查勘定损人员搭配非专职人员共同查勘，切实提高查勘、定损理赔质量，做到查勘准确，定损合理，理赔快捷。进一步加快理赔速度，落实新保险法，进一步明确理赔各环节工作时限，协调做好市公司理赔集中后的环节衔接，确保案件处理率达95%以上，推进理赔差异化服务，建立优质大客户档案，对优质业务实行理赔绿色通道；严控理赔，紧压水分，加强现场查勘工作，确保车险第一现场查看率95%。2015年，实现保费收入860万元，其中车险保费820万元，占总保费的95%。

证 券

【概况】 截至2015年年底，全区有证券公司营业部2家，分别是爱建证券璧山营业部、西南证券璧山营业部。

【爱建证券璧山营业部】 是上海市浦东国资委控股的陆家嘴金融发展集团旗下唯一一家证券公司。营业部致力于培育璧山区市民投资意识、发展璧山区资本市场等。2015年，针对证券市场出现较大波动，营业部及时对投资者进行风险引导，通过投资者培训学校、投资报告会、即时通信工具（QQ群、微信群、短信平台等）多种渠道引导投资者认识市场风险、合理理性投资等，受到重庆市证券业协会、人民银行等单位的肯定。

【西南证券璧山营业部】 截至2015年12月31日，营业部总开户数1 865户，有效户1 025户，客户总资产10 500万元，托管市值7 074.58万元。全年营业收入159.36万元左右。同时，营业

2015年重庆市璧山区证券基本情况表

表4-22 单位：万元

单位	地址	法人代表	业务范围	主要业务指标	备注
爱建证券璧山营业部	璧山区璧城街道金剑路139号附1号、139号附1号第二层	陆涛	证券经纪、证券投资咨询、融资融券、证券投资基金代销、代销金融产品（按许可证核定事项和期限从事经营活动）	2015年，营业部托管资产月均7亿元以上，客户规模达到1.3万余户，全年实现营业收入3 023万元，营业利润2 187万元，缴纳税收158万元	
西南证券璧山营业部	璧山区璧城街道名豪街1047号	赵亮	证券经纪；证券投资咨询；与证券交易、证券投资活动相关的财务顾问；证券承销与保荐；证券自营；证券资产管理；融资融券；证券投资基金代销；代销金融产品；为期货公司提供中间介绍业务	2015年末，总开户数1865户，有效户1 025户，客户总资产10 500万左右，托管市值7 074.58万左右，两融客户数为14户，两融余额为87.87万元	

（区金融办）

部与多家银行进行密切合作，联系银行有关方面，争取更多，更优质的网点资源。营业部先后接触当地工商、建设、交通、民生、招商等银行，重点加强和当地各大银行进行全面的合作，特别是建设银行、民生银行、招商银行作为长期驻点银行。

担　保

【概况】 2015年，全区有融资性担保公司1家和担保公司分支机构1家。重庆市璧山县中小企业信用担保有限责任公司（以下简称县担保公司）于2005年11月4日注册成立，注册资本5 050万元，后于2011年11月29号取得由重庆市金融办颁发的“融资性担保机构经营许可证”。重庆融和信用担保有限公司（以下简称融和担保公司）于2009年7月7日经重庆市工商行政管理局在重庆市北部新区注册登记，2010年3月10日在璧山成立分公司。公司主要从事融资性担保业务及法律法规没有限制的其他担保业务，注册资本金壹

2015年重庆市璧山区担保公司基本情况表

表4-23 单位：万元

公司名称	地址	法人代表	业务范围	担保金额	备注
县担保公司	璧山县璧城街道金剑路221号	杨罡	为璧山区内中小企业贷款提供担保，不得从事金融业务及财政信用业务	6350	现经营地址：重庆市璧山区璧泉街道双星大道8号
融合担保璧山分公司	璧山区金剑路566号利安财富中心1栋3F	熊开友	贷款担保、票据承兑担保、贸易融资担保、项目资担保、信用证担保等融资性担保业务；兼营诉讼保全担保业务，履约担保业务，与担保业务有关的融资咨询、财务顾问等中介业务	29510	

（区金融办）

亿元人民币（含 2011 年 6 月 29 日增资 0.5 亿元），并于 2011 年 3 月取得由重庆市金融办颁发的“融资性担保机构经营许可证”。

【担保业务】 县担保公司为积极拓展担保业务，认真研究，积极创新，新增顺位抵押担保业务和应收账款质押担保业务，并与重庆农村商业银行璧山支行、重庆璧山工银村镇银行有限责任公司、中国工商银行股份有限公司重庆市分行签约合作，正在续谈合作的银行有重庆银行股份有限公司璧山支行、重庆三峡银行股份有限公司。自担保公司成立以来，已为 76 家企业提供担保贷款 28 535 万元，在保余额为 6 150 万元。其中：2015 年为 14 家企业提供担保贷款 6 650 万元。但受到当前经济形势的影响，业务开展较为谨慎。

县中小企业信用担保公司和融和担保公司实收资本 1.51 亿元，在保余额 2.7 亿元，同比减少 50%，新增贷款 2.8 亿元，比 2014 年同期减少 50%，其中县担保公司累计发生担保额 0.67 亿元。县担保公司的担保业务比较集中，主要是为璧山国家高新技术园区内的中小企业提供担保，且多为规模以上工业企业。融和担保公司的担保业务比较分散，涉及皮鞋业、农业、机械加工业等行业。

【信用环境建设】 为推进全区社会信用环境建设，营造良好的金融生态环境，协助人行江津中心支行，多次组织开展信用体系建设宣传活动，组织辖区银行网点采用悬挂横幅（或通过 LED 屏滚动播放）、张贴宣传海报、现场答疑等方式向客户宣传信用体系建设的重要性。组织开展“信用记录关爱日”专题宣传活动，全区所有银行业金融机构均参与宣传。为社会信用体系建设打下坚实基础。区政府建立完善璧山区社会信用体系建设联席会议制度，9 月印发《重庆市璧山区人民政府办公室关于建立璧山区社会信用体系建设联席会议制度的通知》（璧山府办发〔2015〕124 号），统筹推进全区社会信用体系建设，推动各部门和各行业建立健全信用记录和信用信息系统建设；大力推动政府部门建立政务信息公示平台或依托本部门网站公开行政执法信用信息，尤其是行政处罚信息；推动政府部门建立健全行政履职中所掌握的信用信息保存、加工等方面的制度规定，保护信息主体权益。（区金融办）

小额贷款

【概况】 截至 2015 年 12 月底，全区有小贷公司

2015 年重庆市璧山区小贷公司基本情况表

表 4–24 单位：万元

公司名称	地址	法人代表	业务范围	小贷金额	备注
金谷小贷	重庆市璧山区温泉路 8 号	仲维瑶	办理各项贷款、票据贴现和资产转让	5300	
祥汇小贷	重庆市璧山县璧城街道金剑路 438 号	陈永寿	办理各项贷款、票据贴现和资产转让	19743.6	
联丰小贷	重庆市璧山县璧泉街道金剑路 566 号 1 号楼 2 层 3 号	江朝义	办理各项贷款、票据贴现和资产转让	19716	
隆胜小贷	重庆市璧山县璧泉街道金剑路 520 号	杨文书	办理各项贷款、票据贴现和资产转让	23997	
锦春小贷	重庆市璧山县璧泉街道仙山路 8 号	陈寿明	办理各项贷款、票据贴现和资产转让	23120	
盈鑫小贷	重庆市璧山县璧泉街道双星大道 32 号 3 幢 2–3	程汝友	办理各项贷款、票据贴现和资产转让	20531	
瀚华小贷璧山营销部	重庆市璧山区璧泉街道金剑路 566 号 1 号楼 4 楼附 29 号	吴爽（负责人）	办理各项贷款（仅限于贷款营销和贷后管理，经营区域为璧山区）	1230	

6家和营销部1家，分别是：重庆市璧山区金谷小额贷款有限责任公司，注册资本5 000万元；重庆市璧山区祥汇小额贷款有限责任公司，注册资本2亿元；重庆市璧山区联丰小额贷款股份有限公司，注册资本2亿元；重庆市璧山区隆胜小额贷款股份有限公司，注册资本2亿元；重庆市璧山区锦春小额贷款有限责任公司，注册资本2亿元；重庆市璧山区盈鑫小额贷款有限责任公司，注册资本2亿元；重庆市瀚华小额贷款有限责任公司璧山营销部。截至年底，区内6家小贷公司实收资本10.5亿元，全年累计发放贷款254笔，累计发放贷款约7.6亿元，比2014年同期减少约13.2亿元，减少63.4%。贷款余额约11.2亿元，比2014年末增加约0.2亿元。

2015年，璧山区小贷公司贷款主要投向“三农”、工业、商贸流通业、房地产业、建筑业和其他行业，其中投向“三农”的贷款9 648万元，占贷款总额的12.5%，工业贷款38 976万元，占贷款总额的50.9%，商贸流通业贷款7 645万元，占贷款总额的10.0%，建筑业贷款5 953万元，占贷款总额的7.8%，房地产业贷款5 796万元，占贷款总额的7.6%，其他贷款7 688万元（主要为加工业、医药业、汽车业、个体经营等），占贷款总额的10.0%。小贷公司的贷款对象主要为个体工商户和中型企业，分别贷款46 323万元和10 315万元，占贷款总额的60.4%和13.5%。

（区金融办）

延伸阅读 ▶▶

合理划分区域功能

将全县划分为“四大功能区”，实现“错位发展、协调发展”。“璧中城市区”包括璧城、璧泉、青杠、来凤4个街道，首要任务是建设生态城市、发展新型工业和现代服务业；“璧北生态区”包括大路、七塘、八塘3个镇街，首要任务是涵养生态、发展10万亩蔬菜基地和建设小城镇；“璧南生态区”包括丁家、三合、广普、健龙4个镇街，首要任务是涵养生态、发展10万亩苗木基地和建设小城镇；“璧西生态区”包括河边、福禄、大兴、正兴4个镇，首要任务是涵养生态、发展5万亩果木基地和建设小城镇。

科学划分功能区域

是对统筹城乡的实践探索。“四大功能区”的划分，有利于进一步明确镇街的功能定位和鼓励发展方向，尤其要凸显“改善生态环境就是发展生产力”的理念，引导镇街找准定位，走符合自身特点的科学发展道路。

提高项目承载能力

拓展城市南北空间，按照30平方公里布局“璧山工业园区”“重庆台商工业园”“微电园拓展区”和“光电装备产业园”。加快推进园区基础设施建设，尽快完善道路、供水、供电、供气、排污、通信、园林等硬件设施，大幅提升项目承载能力。加大保障性住房、劳动力市场建设力度，确保企业“落得下、留得住”。强化园区投融资平台支撑作用，增强园区“造血”和“供血”功能。

经济监督管理

国有资产管理

国资管理

【概况】 重庆市璧山区国有资产管理中心为重庆市璧山区财政局管理的财政全额补助公益一类事业单位，按正处级管理的参公单位。其主要职责是受区财政局委托，按规定权限履行区属国有独资、合资、控股、参股等企业的出资人职责。推进区属国有及国有控股企业制度建设，完善企业法人治理结构。建立完善全区国有资产保值增值体系，拟订考核办法。依法对区属国有企业资产、国有控股和参股企业中的国有股权、财政部门移交的行政事业单位资产进行监督管理。内设综合科、规划发展科、资产管理科、财务监督科、考核统评科5个机构。

【财务管理】 为保障全区融资资金的安全、完整，公司采取多种措施，建立科学、高效的财务管理和核算体系，确保国有资产不流失。加强财务管理，明确公司各经办同志的具体职能，分清责任，规范管理，从源头杜绝违规行为。充分按照财经管理制度的规定，出纳与会计分离、对账与核算分离、支票和印章分离，每一笔款项都须在有财政局支付文件，公司领导签字同意的情况下，经会计、出纳、科长重重核实才能划出，对不按程序、依据不全的票据、划款要求坚决不予办理。2015年，公司支付资金未出现差错，确保资金安全。以确保资金安全为前提，加强财务管理，建立清晰的反映企业财务状况的会计核算体系。争取财政支持，合理调度资金，保障及时的还本付息，又维持资金高效合理运转。全年公司按照贷款合同约定归还本金5.8亿元，支付利息1.4亿元，无延误情况。做好财务数据资料准备工作。按照区委、区府的工作部署，城投公司承担大量的融资任务，其中需要财务提供大量的数据资料。财务部面对当前“一切以融资为中心”的工作思路，按照各金融机构的要求，随时按要求提供报表和相关数据及统计资料，使金融机构了解公司的优良资产及良好的融资和还款能力，增强金融机构对公司的信心。方圆公司作为全区融资项目的总承建公司，在区财政局的统一调度安排下，全年划转资金超过23亿元，保障融资资金使用的安全性和合理性。

【资产管理】 缓解财政资金压力，做好国有资产处置变现工作。根据区府第46次常务会关于《国资公司关于处置第一批闲置国有资产的请示》的会议精神，公司对71处闲置资产、大路新房村2处学校、国资公司来凤7个门市、翰林院等闲置资产对外公开处置，交易额33 760.15万元（71处资产4 470.628万元、大路新房241.56万元、国资来凤440.02万元、翰林院28 607.942万元），最大限度发挥资产效益。加强对现有资产的管理。公司实际接收管理的“三金三乱”门市、住房、车库、库房等资产59处，分散在璧城、大兴、丹凤、正兴、丁家、来凤、马坊、依凤等各街镇，全面落实资产管护措施，加强对房屋的安全检查，按时收取房租，保障国有资产的安全，使资产得到最大程度的保值增值。做好秀湖公园的商业资产的管理工作，加强与建设单位和施工单位的联系，完善基础设施，做好已售商业资产购房户的稳定工作。同时加大宣传和销售力度，促进秀湖公园商业资产的对外销售。土地储备情况：截至年底，公司通过招拍挂、划拨等方式取得储备土地619.87公顷，其中，林地326.67公顷，商住用地261.6公顷，工业用地31.6公顷；抵押322公顷（其中林地200.67公顷）。

【联交所交易】 为使国有资产得到最大程度增值，联交所按照区委、区政府的要求以及联交所的规定，严格遵守资产处置程序，通过网络、电视、报纸等多种方式披露信息充分，确保国有资产处置公开、公平、公正，充分发挥联交所这一国有资产的交易平台的作用。2015年，处置国有资产标的82宗，交易额36 094.01万元,增值1 136.89万元；与公共资源交易中心合作租赁业务，处置招租标的66宗，交易额785.07万元，增值197.64万元。全年进场交易项目规范率100%，竞价率96%。

【国企改革】 区属国企改革重组中协助区财政对区属国企的资产、债权债务全面清理；资产划转；对企业债务甄别、体制清算、资源匹配以及账务调整债务；制定相关配套文件。

（区国资中心）

政府公共资源交易

【概况】 全年完成各类交易项目467个，成交金额120.97亿元，为区政府增收节支1.15亿元。其中，国有工程建设项目91个，成交金额18.16亿元，节约资金7 681.7万元；政府采购项目235个，成交金额2.15亿元，节约资金3 150.32万元；出让国有建设用地使用权71宗，成交金额100.57亿元，增收511万元；完成国有产权交易70宗，成交金额873.31万元，增收197.63万元。

【制度建设】 《重庆市璧山区人民政府办公室关于进一步加强国有工程建设招标投标和政府采购监管工作的通知》，于1月27日起施行。《重庆市璧山区财政局关于政府采购评审专业人员劳务费支付标准（试行）的通知》，于3月10日起施行。《重庆市璧山区政府投资项目管理办法（修订稿）》《重庆市璧山区限额以下政府投资工程建设项目管理规定（试行）》《重庆市璧山区公共资源交易管理委员会办公室关于规范使用〈竞争性比选文件〉（试行范本）的通知》《重庆市璧山区公共资源交易管理委员会办公室重庆市璧山区公共资源交易中心关于规范区限额以下政府投资工程建设项目比选信息网上发布工作的通知》，于7月1日起施行。《重庆市璧山区公共资源交易管理委员会办公室关于使用〈政府采购招标文件〉等三个试行范本的通知》，于8月14日起施行。

【创新发展】 规范采购文件编制。璧山区政府集中采购项目，必须分类使用《政府采购招标文件》（试行范本）、《政府采购竞争性谈判文件》（试行范本）、《政府采购询价通知书》（试行范本），以填空方式编制采购文件（通知），采购人不得对其他内容作修改和增减，否则，全区通报批评采购人。已使用试行范本交易项目中，未发现设置“陷阱”排斥潜在投标人的情况。

规范限额以下国有工程建设项目管理。全区20万元以上100万元以下施工项目和10万元以上50万元以下勘察、设计、监理项目全部实行备案管理，必须采用竞争性比选方式确定承建单位；所有街镇、部门均按规定成立领导小组、监督小组、交易办，做到决策、监督、操作“三权”分离；项目业主只能使用《竞争性比选文件》（规范文本）以填空方式编制比选文件，不得擅自修改范本内容和格式；所有比选项目必须在区发展改革委组建的评审专业人员库内抽取不少于评审委员会总数1/3的专家组建；所有限额以下项目的比选公告、比选文件、答疑和补遗、中选公示必须在璧山公共资源交易中心网站公开发布。

【监督管理】 全年国有工程建设项目在交易结果公示期间实现“零”投诉，政府集中采购投诉6个，仅有2个项目改变评标结果；49个项目的招标代理机构按招标代理行为考核办法受到相应处罚，其中：2家招标代理机构在本轮入库有效期（2年）内不得代理璧山区的国有工程建设项目招标。

（刘锋）

行政审批工作

【概况】 2014年4月，璧山县行政审批大厅更名为璧山县行政服务中心管理办公室，同年11月更名为重庆市璧山区行政服务中心管理办公室（以下简称中心）。县行政审批服务大厅管理委员会办公室成立之初被确定为县政府办公室管理的副局级事业单位，2009年5月确定为参公事业单位，2014年11月被区编委确定为正处级事业单位（璧编办〔2014〕48号）。内设机构4个：综合科、督查科、服务群众工作科、基层指导科，内设机构规格为正科级，编制10人，领导成员3人。其中主任1名，副主任2名，内设机构负责人4名。2015年，入驻中心22个窗口部门，受理各类审批事项255 124件，备案、登记20 359件，税费征收31.89亿元。

【三级服务中心建设】 年初，中心对镇街公共服务中心和村（社区）便民服务中心场所建设、窗口设置、工作力量整合等进一步规范，要求各镇街依据相关文件要求，遵循便民利民宗旨，遵循“应进则进”原则设置劳动保障、劳动就业、合作医疗、卫生计生、民政救助、村建国土、农业直补、党群服务、综合治理等服务窗口，整合相应的办事机构和工作人员，集中为群众提供公共服务和便民利民服务。

【群工系统】 一是细化红、黄灯，反复转办，民事代办，求医问诊，村居务公开，群众满意度，按时办结反馈等考核指标，逐步完善《重庆市璧山区服务群众工作信息管理系统考核办法》细则部分，加大明察暗访力度，对存在问题的8个镇街和9个区级部门单位通报问责。二是建立疑难事项台账，对无法解决、需长期办理、未反馈事项、存在安全隐患事项和具有引发“涉访、涉诉、涉法”趋势的事项建档重点关注，并报区委组织部、区指挥中心备案。三是拓宽收集群众信息渠道，经区委组织部、区指挥中心研究决定为2 300名村社区干部、居民小组长、社区网格长配备群工系统移动终端，加强培训，达到全区居民小组、社区网格全覆盖。全年，璧山区群工系统受理群众反映事项5 592件，办结5 569件，办结率99.5%；已评价5 480件，评价率98.4%。全区15个镇街、186个村社区和119个部门纳入群工系统。新增民事代办项目11项，发布惠民政策350条。群工系统与区长公开电话、公开邮箱和阳光璧山资源整合后，区长公开电话、公开信箱累计转交群工系统办理事项223件，阳光璧山转交群工系统办理事项4件。

【行政审批制度改革】 2015年，中心全面推进受理单制度和一次性告知申请材料，制定审查工作细则，推行审批标准化服务。实现办理时限承诺制，提高审批效率；编制服务指南，再造审批流程等。5月中心重新对全区行政审批事项和公共服务事项进行清理，增加清理内容和范畴。经清理，全区行政审批和公共服务事项573项，包括各职能部门制定的行政审批事项服务指南和审查工作细则，绘制审批流程图和受理单样表，制定实施首问负责、限时办结、责任追究制度、“特事特办”制度等，为进一步优化审批流程、压缩审批时限、提高审批效率的行政审批制度改革工作提供有效帮助，也将为入驻新行政服务中心推进审批标准化服务提前做好准备工作。入驻中心各职能部门积极探索创新审批模式。10月，工商窗口在正式推行“三证合一”工作中，启用电子取号系统，分类有序办理各项业务，提供“即来即办”登记服务，现场办结取照；结合“网上登记服务制”“简易登记备案事项‘审核合一’制”“首问责任制”“一次性告知制”“免费登记制”“预约业务办理”等便民措施为企业、群众提供便捷高效服务，进一步提升行政综合审批效能。截至12月31日，全区通过新办、换照、变更等流程，已办理“三证合一、一证一照”营业执照1977户。国地税合作深入推进，为最大限度方便纳税人，设置“国地税通办”窗口12个，实现从“两人一窗同办”到“一人一窗通办”的全面升级。（罗霞）

政府公租房建设

【概况】 2015年，推进实施22.5万平方米3 401套香江嘉园公租房附属工程及配套建设任务，推进实施18万平方米、3 156套太阳堡公租房附属工程建设任务。

【香江嘉园公共租赁住房项目】 位于璧城街道平二路，总建筑22.5万平方米，总套数3 401套，总投资6.7亿元。整个工程分为2个标段：一标段建筑96 876.6平方米（1 404套）；二标段建筑128 812.34平方米（1 997套）。截至2015年年底，完成主体工程，并推进完成室内装饰及室外附属工程公开招投标工作。

【太阳堡公共租赁住房项目】 位于璧泉街道虎峰一社，规划总用地57 999.10平方米，建设用地42 536.03平方米，总建筑180 661.31平方米，6栋33层电梯楼，总套数3 156套，总投资5亿元。2015年年底完成主体工程，并着力推进室内装饰及室外附属工程设计、预算单位公开招投标工作。（区工程建设中心）

经济发展与改革

【概况】 2015年是“十二五”规划收官之年。全区上下在市委、市政府的坚强领导下，主动顺应新常态，深入推进“三区一美”战略，高标准建设重庆“城市发展新区”，经济社会发展呈现“稳中向好，持续迈进”的良好态势。地区生产总值381.8亿元，增长12.1%，人均GDP8 134美元。地方财政收入完成130.2亿元，总量进入全市一梯队，其中公共财政预算收入50.2亿元，增长18.7%。全社会固定资产投资630.8亿元，增长15.7%，总量居全市前茅。工业增加值244.2亿元，增长12.1%。社会消费品零售总额106.6亿元，增长15.4%。城乡居民人均可支配收入21 800元，增长11%。常住人口城镇化率50.54%。璧山高新区升级为国家高新区，重庆迎来时隔24年的第2个国家高新区。

【规划编制与实施】 制定2015年国民经济和社会发展计划，2015年主要目标任务：地区生产总值增长12%；地方财政收入125.7亿元。其中，2015年公共财政预算收入增长16%，50.17亿元。全社会固定资产投资增长15%。工业总产值增长13%；工业增加值增长12.6%；实际利用内外资分别增长12%。进出口增长12%。社会消费品零售总额增长12%；城镇登记失业率控制在3%以内，城乡居民人均可支配收入增长10%。空气质量优良天数占比超过90%。提出2015年经济社会发展五大主要任务：一是加强环境塑造力度，城镇建设“重生态、更宜居”上求突破。二是加强转型升级力度，工业经济“抓园区、强招商”上求突破。三是加强协调发展力度，城乡统筹“扩载体、提成效”上求突破。四是加强项目管理力度，固定资产投资“保进度、优结构”上求突破。五是加强社会建设力度，民生改善“看得见、摸得着”上求突破。

实施情况：2015 年是“十二五”规划收官之年。全区上下深入实施“三区一美”战略，坚持“有进有退有作为”的工作主调，努力拥抱新常态、引领新常态，以改革释放发展活力，以开放拓展发展空间，以创新赢得发展优势，全面完成十六届人大七次会议确定的主要目标任务。

【经济结构与产业布局】 全年完成地区生产总值 381.8 亿元，增长 12.1%。按三次产业分，第一产业增加值 20.4 亿元，增长 4.4%；第二产业增加值 273.6 亿元，增长 12.6%；第三产业增加值 87.7 亿元，增长 12.2%。从三次产业对经济增长的贡献程度看：第一产业贡献率 1.6%，拉动经济增长 0.2 个百分点；第二产业贡献率 77.1%，拉动经济增长 9.3 个百分点；第三产业贡献率 21.3%，拉动经济增长 2.6 个百分点。

全年完成农林牧渔业总产值 31.4 亿元，按可比价计算，增长 4.5%，完成增加值 20.4 亿元，按可比价计算，增长 4.4%。农业产值 14.8 亿元，增长 4.0%；林业产值 0.4 亿元，增长 8.5%；牧业产值 13.6 亿元，增长 2.3%；渔业产值 2.3 亿元，增长 20.0%；农林牧渔业服务业产值 0.3 亿元，增长 20.0%。全年水果、蔬菜、禽兔、花卉苗木四大主导产业产值 20.4 亿元，增长 9.6%，占农林牧渔业总产值比重 65.0%。

全区完成工业增加值 244.2 亿元，增长 12.1%。工业对全区经济增长的贡献率 67.0%，拉动经济增长 8.1 个百分点。

全年完成社会消费品零售总额 106.6 亿元，增长 15.4%。其中限额以上法人企业完成社会消费品零售额 40.9 亿元，增长 24.9%。分行业看，批发业零售额 5.5 亿元，增长 14.9%；零售业零售额 29.2 亿元，增长 25.6%；住宿业零售额 0.2 亿元，增长 36.3%；餐饮业零售额 6.0 亿元，增长 31.5%。

“璧中城市区”包括璧城、璧泉、青杠、来凤 4 个街道发展新型工业和现代服务业；“璧北生态区”包括大路、七塘、八塘 3 个镇街，发展 10 万亩蔬菜基地和建设小城镇；“璧南生态区”包括丁家、三合、广普、健龙 4 个镇街，发展 10 万亩苗木基地和建设小城镇；“璧西生态区”包括河边、福禄、大兴、正兴 4 个镇发展 10 万亩优质果木基地和建设小城镇。

【固定资产投资与项目建设】 全年完成固定资产投资 630.8 亿元，增长 15.7%。分经济类型看，国有经济投资 133.3 亿元，增长 6.0%；集体经济投资 0.9 亿元，下降 56.5%；私营个体经济投资 416.8 亿元，增长 28.5%；港澳台及外商投资 3.8 亿元，下降 48.9%；其他经济投资 76.0 亿元，下降 11.5%。分产业看，第一产业投资 19.6 亿元，下降 6.9%；第二产业投资 335.7 亿元，增长 28.0%，其中工业投资 335.7 亿元，增长 28.0%；第三产业投资 275.5 亿元，增长 5.1%。高新区完成投资 268.0 亿元，增长 28.0%；绿岛新区完成投资 77.8 亿元，下降 5.6%。房地产开发投资 85.8 亿元，下降 23.8%。全年房屋施工 689.3 万平方米，增长 5.6%，其中新开工 113.5 万平方米，下降 8.9%。住宅施工 501.5 万平方米，增长 0.7%；住宅新开工 67.7 万平方米，下降 17.8%。全年房屋竣工 97.8 万平方米，增长 9.6%，其中住宅竣工 78.6 万平方米，增长 6.2%。全年商品房销售 173.1 万平方米，增长 10.2%，其中住宅销售 134 万平方米，下降 8.1%。

强力推进重点项目建设。建立“十三五”滚动项目储备库，储备项目 950 个，总投资 2 000 亿元左右。轨道一号线大学城至璧山段、天安绿岛城市综合体等 12 个市级重点项目投资 30.5 亿元。继续开展“走进企业，助推发展”活动和区级领导联系重点项目制度，区级领导联系 80 个重点项目投资 89.6 亿元。

【政府投资与管理】 投融资改革不断深化。深度执行市政府《关于进一步深化投资体制改革的意见》。积极探索 PPP 模式。出台《重庆市璧山区政府投资项目管理办法》和《限额以下政府投资管理办法》，加强政府投资项目管理，及时召开各类项目建设推进会和协调会，积极处理项目建设中的困难和矛盾，确保工程建设质量和进度。投资结构保持稳定。继续贯彻“政府投资瘦身，社会投资扩容”思路，政府投资 89.5 亿元，社会投资 540.5 亿元，政府投资和社会投资的比例稳定在 1:6。

（区发展改革委）

审　计

【概况】 2015 年，准确认识和把握审计工作面临的新形势、新要求，创新审计方式，依法履行职责，全年审计项目 135 个，其中预算执行 4 个，经济责任审计 9 个 12 人，专项资金审计 5 个，其他 1 个，投资审计 116 个。促进增收节支 1 366 万元，其中：上缴财政 1 282 万元，归还资金原渠道 84 万元。全年移送处理 5 件，其中：司法机关案件线索 1 件，纪检监察机关案件线索 1 件，其他有关部门处理 3 件；移送处理 10 人，其中：追究刑事责任 2 人，给予党纪政纪处理 2 人，有关部门处理 6 人。

加强干部队伍建设。一是引进审计专业人才，充实审计力量。公开考调和公招，引进高素质人才 10 名，其中 2 人是全日制研究生学历。二是完善学习制度和政策措施，提升审计质量。出台《关于加强审计队伍专业化建设的意见》《关于切实加强和改进审计工作的贯彻意见》。三是加大干部培训力度。参加审计署组织在南京审计学院、浙江大学的专题培训 10 人次，参加市审计局及其他市级机关组织的培训 20 人次，参加区委、区政府组织的培训 12 人次；到审计署挂职锻炼 1 人，到市审计局挂职锻炼 2 人。四是以“三严三实”专题教育为契机，强化审计作风。加强军民共建，与驻璧来凤部队开展结对子送温暖等活动；推进扶贫攻坚，深入扶贫帮困联系村—璧山区福禄镇龙宝村实地调研，走访慰问，建立贫困户结对帮扶台账。

加强组织保障建设。一是将审计经费纳入区财政预算管理。将政府投资审计项目经费和委托审计中介机构经费一并纳入区财政预算管理，从经费上保障审计的独立性。二是审计办公环境得到改善。2015 年 6 月搬迁新办公地址，增加数据中心、投资审计对量室、审计书屋、职工会议室等机关办公用房，由以前 400 多平方米的办公用房改善为 2 287 平方米的办公用房。三是审计装备不断更新。对使用 5 年以上的办公设备全部更新换代，保证每位干部办公电脑 2 台，促使内外网分开使用，增强审计保密性，同时达到大数据审计的硬件要求。

加强党风廉政建设。1.全面落实党风廉政建设主体责任。制发《璧山区审计局廉政风险防控工作管理办法（试行）》，制定投资项目管理制度、委托审计制度、项目复核制度等 20 项。制定党风廉政建设责任考核体系。2.扎实开展“三严三实”专题教育活动。3.切实履行“第一责任人”职责和“一岗双责”制度。4.强化基层党组织能力。到联系点福禄镇龙宝村参加党建活动，捐赠 5 万元用于村级公路、人行便道等基础设施建设。参与结对帮扶贫困户 10 户，并为每家贫困户建档立卡，解决贫困户子女上学、医保、外出务工等问题 3 件。从行政运行经费中挤出 1 万元建立党员活动室和廉政谈话室，确保党员活动后勤保障。

【审计驱动创新】 以预算执行审计数据分析系统建设驱动创新。一是立足于大财政审计组织模式，突出一个“真”字。以财政财务收支的真实性、合法性审计为基础，利用市审计局建立试点区县财政及部门预算执行审计数据分析系统的契机，加强财政管理、完善预算制度、规范资金分配、提高财政资金使用效益。二是围绕重点难点，突出一个“广”字。围绕领导关心、社会关注的热点、难点问题，重点揭示和反映预算编制及预算执行的合理性、本级及下属单位非税收入、预算外资金管理使用的规范性等，完成2014年度区本级财政预算执行和区地税局预算执行审计，查处违规金额12 316万元。审计报告2个和税收要情1个得到区领导的批示。

科室整合驱动创新。一是将投资科和审计中心整合，增强审计工作合力。二是加强对入库的委托中介审计机构管理。对入库的委托中介审计机构培训2次，对建设单位培训1次，对审计时限、审计质量等提出要求，召开复核中介审计结果会议，进一步督促中介机构加强审计质量。完成政府投资项目竣工结算审计项目116个，送审金额251 037.68万元，审减金额10 232.58万元，综合审减率4.08%。正在开展的竣工结算审计项目67个。建设单位在区审计局入库的中介机构抽选并直接委托审核限额以下（100万元以下）的投资项目竣工结算99个，抽审报告4个的审计结果，复审查出问题金额29.11万元。全年项目投资审计移送1件，发出建议函3份。

以审政策、审决策、审绩效驱动创新。一是审计类型由“错弊型”向“绩效型”转变。重点加强领导干部在组织落实科学发展目标责任、贯彻中央和地方重大决策部署、重大经济决策、建立和保证内部控制基本制度执行、履行领导干部法定职责等方面情况的审计综合评价，从过去只盯“经济问题”向单位运行的“综合绩效”转变。二是审计重心由“廉政”向“勤政”转变。重点加强领导干部在执政过程中的执政为民意识、懈怠谋私等审计评价。与纪检监察、组织人事等部门之间工作联动，完成区委组织部委托9个单位党政领导干部12名任期经济责任审计工作（含2014年委托因特殊情况未实施的公路管理所原所长罗达伟任期经济责任审计），查出问题金额22 854.15万元，其中：管理不规范金额22 697.94万元；追回赃款13.8万元；上缴财政资金81.64万元；归还原资金渠道60.77万元（审计期间整改6万元）；移送司法、纪检监察机关案件线索1件，判刑2人，免职1人；移送相关部门处理2件。

以“民本理念”驱动创新。以党委政府关心、社会关注的重要民生资金和民生项目为重点，进一步加大保障性住房、生态环境治理、医疗卫生等专项资金审计调查的力度，完成重庆市璧山区2014年社会救助等专项资金审计调查、重庆市璧山区2013—2014年度农资综合补贴和种粮直补资金管理使用情况审计调查等5个，审计查处违纪违规金额193.35万元，管理不规范金额15 515.2万元。完成璧山区2015年度保障性安居工程跟踪审计工作，查处问题金额299万元。重点审计各类安居工程的投资、建设、分配、运营等情况。

以“稳中求进”驱动创新。对璧山区行政村环境连片整治情况、义务教育薄弱学校基本办学条件改善落实情况、公路安全生命防护工程落实情况以及成渝客专璧山站地方配套枢纽工程计划完工项目建设进展情况等8个项目开展稳增长跟踪审计，查处问题金额17 148.56万元。先后对璧山区养老服务业政策落实情况、社区养老服务设施和养老信息服务平台建设情况、特困人员供养制度政策落实情况、农村妇女“两癌”检查和救助项目情况等审计事项延伸调查，为维护广大群众的切身利益服好务。

以强化过程管理驱动创新。一是建立健全内部审计组织机构。牵头制定《重庆市璧山区直属部门及事业单位财政财务收支内部审计和年度经济责任内部审计工作实施方案》，明确将经济责任内部审计纳入区经济责任审计联席会议管理，内部审计工作由区人力资源社保局组织实施，区审计局负责指导内部审计科室，由各单位纪委书记(纪检组长）任领导小组组长，抽调内审、财务人员为内部审计机构成员，明确各单位“一把手”为内部审计工作的第一责任人。全区一级预算单位全部建立起内部审计组织机构，并配备内部审计人员。二是继续加大培训力度。上半年，专门组织全区各部门、各单位内部审计机构人员培训，累计培训内审人员200人次，初步建立内审人员培训教育的长效机制。

【审计信息化建设】 1.成立大数据分析领导小组。人员从各科室、审计中心抽调精兵强将组成，下设办公室在财政金融审计科，具体负责审计工作中数据的采集、整理和运用。2.完成数据存储中心建设。购置专用服务器，购买大容量数据存储设备，确保硬件设施在十年内不落后，完成璧山区审计局数据存储中心基础平台的搭建。3.启动数据分析中心建设。向区财政争取到专项资金40万元，用于预算执行审计数据系统建设，分析中心的硬件部分全部到位，正在和中软公司协商解决软件部署问题，璧山区审计局数据分析中心建设正稳步推进。4.加强信息化人才建设。按照国家审计署、市审计局培训要求，参加审计署计算机基础培训、市审计局数据分析团队培训等8人次。

【审计管理】 1.围绕重点，审计制度建设提档升级。一是牵头、配合区级部门修订完善《重庆市璧山区2014—2018年五年轮审规划》《重庆市璧山区政府投资项目管理办法》《重庆市璧山区政府投资项目审计办法》《重庆市璧山区限额以下政府投资项目管理办法》等区级文件4个。二是制定《政府投资项目竣工结（决）算审计内部管理办法》《重庆市璧山区审计局政府投资项目委托审计管理办法》《重庆市璧山区审计局关于办理政府投资项目竣工结（决）算审计有关事项的通知》等内部管理办法，规范政府投资项目审计程序，加强对委托中介机构的考核和管理，确保政府投资项目审计质量。2.完善经济责任审计制度建设。按照区委、区政府《2014—2018年五年轮审规划》的部署，制定《关于做好党政主要领导干部和国有企业领导人员经济责任审计工作的通知》《重庆市璧山区党政主要领导干部和国有企业领导人员经济责任审计实施办法》《重庆市璧山区经济责任审计对象分类管理办法（试行）》《重庆市璧山区党政主要领导干部和国有企业领导人员离任经济责任事项交接办法》《重庆市璧山区经济责任审计工作联席会议议事规则》《重庆市璧山区经济责任审计工作联席会议办公室工作规则》等，规范经济责任联席会议的运行方式，明确经济责任审计对象和审计内容，清楚界定经济责任审计对象应承担的责任，对区经济责任审计工作起到极大的推动作用。3.完善内部管理制度建设。一是制定《重庆市璧山区审计局审计现场管理办法》《重庆市璧山区审计局审计业务管理办法》，严格管理审计现场，加强审计法治复核和审理，进一步提高审计质量。二是建立案件移送机制。与区纪委、区监察局联合制定并印发《关于在查处案件中加强协作配合的实施意见》，与地税、国税部门联合制定《加强查办涉税违法线索协作配合工作的意见》，规范问题线索移送，强化信息交流沟通。三是制定《重庆市璧山区审计局财务管理办法》《璧山区审计局公务用车制度》《璧山区审计局请销假制度》等文件，进一步规范审计人员行为，建立制度规范的长效机制。

（区审计局）

统　计

【概况】 2015年，全区统计工作积极服务于“三区一美”发展战略，国民经济发展参谋作用进一步凸显。

【统计监测评价】 围绕全区经济发展目标重点，将32项核心经济指标纳入监测对象，建立灵敏的预警监测指标体系。在宏观经济下行压力巨大的情况下，全区经济社会发展各项经济指标仍走在全市前列。全年，全区地区生产总值（GDP）381.8亿元，同比增长12.1%，增速比全市平均水平高1.1个点，居全市第4位、城市发展新区第3位。其中：第一产业增加值20.4亿元，增长4.4%；第二产业增加值273.63亿元，增长12.6%，其中工业增加值224.23亿元，增长12.1%；第三产业增加值87.73亿元，增长12.2%。

【统计联网直报】 联网直报企业的数据质量一直是国家统计局监控的“高压线”，全年首次开展联网直报企业调研工作。深入全区663家联网直报企业一线，围绕企业生产经营情况、统计工作情况和存在的问题开展调研，及时帮助企业解决有关实际困难，并指导企业进一步完善相关统计工作机制和相关基础工作，解决部分企业存在的虚报、瞒报、迟报和拒报问题，统计源头数据质量得以提高。

【数据质量管理】 严格按照《重庆市联网直报数据在线审核规范》要求，明确联网直报数据在线审核中的职责和相应的工作流程，相关专业人员严把在线审核关，保证上报数据准确规范。加大对指标逻辑性、匹配性的审核力度，对于审核过程中发现的数据差错，坚持深入企业一线，核准查清主要原因，保证统计数据的真实性。定期选择一定数量、不同层次的基层单位数据质量抽查，及时纠正数据填报误差。各相关专业结合自身实际，认真修订数据质量控制办法，健全统计数据质量控制体系，加强对经济社会发展主要指标的质量控制，使各项统计数据真实反映客观实际。

【统计制度改革】 顺应统计生产关系变革趋势，贯彻落实《重庆市行业统计实施方案》，及时调整任务部署、数据采集、数据处理和数据评估等环节统计业务流程，实现统计管理方式平稳有序转变。推进核算、能源、固定资产投资等统计改革，不断优化调整服务业内部结构，不断提升规上服务业占比，夯实服务业发展基础，增强服务业对经济增长贡献的后劲。

【统计优质服务】 为区相关领导、经济主管部门、人大代表、政协委员及相关单位负责人介绍安装“数据重庆”系列客户端，提供快捷数据信息化服务。区“两会”期间，通过印制宣传资料、专人讲解、现场协助安装等方式，向参会人大代表、政协委员及相关单位负责人发放宣传资料980份。及时发布《重庆市璧山区2014年国民经济和社会发展统计公报》，编辑出版《2014璧山统计年鉴》，编印《璧山统计月报》，提供各类分析报告32篇，统计信息110篇。

【统计队伍建设】 一是以提高统计工作实绩为目的，修改完善统计工作考核办法，整个考核体系简明扼要、重点突出、职责清晰、操作性强。二是重视干部队伍能力建设，全面加强统计人员业务技能培训，解决统计队伍中学习劲头不足、工作钻研不够等问题，切实提高新常态下统计人员对经济社会发展趋势的理性判断能力。

【统计法治建设】 面向各级领导、企业、社会公众，采取多项措施，有针对性开展普法宣传。充分利用“9·20”中国统计开放日、“12·4”全国法制宣传日、“12·8”统计法制宣传日等契机，广泛开展各种统计咨询服务及各类宣传活动，并借助报纸、电视台、网络等宣传媒介，全方位、多角度开展统计普法宣传。不断强化统计执法，对全区“四上”企业或单位进行日常指导检查，对部分重点行业企业、特殊企业进行执法检查，依法治理取得新进步。（鲁兴华）

工商行政管理

【概况】 2015年，坚持以深化改革为统领，紧紧围绕年度重点工作和璧山“三区一美”战略，全力服务地方经济社会发展，实现“十二五”完美收官。全年，获区四大家领导肯定性批示10次。局领导班子连续4年被区委表彰为“好班子”，荣获“一等奖”；中市主流媒体14次报道璧山工商工作；先后承办政务信息、广告工作、企业监管和“三严三实”专题教育片区会议，得到市、区领局的一致肯定。

【市场主体发展】 深入推进商事制度改革，全面落实注册资本认缴登记制、先照后证等改革举措，营造更加便捷的准入环境。全区新发展内资企业1 974户、个体工商5 908户、农民专业合作社34户；全区内资企业总量突破1万户，市场主体总量4.4万户。稳步推进全区“三证合一、一照一码”登记制度改革，领取加载统一社会信用代码的营业执照企业1 496家，实现“一窗受理、互联互通、信息共享”改革目标。

【微型企业发展】 全面贯彻“放开、减负、解难、引导”方针，进一步释放“大众创业、万众创新、草根创富”活力。全年新发展微企830户，带动就业5 200人；协调银行为微企发放各类贷款45笔600万元，兑现微企65户税收奖励71万元，拨付微企268户民营专项资金720万元，拨付微企317户后续扶持资金645万元。全区微企总量8 211户，其中享受创业补助2 743户，带动就业5.9万人；微企620户成长壮大，有130户达到工信部中小企业标准。

【市场监督管理】 扎实开展红盾护农、成品油市场等专项整治，出动执法人员386人次，检查相关企业56家。加大网络市场监管力度，开展网上巡查2 115次，发放责令改正通知书78份，查处违法行为5件。积极参与璧山生态创建活动，全面加强39个农（集）贸市场污染源的长效监管。公开征集不平等合同格式条款10条，问题条款处置率达100%；格式合同备案9件，提出修改建议48条；办理动产抵押登记139件，帮助企业融资近15亿元；拍卖备案30件，委托金额14亿元；规范民办非学历教育机构16户，依法取缔不达标企业2户；认领中介组织305户，认领分类准确率达98%以上。进一步加大对投资及投资咨询类企业非法集资风险排查处置工作力度，依法向相关部门移交涉嫌非法集资线索5件。

【消费者权益保护】 举办纪念“3·15”国际消费者权益日暨“携手共治、畅享消费”主题宣传活动，引起社会良好反响；组织开展“消费维权诚信单位”评选活动，评选“2014年度消费者维权单位”企业13家；加强对重点商品质量监测，完成对成品油等6种商品的抽样检验，抽检164组；选取电商协会和七刻易购网购平台开展电子商务领域设立“12315消费维权服务站”试点，创新电商领域消费维权新模式，取得良好效果。全年受理消费者投诉举报441件，为消费者挽回经济损失158.7万元。

【公平交易执法】 坚持把执法重点放在人民群众反映强烈、对经济社会发展可能造成重大危害的领域上来，全年查办各类经济违法案件74件，罚没金额360万元。其中，查获璧山首例公用企业不正当竞争案。

【企业信用体系建设】 不断创新市场监管机制，加快推进企业信用体系建设，建立和完善对企业“一处失信、处处惩戒”联动机制。全年征集企业信用信息3 664条，累计数据10万条，为政府部门、企业提供查询870次，出具企业信用报告750份，形成“政府用信用、企业创信用、社会重信用”的良性循环。精心开展企业年报和企业信息抽查工作，2013年、2014年企业和个体综合年报率95.6%，列城市发展新区综合排名第一。按时完成对92户企业的及时信息定向检查，对112户企业出资信息和1 062户市场主体年报抽查工作，完成率100%。列入经营异常名录企业700户，标注经营异常状态个体户1 800家。

私营企业情况统计表

表 4－25

行业代码	行业分类	机器编号	期末实有								
			合　计					其中:城　镇			
			户数（户）	其中:分支机构（个）	投资者人　数（人）	雇工人数（人）	注册资本（出资金额）（万元）	户数（户）	投资者人　数（人）	雇工人数（人）	注册资本（出资金额）（万元）
甲	乙	丙	1	2	3	4	5	6	7	8	9
	合　计	1	9628	409	16871	104754	1941773.71	7073	12785	76955	1670626.15
A	农、林、牧、渔业	2	1951	27	2934	21227	159528	435	861	4733	104753.5
05	农、林、牧、渔服务业	3	34	2	59	370	11058	16	26	174	7790
B	采矿业	4	27	6	59	294	9278	7	28	76	6838
11	开采辅助活动	5	1	0	3	11	3	0	0	0	0
C	制造业	6	2777	51	5509	30214	626126.24	2087	4108	22707	498627.98
43	金属制品、机械和设备修理业	7	8	0	15	87	5320	7	13	76	5300
D	电力、热力、燃气及水生产和供应业	8	9	1	15	98	1559	4	6	44	1210
E	建筑业	9	301	28	556	3275	145621.9	286	539	3112	137105.9
F	批发和零售业	10	2277	94	3770	24774	257811.19	2111	3494	22968	243191.59
G	交通运输、仓储和邮政业	11	131	22	218	1425	18562.1	120	203	1306	16057.7
H	住宿和餐饮业	12	347	18	533	3775	13308.3	324	497	3525	12006.3
I	信息传输、软件和信息技术服务业	13	286	18	442	3112	27733.8	271	420	2948	24833
J	金融业	14	36	6	113	392	145185.19	33	105	359	133885.19
K	房地产业	15	238	45	418	2589	201083	234	410	2546	177983
L	租赁和商务服务业	16	637	61	1224	6931	205418.8	607	1147	6604	204285.8
M	科学研究和技术服务业	17	65	7	157	707	16819.19	58	143	631	14749.19
N	水利、环境和公共设施管理业	18	66	6	137	718	46134	48	96	522	28827
O	居民服务、修理和其他服务业	19	333	14	546	3623	28327	305	492	3318	27124
P	教育	20	18	1	26	196	447	18	26	196	447
Q	卫生和社会工作	21	17	1	52	185	12655	17	52	185	12655
R	文化、体育和娱乐业	22	112	3	162	1219	26176	108	158	1175	26046
	其他	23									
	备注	24	1. 本期吊销 0 户,其中城镇 0 户。								
		25	2. 吊销后本期注销 8 户，其中城镇 1 户。								
		26	3. 本期安置下岗失业人员 61 人，其中投资开办私营企业的 61 人;到私营企业从业的 61 人。								
		27	4. 本期高校毕业生从事私营经济 3 人，其中投资开办私营企业的 3 人;到私营企业从业的 3 人。								
		28	5. 期末实有私营企业集团 2 户。								
		29	6. 本期出口创汇私营企业 户,出口创汇折合人民币 万元。								
		30	7. 期末实有注册资本 100 万元～500 万元 1551 户,500 万元～1000 万元 435 户。								
		31	1000 万元～1 亿元 427 户,亿元以上 26 户。								
		32	8. 合计中不含代码 05、11、43 项中的数据。								

续表 4－25－1

行业代码	行业分类	机器编号	其中:本期登记				独资企业				
			户数（户）	投资者人数（人）	雇工人数（人）	注册资本（出资金额）（万元）	户数（户）	其中：分支机构（个）	投资者人数（人）	雇工人数（人）	注册资本（出资金额）（万元）
甲	乙	丙	10	11	12	13	14	15	16	17	18
	合计	1	1873	2773	20237	435050. 6	2398	12	2386	26090	33589. 13
A	农、林、牧、渔业	2	510	609	5549	36696	1006	0	1006	10945	13431. 5
05	农、林、牧、渔服务业	3	8	14	87	5105	6	0	6	65	380
B	采矿业	4	1	2	11	30	0	0	0	0	0
11	开采辅助活动	5	0	0	0	0	0	0	0	0	0
C	制造业	6	356	646	3873	85473. 8	424	8	416	4613	7593. 63
43	金属制品、机械和设备修理业	7	5	7	54	190	0	0	0	0	0
D	电力、热力、燃气及水生产和供应业	8	0	0	0	0	2	0	2	22	66
E	建筑业	9	87	143	947	25800. 9	3	0	3	33	30
F	批发和零售业	10	368	525	4004	77816. 3	566	4	562	6158	4568. 6
G	交通运输、仓储和邮政业	11	30	42	326	3750	5	0	5	54	82. 5
H	住宿和餐饮业	12	50	86	544	1169. 8	126	0	126	1371	1121. 5
I	信息传输、软件和信息技术服务业	13	103	152	1121	8385	102	0	102	1110	1721. 8
J	金融业	14	1	0	11	0	0	0	0	0	0
K	房地产业	15	38	49	413	7129	0	0	0	0	0
L	租赁和商务服务业	16	96	166	1044	129455. 8	31	0	31	337	670. 6
M	科学研究和技术服务业	17	20	39	218	6175	1	0	1	11	50
N	水利、环境和公共设施管理业	18	7	11	76	7600	0	0	0	0	0
O	居民服务、修理和其他服务业	19	91	138	990	10872	76	0	76	827	819
P	教育	20	10	16	109	364	5	0	5	54	58
Q	卫生和社会工作	21	11	33	120	11225	7	0	7	76	1775
R	文化、体育和娱乐业	22	81	116	881	23108	44	0	44	479	1601
	其他	23									
备注		合计中不包含代码 05、11、43 项目中的数据									

续表 4－25－2

行业代码	行业分类	机器编号	合伙企业										
			小计						普通合伙企业				
			户数（户）	其中：分支机构（个）	合伙人数（人）	雇工人数（人）	认缴出资金额（万元）	实缴出资金额（万元）	户数（户）	合伙人数（人）	雇工人数（人）	认缴出资金额（万元）	实缴出资金额（万元）
甲	乙	丙	19	20	21	22	23	24	25	26	27	28	29
	合计	1	752	0	1560	8183	128927.09	128927.09	750	1555	8161	18827.09	18827.09
A	农、林、牧、渔业	2	161	0	324	1752	2195	2195	161	324	1752	2195	2195
05	农、林、牧、渔服务业	3	2	0	4	22	20	20	2	4	22	20	20
B	采矿业	4	2	0	5	22	13	13	2	5	22	13	13
11	开采辅助活动	5	0	0	0	0	0	0	0	0	0	0	0
C	制造业	6	190	0	386	2067	2483.39	2483.39	190	386	2067	2483.39	2483.39
43	金属制品、机械和设备修理业	7	0	0	0	0	0	0	0	0	0	0	0
D	电力、热力、燃气及水生产和供应业	8	1	0	2	11	250	250	1	2	11	250	250
E	建筑业	9	8	0	16	87	80	80	8	16	87	80	80
F	批发和零售业	10	237	0	476	2579	2376.6	2376.6	237	476	2579	2376.6	2376.6
G	交通运输、仓储和邮政业	11	5	0	11	54	453	453	5	11	54	453	453
H	住宿和餐饮业	12	58	0	116	631	577	577	58	116	631	577	577
I	信息传输、软件和信息技术服务业	13	4	0	8	44	35	35	4	8	44	35	35
J	金融业	14	0	0	0	0	0	0	0	0	0	0	0
K	房地产业	15	0	0	0	0	0	0	0	0	0	0	0
L	租赁和商务服务业	16	23	0	67	250	110336.1	110336.1	21	62	228	236.1	236.1
M	科学研究和技术服务业	17	4	0	10	44	40	40	4	10	44	40	40
N	水利、环境和公共设施管理业	18	1	0	2	11	300	300	1	2	11	300	300
O	居民服务、修理和其他服务业	19	49	0	106	533	483	483	49	106	533	483	483
P	教育	20	2	0	4	22	20	20	2	4	22	20	20
Q	卫生和社会工作	21	6	0	25	65	9280	9280	6	25	65	9280	9280
R	文化、体育和娱乐业	22	1	0	2	11	5	5	1	2	11	5	5
	其他	23											
备注		合计中不包含代码 05、11、43 项目中的数据											

续表 4－25－3

行业代码	行业分类	机器编号	合伙企业										
			特殊的普通合伙企业					有限合伙企业					
			户数（户）	合伙人数（人）	雇工人数（人）	认缴出资金额（万元）	实缴出资金额（万元）	户数（户）	有限合伙人（个）	普通合伙人数（人）	雇工人数（人）	认缴出资金额（万元）	实缴出资金额（万元）
甲	乙	丙	30	31	32	33	34	35	36	37	38	39	40
合　计		1	0	0	0	0	0	2	3	2	22	110100	110100
合计	1	0	0	0	0	0	0	0	0	0	0	0	
A	农、林、牧、渔业	2	0	0	0	0	0	0	0	0	0	0	0
05	农、林、牧、渔服务业	3	0	0	0	0	0	0	0	0	0	0	0
B	采矿业	4	0	0	0	0	0	0	0	0	0	0	0
11	开采辅助活动	5	0	0	0	0	0	0	0	0	0	0	0
C	制造业	6	0	0	0	0	0	0	0	0	0	0	0
43	金属制品、机械和设备修理业	7	0	0	0	0	0	0	0	0	0	0	0
D	电力、热力、燃气及水生产和供应业	8	0	0	0	0	0	0	0	0	0	0	0
E	建筑业	9	0	0	0	0	0	0	0	0	0	0	0
F	批发和零售业	10	0	0	0	0	0	0	0	0	0	0	0
G	交通运输、仓储和邮政业	11	0	0	0	0	0	0	0	0	0	0	0
H	住宿和餐饮业	12	0	0	0	0	0	0	0	0	0	0	0
I	信息传输、软件和信息技术服务业	13	0	0	0	0	0	0	0	0	0	0	0
J	金融业	14	0	0	0	0	0	0	0	0	0	0	0
K	房地产业	15	0	0	0	0	0	0	0	0	0	0	0
L	租赁和商务服务业	16	0	0	0	0	0	2	3	2	22	110100	110100
M	科学研究和技术服务业	17	0	0	0	0	0	0	0	0	0	0	0
N	水利、环境和公共设施管理业	18	0	0	0	0	0	0	0	0	0	0	0
O	居民服务、修理和其他服务业	19	0	0	0	0	0	0	0	0	0	0	0
P	教育	20	0	0	0	0	0	0	0	0	0	0	0
Q	卫生和社会工作	21	0	0	0	0	0	0	0	0	0	0	0
R	文化、体育和娱乐业	22	0	0	0	0	0	0	0	0	0	0	0
	其他	23											
备注		合计中不包含代码05、11、43项目中的数据											

续表 4-25-4

行业代码	行业分类	机器编号	有限责任公司													
			小计						其中:自然人独资				其中:法人独资			
			户数(户)	其中:分公司(家)	投资者人数(人)	雇工人数(人)	注册资本(万元)	实收资本(万元)	户数(户)	投资者人数(人)	雇工人数(人)	注册资本(万元)	户数(户)	投资者人数(人)	雇工人数(人)	注册资本(万元)
甲	乙	丙	41	42	43	44	45	46	47	48	49	50	51	52	53	54
	合计	1	6459	389	12792	70272	1679317.49	806653.22	911	902	9912	145741.98	82	69	893	130475
A	农、林、牧、渔业	2	783	27	1594	8519	138901.5	52737.5	92	92	1001	17035	5	5	54	21120
05	农、林、牧、渔服务业	3	26	2	49	283	10658	1203	4	4	44	2490	0	0	0	0
B	采矿业	4	25	6	54	272	9265	3193	0	0	0	0	2	2	22	1536
11	开采辅助活动	5	1	0	3	11	3	3	0	0	0	0	0	0	0	0
C	制造业	6	2156	42	4609	23457	562219.22	266101.54	231	229	2513	40231.68	23	23	250	34830
43	金属制品、机械和设备修理业	7	8	0	15	87	5320	0	3	3	33	250	0	0	0	0
D	电力、热力、燃气及水生产和供应业	8	6	1	11	65	1243	1243	0	0	0	0	0	0	0	0
E	建筑业	9	289	27	537	3144	145511.9	69861	48	48	522	17406	3	2	33	2080
F	批发和零售业	10	1473	89	2732	16026	250865.99	72510.4	280	275	3046	32981.8	11	9	120	6349
G	交通运输、仓储和邮政业	11	121	22	202	1316	18026.6	9249.6	18	18	196	2900	7	2	76	120
H	住宿和餐饮业	12	163	18	291	1773	11609.8	7976	21	21	228	757	0	0	0	0
I	信息传输、软件和信息技术服务业	13	179	18	330	1948	25477	5035	36	35	392	862	2	1	22	100
J	金融业	14	32	4	93	348	105185.19	83328	1	1	11	50	0	0	0	0
K	房地产业	15	238	45	418	2589	201083	173646	21	21	228	17074	15	14	163	33800
L	租赁和商务服务业	16	581	60	1123	6321	93802.1	21189	78	78	849	5114.5	4	4	44	4600
M	科学研究和技术服务业	17	60	7	146	653	16729.19	3439.18	6	6	65	3440	0	0	0	0
N	水利、环境和公共设施管理业	18	64	5	135	696	45834	29719	3	3	33	3200	2	2	22	240
O	居民服务、修理和其他服务业	19	207	13	364	2252	27025	6615	53	52	577	3737	6	4	65	5700
P	教育	20	11	1	17	120	369	0	4	4	44	76	0	0	0	0
Q	卫生和社会工作	21	4	1	20	44	1600	0	0	0	0	0	0	0	0	0
R	文化、体育和娱乐业	22	67	3	116	729	24570	810	19	19	207	877	2	1	22	20000
	其他	23														
	备注	合计中不包含代码 05、11、43 项目中的数据														

续表 4－25－5

行业代码	行业分类	机器编号	股份有限公司						本期注销		
			户数（户）	其中：分支机构（个）	投资者人数（人）	雇工人数（人）	注册资本（万元）	实收资本（万元）	户数（户）	其中：城镇	注册资本（出资金额）（万元）
甲	乙	丙	55	56	57	58	59	60	61	62	63
	合计	1	19	8	133	208	99940	75770	409	349	24053
A	农、林、牧、渔业	2	1	0	10	11	5000	0	21	2	995
05	农、林、牧、渔服务业	3	0	0	0	0	0	0	0	0	0
B	采矿业	4	0	0	0	0	0	0	1	0	0
11	开采辅助活动	5	0	0	0	0	0	0	0	0	0
C	制造业	6	7	1	98	76	53830	35160	126	107	6430
43	金属制品、机械和设备修理业	7	0	0	0	0	0	0	1	1	10
D	电力、热力、燃气及水生产和供应业	8	0	0	0	0	0	0	0	0	0
E	建筑业	9	1	1	0	11	0	0	14	12	2518
F	批发和零售业	10	1	1	0	11	0	0	118	110	6437
G	交通运输、仓储和邮政业	11	0	0	0	0	0	0	11	10	378
H	住宿和餐饮业	12	0	0	0	0	0	0	29	22	479
I	信息传输、软件和信息技术服务业	13	1	0	2	11	500	0	12	10	2235
J	金融业	14	4	2	20	44	40000	40000	0	0	0
K	房地产业	15	0	0	0	0	0	0	21	21	1900
L	租赁和商务服务业	16	2	1	3	22	610	610	32	32	519
M	科学研究和技术服务业	17	0	0	0	0	0	0	4	4	250
N	水利、环境和公共设施管理业	18	1	1	0	11	0	0	1	1	100
O	居民服务、修理和其他服务业	19	1	1	0	11	0	0	13	12	1182
P	教育	20	0	0	0	0	0	0	0	0	0
Q	卫生和社会工作	21	0	0	0	0	0	0	1	1	500
R	文化、体育和娱乐业	22	0	0	0	0	0	0	5	5	130
	其他	23									
备注		合计中不包含代码05、11、43项目中的数据									

个体工商户情况统计表（个体 1）

表 4–26

行业代码	行业分类	机器编号	期末实有						其中：本期登记			本期注销（户）	
			合计			其中：城镇							
			户数（户）	从业人员（人）	资金数额（人）	户数（户）	从业人员（人）	资金数额（人）	户数（户）	从业人员（人）	资金数额（人）	合计	其中：城镇
	甲	乙	丙	1	2	3	4	5	6	7	8	9	10
11	合计	1	33215	55156	130197.22	29809	48889	115202.87	5908	11262	36265.56	2851	2673
	农、林、牧、渔业	2	484	1075	7959.6	185	334	2599.8	99	264	1606	31	10
05	农、林、牧、渔服务业	3	26	28	61.9	23	25	55.7	2	2	10	4	3
B	采矿业	4	12	37	34.6	6	12	20.5	0	0	0	0	0
11	开采辅助活动	5	6	11	12.1	4	8	11	0	0	0	0	0
C	制造业	6	3364	11033	14353.06	2774	8949	11871.02	443	1425	3350.9	198	160
43	金属制品、机械和设备修理业	7	7	19	33	5	11	27	3	7	17	2	2
D	电力、热力、燃气及水生产和供应业	8	3	4	161.5	1	2	100	3	4	161.5	0	0
E	建筑业	9	20	51	197.6	18	47	184.6	3	7	21	2	1
F	批发和零售业	10	21372	27770	74656.29	19451	25373	69950.24	3559	5535	20231.46	1735	1646
G	交通运输、仓储和邮政业	11	182	279	553.98	110	202	457.2	9	15	40.5	10	8
H	住宿和餐饮业	12	3497	7521	15384.04	3295	7058	14280.23	1108	2368	6481.9	522	510
I	信息传输、软件和信息技术服务业	13	112	142	249.55	99	125	233.85	11	45	43	10	9
J	金融业	14	0	0	0	0	0	0	0	0	0	0	0
K	房地产业	15	6	14	14	6	14	14	0	0	0	0	0
L	租赁和商务服务业	16	918	1476	6754.45	845	1355	6001.85	88	133	762.8	89	85
M	科学研究和技术服务业	17	56	102	187.23	55	101	187.03	3	7	13	6	6
N	水利、环境和公共设施管理业	18	0	0	0	0	0	0	0	0	0	0	0
O	居民服务、修理和其他服务业	19	2877	4614	8102.37	2665	4339	7776.1	490	970	2823.8	211	202
P	教育	20	8	30	28.9	8	30	28.9	0	0	0	1	1
Q	卫生和社会工作	21	149	337	794.7	143	330	750.7	24	96	316	5	5

续表 4-26-1

行业代码	行业分类	机器编号	期末实有						其中：本期登记			本期注销（户）	
			合计			其中：城镇							
			户数（户）	从业人员（人）	资金数额（人）	户数（户）	从业人员（人）	资金数额（人）	户数（户）	从业人员（人）	资金数额（人）	合计	其中：城镇
	甲	乙	丙	1	2	3	4	5	6	7	8	9	10
R	文化、体育和娱乐业	22	155	671	765.35	148	618	746.85	68	393	413.7	31	30
	其他	23	0	0	0	0	0	0	0	0	0	0	0
	备注	24	1.本期吊销 0 户，其中城镇 0 户。										
		25	2.吊销后本期注销 6 户，其中城镇 4 户。										
		26	3.本期安置下岗失业人员 3 人，其中持“就业失业登记证”申办个体工商户 2 人，享受地方再就业优惠政策 1 人。										
		27	落实国家和地方再就业优惠政策免收工商管理行政性收费 0.0069 万元，其中落实国家再就业优惠政策免收 0.0046 万元。										
		28	4.本期高校毕业生从事个体经济 9 人， 其中申办个体工商户 9 人；免收工商管理行政性收费 0.0207 万元。										
		29	5.合计中不包含行业代码 05、11、43 项中数据。										

【非公有制经济党建工作】 以个体工商户、小微企业、专业市场为重点，明确工商部门具体指导对象和任务清单。全年对全区 2.9 万户“个、小、专”党组织及党员情况摸底调查，指导新建非公党组织 83 个；组织企业党员开展“亮身份、亮职责、亮承诺”活动，全年完成 536 户；指导示范点建设 22 个，新增区级示范点 2 个，市级示范点 1 个；开展“共产党员示范经营户”评选活动，表彰 36 名。

【基层基础建设】 加大干部培训力度，全年完成各类培训 77 期，参培人员 400 人次。大力实施“星光工程”，创新开展行政效能考核，全年评选“监管执法、行政管理、服务发展、工作效率之星”18 人次，全局行政效能明显提升。大力加强思想政治工作，并在全市工商系统思想政治工作会上作交流发言，全局呈现出班子坚强团结、队伍风正气顺、工作推进有力的良好局面。

（区工商局）

小型微型企业基本情况统计表（个体 4）

表 4–27

项目		机器编号	户数（户）			注册资本（金）（万元）			从业人员（人）			营业收入（万元）			资产总额（万元）		
			小计	小型	微型	小计	小型	微型	小计	小型	微型	小计	小型	微型	小计	小型	微型
甲		乙	1	2	3	4	5	6	7	8	9	10	11	12	13	14	15
合计		1	3583	389	3194	908127.13	452647.40	455479.73	40295	15498	24797	1083278.85	427606.21	655672.64	9696973.84	4151957.17	5545016.67
按组织形式	国有企业	2	9	4	5	1891.9	778.9	1113	246	134	112	3056.75	2318.04	738.71	14354.72	4994.57	9360.15
	集体企业	3	78	4	74	3383.31	111.9	3271.41	672	93	579	4423.14	1832.73	2590.41	11557.44	1529.42	10028.02
	有限责任公司	4	2480	341	2139	877979.25	444041.09	433938.16	32150	13955	18195	1037795.48	404429.75	633365.73	9623933.69	4126428.06	5497505.64
	股份有限公司	5	3	2	1	8030	5610	2420	130	116	14	1244.86	1244.86	0	2809.32	2409.85	399.47
	合伙企业	6	613	16	597	7537.09	525.29	7011.8	3749	265	3484	12588.86	3685.92	8902.95	14595.56	3236.68	11358.88
	个人独资企业	7	355	14	341	6684.6	824.5	5860.1	2296	389	1907	12610.83	6623.12	5987.71	16042.11	7212.13	8829.98
	其他企业	8	45	8	37	2620.98	755.72	1865.26	1052	546	506	11558.92	7471.79	4087.13	13680.99	6146.46	7534.53
按行业分类	农、林、牧、渔业	9	580	45	535	53969	19467	34502	3884	587	3297	11415.94	7786.04	3629.90	98137.24	21617.67	76519.57
	采矿业	10	16	6	10	3845	1642	2203	758	461	297	4682.62	3226.80	1455.82	14197.06	9454.45	4742.61
	制造业	11	1319	180	1139	82718.49	125210.03	20380	9168	11212	280304.49	151315.19	128989.30	424328.46	209700.36	214628.10	207928.52
	电力、热力、燃气及水的生产和供应业	12	18	4	14	933	290	643	294	159	135	4013.17	3110.27	902.90	8863.21	2693.97	6169.24
	建筑业	13	98	20	78	74953	41890	33063	2800	1938	862	40619.85	35402.84	5217.02	66658.59	25230.17	41428.43
	批发业	14	274	9	265	41196.54	3790	37406.54	1964	91	1873	453771.44	23375.58	430395.86	180362.41	16099.40	164263.01
	零售业	15	469	14	455	24012.41	5403.5	18608.91	2364	244	2120	25367.57	4575.86	20791.71	3420128.61	4266.13	3415862.48
	交通运输业	16	41	8	33	8259.27	6462.6	1796.67	717	382	335	13348.16	9699.46	3648.70	18496.82	15141.12	3355.69
	仓储业	17	4	0	4	3811	0	3811	15	0	15	110.88	0	110.88	1543.23	0	1543.23
	邮政业	18	0	0	0	0	0	0	0	0	0	0	0	0	0	0	0
	住宿业	19	8	1	7	1064	30	1034	57	23	34	322.28	180.55	141.73	6281.61	339.87	5941.74
	餐饮业	20	98	10	88	2651.9	1042	1609.9	812	270	542	4755.52	2841.45	1914.08	4010.22	1994.28	2015.94
	信息传输业	21	1	0	1	0.7	0	0.7	2	0	2	5	0	5	1	0	1
	软件和信息技术服务业	22	99	2	97	11303.1	500	10803.1	536	84	452	2362.53	928.31	1434.23	72194.67	599.76	71594.90
	房地产开发经营	23	32	2	30	111321	7200	104121	873	47	826	12825.87	743.19	12082.68	565206.08	6782.74	558423.34
	物业管理	24	35	0	35	4923	0	4923	725	0	725	1818.56	0	1818.56	6619.91	0	6619.91
	租赁和商务服务业	25	222	18	204	21212.70	5125	16087.7	1674	545	1129	25459.78	16929.41	8530.37	36760.07	16364.57	20395.49
	其他未列明行业	26	269	70	199	336743.00	277086.81	59656.19	2440	1499	941	202095.18	167491.27	34603.91	4773184.66	3821672.68	951511.98

物价管理

【概况】 2015年，在区发展改革、工商等部门的严格监督检查下，全年居民消费价格总水平同比上涨1.0%，全区物价总体保持平稳。

【定调价管理】 核定广兴经吴滩至郎家的道路汽车客运票价和农业供水价格；依法对重庆市渝山水资源开发有限公司2012年至2014年会计年度的供水定价成本和重庆璧山天然气有限责任公司2012年至2014年会计年度的天然气供气成本监审。开展璧山区农村客运车辆运行成本调查测算工作。抓好市场价格监测工作，每天都到市场及超市询价并每天网上直报，做到无漏报和错报现象。严格执行价格监测调查巡视和价格监测质量季度报表制度。贯彻落实价格改革政策，按照市物价局的相关文件，调整区公路客运燃油附加标准；贯彻落实成品油价格联动机制，及时落实成品油调价政策18次。

【价格监督检查】 实行节假日集中检查和日常检查相结合的方式，开展元旦、春节、“五一”节、国庆节等假日期间市场价格行为监督检查。开展教育专项收费检查、民办非学历教育培训机构收费检查、药品市场价格行为的巡查、涉企行政事业单位和相关中介机构经营性收费检查。做好“12358”价格举报电话的投诉举报工作，全年受理价格投诉举报53件，其中：政策咨询15件，价格投诉38件，办结53件，办结率100%。查出价格违法案件3件，处罚款1400元。

【收费许可证年审】 按照《重庆市物价局、重庆市财政局转发国家发展和改革委员会、财政部关于取消收费许可制度加强事中事后监管的通知的通知》（渝价〔2015〕83号），自2015年1月1日起取消收费许可证及年审制度。在全市统一取消收费许可证年审制度，不再开展收费许可证年审工作；2016年1月1日起，不再核发及变更收费许可证。实施收费单位情况和收支状况报告制度。

【价格认证】 及时办理各类刑事案件的价格认证工作，确保每起案件在规定时间办结，办理价格认证案件244件，涉案金额439.49万元。其中办结刑事案件229起，涉案金额420.41万元；行政案件15件，涉案金额19.08万元。

（区发展改革委）

就业管理

【概况】 2015年，全区就业工作围绕解决人民群众关心的突出问题，进一步解放思想，拓宽思路。按照年初制定的工作计划，从实际出发，做好就业、创业工作，以统筹城乡就业为目标，以促进城乡就业为宗旨，建立和完善就业与社会保障工

壁泉街道招聘会现场

（曾清龙 摄）

作的联动机制，统筹城乡整体推进，大力提升劳动者就业技能和创业能力，促进各项工作的顺利开展。

在精准扶贫工作中，组织包括重庆市机电职业学院职业中心、璧山区道和职业培训学校、区就业训练中心等培训机构，开展微企培训、创业培训、企业职工岗前培训、就业适应性培训和家庭服务业从业培训等具有针对性和实用性的培训，组织2 094名农村人员参加培训，发放培训补贴资金91.71万元。

【就业】 截至12月31日，全区城镇新就业2.39万人，新增就业2.1万人，完成全市目标任务1.8万人的117.1%。城镇登记失业人员就业4 700人，完成全市目标任务4 100人的115%。就业困难人员就业2 020人，完成全市目标任务1 300人的155%。期末全区结存登记失业人员2 123人，其中女性1 082人，占比50.97%。期末城镇登记失业率为2.05%，控制在目标3%以内。全年新开发社会公益性岗位19个，期末结存公益性岗位760个，结存在岗760人。期末结存享受低保就业补贴243人，累计发放低保就业补贴77.09万元；发放灵活就业社保补贴1 351人次，发放补贴552万元；发放单位社保补贴及岗位补贴151人次，发放补贴112万元。全区新增农村劳动力转移就业2 354人，完成目标任务2 000人的118%；农民工返乡就业创业3 494人，完成目标任务3 000人的116%。城镇零就业家庭和农村零转移家庭实现动态消零。

【培训】 严格按照市、区两级下达的目标任务全面开展培训工作，全年完成各类培训87期、结业人数4 283人（其中，完成创业培训、微企创业培训20期、645人，完成在渝在校大学生GYB创业意识培训2期、100人，企业职工岗前培训26期、1 28人，就业适应性培训39期、1 970人，家庭服务从业人员培训540人），完成目标任务3 500人的122.3%。农民工新市民试点培训1 452人。

【失业保险扩面征缴】 截至12月31日，璧山区失业保险参保人数为7.75万人，占全年应参保人数8.9万人的87.18%。失业保险参保扩面人数为1.07万人，实际征收失业保险费3 136.63万元，占目标任务2 800万元的112%。补贴企业137家，支付稳岗补贴850万元。

【创业担保贷款】 截至12月31日，发放创业担保贷款5 030万元，完成全区目标任务5 000万元的100.6%。高校毕业生创业担保贷款发放350万元,完成目标任务300万元的116.6%。新增创业人数9 350人，完成目标任务8 000人的117%。贷款对象涉及农民工、城镇登记失业人员、大学生、退伍军人、低保人员、微型企业、合伙经营企业以及部分私营企业。贷款经营项目包括五金、建材、百货、服装、建筑设备出租、电脑维修、网络服务、花卉苗木、蔬菜种植、副食零售等。

【招用工平台搭建】 截至12月31日，举办每周二、周五固定现场招聘会90场，另开展有“就业援助月”“春风行动”“离校未就业高校毕业生招聘会”等各项公共就业服务专项行动，562家单位进场提供2.23万个就业岗位，1.17万人求职登记，4 411成功就业。在“重庆就业信息网”发布443家企业的用工信息，2.13万个岗位，适合高校毕业生的岗位821个。

【信息产业配套企业招工】 一是继续大力引进培育人力资源服务机构，发挥中介送工的主渠道作用。引进培育的区内外人力资源服务机构74家，长期为区信息产业等重点产业企业输送人员机构50家。二是继续推进与区外招募中心的合作，增强送工能力，引进区外人力资源。截至12月31日，引进市外人力资源5 800人。三是修订完善区信产人力资源保障工作措施，建立“三方”人力资源供应和约束机制，同时严控企业用工结构，尽力缩小人力“断点”带来更大的招工压力。四是积极搭建平台，与近100家职业培训机构沟通与洽谈，建立校企合作机制，畅通校企合作渠道，全力保证含信息产业在内的重点产业企业用工需求。五是开展重点电子配套企业一线班组长能力提升培训。截至12月31日，区就业局、区信产办输送区内信产配套企业一线操作员工5.21万人次（其中，为重点配套企业输送3.85万人次），超额完成输送5万人次的目标任务；另为展运公司输送1 593人次，超额完成市经信委下达的展运公司送工任务。全年发放招聘补贴1 486.99万元。

【就业援助】 实施岗位援助、服务援助、政策援助“三援助”，开展特色鲜明、形式多样的一系列援助活动，帮助援助对象解决就业和工作中遇到的困难，促进高质量就业，维护社会稳定。活动期间，走访就业困难人员家庭276户，登记认定的未就业困难人员79人，其中：残疾就业困难人员55人。组织专场招聘会5场次，帮助70名就业困难人员就业，提供就业服务320人次，帮助就业困难人员享受政策31人，其中部分是残疾就业困难人员享受自谋职业补助，21名就业困难人员享受社保补贴。结存岗位安排就业困难人员759人就业。

【高校毕业生就业】 积极推荐创业者参加全国及重庆市主办的“泛海扬帆”大学生创业行动和创业大赛。全区2个项目申报参加重庆市2015年“泛海扬帆”创业行动。区自主创业大学生吴书柱开发的“我的菜，我做主”手机3G农产品产销平台建设项目得到重庆市人社局、泛海公益基金会、泛海控股集团等部门和公司的现场指导，并推荐到上海进一步培训和拓展，同时，该项目还获重庆市2015年“泛海扬帆杯”创业大赛三等奖。截至12月31日，区实名制登记的2015年应届离校未就业高校毕业生424人，其中高校贫困毕业生8人。就业局根据离校未就业高校毕业生就业创业定制服务计划，采取组织专场招聘会、职介推荐、职业培训、创业贷款等措施，帮助实现高校毕业生就业352名，就业率95%。

【基层平台建设】 在全区187个村（社区）全部创建“充分就业社区”和“充分就业村”的基础上，大旺社区创建为“国家级充分就业社区”。

【农村劳务开发】 发布招工信息8 000条次，发放“春风卡”、《致返乡农民工慰问信》《农民工服务手册》等宣传资料3.26万份，悬挂宣传横幅30幅。于2015年春节前由区人力社保局牵头举办、就业局承办1次100人参加的全区返乡农民工就业创业座谈会；各镇街也在春节前后分别举办1次50人参加的返乡农民工座谈会。座谈会邀请已返乡就业创业的农民工“现身说法”，细算“亲情账”和“经济账”。

【人力资源基础台账建设】 就业局采取领导包片督促检查、工作人员进村、入社区指导的方式，狠抓工作进度，在保证质量的前提下全力推进人力资源台账建设。全年，全区人力资源基础台账建设工作进展迅速，入户调查和录入工作完成。截至12月31日，人力资源基础台账信息管理系统中录入38.71万人，完成目标任务38.71万人的100%。

【人力资源市场整合工作】 积极做好人才交流中心同区就业局整合工作。区编委会下文，成立重庆市璧山区就业和人才服务局，是区人力社保局下属参公事业单位，属副处级。（区就业局）

劳动管理

【概况】 2015年，立足“保民生、保稳定”的要求，切实改进工作作风，确立劳动关系向和谐推进，劳动监察向预防延伸，劳动维权向人性化迈进，劳动执法向规范化运作的工作思路，积极发挥职能部门作用，较好地维护璧山区经济社会和谐稳定。立案受理劳动人事争议案件 2 399 件，结案 2 399 件，结案率 100%。

【劳动保障监察】 积极开展劳动保障监察“两网化”建设，建成网管中心，网格、人员、职责、制度、场地等均落实。开展各类专项检查：7 月 14 日至 8 月 14 日，开展用人单位遵守劳动用工和社会保险法律法规情况专项检查，检查用人单位 21 户，涉及劳动者 2 260 人，未依法签订劳动用工合同涉及 200 人，未依法为职工参加社会保险 1 件。下达限期整改通知单位 3 个。4 月 29 日至 6 月 23 日，在全区交通运输等行业开展劳动保障书面审查工作，书面审查交通运输行业单位 26 个，涉及职工 1 878 人，下达书面限期整改建议书单位 22 个，补签劳动用工合同 450 份，督促完善管理台账并补缴职工社会保险单位 13 个，规范内部管理规则制度单位 3 个。积极开展清理拖欠职工工资专项检。检查各类企业、建筑工地 492 家，涉及劳动者 7 347 人，下发限期整改通知书 147 份，行政处罚 12 户，罚款 8.6 万元。受理投诉举报和信访案件 479 起，办结 479 起。

【和谐劳动关系构建】 全区创建和谐劳动关系企业 AAA 级 2 个，AA 级 21 个，A 级 30 个，完成年初下达的创建计划，10 月完成劳动关系协调师 45 名的组织培训发证（一级 10 名，二级 14 名，三级 21 名）。（区人社局）

质量技术监督

【概况】 2015 年，围绕璧山“三区一美”战略和“抓质量、保安全、促发展、惠民生”十二字工作方针，牢固树立法治新思维，主动适应经济新常态，提升科学管理水平，增强服务发展能力，推动璧山经济建设的稳步发展。

【质量监督管理】 适应经济新常态，“抓质量”实现新提升。一是提升质量格局。组织筹办全区质量大会，区长章勇武、市质监局副局长王戈阳等领导到会并作重要讲话，各镇街、部门主要负责人和各行业重点企业参加会议；区政府出台《关于深入推进质量强区战略的意见》，明确新形势下质量工作的目标、措施及要求；开展“质监邀您查质量”等质量月活动，提高全社会质量意识。二是加快品牌发展。按照《璧山商标和质量品牌产品奖励办法》奖励 2014 年获评重庆名牌和知名产品企业 36 万元，提高企业创建品牌的积极性。邀请市名牌协会专家到璧山现场指导，培育 2 家企业申报市长质量奖，帮扶 7 家企业 16 个产品创建 2015 年重庆名牌产品，2 家企业 2 个产品获重庆知名产品。三是服务转型升级。组织 112 家企业召开质量帮扶会，召开专题辅导培训 6 次，指导企业采用质量成本管理、卓越绩效管理、QC 小组活动等先进质量管理方法，提高质量管理水平，维护好品牌形象。

【食品安全监管】 切实保障食品相关产品质量安全。组织开展对 30 家食品相关产品企业巡查，召开食品相关产品质量预警会暨食品安全法宣贯会，督促企业持续保持获证条件。

【计量工作】 免费检定全区 15 个街镇卫生院、9 个社区服务站、263 个村卫生室的 1 269 台（件）在用医用计量器具；加强对 4 家煤矿企业在用的 23 台件强检计量器具监管，受检率 100%；免费检定全区 14 家集贸市场的 996 台件计价秤、公平秤；检查全区 34 家加油站的加油（气）枪 239 把，受检率 100%。

【标准化管理】 制定《农村生产生活便道规划通则》《农村生产生活便道通用技术条件》《农村生产生活便道管护要求》等 3 项标准，完善生产生活便道标准体系，为推进璧山区美丽乡村标准化试点工作发挥积极作用；配合区行政服务中心申报国家级公共管理与社会服务标准化试点项目，提升公共服务水平；继续推进天赐华汤温泉服务标准化；开展企业标准自我公开声明试点，走访企业17家次，公开企业标准37个，完善标准的社会监督机制。

【认证认可】 全力推进“认证服务工业园区”特色项目，培育12家企业申办自愿性认证；坚持每月对机动车安检机构开展巡查；组织开展认证认可“双提升”活动，督查6家实验室检验检测安全状况，组织其签订安全承诺书，对6家实验室现场观察其比对实验，确保检测结果的真实可靠；对辖区的瑞普电缆、满意喷雾器厂等17家获强制性产品认证企业开展巡查。

【特种设备安全监察】 坚守特种设备安全底线。一是加强电梯安全监管。实施网格化管理，分5个普查组对全区电梯数量、安全状况、安全隐患开展大排查、大整治，对“问题电梯”逐一评估安全风险，逐一制定整改方案，逐一落实整改销号。检查电梯使用单位273家，检查电梯1 605台，清理修正数据14台，下达指令99书份，发现安全隐患156条，整改到位156条，立案查处7件，保障全区电梯的安全运行。二是实施油气输送压力管道普查。制定12家管道管理使用单位普查实施方案，召开专项整治工作会议；加大对5家压力管道元件制造单位的监察力度。三是推进燃煤锅炉节能减排工作。开展在用燃煤工业锅炉能效普查，未发现每小时10吨生产力以上的在用燃煤工业锅炉。积极推进燃煤锅炉标准化管理，全面开展达标活动，开展高效锅炉推广、锅炉节能技术改造、淘汰落后锅炉。

【检测与执法能力建设】 强化依法行政。突出对学生用品、皮鞋、汽摩配件、建材产品等重点消费品的监管和重点工程、重点项目建材质量把关。全年立案查处101件，涉案货值419万元，查获伪劣产品货值279万元，移送公安机关3件，维护守法企业和消费者的合法权益。

【知名品牌】 全年7家企业的16个产品被评为重庆市名牌产品：重庆盾之王实业有限公司生产的防弹衣、防弹防刺服；重庆顾地塑胶电器有限公司生产的PVC-U难燃线槽、线管、埋地排水用钢带增强聚乙烯（PE）螺旋波纹管、HDPE给水管材；重庆市金盾橡胶制品有限公司生产的摩托车轮胎；重庆瑞普电气实业股份有限公司生产的挤包绝缘电力电缆、聚氯乙烯绝缘电缆、通信电源用阻燃耐火软电缆、轨道交通车辆用电缆；重庆金冠汽车制造股份有限公司生产的运钞车、商务车；重庆蓝黛动力传动机械股份有限公司生产的轿车变速器总成、中国嘉陵工业股份有限公司（集团）生产的两轮摩托车110系列、125系列、150系列。2家企业的2个产品被评为重庆市知名产品：重庆盾之王实业有限公司生产的防弹头盔；重庆特驱饮料有限公司生产的禽饲料（鸡、鸭配合饲料）。

（区质监局）

食品药品监督管理

【概况】 2015年，区食品药品监督管理局全面落实和完善食品药品监管体制改革工作，贯彻执行全市食品药品安全监管工作会议精神，大力实施璧山“三区一美”发展战略，面对食品药品安全监管新形势、新职能、新任务，强化日常监督，开展专项整治，加强队伍建设，确保辖区无较大以上食品药品安全事故发生。

推进党风廉政宣传教育工作，开展“三严三实”专题党课教育、重温入党誓词活动，强化党员干部坚定理想信念和遵规守纪的意识，印发《党员干部廉洁自律手册》和《廉政风险防控手册》，制定《2015年党风廉政建设和反腐败工作责任制》以及与区人民检察院制定的《共同开展

“打造廉洁尽职队伍，保障食品药品安全”主题活动实施方案》，完善《重大案件集体讨论规定》等规章制度。推进“两个责任”，局党组始终牢固树立“不抓党风廉政建设就是严重失职”的责任意识，落实党组书记“重要工作亲自部署，重大问题亲自过问，重点环节亲自协调，重要案件亲自督办”的要求，党风廉政建设与食品药品监管工作紧密结合，同部署、同落实、同检查、同考核。层层签订《2015年党风廉政建设和反腐败工作责任书》，向干部职工发放《勤政廉政告知书》，干部职工签订《勤政廉政承诺书》。分局干部职工无违法、违纪案件发生。

【食品网格化监管】 区食品药品监督管理局根据2015年区政府工作报告中的“探索食品药品网格化监管”目标要求，研究制定《璧山区食品药品安全网格化监管实施方案》，全面实施网格化监管。区、镇（街道）、村（社区）按行政区域建立全覆盖的三级食品药品安全网格化监管体系，实行定人、定格、定责，层层明确职责，并在食品生产经营企业醒目的位置公示网格化监管人员信息和职责，接受群众的监督。自实施网格化监管以来，网格管理人员在协助执法、隐患排查、信息报告、宣传引导等方面作用得以发挥，监管责任更加明确，监管力量不足的矛盾得到缓解，实现食品安全监管全覆盖，监管效能得到提升。

区食品药品监督局开展药品质量安全监管检查

（陈福明 摄）

【食药监管所建设】 一是健全领导机构和监管队伍，15个镇街分别成立食品药品安全工作领导小组，明确食品药品安全工作的分管领导，任命15个食品药品监管办主任，配齐监管人员，分局同时任命监管所所长。二是与区法制办协调，对全区食品药品监管人员进行法律法规培训，考试合格后办理执法证件；为187名食品药品协管员办理工作证件。三是不断加强规范化建设，按照市局要求，在各监管所办公地点设置安装标志标牌和户外指示牌，统一对外形象，方便办事群众。四是监管所设立食品快检工作室，3个直属所快检设施设备已配齐，其余监管所将陆续配备到位，届时将按分局下达的食品安全快检实施方案开展快检工作。五是设立举报投诉电话，通过发宣传单、教育培训、通信录等方式公开，确保群众举报投诉事项能够直接或间接反映到监管所。

【食品安全】 一是修订印发《璧山区食品安全事故应急预案》《璧山区镇街食品药品安全工作考核方案》，细化市委市政府对区县的考核细则，印发《重庆市璧山区食品安全信息公布管理办法》《璧山区食品药品安全舆情监测处置工作制度》等规章制度。二是组织参加全国、全市食品安全工作电视电话会议，组织召开全区食品药品安全工作会，明确全年食品药品安全重点工作。三是牵头召集区工商、质监、卫计委、商务局等成员单位，开展学校食堂及校园周边食品安全专项整治、建筑工地食堂专项整治、火锅（汤锅）原料、底料和调味料专项整治、食用油专项整治、冻库食品专项整治等食品安全专项整治活动。四是牵头妥善处置湖上大酒店食物中毒事故和树生水产品经营部甲鱼携带霍乱弧菌事件。五是进一步完善食品举报投诉的受理、办理、回复工作流程，并督查督办食品投诉举报案件。全年受理举报投诉86起，回复86起，做到件件按时办理及时回复。六是做好舆情收集、监测、研判和处置工作，坚持每天及时上网搜索、监测璧山食品药品安全舆情，全年未发现涉及璧山食品药品安全的重大舆情。

【食品宣传教育培训】 一是狠抓食品药品监管人员教育培训，全年组织35期远程教育培训，二期执法人员食品安全监管及药械化妆品监管业务培训。组织99名执法人员参加市局食品安全监管讲师团璧山站巡回培训。二是开展食品生产初级检验员培训，电子监管培训药品经营企业288家零售药店人员326名，培训学校及幼儿园食堂食品安全管理人员160人，培训药械从业人员年度岗位继续教育800人，首次培训新开办餐饮企业担任食品安全管理员976名。三是组织开展“全国安全用药月”“食品安全宣传周”等宣传咨询活动，对新修订的《中华人民共和国食品安全法》广泛深入的宣传，解答群众咨询2 600人次，发放食品安全知识宣传单45 000份，提升食品药品生产经营者的守法规范意识和人民群众食品药品安全防范意识。

【行政许可】 一是严格把好各种业态的申报资料审查关，做到资料不全不予受理、材料不真实不予受理；严把现场审核关，对申请单位的加工场所、设备、设施严格核查，督促其健全食品安全管理制度，提升食品安全自律意识和责任意识。二是按照区委、区政府进一步压缩审批时限的要求，将“餐饮服务许可证”受理、验收、发证时限由法定40个工作日压缩为12个工作日，“药品经营许可证”受理、筹建、验收、发证时限由法定45个工作日压缩为8个工作日，提高办事效率，在依法合规的前提下最大限度便民、惠民。三是依据相关文件精神，将部分行政审批事项下放到镇街食品药品监管机构，缩短群众办事的时间和距离，全年新办、变更、延续、注销食品生产加工小作坊备案证、“食品流通许可证”“餐饮服务许可证”“药品经营许可证”“医疗器械经营许可证”和二类医疗器械备案2 225家，均依法按时或提前审批办结，群众满意率100%。行政服务大厅食药监局服务窗口被评为优秀服务窗口。

【执法监督】 加强执法监督检查，修订《行政执法管理制度》等文件，推行新版办案文书和说理性处罚决定书等文书的使用。积极推动由办案的事后审核向事前、事中监督转变，严格规范行使裁量权，确保行政执法的合理性和一致性。加强核审工作，避免错案的发生。深入开展食品药品各环节的专项整治行动，出动执法人员（含协管员）13 280人次，出动执法车辆1 680台次，监督检查食品生产、流通、餐饮和药械、保化品生产经营使用单位14 800家次，监督检查覆盖面达95%以上，下达《责令整改通知书》860份，立案查处违法案件266件，严厉打击违法违规行为，进一步规范市场秩序，确保全区人民群众饮食用药安全。全年查处各类违法案件266件，核审率100%，提出修改、补正建议1 000条，提出纠正建议7条，确保案件质量。全年无行政复议被撤销和行政诉讼败诉的问题发生。

【食品监管】 先后开展小灶酒、豆制品、肉制品、含铝食品添加剂、食用油、面制素食、节令食品等专项整治，发现问题41条，全部整改到位。对全区食品生产抽样检验464批次，其中合格436批次，抽样总体合格率93.9%。特别是将糕点、卤肉制品、豆制品、挂面、菜籽油等量大的小作坊首次纳入抽检范围，抽取小作坊食品205批次，合格191批次，合格率93.2%，没有发现添加非食用物质和超范围使用食品添加剂，产品质量稳定可控。完成国抽31个批次，市抽119批次，完成率100%，对已检验出不合格食品9个批次，已经立案处理；针对节日市场消费比较集中的特点，对集贸市场、大型连锁超市等重点场所隐患排查，对面粉发酵制品、火锅底料、调味品、食用农产品等重点品种抽检42个批次；开展酒类、茶叶市场、农药兽药残留、甲醛含量、水分含量等专项治理，下达责令整改通知书9份；针对区疾控中心在向阳农贸市场水产品风险监测中检出霍乱弧菌病毒的报告，立即采取有效措施，查封未销售的甲鱼30.34公斤（64个），及时控制和消除食品安全隐患，防止区域性、系统性食品安全事故发生。

【餐饮监管】 开展学校及其周边食品安全综合整治，含铝食品添加剂、火锅汤料、底料、调味料、冻肉产品等专项整治；全年评定餐饮单位2 537家，评出A级餐饮单位151家，B级餐饮单位1776家，C级餐饮单位610家，评定率97%；开展餐饮服务环节食品抽检9次，200批次，检出不合格食品5批次，不合格餐用具5批次，全部后续处理；开展重大活动和重要领导到璧山餐饮保障28场次，出动保障人员213人次，安全保障就餐人员10 500人次。

【药械、保健、化妆品监管】 完成药品、医疗器械、保健食品和化妆品采样送检123批次，保健食品26批次，化妆品33批次，对不合格产品立即开展现场检查和追踪溯源工作，立案5起处理5起；上报药品不良反应348例（其中新的严重的药品不良反应190例，占54%），完成率120%；医疗器械不良事件82例，完成率103%；药物滥用监测121例，完成率60.5%；化妆品不良反应监测5例，完成率100%。对19家特殊药品经营使用单位检查39家次，均符合要求；完成零售药店数据录入，企业电子监管码核注核销情况良好；完成药械保化经营使用单位日常监管513次，下达《执法意见书》78份。

【生态创建巡查】 全力配合区环保局督促餐饮服务单位按规定安装油水分离设施，废水排入污水管网或生化池，防范治理餐饮业对环境的污染，纠正餐饮摊贩使用蜂窝煤行为42家。在开展创建国家卫生区工作中，全力配合区市政园林局、区卫计委加强对农贸市场、餐饮单位、食品流通企业创建任务的落实情况监督巡查，确保创建工作有效推进。

（饶志军）

烟草专卖管理

【概况】 璧山区烟草专卖局、重庆市烟草公司璧山分公司[以下简称璧山区局（分公司）]成立于1984年1月，实行“两块牌子、一套班子”的经营管理模式，内设办公室、政工科、财务审计科、专卖监督管理科、综合科、专卖内管与法制监督科、客户服务部、1个稽查大队和3个稽查中队、政务大厅，承担全区2 883户卷烟零售客户的营销服务和专卖管理职能。截至2015年年末，有从业人员78人，其中大专以上学历71人，占比91%；中级以上职业技能资格证书51人，占比65%；中级以上专业技术职称5人，占比5%。有1个党支部、3个党小组，41名共产党员。2015年，全年卷烟销售总量27 326箱，含税销售收入7.20亿元，实现税利10 984.05万元。

【专卖管理】 一是明确工作目标，实施重点打击。以名烟名酒店、车站码头和边界市场为重点监控对象，积极发展线人制度与落实举报渠道，拓宽案源；协调相关职能部门深化对物流运输环节和网络营销的监管，不定时开展专项整治。二是深化协作共享，加大打击力度。完善联合打假机制，与相关部门实现信息联动共享,专项治理暗流烟、假冒伪劣私烟。三是完善监管体系，提升监管效能。科学部署专卖力量，整合执法资源，采取集中整治、交叉检查和市场巡查以及错时检查等多种方式，消除监管盲区。四是强化许可证

璧山烟草两学一做党员示范岗授牌

（区烟草专卖局　供图）

后续监管。对新办证客户执行“六个一”，专销协同建立许可证异常通报联动机制，继续实施许可证后续清理和“一户一档”电子档案管理。五是提升队伍建设。夯实基层队伍标准化建设，积极开展案卷评查通报，组织专卖队伍学习培训与岗位技术练兵，提高队伍素能。六是加强内部专卖监督，规范卷烟市场行为。通过适时监控系统预警、市场检查、档次清理、法制审核、案卷评查、法制考试等，实现规范前提下的利好增长。全年查处各类涉烟违法案件166件，案值32万元。查获假冒伪劣卷烟179.9条，案值3.79万元。受理行政许可申请1 188起，其中准予许可1 100起，不予许可88起；注销189户，全区有效客户数2 883户。

【品牌培育】　全年，紧抓卷烟销售，盯住发展拐点制定“创新、分配、考核”三大营销思路，认真开展营销网建和品牌培育，实现卷烟销量、结构、税利持续稳定上升。一是分析客户，找准短板。通过前期“龙门阵、走村下户”等15次市场调研，找准红白喜事、节庆用烟、建筑工地等市场薄弱环节，明确“城镇提结构，乡村增销量”的短板；在区域内建立6~8档客户动态管理档案，对区域与品牌的销售数据进行样本分析，建立片区与客户关联导向；将客服重点延伸至10~20档中小客户，提升市场占有覆盖率。二是把握契机，培育地产烟。把握证照改革和两个市场拓展的契机，积极引导新证客户加大川渝卷烟品牌的订购比重和宽度，促进川渝销售；与工业联合，拓展政府机关、婚介机构、集团客户的对接，收集社会民生数据，挖掘地产烟市场潜力。三是拓展市场，挖掘潜力。选定39户特色终端店，实施线上线下联动模式，利用微商圈、新商盟平台及客户QQ群，建立双向沟通培训机制。借助经营能力矩阵图为客户合理规划库存与订购规格，调动客户主动订购和宣传推介替代品牌的积极性。针对农村风俗和节假日市场，实行错时拜访与差异服务；借助“党员走基层”构建全员营销理念，形成机关与基层联动销售局面。

【文化建设】　坚持“三诚”服务文化与“三严三实”专题教育活动融合，积极打造三种文化，促进文化转换落地。一是打造廉政文化，建立长效机制。开展“三严三实”教育，学习习总书记系列讲话精神和一准则一条例，集中观看《旗帜》《正能量的聚集》等专题片，开展“解放思想”主题党组中心组学习会和“三严三实”党建知识竞赛；分层签订党风廉政建设目标责任书，制定并执行年度党风廉建方案；落实各项监督制约机制，组织纪检部门对重大项目建设和大宗物资采购招标实行全程监督；落实八项规定精神“回头看”自查自纠并完成超标办公面积清理腾退和超标接待退赔，从源头上杜绝违纪违规现象的发生。二是打造学习文化，增强队伍素质。坚持三会一课与中心组学习制，以“三严三实”专题教育为契机，不断创新教育培训方式，提高班子的政治素质和理论水平。制定《2015 职工教育培训计划》并围绕年度计划定期开展员工教育培训,鼓励员工参与各岗位职业技能鉴定与技能竞赛，引领全员共同进步。将学习成长作为重要指标纳入员工岗位考核，大力推广“三诚商学院”线上学习培训并纳入绩效考核，截至 2015 年年末，员工线上学习人均达 253 学分。三是打造三诚文化，增强企业凝聚力。全年内培和外训 40 次，组织三诚讲坛 6 期（12 人次），开展健身与登山活动、趣味运动会、“三严三实”暨岗位创先争优演讲比赛等。持续推进零售客户舒心工程，打造“三诚”服务品牌，利用“加减乘除”法优化服务客户的措施和工作机制，专销联办“璧烟学堂”和“六个一”办证审批流程赢得客户的信任和满意。

【公益活动】 一是资助体育事业，向璧山区老体协商贸分会捐助活动经费 4 000 元。二是资助乡村建设，全年对口支援帮扶璧山区河边镇场镇建设 2 万元，支援广普镇公路建设 2 万元，捐赠三合镇场镇建设 2 万元，捐赠来凤街道办事处用于街道建设 2 万元，所有对乡镇政府捐款均用于公益事业。三是资助贫困村民和贫困客户，对璧山区健龙镇玉林村 10 户村民进行结亲慰问帮扶并捐赠 3 800 元，整肃规范健龙镇卷烟市场，支出 3 万元；对璧山养鱼社区居民、贫困客户等进行春节慰问帮扶，慰问物品（金）10 200 元；对困难客户张六华捐赠 2 000 元。四是开展“三诚慈善献大爱——璧烟与你同在”主题公益活动，年度投入 15 600 元助教、助学、助残。五是资助社会公共事业，参加义务献血活动，献血 1 600 毫升。（王婷）

安全生产监管管理

【概况】 2015 年，全区安监工作狠抓责任落实、法治建设、突出问题专项整治、安全保障基础建设，常态督查等措施，全面完成市政府下达的各项重点任务。各类安全生产事故起数和死亡人数分别下降 4.2%和 25.8%，未发生较大及以上事故，实现连续 10 年安全生产死亡事故起数、人数双下降，安全生产形势持续稳定好转，促进全区经济社会安全发展，获市政府安全生产优秀奖。

【安全责任体系建设】 “党政同责、一岗双责、齐抓共管”安全生产责任制全面落实。严格按照“属地监管”和“三个必须”要求梳理安全生产责任体系，巩固强化既有责任体系落实的基础，建立完善“中央和市属在璧企业”“过境高速公路和铁路”2 个领域的安全责任体系，扫除安全监管盲区，实现安全生产责任全覆盖。区长章勇武担任区政府安委会主任，主持召开或委托分管负责人主持召开研究安全生产的会议 7 次。细化全年安全生产工作任务，制定下发《重庆市璧山区 2015 年安全生产考核办法》《重庆市璧山区 2015 年安全生产重点任务分解》《2015 年全区安全生产工作要点》《重庆市璧山区中央和市属在璧企业安全生产考核办法》，确保各项监管措施落实到位。

【安全生产标准化建设】 全区建成标准化矿井煤矿 4 家，其中二级标准化 2 个。36 家加油站达标率 100%。新启动工贸企业标准化 56 家，验收 57 家（其中二级 10 家）。用人单位存在职业病危害 835 家，全部启动职业卫生基础建设工作，达标验收 668 家，用人单位主要负责人与职业卫生管理人员培训 723 人，职业病危害告知卡与警示标志设置率 92%。

【安全监管（执法）】 全面开展安全生产执法“三部曲”工作，做到“三有”：检查有专家、执法有处罚、整改有结果。区委、区政府主要领导率先垂范，带队深入基层检查督查安全生产工作 87 次，开展安全检查督查生产经营单位 305 个。

聘请专家参加执法检查1 184人次，累计排查整治隐患8 832项、下达整改指令书2 279份、罚没款项140.61万元、停产停业整顿27家。抽调14人组成打非执法队，查处非法储存烟花爆竹227件、非法储存液化石油气105.4吨，扣押封存产品，拘留责任人员。首次在全区事故调查组内单设应急处置评估组，应急处置评估内容纳入事故调查报告中，应急处置评估报告入卷率100%。

【安全文化素质建设】 加强全区安监人员素质提升培训，组织全区安监人员参加市级新训50人次，复训21人次，区级培训139人次。辖区139名安全监管干部和工作人员做到持证上岗，持证上岗率100%；启动建设安全培训示范企业7家，建立安全培训工作协作机制。认真开展“安全生产月”“11·2道路交通安全”“11·9消防安全”和安全社区创建工作，新通过市级安全社区验收3个（大路街道、八塘镇、福禄镇），启动市安全社区创建工作3个（正兴镇、广普镇、三合镇），璧泉街道创建全国安全社区达标评审工作进入验收阶段。广泛开展各种安全宣传教育，群众安全知识知晓率80%。

【重点行业专项整治】 全区公路防护栏实现应装尽装，全年维护和新修公路安装防护栏20公里。镇街交安办规范化建设达到80%（15个镇街规范化设置13个），“农村交通安全劝导站（队）”规范化设置率70%（154个规范设置108个），农村道路交通安全管理系统使用率100%，摩托车守法率和驾驶员按规定佩戴安全带守法均符合要求，完成交通安全执法服务站4个和公路视频监控及卡口建设11处。45辆校车安全标准化达标率100%，609台客运、112台危化品运输车辆GPS安装率、上线率、违法查处率100%。开展建设施工专项整治行动，落实建筑施工企业诚信综合评价制度，实施监管建筑工地安全生产诚信评价率100%。新启动“平安农机”示范乡镇1个、村（居）15个。开展消防安全专项整治行动，启动老旧居住建筑消防设施改造43栋。完成安监系统高清视频会议系统升级建设。油气输送管道安全隐患2处，整治率100%。涉氨制冷和涉尘爆炸作业企业安全隐患整改率、安全设施设备按标准配备率、特种作业持证上岗率均100%。

关闭3家煤矿（即：重庆市璧山区龙溪煤矿、璧山县璧城煤业有限公司梅江乡煤矿、璧山县丁家煤业有限公司马坊芝麻湾煤矿）。关闭小危化生产企业5家（即：璧山县保家黏合剂厂、重庆峡晖塑料油墨厂、重庆市璧山区一模塑料、璧山县鸿运黏合剂厂、璧山县腾飞化工厂），关闭率55.6%。关闭烟花爆竹零售经营户291家；整顿关闭金属非金属小矿山5座（即：璧山县云平页岩砖厂、璧山县同心建材有限公司、璧山县璧城宏平砖厂、璧山县丁家太平机砖厂、璧山县宏伟机砖厂），按国家规定目录和时限强制淘汰禁止使用的设备和工艺完成率90%。

【安全生产应急管理】 加强应急预案管理,13家重大危险源企业均制定应急预案，经过专家组验收。强化应急演练,指导煤矿、非煤矿山、危化、烟花爆竹等企业开展应急救援演练80次。10月26日，章勇武区长、张献强副区长组织区政府安委会全体成员单位和街镇的主要领导全程参与全区危险化学品液氨泄漏应急演练。 （区安监局）

政　治

中共重庆市璧山区委

【概况】 2015年，按照全市五大功能区域发展战略，持续发力建设重庆“城市发展新区”的生态宜居区、新型工业化示范区、统筹城乡先行区，打造和美璧山，各项指标“亮眼提神”。GDP实现381.8亿元，增长12.1%；完成工业增加值244.2亿元，增长12.1%；规上工业产值突破1 000亿元，增长18.1%；固定资产投资完成630.8亿元，增长15.7%；社零总额实现106.6亿元，增长15.4%；公共财政预算收入完成50.2亿元，增长18.7%。全区户籍人口63.5万，常住人口73万人，城镇化率50.5%。

认真落实市委决策部署，全面对接全市24项重点改革专项和81项重要改革任务，依靠全区人民，顶住经济下行压力，全面完成“十二五”规划主人目标任务，用智慧破解难题，以务实的举措，积极稳妥推进各个领域改革。全年召开璧山区党代会1次，璧山区区委全体会议2次，璧山区区委常委会20次。被中共重庆市委、重庆市人民政府、重庆警备区命名重庆市双拥模范城（县）。

2015年12月11日，中国共产党重庆市璧山区第十三届代表大会第四次会议

（曾清龙　摄）

【区委十三届四次全会】 1月12日，中国共产党重庆市璧山区第十三届委员会第四次全体会议召开。全会深入贯彻党的十八届三中、四中全会和中央经济工作会议精神和全面落实市委四届五次、六次全会各项部署，听取和讨论吴道藩代表区委常委会，以《顺应发展新常态，高标准建设重庆“城市发展新区”》为题的讲话，讨论《关于区委常委会工作的报告》，审议通过《关于全面推进依法治区的意见》。

【区委十三届五次全会】 12月8日，中国共产党重庆市璧山区第十三届委员会第五次全体会议召开。会议传达学习党的十八届五中全会和市委四届七次全会精神，讨论《中共重庆市璧山区第十三届委员会工作报告》《中共重庆市璧山区委关于制定重庆市璧山区国民经济和社会发展第十三个五年规划的建议》，审议通过《中国共产党重庆市璧山区第十三届委员会第五次全体会议关于召开中国共产党重庆市璧山区第十三届代表大会第四次会议的决议》。

【区十三届四次党代会】 12月11日，中国共产党重庆市璧山区第十三届代表大会第四次会议召开。会议深入贯彻党的十八届五中全会精神，全面落实市委四届七次全会各项部署，谋划璧山"十三五"经济社会发展，加快建设重庆"城市发展新区"，确保全面建成小康社会。会议听取和讨论吴道藩代表区委所作的《谋划未来，劲写新篇》的报告，审议通过《中共重庆市璧山区委关于制定重庆市璧山区国民经济和社会发展第十三个五年规划的建议》。

【"三严三实"专题教育活动】 2015年5月，璧山区启动"三严三实"专题教育活动。镇街、区属工作部门、区属单设中学、区管医疗单位等94个单位全程参与。区委先后召开常委会5次、党建领导小组会和专题教育推进会各2次，制定专题教育"两方案一计划"。各单位坚持"两手抓、两促进"，层层带动搞好学习教育，广泛听取群众意见，找准找实"不严不实"问题，严肃开展批评和自我批评，抓住突出问题真改实改。取得6个方面的成果：一是进一步筑牢思想根基，思想自觉和行动自觉增强。二是弛而不息纠正"四风"，全区党员干部作风建设显著加强。群众反映强烈的突出问题得到有效解决，有力凝聚党心民心。"阳光璧山一网一线"受理咨询、投诉举报、意见建议23 556件，解决率100%、群众满意率达99.63%。三是党内政治生活进一步严格，各级领导班子发现和解决自身问题的能力明显提高。四是联系服务群众"最后一公里"得到畅通，基层党组织战斗力凝聚力得到提升。五是解决一批关系群众切身利益的具体困难和问题，密切党群干群关系。

【党的建设】 全区各级党组织认真落实全面从严治党的政治责任，坚持把党建工作作为事关全局、事关长远的大事，全年思想建设、组织建设、作风建设、制度建设和反腐倡廉建设水平得到提高。深入学习贯彻习近平总书记系列重要讲话精神，区委中心组举办专题学习活动20次，自觉在思想上、认识上、行动上与中央、市委保持高度一致。全面推介展现"生态之城·和美璧山"的全新城市形象和发展理念，在央视《新闻联播》等中央权威主流媒体上稿35条。持续深入开展社会主义核心价值观和精神文明创建活动，志愿者注册人数8.8万人，创建全国文明单位1个，获评"中国好人"1名。加强"三级服务中心"建设，区202个服务中心全部实现规范化。15个镇街、186个村(社区）和119个部门纳入群工系统，实现全覆盖，年累计受理群众反映事项9075件，问题化解率97.9%，满意率98%。非公企业党组织覆盖率81%，建成台商工业园等党群服务中心3个，组建台资企业党组织10个。全区单位行政预算实现"零增长"，公务用车运行维护支出同比减少15.8%，公务接待支出同比下降7.2%，综合性会议和文件同比减少12.5%、7.8%。出台《党政机关工作人员效能问责办法》，坚决抵制不良风气蔓延。细化"责任清单"，推动"两个责任"压紧压实。明确区委主体责任31项、区委书记主体责任18项、区长主体责任11项、区委和区政府班子成员责任9项；明确区纪委领导班子监督责任25项、纪委书记监督责任12项，责任边界更加清晰。按照"横向到边、纵向到底、全面覆盖"的原则，层层签订党风廉政建设责任书，将党风廉政建设18项工作任务明确到16位责任领导和23个牵头部门。制定党风廉政建设"两个责任"专题报告、述责述廉、通报制度、廉政约谈、检查考核等6项配套机制。健全完善行政审批、项目管理、招投标等相关配套制度，制定出台《关于机关事业单位领导班子主要负责人不直接分管人财物等工作的实施办法》等规范性文件，有力推动主体责任落地。

【经济建设】 遵循“创新+资本=新动力”的新经济逻辑，组建“两山火炬股权投资基金”和“两山西证股权投资基金”，以前瞻性的眼光加强对重点企业的鼓励扶持力度，引导企业改制上市，通过资本市场更好的服务全区经济发展。区属国有企业重组、实体化运作有序推进。出台鼓励金融产业发展暂行办法，新设立金融机构6家，累计50家。制定《探索信息化助推农业农村发展机制改革实施方案》，建成区数字化服务平台、农村信息化综合服务平台。

【政治建设】 大力支持政府依法行政、人大法律监督、政协民主监督，认真落实《加强和改进人大工作的意见》和《加强和改进人民政协工作的意见》。积极稳妥推进璧南、璧北2个人民法庭主审法官办案责任制改革。开展检察机关参与公益诉讼研究探索，严格依法公开审理各类案件。切实推进全区行政权力清理规范工作，44个区级部门草拟行政权力事项目录。

【文化建设】 创新文化产业投融资机制，引导社会资本共同参与文化产业投资，新增注册资本10亿元。深化文化市场综合行政执法改革，建立多部门联动机制。推动传统媒介与新兴媒体融合发展，成功创建为重庆市首批信息惠民示范区县。加快构建现代公共文化服务体系，农村30分钟文化服务圈和城镇15分钟文化服务圈基本形成。

【社会建设】 推动科技计划管理体制改革，设置科技研发和科技平台2大类计划及6类项目；完善科技创业风险投资政策体系，与市科技金融集团共同设立“重庆市璧山区创业种子投资引导基金”。探索公立医院管办分开改革试点，卫生计生行政主管部门从直接管理公立医院转为行业管理。在全市率先启动机关事业单位养老保险改革准备工作，数据采集进度与成功率全市居首。

【生态文明建设】 出台《关于加快推进生态文明建设的意见》，在全市率先启动《璧山区“十三五”生态文明建设规划》。建立环保行政执法与刑事司法衔接机制，关闭、搬迁污染企业60家。开展“生态村镇”创建工作，61个涉农村（社区）获得市级生态村（社区）命名。大力实施智慧环保工程，全面完善330家重点监管对象基础资料。

【民生实事】 2015年，对接全市重点民生实事完成全区25件民生实事年度任务。其中，污水处理厂（站）建设、农村饮水安全、山坪塘整治和撤并村卫生室建设等4件提前完成3年目标，生态停车场建设、关闭污染企业、农村危房改造等9件超额完成年度任务。专题教育与中心任务重点工作有机融合，推动全区改革发展各项事业持续深化。精准扶贫精准脱贫任务基本完成，投入1.7亿元，落实6大类、46项重点任务。“人生链条”服务体系逐渐完善，璧山中学与重庆一中联盟办学成效初显，实验小学与巴蜀小学合作办学纵深推进，成功创建国家义务教育发展基本均衡区，人民医院和妇幼保健院“三甲”创建有序推进。

（区委办）

中共璧山区委重要文件索引表

表 5-1

发布文号	文件名称
璧山委发〔2015〕1 号	关于全面推进依法治区的意见
璧山委发〔2015〕2 号	关于印发中共重庆市璧山区委常委会 2015 年工作要点的通知
璧山委发〔2015〕3 号	关于对区委十三届四次全会报告和 2015 年政府工作报告主要任务进行责任分解的通知
璧山委发〔2015〕4 号	关于成立区委全面推进依法治区领导小组和各专项小组的通知
璧山委发〔2015〕5 号	关于印发中共重庆市璧山区委落实市委第八巡视组反馈意见的整改方案的通知
璧山委发〔2015〕6 号	关于命名全区第五批非公组织党建工作示范点的通知
璧山委发〔2015〕7 号	关于加快推进生态文明建设的意见
璧山委发〔2015〕8 号	印发重庆市璧山区处级非领导职务干部管理暂行办法的通知
璧山委发〔2015〕9 号	关于进一步加强和改进全区机关党的建设的意见
璧山委发〔2015〕10 号	关于印发重庆市璧山区区属部门和镇街领导班子和领导干部年度考核办法的通知
璧山委发〔2015〕11 号	关于印发重庆市璧山区区属国有企业改革重组实施意见的通知
璧山委发〔2015〕12 号	关于加强和改进新形势下侨联工作的实施意见
璧山委发〔2015〕13 号	关于印发落实全面从严治党责任实施意见（试行）的通知
璧山委发〔2015〕14 号	中国共产党重庆市璧山区第十三届委员会第五次全体会议关于召开中国共产党重庆市璧山区第十三届代表大会第四次会议的决议
璧山委发〔2015〕15 号	关于召开中国共产党重庆市璧山区第十三届代表大会第四次会议的通知
璧山委发〔2015〕16 号	关于成立区委网络安全和信息化领导小组的通知

中共璧山区委办公室重要文件索引表

表 5-2-1

发布文号	文件名称
璧山委办发〔2015〕2 号	印发关于加强非公有制经济组织党的建设工作的意见的通知
璧山委办发〔2015〕3 号	印发关于机关事业单位领导班子主要负责人不直接分管人财物等工作的实施办法的通知
璧山委办发〔2015〕4 号	关于撤销部分议事协调机构的通知
璧山委办发〔2015〕5 号	关于印发重庆市璧山区区级议事协调机构和联席会议名单的通知
璧山委办发〔2015〕9 号	关于印发 2014—2018 年全区党员教育培训工作规划的通知
璧山委办发〔2015〕11 号	关于对贯彻落实中共重庆市璧山区委关于加强和改进人民政协工作的意见实行责任分解的通知
璧山委办发〔2015〕12 号	关于认真学习贯彻市委孙政才书记对璧山工作四个更批示的通知
璧山委办发〔2015〕13 号	关于对国家级高新技术产业开发区创建工作任务进行责任分解的通知
璧山委办发〔2015〕14 号	关于中共重庆市璧山区委反腐败斗争查办大案要案协调小组更名及组成人员调整的通知
璧山委办发〔2015〕16 号	关于 2014 年度代表建议和政协提案办理工作成绩突出单位的通报
璧山委办发〔2015〕17 号	关于做好区十六届人大七次会议代表建议和区政协九届五次会议提案办理工作的通知
璧山委办发〔2015〕18 号	关于成立璧山中学与重庆一中联盟办学领导小组的通知
璧山委办发〔2015〕19 号	关于做好区政协 2015 年度重点提案、跟踪提案办理工作的通知
璧山委办发〔2015〕20 号	关于市委第八巡视组巡视璧山区意见反馈会议情况的通报

续表 5-2-2

发布文号	文件名称
璧山委办发〔2015〕22 号	关于印发区级有关部门贯彻落实中共重庆市璧山区委关于全面推进依法治区的意见重要措施责任分解表的通知
璧山委办发〔2015〕25 号	关于印发璧山区 2015 年全面深化改革工作要点的通知
璧山委办发〔2015〕26 号	关于推进璧山城区立体绿化的通知
璧山委办发〔2015〕27 号	关于印发璧山区 2015 年生态创建工作考核办法的通知
璧山委办发〔2015〕29 号	关于印发璧山区区领导和区级部门 2015 年党风廉政建设和反腐败分工责任制的通知
璧山委办发〔2015〕31 号	关于印发开展“整治吃拿卡要　优化发展环境”专项行动实施方案的通知
璧山委办发〔2015〕32 号	关于印发开展工程建设领域突出问题专项治理工作实施方案的通知
璧山委办发〔2015〕33 号	印发重庆市璧山区在处级以上领导干部中开展“三严三实”专题教育实施方案的通知
璧山委办发〔2015〕34 号	关于市委第八巡视组巡视反馈意见整改情况通报会的通报
璧山委办发〔2015〕36 号	关于印发 2015 年民生实事工作目标任务的通知
璧山委办发〔2015〕37 号	印发重庆市璧山区生态文明建设重点任务分工方案和重庆市璧山区生态文明建设重点任务分解表的通知
璧山委办发〔2015〕42 号	关于进一步加强村（居）务公开工作的通知
璧山委办发〔2015〕43 号	关于公布 2015 年区级领导联系重点项目和重点企业名单的通知
璧山委办发〔2015〕44 号	关于印发重庆市璧山区招商引资工作考核细则（暂行）的通知
璧山委办发〔2015〕47 号	关于印发重庆市璧山区审计项目五年轮审规划的通知
璧山委办发〔2015〕50 号	关于印发重庆市璧山区拟上市重点培育企业财政扶持暂行办法的通知
璧山委办发〔2015〕52 号	关于对重庆市人民政府办公厅关于支持重庆璧山高新技术产业开发区加快发展的通知进行责任分解的通知
璧山委办发〔2015〕54 号	关于印发轨道一号线、黛山大道沿线违法建筑专项整治实施方案的通知
璧山委办发〔2015〕55 号	关于璧山区举行中国人民抗日战争暨世界反法西斯战争胜利 70 周年纪念活动的通知
璧山委办发〔2015〕56 号	关于印发重庆市璧山区出国（境）人员审批管理实施办法的通知
璧山委办发〔2015〕58 号	关于贯彻落实市委、市政府关于精准扶贫精准脱贫的实施意见有关工作的通知
璧山委办发〔2015〕61 号	印发镇街纪（工）委书记、副书记提名考察办法（试行）中共重庆市璧山区纪委派驻纪检组组长、副组长提名考察办法（试行）的通知
璧山委办发〔2015〕62 号	关于认真学习贯彻中国共产党党组工作条例（试行）的通知
璧山委办发〔2015〕63 号	关于认真学习贯彻党的十八届五中全会精神的通知
璧山委办发〔2015〕64 号	关于开展区级部门和镇街行政权力清理规范工作的通知
璧山委办发〔2015〕66 号	关于认真学习贯彻中国共产党廉洁自律准则和中国共产党纪律处分条例的通知

纪委及行政监察工作

【概况】 2015年，区纪委认真协助区委加强党风建设和组织协调反腐败工作，切实推动全区各级党组织深入贯彻落实中央、市委和区委关于党风廉政建设和反腐败斗争的决策部署。各级纪检监察组织聚焦中心任务，强化监督执纪问责，推动党风廉政建设和反腐败各项工作取得新进展新成效。

区纪委监察局内设办公室、组织部等10个部室，机关干部职工31名，其中行政人员28名，机关后勤服务人员3名，监督执纪人数占机关总人数的83.33%。下设事业单位璧山区纪检监察信息中心，事业人员4名。区纪委常委9名，另配备2名兼职常委（不占领导职数）；区监察局局长1名（副书记兼任），副局长3名（其中2名由区纪委常委兼任，1名非中共党员干部担任）。11月，陈强任区纪委书记，区纪委原书记夏庆英调永川工作。区纪委领导班子扎实开展“三严三实”专题教育，查找整改问题8个；坚持开门听取意见，经常开展批评和自我批评；坚持民主集中制，严格执行区纪委常委会工作规则和会议规则；密切联系群众，委局领导轮流接访群众16人次，包案处理疑难信访问题10件。

强化日常监督。出台《关于加强纪检监察干部监督工作的意见》，扎实开展廉政风险防控，坚持抓早抓小，分层级开展约谈。认真落实领导干部个人有关事项报告、外出请假报备制度。严防“灯下黑”，受理纪检监察干部问题线索7件7人，其中给予纪律处分1人，通报批评1人。

【重要会议】 2月4日，召开中国共产党重庆市璧山区第十三届纪律检查委员会第五次全体会议，主要任务是深入贯彻党的十八大，十八届三中、四中全会，习近平总书记系列重要讲话和十八届中央纪委四次、五次全会精神，按照市纪委四届四次、五次全会和区委十三届四次全会的部署，总结2014年工作，研究部署2015年任务。区委书记吴道藩出席全会并讲话。区委、区人大常委会、区政府、区政协领导同志出席会议。会议审议通过区委常委、纪委书记夏庆英代表区纪委常委会所作的《坚持从严治党，强化执纪监督，坚定不移推进党风廉政建设和反腐败斗争》的工作报告。2015年，区纪委召开纪委常委会20次，审定16个制度文件，传达学习中央、市委重要会议精神。1月5日，区纪委常委会审定《党纪处分审批权限》《政纪处分审批权限》《落实党风廉政建设“两个责任”配套制度》；9月29日，审定《中共重庆市璧山区委办公室关于印发〈镇街纪(工)委书记、副书记提名考察办法（试行)〉》《中共重庆市璧山区纪委派驻纪检组组长、副组长提名考察办法（试行）的通知》；11月3日，传达学

2015年2月4日，区纪委十三届五次全会

（曾清龙　摄）

习《中国共产党廉洁自律准则》《中国共产党纪律处分条例》。

【严明党的纪律】 严明政治纪律和政治规矩。把守纪律、讲规矩放到重要位置来抓，教育督促全区党员干部学习党章、遵守党章，不断增强政治敏锐性和政治鉴别力，在思想上政治上行动上同以习近平同志为总书记的党中央保持高度一致，坚决维护中央权威。把纪律和规矩挺在前面，立起来、严起来、执行到位，坚决查处不守纪律、不讲规矩的行为。加强对中央、市委和区委重大决策部署落实情况的监督检查，严肃追究失职渎职行为2件5人，确保政令畅通。严防“四风”问题反弹回潮。紧盯“四风”问题新形式、新动向，重申纪律规定，公开举报电话，持续加大执纪监督力度，做到言出纪随、一寸不让。坚决查处公款吃喝送礼、公款旅游、借婚丧喜庆敛财、违规使用公车等突出问题，对顶风违纪的从严执纪、从重处理。2015年，全区共查处违反中央八项规定精神问题12件，处理20人，其中给予党纪政纪处分9人。严查群众身边的“四风”和腐败问题。出台《璧山区党政机关工作人员效能问责办法》，开展“整治吃拿卡要·优化发展环境”专项行动，严肃查处生冷硬推、吃拿卡要、与民争利、欺压百姓等问题，以及发生在民生资金、“三资”管理、土地复垦等领域的违纪问题。一年来，全区共查处相关问题12件，处理14人，其中党纪处分13人、政纪处分7人、组织处理3人、移送司法机关8人。

【纪检体制改革】 深入落实党风廉政建设“两个责任”。区委书记吴道藩开展约谈52次196人次，对25名党委（党组）书记落实全面从严治党责任述职进行点评，以上率下、传导压力。开展部分镇街、部门党委书记在区纪委全会上述责述廉，接受区纪委委员质询评议。组织580名党政领导干部、纪检组织负责人参加“两个责任”知识测试。开展“两个责任”书记访谈活动和征文活动。认真贯彻区委关于落实“两个责任”的实施意见。2015年，全区各级纪检组织按照干部管理权限约谈领导干部1 300人次，89名区管党政主要负责人向区纪委书面述责述廉，追究党风廉政建设责任5件，其中纪律处分2人、组织处理4人，公开通报3起责任追究典型。强化区纪委对下级纪检组织的领导。制定《中共重庆市璧山区委办公室关于印发〈镇街纪（工）委书记、副书记提名考察办法（试行）〉》《中共重庆市璧山区纪委派驻纪检组组长、副组长提名考察办法（试行）的通知》，细化具体任免操作程序。加强基层纪检组织建设。出台《关于规范镇街、部门（单位）纪检组织人员职数的通知》，规范镇街、部门纪检组织人员设置。制作信访、审理、纪律审查、监督检查等5个业务流程模板及《工作守则》《工作职责》等5个管理制度模板。开展派驻机构建设调研。加强农村和城市社区纪检组织建设，186个村（社区）设纪检委员。清理基层纪检组织牵头或参与的议事协调机构314个，保留102个，精简67.5%。建立纪委书记季度报告工作制度，69个纪检组织负责人书面向区纪委常委会报告工作，每季度10名负责人现场述职，接受质询。

【严肃纪律审查】 坚持力度不减，严肃惩治腐败。紧紧围绕遏制腐败蔓延势头的目标任务，重点查处党的十八大后不收敛、不收手，问题线索反映集中、群众反映强烈，现在重要岗位且可能还要提拔使用的党员干部，减少腐败存量，遏制腐败增量。2015年，全区各级纪检监察组织接受群众信访举报407件，下降1%；处置反映问题线索138件，上升39.4%，了结54件；立案86件，同比上升50.9%，涉及县处级干部8件，结案92件；给予党纪政纪处分103人，涉嫌犯罪移送司法机关处理9人，为国家挽回经济损失221.75万元。突出执纪特点，注重抓早抓小。转变纪律审查理念，更加重视党员干部违反纪律的“小节”

问题，注重用党纪的尺子衡量党员干部的行为，准确把握和运用好监督执纪问责“四种形态”，对党员干部苗头性、倾向性问题，及时约谈、函询、诫勉。2015年，共谈话函询19件次。对问题较严重的作出党纪处分和组织处理，党纪轻处分和组织处理65人，党纪重处分49人。强化信访举报、线索管理等工作。发布《璧山区纪检监察信访举报图解》，集中展播信访举报动漫宣传片，开办信访举报知识专栏160期，投放信访举报免邮资信封2万个。制定《基层纪检监察信访举报办理暂行办法》。开展纪检监察干部亮牌下访活动，接受群众咨询600件次，收集问题线索197条。加强问题线索管理，制定《区纪检监察机关问题线索管理办法（试行）》《关于加强对问题线索报送及处置工作的通知》，建立问题线索台账。向市纪委上报问题线索处置情况138件。开展2012年以来问题线索专项清理，清理出涉刑党员干部案件线索37件，违反计划生育线索36件，并及时进行处理。开展纪律处分执行情况的监督检查，涉及59人，发现问题3个，责成相关单位限时整改。制定《纪律审查安全工作责任制》等4个制度，严明纪律审查安全、保密、程序等纪律。加强反腐败协调机制建设，强化与审计、司法等机关协作配合。

【党风廉政宣传教育】 深入学习宣传准则和条例。区委常委会议和中心组会带头开展专题学习，并印发通知，对宣传贯彻执行两部党内法规提出明确要求。区纪委按照吴道藩“像普法那样普纪”的要求，通过专家辅导、集中培训、图说巡展等进行学习宣传。各级各部门分别通过中心组学习、组织生活、专题党课、短信推送等形式，广泛深入地开展学习宣传。区纪委通过专项检查、抽查测试等形式，对各单位学习宣传情况进行跟踪监督，督促真学真用。深入开展理想信念教育、纪律作风教育和警示教育。编印《学思践悟》学习资料1 000册，赠送全区各级党政主要领导和纪检监察专兼职干部。邀请市纪委副书记王勇讲授党风廉政建设和反腐败形势任务，500名党政领导和纪检干部深受教育。组织“2015年党风廉政看巴渝”“党风廉政看璧山”新闻采写活动，举办“和美璧山·廉政漫画”展览、“巴渝廉画”巡展活动。紧盯年节假期，发送廉政短信、警句4 000条。组织党员领导干部赴廉政教育基地进行警示教育，开展征集优良家风活动，收集整理璧山廉政文化史册。加强涉纪涉腐舆情分析研判，协调有关部门做好网上突发舆情应对处置工作。推动学报用刊活动向村居、学校、医院等延伸覆盖。

（区纪委）

组织工作

【概况】 中共重庆市璧山区委组织部是主管全区组织建设、干部队伍建设及人才队伍建设等工作的区委工作部门，与区委非公经济和社会组织工委合署办公，下属区远程教育中心（副处级）和区人才引进服务中心（正科级）2个事业单位，内设办公室、干部科、干部教育科、干部监督科、干部考核科、人才科、组织科、党代表联络科、信息调研科、非公党建科等10个职能科室，截至2015年年底，实有行政人员23名、事业后勤人员6名。

2015年，围绕落实“三区一美”战略，深入贯彻全面从严治党要求，以严的精神和实的作风抓好各项工作，为“十二五”圆满收官提供坚强组织保证。同时，突出自身过硬，按照“讲政治、重公道、业务精、作风好”的要求，带头开展“三严三实”专题教育。抓好重温党章、再学条例、干部对账、催办督办、服务基层、警示教育“六个一”活动，营造深学细照的氛围。顺应时代要求，依托“红岩网”“组工信息”等载体，加快提升组工干部专业素养，全年编写《璧山组工要情》11期，被《重庆组工信息》采用10条，被网络媒体（网站、论坛）推荐首页显示的正面宣传文章252篇、组织工作信息82条。

【干部管理】 突出“规范动作”，干部队伍管理有序。一是完成撤县设区后区管参公、事业单位领导干部调配；按照撤县设区干部选拔工作进程及工作需要，全年区委调整区管领导干部497人次，其中，提拔使用190人、平级交流19人，因自愿改非、身体健康等原因免职17人，兼职职务调整20人次，转正177人次，涉及军转安置、机构变更、撤县设区继任等74人次。二是有序开展处级非领导职务晋升，全年晋升调研员42人，副调研员31人；彻底规范区管领导干部编制身份，26名到事业单位任职的领导干部纳入事业干部管理，不再保留公务员（参公人员）身份。三是全面消化科级领导职务，累计消化科级非领导职务323名。四是严格执行领导干部能上能下、约谈、提醒、函询、诫勉等制度，全年提醒谈话领导干部26人，函询领导干部83人。璧山作为唯一区县代表，在全市作贯彻落实干部任用条例的交流发言。

突出“从紧从严”，加强领导干部监督考核工作。一是严明用人风气。强力推进“六个专项整治”工作，着力非领导职务超配消化工作，全区科级领导职务和处级非领导职务实现“零超配”。常态加强选任监督，专项检查选人用人单位61个，列出整改清单，重点督促整改。二是严肃日常管理。全年与干部谈心谈话400人次，提醒函询109人，调整不适宜担任现职8人，违纪免职9人；专项审核干部档案4 815人；严格落实领导干部个人有关事项报告制度，核查310人，因隐瞒不报未予以提拔3人；出台《重庆市璧山区出国（境）人员审批管理实施办法》，专项治理领导干部因私出国（境），上交证件的区管干部268名，新增备案2 283人，处理违反规定干部11人；经济责任审计领导干部11人；受理信访案件51件次。三是从严考核。修订出台《重庆市璧山区区属部门和镇街领导班子和领导干部年度考核办法》，按照“对标管理、突出重点”的原则，进一步优化考核指标。完善镇街功能导向考核指标，以差异化考核促进镇街差异化发展。从严管控考核项目，杜绝考核泛滥。深化考核结果分析，实行“一对一”书面反馈。

突出“理论武装”，抓好干部教育培训工作。以开展“干部教育培训质量提升年”为抓手，全面落实《2013—2017年全市干部教育培训规划》，以思想教育为核心，坚持“重规范、提质量”，完成市委党校主体班调训31人次，其他市级部门调训389人次。举办各类培训班59期次，培训各级干部5 500人次。全区2 887名公务员（含参公人员）参加在线学习，合格率100%。全力推进重庆市产城融合建设现场教学基地的规范化建设，全年接待59个外来班次。同时，分类打造党性教育、党建示范、新型工业化、农业现代化、深绿城市建设等5个类别8个区级现场教学点。

【人才工作】 持续深入开展“人才工作项目建设年”活动。一是加强人才制度体系建设。印发《关于加强基层医疗卫生机构人才队伍建设的意见》，通过建立基层医疗全科医生培养制度、实施医疗卫生队伍能力提升规划等措施，加强以全科医生为重点的基层医疗卫生队伍建设。制定《璧山区机关事业单位引进高层次人才配偶安置原则》，明确高层次人才配偶安置情形、随调条件、岗位安排、办理程序、推荐就业等问题。二是完成“三年千人引才计划”。2013年至2015年引进和培养1 035名高层次人。其中：机关事业单位864人，企业171人；硬性引进413人，柔性引进152人，自主培养470人；博士25人，硕士640人，高职称、高技能人才370人。三是大力实施“产业人才集聚计划”。全年培养各类产业人才3990名，为产业企业和相关机关事业单位引进高层次人才90名。支持和引导企业投入研发资金加强人才集聚平台建设，倾力打造金融街、积极发挥企业人才平台作用，累计建成红宇精密工业有限责任公司博士后科研工作站、徐建强首席技师工作室等近50个国家级、部级、市级人才集聚平台。新装修13套璧山人才公寓。四是统筹推进6

支人才队伍建设。策划实施企业人才“百千万”培训工程、优秀农村实用人才培育工程、电子商务人才培训工程等23个重点人才项目，党政人才、专业技术人才、企业经营管理人才、高技能人才、农村实用人才、社会工作人才队伍建设有序推进。

【基层党建】 一是服务群众平台更加便捷。全区202个服务中心建设规范、运行良好，村居均配齐电脑、照相机、指纹机、复印机、打印机、座机电话等设施设备，方便群众办事。群工系统累计受理群众事项10 500件，办结率97.9%，满意率98%。大力推进电商、超市、金融“三进村”，服务群众生产生活，拓宽群众致富渠道，覆盖率67%。二是大抓基层导向更加鲜明。巩固减负提能成果，将村（社区）服务群众工作经费提高到6万元~11万元。137个村回引171名本土人才到村挂职，其中109人确定为村级后备干部。严格执行村社干部监督管理、绩效考核、两委印章管理等规章制度，规范其履职行为。分级全覆盖轮训村（社区）专职干部，帮助提升“手艺”。安排专项经费30万元，落实镇街领导干部包村开展党员冬训工作。三是从严治党责任更加夯实。强化各级党委（党工委、党组）及其书记、分管领导、其他班子成员党建工作责任，整顿转化后进基层党组织25个，对口帮扶3个贫困村、1 879户贫困户，常态化开展部门结对包建村（社区）、无职党员设岗定责、窗口单位和服务行业“为民服务、创先争优”活动，领导干部带头落实直接联系服务群众工作制度。坚持基层党建季度督查、年度“联述联评联考”，倒逼工作落地、责任落实。四是党代表发挥作用更充分。继续深入开展党代会常任制试点工作，召开重庆市璧山区第十三届四次党代会，认真贯彻落实党代表任期制，加强对乡镇党代会年会制的指导。五是“互联网+”运用更广泛。远程教育努力在新媒体运用，创新学习平台上下功夫。开设“党员微信课堂”“党员远程教育终端课堂”“党员QQ课堂”等，将平台建设拓展到87个区级部门，并自主开展教学3次。拍摄《坚持》等7部教学课件，全部在市第七届

2015年璧山区党的基层组织数量情况和换届情况表

表5-3

项目		总数	党委	总支部	支部	项目		总数	党委	总支部	支部
党的基层组织数		1070	62	33	975	事业单位		199	5	4	190
	任期届满	54		2	52		机关	185	6	11	168
	本年换届	54		2	52		中央一级				
	城市街道	409	29	7	373		省（区、市）一级				
	乡镇	223	10	8	205		市（地、州、盟）一级	125	6	11	108
企业	国有经济制	30	1	2	27		县（市、区、旗）一级				
	集体经济制	9			9		其他	325	39	15	271
	非公有经济控制	322	11	1	310						

注：1.党组35个，其中，市（地、州、盟）一级机关29个

2.中央和各级地方党委派出工委12个，其中省辖市（州）委派出工委12个

3.国务院和地方政府工作部门中有基层党组织47个，其中党委6个，总支部9个，支部32个

4.建制村中有党组织166个，其中总支部13个，支部153个

5.农民专业合作社12个，共有党组织10个，其中支部10个

2015 年党员基本情况表

表 5-4

项目	总数	预备党员	女	少数民族	台湾省籍	年龄									
						30 岁及以下	31 至 35 岁	36 至 40 岁	41 至 45 岁	46 至 50 岁	51 至 55 岁	56 至 60 岁	61 至 65 岁	66 至 70 岁	71 岁及以上
总　　计	29855	243	7574	104		3491	2186	2194	2831	2627	2453	2104	2837	3007	6125
一、在岗职工	10400	176	3447	77		2067	1607	1622	1760	1514	1211	547	72		
合　　计	6478	101	2369	61		1016	1077	1166	1101	974	793	351			
党政机关工作人员	2287	38	621	34		406	277	275	401	387	368	173			
事业单位管理人员	1109	10	386	3		109	186	240	202	179	145	48			
事业单位专业技术人员	2592	47	1232	18		427	549	572	403	327	214	100			
企业管理人员	181		60	2		20	22	33	44	28	29	8			
企业专业技术人员	113	3	30	1		20	20	15		15	15	6			
工勤技能人员	196	3	40	3		34	23	31	32	38	22	16			
合　　计	3922	75	1078	16		1051	530	456	659	540	418	196	72		
企业管理人员	1100	30	295	7		190	155	131	194	176	155	83	16		
企业专业技术人员	888	13	226	3		275	133	116	138	99	74	34	19		
民办非企业单位管理人员	177	3	47	2		50	18	17	27	29	21	9	6		
民办非企业专业技术人员	155	6	57	1		56	21	14	28	21	9	4	2		
工勤技能人员	1602	23	453	3		480	203	178	272	215	159	66	29		
农　民　工	89		34			29	14	7	14	13	10	2			
二、农牧渔民	13761	60	2614	4		955	435	859	933	1016	1121	1671	2016	4281	859
外出务工经商人员	2605		103			443	386	291	621	557	259	31	17		
三、军人、武警															
四、学　生	1					1									
五、离退休人员	3745		913	11			3	5	15	29	80	311	950	839	1513
六、其　他	1948	7	600	12		468	141	93	197	151	146	125	144	152	331

注：1.能够按时按标准交纳党费的党员 29818 名，经批准少交党费的党员 32 名，免交党费的党员 5 名

2.生活不能自理、丧失劳动能力的党员 81 名

3.企事业、民办非企业单位党员中担任高级专业技术职务的 329 名，其中女性 72 名，35 岁及以下的 15 名；担任中级专业技术职务的 960 名，其中女性 427 名，35 岁及以下的 380 名；担任初级专业技术职务的 645 名，其中女性 325 名，35 岁及以下的 439 名

党员教育教学课件观摩评比中获奖。

【非公党建】 一是台资企业党建取得突破。组建台资企业党组织 11 个，成立台资企业党委，投入 300 万元建成台商工业园党群服务中心，“同心·共建”系列活动成为台企党建品牌。二是联合党组织规范化建设有进展。推广使用新媒体开展党员教育，设立 10 万元专项经费补助开展主题活动，命名表彰 36 户区级“共产党员示范经营户”。三是强力推进其他重点工作。全面落实税前列支、

上级补助、党费返还制度。全年新建非公组织党组织96个，组建率100%，党组织覆盖率非公企业80%，社会组织72%。全区近300个非公党建网站实现“月月有更新”。深入开展“双强双带”活动，创建区级示范党组织30个，举办“高新区杯”创业创新知识竞赛，常态实施“新三会一课”和“先锋工程”。

【“三严三实”专题教育】 一是抓好学习教育，以专题学习研讨为主，结合主题党日活动和周末大讲堂，通过观看专题片、邀请专家辅导、开展警示教育、组织典型事迹报告等多种形式开展集中学习，全区各单位完成专题学习4个，开展学习研讨875次、437天；构建“四级党课体系”，各级书记讲党课400次。二是开好专题民主生活会，“三必谈”交心达成共识，“三级联审”对照检查材料，“三对照四检视”开展批评，确保民主生活会开出高质量。三是强化问题整改，抓好“四个排查”专项整治，实行挂单整改兑现承诺，持之以恒纠正“四风”，46件重大整改事项纳入对账销号“清单”，完成25件民生实事年度任务。四是坚持立规执纪，确立“专项督查为主，备案检查、电话抽查、会议检查、联合督查为辅”的督查机制，开展明察暗访、专项检查19次。区委书记党课的网络课件点击量位居全市第1位，《经济日报》对璧山区“三严三实”专题教育作深入报道。

（区委组织部）

宣传思想工作

【概况】 2015年，璧山宣传思想文化工作贯彻落实全市宣传思想文化工作会议精神，特别是燕平常委2014年2月视察璧山区时指示的强化营销品牌、管控社会舆情、深化网络问政、抢抓新媒阵地、规范新闻报道、做强文化产业等六大重点工作，紧紧围绕区委“三区一美”发展战略，牢牢把握“营销城市”和“管控网络”两大任务，顺应新常态，实现新作为，展现新区新形象。

【新闻策划】 自主策划“2015，我们一起出发”“办好重点民生实事”等特色专栏，2次头版深度报道获区委、区政府主要领导肯定性批示。璧山广播电视台开设“两会系列报道”“关注重点工程”等栏目，精心制作《音乐之声》《纪录》《好人在身边》等专题节目，其中，《纪录》栏目获评中国十佳纪录栏目，与重庆电视台联合摄制的大型纪录片《天路，我的新藏线》获第十八届重庆新闻广播电视（专题）一等奖。重庆璧山网累计访问量超过1亿次，日均浏览量PV达12.3万人，更新采用信息近9 000条。极力争取、积极参与市委宣传部组织的“港澳媒体高层重庆行”“海外华文媒体重庆行”“微博达人重庆行”“网络名人重庆行”“全市网络媒体集中采访”等对外文化交流活动。

2015年11月27日，梦想马拉松公益跑活动现场

（曾清龙　摄）

【新闻外宣】 中央电视台《新

闻联播》《人民日报》等中央权威主流媒体刊播璧山正面报道24篇，其中，央视《新闻联播》首次头条聚焦璧山生态建设，《经济日报》头版报道璧山经济民生工作3次，《新华社内参》和《国内动态清样》刊载璧山建设发展情况2次；在《重庆新闻联播》《重庆日报》等市级主流媒体上稿986条；《香港大公报》《文汇报》等境外媒体均给予璧山深度关注；“清新璧山”资讯平台在重庆有线台“全域重庆”栏目上线播映。

【媒体建设】 自2014年创办发行《璧山手机报》后，2015年创办璧山报微信，单条最高点击阅读量超过5万；政务微博@璧山之声新浪和腾讯粉丝增至8.46万人，发布原创微博4 352条，被市政府转发微博累计15条。政务微信公众号和美璧山粉丝量1.26万人，和美璧山APP下载量超过2 000人。璧山报社、党政信息中心迁址新行政中心，办公条件得到极大改善，积极推进区广播电视台标准化建设。

【理论武装】 璧山区委中心组组织学习20场，邀请市委宣讲团成员、市规划局局长曹光辉、西南证券总裁余维佳、西南政法大学党委书记张国林等专家做专题报告，区委中心组成员在《重庆宣传》《重庆学习论坛》《新重庆》《重庆公安》等发表理论文章11篇。继续巩固和深化农村“学习型院落”、城镇“学习型社区”，形成城乡思想政治工作一体化的“双轮驱动”模式。重点在“两新组织”中推动学习型党组织建设，其中以青杠街道“山青公司”为重点，抓好民企学习型党组织建设。组织开展党的十八届五中市委四届七次全会精神、《习近平谈治国理政》等主题宣讲各100场以上。广泛学习《习近平在会见全国优秀县委书记时的讲话》《习近平在文艺工作座谈会上的讲话》等重要系列讲话。开展理论龙门阵“五个一百”活动400场次，参与人数8万人次。璧山理论龙门阵被新华社、央视《新闻联播》等中央、市级媒体聚焦报道。开展理论龙门阵“五个一百”展示会初赛、决赛活动2场，市委宣传部副部长，文明办主任樊伟莅临活动现场，给予高度评价：“璧山的小城故事会摆龙门阵，内容接地气，形式很鲜活，百姓很欢迎。”精心培育基层理论宣讲先进典型，取得明显成效，青杠街道“好声音”宣讲队，获评2015年度市级基层理论宣讲先进典型。

【思想政治】 全年举办梦想公开课堂、梦想社区课堂、梦想流动课堂梦想沙龙等活动800多场，建成北门社区等梦想课堂市级示范点7个，组织全区63所中小学校广泛开展梦想课堂自然笔记大赛，重庆市“梦想社区·幸福家园”主题日活动暨璧山区“家在社区”主题活动在璧山区举行。以培育和践行社会主义核心价值观为主要内容，培塑福禄镇斑竹村书记吴正祥、健龙镇农业服务中心主任毛泽生、璧泉小学教师陈云梅等典型人物，分别获评1月、6月、10月“感动重庆月度人物”，全区15个镇街广泛发布善行义举榜，首次承办2015年8—10月感动重庆月度人物发布会。广泛开展“点赞公民”—千万市民学法律、千万市民升国旗、千万市民做公益等活动，10月1日，首次在大成广场举行升国旗仪式，隆重纪念世界反法西斯战争暨中国人民抗日战争胜利70周年。

（区委宣传部）

统战工作

【概况】 中共重庆市璧山区委统一战线工作部(区委台湾工作办公室、区政府台湾事务办公室、区民族宗教侨务办公室挂牌统战部）由区委常委刘启海任部长，副部长3名，其中常务副部长1名，分管经济工作的副部长兼任区工商联党组书记，按规定配备纪检组长1名。部机关下设3个科室：综合科、党派科、民宗侨务科，现有编制数8人。2015年，全区统一战线工作以凝聚人心、服务发展为核心，认真贯彻落实中央、市委和区委关于统战工作的重要决策部署，着力增进政治共识，维护社会和谐稳定。

【思想政治引导】 区委成立统战工作领导小组，区委书记吴道藩任组长。6月25日，重庆市委常委、统战部部长宋爱荣到璧山区调研，对璧山各项工作给予充分肯定。10月，全区开展“统战宣传月”活动，在《璧山报》、电视台、璧山网等新闻媒体上刊登或播出领导干部谈统战、统战成员谈心得、精神亮点解读等报道23次。推动统战理论知识进党校、进行政学院，先后在新录用公务员培训班、备管干部培训班等5个干教主体班次上讲授统一战线理论政策；推动统战知识纳入国民教育，在中小学思想政治、品德课上广泛讲授统战基础知识。会同社会主义学院联合举办民主党派人士、宗教界人士、非公经济人士和非公出资人培训班，邀请高校、市社会主义学院教授和市委统战部、市民宗委、市经信委的领导以及区委领导为培训班授课，全年培训党外代表人士290人。平时通过季度学习会、情况通报会、观摩学习等加强党外代表人士学习的思想政治引导和政策理论学习；针对专门群体，组织开展中秋“三胞”亲（眷）属座谈会、党外人才座谈会等交流活动，了解统战对象的思想情况。

【民主党派工作】 支持民主党派成员和组织发展。协助致公党璧山支部完成换届选举。协助各民主党派全年新发展成员40多人，璧山区现有民盟、民建、农工党、致公党4个支部，有民革、民进、九三学社、台盟等8个民主党派的成员200人。引导民主党派和无党派人士服务地方发展。民主党派的集体提案被区政协立案的3件、个人提案建议立案51件、社情民意采纳14件，为相关部门决策提供有益参考。民主党派和无党派人士积极参与扶贫帮困、送医送文化下乡等社会服务，提供项目、捐款捐物折合人民币32万多元。农工党璧山支部被农工党中央授予“先进基层组织”,民建璧山支部被民建重庆市委授予“先进集体”，王复莲、刘章毅获“民建重庆市优秀会员”称号。致公党璧山支部主委刘华获中国侨联表彰的“2011—2015年度全国侨联系统维权工作先进个人”。

【党外代表人士工作】 注重党外代表人士个性化培养，从全区引进人才中发掘党外人士，从各部门各镇街的二级机构负责人中发掘党外人士，把全日制硕士研究生（副高级职称）以上党外人士、留学归国人员纳入统战工作新重点。安排区管副职党外领导干部1名到重庆市挂职基地学习锻炼，接受区外党外干部2名到璧山区挂职。全年举办党外代表人士座谈会9次、统一战线活动6次，多种方式团结党外人士、增加政治共识。全区副处级以上实职党外干部18名，党外市人大代表5名、市政协委员6名。

【非公有制经济领域统战】 以守法诚信为重点引导非公有制经济人士健康成长，举办“诚信经营、依法治企”专题讲座，引导广大非公有制经济人士守法诚信经营；朱堂福、袁熙淮2人被市委、市政府评为2015年度重庆市优秀民营企业家。全年非公经济增加值290亿元，同比增长12.3%，占全区经济总量的76.0%；税收31.4亿元，增长20.9%，占全区税收收入的74.5%。顾地塑胶电器公司、金冠汽车制造公司、星极齿轮公司被市委、市政府评为2015年度重庆市优秀民营企业。非公企业15家被确定为重庆市100户重点企业、成长型企业和“专精特新”企业。引导非公经济人士参政议政，区“两会”中，非公经济人士共提交议案、提案、社情民意、建议意见等50件，参与“新常态下政府如何走进企业助推发展”课题研讨等活动。引导非公经济人士积极履行社会责任，各行业商会、镇街商会、非公有制企业积极参加捐资助学、支持农村卫生室、养老院建设等活动，累计捐款捐物800万元。（唐波　谭智勇）

对台侨务工作

【概况】 中共璧山区委台湾工作办公室、璧山区人民政府台湾事务办公室、璧山区民族宗教侨务办公室均挂牌在区委统战部，由常务副部长彭朝英兼任主任。2015 年，璧山区对台、侨务工作贯彻落实科学发展观，深入落实“四个全面”布局，围绕“三区一美”战略实施，发挥资源优势，广泛结台侨谊，全面聚台侨力，主动解台侨困，努力凝台侨心，为璧山经济与社会发展作出贡献。

【涉台交流】 全年接待新竹市议会、中华文化国际交流协会、台湾观光特产协会、台湾中视等 130 人次到璧考察洽谈。8 月 29 日，璧山中学与台南市崑山高级中学签署合作协议，两校将定期组织学术交流活动，开启璧山区同岛内校际交流的新机制。11 月 22 日至 24 日，第十二届世界王氏恳亲联谊大会在璧山区召开，来自世界各地的王氏宗亲 1 000 人参会，其中包括台湾中华民众党总裁王中泉等台湾王氏宗亲 77 人。

【涉台经贸】 利用“渝洽会”、重庆·台湾周活动，邀请台湾考察团、协会到璧考察，大力宣传、推介璧山。继续完善领导干部联系台资企业、建立联席办公、现场办公等工作制度，深入企业生产一线现场，为统一企业、高冠公司等台资企业解决在发展过程中遇到的矛盾和问题。全年，璧山区新引进台资企业 5 家，台资企业总数 80 家，已投产 40 家，年产值近 290 亿元。

【港澳台侨服务】 排查登记新增在璧台胞 2 次，纳入系统数字化动态管理。处理好台胞邓某某在青杠街道征地拆迁等信访 2 件，慰问台侨眷属 100 人次，协调相关部门办理在璧台胞子女就近入学 6 名，为 2 个办理赴台商贸团队审批手续。

【完善涉及侨台应急预案】 依据《中华人民共和国宪法》《中华人民共和国归侨侨眷权益保护法》等有关涉港澳台侨的法律法规和政策，以及《璧山区突发公共事件总体应急预案》等有关建立应急预案和机制的文件，修订 2011 年制定的《璧山县涉及港澳台侨突发社会事件预防与处置工作方案》，健全处理涉港澳台侨突发社会事件应急机制，切实提高涉侨台相关部门的安全意识和应对突发事件能力。（唐 波）

党校工作
（行政学校和社会主义学院）

【概况】 2015 年，突出党校干部培训的特色和亮点，凸显“党校姓党”，把党性教育作为干部教育培训的重要内容，推进党性教育系统化。按照“理论教育、传统教育、典型教育、实岗锻炼和党性分析”五大模块开展党性教育，促进党性教育系统化。

【主体班教学】 贯彻落实《璧山区 2015 年干部教育培训工作计划》，完成上级安排的各项教学任务。举办村（社区）党组织书记培训班（2 期）、备管领导干部培训班、党派和统战干部培训班、初任公务员培训班、专家技术创新研修班（2 期）等主体班和专题班 45 个，培训学员 3 300 人次。

【科研咨政】 一是与城市发展新区党校共同主编《重庆城市发展新区建设研究》著作，完成《树生态文明新理念，建“三区一美”新璧山》章节的撰写；参加党校系统第五片区 2015 年度理论研讨会，提交论文 2 篇：《以严实精神全面从严治党》《如何教育官员远离贪腐》。二是向市社科联申报课题 2 个：《县（区）域生态文明建设研究》《璧山区文化软实力研究》；参加市社科联组织的“国家发展新格局与重庆五大功能区战略”征文活动，《用生态文明理念建设“重庆城市发展新区”

——“管窥”璧山“三区一美”发展战略》获三等奖。三是完成2014年度向市委党校申报的课题的结题工作，并申报2015年度科研课题7个，其中重点课题3个，一般课题4个。《关于生态文明法治建设的思考》入选市委党校、市社科联等单位联合组织的“全面依法治国与政治建设”理论研讨会。四是向区科委申报科研课题2个；与区纪委合作，完成《十八大以来反腐倡廉创新》课题研究；向区委宣传部申报、立项科研课题5个；与区残联共同调研，主撰完成市残联立项课题2个。五是党校校教师在省级公开刊物发表文章15篇。在《光明日报》发表通讯报道1篇，在市委党校探索网发表信息3篇。六是编辑校刊《璧山论坛》杂志4期。

【产城融合现场教学基地】 全年，更新现场教学专题片、解说词，培训现场教学讲解员，规范设立现场教学点12个。全年接待重庆市委党校、市内区县党校以及贵阳市委党校等外地党校主体班40个，参训学员2 130人次。区委组织部、区委党校联合打造璧山区八大干部教育培训现场教学点，以适应璧山干部培训工作的需要。

（陈昌洪）

老干部工作

【概况】 中共重庆市璧山区委老干部局，是中共重庆市璧山区委服务管理全区离休干部、区级（含原县级，下同）退休干部和处级（含副处级，下同）退休干部的职能部门，内设办公室、离退休干部管理科、关工科，工作人员8名（其中局长1名，副局长1名，科室负责人3名）；下属事业单位1个：重庆市璧山区老干部活动中心（主任1名，工作人员3名）。主要职责是贯彻执行党和国家及市、区党委、政府有关老干部工作的方针、政策和指示；落实老干部政治待遇和生活待遇；组织引导老干部在经济社会建设中发挥作用；协调全区涉老部门的工作。2015年，有5名离休干部去世，区级干部有2名退休、1名去世。年底实有80名，其中离休干部42名（含代管离休干部3名）、区级退休干部38名。有27名处级干部退休，年底全区实有处级退休干部266名。

【老干部政治和生活待遇】 5月，与区委组织部、区财政局、区人社局转发《中共重庆市委组织部、中共重庆市委老干部局、重庆市财政局、重庆市人力资源和社会保障局关于提高因瘫痪等原因生活长期完全不能自理离休干部护理费标准的通知》（璧山委老〔2015〕11号），文件规定：因瘫痪等原因生活长期完全不能自理离休干部护理费标准由每人每月600元提高到每人每月1 000元，自2015年1月1日起执行。将重大节日走访慰问老干部工作列入工作日程，精心组织，周密安排。把元旦、春节、端阳、“五一”“七一”、国庆、中秋、重阳等8个节日作为老干部慰问的重要节日，全年节日慰问老干部、困难遗属778人次，发放各种慰问金64万元；及时探望生日、生病住院老干部，协助老干部所在单位处理好离休干部去世后相关事宜，全年探望这类老干部50人次，经费1.9万元。认真执行离休干部和区级退休干部的联系制度,坚持日常走访和重点走访相结合。老干局机关干部家访所联系的老干部，走访老干部124人次，接待来访的老干部80人次，走访慰问易地安置的离休干部1人，帮扶离退休干部及困难遗属17人次，解决困难帮扶资金9.1万元；给离休干部和区级退休干部赠阅《中国老年》《老同志生活》，为老干部阅览室订阅多种报纸杂志，按规定发放离休、区级退休干部81人书报费4.6万元；在区人民医院集中健康检查离休干部和区级退休干部80名。年底发放离休干部、区级退休干部健康休养费19.75万元。

【处级退休干部管理】 参加门球队、舞蹈队、合唱团、二胡队、腰鼓队等经常性活动的处级退休干部100人次、参加情况通报会、座谈会、就近参观、艺术节等活动的处级退休干部650人次。年底为处级退休干部发放健康休养费30.72万元。

【老干部活动】 组织老干部参加上半年在江津区、下半年在綦江区举办的渝西片区四届七次、四届八次老干部门球赛；参加由重庆市委老干部局主办在重庆市老干部休养所举办的“展示阳光心态”棋牌赛、在江津区举办的“金秋敬老”钓鱼比赛。分批次组织全区的离休干部、区级退休干部和处级退休干部就近参观，主要内容为：(上半年）铜梁区城市建设，（下半年）璧山高铁车站建设、天安CBD建设、秀湖公园等。组织老干部开展纪念抗战胜利70周年系列活动及重庆市第六届老干部艺术节璧山分会场活动。

（胡涛）

党史工作

【概况】 2015年，全区党史研究工作围绕区委中心工作，按照市委党史研究室“五个一”党史工作部署，着力记录好、编写好、传承好党的历史，着力发挥党史资政育人的作用。以建设学习型、服务型、研究型党史部门为抓手，以全室党员党性锻炼为着力点，以活动为载体，不断提升党史队伍素质能力。开展主题活动，在室领导班子和副调研员中开展“三严三实”专题教育，深入开展立查立改，不断巩固和深化党的群众路线教育实践活动成果。参加区直机关工委组织的微党课等活动，《璧山抗战简史》获评优秀微党课。开展七一主题党日活动，获“最佳主题党日活动”评选三等奖。开展帮扶活动，在“七一”、中秋等节点，安排到青杠街道塘坊社区、璧泉街道南关社区等走访慰问贫困党员和困难群众。深入开展精准扶贫工作，多次到青杠街道莲花村、棕树村调研走访，了解掌握情况，制定和实施帮扶计划。

【征集史料】 坚持开门办史，不断积累各种素材，从不同对象、不同类别、不同层次多角度征集党史资料。开展自主征集工作，主要开展改革开放以来经济社会发展资料征集、撤县设区资料补充征集、日军侵华罪证受访者信息采集、抗战亲历者信息征集等工作，其中抗战类资料征集对象涉及八路军老战士、中国远征军等。开展资料共享工作，与区档案馆等共享抗战资料，其中涉及抗战时期璧山钱款募集、征兵军训、社会民生、支援前线等图片80幅。挖掘璧山特色资料，以纪念抗战胜利为主题，结合璧山作为抗战时期陪都迁建区和卫戍区的时况，重点围绕山西人民出版社《国家记忆》一书中关于璧山抗战时期的珍贵图片展开。

【编研成果】 完成《中国共产党重庆历史大事记·璧山卷》区级审校稿，报送市委党史研究室审读，书稿37万字。完成《历史的跨越——璧山撤县设区一周年纪实》编纂工作，图片60幅，成书10万字；开展区人大文献资料汇编（暂定名《庄严的承诺》）的核校工作。按照市委党史研究室《重庆改革开放实录》编纂要求，提交专题文章《璧山工业强区战略的实施》等。围绕区委中心工作，撰写《重庆实施“一带一路”需要人才支撑》《弘扬抗战文化 促进璧山经济社会发展》《弘扬党史文化 建设特色名城》《党史宣传教育工作中存在的问题及对策》等文章。

【党史教育】 以党员领导干部和青少年为重点对象，以纪念中国人民抗日战争暨世界反法西斯战争胜利70周年为重点，开展一系列的党史宣传教育活动，不断深化党史育人工作。开展党史专题讲座。与区委老干部局、区直机关工委、区社科联等单位协作，先后在全区老干部纪念抗战胜利系列活动、区直机关党组织负责人和新入党党员培训、璧山区“社科大讲堂”等开展党史专题讲座5场。举办大型图片巡展。自8月下旬开始，举办纪念中国人民抗日战争暨世界反法西斯战争胜利70周年大型图片展览，先后在区行政中心、璧山中学、青杠街道等多地展出12场次。图展因其反响巨大先后在中央电视台、重庆电视台专题报道。（徐德万）

政策调研工作

【概况】 2015年，围绕年度区委中心工作的贯彻落实，履行自身职能，主动服务，深入调查研究，积极献言献计，取得明显效果。

【服务区委】 做好区委交办工作，主动服务领导。认真做好市委巡视组反馈意见整改相关工作，负责起草区委落实市委第八巡视组整改方案、整改情况报告、党内公开及社会公开材料、区领导通报材料及讲话等材料，做好中央巡视组抽查相关资料的档案整理工作。参与全区重要文件的起草、完善和审查工作等，参与起草、完善和审查《2015年全面深化改革工作要点》《关于处分违反党纪的党员批准权限的规定》《璧山区处级非领导职务管理办法》《璧山区出国（境）人员审批管理实施办法》《镇街纪（工）委书记、副书记提名考察办法（试行）》《中共重庆市璧山区纪委派驻纪检组给长、副组长提名考察办法（试行）》《关于建立涉法涉诉信访事项导入法律程序工作机制的实施意见（试行）》等，完成区委主要领导、分管领导交办工作20件，完成区委办公室交办工作任务近20件，得到区委主要领导、分管领导肯定。

履行区委全面推进依法治区领导小组办公室职责。牵头起草全面推进依法治区领导小组、专项小组及运行规则文件、责任分解等文件。认真筹备召开区委全面推进依法治区领导小组会议、领导小组办公室与各专项小组联络员会议，协调推进全面依法治区工作。组织上报有关全面推进依法治区情况等材料，扎实推进依法治区教育宣传、措施完善，确保工作的落地。做好和市委法治办及有关工作部门的衔接工作，做好区委法治办日常工作。代表区委工作部门，接受区政协关于全面推进依法治区工作的评议，得到社会各界好评。

【调研成果】 在调研工作中，研究室围绕“三区一美”发展战略，紧扣区委中心工作的开展，制定重点调研课题，主动深入基层，发动和协调各方面力量有针对性地开展调查研究，通过《调研与思考》刊物平台，为领导科学决策提供参考依据，发挥参谋助手作用。同时，还通过网上查询、报纸杂志、书面资料查阅等方式，多方面、多角度、多形式地收集整理与璧山经济社会发展相关的信息资料，与时俱进地及时刊发《信息参考》，总结各地发展的先进典型经验。全年编印《信息参考》12期，撰写《调研与思考》8期，得到区委、区政府领导充分肯定。

【对外宣传】 对接市委研究室，对外宣传璧山。主动与市委研究室加强沟通联系，结合璧山实际深入调研，认真组织撰写总结2篇和推广璧山工作亮点的调研文章，被市委内部刊物《新重庆》杂志刊载，在全市范围内宣传推介璧山的工作。对接市委研究室专题调研璧开展食品安全、机器人产业及智能装备产业发展情况等，为市委决策提供帮助服务。根据市委研究室需要和部署，认真总结璧山“银发产业”发展有关先进经验做法，对推进全市相关工作提供参考。

（区委研究室）

人事工作

【概况】 2015年，坚持改革统揽、依法行政，深化作风建设，主动适应经济发展新常态，围绕全区“三区一美”战略，以“民生为本、人才优先”为工作主线，着力解决人民群众最关心、最迫切、最现实的利益问题，人力社保工作得到全面发展。

【公务员队伍建设】 严格贯彻实施《公务员法》，进一步完善公务员管理制度。按照管理权限，做好选拔任用、职务任免、年度考核、奖励表彰、公务员调任等工作。

【人才队伍建设】 面向社会公开考核招聘高层次人才3批次，考核招聘高层次人才70人，其中博士研究生1人、硕士研究生69人。公开招聘事业单位工作人员、公开招聘“双特计划”教师、公开考核招聘免费师范生等，5批次，招聘83名事业单位工作人员，其中硕士研究生1名，大学本科毕业生82名。组织服务期满考核合格的“三支一扶”大学生招聘工作，招聘1名硕士研究生为事业单位工作人员。上半年社会公开考录公务员2名，公开考录参照管理人员5名；下半年新参公单位人员考录参照管理人员5名，公开考录参照管理人员5名。着力提升干部能力素质。组织开展“贯彻依法治国方略 全面推进依法治市”公需科目培训、企事业单位专业技术人员公需科目远程教育网络培训。举办副高专业技术人员培训2期，参加培训人员150人；举办事业单位负责人培训1期，参加培训人员50人；举办新聘用事业单位工作人员培训2期，参加培训人员104人。举办中级职称资格人员培训2期，参加培训290人。举办副主任科员培训班、初任公务员培训班各1期，内设机构负责人培训班2期。认真梳理辖区内大型高新企业，主动衔接、鼓励其申报设立博士后工作站，经人力资源和社会保障部审批，同意在重庆青山工业有限责任公司设立博士后科研工作站。鼓励和引导企业参加各类引才引智活动，为企业引进和培养高层次人才提供政策支持，按规定兑现高层次人才优惠政策。开展2015年特殊人才高级专业技术资格申报认定工作，推荐重庆蓝黛动力传动机械股份有限公司陈小红、左利静2名同志参加认定。经重庆市特殊人才高级专业技术资格认定专家组评议、认定，同意陈小红具有正高级工程师专业技术职务任职资格，左利静具有高级工程师专业技术职务任职资格。申报徐建强维修电工首席技师工作室，获重庆市委组织部、重庆市人力资源和社会保障局的授牌。选派璧山区周川越、邹媛媛、万洪等3名同志赴西藏昌都地区开展为期半年的短期援藏工作。深入推进技能人才培养及职业技能鉴定工作。1月至12月，全区参加职业技能鉴定并获国家职业资格证书2 768人。

【收入分配制度】 推进企业工资分配制度改革。指导签订集体劳动合同366户；工资集体协商331户；区域性集体85个；区域性工资协议85户；行业性集体劳动合同6个。上半年，开展金冠汽车、统一食品等用人单位18个薪酬制度的调查，对来凤自来水厂的工资宏观调控进行结算批复，并做好2015年的工资宏观调控的计划。下半年并对璧山区国有及国有控股企业工资宏观调控进行专项检查。严格执行农民工工资保障金制度。调整机关事业单位工作人员基本工资标准，增加机关事业单位离退休人员离退休费，在职人员1.1万人，人均净增资316元；离退休人员0.59万人，人均增资378元。规范津补贴标准提高到28 000元/人·年，在2014年的基础上，全区在职机关事业单位人员年均增资3 000元。按照300元/人的标准执行乡镇工作补贴，惠及2 183人，提高乡镇工作人员的积极性，收入分配向乡镇倾斜得以落实。建立县以下机关公务员职务与职级并行制度，发挥职级在确定干部工资待遇方面的作用，实行职级与待遇挂钩。工资信息化管理全面完成，实现用软件系统管理全区工资，工资套算自动化、工资管理系统化、工资审批规范化、数据保存安全化。 （区人社局）

机构编制工作

【概况】 2015年，全区机构编制工作围绕全面深化改革和璧山区“三区一美”战略，继续深化行政体制改革，积极推进行政审批制度改革，稳步推进事业单位分类改革，严格控制和优化机构编制，为全区经济社会发展提供体制机制保障。

【卫生计生技术服务资源和监督执法机构整合】按照全市统一要求，结合全区实际，将区生殖健康中心并入区妇幼保健院，将区卫生监督所、区卫生计生执法大队整合设置为区卫生计生监督执法局，将镇街计生站15个按行政区划分别与镇街卫生院15个整合，平稳完成职责划转、人员分流等工作。

【不动产登记机构设置】 在2014年对不动产登记职责整合到区国土房管局的基础上，对机构编制进一步完善。在区国土房管局增设内设机构不动产登记科，主要履行不动产登记管理职责；将区房地产交易所更名为区不动产登记中心，主要承担不动产登记具体事务；按照编制“减一增一”原则，从区林业局、区农委下属事业单位及其他事业单位核减编制8名，划转到区不动产登记中心。

【人力资源机构和职责整合】 整合公共就业和人才交流服务机构，将区就业服务管理局（挂区农村劳务开发办公室牌子）、区人才交流服务中心整合设置为区就业和人才服务局，挂区农村劳务开发办公室牌子，明确相关职能职责。

【控编减编】 一是结合各项专项改革，整合的机构按照1+1<2的原则核定编制；二是对确需增设机构、增加编制的，严格执行机构“撤一设一”、编制“减一增一”原则；三是整合撤并一批职责相近、职责弱化或消失、不适应当前经济社会发展的事业单位；四是结合公务用车制度改革，对机关事业单位的工勤编制停止审批用编，实行“出一收一”。全年，全区净减机构15个，核减、调整事业编制154名，核减、调整的机构编制由区编委统筹调剂到需要加强保障的涉及民生、社会管理、经济建设等重点领域。在转变政府职能的同时，优化机构编制结构，盘活机构编制资源。

【行政审批制度改革】 在贯彻落实全市关于行政审批改革有关工作任务的基础上，全区对规范部门行政审批行为作出“七个必须”的规定：凡是纳入行政审批的项目，必须说明原因；凡是不进入区行政服务中心的项目，必须说明原因；凡是不能做到即来即办的项目，必须说明原因；凡是设立前置审批条件的项目，必须说明原因；凡是办事时限不能压缩一半以上的项目，必须说明原因；凡是不能做到1个窗口办理的项目，必须说明原因；凡是当天不能办结又不告之办事人员的项目，必须说明原因。按照“七个必须”的要求，扎实开展或推进行政审批项目清理、行政权力清单清理、编制服务指南再造审批流程、网上审批等工作。（区编办）

区直机关工委

【概况】 中共重庆市璧山区直属机关工作委员会（以下简称机关工委）内设1个二级机构即办公室。在职人员5人，离退休人员7人。机关工委管理直属机关党组织79个（其中机关党委6个、机关党总支15个、机关支部45个），管理所属机关党组织206个，管理机关党员2 664人。

【思想建设】 全年，开展“读书明志、厚德正身”主题读书活动，为机关党员干部办理读书卡300张；办《璧山机关党建》学习刊物4期；举办“学宪法知党章”专题知识竞赛1场。协办纪念抗日战争暨世界反法西斯战争胜利70周年图片展，并组织参展机关党员干部到驻璧部队接受国防教育、重温入党誓词等系列活动。为加强针对性的学习教育，举办“从严治党”等专题报告会5场；主办“魅力形象礼仪”等主题讲座2场。为提高机关广大党员干部的理论水平，举办机关党务干部等各类培训班7期，培训各类干部600人次。在共产党员网上发表文章12篇。

【组织建设】 为贯彻《中国共产党党和国家机关基层组织工作条例》和重庆市《关于进一步加强和改进全市机关党的建设的意见》精神，组织起草中共重庆市璧山区委关于《进一步加强和改进全区机关党的建设的意见》，经区委常委会通过并于7月24日印发全区贯彻执行。为引导规范机关基层组织生活，在全区机关党员干部中开展以“今天党课我来讲”为主题，“璧山发展我来说”“社区建设我来做”为专题的微型党课评选活动，评出“最佳微党课”奖6名、“优秀微党课”奖10名，予以通报表扬，同时，组织微党课巡讲3场；在机关基层党组织中开展“最佳主题党日活动”评选工作，评出“最佳主题党日活动”6个，“优秀主题党日活动”18个，予以通报表扬；在基层党组织和全体党员干部中开展“小城飘香花满园”党建专题摄影比赛，评选出一等奖摄影作品5件、二等奖摄影作品10件、三等奖摄影作品20件，予以通报表扬。全年发展党员18名，指导26个机关党组织按期换届，任免党组织书记5名，打造党建示范点2个。

【作风建设】 为进一步密切党群关系，增强机关党员的宗旨意识，指导机关基层党组织机关在职党员到社区报到1 557人次，开展志愿服务活动近1万人次。指导机关基层党组织与镇街村基层党组织“一对一”对接，包建村64个，提出建议80条，解决问题50个。就“严肃党内政治生活”开展专题调研，完成调研文章10篇，其中《如何加强新时期机关党组织生活的思考》一文被重庆市机关党的建设研究会评为三等奖、《当好“五员”暖民心，增强素质促发展》案例一文被全国党的建设研究会、机关党建研究专业委员会评为优秀案例，并有多篇调研文章在其他领域获奖。利用重大节日开展走访慰问活动，全年走访慰问党员150人次，并制作50年党龄纪念章，对2015年党龄满50周年的老党员25名颁发纪念章。

【廉政建设】 为推进“两个责任”落实，带头强化主体责任意识，参加“两个责任书记谈”主题活动，工委书记王复梅撰写的《强化“三个自觉”、落实主体责任》调研文章在《璧山报》上发表。为加强警示教育，开展“三严三实”专题教育活动，40个机关基层党组织开设廉政专题党课，全区机关组织党员干部到廉政教育基地现场教学200人次，组织机关党员观看巴渝廉画展2 500人次。认真履行执纪检查职责，按照区纪委的要求，重点加强在节假日对所属党员执行中央“八项规定”精神和市、区相关规定的明察暗访等工作。

（区直机关工委）

民族宗教事务工作

【概况】 2015年，坚持以党的十八大精神和中央、市委民族工作会议精神为指导，围绕区委、区政府工作中心，认真贯彻党的民族和宗教政策，与时俱进、开拓创新，促进民族宗教领域的安全稳定。

【民族团结进步模范单位创建】 一是成立创建领导小组，制定实施方案。为及时安排落实民族团结进步模范单位创建的内容和任务，及时传达上级部门下发的各项工作任务、上报总结、反馈信息，保证创建活动顺利开展，并结合璧山区实际制定出切实可行实施方案。二是广泛宣传，深入开展创建工作。按照突出“七个更加”的要求，即“内容更加丰富，形式更加灵活，特色更加鲜明，氛围更加浓郁，环境更加优美，作用更加明显，功能更加适应”，实现“工作机制健全、政策宣传有效、服务管理到位、民族关系和谐”的基本目标，健龙镇寨子村完成民族团结进步模范单位的创建工作。

【正兴露德堂保护修缮工程】 区委、区政府积极支持保护修缮工作，多次对进展情况提出要求。工程按责任书有序推进：6月10日，重庆市专家验收组成员组织相关部门对正兴露德堂保护修缮工程进行专家验收，专家组采取实地查验、资料审查、听取汇报、座谈讨论等形式通过验收并提出意见。该工程正在进行竣工结算审计，其中修道院复建、中下堂房复建需进行简单装修才能使用。重庆市级补助资金到位750万元，区级配套资金到位500万元，截至年底各项投资支出1 197万元，其中拨付修道院、中下堂复建等主体工程资金848万元，支付设计费和其他附属设施资金349万元。工程管理规范，未出现安全事故和质量问题。

【宗教政策法规学习月】 6月，分动员部署、学习宣传、总结验收3个阶段开展以“国法与教规的关系”为主题的宗教政策法规学习月活动。区民宗侨务办组织相关工作人员、宗教团体负责人、宗教活动场所管理组织成员集中学习、座谈，以“三区一美建设、宗教如何作为”为主题开展座谈学习。开展“国法与教规的关系”主题研讨活动。各镇街、宗教团体和宗教活动场所有计划地组织信教群众开展学习，并制作相应的宣传栏、宣传标语、开办板报、发放学习宣传资料、广播电视媒体等形式，对信教群众进行普法教育，宣传政策法规等。

【民族团结进步宣传周】 成立民族团结进步宣传周活动领导小组，按照制定的民族团结进步宣传周活动方案，于9月24日至30日开展民族团结进步宣传周活动。一是充分发挥宣传媒体作用，利用区电视台、《璧山报》、璧山网等宣传国家的民族方针政策，一些好的经验典型。二是在健龙镇寨子村组织开展“守望相助促团结、科学发展共奋进”民族团结进步宣传主题现场活动半天，发放宣传资料5 000份，用丰富多彩的展板向广大群众宣传民族政策、民族法律法规、民族知识。三是组织开展走访慰问困难少数民族群众，给少数民族困难群众10名送去日常生活必需品。

【《重庆宗教志》编修工作】 组织力量扎实有效开展《重庆宗教志》编修的相关工作，按规定时间上报经专家初审、需由璧山区综合完成的四种材料和四种表格及相关文本，做到完整、准确、可靠，志书质量得到保证。 （曾沫然）

督查工作

【概况】 根据《关于中共重庆市璧山区委督查室主要职责内设机构和人员编制规定的通知》（璧山委发〔2014〕97号）文件精神，区委督查室是由中共重庆市璧山区委办公室管理的正处级机构，负责全区督促检查工作。2015年，加强中央“八项规定”和市委7条实施意见、《廉政准则》《中国共产党纪律处分条例（试行）》等的学习，在思想深处构筑起拒腐防变的坚固防线。开展“三严三实”专题教育活动，将专题教育的“规定动作”与督查工作的“自选动作”结合起来，确保专题教育取得实实在在的效果。找准调研课题，深入基层、深入群众，把领导最关注、群众最关心、社会最敏感的问题纳入督查调研范畴，为领导科学决策提供参考。开展各类督查110次，编发《督查报告》45期、《督查月报》12期、《督查专报》10期、《督查通报》2期，实事求是反馈督查情况，为区委、区政府领导科学决策发挥参谋助手作用。

【督查机制建设】 严格按照《关于加强和改进督

促检查工作的实施意见》《璧山县督促检查工作实施办法（试行）》文件精神开展督查，完善督查工作分级负责机制，规范督查工作程序。积极与区级相关职能部门配合与协作，共同参加全区性督查工作，形成互动的大督查格局。

【督查宣传】 一是落实专人及时、准确、快速上报全区贯彻落实中央“八项规定”和市委实施意见以及落实市委四届四次全会精神情况，得到市委督查室的肯定认可。二是围绕区委、区政府中心工作开展督查调研，为领导提供有价值的督查、调研报告。督查室撰写的《探索构建“三项机制”不遗余力改善民生》调研报告，被市委督查室刊物《重庆督查工作》采用。

【督查方式】 一是坚持“干部对账”，促进重大决策落实。牵头拟定《关于开展十三届四次全会报告和2015年政府工作报告分解任务“对账”督促检查的通知》（璧山委办发〔2015〕23号），每季度牵头组成专项督查组，严格按照督查方案明确的内容和目标进度要求，逐项对各责任单位“两会”报告任务分解完成情况以及民生实事完成情况跟踪督查。二是围绕民生问题积极开展专项督查。按照《关于印发2015年民生实事工作目标任务的通知》（璧山委办发〔2015〕36号）文件要求，督查室联合区委办、区政府办组成3个专项督查组每季度对全区25件民生实事开展专项督查。三是对区领导交办的重要工作专项督查。督查室对区领导交办的“超限超载车辆治理、环境卫生管理、璧山隧道A匝道行道树修枝受损情况、‘3+3+N’招商引资工作启动情况、非法采石场关停情况、网络金融管控、区医院迁建项目建设进展情况、‘三个平台’融资工作推进情况、双河水利综合整治项目拆迁安置信访问题处理情况、完善露德堂保护性修缮、生态创建、企业帮扶政策贯彻落实情况”等问题12个认真开展督查，推动各项工作落到实处。四是抓好党建工作专项督查。参与教育实践活动整改落实情况“回头看”督查，主要对各单位学习中央、市委和区委有关重要精神情况、整改方案落实情况、专项整治进展情况和基层党组织、党员个人“回头看”情况督促检查。配合区纪委对全区46个具有行政审批、行政执法、经济管理和公共服务职责的部门和单位开展2014年度“执政为民、服务发展”年终考核工作。（谷雨）

保密工作

【概况】 2015年，保密工作坚持党管保密和依法保密有机统一，突出问题导向，突破重点难点，强化责任落实，深入推进全区保密工作，全面做好经常性基础性工作，切实提升保密管理水平，确保党和国家秘密安全，规章制度进一步完善，技术管理进一步规范，技术检查和技术防护能力显著增强，全区保密工作整体水平提高，为全区经济社会和信息化建设发挥积极的服务保障作用。

【保密管理】 确定机关、单位“一把手”对本单位保密工作负总责、分管保密工作领导负直接责任的工作格局，强化各级党政机关对保密工作的组织领导，认真推行领导干部保密工作责任制，加强保密要害部门（部位）、涉密载体、涉密信息传播以及重大涉密活动的保密管理，加强涉密人员的教育管理，进一步落实工作制度，确保充分履行职责。

【保密宣传教育】 利用电视台、《璧山报》、党政办公内网、广播村村通、《璧山法制报》等形式和手段开展保密宣传教育，通过现代技术手段对保密工作的先进典型、反面案例开展教育。深入推进保密法律法规学习宣传和贯彻，持续将保密法律法规纳入全区干部普法考试范围，做好“六五”保密法治宣传教育工作总结验收。组织征订《保密工作》《保密科学技术》杂志和其他保密宣传教育资料，积极宣传新《中华人民共和国保守国家秘密法》等法律知识，组织区级单位分管领导和保密人员参加宣传培训会，将保密法律法规及相关知识作为区委中心组学习的重要内容，并纳入各级干部教育培训内容中。

【保密督查检查】 根据市国家保密局要求，开展高考、成人高考、中考等各类考试保密督查，全区中高考无考试泄密事件发生。抽调技术骨干多次深入全区涉密重要部门和单位进行保密工作检查，对存在的漏洞和问题立即整改，重点检查涉密计算机、移动存储介质、办公网络使用管理、涉密载体管理、保密制度建设、涉密人员保密承诺书签订落实等情况，确保全区重点、敏感部门（部位）安全。开展涉密人员上岗签订保密承诺书和离岗、离职时签订离岗、离职保密承诺书工作。

（区委办公室）

关心下一代工作

【概况】 2015年，认真贯彻落实区委办公室、区政府办公室《关于进一步加强关心下一代工作的意见》（璧山委办发〔2014〕67号）文件精神，提升关工委组织建设和工作质量。

【组织建设】 一是区、镇街、村（社区）三级组织网络基本形成。全区已建基层关工委346个，其中：区级1个，镇街15个，区属局级工作部门67个，社区和行政村186个，学校66个，“两新”组织11个。二是建立以“党建”带“关建”的领导班子。区关工委主任由区委常委、组织部部长担任，由1位已退休的原县委书记任名誉主任，1位原政协副主席（副厅级）任执行主任；镇、街关工委主任均由党（工）委书记担任，1位同级改非老同志或退休老同志任常务副主任，1位行政领导兼任副主任，1位党委委员兼任秘书长；村、社区均由党（委）支部书记担任，1位威望高、能力强的老同志任常务副主任。三是“五老”队伍不断壮大。通过诚邀动员、调整充实，至年底从事关心下一代工作的“五老”自愿者2 100名。各级关工委不仅及时调整充实领导成员，而且多数基层关工委都建立由领导层、骨干层、志愿者组成的“五老”工作（团）队伍。区关工委配有29名“五老”骨干开展思想道德教育、法治宣传教育、科技服务指导、校外工作指导、读书活动指导工作。15个街镇已选配186名“五老”担任“思想道德报告员、法治宣传教育员、科技服务传播员、校外工作辅导员、家庭教育指导员、捐资助学协调员”等六大员。四是重视业务刊物的征订发行和学习运用。征订《中国火炬》576份，《青少年与法》808份，做到区、镇、街道关工委领导成员人手1份，基本实现镇街、区机关、学校、村、社区等基层关工委的全覆盖，发挥业务刊物对区关心下一代工作的重要指导作用。强化各基层关工委的信息报送，区关工委全年自办简报14期，全国青少年普法教育网、市关工委网站刊登璧山区关工委重大活动60件次，《璧山报社》、璧山电视台，刊登、刊播宣传各级关工委重大活动130件次，做到报上有文、电视有声。

【创建“五好”基层】 把创建“五好”基层关工委活动作为工作重点，抓住不放，年初，印发《创建“五好”基层关工委评估验收细则》；7月又制发《关于进一步加强“五好”基层关工委创建工作的通知》。11月中旬召开创建“五好”基层关工委工作培训会，就“五好”基层关工委的创建工作进行具体业务辅导。12月，区关工委组织16名老同志，分为4个组，深入各基层关工委就“五好”创建工作检查指导。来凤街道等204个基层关工委获区级“五好”关工委授牌。加上2014年创建合格的89个，全区达到293个“五好”基层关工委，占已建基层关工委总数的84%。

【革命传统教育】 （一）深入开展“爱学习、爱劳动、爱祖国”暨纪念抗日战争胜利70周年教育实践活动。5月13日，区关工委诚邀市关工委“爱学习、爱劳动、爱祖国”主题教育报告团成员，重庆红岩革命历史博物馆原馆长厉华、团中央·中国青年学习成才奖获得者张立勇、江北区进修学院德育教育研究员邹晓彬分别在璧山中学、来凤中学、城北小学作《信仰的力量》《知识改变命运·奋斗成就人生》《成长比成功更重要》主题报告。区委常委、区委组织部部长、区关工委主任卢红，区委常委、区委宣传部部长刘晋，区人大常委会副主任张远明出席并分别作动员讲话。街镇关工委常务副主任、秘书长，学校关工委主任、片区教管中心主任，街镇妇联主席、机关妇委会主任，璧山中学、来凤中学、璧山职教中心、正则中学、璧泉初中、城北小学等3 000人现场聆听报告。同时，通过视频方式传送到教室，使3万名师生受到“三爱”教育，激发广大青少年爱党爱国爱社会主义的热情。10月19—28日，开展以纪念抗日战争暨世界反法西斯战争胜利70周年主题教育活动。区关工委思想道德教育团的老同志，先后深入文风小学，大路中学、丁家、河边、正兴初中等学校为9 000名师生做现场报告。

（二）扎实开展革命传统教育实践活动。3月31日—4月3日，区关工委思想道德教育团利用清明节期间，组织璧城地区13所中小学校8 000多名师生，分别到璧山烈士陵园开展“缅怀先烈、励志成才”为主题的扫墓活动，并为师生们作《继承先烈遗志，凝聚中华正能量》的革命传统报告。其间，青杠街道关工委组织50多名留守儿童、正兴初中组织100名师生代表到璧山烈士陵园祭奠英烈。丁家街道关工委，依凤九年制学校、广普初级中学关工委分别组织青少年学生到丁家黄蜀澄烈士墓、依凤亚洲中学原校址、广普国际共产主义战士谢唯进故居缅怀革命先烈，接受革命传统教育。同时，全区各级各类学校分别开展“忆先烈事迹·明荣辱新观”“缅怀革命先烈·继承优良传统”等主题班会达到1 526场次；32 900名学生参加“网上祭英烈”献花、寄语、签名等活动，留言、寄语主题突出、健康向上，凝聚正能量。

【“中华魂”主题教育读书活动】 开展以“立德树人”为主旨的“中华魂”主题教育读书活动，璧山区征订青少年读本59 155册，实现应参与者人手一册的目标。围绕“践行核心价值观、凝聚中华正能量”这一主题，深入引导青少年读好“中华魂”读本，深刻领会读本内容，辅导撰写征文、演讲稿，指导他们在实践中应用，帮助青少年将社会主义核心价值观内化于心、外化于行。通过各级各类学校、镇街、单位层层选拔，参加区级征文、演讲比赛选手达到367名，其中青山小学孙雯同学等293人分获一、二、三等奖，潘小波等224人分别获征文、演讲指导奖，璧城街道关工委等20个单位获优秀组织奖，璧山中学张旭等20名教师获优秀组织者称号。全区推荐到市级参加征文、演讲的52名优秀选手中，北街小学张子萱同学等6人获一等奖，八塘小学陈妍冰同学等22人获二等奖，实验小学李苏衡同学等24人获三等奖。按照市的综合得分排名，璧山区位列全市第五位，区关工委获市优秀组织奖。为推动“中华魂”主题教育读书活动持续开展，7月暑期，福禄小学余桂佳、北街小学陈希尧、来凤中学熊敏茹3名同学参加由中国关工委、教育部关工委，全国“中华魂”主题教育活动组委会在北京组织的夏令营活动；1月寒假，璧山区城北小学黄雨池同学、职教中心蔡莉莉同学、正则中学谢献华老师参加市关工委组织的冬令营活动；12月27—28日，联合区教委组织区首届冬令营活动，河边小学廖雪婷、区交委赵万军等42名优秀选手和优秀组织者代表参加活动。

【预防青少年违法犯罪工作】 区关工委、区教委、区司法局、区综治办联合制发《第三届“关爱明天、普法先行”青少年普法教育活动实施方案》，成立普法活动领导小组，明确各自职责，开启普法活动新局面。9月25日，在璧山中学举行第三届青少年普法教育活动启动仪式，区委常委、政法委书记李金泉做动员讲话，区教委副主任徐安茂对普法教育活动做具体部署，璧山职教中心学生通过角色扮演，情景再现的形式进行青少年模拟法庭表演，收到很好的警示效果。区委常委、宣传部部长刘晋出席并主持会议，区人大常委会副主任张远明、区政协副主席杨靖出席启动仪式，为璧山普法教育活动的开展加强领导、做出榜样。会后，璧城、璧泉、青杠、正兴等街镇积极开展普法教育启动仪式，区关工委法治宣传教育团及时开展法治宣传教育活动。截至年底，全区15个镇街、31所学校举行启动仪式。为推进法治教育进课堂，全区征订全国大中小学法治进课堂系列教材《全国青少年普法教育读本》6 667册（每个班5册以上），青少年普法教育挂图65套（每所学校1套），《代号12348》普法教育动画片15套（每个镇街1套）。至年底，全区累计开展普法教育讲座95次，制作张贴普法教育板报46块、宣传标语150幅、挂图46件，同时利用“6·26”国际禁毒日活动和“12·4”宪法宣传日开展主题教育宣传活动，发放宣传资料5 000份，受教育师生7万人次。区人民检察院结合工作实际成立“未成年人犯罪办案组”、整合力量分派法制副校长和设立“莎姐检察官”青少年维权岗平台。由年轻莎姐检察官担任璧泉中学，保家中学、健龙中学和特殊教育学校法制副校长，并在院办公楼设置“莎姐检察官工作室”“莎姐检察官小课堂”，统一开展送法进校园、涉案青少年心理干预、帮助矫正、管护以及送温暖，送节目、莎姐检察官讲故事等关爱活动。区司法局利用“三八”妇女节，“六一”儿童节等重大节日向广大青少年开展法治宣传教育。为全区广大青少年发送各种宣传资料达11.4万份，受到学校和广大青少年的好评。

【参与净化社会文化环境】 为营造有利于青少年健康成长的社会文化环境。区关工委校外工作辅导团，应对网吧审批放宽、场所增多的实际，多次深入实地调研，了解情况，制定监管方案，聘任20名“五老”网吧义务监督员、27名自愿者，采取定期不定期巡查和配合区文化行政执法大队检查网吧500次，劝导未成年人进入网吧300人次。丁家街道关工委引导街道网协建立健全网吧自律制度，收到明显效果。

【“讲政治、育新人、学科技、奔小康”活动】 区关工委科技服务指导团积极开展科普宣传及实用技术培训活动。一是送科普知识进校园。5月，区关工委科技服务指导团在丁家、马坊、广普、三合4所初级中学巡回举办食品安全知识讲座，为51个班，2 154名学生，221名教师讲解食品安全知识，发放科普资料2 500册。二是开展新型职业农民素质与实用技术培训，促进绿色品牌产业发展。3至11月期间先后深入大路街道三担村、八塘镇凉水村、七塘镇将军村、福禄镇红山村、来凤街道魁塘村、正兴镇团结、卫寺等7个村社举办新型职业农民食用技术培训，为1 070人送去樱桃、柚子、柑橘、葡萄、血橙、蔬菜等管理中的病虫防治、优良品种选择、嫁接技术和创建绿色品牌等技术大餐，深受农民欢迎。三是做好科技示范户对接服务。4月，该团深入大兴葡萄基地，与璧山葡萄专业技术协会成员进行交流，从协会的发展方向、技术培训、种植养殖管理到市场营销等环节提出很多建议意见。5月，该团成员深入璧北蔬菜基地、大兴镇、大路街道，与当地种养殖户李华、蒋维俊、李大碧等对接服务，为他们的家庭农场建设谏言献策，帮助其成为当地有名的致富带头人。四是做好大学生创业服务工作。9月分别深入到丁家返乡创业大学生朱培远、周晓峰的创业农场实地调研，帮助大学生成功创业2名。

【帮扶济困】 各级关工委通过搭建平台，做好牵线搭桥，创新帮扶形式，协调社会各界力量帮扶济困，取得较好成效。一是结对帮扶“五失”青少年。全年排查出失足、失管、失学、失业、失亲的“五失”青少年900名，组织动员“五老”和青年志愿者采取“一帮一”“二帮一”等方式落实关爱帮扶人员912人。二是做好贫困、患病青少年的救助工作。“六一”期间，区关工委协调区鞋业协会为来凤街道6名贫困学生送去3 000元的慰问金，在座谈会上，鼓励孩子们放下自卑心理，保持积极健康的生活学习态度。区地税局筹集近4万元资助10名贫困学生走进大学校园。5月，来凤中学组织全校师生为身患顽疾的曾锡萍同学募集捐款5万元。12月，青杠街道关工委，组织发起“生命可贵，爱心无价”捐款救助活动，为8岁白血病患学生刘坤募得爱心捐款104 383元。三是关爱留守儿童。各级关工委为“留守儿童”聘任代理家长716人。端午节期间，河边关工委为河边小学40名留守儿童开展一次别开生面的包粽子活动。8月7日，福禄镇关工委组织11名留守儿童参加“梦想沙龙”，丰富留守儿童暑假生活。8月11日，区妇联、团区委关工委组织留守儿童畅游璧山，让他们感受家乡的巨大变化。各级关工委还充分利用“六一”、端午、中秋等节日开展慰问贫困青少年学生活动，为他们送去节日礼物。（代柯）

信访工作

【概况】 2015年，受理群众来信来访1 045件次、2 796人次；群众到区集访82批次、1 424人次；到市集访16批次、109人次；进京非访为1人次；报送矛盾纠纷排查会议纪要12期，排查重点矛盾纠纷46件，化解40件，化解率87%；中央和市委、市政府交办信访案件6件，已办结6件，按期办结率100%，市联席办交办的7件疑难信访案件和进京非正常上访案件化解5件，化解率71.4%；收到信访复查复核申请22件，作出复查意见19件，复查告知书1件，调解2件；征集人民建议110件，收集社情民意145条，采纳40条。

【“走进矛盾、破解难题”主题活动】 在全区范围内继续开展以集中化解突出信访案件为主要内容的“走进矛盾、破解难题”主题活动，坚持区级领导包案制度，梳理和交办一批突出信访案件。集中交办由区联席办排查梳理突出信访案件32件，化解（稳控）23件，其余9件正在办理之中。

【“3+3”专项治理工作】 成立璧山区“3+3”信访突出问题专项治理领导小组（前一个“3”是指2014年已开展、2015年仍将继续跟进的征地拆迁安置房建设、企业改革、房地产开发建设3个专项治理；后一个“3”是指2015年新增的小区物业管理、非法集资和“违法上访、非法维权”3个专项治理），由区委副书记任组长，印发璧山区《2015年“3+3”信访突出问题专项治理总体方案》。定期由区委副书记召集召开“3+3”专题工作会议，研究解决存在的突出问题，部署落实下步工作措施。“违法上访、非法维权”专项治理工作由区信访办牵头，排查出具有代表性的治理对象5人，信访办和公、检、法、涉事单位和辖区镇街一起，分别对排查出的5人召开宣传告知会，并将加盖区信访办、区公安局公章的《告知书》送达给本人，起到告知一个，震慑一批的作用。

【干部下访群众工作】 结合“三严三实”专题教育活动，深入推进“干部下访化积案解难题办实事行动”。镇街和区级部门领导干部走访群众4 316件次，23 556人次，投入2 761万元，收到问题4 526个，解决问题4 493件，惠及群众3.7万人。

【网上信访信息系统】 全区15个镇街、39个部门开通网上信访信息系统采取举办培训班、下基层具体指导和电话指导等方式，培训指导全区开通信访信息的单位。来信、来访、网上信访、复查复核等业务工作全入网，网上信息系统运行正常、规范。

【社会稳定风险评估工作】 将重大决策社会稳定风险评估纳入各级党委决策程序，加强稳评工作的督查、考核和责任追究，重点监督评估区政府工作报告中确定的重大事项，量化考核各镇街和相关职能部门的评估项目。全年，全区开展社会稳定风险评估30项，暂缓实施2项，准予实施28项。

【区级领导定期公开接待群众】 区级领导每周三轮流在区信访办公开接待群众，适时公开接访区级领导干部和时间安排表。全年，区级领导干部公开接待群众369批次、858人次，按期办结率100%。

【矛盾纠纷排查调处工作】 坚持区信访办每月、各镇街和部门每半月、各村（社区）每周开展矛盾纠纷排查机制1次。全年排查出重点矛盾纠纷46件，化解40件，化解率87%。

【信访舆论宣传工作】 在《信访条例》修订实施10周年之际，开展以“阳光信访、依法维权”为主题的宣传月活动。向群众发放印制《信访知识宣传手册》5 000册、《重庆市璧山区群众逐级走访宣传册》5 000册、环保袋1 000个，精心制作电视字幕滚动30条、编辑手机报20条，送达群众40万人次。

【“三无”镇街创建活动】 以“无进京越级上访、集体上访、缠访闹访，无因信访问题引发的极端恶性事件或群体性事件，无因信访问题引发的舆论负面炒作”为任务，结合全区实际，细化创建方案，加强工作保障和具体指导，健龙镇、广普镇创建为“三无”镇街。 （徐世超）

重庆市璧山区人大常委会

【概况】 2015年，依法履行重大事项决定权、监督权和人事任免权，筹办人代会1次，主任会议16次，常委会议8次，作出决议、决定13项；听取和审议议题53项，开展检查6次，开展工作评议3次，视察6次，调研11次，调查9次；对区政府规范性文件作备案审查6件；受理人民群众来信、来电86件次，接待来访29件次；收到代表建议193件，除32件转为工作参考外，需办理的161件全部按时办理答复，办理情况对外公开率83.85%。办理人事任免100人次，其中决定任命、任命93人次，决定免去、免去7人次。

2015年1月29日，重庆璧山区第十六届人民代表大会第七次会议举行第二次全体会议，区人大常委会主任薛方梅作区人大常委会工作报告 （曾清龙 摄）

【区第十六届人大第七次会议】 1月27日至1月30日在璧山区正则中学体育馆举行。会议听取和审查区人民政府区长章勇武所作的政

璧山区人大常委会重要文件索引表

表 5-5-1

发布文号	文件名称
璧人发〔2015〕2 号	关于许可对区第十六届人大代表王才亮依法采取取保候审措施的决定
璧人发〔2015〕3 号	关于举行重庆市璧山区第十六届人民代表大会第七次会议的决定
璧人发〔2015〕4 号	关于任命王丁等十九名同志职务的通知
璧人发〔2015〕6 号	关于提请制定《重庆市璧山区人民代表大会议事规则》的议案
璧人发〔2015〕6 号	关于许可对区第十六届人大代表朱堂禄依法采取刑事拘留措施的决定
璧人发〔2015〕8 号	关于重庆市璧山区行政中心驻地迁移的决定
璧人发〔2015〕9 号	关于任命荀向华等 24 名同志职务的通知
璧人发〔2015〕12 号	关于我区贯彻实施《重庆市宗教事务条例》情况的调研报告
璧人发〔2015〕15 号	关于任命张瀚尹同志职务的通知
璧人发〔2015〕17 号	关于我区"发展体育事业增强全民体质"工作情况的调研报告
璧人发〔2015〕18 号	关于将观音塘公租房及廉租房等高新区保障性住房在建项目建设资金列入财政预算的函
璧人发〔2015〕19 号	关于政府规范性文件备案审查工作的评议意见
璧人发〔2015〕20 号	关于全区水污染防治工作的调研报告
璧人发〔2015〕22 号	关于我区贯彻实施《中华人民共和国药品管理法》情况的审议意见
璧人发〔2015〕23 号	关于任免彭定伦、陈维焕二名同志职务的通知
璧人发〔2015〕24 号	关于决定任免谢玉红、林达明二名同志职务的通知
璧人发〔2015〕25 号	关于接受陈维焕辞去重庆市璧山区第十六届人民代表大会代表职务的决定
璧人发〔2015〕27 号	关于批准 2014 年区本级决算的决议
璧人发〔2015〕28 号	关于区农委本届以来工作情况的评议意见
璧人发〔2015〕30 号	关于许可对区第十六届人大代表周德跃依法采取刑事拘留措施的决定
璧人发〔2015〕32 号	关于我区贯彻实施《中华人民共和国道路交通安全法》情况的审议意见
璧人发〔2015〕33 号	关于批准 2014 年区本级决算的审议意见
璧人发〔2015〕34 号	关于任命王亚东同志职务的通知
璧人发〔2015〕35 号	关于同意《重庆璧山国家农业科技园区总体规划》调整方案的决定
璧人发〔2015〕37 号	关于检查我区贯彻实施《重庆市义务教育条例》情况的报告
璧人发〔2015〕39 号	关于免去曹彬、张青令二名同志职务的通知
璧人发〔2015〕40 号	关于决定任免刘子立、陈荣才二名同志职务的通知
璧人发〔2015〕41 号	关于任命刘航、陈琳二名同志职务的通知
璧人发〔2015〕42 号	关于接受曹彬辞去重庆市璧山区第十六届人大常委会委员职务的决定
璧人发〔2015〕43 号	关于接受周德跃辞去重庆市璧山区第十六届人民代表大会代表职务的决定
璧人发〔2015〕45 号	关于同意区 2015 年地方政府债券使用安排方案的决定
璧人发〔2015〕46 号	关于我区 2015 年国民经济和社会发展计划上半年执行情况的审议意见
璧人发〔2015〕47 号	关于我区 2015 年预算上半年执行情况的审议意见
璧人发〔2015〕48 号	关于任命严灿丰同志职务的通知
璧人发〔2015〕49 号	关于任免郭大荣等四十三名同志人民陪审员职务的通知

续表 5-5-2

发布文号	文件名称
璧人发〔2015〕52 号	关于区环境保护局本届以来工作情况的评议意见
璧人发〔2015〕53 号	关于区政府生态文明建设专项工作报告的审议意见
璧人发〔2015〕54 号	关于贯彻实施《中华人民共和国农产品质量安全法》情况的审议意见
璧人发〔2015〕56 号	关于举行重庆市璧山区第十六届人民代表大会第八次会议的决定
璧人发〔2015〕57 号	关于同意区 2015 年政府债务限额的决定

璧山区人大常委会办公室文件索引表

表 5-6

发布文号	文件名称
璧人办发〔2015〕4 号	重庆市璧山区人大常委会办公室关于加强和改进人大新闻宣传工作的通知
璧人办发〔2015〕9 号	关于办公室领导调整分工的通知
璧人办发〔2015〕18 号	关于组织人大干部和人大代表培训的通知
璧人办发〔2015〕24 号	关于印发 2015 年镇街人大工作考核办法的通知
璧人办发〔2015〕27 号	关于表彰“生态文明 绿色梦想”主题征文和演讲比赛获奖的通报
璧人办发〔2015〕29 号	关于区人大常委会机关办公室地址搬迁的通知
璧人办发〔2015〕40 号	关于开展精准脱贫精准脱贫活动的通知

府工作报告、区人大常委会主任薛方梅所作的区人大常委会工作报告、区人民法院院长陈宏宇所作的法院工作报告、区人民检察院检察长孟卫红所作的检察院工作报告；审查璧山区 2014 年国民经济和社会发展计划执行情况与 2015 年国民经济和社会发展计划（草案）的报告，批准璧山区 2015 年国民经济和社会发展计划；审查璧山区 2014 年财政预算执行情况和 2015 年财政预算（草案）的报告，批准 2014 年区本级财政预算；审议通过《重庆市璧山区人民代表大会议事规则（草案）》。

【人大决定、决议】 先后作出关于重庆市璧山区行政中心驻地迁移的决定、关于同意《重庆璧山国家农业科技园区总体规划》调整方案的决定、关于同意区 2015 年地方政府债券使用安排方案的决定、关于补选重庆市璧山区第十六届人民代表大会代表的决定、关于同意区 2015 年政府债务限额的决定、关于批准 2014 年区本级决算的决议等重大决议、决定。

【重要事项审议】 先后听取和审议《关于重庆市璧山区 2014 年国民经济和社会发展计划执行情况及 2015 年计划草案的报告》《关于重庆市璧山区 2014 年财政预算执行情况和 2015 年财政预算草案的报告》《重庆市璧山区关于 2014 年决算（草案）的报告》《重庆市璧山区 2014 年度区级预算执行和其他财政收支情况的审计工作报告》《关于重庆市璧山区 2015 年国民经济和社会发展计划上半年执行情况的报告》《关于重庆市璧山区 2015 年预算上半年执行情况的报告》《重庆市璧山区国民经济和社会发展第十三个五年规划（2016—2020 年）纲要（草案）》《关于重庆市璧山区 2015 年国民经济和社会发展计划执行情况及 2016 年计划草案的报告》《关于重庆市璧山区 2015 年财政预算执行情况和 2016 年财政预算草案的报告》《重庆市璧山区人民代表大会议事规则（草

案)》。

【人大监督工作】 检查全区生态文明建设工作、2015年区国民经济和社会发展计划上半年的执行情况、2015年本级财政预算（草案）、2015年财政预算上半年的执行情况、部门预算执行和本级财政决算（草案）及部分专项资金的使用情况、全区侨务工作、全区职业教育工作、全区民营医疗机构情况、生态林业及绿化工程、农村集体资产管理情况；视察轨道交通缙云山隧道建设进展、社区矫正工作、区人民法院2015年的审判和执行工作、区人民检察院检务公开工作、工业污染防治工作、高新区建设推进情况、检查《中华人民共和国药品管理法》《中华人民共和国农产品质量安全法》《中华人民共和国道路交通安全法》《中华人民共和国老年人权益保障法》《重庆市义务教育条例》贯彻实施情况；评议区政府规范性文件备案审查工作和区环保局、区农委本届以来的工作。

【人大代表工作】 依法组织补选区人大代表5人，终止代表资格5人、变动代表关系4人；组织区人大代表101名及人大干部到全国人大培训基地开展能力提升培训，分片区对区、镇两级人大代表进行依法履职专题培训，组织代表列席区人大常委会会议19人次，参加区人大常委会调研、检查等监督活动76人次；开展“主任接待日”活动4次，接待代表68人次；组织各级代表列席全区重大会议、参与重大决策等政务活动和行风、政风监督等民主监督活动180人次。组织开展市人大代表璧山联系组集中活动4次，协助代表提出建议11件。

【人大调研工作】 市、区联动调研水污染防治工作情况、调研全区生态文明建设工作情况、城市建设工作情况、全区依法行政工作情况、全区金融运行情况、全区贯彻实施《重庆市宗教事务条例》情况、全区发展体育事业增强全民体质工作情况、成渝高铁站前片区道路及基础设施建设情况、工业水污染防治情况、垃圾等污染防治整治工作情况、人大涉法涉诉信访工作情况。

【代表主题活动】 组织市、区、镇三级人大代表联动，在全市率先启动以“依法保护环境，推动生态文明”为专题的新一轮代表主题活动，全年开展相关专题调研89次，参与人大代表1 104人次，走访和接待群众17 000人次，梳理群众意见596条，形成调研报告58篇；开展各类监督活动76次，参与代表1 027人次，提出意见519条；开展“宪法日”“世界水日”和环保知识“三进”等宣传活动，参与代表1 600人次，发放宣传资料20万份；举办“生态文明·绿色梦想”征文比赛及演讲赛。 （曾凯）

重庆市璧山区人民政府

【概况】 2015年，全区经济发展接连演绎“弯道超车、高位赶超”的精彩旋律。“绿城、水城、古城”加快建设。实施绿岛新区征地拆迁161.6公顷，建设重点项目9个，新建市政道路8.1公里。完成御湖新区等8个片区控规编制，实现城区控规全覆盖。推进东岳、漫水湾公园建设，建成南康、村家、翠微、蜀望、余庆等5个公园；城市绿化从“平面”走向“立体”，完成公共区域立体绿化260处、居民楼院立体绿化1 456户。建成4座水库、3处湿地，新增城区水域34公顷、水网长度6公里。市级“海绵城市”建设试点获批，完成相关专项规划编制。建成仿古建筑5.4万平方米，新开工2万平方米。

基础设施建设持续推进。轨道一号线大学城至璧山段控制性工程完成主体工程量的42%，缙云山隧道双向掘进1.5公里，完成换乘枢纽及连接道征地拆迁，启动车站及高架工程前期工作；成渝高铁广场、虎峰大道及换乘枢纽竣工投用；启动九永高速征地拆迁，协调开展渝蓉高速接北环

2015年1月28日，重庆璧山区第十六届人民代表大会第七次会议，区长章勇武作政府工作报告

（曾清龙　摄）

立交前期工作。铜罐驿长江提水璧山供区工程开工建设，三江水库、盐井河水库正式向城区供水，千层岩水厂扩建工程投入运行。110千伏田秀东线改迁入地，温泉、茅莱变电站建设顺利推进。新建4G基站529个，实现所有镇街场镇4G网络全覆盖。

城市管理更加精细化。建成智慧城管监督指挥中心，安装智能化控制终端5套。严格城市道路、绿化开挖审批，市政设施完好率98%以上。开展城区河道清淤清漂，疏浚城区下水道300公里。规范“骑门摊”，治理“牛皮癣”，拆除违规广告牌232块。新增公共停车位3 030个。环保物联网试点工作取得阶段性成效，“智慧环保”系统上线运行。深入开展环保“五大行动”和“四清四治”专项行动，空气质量优良天数达到346天，城区噪声达标区实现全覆盖。

服务业实现新发展。CBD一期招商运营进展顺利，秀湖水街建成投用，南门唐城即将开业，红星美凯龙一期基本建成，150万平方米环秀湖商圈逐渐成型。出台金融业鼓励政策，金融机构增加到49家，引导30家入驻金融街。出台房地产企业诚信评价制度，完成房地产投资85.8亿元，新开工商品房113.5万平方米、竣工97.8万平方米、销售173.1万平方米。旅游招商取得突破，与亚洲生态酒店领先品牌裸心集团达成合作意向，正与世界知名主题游乐园品牌企业洽谈。实验小学与巴蜀小学合作办学纵深推进，璧山中学与重庆一中联盟办学成效初显，高考重本上线人数增长55.4%。重医护理职业学院主体完工，人民医院和妇幼保健院“三甲”创建有序推进，中铁任之健康城项目进展顺利。

工业经济提质增效。完成工业投资335.7亿元，增长28%。工业增加值达到244.2亿元，增长12.1%，对经济增长贡献率达到67%。产业集中度不断提升，三大主导产业在工业中占比提高到65%。实际利用内、外资分别达到239.6亿元、1.6亿美元，进出口总额实现3.1亿美元。高新区建设扎实推进。建成区面积扩大到16平方公里，新建道路15公里、绿化30万平方米。高新区规上工业产值达到750亿元，增长17.6%。引进100亿级企业众泰集团、世界500强企业德国大陆集团、新加坡淡马锡公司等56个项目，37个项目开工建设，45家企业投产达效。科技创新逐步形成新的驱动力。启动高新区科技创新示范基地建设，与8所高校、25家企业合作打造大学生实训基地。新增16家国家高新技术企业、14家市级企业技术中心和工程技术研究中心、4家市级众创空间、1家协同创新中心。规上工业研发经费支出7.7亿元，增长18%，占GDP的比重达到2.1%。高新技术产业占规上工业比重达到35%。中意产业创新合作重庆峰会在璧山举办。推动资本市场服务实体经济发展。发挥资本市场在结构调整、产业转型、战略性新兴产业成长中的巨大能量，组建“两山火炬股权投资基金”和“两山西证股权投资基金”，30家企业改制上市有序推进，蓝黛传动成为首家上市的本土企业。

精准扶贫精准脱贫任务基本完成。投入1.7亿元，落实六大类、46项重点任务，实现3个市级贫困村整村脱贫、1 891户建卡贫困户越过扶贫标准线。积极引导贫困村因地制宜发展特色产业，落实每户2 000元以上产业扶持资金。推出20项农村实用技术培训，帮助1 324人在城镇就业。投入354万元，为3 675名贫困学生提供教育资助。筹集5 000万元扶贫救助基金，用于解决因病因残因灾致贫返贫等问题。

道口经济发展拉开序幕。完成8个道口片区发展战略规划及控规编制，明确各个道口功能定位。实施渝遂高速大路道口片区征地51.73公顷，完成万家欢国际农贸城开工准备工作。

效益农业加快发展。农林牧渔业产值达到31.4亿元，增长4%。璧北十万亩蔬菜基地播种7 266.67公顷、产量24万吨，璧南十万亩苗木基地、璧西五万亩果木基地分别新增种植133.33公顷、333.33公顷，三大基地实现产值15亿元。新建改造农村公路50公里。建设水利设施2 500处，恢复改善灌溉3 866.67公顷。流转土地20 066.67公顷，流转率51.4%，土地规模经营集中度达44.4%。新增农业龙头企业5家、农民专业合作社19家，带动3.4万农户增收。新增无公害农产品基地15个、无公害农产品16个、绿色食品8个。加强农业科技创新，成功创建科技部全国首批农业“星创天地”试点。开展农村产权制度改革试点，实现“三权”抵押融资5亿元。

生态创建深入推进。污水处理厂一期电镀污水处理项目建成投用。完成青杠污水处理厂管网及配套设施建设，新建改造14个场镇污水处理厂（站），城镇生活污水处置率达80%以上。设置田间废弃物收集点150个，农村垃圾收集率50%。整治病险水库7座、河道18公里，严控水源地和次级河流水质。实施公路绿化870公里、水系绿化150公里，林木覆盖率达49.7%。申报国家级生态镇街10个、市级生态街道创建1个，创建市级生态村（社区）47个涉农的村（社区）。

重点民生实事逐项落实。对接全市重点民生实事，基本完成全区25件民生实事年度任务。其中，污水处理厂（站）建设、农村饮水安全、山坪塘整治和撤并村卫生室建设等4件提前完成3年目标，生态停车场建设、关闭污染企业、农村危房改造等9件超额完成年度任务。完成14 500户城市供水“一户一表”改造。建设村社便道220公里，安装22.2公里农村公路危险路段安保设施。精神卫生中心开工建设，完成164个村卫生室基本设备配备，实施15个镇街卫生院、9个社区卫生服务站、269个村卫生室医用计量器具免费检定。建成社区便民商业设施10个、社区养老服务站5个。建成保障性住房33.9万平方米，完成高山生态扶贫搬迁401人。新建改造公厕19座、垃圾收集站22个，实施45个行政村环境连片整治。完成殡仪馆迁建项目征地拆迁，项目连接公路建成通车。扩大就业技能培训4 283人。完成1 969名孕妇产前出生缺陷筛查和2.3万人次农村妇女“两癌”筛查。改扩建学校11所，义务教育阶段学生营养餐全覆盖。808场流动文化服务进镇街和村（社区），22个行政村光纤全覆盖。规范设置城区30个重要节点信号灯和交通标志，改造33栋老旧居住建筑消防设施。

社会事业蓬勃发展。新建民办幼儿园5所，启动凤凰小学、御湖小学建设。实施教育绩效考核改革，12所试点学校课程改革有序推进。引进40名高层次教育人才，面向全国选调33名优秀教师来璧任教。深入推进医药卫生体制改革，区级公立医院实行药品零差率销售，让利群众3 275万元。实施体育馆改造，新建体育健身广场2个、全民健身路径10条、农体健身工程44个。基层文化阵地面积超过10万平方米，实现全免费开放。

社会保障更加有力。城镇新增就业2.1万人，4 695名城镇登记失业人员和2 008名就业困难人员实现就业，城镇登记失业率控制在2.31%。发放创业担保贷款5 030万元，新发展微型企业750户，帮助1 100人实现创业。连续11年调整城镇职工养老保险待遇，惠及4.9万人。2 194名参保居民获得大病医疗补助1 159万元。改扩建敬老院1所，新建社会养老机构3所。为9 479名城乡低保对象发放低保金2 670万元，2 069名城市“三无”人员领取供养金1 053万元。3 241人纳入农村五保供养，发放待遇1 417万元。1.7万名80岁以上老人享受高龄营养补贴1 100余万元，692个失独家庭获特别关爱金410万元。实施医疗救助、临时救助14.6万人次，发放救助金2 180万元。

平安建设扎实推进。新增治安卡点33处、高清监控摄像头1 223个，落实18个反恐重点单位安保措施，群众安全感指数达到95.8%。破获集资诈骗、非法吸收公众存款等经济案件46件，为群众挽回损失2.6亿元。优化应急处置流程，修订区级应急预案11个，开展应急演练32次。通过购买法律服务，在全市率先建立疑难复杂信访问题导入法律程序工作机制。关闭危险化学品生产企业5家、煤矿和非煤矿山7家，全年未发生较大以上安全生产事故。

璧山区政府重要会议表

表5–7

会议时间	会议内容
2015年1月16日	区政府第5次全体会议
2015年4月8日	研究2015年政府投资重点项目
2015年12月21日	研究2016年全区重点项目

璧山区政府常务会议表

表5–8

会议时间	会议会次
2015年1月14日	第41次
2015年1月26日	第42次
2015年3月2日	第43次
2015年3月23日	第44次
2015年4月20日	第45次
2015年5月12日	第46次
2015年6月4日	第47次
2015年6月16日	第48次
2015年7月1日	第49次
2015年7月20日	第50次
2015年8月10日	第51次
2015年8月31日	第52次
2015年9月15日	第53次
2015年10月9日	第54次
2015年11月2日	第55次
2015年11月30日	第56次
2015年12月28日	第57次

璧山区经济运行分析会表

表5–9

会议时间	会议内容
2015年4月23日	2015年全区一季度经济运行分析会议
2015年7月23日	2015年全区半年经济工作会
2015年10月28日	璧山区2015年经济社会发展实绩和党建考核目标任务“对标”工作会

2015年璧山区重大活动表

表5–10

时间	内容
2015年5月	铜罐驿长江提水璧山段工程开工仪式
2015年5月	璧山区工业投资项目集中签约
2015年6月24日	众泰集团落户璧山签约仪式
2015年7月	璧山区与西南证券股份有限公司战略合作协议签订仪式
2015年7月	璧山区农业投资项目签约仪式
2015年7月24日	璧山区企业股权投资合作项目集中签约活动
2015年9月28日	璧山区高铁广场 虎峰大道 村家公园投用活动
2015年11月11日	杰明常务副市长来璧参加众泰控股集团投资璧山高新区新建新能源汽车生产基地开工活动

【重要会议】 2015 年，召开政府重要会议 3 次，政府常务会议 17 次，经济运行分析会议 3 次。

【重大活动】 2015 年，全区召开 8 次重大活动，分别是铜罐驿长江提水璧山段工程开工仪式、璧山区工业投资项目集中签约、众泰集团落户璧山签约仪式、璧山区与西南证券股份有限公司战略合作协议签订仪式、璧山区农业投资项目签约仪式、璧山区企业股权投资合作项目集中签约活动、璧山区高铁广场 虎峰大道 村家公园投用活动通知、杰明常务副市长到璧参加众泰控股集团投资璧山高新区新建新能源汽车生产基地开工活动。

区政府重要文件目录表

表 5-11

发布文号	文件名称
璧山府发〔2015〕15 号	关于农业“四个一批”创建命名的通知
璧山府发〔2015〕16 号	关于印发 2015 全区安全生产工作要点的通知
璧山府办发〔2015〕32 号	关于加强农村道路交通安全工作的意见
璧山府办发〔2015〕36 号	关于印发城区露天烧烤整治方案的通知
璧山府办发〔2015〕37 号	关于改善农村人居环境试点工作 2015 年任务分解的通知
璧山府办发〔2015〕47 号	关于印发重庆市药品安全责任追究暂行规定的通知
璧山府办发〔2015〕49 号	关于印发璧山区创建全国科普示范区工作方案的通知
璧山府办发〔2015〕56 号	关于建立璧山籍在外商界人士信息库的通知
璧山府办发〔2015〕70 号	关于印发夏季消防检查工作方案的通知
璧山府办发〔2015〕69 号	关于印发璧山区 2015 年度地质灾害防治方案的通知
璧山府办发〔2015〕62 号	关于做好人大代表建议和政协提案办理结果公开工作的通知
璧山府发〔2015〕27 号	关于印发《重庆市璧山区政府投资项目管理办法（修订稿）》和《重庆市璧山区限额以下政府投资工程建设项目管理规定（试行）》的通知
璧山府发〔2015〕29 号	转发重庆市人民政府关于废止和继续实行部分市政府规范性文件的决定的通知
璧山府办发〔2015〕76 号	关于印发重庆市璧山区广播电视直播卫星“户户通”工程实施方案的通知
璧山府办发〔2015〕86 号	关于印发《重庆市璧山区保护性建筑的目录》的通知
璧山府办发〔2015〕176 号	关于调整《重庆市璧山区行政审批项目》的通知
璧山府发〔2015〕30 号	关于深入推进质量强区战略的意见
璧山府办发〔2015〕95 号	关于印发重庆市璧山区社会信息资源整合工作实施方案的通知
璧山府办发〔2015〕91 号	关于加强铁路、高速公路沿线安全管理工作的通知
璧山府办发〔2015〕99 号	关于转发 2015 年全国打击侵犯知识产权和制售假冒伪劣商品工作要点的通知
璧山府发〔2015〕42 号	转发重庆市行政规范性文件管理办法的通知
璧山府办发〔2015〕112 号	关于开展 2015 年度城镇廉租住房租赁补贴发放工作的通知
璧山府办发〔2015〕113 号	关于印发璧山区 2015 年黄标车淘汰工作实施方案的通知
璧山府办发〔2015〕120 号	关于印发璧山区 2015 年重点工业产品质量提升行动工作方案的通知
璧山府发〔2015〕50 号	关于进一步加强新时期爱国卫生工作的通知

（向骥）

重庆市璧山区政协委员会

【概况】 2015年，履行政治协商、民主监督、参政议政职能，齐心协力谋发展，尽心竭力惠民生，凝心聚力促和谐。坚定信念，明确定位，思想政治基础不断增强;紧扣中心，全情履职，协商民主成效更为显著；务求实效，多措并举，政协基础工作扎实推进；弘扬主题，凝聚力量，团结民主氛围日益浓厚；立足实际，努力探索，创新实践水平有效提升；健全机制，强基固本，政协自身建设全面加强。

2015年，实施“三优三全三传递”工程，开展“六走进”实践活动，向贫困群众、公益事业捐款309.7万元，资助贫困学生1 759名，接访群众4 896人次，办实事869件，化解矛盾纠纷1 166起。健全委员联络机构，设立委员联络办公室，制定政协委员联系办法。开展主席接待委员日、走访委员活动，接待委员291人次，走访各民主党派、参加单位、专委会、委员小组82次，走访率100%。开展“加强和改进人民政协民主监督工作”主题理论研究，征集论文31篇，其中《人民政协民主监督在社会主义监督体系中的地位及作用研究》《增强政协提案民主监督实效路径探究》2篇论文，分获市政协理论研究优秀论文二等奖、三等奖。全年在各级媒体发表稿件357篇。其中，在《重庆政协报》刊发29篇，《人民政协报》刊发3篇。区政协获重庆市政协宣传通联工作先进集体一等奖。征集各类文史资料稿件50篇，编印《文史通讯》4期，征编《璧山文史资料专辑·璧山非物质文化》，组织开展文史宣传活动，在《璧山政协》开设“文史杂谈”专栏。完成诗书画院硬件建设任务，有会员24人，特聘会员28人。举办诗歌讲座和书法讲座，与四川美院老教授协会、西南大学老年书画研究会联合举办“璧山籍花鸟画大家赖深如及名家书画邀请展”，为《璧山政协》“政协艺苑”栏目供稿34篇。全年接待到璧考察，全国政协3批次，市政协6批次，市内外政协29批次。

【政协九届五次全会】 1月26日至29日，中国人民政治协商会议重庆市璧山区第九届委员会第五次会议在正则中学体育馆召开。听取并审议政协第九届委员会常委会工作报告及提案工作报告；听取并协商讨论政府工作报告及其他工作报告。

【常委会议】 全年召开常委会5次，对璧山经济社会发展情况、“政府投资瘦身、社会投资扩容”工作情况、璧山区重点项目推进情况，璧山重大交通项目建设情况、区人民法院和区人民检察院工作情况，区行政中心驻地迁移、区政协九届五

2015年1月27日，中国人民政治协商会议重庆市璧山区第九届委员会第五次会议，区政协主席向邦俊作区政协常委会工作报告

（罗君 摄）

次会议提案办理情况等进行协商，审议通过有关提案审查情况的报告、有关人事任免事项等。

【政治协商】 推进全会协商、常委会协商、专题协商、对口协商和提案办理协商等行之有效的形式，探索形成协商平台10个和多种协商议题的“10+N”协商会议制度。召开区政协九届五次会议，围绕《政府工作报告》和其他工作报告进行协商讨论，汇总整理涉及全面深化改革、依法治区和“三区一美”战略等汇总整理6个方面意见建议30条。先后就农业科技园区建设、雨水防洪综合规划、重大交通项目建设推进情况等10个专题开展协商，并形成协商意见报送区委、区政府供决策参考。区政府将政协全会关于《政府工作报告》的协商意见细化为“责任清单”，明确牵头单位、配合单位办理协商意见，并定期“对账”，向政协函告协商意见办理落实情况。《关于解决我区企业运行困难相关问题的专题协商意见》《加快电动汽车充电基础设施建设的专题协商意见》等得到区委、区政府的高度重视。

【民主监督】 7月至8月，民主评议重庆市食品药品监督管理局璧山区分局，提出6个方面14条意见建议。9月，回访上年民主评议的区司法局，督促检查整改落实情况。8月至9月，专项评议璧山依法治区工作，提出3个方面10条意见建议，为推进依法治区工作提供参考。区政协九届五次会议以来，收到提案284件，经审查立案交办207件。筛选8件重点提案、6件跟踪提案，由区委、区政府和区政协领导督办，邀请界别委员、群众代表参与协商办理。全年收到社情民意信息312条，编印《社情民意专刊》87期，有36期得到区领导批示或部门回复。

【参政议政】 7月至9月，结合市政协2015年下半年西部片区会议主题要求，就璧山全面建成小康社会与“十三五”规划的衔接落实情况开展专题调研，提出加强与市级相关部门衔接、完善监测考评制度等4个方面9条建议，为区委、区政府决策提供参考。先后组织委员就乡土文化与乡村旅游、房地产业发展等19项工作开展专题调研，提交报告19份，一批有较强针对性、操作性的意见建议，被有关部门及时采纳。11月，组织全体政协委员分6个视察分团，围绕国家高新区建设、文化古城建设等专题开展年终视察，提出意见建议46条。

（区政协）

区政协重要文件目录表

表5-12-1

发布文号	文件名称
璧协〔2015〕1号	关于印发《政协重庆市璧山区九届委员会特聘委员实施办法》的通知
璧协〔2015〕2号	关于区行政中心驻地迁移的协商意见的函
璧协〔2015〕3号	关于聘请胡正好等25名同志为政协重庆市璧山区九届委员会特聘委员的通知
璧协〔2015〕4号	关于《区政协九届五次会议关于政府工作报告的协商意见》的函
璧协〔2015〕5号	关于《区政协九届五次会议关于法院工作报告的协商意见》的函
璧协〔2015〕6号	关于《区政协九届五次会议关于检察院工作报告的协商意见》的函
璧协〔2015〕7号	关于印发《政协重庆市璧山区委员会2015年工作要点》和《政协重庆市璧山区委员会2015年主要活动安排》的通知
璧协〔2015〕8号	关于印发《璧山区政协工作考核办法（试行）》的通知

续表 5-12-2

发布文号	文件名称
璧协〔2015〕9 号	关于召开重庆市政协西部片区会议的函
璧协〔2015〕10 号	关于罗庆利同志任职的通知
璧协〔2015〕11 号	关于张正刚、周厚强同志分工调整的通知
璧协〔2015〕12 号	关于周厚强、罗庆利同志分工的通知
璧协〔2015〕13 号	关于召开重庆市西部片区政协会议的通知
璧协〔2015〕14 号	关于《解决我区企业运行困难相关问题的专题协商意见》的函
璧协〔2015〕15 号	关于对区司法局民主评议回访情况的报告
璧协〔2015〕16 号	关于转送《关于全面建成小康社会与十三五规划衔接落实的调研报告》的函
璧协〔2015〕17 号	关于民主评议重庆市食品药品监督管理局璧山区分局的报告
璧协〔2015〕18 号	关于专项评议依法治区工作的报告
璧协〔2015〕19 号	关于民主评议区交委提案办理工作情况的报告
璧协〔2015〕20 号	关于同意侯咏梅等 10 名同志辞去九届区政协委员的决定
璧协〔2015〕21 号	关于赵明贵等 2 名同志委员资格自行消失的决定
璧协〔2015〕22 号	关于增补罗庆利等 10 名同志为九届区政协委员的决定

延伸阅读 ▶▶

成渝高速扩能改造

起于绕城高速珊瑚互通，经九龙坡、江津、璧山至永川，总里程 60 公里，投资约 60 亿元。璧山境内约 25 公里，设计时速 100 公里，双向六车道，设来凤、定林 2 个下道互通。项目年内启动，建成后将对完善璧山高速公路路网，带动璧山特别是璧南区域发展发挥重要作用。

渝遂高速大路至歇马支线

纳入《重庆市高速公路网规划（2013—2030年）》的支线项目，连接渝遂高速大路互通与绕城高速歇马互通，规划里程 15 公里。预计“十三五”期间开工建设，建成后将缓解渝遂高速拥堵情况，并缩短璧山至两江新区的距离，使璧山至重庆机场的空港物流通道更加便捷。

合川经璧山至江津高速公路

《重庆市高速公路网规划（2013—2030 年）》确定的 7 条联络线之一，规划里程 110 公里，璧山境内约 70 公里。该路线有效串联起成渝高速、渝蓉高速、渝遂高速等多条东西向高速公路，实现了璧山域内不同高速公路间的快速衔接转换，填补了璧山缺乏南北纵向快速运输通道的空白，将显著加强璧山与合川、江津间的交通联系。目前项目正处于方案研究阶段，力争在璧山境内重要旅游景点、镇街等设置 5 至 6 个下道互通。

新丝绸之路

是在古丝绸之路基础上形成的一个新的经济发展区域。包括西北五省区（陕西、甘肃、青海、宁夏、新疆）和西南四省区市（重庆、四川、云南、广西）。东连充满活力的亚太经济圈，中串资源丰富的中亚地区，西通发达的欧洲经济圈，被誉为“世界上最长、最具有发展潜力的经济大走廊”。

民主党派　工商联

民主党派

民盟璧山支部

【概况】　2015 年，民盟璧山支部新发展盟员 14 名，有盟员 55 名，其中，民盟重庆市委委员 1 名，重庆市政协委员 1 名，区人大常委 1 名、人大代表 2 名，区政协常委 1 名、委员 5 名。设主委 1 名，副主委 1 名，组织委员、宣传委员、参政议政委员各 1 名。调整支部盟员小组，将全体盟员划分为教育、卫生和综合 3 个小组，明确组长、副组长及工作职责。

【思想建设】　通过组织集中学习，为每位盟员订阅学习资料，组织盟员参加民盟重庆市委、区委统战部的各级各类培训学习等方式，加强对中共中央和上级有关会议、文件精神的学习，不断增强思想政治共识，坚持走中国特色社会主义政治发展道路，始终做到与中共同心同向同行。

【参政议政】　向区政协提交立案集体提案 3 件、大会发言材料 1 篇，盟员中的市政协委员向市政协提交提案 1 件、区人大代表向区人大提交建议 2 件、区政协委员向区政协提交立案提案 6 篇、大会发言材料 1 篇。协助上级民盟组织做好有关课题调研。4 月 7 日，民盟中央副主席徐辉率参政议政部同志、专家在重庆市副市长、民盟重庆市委主委吴刚、副主委韩建敏等陪同下到璧山区调研养老产业发展工作，支部积极联系、协调，做好相应的调研安排，完成在璧调研工作。组织调研区高中教育改革发展情况，形成《对我区高中教育发展的建议》大会发言材料。组织视察区旅游业发展情况，提出对区旅游业发展的建议意见 6 条。组织盟员参观考察成渝城际铁路璧山站及站前广场和天池天街的规划建设情况，提出相关意见和建议。参加区委区政府对《“十三五”规划纲要》《政府工作报告》等的征求意见会，提出相应意见和建议。

民建璧山支部

【概况】　2015 年，民建璧山支部会员发展至 72 人，支部下设 3 个会员小组。全年开展社会服务，举办健康讲座、义诊义检及咨询、发放健康资料，以及扶贫捐赠活动，全年捐款捐物约 41 万元。

【参政议政】　全年向区政协提交《加强农村饮用水安全建设，切实保障群众饮水安全》《加快智慧城市建设，成就智能城市典范》《培育农业综合体，促进农村经济社会发展》大会发言材料 3 篇，集体提案 3 件，会员个人向人大、政协提交议案或提案 29 件，采用 18 件，做意见转送 9 件。提交社情民意 36 件，采纳 5 件；向民建重庆市委提交社情民意 28 条，采纳 4 条。承担民建重庆市委《关于突破小微企业瓶颈制约的研究》调研课题。向民建重庆市委投稿并采用18件，其中民建中央网站转登8篇，撰写年度基层工作研讨会理论文章，向《璧山政协》撰稿采用8篇。

【成立70周年活动】 4月，支部举办“让历史告诉未来”演讲比赛活动。6月，与民建九龙坡区委等联合开展趣味运动会。12月，与民建永川区委共同举办民建成立70周年庆祝大会。开展为民建旧址—西南实业大厦复建捐款15.9万元。

农工党璧山支部

【概况】 支部于2014年12月30日成立，先后制定《农工党璧山区支部委员会成员分工及职责》《农工党璧山区支部支部委员会工作规范》《农工党璧山区支部信息考核方案》3项工作制度，为日常工作有序开展提供有力的制度保障。

【参政议政】 提交提案7件，全部立案，提交书面大会发言材料1篇。多个提案得到区政协的采纳应用。特别是《高度重视乡村医生队伍建设》的提案邀请相关部门专题协商，并得到采纳应用。罗恩德提出的《高度重视乡村医生队伍建设》、董兰提出的《关于体育中心圆墙周围停车的情况反映》，常爱书提出的《关于解决农村留守儿童问题的建议》《关于解决农村失地失业妇女就业现状的建议》、刘朝伦提出的《建议增加青龙湖景点的路线指引》等作为社情民意，得到区政协的采用。按照农工党市委的统一部署，讨论确定本年度重点调研课题。课题组多次前往区卫生局、区人民医院、各镇街社区卫生中心和村卫生室进行实地调查，收集资料。并召开专题协商会，完成《关于村医和村卫生室的现状及对策》调研报告。并在此基础上形成1个提案、1个社情民意和1个专题发言。

【社会服务】 5月，联合农工党重庆市委、重庆市中山医院、璧山区人民医院在大成广场开展“先天性小儿心脏病免费筛查”义诊活动，为群众宣传小儿先心病防治知识。

致公党璧山支部

【参政议政】 致公党璧山支部有人大代表2人，政协委员6人。2015年“两会”期间，支部向致公党重庆市委提交集体提案3篇，其中，《充分发挥各区县街镇卫生院的作用》作为致公市委集体提案上报市政协。支部提交政协提案3篇；支部成员提交人大代表建议4篇、政协提案8篇、社情民意6篇。

【社会服务】 1月，支部党员向三合镇石龙桥村贫困大学生冷春芳捐款3 000元；4月，支部发出倡议，组织捐款26 000元，看望慰问打工回国后遭遇车祸的困难群众陈发群，传递社会“正能量”。

【自身建设】 4月，组织开展以“览民间收藏，扬中华文化”为主题的春季眷属联谊会活动。5月，主动邀请致公党沙坪坝区委全体党员到璧山共同庆祝中国致公党成立90周年、联合开展学习、交流、联谊活动。8月，致公党邮电大学支部与璧山支部共同就支部换届、支部发展以及学习实践活动座谈交流；9月致公党巴南工委也与璧山支部的党员们共同学习中央统战工作会议精神，掌握习近平对统一战线的新评价、对统一战线的新要求、对“留学人员、新媒体中的代表性人士、非公有制经济人士特别是年轻一代”等三类人作为重点团结对象的新举措。（区委统战部）

工商联

【概况】 2015年，把握“两个健康”主题，结合非公经济实际，深入开展以守法诚信为重点的理想信念教育实践活动，深入调查研究、积极建言献策，大力提升服务质效，工商联的凝聚力得到增强、影响力得到提升。

【非公有制经济】 全区非公经济户数44 385户，其中：私营企业9 628户（微型企业3 194户），外资企业69户，个体工商户33 215户。全区完成地区生产总值（GDP）381.8亿元，其中，非公经济增加值290亿元，同比增长12.3%，占全区经济总量的76.0%。全区非公工业企业总产值1 494.4亿元，增长13.5%。全区税收收入实现42.1亿元，其中，非公经济实现税收31.4亿元，增长20.9%，占全区税收收入的74.5%。非公经济实现进出口总额达25 987.01万美元，解决就业42.4万人，实现劳动者报酬138.3亿元。

【非公有制经济人士教育引导】 深入开展以守法诚信为重点的理想信念教育实践活动。组织执委企业开展“新三板”知识专题培训，6月，企业蓝黛传动公司在深圳中小板上市。举办“诚信经营、依法治企”专题讲座。邀请重庆大学教授和市经信委领导到璧作专题授课。选送民营企业家近10名赴北京大学、中山大学等知名院校参加培训学习。朱堂福、袁熙淮2人被评为重庆市2015年度优秀民营企业家，顾地公司、金冠汽车公司、星极齿轮公司被评为重庆市优秀民营企业。全区非公经济人士积极参与社会公益事业活动，累计捐款捐物达800万元。

【参政议政】 积极组织非公经济人士开展调查研究，提交议案、提案、社情民意、建议意见等50件。在区政协九届六次会议上作题为《在新常态下政府走进企业助推发展的几点思考》的大会发言。先后组织开展乡镇街道商会建设情况调研、新常态下政府如何走进企业助推发展等多项调研，形成《当前璧山区民营企业融资情况的调查报告》《如何构建新型政商关系——对璧山区情况的调查与思考》等专题调研报告。每季度编印非公经济发展统计手册，为区领导和相关部门提供参考。

【优化服务方式】 搭建非公经济人士与区级领导的沟通对接平台，进一步贯彻执行区级领导联系非公企业及代表人士工作制度。组织引导参加商贸活动，引导各行业商会利用重大节假日开展促销活动，活跃行业消费市场。推进内引外联工作，主动发挥在招商引资新模式中的“N”作用，组织行业商会会长赴云南省昆明市璧山商会开展交流考察，组织到重庆市福建商会、重庆市广东商会等市级异地商会开展交流学习。搭建维权服务平台，主动与区人民法院建立民营企业商事纠纷诉调对接机制，成立民营企业商事纠纷调解中心，并积极开展维权服务，为会员企业协调解决生产经营困难问题30余件次。

【非公有制企业组织建设】 积极稳妥发展会员队伍，至2015年年底会员总数2 107个，比2014年年底增长8.1%。新成立电子商务商会，至年底有7个行业商会，镇街商会15个，实现镇街商会全覆盖。加强非公企业党建工作，新建鞋业商会和汽车商业商会2个党支部，并根据区委安排，接管非公企业党组织11个，管辖15个支部，党组织基础进一步得到扩大。开展人文关怀活动，组织非公经济人士90名到新桥医院参加健康体检，开展为非公经济人士投保服务工作。以“三严三实”专题活动为抓手抓好班子建设。

（尹红）

群众团体

璧山区总工会

【概况】 2015年4月，璧山区总工会办公地址由原璧城街道沿河东路南段12号搬迁至璧城街道双星大道369号1号楼5楼，办公室10间，会议室1间（506），在职员工12人。基层有15个街道、镇工会工作委员会和12个部门工会工作委员会，机关下级事业单位重庆市璧山区职工服务（帮扶）中心有职工5人。全年，创建6家区级“劳模创新工作室”，在全区表彰一批“十佳创新能手”“十佳创新班组”“十佳金点子”“十佳工会主席”“十佳职工之家”等。深入开展职工素质教育和职工文化建设。积极组织职工参加全总、市总组织的各类文体活动，在全国“书香三八”活动中，推荐作品获三等奖1个，入围奖1个，优秀奖1个。加强职工书屋建设，并为全区职工免费发放1万张读书卡，凭卡到图书馆免费借阅书籍。有市级职工书屋43家，2家全国职工书屋示范点，1家全国优秀职工书屋，3家市级职工书屋示范点。

【职工合法权益维护】 一是建立健全劳动关系三方协商机制，全区所有镇、街道、园区已全部建立协调劳动关系三方机制，并完善定期协商、临时协商、情况通报、劳动关系预警、重大问题协调处置等相关制度。二是加大法律援助力度。聘请专业律师到服务中心定时座班，为职工群众提供法律援助，与人社局、劳动监察大队、劳动争议仲裁院等形成联动机制，主动到企业、到仲裁院为申诉职工提供援助。全年，为226名职工维权，挽回经济损失388.4万元。三是积极参与安全事故的调查和善后处理工作。参与全区15件安全事故的调查和善后处理工作，参与700人的工伤劳动能力鉴定，集中开展为期1周的企业职业病检查和宣传，保障职工的生命健康，化解社会矛盾和纠纷，促进劳动关系和谐。四是开展劳动保护工作，推动落实劳动安全卫生法律法规。在全区开展“炎夏送清凉”活动，筹集20万元资金，由区领导带队深入基层慰问一线职工，并联合人社、安监等部门开展劳动保护监察工作。

【工会帮困扶贫】 一是开展“六节”送温暖。在“六节”期间，向全区660名建档困难职工发放节日慰问金40万元。二是创新开展“金秋助学”品牌活动。创新助学模式，将“金秋助学”活动拓展为“金秋助学·爱心传递”活动，由以往对每位受助学生发放一次助学金拓展为在大学4年期间每年发放1次助学金试点。同时，积极动员爱心企业和劳模加入到助学行列中，为贫困新生上大学助力。为107名刚考入大学的困难职工、农民工子女发放助学金42.8万元，其中，有10名大学新生在大学4年期间每年都将得到工会的资助。三是继续开展“爱心”帮扶。为全区建档困难职工、劳动模范发放“爱心卡”，凭此卡到“爱心医院”“爱心超市”“爱心药房”“爱心学校”

"爱心理发店"等单位享受优惠补贴。成立"爱心理发队"，深入社区、企业，义务为职工群众提供免费理发服务。四是开展女职工"关爱行动"。重点对单亲女职工、特困女职工及子女进行特别慰问，发放慰问金5万元，并为他们购买特殊疾病保险；区妇幼保健院被评为全市首批"爱心妈咪小屋"示范点。五是开展精准扶贫精准脱贫活动。为3个贫困村的10户贫困户分别给予技术培训、推荐就业、购买物资等帮扶，助其尽快脱贫。六是转变救助方式，注重造血帮扶。各级工会对全区900名下岗失业人员、大中专毕业生、农民工等免费实施育婴师、养老护理、家政服务等技能培训，并全部推荐就业。七是推进职工互助保障工作，让职工得到更多实惠。截至年底，全区有1.6万人参加职工互助保险。

【工会组织建设】 一是开展工会干部培训，提升工会干部履职能力。6月3日，特邀中国劳动关系学院教授吴亚平给全区130名企业工会主席及工委主任培训。同时，以以会代训的方式对基层工会干部培训农民工入会、职工互助保障等，进一步提高业务水平。二是加强组织建设，深推企业普遍建会。继续大力推进非公企业普遍建立工会组织，开展"农民工入会集中行动"，全年，新增基层工会41个，实现全区非公企业建会率和职工入会率均达95%以上，其中，新增农民工会员2万名。继续开展"双亮"工程，"职工之家"建设。成功推荐全国模范职工之（小）家各1个，市级模范职工之（小）家各3个。

【服务经济】 一是深入开展劳动竞赛活动。全区各级工会广泛开展一系列劳动技能竞赛、职工技术创新活动，各级企事业单位参赛覆盖率达86%以上。在全市美容美发大赛中，全市设5个一等奖，璧山区获3个一等奖；在全市包装印刷大赛中获2个三等奖。以创建"工人先锋号"为载体，以班组建设为抓手，以"劳模创新工作室"为平台，推进企业普遍开展合理化建议、技术攻关、技术革新、发明创造、节能减排、"五小"等群众性经济技术创新活动，并评选表彰一批优秀技术创新成果、创新班组等。二是切实做好全国劳模、重庆市五一劳动奖状奖章、工人先锋号的推荐评选工作。加强劳动模范的管理、服务和宣传工作，开展劳模休养、专项补助资金发放等日常管理服务工作，组织20名劳模参加休养，召开"五一"劳模座谈会，及时发放劳模专项补助资金。2015年，付才明获全国劳模荣誉称号，重庆金冠汽车有限公司、重庆市星级齿轮有限责任公司等2个单位获重庆五一劳动奖状，冯文静、彭昌芳2人获重庆五一劳动奖章，重庆嘉瑞动物生化药业有限公司粉针生产车间、重庆山青机械制造有限公司技术中心等6个班组获重庆市工人先锋号。三是积极开展"劳模创新工作室"创建工作，区总工会根据市总工会有关文件精神，制定一系列创建制度及办法，规范劳模创新工作室的创建标准，召开劳模创新工作室创建工作推进会。全年，创建重庆顾地塑胶电器有限公司等6个劳模创新工作室，并组织6家劳模创新工作室带头人到长安汽车公司劳模创新工作室开展学习。

（区总工会）

共青团璧山区委

【概况】 2015年，璧山共青团以"三严三实"专题教育为契机，围绕中心、服务大局，夯实团的基层基础，大力促进青年成长发展，组织动员全区青少年特别是团员青年在助推"三区一美"战略中发挥生力军作用。响应区委全面启动城区"立体绿化"号召，组织青年完成精品立体绿化示范户32户，完成区委区政府任务的320%。完成区政府下达资金争取任务的112%，提前超额完成全年任务。"璧山共青团"微信公众号关注人数破万，综合影响力排全市各区县共青团前三甲。"荣耀跑步团"代表璧山青年参加全国"绿色长征”比赛，成绩全市第一，全国前列。

【青年创新创业】 “领头雁”培养计划124人、发放小额贷款715万、创业青年技能培训587人、联系帮扶创业青年50人、组织青年上岗见习360人。组织参加2015年“创青春”中国青年互联网创业大赛，2支队伍获“中国大学生跨境电子商务创新创业大赛”二等奖。联合区委组织部开展“创新、创业、创优”青年人才汇活动，近300名各领域优秀青年为璧山发展建言献策。

【城乡社区市民学校】 在城乡社区市民学校开展“冬日阳光·温暖你我”“学习雷锋·元宵相约”“四点半课堂”等主题活动30场。天门社区市民学校、华龙社区市民学校等与四川美术学院、重庆大学、重庆城市职业管理学院、嘉陵集团团委等进行结对共建。

【青年志愿服务】 组织开展“朝阳伴夕阳”“传递关爱 共享和美”“缤纷夏日 快乐童年”等青年志愿服务活动100次，现注册志愿者总数达25 994人，总服务时长为2.7万小时。5月31日，“重庆志愿服务示范基地”在青杠老年养护中心挂牌。11月25日《人民日报》对璧山区青年志愿者深入基层宣讲五中全会精神进行报道。青年志愿者参与关爱老人服务900人次，受益对象3 000人次。组织青年志愿者服务在璧举行的中国意大利产业创新合作重庆峰会。

【扶贫助困】 在大兴镇、七塘镇、八塘镇开展新型农民免费培训“新芽计划”，家政和餐厅服务员、蔬菜园艺工、果桑茶园艺工等专业，培训3期136人。结对帮扶大兴镇高桥村10户建卡贫困户，提供免费技能培训、就业岗位和7 000元帮扶物资，牵线青年企业家参与脱贫攻坚，确保全部超越标准线。

【青年文明号创建】 中共璧山区委宣传部和共青团璧山区委员会联合命名璧山区环境监察支队等17个集体为“2014年度璧山区青年文明号”，重新认定璧山区人民政府办公室秘书科等89个集体为璧山区青年文明号。

【希望工程】 “冬日阳光·温暖你我”2015年新春关爱行动帮助全区500名困难学生和留守儿童实现新年心愿。组织正兴镇大面坡村、丁家街道三五村、三合镇二郎村的32名贫困家庭儿童参观规划展览馆和璧山中学、免费观看励志电影。帮助马坊小学7名贫困学生争取到平安保险集团“团圆红包”助学金7 000元。成功推荐1名困难家庭高中生免费就读重庆青年职业技术学院。 （团区委）

璧山区妇女联合会

【概况】 2015年，全区有15个镇街妇联（下辖

志愿者带着留守儿童参观新璧中

（连宏宇　摄）

134个村妇代会，52个社区妇委会），14个区直属机关妇委会。辖区妇女群众31.32万人，占辖区人口的49%。

【农村妇女工作】 深化“巾帼促农”行动，组织农业科技专家、种养殖大户深入农村，为农村妇女送科学技术、种植经验等技术培训和现场指导活动10次。培育“巾帼现代农业科技示范基地”“三八绿色工程”等妇字号农业，主动联合区农委培育“巾帼家庭农场”，打造“巾帼家庭农场示范点”，引导农村妇女发展特色农业，助推农业现代化。打造“贴心大姐”品牌，帮助留守妇女互助合作，从生产互助、交流种养殖经验到生活帮扶，切实做实“贴心”品牌，为近万名留守妇女架起学习交流、互助互爱的平台。

【城市妇女工作】 深化“巾帼建功”活动，为广大女企业家、女技术人员、女职工在工业化建设中发挥作用搭建平台；加强“巾帼文明岗”复查验收工作，激励机关、企事业单位及企业各行各业女工岗位建功、岗位成才。2015年，复查验收合格区级“巾帼文明岗”106个、市级“巾帼文明岗”25个、国家级“巾帼文明岗”5个。向市妇联争取重庆市女企业家扶持妇女创业循环金项目帮扶女性创业，为下岗女工张唐宪向上争取妇女创业循环金10万元。

【妇女儿童权益维护】 利用“三八”维权周、“六一”儿童节、“6·26”禁毒日、“12·4”法治宣传日等时节，广泛宣传男女平等基本国策、未成年人保护法、预防和制止家庭暴力条例等法律法规知识，开展打击拐卖、关爱妇女儿童的街头宣传和律师现场维权活动，发放各类法律知识宣传资料10万份，解答法律咨询130人次。加强婚姻家庭纠纷调处工作，为出现婚姻家庭危机问题的夫妻化解矛盾。全年，区妇联接待来电来信来访191件次，办结率达99.5%。

【妇女参政议政】 推进培养选拔女干部工作，促使妇女参与国家和社会管理的层次和社会影响力日益增强。全区各镇街党委、政府领导班子中女干部配备率均100%。全区186个村、社区的“两委”班子均配有女干部，409名，占村、社区“两委”班子成员总数的40.2%。全区村妇女代表会、社区妇女联合会组织组建率100%。

【妇联扶贫助困】 开展以“助学、助残、助贫、助孤”为主题的关爱困难妇女儿童活动。2015年，为3名优秀贫困女大学生、5名贫困女高中生及2013年和2014年的27名在读女高中生的助学款4.4万元，帮助她们圆学业梦；为袁青碧等34名“两癌”贫困母亲分别争取到每人1万元“两癌”救助金。广泛开展“迎春送温暖”等关爱贫困妇女儿童慰问活动，走访慰问550名贫困妇女儿童，为其送去慰问金及慰问物资折合人民币12.1万元。

【家庭美德建设】 开展“最美家庭”寻找活动，推选艾德智、曹勇2个家庭被市委宣传部、市文明办、市妇联授予“重庆最美家庭”称号，马光芝、魏祥均2个家庭被授予“重庆最美家庭”提名奖称号。开展“好家训好家风”征集展示活动，广泛组织发动基层妇联征集家庭正能量内容，动员广大家长儿童传承家庭美德，树立良好家风。举办“敬染夕阳·爱在金秋”重阳节孝老敬老文明家风建设活动，“璧山区文明市民”、著名词作家庄奴先生等200名老年人和15个“好家风好家训”家庭代表、文明家庭代表参加活动。围绕区委、区政府“城市立体绿化”重点工作，以“勤俭持家，低碳环保，共建美丽家园”为主题，组织开展“城市立体绿化·最美家庭阳台”征集展示活动，引导广大妇女和家庭参与生态文明城市建设，提高广大妇女和家庭绿色生态、低碳环保意识。深化“平安家庭”创建活动，以群众喜闻乐见的形式深入宣传普及安全、法律、家庭教育等“平安家庭”知识，引导广大家庭主动参与“平安家庭”创建活动，推进社会主义核心价值观的传播，以家庭的平安促进社会的稳定。坚持在中秋、国庆、元旦、春节重大节日前夕，在全区范围内发出家庭助廉倡议书，倡导干部、群众树立“以德治家、以廉护家、文明立家”理念，做遵章守纪的家庭、懂法守法的家庭、勤俭文明的家庭。

【家庭教育】 创新开展暑期留守儿童“六记”（六记：记得干一些力所能及的家务事、记得做一些感恩社会的志愿服务、记得读一本好书、记得写一封给远方父母的信、记得学一套文明礼仪、记得做一些体育活动）与“六忌”（六忌：忌私自下水游泳、忌高温外出中暑、忌乱吃食物、忌违反交通规则、忌沉迷电子游戏、忌接触危险物品）宣传教育活动，编印图文并茂、通俗易懂的动漫宣传册，教育引导留守儿童做到“六记”与“六忌”，在暑假家庭教育和学校教育缺位的关键节点，保证儿童健康安全的同时教育引导他们学会自立自强，学会感恩回报，学会懂得付出才会有收获。组织参加家庭教育情景剧视频大赛，推选丁家小学编录的《爱的礼赞，孝的传承》参加全市家庭教育情景剧展播。组织心理咨询、婚姻指导、法律服务等方面专业人才为骨干的区家教流动讲师团，围绕儿童健康、儿童安全、儿童成长等家长迫切需求的家教知识开展339场农村院坝家教知识讲座，保持家庭教育覆盖面达90%以上。 （石谊）

璧山区科学技术协会

【概况】 2015年，璧山区科协拥有所属团体84个，其中：街镇科协15个、区级部门科协21个、市级工业园区科协1个、区级企业科协16个、区级学协会15个、区级农技协16个；全区187个村居全部建有村居科普小组并设兼职科普员；有科技示范户3 280户；有市级科普示范街镇6个、市级科普示范社区2个；区级科普示范单位44个；全区15个街镇均设立有科普活动站，80%以上村居设科普工作站，全区区镇（街）村社四级科普组织网络健全。

【全国科普示范区创建】 2014年11月，璧山区启动全国科普示范区（2016—2020年）创建工作。区委区政府组建成立创建工作领导小组，印发创建工作方案，分解创建重点任务，召开动员工作会，建立创建工作联系制度、督查、考核制度等。2015年10月，全国科普示范区创建工作检查组对璧山全国科普示范区创建工作检查验收，对璧山创建工作给予高度评价。

【科普活动】 2月，中国科协副主席程东红一行到璧山区调研大兴葡萄科普示范基地和大兴葡萄农村专业技术协会的发展及运行现状；组织开展2015年科技迎新春科普宣传活动。5月，重庆市科协科技下乡走进璧山福禄镇并开展科普大篷车进校园活动。7月，璧山代表重庆市接受中国科协副主席张勤一行对全市区县科协服务企业科技创新工作检查和调研。9月，在七塘镇骏源广场启动并组织开展2015年璧山区全国科普日活动；组建璧城街道城中社区标准化社区科普活动室。12月，组织开展“家的温馨、节日的问候”中国科协会员日活动等。

【科普宣传】 全年完成第二轮企业科技信息推送任务，启动第三轮企业科技信息推送服务工作，更新维护科普画廊和科普挂牌，组织开展璧山区2015年青少年科技教师培训交流活动、璧山区2015年青少年科技创新大赛、科技模型大赛、机器人比赛、小小实验家、高校科学营等青少年科技教育活动，开展“全国科普日”“三下乡”“科技活动周”“四进社区”等大型主题科普活动和食品安全、消防安全、低碳节能、防震减灾等专题科普活动。全区11个社区科普大学教学点开展教学活动。举办各类科普宣传活动120场次，参与活动的科技工作者2 000人次，受益群众30万人次，印发科普环保手袋、各种实用技术资料、科普书籍、光盘、挂图等各类科普宣传资料近100种，230万份，技术咨询10万人次。

（赵容）

璧山区社会科学界联合会

【概况】　璧山区社科联是区委宣传部负责管理的参公事业单位，与宣传部合署办公，人、财、物由宣传部统一管理和使用。至2015年年底，全区列入社科类的社团26个，其中社科联直接管理的社团1个。2015年被市社科联评为社科知识宣传与普及先进集体。抓好机关党建工作，完成宣传部机关党建工作任务。协助抓好宣教工作。区宣教创新举措的经验，获重庆市委常委燕平的肯定性批示。抓好机关关心下一代工作，按照创建“五好关工委”的工作要求积极开展相关工作。同时积极协助做好思想政治工作，组织召开思想政治工作座谈会，组织开展事业和国有企业政工职称申报和评定工作。按照宣传部机关的工作安排，完成文联科、办公室部分事务和新闻信息发布工作等。

【社科普及】　开办璧山社科大讲坛。邀请重庆市社科联专家和璧山本土专家，深入区级机关和街镇机关开展社科知识讲座7次，听众近2 000人。在“梦想课堂”中开展社科知识的宣传与普及，并开展优质课评选活动，强化社会科学知识的宣传与普及工作。全年表彰奖励优质课件14个。参与十八届五中全会精神的宣讲。参与“小城故事会”系列宣讲活动。参与社会主义核心价值观教育活动。与相关部门一道开展抗战70周年图片展、七夕相亲会、策划建设爱国主义主题公园等活动。

【社科研究】　将《乡土文化资源及其旅游价值研究》申报为市级调研课题，并主动参与研究，积极创造条件圆满结题。结合璧山社会经济工作实际，组织开展哲学社会科学相关问题的初级研究。收到研究文章53篇，通过集中评审，表彰奖励优秀文章19篇，并采用文章选登、文章摘要、精彩观点等形式编印成册送区领导和相关部门街镇。组织开展宣传思想文化专题调研，收到论文24篇，编印优秀文章12篇成册印发。积极开展区县社科工作自身研究。组织撰写的《当前区县社科联工作面临的问题及对策思考》被列为大会发言材料并得到市社科联领导肯定。

【社科管理】　开展调查摸底工作，做到情况明。开展工作指导，明确相互关系。积极支持各社团开展工作，参与相关活动，支持开展课题研究。支持和协助璧山地方历史文化研究会成立，并主动纳入区社科联指导和管理。（区委宣传部）

璧山区归侨侨眷联合会

【概况】　2015年，全区有新老归侨5人，侨眷属5 150人；在外华侨华人760人，分布于全球20个国家和地区，其中博士、硕士30人。有基层侨联片区分会4个，留学生家长联谊会1个。

【海外联谊】　坚持在重要节假日为海外华侨华人发祝福邮件，保持与华侨华人的交流与沟通，通报璧山经济社会发展情况。接待回乡探亲的华侨万大庆、左露、钟曼、何宗蔚，华人殷登燮、张烈才、连加林等。

【参政议政】　“两会”期间，侨联界别集体和个人提交提案16件，立案13件，提案提交的数量和立案率与2014年相比有较大提升，提案提交的数量和立案率也高于全区平均水平。

【维护侨益】　组织全区各镇街统战委员、侨联常委、委员开展侨法宣讲活动。积极为归国留学人员提供就业信息，帮助港资企业解决实际困难。

聘请常年法律顾问，免费为归侨侨眷提供法律咨询，常年法律顾问提供电话咨询25人次，当面咨询12人次。7月8日，中国侨联法顾委到璧调研新侨创业环境和工作状态情况，调研组对区侨联积极创新服务机制，努力助推新侨创业工作给予肯定。

【走访慰问】 春节前夕，慰问侨资企业5家、归侨侨眷属50户167人，发放慰问金17 500元，慰问品5 500元。端午节前夕，在端午节慰问全区归侨2人，重点侨眷、留学人员父母19人。中秋节之际，集体慰问归侨侨眷50名。关心儿女在外的空巢侨眷属和重点侨眷属，重阳节慰问老年侨眷8名。

【结对区县侨联】 3月20日，与北碚区侨联缔结友好侨联组织。8月19日，广东省佛山市侨联主席李忠随团在参加“知名华商重庆行”期间，与区侨联进行广泛接触交流，并签订缔结友好侨联协议。9月17日，与云南省德宏州侨联缔结友好侨联组织。10月19日，赴江苏省昆山市侨联结对交流，缔结友好侨联组织。12月17日，与沙坪坝区侨联、潼南区侨联建立友好关系。

【社会公益活动】 经区侨联牵线和努力，7月13日—16日，第八届中国童诗年会在璧山召开，来自全国各地的儿童文学作家、诗人等300人参会。开展“梦圆六一　幸福‘童’享”活动，为七塘小学近50名孩子送去节日祝福和关爱。和光大建材爱心联盟组织开展爱心捐赠活动2次，13名贫困小学生得到价值30 000元的爱心捐赠。4月2日，旅美华侨、国际著名数学家万大庆博士携其恩师原西南大学数学系教授康继鼎为璧山中学2 000多名师生做演讲。5月5日，旅奥华人殷登燮博士回到母校蒲元小学，为孩子们做报告。针对所联系的正兴镇朝阳村结对帮扶贫困户10户的具体情况，送去种鸡和饲养粮食，并解决他们出售的后顾之忧，帮助他们脱贫。　　（彭雪松）

璧山区红十字会

【概况】 2015年，全区红十字会工作进一步弘扬“人道、博爱、奉献”的红十字精神，履行红十字工作职责，完成各项工作任务。

【红十字宣传】 做好《中华人民共和国红十字会法》《红十字标志使用办法》《重庆市实施〈中华人民共和国红十字会法〉办法》和《重庆市遗体捐献条例》等的宣传工作，组织召开全区各镇街和有关区级部门分管领导参加的红十字工作会议，采取多种形式深入开展红十字宣传工作，提高群众对红十字的认识，受到社会好评。自筹资金为基层红十字会分别订购《中国红十字报》和《博爱》月刊50份。

【造血干细胞捐献】 继续大力推进造血干细胞采集工作，每周二和周四的采血日到区人民医院血库集中动员，向无偿献血志愿者赠送捐献造血干细胞捐献资料及现场采集血样。全年采集造血干细胞血样241份。

【资金募集】 动员各方面力量组织募捐，全年募集捐款总额1 800万元，连续3年被市红十字会评为募捐工作特等奖，并多次在市红会召开的大会上介绍经验。5月，区红十字会常务副会长肖祖兴在北京受到党中央总书记习近平的接见并合影留念。

【先心病和白血病儿童筛查】 联合妇联、妇幼保健院筛查全区白血病、先心病、智障残疾儿童16 923人次。其中，先心病患者刘坤等3名小朋友申请重庆市儿童救助基金会的大病救助。

【救助工作】 为弘扬“人道、博爱、奉献”的红十字精神，帮助贫困家庭的子女上学，经学校推荐，区红十字会审批，确定受助同学20名，每人救助500元，计10 000元。12月，在璧泉街道城中社区举行助学金发放仪式。募集大病救助金救助黄兴勇等重症患者4名，救助金额3 000元至5 000元。为区红十字会原副会长胡玉洪募集重症救助金13万元。为大学生胡瑜募集助学金4.5万元。开展“红十字博爱送万家活动”，为三合镇和七塘镇发放温暖包140份，价值3.8万元；自筹经费发放慰问金5 000元，并购买3 000元的油和大米走村进户慰问困难群众。

【公民无偿献血】　为进一步贯彻落实公民无偿献血制度，确保医疗临床用血的需要和安全，根据《中华人民共和国献血法》《重庆市献血条例》，区红十字会与区献血办密切配合，加强无偿献血的宣传和动员，推动无偿献血工作的顺利开展。

（区红十字会）

璧山区计划生育协会

【概况】　2015年，全区有基层组织253个（其中镇街协会15个、村居计生协187个、流出人口同乡计生协会5个、企业协会12个），有会员130 685人，会员小组2 720个、会员中心户6 215个、会员之家198个，基层组织建设得到延伸和拓展。

【生育关怀行动】　严格管理区生育关怀基金，帮扶救助独生子女死亡家庭203户，救助资金481万元；独生子女及父母患重大疾病关怀80人，救助资金47.9万元；伤残关怀9人，救助资金5.7万元；困难计生专干7人，救助资金3.4万元；节日走访慰问174户，慰问金5.84万元。

“情满双牵手，幸福夕阳红”活动现场

爱心牵手互动联谊会工作。自2009年5月成立联谊会以来，有联谊会小组15个，会员625人。联谊会会员活动经费继续由区、镇（街）财政保证每人每年1 000元，会员的生活费由财政保证每人每月500元。重大节日鼓励他们参与各类文体活动、同伴交流等多种小组活动，帮助计生特殊家庭老人走出人生低谷，重树生活信心，与大家一起，共建和谐社会。

由区政府投入18.3万元为计划生育失独家庭父母1 115人，每户投入330元的意外伤害及住院补充医疗保险，有128人次因生病住院获理赔，理赔金超过10万元，理赔率60%；10月，区政府投入25.79万元，为全区2 579户6 518人计生困难家庭成员办理意外伤害保险。

【“5·29会员活动日”】　5月，在大成广场举办以“情满双牵手，幸福夕阳红”为主题的“5·29会员活动日”宣传活动。市计生协会会长陈万志、常务副会长张志坚和区委副书记、区政府区长章勇武，区政协主席向邦俊、区委副书记李文勇等领导参加活动并讲话。市协会和区领导先后到璧城街道新堰村计生人口文化大院、重庆金冠汽车制造股份有限公司计生协会开展调研，并慰问璧泉街道失独母亲苏晓凤。

【流动人口服务管理】　为强化区域协作、共同推进流动人口居住地均等化服务、增强流动人口对流入地的归属感。与市外建立的同乡计生协会镇街建立流动人口均等化服务纳入当地统一管理机制，建立和完善《同乡计生协会工作规范》《同乡计生协会工作职责》《同乡计生协会会员活动制度》《同乡计生协会户籍地镇街工作职责》《同乡计生协会居住地镇街工作职责》等。

（曹勇）

法　　治

政法委及综治

【概况】　2015年，以“全市一流，城市发展新区领先”为目标，按照“战战兢兢、如履薄冰，丝丝入扣、滴水不漏，万无一失、决不出事”的总体要求和“打击有力、防范严密、管理有序、控制有效、公正司法、从严治警”的总体思路，扎实推进政法维稳各项工作。围绕“三类恶性事件”零发生目标，完成总书记到渝视察、各级领导到璧考察、“中意峰会”和“两会”“9·3”等安保任务50起。全年稳控涉稳重点人200名，妥善处置群众聚集事件192件，及时采集新到璧关注人员信息160人次，处置涉璧负面舆情747条、涉稳舆情246条，落地查证75人，教育训诫60人，没有发生涉璧网络负面舆情热炒事件。在敏感节点启动三级防控模式，按照着装和便衣警力1:3的比例，组织100名特勤与武警中队开展联勤巡逻，重点对大成广场、文体广场、人民广场等重点区域开展巡逻防范。开展“三严三实”专题教育活动，举办政法综治领导干部培训班和政法部门二级机构负责人培训班，业务技能培训政法综治维稳干部200名，组织政法系统领导干部到警示教育基地接受教育，制定《政法系统明察暗访制度》，查找、整改警车管理、司法礼仪、干警履职等方面的问题40个。全年，区政法队伍满意度93.61%，上升0.45%。

2015年4月29日，璧山区首支摩托车巡逻队成立

（谢捷　摄）

【治安环境】　坚持打防并重、标本兼治，治安管理提档升级，治安形势持续好转，区群众安全感95.83%，同比上升2.39%，名列全市第5位，城市发展新区第3位。一是推进“三基”建设。区委政法委机关由区公安局六楼搬迁至区公共服务中心，检察院综合楼投用，法院综合楼和区应急指挥中心主体工程完工，实现1镇街1派出所，消除1人司法所，科

学布建社区警务室37个，配备社区民警93名、协勤77名。设置高规格治安岗亭10个、LED显示屏21个。组建区反信息诈骗中心，成立至今，累计锁控、冻结资金账户100个，锁控、冻结、追回资金近1 000万元。全区网格采集基础信息31万条，解决问题1.6万个。整合187支专兼职巡逻队伍，1 558名专兼职巡逻队员，100辆专门巡逻车等，构建起全天候、立体化的社会治安巡逻防控网。“应指工程”二期即将投用，布建高清视频探头1 223个，卡口33套，背街小巷1 000多个高清视频监控探头得到优化整合。整合机关企事业单位500家，联勤5 000名保卫力量编织封控查缉网。二是狠抓特殊人群管理。启动区精神卫生中心建设，列管重性精神病人409名，列管肇事肇祸精神病人32名。落实刑释解教人员6个月最低生活补助，发放过度安置费18万元，在册帮教和安置率均100%。区矫正帮教管理服务中心挂牌成立，强化社区矫正对象监督管理和心理健康干预，撤销缓刑2人，收监2人，给予警告24人次，社区矫正率100%。开展“禁毒宣传月”活动和“百城禁毒会战”“网络扫毒”等专项行动，“感恩生命、健康生活”主题禁毒宣传活动成效位列全市前茅。三是开展专项行动。“春夏攻势”专项打击整治行动成绩排列全市第7位，8个治安重点整治地区刑事案件同比下降51%，并全部摘牌。“新春治安大巡逻”活动“品牌效应”凸显，春节期间，“110”警情环比下降36%。

【信访秩序】 以群众工作统揽信访工作，全力化解信访问题。渝西片区推动逐级走访现场经验交流会在璧山召开。预算100万元，用于领访一次不超过5人，需到市进京咨询问题反映诉求的上访群众。每年预算专项经费480万元，作为信访稳定工作考核匹配经费。将疑难信访案件化解经费由100万元增加到200万元，将司法救助基金由每年20万元增加到每年300万元。出台《群体性事件和集访处置工作督查督办暂行办法（试行)》，加大现场处置工作的督查督办力度。认真落实《关于依法处理信访活动中违法犯罪行为的指导意见》，24名堵门、堵路等违法行为重点人被依法治安拘留。对历时7年缠访、闹访的璧山“最牛钉子户”依法强拆。全年全区主要信访指标实现“四降、一升”目标。即：群众到区信访总量件次、人次同比分别下降15.5%、3.6%；到市集访批次、人次下降36%、39.4%；到市进京越级访件次下降61.5%；群众进京非访人次下降80%；依法逐级走访群众明显上升。

【司法公信】 稳妥推进2个人民法庭主审法官办案责任制和立案登记制改革。加强案件执行，执结案件上升79.7%，执结标的上升25.1%。以人民法庭为依托，建立2个便民诉讼站、9个便民诉讼联络点，聘请109名便民诉讼联络员。完善行政执法与刑事司法衔接信息共享平台，建立环境执法现场监督机制和行政执法联席会议制度，加大行政执法跟踪监督力度。提出完善村级财务管理制度检察建议，实现涉农领域职务犯罪预防常态化。针对国有工程建设和政府采购项目招投标活动，提出法律建议，形成整改的指导性文件，国有工程建设规范化管理全覆盖。进一步提升窗口服务水平，出入境管理部门连续21个月群众满意度保持100%，交巡警推行“延时”和“一站式”服务，全部办证时间压缩到30分钟内，户籍窗口提供身份证异地办理、上门办证和预约服务。开通重庆市法律援助平台、法律援助热线，创新设立区法律援助公众QQ群，在区人民武装部设立维护军人军属权益法律援助工作站。

（区委政法委）

公 安

【概况】 2015年，全区公安工作主动适应璧山经济社会发展新变化，以“春夏攻势”为主线，以“能力建设”为保障，完成各项任务。全年未发生暴恐案事件、恶性刑事案件、重特大安全事故和大规模到市进京群访集访事件，社会政治大局持续平稳，实现“五个坚决防止”的工作目标。全年有集体20个、116人立功受奖；群众安全感95.83%。

【打击刑事犯罪】 全年立刑事案件4 691件，破案1 464件。主要犯罪起诉483人，其中零包贩毒24人、危险驾驶79人，主要犯罪案件诉破比1:2.22。破获命积案1起、现行命案3起。打击处理扒窃人员12人，抓获各类逃犯138人。落实刑事案件现场勘验“一长四必制”，勘察刑事案件现场965起，通过现场信息和物证信息串并案件19串/132案，通过指纹比中案件25起，通过DNA检材比中案件25起。成立专业化图侦队伍，视频侦查提供有效线索94条，协助抓获犯罪嫌疑人121人。以打促防全年“八类暴力犯罪”同比下降31.7%。

【打击经济犯罪】 以涉众型经济犯罪、食药安全犯罪为重点，受理各类经济犯罪案件119件，上升75%；立案97件，上升65.52%；破案92件，上升9.43%；抓获犯罪嫌疑人75人，上升27.12%；起诉19人，上升375%；挽回经济损失2.61亿余元，上升662.97%。破获公安部大要案件8起，破部督案件1起，发起集群战役1起，参战集群战役1起。侦破毛建华等销售假冒注册商标的商品案被评为全市十大打假典型案例，获公安部贺电。侦破“1·30”特大制售有毒有害食品案，专案组获全国打击食品药品环境深化年成绩突出集体，获市公安局嘉奖。联合有关行政执法部门和行业单位，针对行业风险和苗头问题，开展联合检查整治10次，对全区小贷（投资咨询）公司逐一约谈。依托各种媒介，拓宽渠道、形式，广泛开展宣传活动40次，制发宣传册26万份、宣传短信2万条，召开打击非法集资新闻发布会2次，进一步加强预警防范，维护全区经济秩序平稳。

【维护社会稳定】 完成市委、市政府领导到璧视察及传统节假日、中高考安保、抗战70周年庆祝活动、中意产业创新合作峰会、世界王氏家族恳亲会等安全保卫任务60起。坚持社会矛盾纠纷预防预警和常态化排查化解，牵头处置征地拆迁、劳资纠纷、房地产等群体性上访事件106起，对堵路、冲击党政机关、闹访缠访的24人坚决执行拘留，处置安全事故等非正常死亡事件20起，有效化解各种社会矛盾和不稳定因素260起。

【治安行政管理】 开展“春夏攻势”打击整治专项行动，破获非法买卖、制造枪支案件9件、非法持有枪支案件5件、收缴气枪19支、火药枪4支、各类子弹2 573发；黄赌起诉33人、黄赌行政拘留368人；乱点地区整治立案151起，下降52.96%，批捕和直诉34人，通过市委政法委验收；枪爆整治、黄赌、乱点地区整治3项指标均得满分，春夏攻势治安板块全市综合排名位居11位。有效净化社会治安环境，挂牌整治重点地区刑事案件发案190件，下降50.9%，打击37人。全年查处留宿场所不实名登记案件84件，旅馆业抓获违法犯罪人员534人、逃犯21人，指导督促派出所查处治安案件9 951件，办理环境污染案件、拒不支付劳动报酬等案件8件，刑事拘留3人，取保候审14人，起诉12人。突出对民爆物品、烟花爆竹、剧毒化学品、内保单位的安全监管，开展“拉网式”安全隐患排查723家次，督促整改隐患168个，查处非法运输烟花爆竹案件5件，治安拘留6人，全年安全使用炸药200吨、雷管4.8万发。

【巡逻防控体系】 优化巡逻防控机制，筹集购置摩托车资金96万元，组建摩托车巡逻队125人；建设网格432个，配备网格员1 025人；组建39支社区专职巡逻队，配备专职队员243人，兼职1 500人，统筹综治巡逻队、社区兼职巡逻队及电瓶车巡逻队54辆，同特警、武警、派出所民警、机关民警一起叠加巡逻，织密社区防控网。建立查缉封控网点500个，整合公安专业力量、党政机关、企事业单位内保、各镇街综治力量及企事业单位200家、内保力量2 164名，开展查缉封控演练5次，最大限度挤压外来流窜作案在璧山的生存空间，受到市委常委、市委政法委书记刘学普肯定。

【实有人口管理】 加强流动人口、出租房屋和重点人口、特殊人群服务管理等基础工作，清理流动人口，出租房屋7 032户，列管重点人口1 818人，所外监管407人，春夏攻势“流动人口、出租房租信息采集”全市排名第12位；注销重复户口31人，冻结屏蔽无照片人员户口1 128个，清理同名同号人员18人，完成市局下发疑似虚假出生证明核查735人；开展门楼牌清理整治工作，调查道路街巷477条，整治150条，调查小区、行政村组门牌631个，整治205个，调查清理门楼牌数627 936块，整治506 579块，编制591 576块，落实治安管理责任。

【公共安全监管】 一是交通安全方面。接警11 793起，办理简易程序交通事故2 552件，一般程序交通事故223件，破获刑事案件131起，查处治安案件46起，打击处理61人，抓获逃犯1人，抓获现行违法犯罪嫌疑人85人，行政拘留46人，侦破亡人交通肇事逃逸案件6起，亡人交通肇事逃逸案件侦破率100%。深入开展“打非治违”专项整治、“城区停车秩序综合整治”等35个交通管理专项行动，查处各类交通违法行为11万起。联网改造全区的信号灯、电警、监控，整改交通标志72块，增设交通标志109块，施划交通标线10 000平方米，新建信号灯2组和5条绿波带，完成对重要交通节点30处、重要道路交通信号灯及标志设置、调整任务。创新农村道路交通管理模式，镇街15个成立交通安全办公室，建成派出所公巡队15个和农村道路劝导队154个。全年辖区未发生大规模交通拥堵及1次死亡3人以上事故。二是消防安全方面。接警638起，出动5 467人次，抢救被困人员169人，疏散人员375人，抢救财产价值474万元，实现全年作战全体官兵零伤亡目标。全面修订灭火救援预案，深入重点单位开展“六熟悉”（熟悉单位内部水源分布情况、重点部位、消防设施、安全出口、安全通道及单位基本情况）、实战演练180家次，编制本级《灭火救援分级和力量编成规定》。重组水域救援队和森林火灾处置队，招录合同制消防队员14名，培训政府专职消防队员95人次。投入200万元将老旧居住建筑43栋纳入全区民生实事工程，提前完成来凤街道29 560平方米棚户区整改。超额完成建筑水压实时监控系统安装15套、重点单位324家“四个能力”（组织逃生、扑救初期火灾、宣传教育、发现火灾隐患）复评及火灾高危单位46家消防安全评估。检查单位3 500家，整改隐患5 800处，联合区教委投入80万元新建区级消防科普教育基地，被市消防总队推荐参评全国消防执法质量先进单位。

【警务综合保障】 全面启动“应指工程”（社会安全事件应急指挥系统建设工程）二期建设，建成高清镜头1 243个，实现15个街镇34个场镇全覆盖，新建镜头全部接入璧山区局指挥中心并上传至市局指挥中心。容纳“应指工程”后台的公安业务技术用房，2015年8月1日正式动工，11月4日完成主体工程。丁家、来凤派出所完成改扩建工程，福禄、健龙派出所完成新建工程。完成塘湾社区、人民广场及周边、反恐重要目标周边治安监控155个和治安卡口22套，监控镜头261个建设。全面推动15个镇街投入800万元自建高清监控镜头800个，反恐目标单位11家投入500万元建成镜头1 600个，工业园区、学校及全区社会单位新增监控镜头2万个。

（区公安局）

检　　察

【概况】　2015年，检察院深入贯彻党的十八大和十八届三中、四中、五中全会精神，围绕“三区一美”战略目标，全面履行检察职能，不断增强工作实效，为璧山经济社会发展提供有力的司法保障。

【刑事犯罪和经济犯罪查办】　依法惩治刑事犯罪。全年受理各类提捕刑事犯罪案件286件370人，同比件数增加14.86%，人数增加14.20%，经审查批准逮捕230件287人（其中附条件逮捕2件2人），件数增加7.98%，人数增加3.61%，不捕54件81人，不捕率22.01%。受理审查起诉案件515件670人，案件数减少1.15%，人数增加0.6%，依法提起公诉482件613人，案件数增加2.33 %，人数增加2.5%，决定不起诉21件27人，不起诉率为4.07%，不起诉准确率为100%。加大对严重影响人民群众安全感的暴力犯罪、多发性犯罪打击力度。依法批捕故意杀人、强奸、绑架等暴力犯罪27件34人，起诉29件53人；批捕抢夺、盗窃、诈骗等侵财犯罪125件154人，起诉190件241人；批捕“黄赌毒”案件64件75人，起诉78件101人。

维护经济健康发展。维护银行等金融机构经营秩序，起诉信用卡诈骗、非法经营等犯罪4件4人；依法查办职务侵占等企业内部人员贪腐案件5件5人，为企业挽回经济损失。开展涉众型经济犯罪专项打击行动，批捕、起诉非法吸收公众存款、合同诈骗、组织领导传销活动等犯罪12件21人，保障群众的切身利益。开展“破坏环境资源犯罪和危害食品药品安全犯罪”两个专项立案监督活动，对发现的5件涉嫌销售假药案建议行政机关移送公安机关处理；加大对生态环境保护力度，对涉嫌污染环境案件依法适时介入，引导调查取证，保障办案效果。

【职务犯罪查办及预防】　立案查办职务犯罪案件21件21人，均为大案，要案6件6人，要案率28.57%，为国家挽回经济损失500万元。不断完善预防措施，多层次、多方位地开展职务犯罪预防工作。认真梳理职务犯罪发案原因，完成涉农及招投标领域职务犯罪分析报告，提出完善村级财务管理制度等检察建议，实现涉农领域职务犯罪预防常态化，助推璧山区在全市率先做到国有工程建设规范化管理全覆盖。不断创新预防宣传形式，在300场文化下乡惠民演出活动中加入涉农职务犯罪预防元素，举办涉农职务犯罪预防法治专场演出2场，拍摄职务犯罪预防微电影，通过璧山电视台、璧山都市网播放，扩大预防覆盖面和影响力。

【诉讼监督】　对应当追究刑事责任而未立案的，监督侦查机关立案3件4人。依法追捕5人，追诉漏犯18人。纠正侦查机关违法讯问、扣押等侦查行为17件。纠正监外执行罪犯脱漏管13人次，虚管18人次，对2名脱管超过1个月的缓刑犯依法提出撤销缓刑建议。完善财产执行监督制度，建议区人民法院加大财产刑罚执行力度。探索对强制医疗执行的监督，纠正强制医疗执行不当1件。民事、行政审判监督有序开展，积极构建多元化格局，通过检察建议、再审检察建议等方式开展同级监督。行政执法监督向纵深发展。完善行政执法与刑事司法衔接信息共享平台，处理移送案件线索32件，督促行政执法机关移送刑事案件9件12人，向行政执法机关发出检察建议9份。与区环保局、区食药监分局形成常态化协作，加大对行政执法跟踪监督力度。

【信访案件处理】　将息诉息访、化解纠纷贯穿于执法办案全过程，全年受理群众来信来访198件次。其中受理属检察院管辖的举报线索18件；受理控告案件37件，属检察院管辖的17件，转有关部门处理20件；办理刑事申诉案件1件，维持原处理决定1件；受理其他申诉64件；接受群众法律咨询78件次。全年无涉检越级访和进京访发生。

【接受监督情况】 深化检务公开，全年公开案件程序性信息811条，公开法律文书388份，案件信息网上公开工作实现依法、及时、规范、安全。主动接受社会各界监督，认真履行对人大负责、受人大监督的宪法义务，主动向区人大常委会报告工作，接受人大常委会对检务公开工作专题视察，认真落实视察意见。自觉接受政协民主监督，及时向区政协书面报告全年工作，邀请区政协来院调研。邀请人大代表、政协委员、人民监督员视察、调研、参加“检察开放日”等活动31人次，定期赠阅检察报刊、通报重大案件信息、寄送工作动态。全面推行人民监督员接待日等保障人民监督员监督知情权的“三项制度”，定期邀请人民监督员到院接访群众，接待来访群众100人。进一步丰富监督途径，邀请人大代表、政协委员、人民监督员、普通群众参与公开审查、公开听证、公开答复。

【便民利民措施】 办理经济案件坚持“五不”原则，即不轻易传唤企业负责人、不轻易冻结企业资金、不轻易调取企业账册、不轻易查封扣押冻结企业财产、不轻易发布可能影响企业声誉形象的新闻报道，保障企业正常生产经营。在看守所各监室、收押室、亲属接待大厅等地设置检务公开栏或多媒体信息查询系统，主动宣传检察职能。打造“大厅式、一站式”服务平台，增设远程视频接待室，方便群众表达诉求。设立群众工作QQ群，创建“璧山检察”微信公众平台，构建起多层次、多角度的沟通平台。 （区检察院）

法 院

【概况】 2015年，受理各类案件14 062件，结案12 422件，涉案标的18.35亿元，同比分别上升38.91%、40.05%、156.28%；一审上诉率6.48%，一审发改率0.24%。

【刑事审判】 受理刑事案件496件650人，审结449件586人，收案同比下降7.02%，结案同比下降11.79%。审结杀人、抢劫、强奸、绑架及盗窃、诈骗等犯罪案件175件，判处罪犯229人；审结金融诈骗、非法集资等涉众型经济犯罪4件，判处罪犯7人；审结贪污贿赂、挪用公款等职务犯罪案件8件，判处罪犯8人。全年为被害人追回损失360万元。

【民商事审判】 受理民商事案件3 137件，审结2 837件同比分别上升22.01%、22.6%，案件的调解率41.54%。其中涉及抚养、赡养、离婚、继承等家事纠纷案件1 192件；涉及人身、财产损害等侵权纠纷案件827件；涉及消费者权益保护案件11件，涉及物业服务合同纠纷案件477件。

【行政审判】 受理行政诉讼案件148件，审结119件。判决行政机关败诉16件，败诉率29.09%，同比下降5.69个百分点，上诉率33%，同比下降6个百分点。审结非诉行政审查案件835件，裁定准予执行744件。

【执行工作】 受理执行案件3 826件，执结3 494件，申请标的9.05亿元，兑现标的3.69亿元，同比分别上升95.41%、232.72%、179.55%。建成执行指挥中心，形成执行联动格局，初步具备网络查控、远程指挥、快速反应、信息公开等功能。全年拘留30人，向公安机关移送追究刑事责任2人，成功实施司法拍卖13件，变现诉讼资产302万元。

【审判监督机制建设】 审结再审案件2件、执行异议7件、常规纸质卷宗评查573件、上级法院改判、发回重审案件评查 12 件、负责网上结案 10 546 件。

【法庭建设】 璧南、璧北 2 个人民法庭同步开展人民法庭主审法官办案责任制改革。每个法庭各选任主审法官 3 名、法官助理 1~2 名，书记员 4 名，建立起以主审法官为中心的办案团队，全面落实以“让审理者裁判、让裁判者负责”为中心的办案责任制，保障独立办案，强调终身追责。主审法官人均结案 217 件，同比分别增加 112.21%、112.75%，无一件发回重审或改判案件，2 个法庭有 10 件案件提交专业法官会议讨论,同比下降 67%。 （何国华）

【典型审判案例】 1.基本案情：2015 年 7 月 7 日，原告胡某在被告重庆百货大楼股份有限公司璧山商场处购得由重庆御食斋食品有限公司生产的陈吉旺福陈麻花 20 袋，336 元。该食品外包装营养成分表中，标注每 100 克中能量、蛋白质、脂肪、碳水化合物、钠的营养素参考值%（NRV%）分别为 33%、8%、66%、15%、12%；依据中华人民共和国国家标准《食品安全国家标准预包装食品营养标准通则》的规定内容，每 100 克中能量、蛋白质、脂肪、碳水化合物、钠的营养素参考值%（NRV%）正确的标注应分别为 27%、10%、55%、19%、10%。原告认为涉案食品营养成分表中的能量、蛋白质、脂肪、碳水化合物、钠的营养素参考值%（NRV%）标准均虚假错误，营养成分表（NRV%）错误，该食品不符合法律规定，被告销售的涉案食品的行为违法，侵害其合法权益，请求退还购货款并要求十倍赔偿。后原告又认为被告的行为构成欺诈，将诉请的十倍赔偿变更减少为三倍赔偿。

裁判结果：2015 年 12 月 2 日，重庆市璧山区人民法院作出〔2015〕璧法民初字第 04170 号判决：（1）被告重庆百货大楼股份有限公司璧山商场于本判决生效之日起十日内退还原告胡某货款 336 元，原告胡某同时退还被告重庆百货大楼股份有限公司璧山商场陈吉旺福陈麻花椒盐味 14 袋和原味 6 袋，如胡某届时退货减少，则重庆百货大楼股份有限公司璧山商场可按 16.8 元/袋的价格减少应退还的货款。（2）驳回原告胡胜的其他诉讼请求。如被告未按本判决指定的期间履行给付金钱义务，应当依照《中华人民共和国民事诉讼法》第二百五十三条之规定，加倍支付延迟履行期间的债务利息。

裁判理由：法院生效判决认为，原告主张三倍惩罚性赔偿的主要依据系《中华人民共和国消费者权益保护法》第 55 条。该法第 55 条规定：“经营者提供商品或者服务有欺诈行为的，应当按照消费者的要求增加赔偿其受到的损失，增加赔偿的金额为消费者购买商品的价款或者接受服务的费用的三倍；增加赔偿的金额不足伍佰元的，为伍佰元。法律另有规定的，依照其规定。”法院认为，经营者对消费者进行欺诈，一般是指经营者进行虚假宣传或隐瞒事实的真实情况，客观上足以使消费者陷入错误认识而支付商品或服务的对价。对消费者构成欺诈与否，应依照最高人民法院《关于贯彻执行〈中华人民共和国民法通则〉若干问题的意见》（以下简称《民通意见》）第 68 条“一方当事人故意告知对方虚假情况，或者故意隐瞒真实情况，诱使对方当事人作出错误意识表示的，可以认定为欺诈行为”的规定，根据经营者的行为是否属于误导消费者来判断，而判断经营者的行为是否误导消费者，应当采用一般标准，即以一般消费者的认知水平和识别能力为准。如果该行为足以使一般消费者发生误解，即构成欺诈。只要经营者的行为按其性质足以误导一般消费者，就可以被认定欺诈。但如果该行为不足以使一般消费者发生误解，则个别消费者不得以证明自己确实发生误解来主张欺诈行为的成立，亦无法主张构成欺诈。

本案中，关于食品外包装营养素参考值%（NRV%）的准确性，依照中华人民共和国食品安全国家标准《预包装食品营养标签通则》（GB28050—2011）附录A中A3计算营养素参考值（NRV）百分数的计算公式计算后标注，每100克中能量、蛋白质、脂肪、碳水化合物、钠的营养素参考值%（NRV%）分别为27%、10%、55%、19%、10%，而涉案食品外包装营养成分表中，实际标注每100克中能量、蛋白质、脂肪、碳水化合物、钠的营养素参考值%（NRV%）分别为33%、8%、66%、15%、12%。现代社会一般消费者对于健康食品的倡导追求为摄入低能量、低脂肪、低油和高蛋白，如果经营者对涉案食品有欺诈行为的故意，那么应当在涉案食品外包装上将蛋白质营养素参考值%（NRV%）标注更高，将脂肪、能量和钠的营养素参考值%（NRV%）标注更低，以诱导消费者购买食品，但本案查明的事实恰恰相反，相较于食品安全国家标准《预包装食品营养标签通则》规定的NRV%标准数值，涉案食品外包装将蛋白质营养素参考值%（NRV%）实际标注更低，将脂肪、能量和钠的营养素参考值%（NRV%）实际标注更高，而在原告方现有证据不能充分证明被告对原告构成欺诈的情况下，本案中涉案食品的营养素参考值%标注错误，属于表示瑕疵，不会对消费者选择商品产生误导，原告方也未举示证据证明涉案食品存在食品安全问题。故对原告诉称的被告对作为消费者的原告过程欺诈，进而要求三倍惩罚性赔偿的诉讼请求，依据不足，本院不予支持。

2.基本案情：被告人江某系被告单位重庆望博汽车配件有限公司的法定代表人。截至2014年8月，被告单位尚拖欠该公司25名工人6至8月份工资151 475.38元。同年8月20日左右，被告人江某为躲避债务及民工工资将其一直使用的手机号码停用，后又使用他人的身份证办理电话卡。同年8月21日，望博公司20名工人到璧山区人力资源和社会保障局投诉，要求望博公司支付拖欠工资。同年8月23左右被告人江某为躲避债务和民工工资先后逃匿至四川省遂宁市、重庆市铜梁区、四川省巴中县等地。同年8月25日，璧山区人力资源和社会保障局向望博公司下达限期整改指令书，要求望博公司于2014年8月28日前支付民工工资。同年8月29日，璧山区人力资源和社会保障局向璧山区公安局移送侦查，同年9月5日璧山区公安局决定对江某涉嫌拒不支付劳动报酬罪立案侦查。2015年2月6被告人江某被璧山区公安局抓获，其到案后如实供述拒不支付劳动报酬的事实，但江某辩称其妻子、儿子、哥哥、嫂子及其朋友陈某的工资应从所欠工资总额中扣除。

裁判结果：重庆市璧山区人民法院于2015年9月28日作出〔2015〕璧法刑初字第00388号判决：（1）被告单位重庆望博汽车配件有限公司犯拒不支付劳动报酬罪，判处罚金人民币十万元。（2）被告人江某犯拒不支付劳动报酬罪，判处有期徒刑一年二个月，并处罚金人民币二万元。

裁判理由：法院生效判决认为，被告人江某作为被告单位重庆望博汽车配件有限公司的法定代表人，以逃匿的方法逃避支付26名员工工资154 375.38元，数额较大，经人力资源社会保障部门责令限期支付后仍不支付，其行为已构成拒不支付劳动报酬罪，公诉机关指控的犯罪事实及罪名成立。对于被告人江某辩称其更换手机号码是为躲避其他债权人的催债，而不是为逃避工人工资的辩护意见，法院认为，被告人江某在侦查阶段多次供述其是为躲避其他债务和农民工工资而使用他人的身份证办理电话卡，供述稳定，故对被告人的该辩护意见，不予采信。对于辩称被告人江某辩称其妻子、儿子、哥哥、嫂子及其朋友陈某的工资应从所欠工资总额中扣除的意见，经查，被告人的哥哥、嫂子自愿放弃对工资的追索权，其妻子和儿子的工资亦可不作为欠薪处理，其朋友陈某未表示放弃对工资追索的权利，故对被告人提出的其妻子、儿子、哥哥、嫂子的工资从欠薪总额中扣除的意见，本院予以采纳，对其辩称所欠陈某的工资应予扣除的意见，本院不予

采纳。鉴于被告人江某到案后能如实供述罪行，本院决定对其从轻处罚。（张永）

司法行政

【概况】 2015年，司法工作围绕全区工作大局，扎实开展“三严三实”专题教育和向“时代楷模马善祥同志”学习活动，落实“两个责任”和“一岗双责”，加强反腐倡廉制度建设，各项工作取得新发展。

【普法依法治理】 开展各类法治宣传日、周、月等主题法治宣传和咨询活动100场次，发放宣传资料10万份，解答群众咨询2 000人次。按期编辑出版《璧山法治》报，定时在璧山电视台开播《百姓法律讲堂》42期，利用手机短信平台发送法治宣传短信2万条。深入开展“学法用法示范单位”、民主法治示范村（社区）等创建活动，推进基层法治建设。制定下发《关于建立“谁执法谁普法”普法责任制的实施意见》，开展“六五”普法检查验收。

【法律服务】 邀请市、区专家对法律执业人员专题培训，对全区法律服务机构执业专项检查2次和2014年度检查考核工作。全区法律执业人员担任机关、学校、企事业单位法律顾问344家，开展法制讲座和宣传咨询活动96场次，受众人数3 100人；代理各类案件1 204件，为顾问单位、当事人避免和挽回经济损失近9 536万元。律师参加信访值班和随区领导接访83天，协调处理信访案件169件；参加区重点建设项目审定16次，走访区重点和小微企业165次，为60家企业开展法律体检活动。完成司法鉴定439件，连续9年保持零投诉、零信访，采信率100%。

【公证】 为区绿岛新区建设的多个项目办理证据保全公证，为“高山生态扶贫搬迁安置房”抽选活动提供公证法律服务，为城关幼儿园公开摇号招生和璧山区1 608套廉租房分配现场监督公证。区公证处办理的“〔2014〕渝璧证字第3253号”现场监督公证被重庆市公证协会评为“2014年度经典公证案例”。全年办结公证案件3 944件，其中民事公证3 636件，经济公证24件，涉港澳台公证37件，涉外公证247件。

【法律援助】 先后参与“铜罐驿长江提水工程”“三江水库工程结算纠纷”等政府决策3次。分级管理法律援助案件，跟踪郭永久等172人与重庆市龙溪煤矿停产生活费及经济补偿纠纷、王朝美等21人与重庆望博汽车配件有限公司工资及经济补偿纠纷等7件重大案件。参与处理“绿城上岛商品房买卖合同纠纷”“同景国际业主上访”等重大信访事项19件。全年受理法律援助案件731件，结案641件，挽回经济损失900万元。

【人民调解】 严格落实“三表四制度五有六统一”的调委会规范化建设标准。对2014年全区7 657件人民调解案卷质量检查。组织“万人大培训璧山培训班”。联合区法院专题培训全区人民调解员，培训率100%。完善“大调解”工作机制，指导设立璧泉街道人民调解委员会驻璧泉派出所人民调解工作室，开展公调对接工作。全区各级调解组织排查出矛盾纠纷430件，受理人民调解案件11 054件，调解成功10 904件，调解成功率达98.6%，涉及当事人23 880人，涉及金额9 550万元。

【司法所建设】 通过政府购买服务的方式聘用工作人员充实司法所，消灭1人所。开展司法助理员及临聘人员业务培训4次，参训率100%。主动为基层党委政府政务决策、行政执法等提供法律服务。全年各司法所参与调解疑难、复杂民间纠纷132件，代表基层政府处理纠纷67件，参与处理社会矛盾纠纷88件，为基层政府提供法律建议79条。

【社区矫正和安置帮教】 做好调查评估，严格接收程序，落实监管措施，社区矫正工作规范有序。全区累计接收社区矫正人员1 537人，解除1 281人，在册256人，矫正率100%。加强信息核查和衔接，严格落实安置帮教规定，刑满释放人员安置帮教工作取得成效。全区实施过渡安置295人，发放过渡安置费286 188元。7月，区编委批准在司法局社区矫正科增挂重庆市璧山区矫正帮教管理服务中心的牌子。司法局将6楼和7楼会议室作为中心的办公场地，配置“六部六室”及相关工作人员，并协调落实湿地公园、玉山公园等一批基地。年底，区矫正帮教管理服务中心已按要求步入正轨。

【典型司法案例】 修车意外身亡，调解化解纠纷。2014年12月29日，璧城街道四面山村铲车维修工人王某修车时因千斤顶侧倒被压身亡。璧城街道调委会立即介入此事。王某家属要求铲车车主及修理厂老板赔偿各种经济补偿250万元，否则就将采取过激行为。同时，修理厂和铲车车主相互推卸责任。据此，调解组一方面安抚死者家属，讲解相关法律法规；另一方面向修理厂和铲车车主做工作。2015年1月1日，修理厂和铲车车主均表示愿意赔偿，但经济困难且都不愿意承担主要责任。调解组通过反复做工作，死者家属同意修理厂和铲车车主各先期拿出10万元用于安葬死者，然后将修理厂和铲车车主起诉到法院，判决后再赔偿，该纠纷得以妥善解决。

（陈钟）

仲　裁

【概况】 2015年，以提升办案质量、和谐劳动关系、普及劳动法律法规3个方面为切入点，以目标任务为主线，维护当事人的合法权益，有效协调劳动关系和促进社会稳定。

【案件办理质量】 加大劳动人事仲裁受案力度，切实维护用人单位与劳动者的合法权益：杜绝有案不立现象；提高办案质量和效率，确保公正执法。使法定时效内结案率100%，年末结案率达90%以上，重大案件当年结案。围绕案件处理质量和效率，改进办案方式，规范办案程序，完善仲裁体制。

【劳动争议纠纷】 受理劳动仲裁案件2 058件，涉及农民工案件1 750件，涉案金额近亿元。其中劳动报酬775件，社会保险571件，经济补偿金、赔偿金696件，确认劳动关系16件。较2014年相比，劳动争议纠纷案件数量有所增加，案件的复杂程度也有所增大。（区人社局）

武　装

民兵预备役

【概况】　2015年，民兵预备役工作坚持以习主席系列重要讲话精神为指导，按照“瞄准前列、聚力抓建，夯实基础、全面提升”的工作思路，注重活动牵引铸魂、大抓训练强能、改进作风聚力，积极主动适应新常态，民兵预备役工作稳步发展。发挥组织功能作用，打造坚强领导集体。严格落实民主集中制原则，坚持全面从严治党，着力建设一支过硬的党委班子。一是党委统筹重谋划。针对2015年人武部4名班子成员调整的实际，3月，召开部党委扩大会，根据《党委工作条例》和年度任务，区分职责、明确分工、提出要求。结合警备区《纲要》培训，规范机关党支部和党小组，认真组织学习讨论，研究制定按纲抓建的具体举措，正副书记以普通党员身份积极参加所在党小组活动。二是团结协作勤补台。全体干部职工顾大局、讲团结，老同志注重传帮带、带头开展工作，新同志进入情况快、积极发挥特长，大家相互理解、谦让，各项工作顺利稳步推进。部队思想上不松气，工作上不松劲，要求上不松懈、管理上不松散，凝神聚气抓建设谋发展，团队氛围和谐融洽。三是严肃生活树新风。在专题民主生活会上，部党委围绕“三讲三反三治”等具体要求，重点查纠在训风演风、行业作风、组织建设等方面存在的问题，坚持刀口向内挖“病灶”，向深层次原因挖掘，向问题背后深究，积极维护依法治军、依法决策的新常态。8月，召开支部党委大会、党小组会等形式，深入讨论分析郭、徐案件的严重性质、危害、影响和教训，逐人发言亮明立场、表明态度，坚决肃清徐才厚、郭伯雄案件影响。

【学习教育】　深化学习教育效果，凝聚部队发展动力。注重把学习形式搞活、效果抓实，发挥教育“正本清源、固本培元”功效。一是用上级精

新兵入伍

（曾清龙　摄）

神理顺思路。年初，警备区党委扩大会后，及时向区主要领导汇报，先后召开部党委会、干部大会和专武部长座谈会，传达会议精神，部署年度工作。结合党委中心组学习，部党委4次专题学习讨论“四个全面”、深化改革等指示要求；3次与区委中心组共同学习十八届五中全会等会议文件，2次与市调研组一起研究探讨璧山军民融合发展的具体抓手，切实找准部队发展着力点和关键点。二是用两项教育铸魂固本。2月，召开党委议教会，研究制定年度主题教育和专题教育整顿活动实施方案，专门作动员部署。全年，坚持利用每周二半天学习时间组织专题学习，先后编印应知应会口袋书，组织清明节扫墓、重走空战遗址、到“盾之王”企业参观见学、观看《作风建设在路上》纪录片、“正本清源、革弊鼎新”专题讨论等活动，进一步坚定信念信心。同时，坚持问题导向，边学边整边改，规范组织生活、留营住宿、请销假等制度。上半年，警备区王副司令员带工作组指导开展专题民主生活会，部党委紧紧围绕“三严三实”要求，牢牢把握整风整改基调，紧盯“四项整顿”任务，紧扣破除积弊主题，深查细照剖析检查，真刀真枪思想交锋，问题记账限时整改，确保教育取得实效。特别是针对班子、干部调整面较大，人武部编制调整时间较长的实际，部党委结合主题教育、教育整改、党建整训等活动，开展“讲实话、干实事、求实效”三实活动，着力统一思想、增进团结、凝聚力量，认真做好一人一事工作，确保人员思想稳定。三是用强军文化激发活力。坚决落实习主席“打造强军文化”指示要求，办公楼整修搬迁后，在营区、训练场悬挂强军目标和“四有”标语，更新年度工作展板，放响强军系列歌曲，营造强军兴军浓厚氛围。组织参加警备区“强军风采”系列文化活动，自发开展各种球类、骑车等强身运动，借活动增进共识、激发干劲。

【实战训练】　突出训练中心地位，提升应战应急能力。按照能打胜仗要求，围绕担负的作战动员、抢险维稳等任务，从严抓好实战化训练。一是加强战备建设。严格落实双应能力建设要求，2015年，按照“着眼实战、严格标准、紧贴实际、统筹兼顾”原则，修订完善各类方案预案，投入资金完善机关战备库室，补充更换07式战备被装和器材，并下发通知统一细化基层战备标准，进一步规范基层战备秩序。机关坚持每月战备训练，结合节假日、季节转化、“3·19”等重要敏感时节，组织应急分队拉动演练，时刻保持战备状态。二是深入开展整组工作。一季度，召开专武部长座谈会2次，传达学习市国动委全会精神和上级整组相关要求，特别是警备区首长和孙书记重要指示，研究贯彻落实措施。4月至5月，部领导先后到15个镇街开展调研，了解进度、查找问题，具体指导整组工作。多次与盾之王、机电学院等企业院校，探索整组向民营企业、工业园区、院校等新兴领域拓展的方法。全年，着眼调整编组布局、优化结构布局，在区1所民营企业、1所高职院校新建民兵组织和应急力量。三是狠抓民兵训练演练。坚持按纲施训、以考促训，采取人武部集中组织与镇街单独实施相结合的方式，严密组织各类集训比武。针对专武干部调整大的实际，4月和10月，分别组织一期专武干部集训，加强对军事理论、业务知识学习和基础技能训练，近百人次参训；5月，选送4名专武部长参加重庆市专武干部集训，其国防意识和能力素质明显增强。5月和11月，分别组织民兵应急骨干集训，结合任务实际，有针对性地开展专业、补差训练；6月，组织参加警备区应急民兵骨干集训；上半年，指导璧城等5个镇街开展森林防火演练；圆满完成训练任务，民兵应急能力有效提升。四是组织参加联考联评。着眼关键时刻“拉得出、用得上、起作用”，根据上级要求，召开座谈会2次、任务部署会，超前筹划、精心组织、严密实施。投入专项经费补充背负式水泵、油锯等应急装备，组织应急民兵分别在77136部队、预师2团开展

3 000 米武装越、对空射击等科目封闭式集训。在6月上级考核过程中，璧山区军地联合指挥部应急应战行动筹划成绩优秀，高炮民兵分队获团体成绩第二名和2个单项第一名。五是坚持首长机关训练。周密制定机关月训练计划，每周利用半天时间，开展轻武器操作等技能训练；每天下午最后1小时，组织3 000米跑等项目训练，每季度组织1次考核。六是扎实开展征兵工作。从5月底开始，借助区电视台、报纸等平台进行政策宣传，3次到学校开展政策咨询，各镇街均设立政策咨询点，专武干部多次深入村社宣传；7月，组织医院、公安、教育等部门人员进行体检、政审培训，传达上级要求、安排全年工作。2015年，完成年度征兵任务。其间，严格征兵标准要求，严守廉洁征兵纪律，并请区纪委、人大进行全程监督，没有收到不良反应。此外，7月和10月，2次会同机电学院、二炮总部、消防局完成定向培养直招士官复检复查和补录人员的体检政审工作。

【规范管理】 坚决纠治问题矛盾，规范各项管理秩序。根据“八个专项清理整治”和法规制度要求，认真开展自查自纠，大力抓好问题整改落实。一是规范财经管理。结合财务工作大清查，遵循“有什么问题就查什么问题”原则，对照7个方面要求，查出4类282个问题和隐患，并建起“记账”清单，指定责任人，明确整改时限。问题已全部纠治，清退个人消费物品、走访慰问老领导购物、新闻上稿奖励等款项。同时，配合上级部门完成原部长离任审计工作。5月，组织干部职工进行财务工作培训，进一步明确审批权限、报账程序等内容。二是规范营院秩序。3月，开展条令学习月活动，参加军区条令知识竞赛，通过“学条令、用条令”讨论等活动，强化干部职工守纪意识。7月至8月，组织安全大检查和燃爆危险品清理清查，不留盲区，不留死角查找问题，深入剖析存在安全隐患的原因，制定有效的整改措施，确保消除安全隐患。针对安全隐患排查发现的问题，特别是开放式营区特点，制定一系列具体措施，建立临时岗亭双人双岗等制度，组织防爆拉动演练，投入30万元完善营区信息化系统、远程视频监控系统等配套设施，并积极协调地方修建营区大门。三是规范武器仓库。为更好保障训练任务，整改民兵武器装备仓库，完善制度预案、整修硬件设施、配套相关设备、安装安防系统、组织人员培训，为下一步仓库投入使用、安全管理打下良好基础。四是规范保密秩序。严格执行集中文印，落实好登统计、复印审批等规定要求。9月，开展密码管理自查，对关键岗位人员进行政治考核。11月下旬，对照总部6个方面28条要求，组织专项保密清理检查整改，逐个办公室和电脑检查，不留死角盲区，杜绝发生失泄密事件。

【军民共建】 深挖璧山潜力资源，推动军民深度融合。认真贯彻习主席“四个强化”要求，围绕璧山“三区一美”战略，探索军民深度融合发展路子。一是坚持党管武装。贯彻《专职人民武装干部工作规定》，严格落实双重领导、议军会、军事日活动等制度。协同组织部对璧山升区后调整的专武干部进行重新任命，并免去1名有违纪问题的专武部长职务。坚持在地方领导干部集训班上国防教育课，组织党政机关开展军事日活动，有效增强其国防意识。二是研究探索路子。在军工、民营企业开展座谈调研3次，深入挖掘璧山军工产业城、高新技术城潜力，在制度建设、资源共享、服务保障等方面寻求新的突破。在协助上好军事理论课、组织射击训练等基础上，继续与机电学院，研究探索有效利用驻璧部队资源，提高直招士官军事素质、共同开展国防教育的办法。三是主动发挥作用。开展双拥共建活动，继续加大经费投入，扩大活动覆盖面，巩固和发展军政军民团结。根据区分工安排，帮助4个企业解决实际困难，促进区域经济发展。投入2万元，4次到广普镇扶贫，帮助解决其办公设备陈旧等问题，并以“一对一”形式，对口帮扶12户贫困家庭。协调驻璧部队8个单位，配合地方共同完成2006—2014年县志相关初稿编纂；协调区委组织部、教委、人社局，解决10名璧山籍军人和驻璧部队官兵家属工作、子女上学等问题；协同民政等部门研究出台《进一步做好拥军优属工作的意见》，提高军人军属优抚待遇。四是坚决树立形象。在民兵动员、集结等时机适时开展教育，在训练和完成任务过程中严守群众纪律。年初，与区司法局联合建立军人军属法律援助工作站，积极协助处理军地军民纠纷等事宜，维护军人正当权益和良好形象，全年妥善处理8起涉军事宜。

（区人武部）

武　警

消防工作

【概况】　2015年7月，因撤县设区，原璧山县公安消防大队更名为重庆市璧山区公安消防支队，正团职单位。支队辖中队2个，分别为金剑中队和青杠中队，金剑中队于2002年成立，青杠中队于2015年3月批准成立。

【消防监督执法】　全年，加大消防监督执法力度，坚决打击消防违法违章行为。办理消防行政案件212件，责令“三停”33家，临时查封56家，拘留6人，罚款157.96万元。

【消防行政审批】　全年，消防官兵以服务民生为工作重点，主动作为，不断改进工作方式方法，提高工作效率，为群众提供优质服务。全年受理建设工程审核项目136个、验收项目134个，下发《建设工程消防设计审核合格意见书》93份、《建设工程消防设计审核不合格意见书》43份、《建设工程消防验收合格意见书》81份、《建设工程消防验收不合格意见书》47份；办理消防设计备案抽查（合格）69起、消防设计备案抽查（不合格）60起，办理竣工验收备案抽查（合格）61起、竣工验收备案抽查（不合格）22起；下发建设消防设计、竣工验收消防违法通知书24份，下发建设消防设计、竣工验收消防复查意见书63份。

【消防监督检查】　结合璧山实际，策动开展劳动密集型企业消防安全专项整治、夏季消防检查、今冬明春火灾防控工作。公安消防部门全年出动检查人员8 044人次、检查社会单位4 019家，发现火灾隐患或违法行为6 407处，下发《责令改正通知书》2 830份、下发“公众聚集场所投入使用、营业前消防安全检查合格证”123份、《不同意投入使用、营业决定书》27份。

【火灾事故处置】　全年，全区发生火灾事故50起、直接财产损失88.72万元，抢救财产价值480万元，死亡1人，受伤2人，过火面积1671.3平方米，受灾户数42户，受灾人数74人。同比2014年，火灾起数下降38.27%、经济损失下降87.07%。

【抢险救援】　全年，抢险救援257起，出动车辆282辆，出动警力1 776人，抢救被困人员155人，疏散被困人员191人，抢救财产价值200万元。其中，车祸49起、电梯困人61起、跳楼自杀45起、危险化学品事故3起、生产事故救人50起、其他情况49起。

【消防宣传教育】　全年，宣传贯彻《全民消防安全宣传教育纲要》，深入开展消防宣传“七进”活动，区消防工作在中央级媒体刊播新闻12条次，在市级媒体刊播新闻56条次，区及媒体共滚动播送消防公益广告1 800条次、提示字幕600条次，刊播新闻215条次，促进全民消防安全意识提升。

【军民共建】　全年先后与永辉超市、重庆百货、璧山中学、正则中学、区人民医院建立共建关系。面向共建单位开展队站开放20次，开展联合演练

5次，主动上门消防安全培训6次。同时，与永辉超市建立战勤保障合作机制，区人民医院定期为官兵医疗救助培训。璧山中学心理咨询团队每月心理咨询辅导中队官兵，共建合作机制不断完善。

（区公安消防支队）

武警中队

【概况】 2015年，严格落实《执勤规定》《执勤设施建设标准》和《中华人民共和国人民武装警察法》，坚持以从严治勤为切入点，抓执勤制度的落实，确保中心任务完成。在5月支队大比武中，中队战士许蓝天获狙击第一名，荣立个人三等功。年终被评为“正规化执勤一级单位”“安全工作先进单位”。全年官兵出动120人次，配合公安机关和有关单位完成押解、处突和临时勤务25次。

（区武警中队）

民用防空

【概况】 重庆市璧山区民防办公室（简称璧山区民防办）隶属于璧山区人民政府和璧山人民武装部领导。璧山区民防办前身是璧山县人民防空办公室，成立于2001年。2010年，在机构编制调整中，改为璧山县民防办公室。2012成立民防应急指挥信息保障中心（编制9人）。2014年7月，璧山县民防办公室改为重庆市璧山区民防办公室。2015年，利用“5·12防灾减灾日”“6·5”防空警报试鸣日、“12·4”法治宣传日等，深入开展丰富多彩的民防宣传活动。全年发放防空、防灾应急手册1 000本，宣传单5 000份，向学校免费发放《人民防空》教材6 000本，为各初级中学配齐三角巾、防毒面罩等教学用具。及时向市民防网站报送区人防工作动态和进展情况等。努力推进人防宣传教育进学校、进机关、进企事业单位、进社区、进网络等。

【人防指挥设施建设】 区应急指挥中心正式投入使用，设备运行良好，各项工作指标正常，指挥大厅内视频会议系统能实现与市级相关部门、各区县会议终端、镇街、区级相关部门、指挥车互联互通。从4月底至11月初保障会议27场。在七塘镇新建一处可以容纳5 000人的民防疏散基地。

【人防工程】 城区实际有防空洞4处，使用1 580平方米，其中被封闭3处，被利用1处（作为存放水果的仓库）。全区新建防空地下室6处（行政中心1#、2#楼、市民广场、金科第三期、同景国际D组团、红星美凯龙），约110 000平方米，其中由政府投资新建的行政中心1#、2#楼、市民广场防空地下室40 500平方米，平时作为地下车库使用可提供1 700个停车位，战时作为人员掩蔽工程使用可为4 000人提供掩蔽场所。2015年新开工建设35 000平方米防空地下室。

【应急保障】 加强对区指挥系统维护管理工作，保障应急指挥功能完好。完成警报器的采购工作，实现全区每个镇街警报器全覆盖。圆满完成危化品应急处置演练的通信保障任务和璧山、合川、奉节、九龙坡之间的跨区域拉动演练。全年电台执勤25次，网上训练45次，对镇街点名45次，对镇街工作站开展培训2次。（区府办）

文 化

综 述

【概况】 2015年，全区公共文化设施齐全，机构设施较齐全，城区建有公共图书馆、文化馆、文物管理所，街镇、村（社区）建成文化服务中心15个、农家书屋142个、社区文化活动室37个，万人公共文化1 360.43平方米。全区文艺协会（社团）16个，个体演艺公司2个；市级非物质文化遗产名录6个、区级非物质文化遗产名录42个，市级文物保护单位5处、区级文物保护单位89处。

全年积极发挥文化领域的引领作用，认真开展全民阅读、全民健身活动，充分展现“以文化人”的根本目的。开展文化体育“十三五”规划编制工作，草拟加快构建现代公共文化服务体系的相应政策，着力改善城乡公共文化服务条件，提高公共文化服务供给能力，让群众能够更好地共享文化发展成果。积极探索文化与旅游相结合的发展方式，促进全区全域景区城市建设。深度挖掘本土特色文化，推动文化创作，弘扬社会主义先进文化，引导全区群众向往和追求真善美，为璧山协调发展凝聚向心力。

【文化事业】 加大文化设施建设力度。委托知名设计单位深圳“汤桦公司”深化设计，大力推进新建图书馆装修，接收来自国家图书馆、重庆图书馆赠送的图书及杂志3万册，以及流动图书车1辆。推进数字图书馆建设，进入招标流程。推进文化艺术中心装修和配套功能建设，按照国家一级文化馆的硬件要求，与设计方、施工方多次沟通，装修及音响灯光工程正在抓紧施工。全区基层文化阵地达到10万平方米，万人公共文化1 360.43平方米。免费开放率100%。

群众健身运动

（程超 摄）

大力丰富群众文化活动。在全民文艺普及理念的引领下，开展“庆元旦”暨重庆市璧山区青少年艺术之星评选活动、春节联欢晚会、元宵晚会等元旦春节系列演出展演活动和“中国梦·巴渝风”璧山区第7

届中小学生艺术展演、第8届镇街文艺调演、庆六一文艺展演、重阳节文艺演出等文化活动。举办6期璧山区美术书法摄影艺术作品系列联展和《璧山记忆》李世成个人摄影作品展。组织参加重庆市第二届“美丽乡村”原创歌曲大赛、第四届社区文化节活动、2015中国文化馆年会暨重庆市首届艺交会、市委宣传部主办的“感动重庆”颁奖演出。在中意创新合作周重庆峰会文艺表演中，和意大利艺术家同台交流演出，排演特色文化节目《璧山鼓韵》和《薅秧歌》，获包括意大利驻重庆总领事馆副总领事在内的中外来宾的好评。

【文化产业】 积极贯彻落实国发〔2014〕10号文件精神，推动文化创意和设计服务与相关产业快速融合，促进文化产业全面发展。抓好审批服务，做好文化企业年审工作。全年，新发展注册资本1 000万元以上文化企业2家、新审批文化企业74家（其中：网吧51家，歌舞娱乐场所1家、艺术表演团体11家、出版物2家、印刷企业9家）。文化产业投入总额年底达到30亿元。积极做好璧山区文化市场安全检查与排查工作，定期组织检查，加强文化市场执法与管理，确保文化市场健康有序。开展政府序列外机关软件正版化工作，提高版权保护意识。（区文化委）

文联

【概况】 2015年，认真落实习近平总书记系列重要讲话精神、全国文艺工作座谈会精神以及全市文化工作座谈会精神，不断生产更多文化产品，努力创造更多文化精品，顺应新常态，实现新作为。全年，国家级文艺人才30人，市级文艺人才142人，其中新增8名。

【文艺协会活动】 一是文化活动。1.节庆活动有声有色。组织各协会围绕春节、元旦、清明等传统节日，开展为困难群众免费拍照、赠送“全家福”、送春联下乡等文化下基层活动，举办节庆演出50多场次，观看人数近5万人次。2.“文化进万家”如火如荼。积极开展“中国梦·巴渝风”系列活动，举办“中国梦·巴渝风”璧山区2015年庆元旦暨“金剑华府”青少年艺术之星选拔决赛、“中国梦·巴渝风——璧山区2015年元宵文艺晚会”“中国梦·巴渝风——璧山区第八届街镇文化调研活动”、在广普镇开展“中国梦·巴渝风”川剧专场演出，区书法家协会、区美术家协会开展璧山区“践行社会主义核心价值观”书法美术迎春联展等38场系列活动。二是文化交流。组织文艺家参加国家、市级文艺赛事活动，展示璧山特色文化。采取请进来、走出去、走下去的办法，组织各种讲座、采风活动，邀请30多批次的外地文艺名家到璧山交流。2月11日至21日，璧山区文学艺术成果回顾展在璧山区图书馆正式开幕。5月10日邀请北京市书法家协会副主席刘俊京举办名家书法讲座；6月26日至7月1日吕凤子先生的故乡丹阳市到璧举办璧山·丹阳“怀念先生——吕凤子在璧山的抗战岁月”书画作品联展，两地参展作品60件。三是流动文化。组织各文艺演出协会配合区文化委，参与落实政府向社会力量购买公共文化服务工作，深入各村居陆续开展流动文化进村文化演出808场。

【文艺创作成果】 一是多项文艺创作获市级重点项目资助。区书法家协会胡正好的行书《核心价值观》，区美术家协会潘启慧的微雕《穿越系列》获重庆市文联2015年度重点文艺作品资助；区作家协会张鉴诗集《半世梦》获市作协2015年度市文艺创作项目资助，吴信才的长篇小说《病毒纪元》获市委宣传部2015年度重庆市文艺创作项目资助。二是多项文艺作品喜登高峰。赵兴中《扑风者说》获第六届重庆市文学奖，胡正好书法获“中国书坛中青年百强榜”前10强，其书法作品《宣和书谱则页》入展全国第十一届书法篆刻作品展览及第十七届重庆市美术书法摄影联展一等奖；

潘启慧《古玉新韵》获全国旅游商品新产品创意设计开发大奖赛银奖、重庆市第七届工业美术博览会金奖；秦建《终极失控》获第六届世界华人科幻星云奖长篇银奖、《决战奇点》获首届晋康奖，同时获首届晨星奖最佳长篇小说提名奖。吴信才《病毒纪元》获第六届星云奖最佳长篇小说人气奖；周继敏版画《怀念父亲》获第十七届重庆市美术书法摄影联展三等奖；刘大川一联获第二届“把楹联写在党旗上”全国三等奖；任光中金钱板《武松闹庙》获第四届重庆市曲艺大赛表演三等奖；廖学东摄影作品《收获时节》在重庆市第十七届美术、书法、摄影联展中获三等奖；王波获《重庆市第八届书法篆刻展》优秀作品奖；周丽演唱的歌曲《璧山等你来》在“第二届美丽乡村原创歌曲大赛中获三等奖”。张弘摄影作品《晨烟》入选中国摄影家协会和西藏自治区主办的《第八届中国西藏珠穆朗玛峰大展；郭昌禄摄影作品《穿越》获第五届国际攝影艺术展优秀奖。

（区委宣传部）

广播电视

【概况】 2015年，广播电视工作把握正确的舆论导向，围绕“新闻立台、事业强台、人才兴台”的工作思路，充分发挥电视和广播2个平台的宣传作用，积极“凝聚正能量，发出好声音，营造好氛围”，提升璧山对外形象。

【新闻宣传】 围绕区委、区政府中心工作思路，坚持改革创新、整合资源、扩大领域，开展宣传。全年编播《璧山新闻》264期。开设“两会”系列报道、办好25件重点民生实事”、关注重点工程、党风廉政看璧山、新春走基层、关注中高考、“五一”特别节目、点击网络、新区一年间、抗战璧山志等栏目，并开设办好“25件民生实事”“重点项目建设跟踪”等专栏。外宣工作成绩显著，中央、市级以上媒体宣传报道稿件150条。其中，中央电视台CCTV1《新闻联播》先后于3月7日以《新常态 新成效 共建绿水青山 同享生态红利》为题，4月12日以《新常态 新成效 从“一把抓”到“一盘棋”》为题，8月31日以《一组珍贵抗战图片首次公布》为题，11月27日以《走村入企 将全会精神传播到基层》为题，中央电视台CCTV2《经济半小时》于6月6日以《生态文明建设前沿报告水污染治理进行时》为题，全面营销璧山，为璧山全面发展，加快实现“三区一美”奋斗目标营造良好的舆论环境。

【专题栏目】 专题栏目是服务经济社会发展、体现新闻宣传“三贴近”的又一表现形式。一年来，组织精干力量着力抓好专题栏目建设，注重社会性、知识性、趣味性，同时弘扬社会正气，提升《音乐之声》《纪录》《绿岛家园》《金色田野》等专题节目质量。增设新节目《家有宝贝》《舌尖上的璧山》《诗意璧山》等。在上年完成18首MV后，又组织精干力量拍摄制作原创MV《宏情梦彩》《璧山隧道》《来了就是璧山人》《璧山等你来》《城市底色》《清水河》等，受到观众的喜爱和好评。《纪录》栏目以“中国梦，我的梦”为主题，与重庆电视台联合摄制的大型纪录片《天路——我的新藏线》，获第十八届重庆新闻广播电视（专题）二等奖，并相继在中央电视台、中国教育电视台、重庆卫视、湖南卫视等电视和网络等平台上播出。

【推进标准化建设】 贯彻市委宣传部、市文化委关于区县标准化建设实施细则，按照“目标锁定二级台，争取达标一级台”的标准，全面提升办台水平。一是按区委、区政府领导关于“设计超前、功能合理、使用方便”的原则，积极与绿岛新区管委会、文化委等相关单位配合，中国广播电视电影设计研究院等单位设计区广播电视台功能用房，并通过区领导的认可，抓紧装修并采购部分设备工作。二是节目“增量”。在人力不足、环境限制的客观条件下，充分调动全台员工的积极性，切实增大自办节目量。严格按照重庆市标准化建设的有关要求，对综合频道和影视频道重新定位和全新改版，改原影视频道为都市频道。优化调整各个频道节目内容和时长，全新包装。在自办《璧山新闻》《新闻周刊》《纪录》《绿岛家园》《金色田野》等新闻和专题节目的基础上，新开办《家有宝贝》《舌尖上的璧山》《诗意璧山》，引进包装编辑《记者再报告》《知音人间》《女人故事》《小峰说法》等社教类栏目。

（区广播电视台）

广电网络

【概况】 2015年，秉持“永争一流，永不服输，永远服务”的企业精神，牢牢把握发展机遇，积极备战三网融合，创新发展，璧山广电事业取得新的业绩。安装直播卫星电视地面设施5 800套，解决近2万农村群众收看电视节目问题。全年经营业绩持续增长，总收入比2014年增长17.75%，净利润增长34.14%。

【基础设施建设】 建成完善有线广播电视信息传输服务体系和无线广播电视信息发射系统、上联市网总前端最大400G带宽的DWDM密集波分骨干网、MSTP城域网以及区域PTN环网和覆盖全区所有街道、乡镇的HFC有线电视接入网，形成“有线为主、无线为辅、卫星补点”的网络覆盖格局，综合覆盖率达到100%。

【有线电视节目】 建成标清数字电视150套、高清数字电视30套、数字音频广播10套等基本服务，全频道电视节目时移回看，海量、高清、4K互动视频点播服务和互联网宽带接入服务，以及教育、财经、娱乐、报纸、音乐、支付、商城、游戏、彩票等综合信息服务，让传统的“看电视”转变为“用电视”，提升百姓信息化生活的品质。

【数字电视转换推广项目】 深入开展“扫村扫院”行动，强力推进数字电视转换扫尾工作。全年新增部署数字电视终端2万户。

【营销渠道优化建设项目】 以积极激励实体营业渠道为基础，以大力扩充直销团队渠道为支撑，以全面构建集客营销渠道为抓手，以有效激活营维融合渠道为保障，切实优化营销渠道，支撑关键业务的推广和服务。全年，完成农村网用户打标，重点关注城镇新增高清互动终端发放占比和宽带推广占比，尝试开展家电整合营销活动，巩固自有实体营业渠道的产量和产值。以“宽带新增”和“互动新增”为销售目标，采取宽视派员驻地管理模式，积极扩充直销团队，建设直销站。积极组建集团客户营销团队，组织开展“政企单位”和“商业店铺”市场普查，组织开展集客业务市场能力培训，以巩固酒店行业电视业务为重点，以积极拓展数据专线业务为支撑。积极发动社区经理，参加市公司组织的“有线好师傅”活动，开展“有线好师傅”活动，在有效提高网络运行质量和客户服务质量的同时，助推业务拓展，促进销售提升。

【双向优化技改项目】 以“网络联调排噪”和“杆路隐患整治”为重点，大力推进网络双向优化技改项目。全年完成160多个回传通道的噪声排查作业、800多个光接点、3 000多台放大器的指标联调，建立网络安全隐患等级管理台账，提高网络传输质量，支撑宽带业务发展。

【公共文化服务建设项目】 积极承担企业社会责任，主动参与公共文化服务，完成“全域重庆·清新璧山”项目和“直播卫星户户通”安装项目。积极服务于璧山城市营销需求，充分发挥重庆有线云端平台和高清互动终端接收覆盖的优势，引入“全域发布，全域接收”的电视服务模式，完成“全域重庆·清新璧山”视窗的建设运营，实现璧山视讯信息的跨域传播，成为璧山区对内对外宣传的新视窗。主动承接直播卫星“户户通”安装项目，安装直播卫星电视地面设施5 800套，解决近2万农村群众观看电视节目问题。

（重庆广电璧山分公司）

《璧山报》

【概况】　《璧山报》系中共璧山区委机关报，创刊于1988年，现为对开四版全彩印刷大报，每周一、三、五出版，每期赠阅量1.2万份。2015年，以保护和弘扬本土传统优秀文化视为己任，贯彻落实中央城镇化工作会议精神，推出“传承历史文脉，留住百姓乡愁”栏目，并分设“探寻璧山千年文化遗存”“探寻千年璧山人杰”“探寻珍藏档案尘封的记忆”三组系列报道，从璧山历史古迹、历史人物、历史事件入手，以深度整版、图文并茂、定期推出的方式，传承璧山“千年历史文化”，把鲜为人知的“档案记忆”变为人人皆知的“大众记忆”。在抓好对内宣传工作的同时，不断加强对外宣传工作，把对外宣传推介璧山作为重要职责，进一步加大投稿力度。在《重庆日报》、重庆日报农村版等媒体上发表稿件408篇，其中在重庆日报城市版上发表各类稿件210条、重庆日报农村版上发表稿件198条。全年出版144期，刊登各类稿件（含新闻图片）5 500篇720万多字，为璧山经济社会发展和全面建成小康社会提供正确舆论导向。

【宣传重点】　围绕党中央、市委和区委重大政治活动，《璧山报》先后策划并开辟“2015，我们一起出发”“办好重点民生实事”“拼在基层”“聚焦“零部件”工程”“新区一年间”“走近互联网+”“抗战记忆，聆听老兵讲往事”等一系列专栏，深入开展主题宣传报道，确保主题宣传贯穿全年宣传工作，营造浓厚的干事创业氛围。尤其是基于全市“五大功能区”战略和区委“三区一美”战略，推出“读城·政府工作报告解读特刊”，以专刊形式，从多角度、全方位，展现璧山抓发展、求创新、谋改革的新思维、新理念、新举措、新成绩。

【创新发展】　报社从制度着手，要求新闻记者每月必须完成一定数量的基层稿件，并以此作为考核编辑记者任务的硬性指标。开设“走基层”“记者在身边”“惠民政策”“凡人凡事”“曝光台”等专栏，记者深入机关、企业、农村、社区等基层单位，以老百姓的视角去关注经济发展，报道城乡变化，反映群众呼声，讲述百姓故事，深受读者喜爱和关注。为应对新兴媒体对传统媒体的冲击和影响，璧山报社积极拓展宣传渠道和宣传形式，把传统纸媒向数字化方向发展，把政治味浓厚的党报向大众化、平民化快阅读发展。自上年创办发行《璧山手机报》后，2015年社又创办璧山报微信，更新璧山报数字报，与《重庆日报》深度合作，在重庆日报官方网站开辟璧山专版网页，既拓宽宣传报道渠道，又吸引读者关注。2015年璧山报微信，单条最高点击阅读量超过5万。

（璧山报社）

党政信息中心

【概况】　2010年，璧山县网络信息中心成立，是县委宣传部管理的财政全额补助副科级事业单位。2013年，县党政内网管理中心、县政府信息中心、县网络信息中心整合为璧山县党政信息中心，机构规格为副处级（正局级）。2014年，璧山县党政信息中心更名为重庆市璧山区党政信息中心，为中共重庆市璧山区委宣传部管理的财政全额补助公益一类事业单位，主要负责区政府（新闻）门户网站、官方微博等网媒建设、维护、运行，与信息化建设相关的技术指导、协调服务和培训工作等。

【宣传重点】　2015年，重庆市璧山区党政信息中心牢牢把握正确的舆论导向，创新宣传形式，加强内容建设，切实为改革发展凝聚正能量，发出好声音，营造好氛围。通过规范网站刊播行为，健全网站安全高效运行机制，努力建设网络、电视、报刊、政务四位一体综合性网络宣传平台，形成集政府网、新闻网、政务微博、微信、APP等多媒一体的新兴媒体群。

【创新发展】 建立网络应急指挥中心，及时收集整理网民反映的问题，做好网络舆情的收集、引导和协调处置，办理市长公开信箱回复1 210条，市长公开电话回复48条，璧山网阳光璧山回复142条，全年10批次省（市）和兄弟区县到璧山学习考察网络工作。2015年，璧山获评重庆市舆情信息工作先进单位。

全力推进“无线城市”建设。投入使用热点105个，AP 2 780个，其中室内型AP 2 647个，室外型AP 133个，实现区内50平方公里范围内重点公共区域的无线网络覆盖并全面投入使用，可同时供15万用户同时上网。建设无纸化办公平台。已在全区镇街、部门投用，待运行稳定后，将延伸至各单位的各科室，真正实现“无纸化”，适应建设节约型社会的现实要求。建成区数据中心机房。数据中心总投入3 000万元，总建筑面积413平方米（预留1 000平方米），按照B级机房标准建设，有12家单位入驻。数据中心的建设，将通过本地自产数据和调用市级数据建立相关基础数据库，分析、挖掘一成适用于本地区发展的二次有效，建设璧山区数据“集散地”；充分利用本地有效数据作为支撑，为民、为企提供多元化数据供给，打造信息惠民平台“供给站”。

（区党政信息中心）

印刷出版

【概况】 2015年，全区印刷出版业的稳步健康发展。实现销售收入39 850万元,总产值45 116万元,利税6 532万元,从业人员2 654人。

【印刷出版企业】 年初，利用年度核验工作会，开展印刷出版企业从业人员法律法规培训，年检印刷出版企业212家。年末，印刷出版物市场有印刷企业216家，其中从事包装装潢102家，从事其他印刷品的42家，复打印61、内部资料出版企业2家，制版4家，注册资本上千万的印刷包装出版企业5家。

【印刷出版监管】 认真做好印刷企业安全生产工作，与全区印刷企业签订《安全责任书》，坚持重大节假日开展安全大检查。建立完善举报、公告等制度，每月会同行政执法大队对印刷出版物市场检查；开展“扫黄打非·固边2015”集中行动和专项治理，重点强化以查堵政治性非法出版物和反动宣传品为“扫黄打非”工作核心内容的整治力度，专项行动期间，反复清扫出版物市场，全面清缴非法出版物，全区境内未出现传播、制作、销售、下载涉藏等非法出版物和反宣品的行为。

（区文化委）

璧山图书馆

【概况】 璧山区图书馆（老馆）为区县三级图书馆，修建于1989年，建筑1 706平方米，位于璧山县璧城新生街56号。2015年，开展形式多样的读者服务工作和组织读者活动，开展基层图书馆（室）、基层服务点、农家书屋业务培训与辅导，并加强服务网络、数字文化工程建设与管理。有藏书17万册，年购书经费50万元。设有办公室、图书借阅室（少儿借阅室）、报刊借阅室、电子阅览室（多媒体借阅室）、采编室、地方文献室、工具书室、多功能厅、视障阅览室、书库等，有成人阅览坐席220座，少儿阅览坐席60座。实现门户网站、共享工程平台、图书集成管理系统的整合，馆藏数字资源总量近5TB，其中共享工程

图书馆里坐满前来看书的男女老少

（张承刚　摄）

400GB，综合视频 2.5TB，地方文献 60GB，电子图书 25GB 等，馆藏书目数字化 10 万条，数字化率达 71%以上，其中，地方文献数字化书目 1 126条。

【图书馆新馆建设】　璧山区图书馆新馆坐落于璧泉街道双星大道，建筑 25 100 平方米，主要设有期刊阅览室、老年阅览室、视障阅览室、亲子活动室、少儿阅览室、图书借阅室、特藏书库、会议室和多功能厅等功能室 15 个，于 2013 年被文化部评为国家一级图书馆。该馆主体完工，现进入装修设计阶段。

【读者服务】　全年，加强阅读氛围营造，实行服务免费开放（全周 60 小时，周六、周日不闭馆），实施“一卡通”通借通还借阅，接待读者 12.6 万人次，借阅图书期刊 19 万册次。拓展服务范围，开展送书活动12 次，为外借点更换、赠送图书 7 100 册，实现外借点之间图书的通借通还，方便读者办理借还手续。

【农家书屋】　加强农家书屋管理，定期考核。按年终按考核等次，拨付全区 142 个书屋管理资金 395 400 元。全年为 142 个农家书屋配送图书、刊物、音像制品 10 082 万册（套），价值约 30 万元。

【读书活动】　紧紧围绕“文化古城·书香璧山”的主题，以“传播知识，引领阅读”为宗旨，开展形式创新，内容丰富的阅读活动，凸显 3 个亮点：一是搭建阅读新平台。创设璧图讲坛，全年举办讲座培训 47 次；加强展览内容，增设文献主题展览，观展 4 650 人；开辟新书推荐专栏，馆内馆外、线上线下推荐宣传新书好书。二是拓展阅读新渠道。“爱心助读”向留守儿童赠书，利用节假日向农民工朋友、福利院老人送书慰问；延伸服务到基层，在新华书店举办“你选书，我买单”读者购书活动 2 次；配合“文化三下乡”“文化扶贫”等惠民活动的实施，开展流动送书、服务到基层等活动 20 次。三是积极创新工作思路。大力建设社区分馆、学校分馆或便民阅读点，并且稳步推进“一卡通”借阅服务，积极探索各部门、各单位职工书屋“共建共享”的合作模式，实现全区范围内图书“通借通还”。

（区文化委）

新华书店

【概况】　新华书店是由重庆新华书店集团、新华传媒有限公司领导下的自主经营、自负盈亏的企业单位；内部设有经理室、办公室、财务科、教材科、连锁科 5 个部门。主要业务是销售各类书籍、音像制品和办公用品、文教用品、体育用品等。

【经营理念】　坚持“务实求发展，创新争一流”

的经营理念和“识大体、顾大局、敬业奉献，竭诚服务；开拓创新，积极进取；相互支持，团结协作”的新华精神，全心全意为人民服务。

【业务概况】 2015年，经营书籍种类包括：社会学科、文化教育、文学艺术、科学技术、少儿读物、大中专教材、中小学课本、图片、杂志等30 000个种类；其中经典书目有《简·爱》《童年》《母亲》《红楼梦》《西游记》《三国演义》《水浒传》《中国共产党历史》等。分别在春、秋季开学前，送教材书籍到各中小学校，保证师生人手1册。

争取并得到政府支持，将“名家进校园”活动纳入区委推动“全民阅读”计划，12月10日，璧山首次举行由区委宣传部主办的“曹文轩阅读讲座签售”活动。全年销售收入5 204万元。

（区文化委）

文化馆

【概况】 璧山区文化馆坐落在璧山区璧城街道解放路31号。新馆（璧山区文化艺术中心）坐落在璧山区新区核心路段，近4万平方米，内设有演出厅、排练厅、电子阅览室、美术书法培训室、展览厅等。新馆基建工程全部完工，正在进行最后装修。2015年，全馆有编制14人；在岗11人。其中，副高级职称1人、中级职称3人、初级职称6人；工勤人员1人。馆下设办公室、活动部、辅导培训部、非遗办公室等。

【文艺工作】 全年，组织开展元旦、春节送文化下乡活动，承办2015年璧山区春节联欢晚会、璧山区第八届镇街文艺调演、璧山区青少年才艺大赛，举办春节系列文艺演出、“和美璧山·精彩放歌”文艺演出到基层60场、2015璧山区美术书法摄影艺术作品系列联展6期，积极策划和创作排练2016年璧山区春节联欢晚会节目等。参加2015中国文化馆年会暨重庆市首届艺交会，并被评为“优秀参展单位”。参加市委宣传部主办的“感动重庆”8、9、10月度人物颁奖会演出和2015年中意创新合作周重庆峰会文艺演出。组织参加重庆市第二届“美丽乡村”原创歌曲大赛，并荣获三等奖、组织工作奖各1个，同时还承接第3届比赛。参加重庆市第四届社区文化节活动并获三等奖1个；选送节目《黄雀调》进入首届重庆市民间艺术之星选拔比赛决赛，并获入围奖。

【非物质文化遗产保护】 进一步加大全区非物质文化遗产保护工作力度，并再次对全区非物质文化遗产全面摸底；编辑出版《璧山区非物质文化选》，新申报市级项目1个（来凤鱼传统烹饪技艺），筹备申报国家级非物质文化遗产项目材料。

【免费开放培训】 邀请市群艺馆专家到区举办戏剧、曲艺培训班和音乐、舞蹈培训班各1期。定期对东关小学、金剑小学、璧泉小学的学生开展舞蹈和音乐辅导。成立文化馆《璧山青年管乐团》，投入资金约2万元，定期开展培训活动。对区民间老年演艺团体和留守儿童分别开展合唱排练及辅导。邀请市音协、舞协、艺术馆专家到区辅导《璧山鼓乐》。在部分街镇文化中心建立区文化馆基础文化活动基地8个，在部分企业、社区、村、学校建立文化活动示范点6个，并取得较好的社会效益。在重庆市文化委免费开放绩效考核中获二等奖。

（区文化委）

文物管理

【概况】 重庆市璧山区文物管理所位于璧城街道中山北路文庙内，负责全区的文物保护及管理工作。2012年“三普”以来，登记造册不可移动文物936处（含古遗址、古墓葬、古建筑、石窟寺及石刻、近现代重要史迹及代表性建筑），其中重庆市级文物保护单位5处，区级文物保护单位89处。馆藏文物800件（套），其中国家二级文物13件，国家三级文物49件。

【文物保护】　在文化遗产宣传月及“国际博物馆日”活动期间，文庙所有场所免费开放参观，同时在文庙广场展出。全区签订94处市、区级文物保护单位安全目标责任书和完成安全巡查工作。全年开展对凉亭关摩崖节孝碑群、谢唯进故居和佛寿桥申报市级文物保护单位的实地考察论证；开展对“九永高速”璧山段、工业园区新征地部分进行文物调查；开展对市级文物保护单位林家祠堂维修前的图纸、预算审计工作。开展“5·18国际博物馆日”及文化遗产宣传月活动，对市民发放《文物法》宣传资料，交流展示文物展板和古玩。

【第一次全国可移动文物普查】　2015年，区文物管理所，继续开展可移动文物的信息采集登录，12月，采集登录可移动文物800件（套）。

（刘显伟）

档案地方志

【概况】　2015年，围绕市委办公厅、市政府办公厅印发《关于加强和改进新形势下档案工作的实施意见》（渝委办发〔2014〕31号）文件精神及年度档案地方志工作目标考核任务，把开展“三严三实”专题教育与从严治党、思想建党、制度治党结合，加强党风廉政教育，定期组织观看廉政教育片，组织全体干部职工到重庆市九龙监狱接受廉政警示教育，增强干部职工拒腐防变能力。积极开展在职党员到社区报到发挥作用活动和结对帮扶贫困群众活动。全体在职党员按照“四个一”要求：分别认领服务项目（服务岗位）1个、联系社区群众1户、参加志愿服务1次、提出社区建设合理化建议1条，积极参加慰问社区群众、交通文明劝导、清理卫生死角、创建卫生城市等活动。筹集资金3 000元，支持文风社区阵地建设。按照区委组织部、区农委的统一安排部署，结对精准扶贫丁家街道杨寺村9户、石垭村1户建卡贫困户。全年获2015年度重庆市地方志工作先进单位、区县年鉴工作先进单位、重庆年鉴2015年卷撰稿先进单位。

【档案资源体系建设】　一是接收来凤中学新标准档案367件、旧标准档案218卷。二是区民政局婚姻档案13 137件、区科协文书档案766件、区新闻信息中心文书档案430件、三一机械厂旧标准档案31卷、会计凭证920卷、区学教办文书档案700件、工人档案299卷、区供销社文书档案988件（光盘2张），即新标准16 388件、旧标准1 468卷（附档案交接凭据）。三是将璧山撤县设区后原璧山县机关事业单位印章接收进馆，并制作成印模档案，将原始印章装盒编号，整理公章139盒、1 737枚。四是为庆祝纪念抗战胜利70周年，到区党研室、文馆所、烈士陵园等征集璧山抗战档案史料。五是接收高玉田捐赠《西南报务团》资料一批、吴玉刚乾隆、民国珍贵地契档案13件（附收藏代管证书），并作数字化处理。六是组织人员到外地征集有关璧山的档案史料。七是馆藏档案全宗进一步健全和规范，馆藏档案均建有全宗卷〔2012年以前接收进馆符合《全宗卷规范》（DA/T12-1994）随文书档案进馆，材料有全宗介绍、

2015年6月5日，国际档案日座谈会现场

（程超　摄）

大事记、组织机构沿革，归档文件目录、档案交接凭据〕。

【档案安全体系建设】 加强基础设施设备建设，改善办公环境，进一步消除区档案馆安全隐患。由区政府安排专项资金16万元，开展档案馆楼顶防漏处理、更换老综合楼各功能室门窗、安装空调，墙体粉饰等。争取财政资金55万元，改造区国家综合档案馆档案库房消防设施，完成该项目招投标。加强档案安全保密防范措施。组织人力物力数字化处理馆藏民国时期华西实验区重点档案近400卷。针对档案安全保密形势严峻，再次与重庆西信天元数据资讯有限公司开展档案保密工作自查，制定相应制度和措施。9月组织检查区国土房管局、区法院的档案数字化外包安全管理工作，督促相关企业按照《档案数字化外包安全管理规范》的规定，整改存在问题，确保档案数字化过程中档案的实体安全和信息安全。组织开展民国华西实验区与地方实验法院档案鉴定工作，确保档案安全开放利用。

【档案信息化建设】 一是拓展建设档案分布式查阅服务网点（以下简称网点），出台《重庆市璧山区档案局关于在全区街道和部门建立“档案分布式查阅服务网点”的通知》（璧山档发〔2015〕18号），安装“网点”21家；二是馆藏数字化达90%，扫描民国《华西实验区》档案387卷66 141页，2013—2015年立档单位档案52家2 264 994页，录入条目288 478条（待验收）；三是接收电子档案单位52个；四是新增进馆档案电子化副本移交率100%；五是新鉴定开放档案及时上网；六是加强硬件投入，新添置服务器1台、电脑2台，升级档案查询系统，提升数字档案利用率。

【档案服务民生】 加强档案资源利用，解决服务群众“最后一公里”目标，挖掘自身潜力，提升服务质量，进一步提升档案公共服务能力和水平。一是编印《重庆市璧山区档案管理工作手册》，手册内容主要分为档案政策法规、档案管理、档案整理、档案全宗卷等4类。二是编印《璧山企业档案业务工作手册》，该手册以国家有关档案法规文件和工作标准为依据，结合全区企业档案管理现状编写，为企业档案人员提供可操作的工作依据。三是加强档案服务企业的监督和指导，认真组织考察市档案学会确定的档案服务企业，并结合全区实际，向区内各立档单位介绍档案数字化加工服务企业、档案密集架企业、档案包装企业，以便各单位根据实际选择，切实提高档案服务的规范化和标准化水平。四是清理区内档案装具销售公司，按有关规定，要求各档案装具销售公司不能在档案装具上印制“璧山区档案局监制”。五是6月9日至10日，组织《晏阳初乡村建设的重庆乐章—中华平民教育促进会华西实验区历史档案展》，参加由重庆市档案学会在重庆解放碑国泰广场主办的“档案——与你相伴”展览活动。此次展览展出晏阳初华西实验区历史档案134件、213页、图片70幅，主要介绍平民教育家、乡村建设运动奠基人晏阳初的重庆岁月及华西实验区的建设影响，进一步扩大晏阳初华西试验区历史档案的影响力。六是创新服务形式，让群众查阅档案更快捷、更满意。全年接待查询群众13 029人次，利用档案14 946卷（件），接待群众零投诉。利用档案主要表现为干部人事档案查询量剧增和查询参建襄渝铁路、渝达铁路相关档案资料的群众猛增，出现建馆以来查档群众最多的场面，单日接待查档群众400人。七是开展馆藏档案开放鉴定工作，制定、修改、完善《重庆市璧山区档案馆开放鉴定标准》，纳入档案基础业务常态化工作。

【地情资料编研】 一是编印《晏阳初与华西实验区档案史料丛刊》（13~16期）4辑约32万字。二是挖掘档案史料编写报道，在《璧山报》开辟《探寻珍藏档案尘封的记忆系列报道》专栏。先后刊登《璧山：三撤三建的历史足迹》《璧山：城区格局的历史变迁记》《血战长空：璧山“九一三”空战纪实》（上）、（下）、《抗战时的璧山：在繁忙的成渝运输线上》《抗战大后方的璧山彰显责任与担当》《辛亥革命璧山起义》《晏阳初留给璧山的历史文化遗产——华西实验区》（上）、（下）、《建立新生人民政权 掀开历史崭新篇章》10 期。

【档案执法与培训】 一是重点开展对教委及所辖学校 6 所，卫计委及卫生院 4 家档案执法检查。二是在 4 月和 5 月，组织干部职工分别参加重庆市人力资源开发培训中心举办的档案管理实务培训、市档案学会举办的档案人员继续教育培训。三是组织开展全区机关、企业、事业单位档案人员培训。4 月，与区委组织部联合开展全区机关事业单位档案工作培训。本次培训邀请市局专家授课，培训内容丰富。培训对象为各镇街及部分区级部门档案工作分管领导，全区机关事业单位档案工作人员，约 350 人。11 月，与区经济信息委、区城乡建委、区交委、区农委、区商务局、重庆璧山高新区管委会联合开展全区企业档案工作培训。培训对象为区内规模以上工业企业、资质内房地产及建筑企业、限上商业企业、规模以上服务业等企业档案工作人员，约 500 人。培训内容为企业档案管理基础知识和档案政策法规及业务规范知识。

【第三轮《璧山县志（2006—2014）》编修】 稳步推进县志编纂工作。启动第三轮《璧山县志（2006—2014）》前期编纂工作，并以璧山委办发〔2015〕35 号文件印发。完成县志编纂方案、纲目的设计与报批。与区委组织部联合举办修志编纂规范培训班，邀请志书专家授课，240 名志书编纂人员参加培训。153 个县志供稿单位与区政府签订目标责任书，明确修志责任。收录完成 192 任《璧山名宦辑录》、集体荣誉、个人荣誉、百岁老人、个人发明专利、全委会重要文件、主要领导重要讲话等资料。完成县志资料长篇 600 万字。

【编纂部门志街镇志】 积极推进部门志工作。以璧山府办发〔2015〕34 号件印发璧山区 2015—2016 年度部门、街镇志的续（新）修工作，完成《党校志（1960—2014）》（送审稿）评审。完成《璧城街道志（2004—2014）》《来凤街道志（2004—2014）》《林业志（2006—2014）》《食药监志（1989—2014）》《人大志（2003—2014）》纲目的指导和评审验收。

【旧志资料整理】 旧志工作有序推进。9 月，在形成清乾隆、嘉庆、同治三部《璧山县志》点校初稿的基础上，组织召开《清代璧山县志点校》评审会，规划设计旧志出版事宜。广泛收集与璧山有关的古籍文献资料，收集到历代古籍、志书 10 部。

【出版《璧山年鉴（2015 年卷）》】 积极推进《璧山年鉴（2015 年卷）》公开出版。以璧山府办发〔2015〕23 号文件印发，《重庆市璧山区人民政府办公室关于编辑出版《璧山年鉴》（2015 年卷）的通知》，编纂完成《璧山年鉴》正文 60 万字、彩图 70P、目录和索引 5 万字。组织成就图片入刊协办单位 6 个。完成公开出版封面、版式设计。完成《重庆年鉴（2015 年卷）》璧山区部分、《重庆经济年鉴（2015 年卷）》璧山区部分的组稿，计

2015 年 7 月 15 日，重庆市部分区县年鉴工作座谈会在璧山召开　　　　（区档案局　提供）

1.5万字。（王福忠）

文化市场

【概况】 重庆市璧山区文化市场行政执法支队，是区文化委直属副处级事业单位（参公），受其委托负责全区文化市场综合执法工作，承担区文化市场管理工作领导小组（“扫黄打非”工作小组）办公室职能职责。2015年，全区文化市场无影响政治文化稳定的事件发生，未发生安全责任事故。举办全国侵权盗版及非法出版物集中销毁活动（重庆分会场），展示并销毁音像制品、书报刊等非法出版物30万件。在全区31个执法单位案卷质量评比中获第1名。璧山区代表重庆市接受文化部交叉执法检查，璧山区的文化市场监管执法工作受到文化部检查组一行的肯定。

【文化市场管理】 1.以普法工作推进市场管理。在“3·15”“4·26”“12·4”等重要时间节点，通过会议、网站、媒体、法制培训、散发资料等方式开展法治宣传，严格法规知识和安全知识的宣传教育，不断增强文化市场业主守法经营意识和规避经营风险的能力，提升广大群众防伪鉴别能力，充分发挥社会各方面的监督作用。2.全方位做好市场常态化监管工作。一是加大日常执法监管力度，采用日常监管、错时巡查和专项行动、重点整治方式，从严查处各种违法违规经营行为。二是规范文化经营场所未成年人禁入标志、安全标志、警示标志、证照悬挂等，统一制作上墙，树立全新行业形象；三是创新管理模式，提高监管执行力度，与部门联动，开展联合执法，提高市场监管效率和水平；充分调动发挥街镇文化服务中心的属地管理作用、“五老”及义务监督员的监督作用，解决监管不到位的问题，并以行业协会为纽带，加强行业管理工作，切实做到对文化市场的监管横向到边、纵向到底。3.以开展专项行动和重点整治为抓手。以“扫黄打非”六大专项行动为主线，突出以查堵反制政治性非法出版物为重点，以狠抓知识产权保护、校园周边文化环境整治、青少年身心健康保护、网络淫秽色情信息治理、“三假”整治等一系列专项整治行动，扎实做好网吧、娱乐场所、印刷、出版物、网络文化市场等文化市场的监管工作。加强与广电、文物保护部门的工作衔接，保障全区广电安全播出和文物安全。4.以抓安全生产为保障。一是召开文化市场安全工作会，对各文化行业业主进行安全知识培训，并与之签订《安全生产责任书》；二是组织开展1次集中消防安全应急演练；三是以公众聚集场所为重点，安全大排查各文化经营场所，及时消除安全隐患。

【文化执法】 按照文化市场管理和“扫黄打非”工作部署，结合区实际制定支队全年执法监管工作方案，以确保市场监管的全覆盖和检查频率。全年出动执法人员1 495人次，检查文化经营单位1 027家次，检查校园周边场所184家次，检查报刊亭、车站、物流、货运部87家次，查处违法违规经营场所26家次，查缴非法出版物835件，取缔游商地摊12家；取缔无证电子游戏室1家；移送公安1件；移送工商取缔黑网吧2家。全年无1例行政复议和行政诉讼案件。

【文化培训】 以深入开展“三严三实”专题教育为载体，狠抓思想教育和队伍建设，增强执法人员政治意识、大局意识、责任意识和纪律意识。一是坚持“干中学”，以老带新，以强带弱，多进入市场，强调工作实践中指导、学习、观摩；二是坚持“学中做”，在学法日、周例会上强化理论学习、案例分析、案件纠错，让执法人员在学习中结合动手模拟操作，增强实战能力。

璧山电影院

【概况】 璧山电影院坐落于璧城沿河西路北段32

号附 11 号二楼，650 平方米。影院由一大两小 3 个厅组成，3 个厅全部系数字放映设，1 号大厅软座发 158 座，两 k3D 设备，可放映 3D 影片，整个厅装修为暗红色基调，2 个小厅为蓝色基调，均为 2k3D 设备，软座沙发，2 号小厅 32 座，3 号小厅 34 座。2015 年，结合党的群众路线教育实践活动，集中组织放映《白毛女》《古路》《雷锋》等廉政教育影片，全年放映电影 4 000 场，观众 20 万人次。电影收入 220 万元。在街镇设立放映队 13 个，财政拨款 30 多万元负责全区农村惠民电影放映及中小学爱国主义教育片的放映工作。农村惠民电影放映 1 812 场、学生爱国主义教育片放映 1 700 场，社区放映 230 场。

【璧山摩登时代横店影城】 位于璧山区金剑路 496 号摩登时代广场 3 楼，影院占地 1 500 平方米，影院由 2 个大厅 3 个中厅 1 个小厅组成，6 个厅均为数字放映设备，1 号厅、2 号厅、5 号厅、6 号厅均为 3D 厅，1 号厅 90 座，2 号厅 85 座，3 号厅 90 座，4 号厅 52 座，5 号厅 147 座，6 号厅 139 座。2015 年，放映 12 980 场，观影人数 20 万人次，票房收入 670 万元。 （区文化委）

重大文化活动

【概况】 2015 年，以中国梦·巴渝风为主题，以丰富群众精神文化生活为目的，积极开展政府购买公共文化服务工作，扎实推进民生实事惠民工程，完成流动文化进基层演出 808 场。组织民间文艺团队 30 支，投入资金 320 万元，编排节目 1 200 个，观众 60 万人。

【节日文化活动】 元旦、春节期间，以辞旧迎新为主题，由区委宣传部、区文化委牵头组织开展文化下乡、迎春团拜会、春节联欢晚会、书法、美术、摄影作品展、城乡文化互动工程送演出进基层等系列演出展演活动 20 场；1 月开展“庆元旦”暨重庆市璧山区青少年艺术之星评选，2 月举行 2015 年春节联欢晚会，3 月举行 2015 年元宵文艺晚会，5 月举行重庆市璧山区第七届中小学生艺术展演，6 月举行重庆市璧山区庆六一文艺展演，举办庆祝“五一”暨“和美璧山”原创歌曲展演，新中国成立六十五周年暨区音乐家协会、区舞蹈家协会、区天籁合唱团成立十周年汇报演出。10 月 16 日第 3 个老年节即将来临之际，下午在璧城大成广场演出璧山区老年大学举行庆 2015 重阳节文艺演出。

【其他文化活动】 6 月 26 日，由璧山、丹阳两地宣传部联合主办的“怀念先生——吕凤子在璧山的抗战岁月”书画作品联展在区规划展览馆开幕。此次联展将持续 6 天，展出璧山、丹阳两地书画家精品书画 60 幅，吕凤子先生学生书画作品 9 幅，丹阳市委宣传部部长任剑平率书画代表团出席展览活动。8 月启动流动文化服务进基层文艺演出，由重庆越奇演艺公司在 15 个街镇巡回演出 15 场；9 月 26 日—28 日在正则中学举行重庆市璧山区第八届文艺调演；10 月 2 日—7 日启动 2015 年“文艺进万家”演出。 （刘显伟）

社会事业

科学技术

综 述

【概况】 通过实施创新驱动发展和“三区一美”战略，以加快转变经济发展方式为主线，以深化科技体制改革为动力、优化创新环境为基础、强化企业创新为主体、细化创新举措为保障推进科技创新，全区科技创新能力得到提高，璧山区科技创新实绩考核居城市发展新区第1名。“璧山高新技术产业开发区”升级为国家高新技术产业开发区。2015年9月29日，经国务院批复，璧山高新区升级为国家级高新区，成为重庆市第2个国家级高新区。

【科技投入】 科技投入持续增长。财政科技投入1.43亿元，全社会研发（R@D）经费支出9.25亿元,同比增长11.9%，其中规模以上工业企业R@D经费支出7.8亿元,增长19%，占GDP的比重为2.1%。

【科技项目】 全年安排88项科技计划项目，资金1 430万元，19家企业向上申报23项企业自主创新引导专项，8家单位的8个项目获市180万元专项资金支持。

【科技成果】 68件高新技术产品获市级认定，同比增长228%，总量居全市第7，城市发展新区第1；全年科技成果登记165件，同比增长7%。培育科技型企业50家，18家企业获批国家高新技术企业，同比增长94%，新增数量列全市第9，城市发展新区第2。

【产学研合作】 区科委与重庆大学科技处、重庆科学技术研究院技术评估与转移服务中心达成意向性合作协议，在璧山分别成立重庆大学（璧山）技术成果转移转化中心和重庆技术评估与转移服务中心璧山分中心，推动科技成果有效转化。

【科技宣传】 一是深入企业宣传国家、市、区科技创新扶持政策，指导31家企业申报国家、市级科技计划项目。二是组织82家企业参加市科委举办的高新技术企业、创新基金、高新技术产品及企业自主创新引导专项等项目申报培训，提升企业管理人员业务水平。三是利用科技活动周、科普活动日等进行宣传，举办各类科普宣传112场，咨询约5 500人次，印发各种宣传资料近50 000份，参与活动的科技工作者近1 000人次。

【科技奖励】 根据《璧山县促进科技创新奖励办

法》，对重庆青山工业有限责任公司等20家有科技创新成果的企业，给予260.8万元的奖励，其中青山公司的MR510N01、MF515B03、MF512E01、MR513B61四项科技成果获38万元奖励。

科技平台建设

【市级科技创新平台】 重庆市乘用车变速器工程技术研究中心、重庆市全地形车工程技术研究中心、重庆市小型通用动力设备制造工程技术研究中心、重庆市沥青路面再生工程技术研究中心、重庆市制动摩擦材料协同创新中心被认定为获市级科技创新平台。

高新技术推广应用

【概况】 2015年，围绕创建国家级高新区目标，有效依托国家产业发展战略，贯彻落实重庆产业发展部署，坚持以升促建，深入实施创新驱动战略，大力发展创新型经济，切实提升整体科技创新水平和集聚高新技术产业，推进产业转型升级，打造中国西部地区具有竞争力和发展活力的高新技术产业引领示范园区。

【科技创新】 培育科技型企业50家，18家企业获批国家高新技术企业，同比增长94%，新增数量列全市第9，城市发展新区第2。

【创新产业】 努力把握“大众创业、万众创新”“互联网+”“中国制造2025”“一带一路”建设等国家产业战略发展方向，深入贯彻落实重庆产业发展部署，坚持把创新摆在产业发展全局的核心位置，深入实施创新驱动，大力发展创新产业。一是明确战略发展方向。2015年11月，中共璧山区召开十三届四次全会，明确提出深入实施创新驱动发展战略，为高新区发展导航定向，打造重庆转型发展的创新引领区、长江经济带的高新技术产业联动发展区，努力成为带动区域经济结构调整和经济发展方式转变的强大引擎。提出强化原始创新、集成创新和引进消化吸收再创新，形成一批领军企业。二是强化规划引领。与国机大宏（北京）城市规划设计有限公司合作，制定《璧山高新区战略规划（2015—2020）》和《璧山高新区产业发展规划（2015—2020）》，明确发展方式由投资驱动向创新驱动转化，通过创新驱动带动创业就业，将创新驱动贯穿于产业发展的全过程，体现在高新区政府服务和管理的各方面，发展目标更加坚定、思路得到厘清、路径更加明确。三是突出招商引资重点。抓住产业转升级契机，区委区政府统筹整合全区招商引资力量，紧紧围绕产业前沿发展方向，创新招商引资方式，突出工作重点，按照“突出创新驱动，突出科技招才引智，突出高新技术产业”的原则，聚焦高端装备制造、电子信息、智慧物流、科技服务业、食品医药等产业，聚合整合优化产业链，努力引进科技实力强、创新活力凸显、代表行业发展方向的优质企业入驻，促进高新技术产业聚集。四是引导企业创新发展。制定出台措施，不断在高新技术企业申报、专利申报、科技转化等方面进行扶持，推动和引导区内企业围绕技术、产品和管理寻求创新突破口，强化创新对产业发展的引导力度，大力发展创新产业，切实增强创新驱动发展的内生动力。全年申报国家级高新技术企业21家，18家企业通过国家认定，专利申请量1 834件，专利授权量1312件。

全年，引进以热谷机器人、众泰新能源汽车为代表的多家生产技术先进、科技含量较高的现代化企业，产品主要以汽车核心部件、智能机械手臂、精密机床等为主，对于提升高新区的高新技术产业发展水平有着重要意义。

【优化产业】 将改革作为破解难题推动发展的制胜法宝，以管理体制和经济体制改革为重点深化改革，统筹兼顾、真抓实干，注重在牵动高新区发展全局的改革上取得新突破，增强发展新动能，推动高新区整体实力稳定增长，产业结构进一步优化。一是拓展完善政府职能。完善高新区管委会机构设置，适应工作需要，新设立内设机构科技发展部，明确职能职责，专门承担高新区创新创业推动服务工作。璧山高新区在科技发展平台建设、科技创新体系建立、科技人才培养等工作方面快速有序推进，成效明显。二是建立创新孵化体系。创建“璧山高新区创新示范基地”国家级孵化器，“利安科技企业孵化器”等6个市级孵化器；引进重庆高技术创业中心（国家级孵化器）；创新升级体验中心、创业大厦、创业大道等项目正快速推进，努力建立完善的创新创业的承载载体。

【科技金融】 璧山区与重庆科技金融集团合作，组建3 000万元的重庆市璧山区创业种子投资基金，首期1 000万元。通过公益参股、免息信用贷款方式支持创业团队和成立不超过3年的种子期创新型小微企业。

【“双创”培育】 “双创”即“大众创业，万众创新”。组织10家企业申报市级众创空间，璧山CBD金融街创业大厦、鑫智融汇众创空间、卓特众力众创空间、佳迪达磁电创业谷4家企业众创空间被认定为市级众创空间，其中璧山CBD金融街创业大厦获市50万元专项资金支持；组织3家企业申报“星创天地”“璧山金色郊区星创天地”获科技部“星创天地”试点授牌；“五行智农星创天地”获批市级星创天地。

【高新区科技创新示范基地】 与璧山CBD合作打造科技创新示范基地，共建国家级孵化器和众创空间社区。创业大厦、创业大道、产业创新升级体验中心、金融聚集区建设进展顺利，创新示范基地已具雏形。

（区科委、璧山高新区管委会）

地震事业

【概况】 2015年，扎实推进地震监测预报，地震灾害预防，地震应急救援三大工作体系建设，提高防震减灾综合能力。

【地震监测预报】 修改完善“三网一员”工作制度，利用“三网一员”广泛宣传防震减灾法律法规和地震科普知识，严格执行防震减灾工作制度，全年召开自然灾害趋势分析会商会议1次，提出防震减灾工作建议供区政府决策参考，发挥参谋助手作用。

【地震灾害防御】 落实1万元增添一批应急救援物资，落实2万元经费开展应急演练1次、地震应急救援队伍训练1次，提高应急处置能力。出台贯彻落实283号令的配套文件，把抗震设防要求管理作为项目审批的必备前置条件，联合开展建设工程执法检查2次，稳步推进农居地震安全工程建设，扎实推进科普示范单位创建工作，切实加强群测群防工作，提升地震灾害防御能力。

【防震减灾宣传教育】 围绕年度宣传计划，落实2万元专项经费，抢抓“5·12”“7·28”、科普日等有利时机，采取部门联动、媒体合作、现场咨询、专题讲座等多种方式，深入开展防震减灾宣传教育活动，发放宣传资料5万份，提高市民防震减灾意识和自救互救能力。（区科委）

气象事业

【气象服务】 利用突发事件预警信息发布平台、村级气象服务站、手机信息、电视、显示屏、专题材料等方式进行一系列服务。

全年发布手机短信、电子显示屏、农村大喇叭、电视、报纸、《每日气象要讯》365期；《一周天气预报》52期；《重要天气预警信息》32条；人降作业信息32条；农业气象月报12期、旬报36期；农事活动关键期服务信息24条；雷电黄色预警信息18条；大雾橙色预警信息4条；雨情通报31期。气象服务工作主动、及时到位，多次受到有关上级领导和社会公众的好评。

【气象灾害防御联运机制和防御体系建设】 制定2015年三农服务专项实施方案，开展蔬菜种植大户调研会；与区农委合作开展新型农业经营主体基本信息的收集更新工作；牵头召开璧山区年度自然灾害趋势分析会，提高防范处置突发事件能力的意见和建议；开展村级气象服务站站长和气象信息员培训，提高“三农”气象服务水平和农村气象防灾减灾能力；开展“3·23世界气象日”气象科普知识宣传，推进气象科普宣传进村入户工作；开展镇街自然灾害应急准备工作检查，确保防灾减灾制度落实到位。创建街镇15个为市级标准化气象灾害防御乡镇，镇街5个为全国标准化气象灾害防御乡镇。8月12日，中国气象局副局长矫梅燕一行到璧山区青杠街道莲生村调研检查指导气象为农服务工作，对璧山区气象为农服务、气象防灾减灾体系建设等工作中给予充分肯定。

【气象灾害预警信息平台建设】 一是进一步完善平台管理制度，制定切合实际的工作流程。召开专题会议，出台内部平台管理、信息发布工作流程，镇街和部门平台管理、村平台管理办法意见；二是充分发挥平台作用，加强部门信息共享及会商，并形成综合意见指导镇街、村居开展工作；三是推动突发事件预警信息发布平台互联互通，拓展平台受众面，提高发布信息及时性，平台互联互通部门13家；四是强化服务内容多元化、针对性，完善服务形式，改进服务内容，新增一周天气温馨预报、农业气象周报、快报、月报、气象灾害防御小常识等内容，大喇叭每天早、晚2次广播天气预报及农事活动建议；五是平台应急保障作用凸显。针对全区3月出现大范围的旱情、进入汛期的雷雨天气，精心部署，及时组织，密切监视天气变化，对降雨天气过程，提前做出准确的预测，充分发挥平台功能每1小时发布1次天气实况，保障气象应急服务及时有效。

7月31日，重庆市政府应急办副主任王波一行到璧山区气象局对防灾减灾救灾工作开展督查。对璧山气象工作给予高度评价：璧山区气象灾害体系建设完善，预测预警工作到位，气象信息覆盖面广，气象服务手段扎实有效，突发事件预警信息发布平台有特色，为璧山防灾减灾救灾工作提供保障。

【气象防灾减灾科普宣传】 在气象日、减灾日、科技周、科技日等节日期间开展防灾减灾知识宣传活动，编印气象灾害防御手册2万册，发放宣传资料1.8万份，发放气象历书14.5万册，播放气象科普宣传片25场次，在15个镇街巡回开展气象知识讲座，设置宣传展板等途径宣传气象知识。充分利用短信、预警信息发布平台、大喇叭、电子显示屏、等离子电视屏、气象局网站等途径宣传气象科普知识。

【人工影响天气】 璧山区新购置2套RYI-6300火箭作业系统，增强璧山区人影作业能力。全年作业39次，发射火箭弹106枚，人雨弹240发，增水量460万立方米，增雨直接经济效益2 000万元。有效促进空气质量提高，缓解旱情，保障工农业生产和生活用水。 （区气象局）

知识产权

商标监督管理

【概况】 2015年，全区新增注册商标803件，增长率25.05%，商标总量达4 008件，平均每11户市场主体拥有1件注册商标；认定璧山知名商标12件，新增重庆市著名商标2件，总量36件；新增中国驰名商标1件，总量3件；新增地理标志商标1件，总量4件。

【商标执法】 一是全面开展商标代理机构专项整治行动。对营业执照上核有“商标代理”的8户企业进行逐一核查，并对2家在国家工商总局商标局进行备案并正常开展业务代理机构进行集体约谈，有效净化商标代理行业秩序。二是以保护地理标志专项行动为切入点，深入开展打击侵犯知识产权工作。组织对璧山4个地理标志运用各个环节进行执法排查，检查各类地理标志产品经营网点78个。同时，继续以驰名商标、著名商标、知名商标为重点，围绕食品、农资、建筑材料、汽车配件等行业严厉打击商标侵权行为。全年查办各类商标违法案件30件，罚没金额近50万元。三是开展经销商品商标备案制度，努力形成商标监管合力。指导永辉、重百超市建立部分所售商品的商标备案制度，落实商标管理人员，对进场商品商标予以查验、审核，把好商品准入关，增强企业的商标自律意识。 （冯　磊）

专利管理

【概况】 2015年，璧山区专利进步量考核璧山排名全市第6名、城市发展新区考核组内第1名。全年专利申请总量3 116件，同比增长12.82 %。其中企业发明专利申请量1 270件；实用新型和外观设计申请量1 846件；有效发明专利拥有量244件,增长158.24%。发明专利授权量155件，万人发明专利拥有量3.53件。

【知识产权试点】 顺利实施国家知识产权试点城区建设工程。全年获市级知识产权优势企业5家，市级知识产权试点企业5家。确定区级知识产权试点企业30家。

【知识产权培训】 一是区级宣传。在全国“4·26”知识产权宣传日前后，璧山区科委于4月24日至4月30日开展“知识产权宣传周”活动。开展知识产权专题讲座，组织各镇街分管领导、科室负责人、高新技术企业、创新型试点企业、知识产权试点企业、农业龙头企业等重点企业的负责人90人参加。在《璧山手机报》《璧山报》设置宣传专栏，进行知识产权小知识普及。二是镇街宣传。派专利特派员到镇街重点企业现场开展点对点培训。印发中国专利法、国家关于知识产权相关文件、重庆市区县知识产权重点工作指引、企业知识产权管理规范及贯标工作流程、发放国家知识产权报4·26特刊、知识产权相关知识5折页等文件和资料1 100份，培训企业和街镇知识产权管理人员240人次。

【专利宣传】 一是强化授课质量的要求，授课专家及特派员的课件，培训前由区科委对接，结合璧山区的实际情况提出建议。二是发放的宣传资料及事例经由市知识产权局审核通过的宣传资料及事例，宣传口径上下一致。三是到镇街的授课人员由区科委在具有通过国家专利代理资质认定的专利特派员审核选定，由镇街负责组织重点企业并召开，科委工作人员参与。

【引进专利代理公司】 进驻璧山的市级代理机构有4家，代理人有32人。专利申请代理率达81%。服务机构以申报专利为基础工作，开展专利运用、维权咨询等综合性服务。全年开展专利工作的规模以上企业90家，占规模以上企业比例28%。知识产权专项经费投入606万元，用于专利资助。

【双打执法】 做好双打打击侵权假冒和专利行政执法工作牵头协调工作，由区府办下发《璧山区打击侵犯知识产权和制售假冒伪劣商品专项行动实施方案》，落实22个成员单位的各自职责和任务。（区科委）

版权管理

【概况】 2015年，贯彻落实《关于实施知识产权战略创建保护知识产权模范城市意见》要求，切实加强版权管理，提升版权管理服务水平，加强印刷出版物等市场领域的版权监管，助推文化产业健康发展。

【版权执法】 以查缴非法出版物、扫除淫秽色情出版物等文化垃圾、打击侵权盗版活动、取缔非法报刊、封堵和查处利用互联网传播有害信息为重点内容，强化日常监管，规范版权秩序。6月，开展打击网络侵权盗版专项治理“剑网行动”,采取联合执法、宣传教育、拉网式排查等，打击各类网络侵权盗版行为，净化网络版权环境。6—12月，开展“扫黄打非·秋风2015”专项行动，以源头治理、深入打击非法出版物为重点，对出版、印刷、发行、储运等各个环节以及对印刷复制企业、复打印单位反复清查，对车站、广场等报纸杂志发行点和各出版物发行门市加强巡查，协调公安、工商等部门对区内出版发行单位加大审查力度，进一步规范新闻出版市场秩序。加强版权监管执法，收缴非法音像制品和电子出版物1 125件、印刷品30件、非法报刊57件、图书90件。

【知识产权】 加强政府序列外机关使用软件正版化工作。为纪念《中华人民共和国著作权法》颁布26周年，开展“保护知识产权”宣传一系列活动。举行“保护知识产权”现场宣传咨询活动，发放宣传资料1 500份，前来咨询群众800人次。

（区文化委）

教　育

综　述

2015年，全区有公办教育各类单位68所（不包含小学附属幼儿园40所），其中：完全中学3所，初级中学16所，职业中学1所，小学38所，九年义务教育学校4所，公办幼儿园2所，特殊学校1所，其他教育单位3所。有民办教育各类单位93个，其中：民办幼儿园90所，民办初中1所，民办职业中学1所，民办技工学校1所。

全区有在职教职工4 473人，离退休教职工2 717人。公办教师中有专任教师4 256人，其中：小学2 082人，初中1 330人，高中715人，职业中学129人。专任教师中，小学具有本科及以上学历900人，专科1 106人，中专76人，学历达标率100%；初中具有本科及以上学历1 213人，专科116人，中专1人，学历达标率99.9%；高中具有本科及以上学历706人，专科9人，学历达标率98.7%；职业中学具有本科及以上学历122人，专科7人，学历达标率94.6%。

全区教育系统有高级职称578人，中级职称2 373人，初级职称1 337人。有重庆市优秀专业技术人才2人，市级骨干校长1人，特级教师9人，中学研究员级教师4人。有市级骨干教师112人，区级骨干教师316人。有重庆名师2人，学科教学名师2人，教师培训专家资源库入选专家5人。已建名师工作室7个。

2015年11月12日，歌咏比赛纪念抗战胜利

（谢捷　摄）

全区公办教育学生总数74 306人，其中：初中生16 099人，高中生10 617人，职业中学2 862人，小学生38 284人，幼儿园幼儿6 343人，特殊教育学校学生101人。民办学校年末学生13 136人，其中民办幼儿园学生12 765人，民办初中371人。有招生资质的职业院校3所,中职学校教职工196人，其中：市级骨干教师10名，区级骨干教师2名，

区名师2名，专任教师125人，双师型教师54人。中职在校学生3 303人。电大在籍学历生3 000人。

职业教育培训机构17个，乡镇级成人学校15所，村居级成人学校192所。有成人学校专职干部73人，专职教师52人。

特殊教育学校有教师29人，学生120人（含19名幼儿学生）。全区“三残”儿童入学率为95%。

全区有幼儿园学生19 108人。3~6岁幼儿入园率85.2%，学前一年入园率99.3%。9所幼儿园评定等级。9所幼儿园上档升级。11所民办幼儿园举办者变更。1所幼儿园办园地址搬迁。1所民办幼儿园更名。新办4所民办幼儿园。认定80所普惠性幼儿园。

璧教人〔2015〕4，5，6，7号对全区教育系统干部进行大调整。教管中心由原来的15个整合为璧城、璧泉、青杠、大路、丁家、大兴六个教管中心。4月28日，区教委由璧永路199号迁至璧城街道双星大道369号2号楼办公。

撤换学校党支部书记34个，发展党员9名，预备党员转正10名。单建青杠金太阳党支部等2个党组织，联建璧泉片区联合党支部等3个党组织。选派岳文章等7名同志为民办学校党组织的党建指导员。推进“三严三实”专题教育。7名党员领导干部上专题党课，全体副处级以上干部参加学习研讨专题3个。

修订工会主席任职条件，学校工会主席由学校中层及以上的领导干部兼任，200人以上的学校可设专职工会主席。42所学校工会开展换届工作。完成工会法人资格登记，建立专账和专户，实行工会主席一支笔签字的经费报销制度。建成市级职工书屋11个，市级职工书屋示范点1个。有91人建档困难职工。

2015年璧山区教育事业情况表

表7–1　　　　单位：所、人

	学校数	毕业生数	招生数	在校生数	教职工数	
					计	其中专任教师
总计	227	31553	32890	95376	5984	5255
中等职业教育	2	989	1074	2862	154	129
普通高中	3	3932	3583	10617	792	715
普通初中	21	5340	5570	16470	1358	1330
普通小学	38	5767	7033	38284	2091	2082
特殊教育	1	7	14	101	28	26
学前教育	132	8623	8504	19108	1488	915
成人中学	15	4163	4252	4931	45	38
成人小学	15	2732	2860	3003	28	20
其中：扫盲	15	1310	1570	1645	12	12

注：此表数据包含民办教育；数据来源学年初报表

2015年璧山区办学条件情况表

表7-2

	占地面积（万平方米）	校舍面积（万平方米）		运动场地面积（万平方米）	固定资产值（万元）		图书（GB）		教学用计算机（台）
		计	其中教学行政用房		计	其中教学仪器设备值	计	其中电子图书	
总计	186.38	98.41	55.7	52.28	81654.2	11656.75	156.4	136322	8061
中等职业教育	22.68	8.57	4.72	2.85	3550	1649	5.88	1800	890
普通高中	47.29	34.21	14.76	11.22	15548.5	2102	42.98	5400	1524
普通初中	27.73	12.74	7.5	10.25	27880.9	2101.35	31.84	30400	1420
普通小学	70.74	29.86	18.78	20.98	32189.8	4958.4	61.3	77500	3877
特殊教育	0.84	0.87	0.18	0.18	120	36	0.05	1800	32
学前教育	17.1	12.16	9.76	6.8	2365	810	14.35	19422	318

注：此表数据包含民办教育；数据来源学年初报表

2015年璧山区教育经费情况表

表7-3　　单位：万元

	2015年	与上年比较（±）	
		数量	比例
教育经费总收入	111283	125067	-11.02%
其中：国家财政性教育经费	106496	121197	-12.12%
社会捐、集资办学经费			
事业收入	4787	3870	23.70%
教育经费总支出	109062	125242	-12.92%
公共财政教育支出占公共财政预算支出的比例	10.63%	16.62%	-5.99%
公共财政教育支出与财政经常性收入的增长比例	-37.6%		
其中：小学	6221	4860	2.8%
初中	8432	6643	26.9%
普通高中	8522	7461	14%
生均公共财政预算公用经费支出增长情况（元）			
其中：小学	2030	1599	26.9%
初中	2005	1786	12.7%
普通高中	3951	3835	3%

注：此表数据包含民办教育；数据来源两纲监测数据

2015 年璧山区办学水平情况表

表 7–4　　　　　　　　　　　　　　　　　　　　　　　　　　　　　单位：人、年、%

	2015 年	与上年比较（±）	
		数量	比例
每万人口在园幼儿数	303	–8	–2.57
每万人口在校小学生数	608	28	4.83
每万人口在校初中生数	261	4	1.56
每万人口在校高中阶段学生数	214	–7	–3.17
学前三年毛入园率	86.9	0.1	0.1
小学适龄人口入学率	100	0	0
初中适龄人口入学率	100	0	0
高中阶段教育入学率	97	1.18	1.23
小学毕业生升入初中比例	100	0	0
初中毕业生升入高中阶段教育比例	97	1.18	1.23
其中：升入普通高中比例	65.1	3.9	6.37
教育人口占总人口的比例	97.9	0	0
人均受教育年限	10.3	0.3	3

注：此表数据包含民办教育；数据来源两纲监测数据

【学校基础设施建设】　全区学校占地 186.38 万平方米，生均占地 21.3 平方米，校舍建筑 98.41 万平方米，生均校舍 11.25 平方米。学校修缮 6.26 万平方米，投入资金 2 538 万元。新建农村教师周转房 600 平方米，投入资金 60 万元。新扩建职教中心教学楼等 1.34 万平方米。启动璧山区来龙小学御湖校区建设工程。

【学前教育】　普惠性幼儿园发放公用补助经费 646.7 万元。享受学前资助幼儿 1 569 人次，发放资助经费 169.452 万元。新加坡伊顿集团国际学前教育机构工程建设基本完成。

执行国家发改委等三部门《幼儿园收费管理暂行办法》。组织开展主题“给孩子适宜的爱”的学前教育宣传月活动。“童心飞扬·快乐成长”幼儿绘本故事讲演在城关幼儿园举行。8 月，通过电视、网络、报纸等媒体向社会公布年检结果和等级复审结果。12 月，市食品药品监督管理局璧山区分局开展幼儿园食品安全专项整治。

修订《璧山区民办幼儿园设置标准暨审批程序》。开展幼儿园结对帮扶。开展学前中心教研组片区教研活动 20 次。对全区幼儿园专（兼）职保健员、保育员进行能力培训。中国学前教育研究会“十二五”滚动课题子课题“璧山区幼儿园区域性体育活动研究”结题。

【教师队伍】　向全国选调优秀教师 33 名。向社会公开考核招聘硕士研究生 40 名，本科生 63 名。柔性引进优秀教育人才 20 名。交流干部 23 人，新提拔干部 35 人，免职 49 人。完成 62 所学校中层干部竞争上岗。开展撤县设区后校级干部重新任命工作。区财政按教师工资总额的 2.5%划拨 437 万元，市教委划拨培训奖补资金 100 万元用于璧山区教师培训。2 249 名教师参加各种培训。79 名中小学校长（幼儿园园长）参加任职资格和能力提升培训。区内交流教师 159 人。6 名城镇教师

2015年6月18日，璧山区河边小学举行端午节留守儿童书法比赛

（连宏宇 摄）

活动。

修订完善绩效考核办法。新绩效考核办法以教育教学质量为落脚点，兼顾过程性考核。绩效考核方案实施分层次分类考核。

3月，璧山区代表重庆市，接受国务院教育督导办对2015年春季开学工作的专项督导。10月，璧山区承办全市迎接2015年义务教育发展基本均衡区县国家督导认定工作推进现场会。11月，国务院教育督导委员会专家组，对璧山区创建义务教育发展基本均衡区督导认定。

到农村学校支教，6名教师到南川区支教。在全区举办10场优秀教师先进事迹巡回报告会，听众3 000人。完成教育系统事业单位人事管理系统数据采集工作、教育系统事业单位养老保险基础数据采集工作以及教育系统事业单位岗位结构比例调整工作。对区教委所管4 496份档案就其“三龄两历一身份”进行确认。

468名教师增加教龄津贴，4 461名教职工晋升薪级工资，66名同志达到法定退休年龄退休，对53名病故人员家属发放丧葬抚恤金。复核报批第九批双补人员17名。

【教育督导】 责任区督学挂牌督导工作坚持落实“四项要求”。一是灵活运用督导方法。二是高度重视督导反馈。三是建立督导工作台账。四是强化督导结果运用。

学校督导工作室对学校每月随访督导1次以上，专项督导或综合督导每学年2次以上。区教委成立两个督查组，每月对学校常规管理、规范办学行为开展督查。12月，4个教育督导责任片区分别组织辖区学校开展校本督导工作经验交流

【均衡教育】 大力实施科教兴区和人才强区战略，强化城乡统筹，促进配置均衡。建立起包含人大审议、政协监督、专家评估、社会评价的义务教育均衡发展监督机制。

落实教育经费优先投入和配套学校优先建设。公共财政教育支出9.99亿元，比2014年增长18.49%。财政经常性收入13.4亿元，比2014年增长17.25%。公共财政教育支出增长高于财政经常性收入增长1.24%。投入4 400万元建设实验室、图书室、六大功能室，全区教育装备配备基本达到建设标准。投入资金4 900万元，中小学“数字校园”建成率100%，教育城域网覆盖率100%，多媒体、计算机、校园网达标学校100%，远程教育“班班通”覆盖率100%。做好教师编制、岗位结构、培训学习、教师交流四个优化。贯彻保障教育公平和保障内涵发展两大保障。建设好13所农民工子女指定就读学校，实施万名机关干部及教职工“1+1”真情帮扶留守儿童工作，对义务教育阶段的非寄宿制家庭经济困难学生实行免费午

餐，发放义务教育阶段贫困寄宿生生活费补助，解决全区残疾幼儿入园难的问题。促进文化立校，促进特色发展，促进城乡结对，促进名校合作。12 所课程改革实验学校与全市 12 所优质学校达成战略合作协议。

【法治、德育教育】 开展“法律在身边 健康伴我行”故事征文征集评选活动。开展“弘扬宪法精神，推动创新、协调、绿色、开放、共享发展”为主题的宣传活动。开展“弘扬雷锋精神、人人志愿行动”主题教育活动。开展“在反邪教工作中如何培育和践行社会主义核心价值观”为主题的征文活动。第三届“关爱明天 普法先行”启动仪式在璧山中学举行。开展“九童圆梦”系列活动。“微笑满璧山”活动发展为“三礼课程”（见面礼、就餐礼、出行礼）。组织师生开展清明节烈士陵园扫墓、烈士纪念日、网上文明祭祀、网上祭先烈活动两万人次。8 万名青少年参加“中华魂”主题教育读书活动，52 名青少年参加市级决赛，获市一等奖 6 人、二等奖 22 人、三等奖 24 人，优秀辅导员奖 51 人次。参加教育部关工委组织的全国青少年“五好小公民”（少年向上·真善美伴我行）主题教育活动，学生征文获全国特等奖 6 名，获市级一等奖 79 名。

【体育艺术教育】 组织区级比赛：4 月中小学生篮球赛，5 月中小学生乒乓球比赛，7 月校园足球联赛，10 月中小学生田径比赛，11 月中小学生跳踢比赛。参加市级比赛：3 月，参加重庆市中学生田径比赛，获得区组高中组团体总分第六名、初中组团体总分第六名；5 月，参加重庆市跳踢比赛，获得团体第五名；12 月，参加重庆市中学生乙组篮球比赛，获女子第八名。制定《璧山区校园足球活动实施方案（试行）》和《璧山区校园足球工作考核办法（试行）》。区教委成立璧山区青少年校园足球工作领导小组。璧山中学、来凤中学、丁家初中、璧山实验小学、金剑小学、城北小学等 6 所学校命名为国家级校园足球特色学校。璧山实验小学被授予重庆市篮球特色学校。举办璧山区第七届中小学生艺术展演，展演主题为“阳光下成长”，分为艺术表演类、艺术作品类、学生征文、艺术教育科研论文和校长书法摄影展 5 个类别。5 月，在璧山中学举行艺术表演类区级集中展演，分为舞蹈、声乐、器乐、戏剧等 6 个专场。76 件艺术作品参加市级比赛，获一等奖 6 个、二等奖 40 个、三等奖 21 个。

【科技、信息教育】 投入 10 万元，完成璧山区教育云中心设备和网络整体搬迁工作。投入 30 万元完成璧山教育云中心数据备份系统建设。投入 230 万元，新采购教师办公电脑 600 台。投入 400 万元，为城北小学、中心小学等学校新增更新“班班通”等设备。投入 28.8 万元，完成全区校园视频监控网络采购。投入 426 万元，新建中小学标准化实验室 20 间。投入 519 万元，新建中小学标准化六大功能室 117 间，村小综合室 2 间。组织教师、学生参加各种科技、信息竞赛。参加 ROboRAVE（国际机器人大赛）亚洲挑战赛，有 4 人次获 2 个项目三等奖。参加重庆市青少年机器人大赛，获得 2 个市级一等奖。重庆市校园电视制作赛，教师获一等奖 4 件、二等奖 9 件、三等奖 15 件，区技装中心获得优秀组织奖。第十三届全国中小学信息技术创新与实践活动，获市级奖 18 个，同时入围全国现场决赛项目 3 个。第十九届全国教育教学信息化大奖赛，教师获市级一等奖 12 件，璧山中学校彭亚玲的课件《化石吟》获得全国一等奖。全国“一师一优课、一课一名师”活动，教师获市特等奖 8 节。4 月，城北小学申报的课题《云课堂校本课程资源建设研究》获市技装中心立项。

【师德师风】 65 所学校党政负责人与教委签订《璧山教育收费治理工作责任书》和《璧山中小学校长廉洁从政公开承诺书》。4 500 名教师与学校签订师德师风承诺书。对24位离任学校校长进行离任经济责任审计，对14所学校进行重点财务审计，对6位学校校长开展任期经济责任审计，完成65所学校交叉审计。

新组建教育纪工委。教委纪检监察人员参加专题培训7人次，学校负责人等参加信访培训90人次。150名领导干部述职述廉。各科室学习习总书记关于反腐败重要论述等专著33次。教育系统291名党员干部，参观“巴渝廉画”作品展。利用节假日、学期末等关键时间节点，特聘社区义务监督员对请吃送礼等不良风气进行社会监督。紧盯高考、中考节点，组织专门督查组对“升学宴”等进行明察暗访。

【教育资助】　为1 131名大学生发放生源地信用助学贷款800.6万元。学前教育困难儿童1 569人次获得资助金169.45万元。义务教育学校寄宿制学生4 249人次获得生活费资助金264万元。2 477名中职学校学生减免学费350.52万元。393名家庭经济困难学生获得国家助学金补助62.19万元。337名家庭经济困难学生获得住宿费补助10.49万元。为158名高中低保家庭学生减免学费12.98万元，为31名建卡贫困户家庭子女减免学费2.63万元。5 960人次高中困难学生享受国家助学金568万元。62名家庭经济困难大学生获得“你上学，我送行”路费4万元。18名就读高职院校的三峡移民子女获得助学金1.8万元。

【语言文字工作】　开展第十八届推普周工作。开展“啄木鸟”行动。组织普通话智能培训测试工作，测试人数300名。实验小学、璧山中学参加“中华诵·重庆市第四届经典诵读比赛”。在青杠小学、河边小学举办“书法名家进校园”活动。举行璧山区第二届中学生汉字听写大赛。璧山中学代表队参加重庆市第二届中学生汉字听写大赛，获第一名。

【安稳工作】　投入285万元，排查整改消防、交通等各类安全隐患。制定实施《璧山区校车违规举报奖励制度》。全年，联动校园及周边环境综合整治联席会成员单位滚动开展各类“打非治违”活动，共查处涉生交通违法行为11起，罚款4万元，收缴非法文化用品147件，取缔音像制品游摊1家，查处有安全隐患食品经营者125家，排查整改消防安全隐患17起，办理信访件122件，接待群众来电48人次，信访件办结率为100%，按期办结率99%，优质办结率为95%。

【卫生保健】　投资300万元对23所学校卫生厕所进行改造。投入30万元为16所学校配备70台终端直饮水设备。3月，各学校（幼儿园）小儿先心病患病学生在家长带领下自愿到区人民医院参加心脏病义诊筛查活动。5月，各学校对传染病疫情和食物中毒事件应急处置开展1次桌面演练。区教委卫生保健所对66 189名学生体检，检查出异常学生72名。开展艾滋病防治、口腔疾病综合干预、预防近视等专题教育，发放宣传资料3万份，每所学校结合专题制作宣传展板。举办璧山区第四届学校卫生论文暨中小学健康教育课评选活动。11月，璧山区承办重庆市第八届中小学健康教育课评选活动。

【心理健康教育】　投入10.9万元成立璧山区心理健康教育中心，在教师中挑选5位具备国家二级心理咨询师轮流值班。区心理健康教育中心在璧山大成广场开展咨询活动，接受30位家长和学生的现场咨询，发放宣传资料2 400份，接受家长及学生预约12人。在璧山中学举行高初中毕业年级学生心理疏导工作培训会，发放宣传资料2 000份。

6月，组织全区心理健康教师，开展心理健康教育课堂教学观摩展示评选活动。11月，区教委投入10万元开展中小学心理健康辅导员培训，52名学员参训。

基础教育

【概况】 全区有小学43所（单设小学38所），教学班798个，在校学生38 359人，在职教职工2 091人。小学适龄儿童入学率100%，三类残疾儿童入学率95%，外来务工子女入学率100%。初中25所（单设初中16所），初三毕业生5 220人（不含私立），初中一年级招生5 578人，初中在校学生16 496人。初中入学率、巩固率分别为100%和99.6%。初中毕业生升入高中阶段比例达97.2%。普通高中3所（完全中学），在校生10 614人。

【九年义务教育】 新生招收根据户籍、住所等客观实际情况，按划片就近入学或指定入学原则进行安排。1年级新生入学后实行“零起点”教学。寄宿制学校保证1~6年级学生每天睡眠时间不少于10小时，7~9年级学生每天睡眠时间不少于9小时。学生课外作业量，1~2年级原则上不留书面家庭作业，3~6年级控制在1小时以内，7~9年级控制在1.5小时以内。寄宿制初中每天晚自习时间不超过2课时。小升初工作向社会公开相关信息，利用全国联网电子学籍系统组织实施。按照国家课程计划开齐、开足体育、艺术课程。1~2年级不使用教辅资料，3~6年级提倡不使用教辅材料，7~9年级执行“一科一辅”和家长自愿购买原则。每学期每个学校随机抽取1个年级中的50名学生参加音、体、美学科的抽测。分期、分批开展研学旅行活动。安全、法治、心理健康教育课纳入学校和班级的课程设置，确保每周至少0.5课时。设置固定安全宣传、法治、心理健康教育展板，根据不同季节刊载有针对性的教育内容。设置心理咨询室、心理信箱、心理咨询热线等，为学生心理疏导提供平台。各学校邀请法律人士开展法治专题讲座。利用安全生产月、防灾减灾周、消防安全周、交通安全日等开展专题安全教育活动。正兴小学、大兴初中、依凤九年制学校为“重庆市农村中小学领雁工程”第二批项目学校。璧山实验小学、璧山中学初中部等12所学校为区首批课程改革学校。10月在璧山实验小学，12月在青杠实验小学、河边小学召开全区课程改革推进现场会。

正在用餐的学生

(连宏宇　摄)

【普通高中教育】 全区高中发展促进计划全面启动。璧山中学有两项精品选修课程、一项教育教学改革研究课题通过市审核立项。重庆一中与璧山中学联盟办学深入推进。

针对高三后期组织强化复习培训，聘请市级名师现场展示、传授经验。召开高三工作专题研讨会12次。部分教研员在学校蹲点指导。组织高中教研员、高中学校领导、教师到重庆一中进行课改交流。秋季开学，普通高中停止招收择校生，执行普通高中招生计划。11月19日，重庆市

2016年高考命题工作会在璧山进行。是月20日，重庆市普通高中适应高考全国卷城市发展新区部分区工作研讨会在璧山中学召开。

【教育科研】 立项市级课题17项，包含：璧山中学承担的重庆市高中改革研究1项；教科所名师室（4项）、北街小学（1项）承担的重庆市教育科学规划办立项课题；教科所（7项）、璧山中学（2项）承担的重庆市教育学会立项课题；丁家小学承担的重庆市评估学会立项课题2项。批准立项13个区级课题。市级课题结题4项，区级课题结题7项。

【重庆市璧山中学】 系重庆市重点中学。分为高中部和初中部两个校区。拥有全市一流的图书馆、学生食堂、游泳馆、体育馆、实验室等硬件设施。有129个教学班，学生7 000人，教职工512人。成立70个学生社团，开设42门选修课程。110名学生在音乐、舞蹈等方面获得国家级、省市级奖励。17名教师获国家级、省部级表彰。高考：重点本科上线616人，比2014年增长57.4%；本科上线1 509人，增长14.5%。670分以上11人，绝对高分人数位居渝西地区第一。

【重庆市璧山来凤中学】 有96个教学班，学生5 350人，教职工405人，市区学科带头人、骨干教师40人，市区级名师5人，研究生60人。高考：重点本科上线72人，二本上线344人，专科上线840人，上线率98.7%。被区委考核办评为2015年度“好班子”，获得目标考核一等奖。获区教委绩效考核同级同类学校第一名。

【重庆市璧山大路中学】 有44个教学班，学生2 500人，教职工184人。属普通农村高完中。与保家中学结成“手拉手”学校。教师69篇论文在市、区级评奖中获奖。12名教师在区说课、基本功比赛活动中获奖。17名教师在微课、课件制作比赛中获市、区级奖励。参加市举重比赛：获单项7个第六名，5个第七名，4个第八名。陈卓荣获市跆拳道冠军赛和中韩跆拳道比赛冠军。高考：重点本科指标完成216%，本科指标完成100%，专科指标完成148%。

职业教育

【概况】 全区有招生资质的职业院校3所：重庆机电职业技术学院，璧山职业教育中心，青山技工校。中职学校教职工196人，在校学生2 862人；电大在籍学历生3 000人。中职学校开设有数控应用技术、电子应用技术等10个专业。电大教育开设有开放教育专本科、成人专科和奥鹏远程教育专本科。

【重庆市璧山职业教育中心】 在编教职工149人，专任教师130人，研究生12人，双师型教师38人。中职和电大在籍学历生6 000人。完成教师培训5个项目1 356人次，干部培训3个项目188人次，培训讲师团2个项目37人次。对全区4 000多名教师继续教育学分年度审核并登记，完成教师资格补修学分培训39人。学生参加重庆市第十二届中等职业学校“文明风采”竞赛，获得市级一等奖2项、二等奖5项、三等奖31项。

【重庆市青山工业技工学校】 有教职工48人，学生430人。招生258人，安置毕业生91人。学校有实习工厂1.6万平方米，机床设备150台。毕业生的四级工“双证”考试合格率为100%。校办工厂实现销售收入6 577万元，利润100万元，上缴国家税金250万元。购买机床设备4台，投入资金80万元。

高等教育

【重庆市机电职业技术学院】 学院建筑21万平

方米，固定资产6亿元，其中教学仪器设备1.06亿元。有3.97万平方米的2个实训中心，4个院内实训实习基地，1个“校中厂”，66个校外实训实习基地。教职工472人，专任教师312人，享受国务院政府特殊津贴6人，二级教授1人。全日制在册学生7 900人。招生专业涵盖机电工程类、车辆工程类等五大专业群35个专业。向企业输送学员300人，机电类约占相关专业群32.11%，毕业生就业率98.5%。获得蒂森克虏伯电梯校园挑战杯西部赛区第一名，全国总决赛亚军。“一汽·大众杯”全国职业院校技能大赛获得团体二等奖。“黑山谷·挑战杯”第十四届重庆市大学生课外学术科技作品竞赛获得一等奖。

【自学考试】　全年高等教育自学考试分别于1月、4月、10月举行，2 049人次报考，报考4 509科。毕业生人数27人，其中本科21人，专科6人。从1月开始，自学考试全面施行网上管理系统，考生在网上可自助报名、缴费、转考、免考、补证、成绩通知及复核以及相关信息查询等。

【成人高考】　全年成人高考报名人数2 928人，创璧山区历史最高水平。高中起点2 757人，其中，文科530人，理科2 227人。专升本170人。录取新生2 553人。

【普通高考】　全年高考报名人数3 930人。普通文理类3 895人，其中本科3 661人，专科234人。高职对口类35人，其中本科29人，专科6人。录取3 474人：本科1 655人，其中重点本科523人，一般本科1 132人；专科1 819人。5人进入清华大学、香港中文大学，30人被排名前十的国内综合名校录取。

成人教育

市教委划拨专项经费6万元，启动老年功能性扫盲工作。4—5月，市教科院、市社区学院在璧城街道新堰村、来凤街道登凤村、丁家街道长五村进行扫盲摸底工作。成人教育学校和各街镇开展139场次农用技术讲座、培训，7 934人次参加，其中4—12月，在大兴和丹凤片区开展葡萄栽培技术培训；5—9月，在大路和七塘片区开展蔬菜种养殖技术培训；5—12月，全区各街镇开展各类实用技术培训、新市民培训、岗前培训、阳光培训和微型企业成功创业培训；8—12月，在丁家、青杠和来凤片区花圃苗木栽培技术培训。

成立璧山区2015年全民终身学习活动周活动领导小组。区宣传部牵头在全区各街镇掀起“梦想课堂”热潮。区团委、民政局为48所市民学校配置硬件设施。区宣传部、团委、文化委组织800场流动文化服务到全区各村社演出。区宣传部、纪委组织开展纪念抗战70周年观看爱国主义题材电影的活动。璧城街道东关社区开展文明礼仪进楼院活动，璧泉街道开展“让科普知识进万家”宣传活动，丁家街道开展“法律进农村”宣传活动。全区开展“终身学习活动品牌”和“百姓学习之星”推荐评选活动。

对丁家街道、来凤街道的6个社区部分居民进行学习需求访谈调查。10月市级社区教育课题“社区居民学习需求调查研究”立项开题并进行过程研究。

特殊教育

特殊教育学校有教师28人、学生120人（含幼儿学生19人）。7月，特殊教育学校职教班首批学生毕业并全部就业。全区“三残”儿童入学率为95%。

投资20万元建设残疾人艺术教育基地。组织残疾学生参加全区中小学“2+2”艺术展演。投资10万元打造精品艺术，聘请市歌舞团廖晶、郭鹏老师到学校授课。组织聋哑学生参加全国特教学生艺术会演，获市级一等奖。区四大家领导与特校师生共同庆祝第25个全国助残日。市第一中级人民法院机关团委到璧山特殊教育学校开展“大手拉小手共筑中国梦”爱心活动。重庆市师范学院在特殊教育学校建立大学生实习基地，接待大学生实习见习136人次。重庆大学等市内外高校在璧山特殊教育学校建立实践基地。全市有30所特殊学校到学校考察学习。

选派特殊学校教师分赴市内外、区级培训学习42人次。开展校本培训26次。积极探索“资源中心建设”，实现全区残疾儿童随班就读。对残疾儿童开展康复训练、心理咨询，使特教普教融合。 （区教委）

特殊教育学校

（璧山报社　供图）

体　　育

竞技体育

【概况】　2015年，深化体教结合，促进竞技体育发展。依托青少年体育运动学校、业余体育训练重点学校，建立区级重点体育训练基地5个，结合备战2016年重庆市第五届运动会，有针对性地加强摔跤、举重、跆拳道、田径等重点项目训练。全年，在市级以上比赛中获金牌15枚、银牌11枚、铜牌12枚。

壁泉小学老师带领孩子们学习足球

（张承刚　摄）

【出席市级（及以上）赛事】　出席全国第26届中老年篮球赛和重庆市青少年举重、田径、摔跤、跆拳道等锦标赛，全年参加市级以上赛事活动40次。其中，出席重庆市第十九届基层门球赛取得团体第一的好成绩；在重庆市第六届体育舞蹈锦标赛上，获第一名4个，第二名4个，第三名2个；出席重庆市篮球锦标赛获男子第一名，女子第五名。

田径比赛现场

（张承刚　摄）

【体育人才培养】　1月，区体校组织各项目教练员10名到全区45个中小学测试及选拔优秀苗子，选拔运动员268名，进入璧山区体育后备人才库。四季度召开社会体育指导员培训会，新培训二级、三级社会体育指导员300名。继续开展运动员建卡注册工作，新注册建卡运动员352名，累计807名。

【区青少年体育学校】　重庆市璧山区青少年体育学校（以下简称区体校、隶属于重庆市璧山区文化委员会的正科级事业单位）与重庆市璧山区体育场（馆）管理中心一套班子，两块牌子。区体校训练项目9个，包括田径、篮球、摔跤、跆拳道、举重、体育舞蹈、武术套路、拳击、散打等，训练点分别布局在全区12个中小学、1个协会、2个俱乐部。区体校坚持“选好苗子、着眼未来、打好基础、系统训练、积极提高”的业余训练原则，聘用本土学校教练员21人、沙坪坝区体校教练2人从事具体训练工作。区体校分别在4月及9月举办田径对抗赛，以检验体校业训效果。

璧山区体校训练项目布局表

表7–6

序号	项目学校	田径	摔跤	跆拳道	举重	篮球	游泳	武术	体育舞蹈	足球	备注
1	璧山中学	√				√					聘用沙坪坝区体校教练2人
2	来凤中学	√	√							√	
3	大路中学			√	√						
4	正则中学	√				√					
5	璧泉初中							√			
6	蒲元初中				√						
7	八塘初中				√						
8	金剑小学	√								√	
9	实验小学					√					
10	北街小学	√									
11	青杠小学		√								
12	城北小学	√								√	
13	游泳协会						√				
14	跆飞道馆			√							
15	舞蹈学校								√		

群众体育

【概况】 2015年，精心设计和组织各类丰富多彩的全民健身活动，对群众体育健身活动积极引导和有效指导。广场健身操、坝坝舞、柔力球、广播操和健身球等健身活动深受群众欢迎，健身群众日益增多。常年参加体育锻炼人口比例提高到45.5%。

【体育设施建设】 全年，新建体育健身广场1个、全民健身路径10条，改建农村体育健身工程10个。推进体育馆改造工程，完成体育馆改造工程设计和屋顶修缮改造立项等工作。

观音塘湿地公园市民参加健步走活动

（谢捷　摄）

【全民健身服务体系建设】 全年，新成立足球协会1个。至此，全区有体育总会1个、单项体育协会14个、群体性体育协会2个（老年体协、农民体协）和体育俱乐部7个。对各协会、俱乐部开展财务检查，加强指导，使体育社团工作更趋规范，全民健身服务体系建设进一步加强。

【社区及六类人群体育】 全年举办群众体育活动50场次，承办2015年重庆市乒乓球巡回赛（璧山站）。全年新培训300名社会体育指导员。以“争做群众身边的好体育人”为民惠民行动为载体，招募“好体育人”志愿服务者214名，组建“好体育人”志愿服务队20支，设立活动指导站点32个，引领社区及六类人群开展健身操舞、体育舞蹈、太极拳、乒乓球、篮球等健身活动。全年开展“好体育人”体育知识进校园、“好体育人”体育技能下街镇、国民体质监测进社区等活动35次，直接服务不同人群6 000人。

【参加市级以上全民健身运动】 5—10月，出席重庆市第五届全民健身运动会，参加足球、乒乓球、跳绳、自行车、象棋、羽毛球、钓鱼等比赛项目7个，其中，钓鱼比赛获团体第一。8月8日，出席重庆市全民健身日公开水域比赛。

【区体育场馆开放】 开展体育场馆免费低收费开放，璧山在重庆市各区县率先于2005年起实施体育场（馆）免费对外开放（部分时段）。区体育中心、体育馆每周开放90小时以上，比国家体育总局、财政部《关于推进大型体育场馆免费低收费开放的通知》（体经字〔2014〕34号）要求的开放时间每周多55小时。全年开放335天，接待群众健身达到26万人次。结合场馆免费低收费开放工作，举办公益体育赛事活动51次，承接“助学惠教、爱心助学”“廉政漫画展”、恐龙科普展览等展览4次、国民体质监测服务5 000人，并经常在场馆内外开展篮球、乒乓球、羽毛球等健身锻炼指导等工作。（区文化委）

延伸阅读 ▶▶

金融街

建筑面积11万平方米，是天安城市综合体项目建筑群中的核心项目之一。设计传承英国金丝雀码头金融街区和西班牙兰布拉斯林荫大道，既体现传统金融街区的古典与稳重，又通过现代科学技术及材料的应用，丰富建筑细节，体现出强烈的现代感。主要吸纳银行和非银行类金融企业，打造金融、企业、政府三位一体的资本平台，实现多方共赢的发展模式。

餐饮综合体

位于绿岛新区核心区，由重庆餐饮文化产业投资集团股份有限公司斥资7亿元打造，项目占地127亩，建筑面积14.7万平方米，外观造型为明清仿古建筑。以重庆名菜、名小吃、餐饮名店为主，科学合理地将住宿、购物、休闲、娱乐等城市生活配套进行整合，形成一个多功能、高效率的综合体。

“三纵八横”干道路网

璧山城区为带状狭长区域，南北向长，东西向窄。“三纵”即璧青路、东林大道、黛山大道，为南北向城市主干道；“八横”即璧铜大道、至德路、景山路（北二环路）、泉山路、双星大道、永嘉大道、银山路、聚金大道，为东西向城市主次干道。

医疗卫生

综　　述

【概况】　2015年，全区有各级各类医疗卫生机构486个。其中，公益性医疗卫生机构22个，私人诊所134个，医务室12个，村卫生室305个，部队医院2个，民营医院11个。有住院病床3 152张，卫生技术人员3 845人，其中医师1 643人，护士1 613人；硕士121人、博士11人、本科457人；每千人拥有床位数、医师数及护士数分别达4.2张、2.6人和2.56人。全区医院门诊1 022 545人次，同比增长17%，收治住院87 283人次，增长16%。

【医疗卫生体制改革】　一是推进公立医院综合改革。取消药品加成、严控医药费用增长，有效降低群众负担。试点公立医院（区人民医院、中医院）从2013年12月1日起对所有药品（不含中药饮片）全部实行零差率销售，累计向群众让利4 500万元，财政、医保强化部门联动，及时足额补偿到位；全部药品均通过市药交所集中采购，配备基本药物品规数、金额均达50%以上（区人民医院基药品规数和金额分别达到50.7%和50.3%，中医院基药品规数和金额分别达到58.7%和52.9%）；采取综合控费措施，规范临床检查和诊疗行为，严控医院门诊和住院次均费用、药占比等，各项指标均在市卫生计生委下达的控制范围内。强化行业监管，提升服务质量。利用卫生信息平台，对药品、医疗文书、收费统一管理，对医护人员诊疗行为和医疗机构运行情况实时监控，每月通过信息平台抽查医疗单位一定数量的病历、处方，对发现的不规范行为在全系统通报并限期整改。深入开展“三好一满意”等专项活动，强化落实医疗核心制度，推进医院规范化建设，提升服务质量，全年全区医疗纠纷较2014年下降30%。

二是巩固完善基本药物制度。继续在街镇卫生院15个和村卫生室180个实施基本药物制度，基本药物全部通过市药交所集中采购、统一配送。加强对实施基本药物制度的监管，推广用药指南和处方集，强化监测评价与监督管理，加强合理用药管理。贯彻国家公立医疗机构药品采购管理办法，推进基本药物与非基本药物采购机制衔接。积极支持本地医药企业发展，据市药交所统计，本地药品金额占同类药品采购金额的93.28%（全市排名第6），本地药品金额占药品采购总金额的22.86%。财政按“定任务、全额预算、补助不足部分”的方式足额补助街镇卫生院实行基本药物制度后减收部分，同时对从事公共卫生和实施基本药物制度的乡村医生每月按833元标准补助。取得门诊人次和住院人次，门诊和住院次均费用“两升两降”的效果（街镇卫生院门诊人次和住院人次较实施基药前上升17%和12%，门诊和住院次均费用分别下降28%和22%），累计向群众让利2.9亿元。

三是深化基层卫生综合改革。开展“群众满

意乡镇卫生院”创建活动，制定实施方案，确定来凤街道、大路街道、大兴镇中心卫生院及璧泉街道卫生院为创建单位，并指导创建工作。

四是加快卫生计生信息化建设。扎实推进基层医疗卫生机构管理信息系统建设项目，投入184万元完善机房硬件设施。卫生信息平台一期工程通过市卫生计生委验收，正在实施二期建设。配合市卫生信息中心开展免疫规划信息管理系统、“12320”信息平台以及卫生计生数据融合试点工作。

【公共卫生应急】 完善卫生应急工作体系建设，加强应急队伍管理，系统化管理卫生应急人员信息；修订卫生应急预案6个；加大应急物资管理，严格落实出入库登记制度，及时补充更新应急物资装备；组织开展卫生应急演练2次。

【爱国卫生】 按照《国家卫生区标准》，启动创建国家卫生区，创国家卫生区申请材料已通过国家爱卫办审核通过；新申报创建市级卫生镇3个、市级卫生单位1个、市级卫生村1个，复查验收市级卫生镇5个。累计完成农村改厕78 889户，覆盖率99.59%，达到国家生态区农村改厕覆盖率99.5%的标准。大力开展病媒生物防制，2万农户实施灭鼠活动。加强农村饮用水水质卫生监测，采集水样339个，合格率75.22%。

【公立医院】 全区有公立医院4个，其中区人民医院现占地4.2公顷，开放床位860张，现为二级甲等综合医院，2010年启动创建三级甲等综合医院，2011年启动实施整体迁建工程；妇幼保健院占地1.92公顷，建筑3.2万平方米，按照三级专科医院的标准建设，开放床位125张，现为二级甲等妇幼保健院，目前正在积极创建三级妇幼保健院；区中医院占地0.47公顷，业务用房1.1万平方米，编制床位160张，实际开放床位240张，现为二级甲等中医院；丁家医院占地2.33公顷，建筑1.5万平方米，开放床位500张，现为一级甲等综合医院。街镇15个卫生院均完成标准化建设。

【民营医院】 鼓励引导社会资本办医。积极支持和鼓励社会力量办医，并对社会办医疗机构与公立医院同质监管。全区有民营医院11个（其中达到二级医院规模的2个），民营医院编制床位总数941张。民营医院中，规模较大的璧山仁康医院建筑1万平方米，有医疗卫生技术人员110人（高级职称16人，硕士以上学历5人）。

医疗基础设施建设

2015年，完成卫生计生“十三五”规划及区域卫生规划初稿，报市卫生计生委评审。启动精神卫生中心一期工程建设，该项目占地2公顷，规划建设规模299张床位，目前完成立项审批并

区人民医院迁建工程，建设者们正在冒高温施工

（曾清龙 摄）

取得用地手续和施工图设计，正在动工建设。启动中医院改造工程，推进情况：主体工程（建设过渡病房及ICU病房，改造层流手术间及病房设施）进入招投标阶段，完成辅助配套工程（电力扩容及电梯改造）。落实市级财政补助经费2.5万元/个、区级财政1万元/个，标准化建设撤并村卫生室40个。按1万元/个的标准为84个村卫生室配备基本设备（办公桌椅、观察床、血压计、体重计、听诊器、药柜、检查台、出诊箱、针灸理疗设备、办公软件、污物桶等）。会同区质监局免费检定乡镇卫生院15个、社区卫生服务站7个、村卫生室263个在用医用计量器具。加强干部队伍和人才队伍建设。扎实开展好干部队伍的选拔任用、培训教育和监督管理，选拔机关科室负责人9名，直属单位正副职领导5名。加强党员队伍建设，做好所属党组织党员发展工作，健全完善党内关怀帮扶激励机制，加强对基层卫生院和民营医院党建工作的行业指导，申报创建非公党组织双强示范4个。加强人才队伍建设，上派卫生管理人员和专技人员参加市级培训500人次，选派专技人员10名到重医附属医院等三甲医院进修，开展村社计生专干全员培训189人。继续实施引进高层次人才优惠政策，新引进博士研究生1名、硕士研究生20名。全区医疗卫生单位累计引进硕士121人、博士11人；建成市级重点专科6个、特色专科3个。

医政管理

【医院管理】 深入开展“服务百姓健康行动”“三好一满意”“抗菌药物临床应用专项整治”和“优质护理服务示范工程”活动，强化落实医疗质量巡查、手术分级管理等医疗核心制度，推进临床路径管理和急诊规范化建设。3家区级医院优质护理服务病房比例均达到100%。加强对医疗机构医药费用的管理，将药占比、药品日均费用、住院次均费用纳入日常监管。充分利用卫生信息平台加强对诊疗行为的监管，每月通过平台抽查镇街卫生院病历、处方（每次抽查病历150份、处方400份，覆盖50%以上的镇街卫生院），对发现问题所涉及的医生实名通报并限期整改，对多次发现问题的医生记入黑名单，对累计记入黑名单3次以上的暂停处方权限，同时将抗菌药物不合理使用的情况也一并纳入通报。

【医疗市场整顿】 切实开展打击非法行医重点监督检查，以居民楼院、出租房、城乡结合部等为重点，取缔各类游医摊点45个、违法医疗广告87个，有效打击无证行医的行为，优化医疗执业环境，规范医疗市场秩序。

【医院财务管理】 进一步健全财务管理制度，加强基层医疗单位会计集中核算，强化财务收支预算执行等内部审计工作，加强财政专项资金的管理和使用。加强卫生计生系统政府采购管理工作。

【医疗质量安全管理】 依托医疗信息平台，强化医疗质量监管，抽查病历1 000份，通报不规范诊疗行为70人次。推进落实《医疗服务质量管理手册》《基层医疗机构医疗核心制度》。

【医德医风建设】 落实卫生行业“九不准”和《医疗机构从业人员行为规范》，完善医德考评制度。广泛开展“服务好、质量好、医德好、群众满意”的“三好一满意”活动。优化医院门急诊环境和流程，实行挂号、检验等窗口工作人员提前10分钟以上挂牌上岗，挂号、取药等候时间一般不超过15分钟，推行同级医疗机构检查、检验结果互认，深入开展“志愿服务在医院”活动，建立健全医疗纠纷调解机制和医疗责任保险制度，努力构建“平安和谐医院”，做到“服务好”；严格规范医师处方行为，规范处方用药管理，推行处方点评制度，实行药品用量动态监测，促进合理检查、合理用药、合理治疗，规范诊疗行为，控制医疗费用不合理增长，做到“质量好”；进一步完善医德考评制度，为医务人员建立医德档案，建档率100%，设立医德考评基金，实事求是地进行医德评价，并将医德考评与评优评先、职称晋升、年度考核、绩效考核挂钩，做到“医德好”；认真开展患者满意度调查和出院患者回访活动，聘请行风监督员，开展民主评议行风并主动接受社会监督，努力做到“群众满意”。

（黄圣涛）

疾病预防与控制

【概况】 2015年，坚持“预防为主，防治结合”的卫生工作方针，落实各项综合防病措施，既做好常规传染病防治工作，又突出地做好霍乱、性病、艾滋病、结核病、人禽流感、手足口病等重点传染病防治工作，全年传染病疫情形势平稳，无甲类传染病和重大传染病疫情发生，乙类传染病发病11种1 296例，年发病率210.39/10万，低于全市平均水平。

全年，加强结核病防治工作，发现并免费治疗活动性肺结核患者364例，狠抓学校结核病防控工作，开展高二学生结核病筛查，筛查率达到99.68%；夯实卫生应急，及时有效处置突发公共卫生事件7起，未引起扩散蔓延；加强慢病管理工作，死因监测报告死亡率712.14/10万，管理高血压病人48 950人，管理率40.10%，规范管理率83.51%，管理糖尿病病人15 808人，管理率为30.50%，规范管理率85.72%；加强职业卫生工作，开展作业场所监测与职业病防治指导，职业健康体检19 361人次，发现职业禁忌772人，疑似职业病409人；完成各项监测检验任务，水质检测样品358个，公共场所监测357家（其中委托检测173家），食品安全风险检测样品131件，预防性健康检查8 900人；认真开展消除碘缺乏病复评审自查评估，顺利通过消除疟疾市级考核验收；加强消杀灭工作，开展医疗机构消毒灭菌效果监测和四害密度监测工作，四害密度控制在目标要求范围内；顺利通过职业卫生技术服务机构乙级资质续展评审、检验检测机构资质和食品检验机构资质评审，中心现通过认证的参数381项。

【免疫规划】 实施国家扩大免疫规划，开展免疫规划疫苗接种工作，儿童建证率100%，建卡率99.7%，“八苗”全程接种率96.9%，各苗接种率均超过目标任务要求；开展健康人群麻疹、风疹、百日咳、白喉抗体水平监测工作和儿童入学入托查验预防接种证工作，查验接种证12 517人；加强疫苗针对传染病的监测和AEFI监测工作，无流脑、乙脑病例报告，报告AEFI病例33例，无严重AEFI病例发生；科学推广二类疫苗接种，控制疫苗针对疾病的发生，组织全区机关企事业单位职工开展“接种流感疫苗，关爱职工健康”活动。

【艾滋病防治】 通过全国第二轮艾滋病综合防治示范区工作验收,申报为全国第三轮艾滋病综合防治示范区，继续以示范区工作推进艾滋病防治工作，加强艾滋病综合防治，加强艾滋病防治知识宣传，艾滋病综合知识知晓率达到95%，加强自愿咨询与检测服务力度，在医疗单位开设自愿咨询门诊4个、初筛实验室3个，建立咨询检测点19个，落实“疾控中心—定点医院—基层医疗机构”综合管理模式，开展公安监管场所羁押人员HIV检测和高危人群干预。

（区疾病预防控制中心）

农村（社区）卫生

进一步加强农村卫生服务体系建设，强化对农村卫生人员的培训，按照区级医疗单位、镇街卫生院和村卫生室3个层次，分专业组织实施培训3 500人次。上派专技人员2 200人次参加市级培训。继续实施区级医院对口支援农村工作，安排晋升中级以上职称专技人员30人开展为期3个月的支医工作。

中医事业

一是加强中医药服务能力建设。完善扶持中医药事业发展的财政补助政策，在基本公共卫生服务项目经费中落实一定比例经费用于中医药健康保健工作。加强中医药服务体系建设，根据区委区政府统一安排，将对区中医院实施整体搬迁，医院新址位于新建的中药植物园旁。开展综合医院中医药工作专项推进行动，人民医院设立独立的中医临床科室、中药房，并配备中医诊疗设备，妇幼保健院开设中医妇科诊疗科目。开展基层中医药服务能力提升行动，15个街镇卫生院均设置中医药科室，配齐实施基本药物制度村卫生室204个的中医诊疗设备。申报市级中医科研项目3个。推进城乡医院对口支援工作，加强适宜技术的推广应用和中医“治未病”服务，提高基层医疗机构的中医药服务能力。积极打造中医服务品牌，评选区级名中医5名。

二是发挥中医药特色优势。推进中医药传承，继续做好中医师带徒工作。推进中医参与公共卫生服务管理工作，65岁以上老年人和0~3岁儿童中医药健康管理服务覆盖率均达40%以上。深入社区、学校开展中医养生保健科普宣传，通过发放宣传资料、举办知识讲座等形式提高群众中医健康素养。

妇幼保健

加强妇幼健康服务工作。贯彻落实《母婴保健法》和《中国妇女发展纲要（2011—2020）》《中国儿童发展纲要（2011—2020）》。按照上级精神，开展机构整合，将生殖健康中心并入妇幼保健院，并在妇幼保健院加挂妇幼保健计划生育服务中心牌子，完成镇街计生服务站与卫生院的整合。组织开展“妇幼健康年”系列活动，全区爱婴医院一次性通过复核。加强“出生医学证明”管理，严格母婴保健技术执业准入。加强母婴安全质量控制和剖宫产的监督管理，严控孕产妇死亡率和婴幼儿死亡率，剖宫产率由2014年的66.92%下降到48.86%，孕产妇系统管理率、高危孕产妇管理率分别达到89.16%和100%；新生儿听力筛查率达到80.57%，儿童系统管理率达到88.64%，5岁以下儿童、婴儿死亡率分别控制在7.04‰和4.69‰以内。继续实施妇幼重大公共卫生服务项目，向2 398对新婚夫妇提供免费婚前医学检查，对3 656名住院分娩的农村孕产妇予以补助，对6 343名住院分娩的孕产妇（及其新生儿）给予免费保险，为6 404名妇女筛查艾滋病、梅毒和乙肝，向5 627名待孕及孕早期妇女发放叶酸，为35~64岁农村妇女宫颈癌筛查15 000人、乳腺癌筛查8 000人。启动孕产妇产前出生缺陷筛查工作，筛查4 352例。扎实做好计划生育技术服务，提供人工流产等计生技术服务11 254人、妇女生殖健康检查24 793人、孕前优生健康检查2 112人。

（区卫生计生委）

卫生法治与监督

【概况】 2015年，按照璧编委〔2015〕61号、〔2015〕62号文件要求，原重庆市璧山区卫生监督所和原重庆市璧山区卫生和计划生育行政执法监察大队整合设置成重庆市璧山区卫生和计划生育监督执法局。有卫生监督员21人。

【卫生监督】 全年全区有卫生监督服务对象1 785家，已监督1 785家，覆盖率100%；开展监督检查2 698户次，人均监督户次128户。办结卫生行政处罚案件87起，罚款12.02万元，没收违法所得4.68万元，人均办案4.1件。年内法院裁定强制执行案件2件。

【卫生法治宣传】 协调新闻媒体进行宣传报道，

以提升单位的社会知晓率和认知度，全年在《璧山报》《璧山手机报》正面宣传6次。组织人员参加全市初任卫生监督员培训、全市《重庆市医疗机构管理条例》释义培训、全市食品安全工作规范宣贯培训等培训会，20人次参会。参加全区《中华人民共和国职业病防治法》宣传周活动，配合区安监局联合相关镇街、区人力社保局、区总工会等开展集中宣传，悬挂宣传横幅4幅，张贴、展览宣传图片60张，发放宣传材料15 000份，出动流动宣传车2台，接受群众现场咨询2 000人次。

(区卫生计生监督执法局)

供血用血

加大宣传招募工作力度，努力营造全民参与的献血工作氛围，继续保持临床供血100%来源于无偿献血。强化管理，严把血液安全质量关，确保临床用血安全。强化审核，严把血液出口关，保障临床合理用血。

(区卫生计生委)

延伸阅读 ▶▶

金剑山旅游休闲区

位于缙云山脉的金剑山南北狭长地带，面积约16平方公里。由美国艾斯弧公司编制概念规划和城市设计，以五种不同风情的森林景观为纽带，按照“AAAAA”景区标准，打造主题度假休闲区。目前，湖上大酒店、民生国际会议中心、重医一院老年护养中心、砂之船奥特莱斯等服务项目相继投用，天赐华汤温泉扩建、地派宋城、翰林庄养生文化村、护理职业学院等项目加速推进。

御湖生态区

位于绿岛新区西部核心区域，规划面积7平方公里，依托茅莱山系打造集高档住宅、酒店、特色文化娱乐为一体的生态城市空间，吸引主城精英和高收入群体。首期启动御湖水体、新区路网、精品酒店、东林寺改扩建、禅文化酒店、商务古镇、婚庆中心及文化长廊等项目。

青龙湖旅游区

位于璧北云雾山中，面积23.9平方公里，是重庆市近郊森林植被保护最好的风景区之一，2002年被国家林业局评为“国家森林公园”，2009年被水利部评为“国家水利风景区”。目前正在进行招商引资，计划投资100亿元，参照深圳茵特拉根小镇项目运营模式，实施整体开发。

福禄休闲旅游区

位于渝蓉高速福禄下道口，包括福禄、河边的5平方公里区域。目前正在与一批有实力的企业集团深度对接，计划按照古镇、游乐和生态体验方向，招商整体开发。

社会保障及人民生活

社会保险

【概况】 2015年，璧山区社保局围绕“十二五”规划目标和全年工作任务，紧扣“扩面征缴”主题，深入推进社保领域改革落地，“十二五”实现圆满收官。全区职工养老、居民养老、职工医保、居民医保、工伤和生育保险参保人数分别达到11.81万人、28.01万人、8.43万人、57.48万人、7.91万人和6.09万人；基金收入分别完成66 829.73万元（不含被征地农转非和超龄人员一次性趸缴收入）、3 080.34万元、30 877万元、5 069万元(不含财政补助和利息收入)、2 805万元和1 151万元，完成市下达总征收任务94 911万元的115.70%，超收14 901.6万元。

【城镇企业职工基本养老保险】 2015年，以全民参保登记计划试点工作的开展为契机，全力抓好城镇企业职工养老保险扩面工作。在深入抓好个体工商户、雇工、灵活就业人员参保续保工作的同时，重点开展成渝高铁、大岚水库、御湖新区、东岳水库、三担健康城等大型项目的征地农转非人员参加养老保险的工作，全年，办理新征地农转非养老保险3 020人。同时积极解决襄渝铁路民工历史遗留问题。全年办理襄渝铁路民工工龄认定1 000人。全年，城镇企业职工养老保险参保人数达11.81万人，其中单位参保8.84人，个人参保2.97人。

【城乡居民基本养老保险】 2015年，完善城乡居民基本养老保险政策，由5档细化为12档缴费，分别为一档100元、二档200元、三档300元、四档400元、五档500元、六档600元、七档700元、八档800元、九档900元、十档1 000元、十一档1 500元、十二档2 000元；参保人员政府财政补助由原统一按30元/人调整为梯次补助，每增加一个缴费档次在30元基础上增加10元，强化“多缴多得、长缴多得”激励机制。全年，城乡居保参保人数达280 072人，其中中青年人员190 774人，老年人员89 298人。

【机关事业单位养老保险】 2015，机关事业单位养老保险制度改革并轨工作全面启动。按照全市统一部署和“一个统一”“五个同步”的改革思路，完成机关事业单位养老保险制度改革基础数据采集工作，全年，完成全区337家机关事业单位及17 177名（在职11 460人，退休5 717人）职工的基础数据采集并成功校验入库，数据采集工作居全市第一，为此项改革的全面推进打下坚实基础。

【养老金调整及发放】 企业退休人员基本养老金连续11年上调，惠及全区4.8万领保人员，全区企业退休人员人均养老金达2 037元/月，“两类人员”人均养老金达1 123元/月。首次调增城乡居民养老保险待遇，基础养老金最低标准从80元增加到95元，惠及城乡居民8.4万人。继续按时足额发放养老金，为全区13.68万退休人员发放养老待遇102 732万元。

【基金监管】 强化稽核检查，受理养老问题举报投诉200人次，涉及企业30家，开展现场稽核和专项检查工作，查处违纪企业8家，少缴养老保险费25.29万元，养老保险待遇资格核查全区累计采集指纹数据13.06万人，采集率93.85%，养老待遇资格认证93 318人，认证率达67.04%。健全社保经办内控制度，开展全市经办风险管理3年专项行动。

【社保降费】 受全国经济下行压力的影响，璧山区落实社会保险降费政策，积极为企业"松绑减负"。全年，为18家重点笔电企业、336家困难企业、37家小微企业实行降费政策，实际减负12 101.04万元，涉及职工40 309人。调整社会保险费率，为区企业降费1 328.73万元（其中失业保险857.2万元、工伤保险11.56万元、生育保险459.97万元）。

【全民参保登记】 实施全民参保登记及人力资源基础台账建设工作有利于加快社会保险全覆盖目标，是实现全面小康的重要举措，是社保领域的重点改革任务之一。2015年4月，全民参保登记工作启动。2015年年底，所有镇街完成初次登记，发放调查表65.58万份、回收调查表61万份、入户调查64万人、录入全民参保登记系统60万人。

城乡居民合作医疗保险

【概况】 2015年，居民医保一档、二档个人参保缴费标准分别为80元、200元，各级财政补助为380元/人。全年参保人数为57.48万人，参保率达100%，基金收入27 568万元（其中医保缴费5 069万元、财政补助22 451万元、利息收入48万元）。参保居民全年就医172.3万人次，其中特病门诊14.19万人次，住院98 756人次，统筹基金支出26 939万元，二级及以下定点医院政策范围内报销比例达75.1%。

【市级统筹】 璧山区居民医保于2012年12月1日正式加入市级统筹，所有定点医疗机构纳入联网运行并实现医疗费用的实时结算；2014年年底将全区161家村卫生室全面纳入医保联网并实时结算；同时持续推进居民社会保障卡制发工作，2015年年末累计发卡56.36万张，参保居民看病就医更加方便、费用报销更加及时。

【医保报销政策】 2015年，璧山区居民医保普通家庭门诊个人账户资金按80元/人·年包干使用；参保居民在一、二、三级医院住院报销起付线分别为100元、300元、800元，政策范围内医疗费用报销比例分别为80%、60%、40%（二档增加5%，未成年人在成年人基础上再提高5%）；住院报销年封顶线一、二档分别为8万元、12万元。纳入居民医保报销范围的特殊疾病共25种，其中重大疾病12种，慢性病13种。

【定点医疗机构管理】 2015年，新增定点诊所和药店57个、定点医院2个、商业保险公司9个；纳入医保协议管理的定点医院、定点药房及诊所、村卫生室分别为27家、289个和161个。全年查处定点医疗机构29家，扣减违规费用10.32万元，协议处罚23.75万元。

【大病保险】 城乡居民大病保险制度从2013年建立并全面实施。2015年度，起付标准调整为12 917元，符合享受城乡居民大病补偿的人数为2 194人，实际补偿37 149人次、补偿金额为1 158万元。

【单病种结算】 从2014年10月1日起，在区内

5家二级医院正式执行首批确定的15个试点单病种结算，2015年试点单病种数量增加到50个。

【唐氏筛查】　从2015年7月1日起，在区内首次实施孕妇产前唐氏综合征免费筛查，截至2015年12月底，全区享受人次为1 211人次，待遇享受金额达到10.36万元。　（区社会保险局）

社会福利

【概况】　2015年，加强全区老年福利机构管理工作，全区21所敬老院和1个区级社会福利院管理运行良好。全区建成养老服务站14个，床位140张；其中，新建社区养老服务站5个，纳入2015年重点民生实事项目，分别是璧城街道芋荷社区、青杠街道石河社区、大兴镇兴隆社区、正兴镇文华社区、广普镇龙江社区，新增床位50张；新建农村幸福院30个，新增床位300张，累计建成80个，床位800张；社会办养老机构4所，床位798张，分别是重医一院青杠老年护养中心、大路青龙湖幸福园老年公寓、丁家莲花老年公寓、河边浸口托老院；新审批社会办养老机构1所，在建社会办养老机构3所，新增床位500张。

【社会福利】　加强农村五保城市三无人员供养保障工作。2015年，农村五保对象3 241人，发放供养金1 417.32万元；城市“三无”人员2 069人，发放供养金1 053.36万元；发放经济困难的高龄失能老人养老服务补贴118.7万元，保障对象1 020人。全区父母双亡孤儿76人（含机构代养1人），事实无人抚养困境儿童115人，艾滋病儿童2人，区福利院集中供养弃婴8人，发放生活补贴146.14万元。

【福彩和慈善】　2015年，销售福利彩票7 623万元（电脑票5 050万元，刮刮乐1 413万元，中福在线1 160万元），同比2014年增幅0.38%，其中电脑票增幅5.01%，刮刮乐降幅13.84%，主体机销售234万元，全年可提取福彩公益金600万元。

【福利企业】　2015年，全区福利企业13家，职工1 187人，其中残疾职工417人，占总人数的35%，为全区残疾人提供就业机会。

璧山社会福利院　（蒋志鸿　摄）

社会救助

【概况】　2015年，全区以“实施意见、认定办法、审批规程、动态管理、责任追究”等低保“1+8”政策体系为主，推进城乡低保工作的规范实施。做好民政对象医疗救助，将医疗救助对象重新调整为重点救助对象、低收入对象和因病致贫家庭重病患者3类对象，提高参保资助标准和普通疾病门诊医疗救助封顶线。发挥临时救助在个人重病及意外伤害、家庭突发意外事件、经济财产重大损失后的救急作用，在各种医疗保险、医疗救助和其他社会帮困救助后，家庭基本生活仍然难以维持的给予一定数量的临时救助。

城乡低保：全年纳入城乡低保 6 270 户 10 239 人，发放城乡低保金 2 666 万元，其中城市低保 2 645 户 3 893 人，发放低保金 1 500 万元，保障率 1.45%，农村低保 3 633 户 6 369 人，发放低保金 1 166 万元，保障率 1.67%。

【医疗救助】 将重点救助对象和其他救助对象普通疾病住院医疗救助比例调整为不低于 70% 和 60%，救助城乡困难群众 116 880 人次，支出医疗救助金 1 843.48 万元，年平均救助水平 60%以上。

【临时救助】 全年救助困难群众 1 050 人，支出临时救助金 254 万元。

扶贫脱贫攻坚：根据渝民发〔2015〕76 号关于低保与扶贫“两线合一”要求，从 2015 年 10 月 1 日起，农村最低生活保障标准统一调整到 230 元/人.月。根据渝民〔2015〕163 号关于农村因病致贫家庭重病患者纳入医疗救助，全区对 915 户纳入建卡管理和医疗救助范围。根据市委渝委发〔2015〕19 号关于精准扶贫工作的意见要求，对建卡贫困户 1 329 户 2 364 人逐一入户调查核实后，累计纳入农村低保 749 人。2015 年 12 月，区民政局开发核查信息系统。基于救助家庭经济状况和财产情况数据在相关部门管控中相对涉密等原因，区民政局将核查比对系统纳入区政府电子政务外网环境下运行调试，完成信息平台服务器的安装，对信息平台软件在线运行调试，镇街网络连接全部连通。

社会抚恤

【优抚工作】 2015 年，落实抚恤优待政策，按月足额发放重点抚恤优抚对象抚恤补助,发放优抚对象 7 174 名优抚金 3 805 万元。为 7 174 名重点优抚对象每人发给 300 元优待金，支出 215 万元；按市级标准兑现全区 557 户城乡义务兵家庭优待金（含 25 户 1—4 级残疾军人），每人每年 8 000 元，各级财政分级负担优待金 446 万元。鼓励现役军人在部队建功立业，为驻璧部队和入伍前璧山户籍的现役军人获部队各级表彰奖励的给予一次性奖励，奖励 83 人 19 万元。落实优抚对象医疗救助、住房建设等抚恤优待政策。全年发放医疗补助金 53 万元；为重点优抚对象 5 户发放住房补助金 13 万元。认真做好烈士纪念工作，加强对烈士纪念设施管理保护，努力打造高质量的青少年爱国主义教育基地。认真做好优抚管理系统数据库中所有享受国家定期抚恤补助待遇的各类对象核查工作，确保公平公正，从根本上防治死人享受优抚政策，全年核查 4 250 人，完成核查任务。认真做好世界反法西斯暨抗日战争 70 周年纪念活动，为抗日战争老战士 6 名发放抗日战争纪念章，发放一次性补助金 3 万元。

【双拥共建】 区双拥办实行军地合署办公，保证编制、人员、经费、场地“四落实”，建立起上下联动的双拥组织机构，切实加强对双拥工作的组织领导。组织开展中国人民抗日战争暨世界反法西斯战争胜利 70 周年为核心的国防教育和以爱国拥军、爱民奉献为主要内容的双拥宣传活动。支持 77136 部队靶场等重庆基础设施建设，着力解决部队训练执勤和工作、生活中的实际困难问题。2015 年 7 月，因双拥工作成绩突出，被重庆市委、重庆市人民政府、重庆市警备区表彰为“重庆市双拥模范城”。（区民政局）

人民生活

【城镇常住居民收入与消费】 2015 年璧山区城镇常住居民人均可支配收入 29 744 元，居全市第 9 位，考核组 12 区县第 1 位；同比增长 9.1%，居考核组12区县第1位。

1.工资性收入大幅增长。从居民的四项收入来看，工资性收入为20 809元，占总收入的比重为70%，工资性收入增长是拉动城镇居民人均总收入的主要原因。区城镇常住居民家庭人均经营净收入、财产性收入、转移性收入分别为1 801元、2 860元、4 274元。

2.可支配收入。2015年区常住城镇居民人均可支配收入为29 744元，增长9.1%，绝对值居考核组第一位，在和主城9区比较中已超过大渡口区。

3.居民消费。虽然物价上涨一定程度上影响居民的生活水平，但是2015年区城镇常住居民生活消费仍保持较快增长，人均消费性支出为17 206元，增长4.4%。

4.八大类生活消费及服务。2015年，区城镇常住居民人均消费性支出17 206元，增长4.4%；其中食品烟酒支出6 316元，衣着支出1 697元，居住支出2 812元，生活用品和服务支出1 193元，医疗保健支出790元，交通通信支出2 421元，文教娱乐支1 715元，其他杂项商品及服务支出262元；分别增长3.9%，3%，-3.2%，13.5%，-6.3%，48.9%，-16.4%，-7.1%。

【农村常住居民收入与消费】 2015年璧山区农村常住居民人均可支配收入14 229元，增长11.1%，绝对值居考核组12区县第1位，在全市排位中超过渝北区和巴南区，居全市第7位。增幅高于全市平均水平0.4个百分点。其中：农民人均工资性收入8 509元，人均家庭经营收入3 167元，转移性收入1 948元，财产性收入605元，分别增长7.7%、20%、15.4%、4.3%。

2015年，全区农村常住居民人均生活消费总支出9 759元，增长18.6%。农村居民消费结构中：食品4 104元、衣着551元、居住1 684元、家庭设备用品及服务734元、医疗保健922元、交通通信861元、文化教育娱乐710元，其他192元，各类消费支出分别比2014年增长30.4%、-4.2%、16.9%、13.3%、39.3%、-7.9%、9.4%、11%。

职工工资

2015年，全区城镇单位（不包括私营，个体）在岗职工年平均工资59 960元，同比增长17.0%。

从企、事业、机关分组看，企业在岗职工年平均工资58 019元，增长18.3%；事业单位在岗职工年平均工资71 344元，增长11.1%；机关单位在岗职工年平均工资62 918元，增长11.9%。

从经济类型看，国有经济单位在岗职工年平均工资70 367元，增长8.8%；集体经济单位在岗职工年平均工资46 838元，增长8.5%；其他经济单位在岗职工年平均工资56 882元，增长19.6%。

从行业分类看，17个行业在岗职工平均工资增长，其中增长较快的行业建筑业在岗职工平均工资61 892元，增长54.9%；科学研究和技术服务业在岗职工平均工资70 762元，增长38.9%；水利环境和设施管理业在岗职工平均工资58 589元，增长30.3%；信息传输、软件和信息技术服务业在岗职工平均工资63 797元，增长29.8%；租赁和商务服务业在岗职工平均工资30 752元，增长25.7%。2个行业在岗职工平均工资下降，农林牧渔业在岗职工平均工资26 341元，下降1.5%；采矿业在岗职工平均工资36 274元，下降0.9%。

（胡韩芳）

社会事务

老年人

【概况】 2015年，按照年初老龄工作要点，认真做好老龄优待及养老设施建设工作，以法治为统领，以为老龄事业谋发展、为老年人谋幸福为根本，以发展老龄事业、弘扬中华民族敬老爱老传统美德，积极宣传老龄法律法规，维护老年人合法权益，积极推进基层老年协会建设，有序地落实相关工作。全区总人口63.9万，60岁以上老年人口14万，占总人口的22%；65岁以上老年人口7.2万，占总人口的11%。高龄老人在老年人口中的比重也不断增加，80岁以上老年人由原1.7万增加到1.8万，占老年人口的13%，同比增长近1 000人。全年发放金额由2014年的1 182万元增至1 229万元，增长47万元。

【敬老基础设施建设】 全区有老年福利机构176所，总床位3 624张。其中：区社会福利院1所，床位300张；镇街敬老院21所，床位1 762张，入住城市“三无”老人991人。根据各镇街申报，按照“因地制宜，实事求是，方便实用，舒适安全”的原则，新建社区养老服务站5个，审批社会办养老机构1所。新增建设农村幸福院30个，新增床位300张。为空巢老年人提供日间照料2 000次。

【敬老月活动】 10月全区组织开展以“法治阳光 温暖老龄”为主题的“敬老月”活动。采取走访慰问、庆祝演出、书画摄影等多种形式，丰富老年人精神文化生活，展现其积极向上的精神风貌。结合“家风润万家”主题实践活动的有关要求，积极宣传以孝亲敬老为内容的良好家风家教典范，树立典型示范，教育子女尽孝，营造关心关爱老人、温馨融洽的人文环境。借“老年节”之机，联合媒体资源，以和谐为目标，引导社会公民自觉履行法定义务、社会责任、家庭责任，营造敬老光荣、和谐美好的孝亲敬老社会氛围。

【百岁老人名录】 全区2015年年底健在的百岁老人50位。

百岁老人名录

表7-6-1

姓名	性别	年龄	住址	姓名	性别	年龄	住址
罗朝贵	女	101岁	八塘镇五龙村6组	张术华	女	109岁	璧泉街道牛角湾社区2组
伍登碧	女	103岁	八塘镇敢英村6组	赵锡云	男	101岁	璧泉街道观音村5组
邓荣华	女	103岁	璧城街道城中社区先烈街2号1单元3–2	朱作美	女	101岁	璧泉街道观音村7组
杨万芳	女	100岁	璧城街道大塘村4组	雷银清	男	101岁	璧泉街道鹰嘴村4组

续表 7-6-2

姓名	性别	年龄	住址	姓名	性别	年龄	住址
连雅容	女	106 岁	璧泉街道团堡村 6 组	何世荣	女	100 岁	广普镇坪中村 6 组
程国民	女	103 岁	璧泉街道养鱼村 1组	唐德超	女	103 岁	河边镇同心村 9 组
钟永清	女	100 岁	璧泉街道文风社区红宇大道 8 号 13 幢 1 单元	张世清	女	103 岁	健龙镇玉林村 1 组
封大清	男	100 岁	璧泉街道养鱼村 6 组	邓兴光	男	100 岁	健龙镇鱼洞村 2 组
张孝清	女	100 岁	璧泉街道大岚居民组	黄进容	女	101 岁	健龙镇鱼洞村 3 组
刘素芳	女	101 岁	大路街道福里村 2 组	孙代书	女	100 岁	来凤街道普新村 7 组
李顺清	女	101 岁	大路街道福里村 5组	沈炳臣	男	104 岁	来凤街道西街社区人民路 75 号
王锡珍	女	102 岁	大路街道高拱村 5 组	邓泽沛	男	103 岁	来凤街道东街社区沿河东路 19 号
鲁国义	男	100 岁	大路街道红石社区北街 500 号附 101 号	余树清	男	102 岁	来凤街道安乐村 1 组
李树芳	女	100 岁	大兴镇朝元村 6 组	王素华	女	102 岁	来凤街道来凤村 8 组
曾昌碧	女	100 岁	大兴镇朝元村 1 组	刘荣成	女	101 岁	来凤街道安乐村 4 组
汪祥玉	女	101 岁	大兴镇均田村 5 组	熊代芳	女	103 岁	七塘镇四合村 2 组
李明智	女	100 岁	大兴镇联盟村 2 组	邱玉清	女	101 岁	青杠街道大兴社区缙云一街 1 号 4 单元 3-1
冯大珍	女	103 岁	大兴镇茅莱村 1 组	陈文玉	女	101 岁	青杠街道棕树村 2 组
唐太贵	女	102 岁	大兴镇狮子村 3 组	徐大伦	男	100 岁	三合镇龙凤村 2 组
周德明	女	100 岁	大兴镇狮子村 1 组	余大明	女	100 岁	三合镇二郎村 2 组
欧阳玉	女	100 岁	丁家街道新民村 6 组	潘光明	女	100 岁	正兴镇河堰村 5 组
祝树芳	女	100 岁	丁家街道长五村 4 组	刘国素	女	102 岁	正兴镇金堂 1 组
叶祖秀	女	101 岁	丁家街道三五村 3 组	曹登云	女	100 岁	正兴镇金堂 3 组
周敵碧	女	100 岁	福禄镇斑竹村 6 组	张荣中	男	100 岁	正兴镇金堂 6 组
邓永芳	女	100 岁	广普镇白鹤村 2 组	龙恩福	女	100 岁	正兴镇沙塝村 4 组

（区老龄办）

残疾人

【概况】 根据第二次全国残疾人抽样调查结果显示璧山区现有残疾人 36 905 名，占全区总人口的 6.05%。其中视力残疾 6 362 人，占 17.24%；听力残疾 6 709 人，占 18.18%；言语残疾 720 人，占 1.95%；肢体残疾 12 548 人，占 34%；智力残疾 2 964 人，占 8.03%；精神残疾 3 572 人，占 9.68%；多重残疾 4 030 人，占 10.9%。截至 2015 年 12 月 31 日，累计办理残疾人证 17 809 个，办证率达 48%。其中：发放第二代残疾人证 16 094 个，注销残疾证 1 715 名。

【残疾人康复】 2015 年，配合重庆爱尔眼科医院和重庆市新视界眼科医院，对全区的白内障患者开展全面筛查，对 1 059 名白内障患者免费实施白内障复明手术。

由区政法委牵头，召开公安局、区财政局、区民政局、区卫计委、区残联等相关部门参加的协调会，制定《璧山区关于扩大精神病患者服药救助实施意见》，修订和完善《璧山区持证精神障碍患者救助标准和程序》，对全区持残疾证的精神病人实行服药全覆盖救助，持证精神病患者凭救助卡每年可享受500元的药物救助；城市“三无”人员、农村五保和城乡低保持证精神障碍患者享受免费住院救助。2015年对1 892名和328名持证精神障碍患者分别给予免费药物救助和住院救助。

2015年，开展0~6岁残疾儿童筛查启动仪式和培训会，培训医生25名，筛查出0~6岁的残疾儿童8名。全年对3 506对新婚夫妇开展免费婚前健康检查，有效预防残疾婴儿的出生。完成彩票公益金辅助器具发放工作，发放低视力助视器311件，其他辅助器具150件，筛查并安装大小腿假肢28例。璧山区现有残疾人康复定点培训机构1个，长期开展自闭症儿童、智力残疾儿童和脑瘫儿童康复训练。现有在训残疾儿童80名，由彩票公益金资助每人每年免费训练6个月。

【残疾人就业】 一是与就业局联合开展残疾人就业援助月专场招聘会2场，推荐29名残疾人到福利企业就业。二是开展对盲人按摩机构及人员调查，加大对盲人按摩机构扶持，解决盲人定向就业。2015年扶持按摩机构4个，补助资金1万元。三是开展残疾人就业指导员远程培训工作，20名就业指导员报名参加远程业务培训。四是补助资金，扶持特殊教育学校，打造职业技术技能培训基地。补助资金15万元，打造区特殊教育学校为区职业技能培训基地，为特殊教育学校学生毕业后就业打下基础，全年有10名学生烹饪培训合格后顺利找到工作。五是继续做好残疾人就业保障金征收工作。征收残疾人就业保障金征收1 085万元，比2014年增长17%。六是鼓励残疾人个体从业。全年有67名残疾人享受1 000元的从业补助。

【残疾人扶贫】 采取专家授课、实地参观、残疾人大户现身说法等方式，开展残疾人实用技术培训。开展樱桃、蔬菜、葡萄、柚子、养羊和养兔培训班6期，培训残疾人181名。开展农村基层党组织扶贫工作，25名残疾人通过发展种养殖业，脱贫致富。完成251户农村残疾人危房户、无房户改造工程，区残联、区督查室、财政局联合对残疾人危房改造户进行验收。

【残疾人社会保障】 对符合城乡最低生活保障条件的残疾人家庭应保尽保，2015年有2 409名残疾人参加城乡低保，有1 320名残疾人得到其他救助。继续实施对持证残疾人参加城乡基本医疗保险个人缴费部分由政府代缴的优惠政策，14 249名持证残疾人参加城乡基本医疗保险。加大对精神残疾人、智力残疾人和重度肢体残疾人的托养，620名残疾人得到托养照顾。落实贫困残疾人生活补贴和重度残疾人护理补贴制度。按照《重庆市贫困残疾人生活补贴实施办法》《重庆市重度残疾人护理补贴实施办法》，对具有重庆市璧山区户籍的城乡低保对象中持有《中华人民共和国残疾人证》（第二代）的残疾人，每人每月给予50元的生活补贴；对具有重庆市璧山区户籍的持有《中华人民共和国残疾人证》（第二代）的一级、二级残疾人，一级残疾人每人每月按60元标准给予护理补贴，二级残疾人每人每月按50元标准给予护理补贴。2015年7月1日以来，8 333名残疾人享受到贫困残疾人生活补贴或重度残疾人护理补贴。

【残疾人教育】 开展未入学适龄残疾儿童少年的调查统计摸底，全年对20名残疾人儿童每人给予3 000元的救助。结合区教委和各街镇残联做好残疾人大学生和残疾人家庭子女大学生的招录和救助工作，2015年对11名残疾人大学生和54名残疾人家庭子女大学生分别给予4.9万元和13.5万元的入学救助，对13名残疾人大学生给予2.6万元的生活补助。加大特殊教育学校学生生活补助力度，生活补助由900元提高到1 000元。

【残疾人文化活动】 协同区文化委、区体育局制定残疾人文化体育示范村（社区）创建标准，15个残疾人文化体育示范社区通过验收。区电视台、报社报道优秀残疾人5人，残疾人工作信息30篇，吴永兴获重庆残联系统先进个人。残疾人舞蹈《梦想高飞》在全国盲聋培智学校学生文艺会演中获三等奖，肢体残疾人冯世阳、刘凯在重庆市羽毛球锦标赛上分获冠亚军。在第十六次全国爱耳日期间，在大路街道开展宣传咨询和义诊活动，发放宣传资料5 000份，义诊50人次。在第二十五次“全国助残日”期间，在区特殊教育学校和区星世界特殊儿童康复训练中心组织文艺演出，慰问自闭症儿童20人和贫困残疾人200人。

【残疾人权益保护】 对璧山区41名残疾人三轮代步车车型、颜色进行规范，统一制作残疾人三轮代步车信息卡，并与平安保险公司协调，办理相关保险，保障残疾人三轮车的代步权利。对71辆残疾人机动轮椅车发放燃油补贴；对残疾人来信来访，做到来1件，处置1件。全年法律援助残疾人10名，发放法律救助卡20 000张。

【残疾人基础建设】 10月28日—30日，各街镇残联主席、残联理事长、残疾人工作专兼职干部、各残疾人专门协会主席、定点机构负责人在区委党校开展主题班培训。11月18日和20日，对全区389名街镇残疾人专职委员、村（社区）残协主席和残疾人专职委员开展业务培训。开展课题调研工作，与区委党校联合开展促进残疾人融入社会对策研究和残疾人基本需求和服务状况调查，上交市残联调研报告2篇，《残疾人基本需求和服务状况现状及趋势分析研究》获优秀奖。组织残疾人专职委员网上报名和培训工作，全区210名残疾人专职委员进行网上报名工作和培训工作。5名专门协会主席参加远程培训工作。开展残疾鉴定医生培训，严格执行残疾人证核发及管理分级负责制和领导责任制，规范办证程序。办证率达到44%。

【残疾人基本服务状况和需求调查】 1月1日，通过认真培训和精心准备，璧山区15个调查队168名调查队员走进15 315名残疾人家庭，对残疾人基本服务状况和需求开展调查。区残联组织人员到各街镇指导现场调查工作，发现问题，及时处理，保证现场调查的质量。现场调查完成后，各调查队组织互查、复查，区专项调查办公室也对调查问卷进行抽查、互查和复查。全部问卷检查完成后，区残联抽调各队精干调查队员进行问卷录入和复录，全部一次性通过。残疾人基本服务状况和需求调查的成功完成，为璧山区各项残疾人工作奠定坚实基础。

【政府购买残疾人服务】 区政府为4月30日前办理残疾人证的6 435名重度残疾人购买每人每年30元的意外伤害险，保险总额为193 050元，最高理赔金额可达2万元。为加大残疾儿童康复训练力度，经区政府同意，区残联、区财政局对80名在训残疾儿童采取政府向定点康复机构购买残疾人服务的方式，增加3个月的训练时间，每人每月补助2 000元的训练经费，并给予残疾儿童在训期间每人每月500元的生活补助。

（区残联）

复退军人

2015年，全区接收退役士兵282人(其中：农村102人、城镇180人)，其中，政府安置工作5人；办理退役士兵自主就业277。同时接收安置军休干部1名。积极认真引导退役士兵择业观念，建立经济补偿机制。区政府在全市统一的补助标准的基础上，提高全区对选择自主就业退役士兵的补助标准，一次性经济补助金按城镇义务兵每服役一年9 000元、农村义务兵每服役一年5 000元的标准发放。办理自主就业人数277人，兑现自主就业一次性经济补助937.2万元。切实加强退役士兵职业教育和技能培训工作，认真开展退役士兵职业教育和技能培训工作，全年参加职业教育和技能培训258人（其中，技能培训256人，高等职业教育2人），培训率90%。支出技能培训42.18万元。积极鼓励扶持退役人员创办微型企业，退役士兵创办微型企业13人。做好军休和其他退休人员接收安置服务管理工作，根据重庆市民政局下达的军队离休退休干部安置计划接收安置军休干部1名。

基层政权和社区建设

全区49个社区全部有工作服务用房，拥有率100%。2015年1月至6月，经区民政局、区财政局验收检查，全区新建社区便民服务中心3个（其中大兴2个、广普1个），补助资金195万元；改扩建7个（丁家街道2个社区、来凤街道2个社区、正兴镇2个社区、八塘镇1个社区），补助资金221万元，新建和改扩建社区便民服务中心区财政安排补助资金416万元。着力完善城区社区管理和服务体系。在璧泉街道、丁家街道、健龙镇、河边镇、八塘镇开展市级和谐村居建设示范创建活动，并将华龙社区、白果村、浸口村、石垭村向市民政局申报市级和谐示范村居评选。

社会行政事务管理

【婚姻登记】　婚姻登记管理已全面实行在线网络登记，2015年，办理结婚登记6 190对，离婚登记2 892对，补领结婚登记2 966对，办理收养登记12件，补办离婚登记证147件，出具婚姻状况证明8 206件，合格率、合法率均为100%，无有效投诉和媒体曝光；新婚姻登记大厅选址在璧泉街道华龙社区太阳堡公共服务中心内，建筑750平方米，按照3A级婚姻登记服务标准正抓紧装修。

【殡葬管理】　2015年，全区死亡3 500人，区殡仪馆和天堂殡仪服务中心接待治丧310次，确保城区无任何乱搭灵棚搞治丧活动的行为；全年免除城乡各类困难群众基本丧葬服务费129人，17万元；殡仪馆搬迁、公墓新建扎实推进，殡仪馆征地获批复，正在进行征地拆迁，公墓建设用地手续已报市里相关部门，待审批中。

【社会组织管理】　全区现有登记在册民间社会组织299个，其中社会团体129个、民办非企业单位170个。全年依法新登记社团5个和民办非企业单位14个，注销社团和民办非企业单位3个。

【区划地名】　完成区政府驻地迁移报批工作。命名青杠街道新建道路11条。联合检查北碚璧山线、璧山合川线两条边界线。推进璧山区第二次全国地名普查工作，完成第二次地名普查的前期准备及技术服务外包工作，并在大路街道完成试点工作。

【社工人才培养】　一是5月26日至29日在区委党校，举办由市民政局组织的渝西片区“全市社会工作者职业水平考前初级培训班”培训，永川区、铜梁区、璧山区165人参加。组织社会工作者参加社会工作者职业水平考试，通过26人，合格人数较2014年增长189%；同年8月份组织符合条件人员参加重庆市社会工作员资格水平考试，其中20人通过考试获得职业水平证书。二是6月2日至4日，首次在全区举办璧山区社会工作者培训班，参加培训对象为社区工作者121人。全区现有注册登记的志愿者协会1个（重庆市璧山区志愿者协会），志愿者队伍人数25 928人。全区建成区级社区社会工作服务示范项目2个，璧泉街道华龙社区和大兴镇兴隆社区。建成区级民政服务机构社会工作服务示范项目1个，区社会福利院建立璧山区社会福利院老年人社会工作服务示范项目，引领全区民政服务机构社会工作服务发展。

（区民政局）

以“情满双牵手，幸福夕阳红”为主题的“5·29会员活动日”宣传活动现场

（何燕雯　摄）

人口和计划生育

【概况】　2015年，按照区委、区政府总体部署，认真贯彻落实全市人口计生工作会议精神，突出服务体系标准化、基层干部队伍年轻化“两大建设”，有序、有力、有效推进人口计生各项工作。

【人口计生公共决策统筹机制】　强化高层统筹。开好全区统筹人口发展领导小组会议。会上，就尽快解决村级计生专干队伍老化问题、切实保障人口计生队伍的稳定、做好依法行政工作等重大问题进行研究。开展专项督查调研活动。区“四大家”分管联系领导带队，相关部门参与，专项督查奖扶、特扶、死亡残疾、独生子女父母一次性奖励等惠民政策兑现落实情况，兑现落实情况纳入年度责任目标考核；区政协专题视察璧山区计生民生工程推进情况；区人大组织开展区级部门、镇街履行计划生育法定职责情况专项调查；区委督查室、财政局、审计局、卫生计生委等部门开展社会抚养费征收管理使用情况专项督查。

【计生奖扶政策】　加快构建计划生育利益导向机制，畅通渠道、规范流程，提高计生惠民政策知晓率、优抚对象确认准确率和群众认可率，全区新增国家奖扶3 057人，惠及16 218人，累计发放奖扶资金1 922万元，其中国家特扶1 034人，发放奖励资金454.7万元。

【计生信息化建设与应用】　加强自主采集，在全区59个社区实行实有人口网格化服务管理，配备518名网格员，在90家企业配备兼职信息员，健全信息采集网络，提高实有人口统计质量；加强办事采集，在2个街道服务大厅配置4台便民服务前置机，在16个村（社区）试点手机移动采集终端；加强部门协同采集，与6个部门签订数据共建共享协议，实现数据库个案相互开放，全年交换信息个案5万条。

【推进阳光计生行动】　进一步规范政务公开。严格按照渝人口办发〔2013〕13号要求通过网络公开、镇街、村（社区）公示栏公开。在此基础上利用阳光政务平台、触摸屏，编制阳光计生流程图等方式公开，开展全区“阳光计生”公示情况大检查，确保公开信息规范、完整、准确、及时。坚持民主评议制度。采用召开座谈会、走访调查、“计生说事点”、电子评价系统等方式，邀请人大代表、政协委员、计生干部、流动人口、人民群众认真开展好“三个评议”活动，把政务、村务公开纳入评议范围，评议公开内容的真实、准确、全面、及时性，对评议指出的不足方向，不满意的事项制定出整改方案，及时整改。

【依法行政】　组织开展违法生育专项治理，全年立案 1 238 件，累计处理 1 131 件，结案 720 件，累计征收社会抚养费 3 401 万元。

【流动人口服务管理】 推进流动人口婚育证明电子化改革。开展农民工关怀关爱专项行动，推进流动人口卫生计生基本公共服务均等化工作，向流动人口提供 11 类免费基本公共卫生计生服务项目。加强流动人口动态监测，向四川、广东等地通报个案信息 4 万人次，完成全国卫生计生流动人口动态监测调查任务。

【人口计生数据及态势分析】 政策生育率保持稳定。全年全区常住人口政策生育率为 88%。出生性别比趋于正常。出生性别比 104.97。

（区卫生计生委）

延伸阅读 ▶▶

新加坡伊顿国际幼教基地

位于绿岛新区核心区，由新加坡伊顿国际教育集团投资 6000 万元打造。项目总占地 30 亩，建筑面积约 6000 平方米，办园规模为 12 至 15 个班。项目建成后，软硬件条件将超过重庆市一级幼儿园标准，成为具有国际视野的高端学前教育服务基地。

翰林庄养生文化村

位于来凤街道与青杠街道境内，规划面积 10 平方公里。以“生态养生”为基本理念，“翰林文化”为特色主题，“银发经济”为主导产业，结合成渝高速青杠下道口、成渝高速扩能改造线来凤下道口等道口区域产业布局，依托金剑山脉得天独厚的森林、温泉资源，在黛山大道以东、金剑山以西区域，打造一个“生态、生活、生趣”的文化养生基地。

护理职业学院

项目紧邻重医一院护养中心，由重庆医科大学附属第一医院投资迁建，致力于培养全国领先的中高级专业护理人才。项目占地面积 300 亩，建筑面积 22 万平方米，招生规模 8000 人。

22 件民生实事

为深入开展党的群众路线教育实践活动，全面推进民生各项事业协调发展，区委、区政府决定，从现在起到 2016 年投入 30 余亿元，集中力量办好事关群众切身利益的 22 件民生实事。即：(1) 实现镇镇通沥青路，村村通水泥路；(2) 解决农村 10 万人饮水安全；(3) 改造农村危房 5000 户；(4) 整治农村山坪塘 1500 口；(5) 完成 100 个行政村环境连片整治；(6) 实现农村客运通达“双百”目标；(7) 完成 80 个撤并村通公路；(8) 建成 80 所撤并村卫生室；(9) 新建 20 个户外生态停车场；(10) 建成城市公益性公墓，搬迁扩建殡仪馆；(11) 新建改造 40 座公厕；(12) 完成 4 万户城市供水“一户一表”改造；(13) 实现义务教育学生营养餐全覆盖；(14) 建成 30 个社区便民商业设施；(15) 完成 10 个弃管小区电力设施改造；(16) 建设 20 个社区养老服务设施；(17) 关闭污染企业 200 户；(18) 新建改建 40 个污水处理厂站；(19) 实施高山生态扶贫搬迁；(20) 新建改造 50 个垃圾收集站；(21) 新建扩建 10 所中小学；(22) 建成 100 万平方米保障性住房。

灾害事故

气象灾害

2015年主要灾害是暴雨、强降温，其中暴雨较为突出。年内：平均温度19.0度，极端最高气温38.1度；年极端最低气温2.2度。年降水量1 055.0毫米。雨日142天，大于50.0毫米雨日数5天，一日最大降水量96.0毫米。年日照时数1 055.0小时，距平百分率0.3%。

全年气象站出现强降温天气2次、暴雨天气5次。雨量略偏多，温度显著偏高，日照正常，年内出现的强降温、暴雨等天气给全区的工农业生产和人民的生活带来一定影响。（区气象局）

火灾事故

全年全区发生火灾事故50起、直接财产损失88.72万元，抢救财产价值480万元，死亡1人，受伤2人，过火面积1671.3平方米，受灾户数42户，受灾人数74人。比2014年火灾起数下降38.27%、经济损失下降98%。（区消防大队）

道路交通事故

辖区内道路交通事故情况。2014年12月21日至2015年12月21日，接警11 793起，处理交通事故警情8 670起，办理简易程序交通事故2 552件，一般程序交通事故255件。在一般程序交通事故中，死亡55人，受伤312人，直接经济损失25.38万元，交通事故“四项指数”与2014年同期相比呈“两升一降一持平”态势，即事故总起数上升12.8%、直接经济损失上升18.6%，死亡人数下降1.8%，受伤人数持平。2015年交通事故结案率95.75%，亡人交通肇事逃逸案件侦破率100%。全区未发生大规模交通拥堵，未发生1次死亡3人以上事故。（区公安局）

地质灾害

完成全区地质灾害核查和警示防范区划定、《重庆市璧山区突发性地质灾害应急专项预案》编修工作。开展地质灾害综合演练1次，简易演练48次，增强了防灾减灾应变处置能力。完善专家主导的地质灾害应急调查处置工作机制。全年组织专业技术单位进行地质灾害应急调查10次，出具调查报告10个。投入资金123万元，对丁家红学村等3个地质灾害点进行工程治理；对璧城徐家院子滑坡等3处地质灾害实施搬迁避让，10户22名受威胁群众实施整体搬迁。（区国土局）

机关事务管理

【概况】 2015年，以实施“三区一美”战略为目标，围绕全区中心，立足实际、服务大局，着力推进党建与队伍建设常态化，公务接待管理规范化，公共机构节管理能长效化，公务用车管理有序化，后勤服务精细化。开展“三严三实”专题教育活动，以走访慰问、政策支持、帮助就业、扶持种养殖业等多形式，推进与广普镇坪中村结对包建，党员到璧城街道牛角湾社区发挥作用，助力广普镇马鞍村贫困户徐敏等10户精准脱贫，与77146部队65分队开展军民联建工作。狠抓干部队伍建设，建立节假日应急值守和信息报告制度，提升干部队伍规矩意识和执行力。强化党风廉政建设，狠抓“两个责任”，规范纪检监察相关制度，通过周一学习、纪检专题学习、反面典型通报、约谈、明察暗访等多形式，营造风清气正的干事创业环境。

【公务接待】 贯彻执行中央“八项规定”、《党政机关厉行节约反对浪费条例》，坚持勤俭节约，严守标准和要求。针对到璧领导、宾客的不同，开展个性化服务，做到轻车简从而不失热情周到，简化礼仪而不失文明礼貌。严格公务接待审批制度，严控公务接待费用支出，实现公务接待费用同比下降27.3%。全年，完成市委书记孙政才、市长黄奇帆等领导到璧视察，裸心谷、六旗集团等重要招商引资活动，以及中意创新合作周的外事接待和服务任务189批次、2 300人次，指导部门、街镇完成公务接待任务60次，其中接待部级领导111人次、厅局级领导160人次。

【公务用车管理】 持续巩固党政机关公务用车问题专项治理成果，严禁公车私用，严格车辆购置、制度执行和日常管理规范，停止一般公务用车购置审批。抓好公务用车制度改革，在政策研究和调查了解的基础上，召开会议、政策学习、考察借鉴、向上咨询、向下宣传等，按进度有序推进公务用车制度改革各项工作任务。

【公共机构节能】 坚持绿色、低碳、环保的公共

节能减排活动周启动仪式现场

（张承刚　摄）

机构节能理念，建立和完善节电、节水、节油、节气、节约办公耗材等各项管理制度，印发《2015年公共机构节能工作要点》《公共机构能源资源消耗统计制度实施方案》。狠抓节能管理、宣教、技改、典型引导等节能措施，强化节能监管，落实节能责任，实现公共机构人均综合能耗与2014年同比下降3.52%，单位建筑面积能耗下降3.54%，人均水耗下降3.79%。发挥公共机构示范带动作用，多方协调、专业指导、提前介入等，来凤中学创建为全国第二批节约型公共机构节能示范单位。

【办公用房管理】 谋划行政中心入驻方案，从1月开始，分批、有序完成38家单位、1 100名机关干部入驻、搬迁任务。针对全区所有办公用房超标面积、挤占用房以及认真清理其他闲置用房资源，统一纳入调剂范围，精细测算、严格标准、按需调整等，完成区人民法院、区人民检察院、区环境监察支队等办公用房的调配使用。

【后勤服务】 设置楼层索引、开展大楼设施设备维护、保洁、安保等，不断提升行政中心大楼物业管理水平，大楼呈现出绿色低碳、环保节能、运行顺畅等特点。完善后勤服务中心大楼配套服务功能，完成大楼室内装饰装修、设施设备购置、餐饮公司引进、餐厨具采购等，确保机关职工食堂投运顺畅。（区机关事务局）

延伸阅读 ▶▶

“三区一美”战略

2013年9月15日，璧山县委召开十三届二次全会，在深入学习贯彻党的十八大和市委四届三次全会精神基础上，会议提出，利用到2016年这三年多时间，实施“三区一美”战略，即建设重庆“城市发展新区”的生态宜居区、新型工业化示范区、统筹城乡先行区，打造“和美璧山”。

“国字号”名片

指由中央或国家部委颁发的荣誉称号。目前，璧山已获中国人居环境范例奖（住房和城乡建设部）、中国人居环境奖（住房和城乡建设部）、国家园林城市（住房和城乡建设部）、国家城市湿地公园（住房和城乡建设部）、国家森林公园（国家林业局）、国家新型产业化示范基地（工业和信息化部）、国家农业科技园区（科技部）、全国双拥模范城（民政部、解放军总政治部）、国家水利风景区（水利部）、国家水生态文明试点城市（水利部）、国家一级图书馆（文化部）等。

璧山生态镇街、生态村（社）创建

从2013年7月至2015年年底，投入5亿元，通过持续开展工业企业污染治理、生活污水治理、养殖业污染治理、饮用水源保护和治理、“三河”治理、垃圾污染治理、屠宰场整治、集贸市场整治、洗车场整治、大气与声环境治理、农业污染治理，以及实施生态林业和绿化工程等12项工作，使全区50%的村、社区达到重庆市级生态村（社）的创建标准，全区100%的镇街达到重庆市级生态镇街的创建标准，全区80%的镇街达到国家级生态镇街的创建标准。

公用事业

自来水生产

【概况】 重庆市渝山水资源开发有限公司承担着璧山中心城区的自来水供应服务及三江水库、盐井河水库等水源工程的建设管理任务。公司现有自来水厂2座，日供水能力8万立方米，加上大学城应急供水工程日供水能力3万立方米，日供水能力达到11万立方米，公司拥有资产8.4亿元。公司供水范围主要包括璧城、璧泉街道，拥有市政主管道长186公里，自来水用户近9.1万户。2015年，自来水售水量1 583万立方米（其中外购大学城清水646万立方米），新安装自来水用户1.5万户，实现产值12 236万元。

新建的千层岩水厂

（曾清龙 摄）

【优质服务】 一是城市供水。千层岩水厂实现三江水库、盐井河水库和同心水库3座中型水库同时输送原水。继续发挥大学城应急供水工程高峰时段城区供水调压的重要功能，全年未发生1起因供水不足造成的停水事故；为确保水质安全，公司采取供水低峰向阳水厂停产蓄水方式供水，全年水质合格率达到100%。二是供水服务。全年完成73项给水工程安装，完成安装管道30公里，新增安装水表18 193组，维修各类爆管、管道漏损892处，完成城区总表改一户一表的地下管道改、换安装20.5公里，一户一表改造1万户；继续推行“一站式”服务，完善收费和服务所需的硬件设施，针对用户缴费难的问题，先后开通支付宝、中行、建行、农行水费代扣代缴渠道。

【重点工程建设】 完成三江和盐井河水库工程建设任务，实现向璧山城区供水。完成千层岩水厂扩建工程建设任务，深度处理工艺投产，实现向城区提供优质饮水。完成厂区绿化，按规范和标准打造厂区环境，使水厂成为璧山区同行业的样板。完成全年市政管网建设，完成黛山大道南段、高铁换乘枢纽连接线、东林大道等多条市政管道安装，累计完成市政管道安装12公里，累计完成投资1 600万元；配合润龙公司实现铜罐驿长江提水缙云山隧

洞复工，累计完成隧洞掘进409米。 （李红）

电力供应

【概况】 2015年,全区供电工作以“优服务、促发展”为工作思路，抓机遇、迎挑战，主动对接璧山“三区一美”发展战略，持续加大电网投资规模，增强供电保障能力，努力践行民生责任，提高综合服务水平，全力助推璧山经济社会高速发展。

【主要生产经营业绩】 全年，完成售电量312 343万千瓦时，同比增长0.04%，（其中:直供电量212 602万千瓦时，增长0.4%；大工业用电132 458.95万千瓦时，降低0.25%；非普工业26 471.73万千瓦时，降低8.18%；商业电量11 842.56万千瓦时，增长10.07%）；供电可靠率：城镇99.96%，农村99.84%；综合电压合格率城网99.99%,农网99.46%，累计完成固定资产投资19 799万元。

【电网建设】 深入对接区域发展规划，及时修编调整“十三五”电网规划，有效增强璧山电网供电可靠性。顺利完成220千伏成渝客专铁路璧山牵引站线路工程、110千伏大路站主变增容工程，支撑璧山城镇化高速发展。加快推进220千伏茅莱站送出、110千伏温泉输变电工程等重点项目，增强核心城区电力能源保障能力。10千伏及以下城网建设改造及大修投入1.35亿元，居配工程下达资金2.34亿元。顺利完成建设标准化示范台区6个。加强大数据智能化工程建设，推进系统融合和数据共享，率先完成营配调数据贯通客户信息数据建模。

【服务重点工程建设】 全面对接璧山产业发展规划，深化干部园区挂职制度，服务新区规划建设和用电需求。做好展运、蓝黛等重要客户的用电咨询、申请、通电工作，主动服务新引进企业众泰汽车等临时用电9家，完成尚亿精密、大泰电子等企业正式用电工程71家。倾力服务民生重点实事，实施110千伏田秀东下地等线路迁改工程和北二环、东林大道等10千伏线路下地改造8条，加快110千伏田秀西、35千伏青狮线等4条线路搬迁进度。针对性制定还建房、学校等特殊群体的差异化用电方案，倾情服务渝西蔬菜研发中心等效益农业，顺利实施青山、宏宇供电分离项目。助推璧山旅游城市建设，积极服务九永高速工程,完成高铁换乘枢纽等璧山大交通“格局”项目用电，按期投运天安“水秀”、秀湖“水街”等服务业“增值计划”项目。

【居民用电提升工程】 全面开展设备隐患排查，强化设备带电检测和状态评价分析，迎峰度夏前完成红外测温1 087台次，提前发现并处理发热缺陷18处，确保电力设备健康运行。顺利完成12个度夏项目的现场施工，治理低电压台区115个，新建10千伏线路8.3公里、0.4千伏线路16公里，完成重过载线路负荷改接，新增环网点4个，新装、增容配变27台，大幅提升配电网供电能力，实现低电压属实投诉及台区存量“双零”。加强应急抢修和电力保障，落实电力故障报修24小时快捷服务，全年故障抢修3 951件，实现抢修面100%覆盖，故障报修100%处理。着力做好极端天气供电保障，严格编制和执行突发状况应急预案，恶劣天气后开展特巡9次，整治重大防汛缺陷13处，全年度夏期间无配变烧毁现象，中压线路故障跳闸次数降低23%。

（国网重庆璧山供电公司）

天然气供应

【概况】 2015年，公司有正式员工93人，在职党员39人，外派工10人，业务外包工28人。全年实现供气量6 931.8万立方米；天然气安装19 535户。全年工程完成率85%，无安全责任事故发生。管理用户 141 658 户，服务范围涉及 11 个镇街。建立落实廉洁风险排查长效机制，以“检企共建”活动为平台，共同预防职务犯罪，开展“廉洁风险”排查，与各科室签订《党风廉政建设责任书》，开展对中层以上管理人员廉洁谈话 10 人次。

【燃气安全】 继续深化能投集团“0234N”（0 是牢固树立“从零开始，向零奋斗”的安全理念；2 是完善安全管理“重奖重罚激励约束机制和严管严控自主管理”两大机制；3 是狠抓“基层基础基本素质”“安全质量标准化”“安全文化”三个建设，建设本质安全型企业；4 是强化“组织管理、素质提升、科技支撑、安全投入”四大保障体系，提升安全保障能力；N 是突出“专项”治理，抓好年度重点工作）安全管控体系,坚持燃气集团“12345”（1 是强化“安全第一、预防为主”一个意识；2 是落实“安全主体责任、一岗双责”两个责任，做到安全生产各负其责，人人有责；3 是突出三个重点：管网隐患排查整治，特殊用气场所的用气和特种设备的使用、户内安全隐患检查和整改监督；4 是强化四大保障：制度建设保障、技术装备保障、资金投入保障、人员素质提升保障；5 是落实五项工作：推进安全标准化建设，促进标准落实执行；着力技术创新，推广“四新”技术的应用；加强管道巡查和保护，落实安全隐患排查和整治；坚持入户安检制度，强化户内安全隐患整治；提高应急抢险能力，及时准确控制险情）安全工作总体思路，落实集团“01310”（0 是全年死亡责任事故为零；1 是各级行政责任人对安全工作全面负责，是安全生产的第一责任人；3 是建立集团公司-分子公司-班组（站）的三级安全管理体制；10 是全面落实安全工作“十到位”“全方位”）安全管理模式，完善公司制度建设 13 个，新出台安全管理相关文件 12 个，签订全员安全管理目标责任书 8 份，建立健全“党政同责，一岗双责”的安全生产责任体系。全年计划安全费用投入 337.8 万元，实际投入 664 万元，占全年 196.6 %；对大路街道、五龙街道、八塘镇、双狮社区、保家社区五处乡镇老旧管网进行计划整改；华龙储配站的目视化工作投入 3.4 万元；全年发放宣传手册 9 500 份、发放《天然气客户安全用气须知》9 500 份，《热水器正确安装使用》《安全用气温馨提示》卡通宣传画册 40 张，安装《楼栋式安全温馨提示牌》585 块，更换皮管 6 100 米、管卡 2.5 万个；对工商客户拉网式检查。

【重点工程项目建设】 新建续建工程 22 个。除璧山区大兴镇环城管线工程、黛山大道成渝复线璧山下道口至渝遂高速璧山下道口管线工程、璧山福禄镇斑竹林、胜利村管线工程已完成通气外，璧山城际铁路高铁连路线管线工程、璧山绿岛新区路网工程、璧山大路团坝新村至依凤管线工程、璧山河边镇至成渝复线下道口（福禄）至福禄镇管线工程 4 项重点工程也完工。

【服务质量】 对标“87651”客户服务标准，提高客户满意度，加强对员工业务技能、服务礼仪和沟通技巧的培训。开展居民客户冬季安全用气大检查，重点针对学校、工厂附近的居民客户，特别是租赁户进行户内设施安全检查及安全用气知识的宣传。进户 51 316 户，新通气 9 650 户，用户报修 2 713 次，处理电子工单 6 812 张。维护调压柜 1 236 台次，清洗过滤器 309 次，计划校验计量表 52 只，校检压力表 300 只，完成计量整改 2 处。更换 A 级气表 45 只。

【燃气新举措】 一是创新客户终端管理。利用“互联网+”平台，打造重庆璧山天然气有限责任公司微信公众订阅号大数据平台，接受用户在线咨询新安装申请流程、过户、抄表、缴费等业务，接受在线投诉与建议。二是在大宗用户客户中，推行一对一“私人定制”服务，主动上门，定期维护，及时发现用户用气设备安全隐患，打造“保姆式”VIP 服务。（璧山天然气公司）

镇 街

璧城街道

【概况】 璧城街道是全区政治、文化、商贸中心，东与沙坪坝接壤，南接璧泉街道，西连福禄镇和大兴镇，北通大路街道和河边镇。辖区面积7 378公顷，土地3 501.62公顷，其中：耕地1 326公顷。2015年，全街道城镇规划区1 600公顷，城镇建成区1 502公顷。辖10个社区居委会，104个居民小组，6个行政村，46个村民小组。2015年末户籍人口91 282人，其中非农业人口76 333人。常住人口163 670人，场镇人口59 083人。有机关干部职工134人、村（社区）干部112人，基层党组织68个，党员3 451名。交通区位优越，319国道、渝蓉高速、黛山大道越境而过。璧南河由北向南纵贯全境。基础设施齐全，电影院1个，公园1个，图书馆、文化站2个，敬老院2个、集贸市场6个，金融机构21个。医疗环境成熟，医院、卫生院5个,执业（助理）医师248个，病床数720个。教育资源丰富，中小学校12个，在校学生12 404人，在职教师733人，幼儿园、托儿所36个。全年出生人口1 352人，符合政策生育率89.64%。出生人口性别比105.78。围绕管党治党责任15条，全面推动从严治党责任落地，厘清从严治党责任清单24项，解决重点难点问题44件，完善制度25个，开展党建督查22次、印发通报22期。严格落实“两个责任”，扎实推进党风廉政建设。根据职责分工，细化党政领导班子共同责任28项和12名班子成员主要责任49项。深入开展“三严三实”专题教育实践活动，研究制定“三严三实”专题教育实施方案。17名参学对象为辖区1 100名党员上专题党课18次，专题学习14次。坚持问题导向，收集涉及作风建设和群众反映的具体问题17条，已全部解决。认真开好“三严三实”专题民主生活会，收集整理问题13条，明确责任领导、责任

璧山区小城故事会在文庙大成殿举办

（连宏宇 摄）

科室、责任人和整改时限，狠抓问题整改到位。加强干部廉政教育，中心组专题学习反腐倡廉理论6次，组织参观廉政书画展3次，开展廉政知识测试1次。健全干部日常管理制度、考核办法11个，举办各类培训班41期次、培训干部1 665人次。培养入党积极分子77人，新发展党员13人。组织机关事业单位在职党员109名到社区报到发挥作用。新建非公党组织5个，创建区级非公组织党组织“双强”示范点3个。创新基层宣传模式，打造“小城故事会”，得到市委宣传部高度肯定，先后被中央电视台《新闻联播》《人民日报》《重庆日报》等中央、市级权威媒体关注报道。大旺社区被人力资源和社会保障部评为“充分就业社区”。新堰村被中央精神文明建设指导委员会评为“全国文明村镇”。璧城街道工会工作委员会主任邓胜超被中华全国总工会办公厅评为“全国优秀工会工作者”。

【经济发展】 全年工业总产值156.99亿元，同比增长5.39%；营业收入173.90亿元，增长5.19%；增加值33.14亿元，增长8.62%；利润总额8.09亿元，增长6.01%。工业固定资产投资10.13亿元，增长14.72%。辖区内非公有制企业843个，从业人员35 663人，总产值171.24亿元。财政收入6.2亿元，增长17.05%，其中，工商税收5.56亿元，增长24.38%。农业总产值2.08亿元，增长3%。城乡居民人均可支配收入达到31 844元。农村居民人均纯收入15 644元，增长10.8%。

粮食种植1 334公顷，粮食产量7 935吨。土地流转976.8公顷，规模经营871.67公顷。果树种植727.6公顷，产量4 991.1吨。蔬菜种植1 803公顷，产量24 083吨。家禽出栏335万只，肉兔出栏25万只。畜禽养殖大户13户。新增专业合作社3个，规范合作社2个，农民合作社达到41个。兑付水稻、玉米、小麦良种直补12 702户963.9公顷18.52万元，农机补贴210台，补贴13万元。整治来龙、马家桥、大塘、黄葛、芋荷山坪塘18口。管护电灌站32处，维修、改造电灌站3处；推广农业机具250台。有效灌溉1 326公顷。完成建卡贫困户精准脱贫工作88户249人。辖区村村通宽带、通有线电视、通自来水、垃圾集中处理村6个，通公交车村4个，污水集中处理村1个。

巩固和发展工业规模企业21家，工业规模企业总产值156.99亿元。辖区企业申请专利44件，其中：发明专利22件、实用新型专利22件、外观专利0件。授权专利24件，其中：实用新型专利22件、外观专利0件。辖区中小企业851个，其中私营个体842个；中小企业从业人员36 335人，其中私营个体35 657人。中小企业总产值176.71亿元，其中私营个体171.24亿元。社会固定资产投资48.80亿元。

第三产业5 998个，总产值65.494亿元，其中：批发零售业3 599个，产值39.3亿元；住宿餐饮业1 199个，产值13.1亿元；房地产47个，产值11.79亿元；服务及其他行业1 153个，产值1.30亿元。限额以上法人单位销售额30.62亿元，限上住餐营业收入2.27亿元。新增限额以上单位0个。

【社会发展】 动态管理城乡低保，全年发放城乡低保金430多万元、农村五保金82.5万元、“三无人员”生活费66.3万元、优抚金477.2万元、80岁以上高龄营养补助138.6万元，发放各类慰问金270多万元。城乡居民养老保险参保率96%。城乡居民合作医疗保险参保率96%。新增城镇就业5 237人，新增转移农村劳动力165人，辖区农民工11 236人，农民工就业转移培训203人。办理小额贷款525万元、社保补贴267万元、就业补贴15万元。大旺社区创建为全国充分就业社区。计划生育奖扶、特扶1 702人308.6万元；连续第十年实施“栋梁工程”，奖励计划生育家庭高考子女12人3.395万元。点对点帮扶开展扶贫攻坚，一对一结对帮扶建卡贫困户88户，全部实现精准脱贫目标。

认真开展建设工程“两防”专项行动、劳动密集型企业消防安全专项治理、危险化学品和易燃易爆物品专项大检查等，全年开展安全检查130次，排查安全隐患200处，整改率100%。认真开展乡村道路交通安全检查工作，查处违法交通行为800件。

落实治安巡防工作资金400万元，构建立体式治安防控体系，在保安公司聘请80人组建专职巡逻队；配备巡逻车11辆，24小时轮班不间断巡逻；将城区5个社区划分为网格单元126个，聘请网格长126名；治安管理特殊类人员275人，无一脱管、漏管。加大技防投入，建立治安岗亭5个，在辖区重点部位安装视频监控摄像头210个。抓好信访稳定工作，从源头上控制信访增量，排查出涉稳重点人员166名，逐一建立档案，落实“四位一体”稳控措施。做好每周二“群众工作日”工作，受理群众来信来访71件259人次，回复率100%。强化领导包案制，街道党政领导干部走访169人次，解决群众各类问题150件。村（社区）每月定期开展1次村（居）民开放日活动，矛盾纠纷化解率98%以上。

结合“法律八进”活动，加强对领导干部、青少年、企业经营管理人员和特殊人群等重点对象的法治宣传教育。建成龙井湾村“法治长廊”，推进楼宇、大院法制文化建设，赠书1000多册。全年开展“3·15消费者权益日”“6·26禁毒日”“12·4全国法制宣传日”等活动5次、发放资料6 000多份、法律援助70多人。

【生态发展】　大力实施生态绿化工程，319国道、城丁路、老王路、龙水路公路绿化49.91公里，栽植桉树、四季杨2.01万株。水系绿化补植柳树5个村（社区）约1 848株。完成街道办公楼、社区办公楼楼顶绿化5处，市民阳台、楼顶绿化52户。投入100万元，完成公路美人蕉靓化工程16公里。全街道有森林800多公顷，辖有林村（居）4个。加大森林防火防控力度，新增祭祀台4个，完善森林防火卡点实施5个，完成修建森林防火通道1.5公里，设置森防警示牌55块。完成巴渝新居污水处理站及管网建设来龙、龙井湾2个村。设片区组长8人，聘请环卫工人183名，全力做好城区背街小巷保洁。在黛山大道、319国道、109省道、108省道等公路沿线设置垃圾桶613个，聘请保洁员35人开展日常保洁，对农村垃圾实行劳务外包，农村垃圾定点清运率100%。投资80万元，整治城区污水管网67处；投资200万元，完成蒲元场镇污水管网改造。投资15.22万元，对水面0.67公顷以上的精养鱼池12口实施“鱼菜共生”技术，制作浮床1 903个。实施生态工业工程，扎实抓好“四清四治”工作，验收企业155家。

【城镇建设】　建成晶荷花园经济适用房和芋荷花园农民拆迁还建房23.6万平方米。建成芋荷社区便民服务中心。完成农村公路改造、硬化9.4公里。新建城中社区、马家桥社区、龙井湾村健身路径3条，新建龙井湾村农体工程1个。新建和改造垃圾收集站4个，公厕2个。投资182万元改造城区20栋老旧危房消防设施。完成农村山坪塘整治18口。改造城市供水“一户一表”5 100户。完成三角社区四组人饮工程，受益群众388人。拆除黛山大道、轨道交通一号线沿线违法违规建筑，120户，13.5万平方米。

完成环湖路拆迁，涉及来龙、黄葛2个村（居）3个组10.07公顷土地，住房安置147人。完成违建企业农转非项目6个，涉及马家桥、三角、龙井湾3个村（居）12个组15.57公顷土地，安置人员554人。渝蓉道口征地拆迁，涉及新堰、双龙2个村（居）246.67公顷土地。轨道换乘枢纽及连接道路工程拆迁，涉及新堰、三角、双龙3个村（居）8个组65.2公顷土地，人员安置1 500多人，房屋拆迁315户，住房安置1 030人。御湖新区项目拆迁，涉及黄葛、来龙2个村（居）6个

组35.27公顷土地，安置343人，住房安置172人。（廖益琴）

璧泉街道

【概况】 璧泉街道紧邻重庆主城西部，地处璧山区域中心，经璧山隧道连接主城，距离重庆大学城仅五分钟车程，交通便捷，区位优越。辖区面积43平方公里，其中耕地面积474.53公顷。辖13个社区，114个居民小组。2015年街道年末户籍人口6.52万人，流动暂住人口14万人，非农业人口6.22万人。有机关干部职工116人，基层党组织46个，党员总数1 815名。辖区内有公办中学1所，公办小学3所，公办幼儿园1所、民办初中1所、民办幼儿园20所，在校学生12 496人，在职教师658人，另民办幼儿园幼儿4 774人。有医疗卫生机构58个（其中医疗点50个），执业医师549人，可提供床位1 900个。辖区内企业1 563个，私营个体2 083个；辖区企业从业人员153 376人。农业总产值1 708万元，粮食总产量1 952吨。2015年，工业总产值1 003亿元，同比增长17%；营业收入999亿元，增长16.5%；实现增加值222亿元，增长11.6%；实现利润总额98.6亿元。完成固定资产投资304亿元，增长11.6%。辖区内非公有制企业1 553个，从业人员135 376人，总产值达989亿元。2015年财政总收入完成12.10亿元，增长10.9%。其中本级财政收入完成1.81亿元，工商税完成10.5亿元。农业总产值1 709万元；农村居民人均可支配收入15 629元，增长10.7%；城镇居民人均可支配收入32 203元，增长9.5%。2015年全街道常住人口共出生1 634人，其中政策内生育1 503人，符合政策生育率为92%。出生人口性别比为96.4:100。

【经济发展】 2015年，全社会固定资产投入304亿元；装备制造、电子信息、医药食品三大主导产业总值702亿元，在工业中占比达70%，规模以上工业总产值415亿元，产业转型升级效果明显；利用内资43.9亿元；限额以上批发零售销售额65.8亿元，限上住宿餐饮1.3亿元；城镇居民可支配收入32 203元；财政总收入12.10亿元，增长10.9%，其中本级财政收入完成1.81亿元。辖区内工业企业1 067家，工业总产值1 003亿元；规模工业企业100家，产值464亿元；中小企业1 552家，总产值587亿元；单位GDP能耗下降4%。辖区内总产值超过10亿的企业有7个，超过亿元的企业有75个。农林牧渔水利固定投入2.5亿元，蔬菜产量5 644吨，家禽出栏30万只。完成服务业调查、1 300多家单位名录库工作。完成工业企业环保分级监管工作，严格查处环境违法行为，处理环保投诉48起，群众满意率95%。完成1家标准化菜市场和1家综合性超市建设。申报小微企业124家，指导6家小微企业进行企业资金申报。继续对重点项目、重点规模企业实行“一对一”联系工作责任制。

城区保障性住房

（罗君 摄）

【社会发展】 扎实推进全国安全社区建设工作，依托居家、治安、环保、学校等7个工作组，设立“来了就是璧山人”“多层建筑消防隐患整治”“防通信网络诈骗”等16个安全促进项目开展工作。加强治安安全管理，可防性案件发案量下降5.18%，八类暴力刑事案件下降6.7%，市级挂牌整治重点地区文风社区刑事案件下降10%以上，通过摘牌验收；新安装视频监控摄像头86个，城区视频监控网络基本建成；专职巡逻队伍建设不断规范，新增队员25人，增配执法记录仪20台、摩托车15辆，专职巡逻队抓获各类现行违法犯罪嫌疑人143名，抓获逃犯9人，追回被盗摩托车20辆，被盗自行车30辆，协助民警破获刑事案件110件，有效震慑各类违法犯罪行为。加强生产安全管理，落实政府监管责任和企业主体责任，深化党政同责和一岗双责；督促企业强化安全培训，负责人和安全员实现100%持证上岗；对辖区552家企业、713栋住宅楼、2 086家“九小场所”进行拉网式隐患排查整治。加强交通安全管理，在全区率先配备交通劝导站岗亭，固定交通劝导站上岗人员，全年劝导纠正各类交通违法违章行为6 480人次，查处严重道路交通违法行为628人次。加强建筑安全管理，检查建筑工地720次，排查整治安全隐患67起。加强消防安全管理，建成13个微型消防站，完成20栋老旧楼的消防设施改造。加强森林防火安全管理，建立14人的常年巡山守卡队伍和310人的两级应急队伍。加强农产品安全监管，对农药店、鱼药店进行抽检，督检蔬菜种植和果树种植大户记录施肥、施药情况。加强应急管理，建成街道应急救援指挥平台，开展4次突发事件应急救援演练，开展突发事件风险管理工作，调查、录入和评估风险源1 300个。加强矛盾纠纷排查调处工作，排查出矛盾纠纷580件，化解率91%，规范处理群众信访事项，及时受理率100%，按时办结率100%。发放优抚金、优待金、城乡低保金、五保金、80岁以上老人高龄营养补贴等救助资金721.5万元，发放良种直补、退耕还林直补、农业机械购置补贴等30.22万元。完成855名残疾人基本状况和需求专项调查。新增城镇就业人员6 508人，城镇登记失业率2.84%。办理社保补贴、就业补贴、岗位补贴、租赁补贴、小额贷款等1 396万元，组织职业培训626人。征地农转非养老保险、城乡居民养老保险、城乡居民合作医疗保险参保率分别达100%、90%、95%。全面完成人力资源台账建设和全民参保登记工作，累计调查登记10.28万人。采集530家企业、629户个体工商户的基础信息和用工信息，建立全面完善的劳动用工电子信息档案。全年累计兑现各项奖励扶助金301万元惠及群众5 368人。发放计生工程大礼包1 969个，“栋梁工程”奖励资助17名品学兼优和困难的计生家庭大学生入学。为91名计生特别扶助对象参保“计划生育特别扶助家庭保险”，207户531人参保“计划生育困难家庭意外伤害保险”，增强计划生育特殊家庭抵御风险的能力。开展文化惠民活动，组织文艺团队开展“和美璧山、放飞梦想”流动文化进基层演出52场，送电影进社区12场，建设2个农体工程和1条健身路径。

【生态发展】 成立市政办公室，负责50万平方米城区、狮子场镇及城郊结合部环境卫生，建立200人稳定的市政管理队伍，完善《清扫保洁管理制度》《环卫工作考核奖惩办法》，采购9辆环卫特种车和160辆环卫手推车。启动建设五星级厕所1个、标准化垃圾收集站3座，完成生态停车场修建2个。强化物业管理，指导7个业主委员会成立。落实专人对“乱张贴乱吊挂”开展日常巡查清理，新增68块标准化张贴栏，“牛皮癣”得到有效治理。集中整治背街小巷，清运建筑垃圾等各类杂物、垃圾。加强市政设施维护，投入130万元实施各类市政设施改造。取缔南河丽景和石堡街自发市场，规范两山秀苑自发市场。清理违章建筑351处，对影响较大的多处违章建筑进行拆除。建立街道、村居两级环保投诉处理流程，建立污染源台账。完成50户立体绿化，栽种植物500盆（株）。

【城镇建设】 随着大岚村、鹰嘴村撤村设居，辖区所有行政村均调整为社区。征地农转非458人，完成绿岛新区定向经济适用房住房安置1 360户4 272人。完成养鱼二社拆迁联建房基础设施升级整改工程。落实建卡贫困户11户30人帮扶政策及措施，已全部脱贫。加强房屋住用安全管理，排查122处危房并设立警示标志，对3户低保户采取搬迁过渡。投入200万元实施鹰嘴红周路路基改造。生态整治山坪塘33口，养鱼池2口,水库1座。为辖区12户养殖户办理环评备案手续。完成3 874户城市居民供水“一户一表”改造工作。整治生产渠道240米,改造一二级提灌站2座。解决华龙、团堡社区121户372人的饮水问题。完成1.2公里农村公路和璧南河上游支流绿化补植。

（赵晓琪）

青杠街道

【概况】 青杠街道位于重庆市主城区以西、璧泉街道以南，距重庆主城区23公里，距区行政中心13公里。辖区面积46.45平方公里，其中耕地853.6公顷，场镇规划9.5平方公里，建成区约7平方公里。辖村6个社区7个，村（居）民小组121个，年末户籍人口4.1万人，其中非农业人口3.01万人，辖区常住人口约7万人。

区位优势明显。成渝高速公路、国道319线、黛山大道等多条高等级公路穿境而过，成渝高铁璧山站设立在青杠，正在建设的九永高速将进一步提升青杠的交通区位优势。

基础设施完备。有110千伏和220千伏变电站各1座，有日供气8万立方米天然气站1座，日供水2万吨水厂1座。村村通广播、文体活动中心和休闲健身广场等娱乐设施覆盖全街道。中国银行、中国农业银行、中国工商银行、中国建设银行、重庆农村商业银行、重庆银行、邮政储蓄银行7家银行在青杠设分支机构，各项存款余额23.44亿元，增长12.84%，其中居民储蓄存款余额20.44亿元，增长14.39%，贷款余额8.66亿元，增长4.44%。

2015年，全街道工业总产值562.83亿元，占全区工业总产值的27.97%，同比增长15.68%；营业收入545.93亿元，增长14.64%；利润总额34.92亿元，增长3.46%。工业固定资产投资61.08亿元，增长3.57%。辖区内非公有制企业738个，从业人员61 052人，总产值367.01亿元。农业总产值3 902万元，减少7.24%；农民人均纯收入14 714元，增长10.7%。辖区财政总收入5.37亿元，完成年度计划的103.27%，增长20.13%；地方预算收入0.77亿元，增长5.48%。

社会保障日渐完善。辖区有中小学校4所，其中青杠初中在校学生1 424人，在职教师119人；青杠实验小学、中兴小学、青山小学等3所小学在校学生

璧山青杠街道“好声音”宣讲队队员陈锐在中兴村农家院坝宣讲时政理论

（区委宣传部 供图）

3 605人，在职教师166人。有医疗机构4所，其中，青杠街道公共卫生服务中心床位30张，专业医护人员45人；青山医院床位50张，专业医护人员45人；重医大附一院青杠老年护养中心床位522张，专业医护人员45人，护理员94人。全年出生人口591人，人口出生率9.57‰，上升1.70‰；其中，符合政策生育517人，政策内生育率87.48%，比2014年同期上升4.04%；死亡293人，死亡率4.74‰，自然增长率4.83‰。

组织建设成效显著。扎实开展“三严三实”专题教育活动，深入查找“不严不实”问题6个，细化30条整改措施，全部落实整改。公开选拔本土优秀人才18名到村（社区）挂职，严格实施并完成“青年团成长计划”重点人才项目。培训入党积极分子56名，择优发展预备党员14名。完成莲花、沙坡、中兴、大森“超市”“电子商务”“金融网点”“三进村”示范点建设。配备群工系统手机218部，受理事项反映363件，办结率和群众满意度100%。强化党小组长和村（居）民小组长管理，制定《村（社区）党小组长管理办法》和《村（居）民小组长管理办法》。举办“高新区杯”创业创新知识竞赛预选赛及璧南片区初赛，并代表璧南片区参加全区知识竞赛决赛获三等奖。新建非公党组织7个，开通非公党组织网站30个，打造非公党建全区现场教育示范点1个，非公党建“两个”覆盖率均100%。

建立健全街道纪检组织。修订完善青杠街道纪工委《工作守则》《请示报告制度》《内部管理制度》《落实“两个责任”监督检查流程》《党风廉政建设监督检查流程》《案件查处流程》等制度及工作流程14个；延伸廉政监督触角到最基层，在村、社区设立兼职纪检委员，负责监督村、社区干部落实上级政策、资金使用、廉洁自律等情况。创新开展廉政风险防控的权力清单、责任清单、风险清单和防控清单等“四个清单”工作。收集村社和镇街一级党员、干部廉洁小故事，汇编《青杠街道廉洁小故事》，用身边人的平凡事，引领街道党风廉政建设“正能量”。

【经济发展】 工业企业总数468家，增加27家，从业人员60 604人；工业个体经营户1 332家，增加141家，从业人员9 883人。青杠部分工业总产值49.14亿元，增长4.34%；营业收入48.79亿元，增长5.07%；利润2.98亿元，增长2.35%；工业固投9. 67亿元，增长2.14%；全社会固定资产投资119.04亿元，增长18.58%。95家规模以上工业企业工业产值358.93亿元，增长24.4%。新增亿元级产值企业15家，亿元级产值工业企业65家。工业建设项目225个，累计投资94.93亿元。新产品研发项目110个，其中重庆市重点项目21个，重庆市高新技术产品项目49个；新申请专利916项，获科技创新奖励20项；申报重庆市民营经济发展专项资金和工业振兴专项资金11家次，组织申报璧山区民营经济发展专项资金32家次，争取资金约2 300万元。新增瑞通实业公司等企业10家为国家高新技术企业，国家高新技术企业17家，国家重点高新技术企业1家；大江动力公司等3家企业新增为重庆市知识产权试点企业，钟华机械公司新增为重庆市知识产权优势企业，全街道知识产权试点和优势企业8家。

粮食总产量5 849吨，蔬菜产量6 065吨，水果6 564吨，水产977吨。投入水利资金650.43万元，清淤渠道48公里，新修微型水利10处、维护32处，修复水毁工程51处，新修干支渠道6.8公里；新增畜水能力2.9万立方米；农机直补239台，发放补助金额23.725万元。整治山坪塘10口。铜罐驿长江提水工程缙云山隧洞开工建设，璧南河河堤综合整治工程青杠段完工，胡家桥和祝家桥2座翻板闸建成投入使用。限额以上（零售年营业额500万元以上、批发年营业额2 000万元以上）的批发零售业9家，销售额39 783万元，限额以上住宿餐饮业（年营业额200万元以上）11家，营业额17 541万元。

【社会发展】 社会救助工作有序开展。全年发放230户、326人城乡低保金112.1万元，发放107人农村五保户补助44.4万元，发放77人城市三无人员补助44.3万元，发放9人孤儿及困境儿童补助5.9万元，发放1 117人80岁以上高龄老人营养补贴74.9万元，发放285人优抚对象补助215.4万元；发放临时救助和医疗救助260人次21.8万元。元旦、春节期间为困难群众597人发放慰问金、慰问品价值13.5万元。35 398人参加城乡合作医疗保险，筹资金额303.6万元，参合率97%；申报发放就业再就业小额贷款19笔450万元。全年受理群众来信来访55件，其中接访16件、区转办39件，办结53件；排查突出矛盾纠纷50件，累计化解15件。实施网格化管理专职网格员22名，38人组成的专职巡逻队和13支兼职巡逻队加强巡逻，增聘5名铁路护路队员，拥有204个视频监控摄像头的城区监控网络投入使用。集中开展“春夏攻势”打击整治、平安村（社区）创建、打击防范通信（网络）诈骗、门楼号牌集中清查整顿、邪教人员底数摸底排查及追逃查失等专项行动，A类重点整治地区双路社区摘牌。“六五”普法工作通过检查验收，打造滨河路法治长廊，创建塘坊社区、双路社区、石河社区、沙坡村梁山村区级平安村（社区）。辖区单位保持市、区级文明单位称号12个，保持市、区级文明村（社区）称号12个，保持“青年文明号”称号科室4个，保持“文明礼仪示范校”称号学校3所；沙坡村创建为市级文明村；棕树村村民邱国惠数十年义务保洁，感动一访乡邻，被评为区“十佳雷锋传人”和市“助人为乐好人”；黄兴中获评第五届重庆市“诚实守信道德模范”；街道人口和计划生育生殖健康服务站创建为市级巾帼文明岗。街道创新开展的“银线援助”志愿服务项目推进，新建志愿者工作站1个，辖区志愿者人数4 110人，组建志愿者小组236个，开设“手拉手大家帮”“宜居青城”“应急一线”“家电维修”等特色志愿服务项目12个；2月15日、5月15日分别邀请塘坊社区重庆“助人为乐”好人陶天祥、棕树村“十佳雷锋传人”邱国惠举办“身边好人微访谈”活动，12月25日举办大型“传承孝善爱满璧山”市级微访谈活动，受到市、区领导高度赞赏。辖区舆论引导、理论宣讲工作有序推进，在各媒体上稿1 000篇次，在市级及以上媒体上稿近100篇次,其中在《经济日报》上稿3篇；开展理论龙门阵“五个一百”活动，下基层宣传讲20场，青杠“好声音”宣讲队获评市级先进宣讲集体，辖区“梦想课堂”5个累计开课100场，受众20 000人次。

群众文体生活丰富多彩。文艺工作：春节组织游行拜年活动、川剧座唱及川剧晚会各1场、在13个村（社区）开展“迎春送祝福，欢乐进万家”文艺演出活动、元宵猜灯谜活动、元宵节文艺晚会；参加区第八届文艺调演活动，原创谐剧《一分都不能少》获优秀节目一等奖，原创歌曲《回到青杠》分别获优秀节目二等奖和创作二等奖，原创舞蹈《青杠，美丽的家乡》获优秀节目三等奖；投入15.6万元组织流动文化服务进基层文艺演出，在13个村（社区）演出52场，受益群众3万人。体育工作：组队参加区“联交所杯”乒乓比赛活动，包揽镇街组男子、女子团体第1名，男子、女子单打前2名；春节组织“全民健身迎春运动会”，4月组织“全民健身乒乓球”比赛活动，6月、10月、11月组织“全民健身篮球”比赛；投资15万元完成塘坊社区农体工程的平场、绿化等工作，投资1万元改建大森村农体工程；完成2015年度重庆“好体育人”志愿服务行动工作，注册“好体育人”志愿者17人，打造“争做群众身边的好体育人”为民服务点2个。文化市场监管工作：全年对辖区印刷企业、网吧、游戏厅、KTV等单位安全检查，检查311家次，发现隐患94个，全部整改完毕。组织农村公益电影放映活动，放映52场次。实施广播电视直播卫星“户户通”工程，安装286户。组织开展“创新始于学习 成功源于读书”读书活动，征集读书征文21篇。

为930名各类计划生育奖扶助对象发放扶助金150.53万元；增发独生子女家庭低保金0.4万元；258名计划生育家庭增发养老金3.1万元；补贴计划生育家庭农村合作医疗9.9万元；发放独生子女父母一次性奖励70户3.87万元；独生子女建房优惠7户，优惠191.1平方米。

青杠中学体艺组、社保所、建管科、经发科成为璧山区青年文明号。组织开展以“践行社会主义核心价值观，共筑青春中国梦”为主题的纪念五四运动96周年文艺会演；积极开展“青春志愿行，共筑中国梦”志愿服务活动，开展“情系端午节·爱驻敬老院”敬老爱老活动。

残疾人康复、教育、就业、扶贫等工作扎实开展。免费发放助视器30个，助听器200个，轮椅15辆；2名残疾人免费安装假肢；2名0—6岁残疾儿童接受抢救性康复的免费训练；86名精神病人享受免费服药。为辖区残疾人争取各类补助23.73万元，为青杠街道卫生院配备1.5万元的康复器材。中兴村申报为市级残疾人康复示范社区。

【生态发展】 完成二、三级污水管网主体工程建设并投入使用。整治水库2座、山坪塘10口、精养鱼池2口。完成莲花村巴渝新居污水处理站及配套管网建设并投入使用。创建石河社区、清明社区、沙坡村3个市级生态村（社区）。开展“四清四治”工作，整治验收辖区内工业企业247家，办理简易环评手续245家，关停污染工业企业3家，依托环保物联网APP，手机实现日常巡查、投诉处理等常态化监管。严格落实污染源长效监管制度，坚持专人巡查七大类污染源以及在建筑施工工地等落实情况，定期下发督查通报。制定下发《青杠街道办事处〈环境卫生长效管理制度〉〈河道清漂（保洁）长效管理制度〉〈水系绿化与养护管理制度〉〈公路绿化管养长效管理制度〉〈规范和完善建筑工地扬尘污染治理长效管理制度〉》（青杠街办发〔2015〕34号），解决街道面源污染的长效管理。农村硬化道路（米鹅路2公里、棕徐路4公里）新栽植行道树四季杨1 672株，补植（青丹路、青路路、百大路、谭蛮路、温双路、大王路、徐公路）四季杨1 474株，辖区硬化公路绿化全覆盖。

【城镇建设】 投资400万元完成城区二、三级污水管网及提升泵建设；投资57万元建成四车位垃圾转运（收集）站；投资34万元完成关高公路路基改造；投资23万元完成张贾路路基改造和棕徐路部分路面拓宽修补；投资15万元完成沙坡村和梁山村的道路连接修建；投资22万元完成妙音寺与堰青路连接道修建。改造民安街路口花台，滨河西路栽种400棵香樟树，移栽小叶榕120棵绿化滨河东路，城区补栽灌木5万株，补植草皮3万平方米，增加城市绿地8 000平方米。投入70万元维修市政设施，投入270万元购置环卫车辆5台。投资117万元实施中兴安置区七区、八区之间道路工程；完成中兴、杨柳安置区600户房屋产权办证工作；完成高新区内莲花村原新裕1组、3组40.96公顷土地的拆迁工作，涉及110户、263人。总投资8 600万元的塘坊定向经济适用房主体工程完成总工程量约95%，总投资653万元的附属工程完成招投标。投资1 616万元的清明安置区道路及附属工程完成合同工程量的90%以上。

（青杠街道）

来凤街道

【概况】 来凤位于璧山中南部，地处璧山“四个功能区”中的“璧中城市区”，东界九龙坡双福新区，南接健龙、丁家，西邻大兴、正兴，北靠青杠，距璧山城区19公里，距重庆大学城23公里，距成渝高速公路青杠下道口及丁家下道口分别4.5公里与7公里。境内有渝隆路、津璧路2条交通大动脉，正在建设的主城入璧的新通道——九永高速公路穿境而过，规划在来凤街道四平村开设

来凤街道的林家岩水库

（曾清龙　摄）

下道口。全境辖区面积44.48平方公里，场镇建成区面积约2平方公里，其中耕地1 365.07公顷，森林833.33公顷。规划区总用地90.17公顷，其中规划城市建设用地84.37公顷。规划居住人口1.17万人。辖社区3个，行政村10个，村（居）民小组116个；辖党组织22个，党员1 454人；街道公共服务中心1个，300平方米，便民服务中心14个，6 670平方米；2015年年末，户籍人口40 952人，其中农业人口31 364人，场镇人口9 588人。

有中学1所，小学2所，卫生院1所。来凤中学占地97 983平方米，校舍60 948平方米；有96个教学班，学生5 350多人，教职工404人，专任教师390人，中高级教师274人，特级教师2名，市县学科带头人、骨干教师40人，市县级名师5人，研究生60人；在区教委2015年度绩效考核中均获全区同级同类学校第1名；学校党委被区教育党工委评为区级“先进基层组织党建示范点”。来凤小学、鹿鸣小学2所小学校，其中来凤小学教职工74人，学生1 457人，鹿鸣小学有老师18人，学生159人。来凤中心卫生院开设内、外、妇产科和医疗、护理部，现占地0.8公顷，业务用房7 934平方米，在职职工86人，离退休职工47人，本科学历10人，占12%，大专以上学历43人，占50%，副主任医师2人，副主任护师1人，主治医师14人，主管护师7人，主管检验师2人，主管药师1人，开放床位80张，实施电子病历、电子处方、电子发票等信息化管理，为86%的辖区内居民提供公共卫生服务。金融机构3个，即农业银行来凤分理处、农村商业银行来凤凰分理处、邮政储蓄来凤营业所。

围绕主题主线落实主体主责，开展“三严三实”专题教育活动，落实基层党建工作“三联制度”与“党组织工作经费和干部待遇”。遴选本土人才13名到村挂职，“三进村”工作得到加强。10个村便民服务中心功能不断完善。“群工系统”受理群众反映事项441件，化解436件，办结率98.9%，满意率98.3%。重庆卫视先后2次报道来凤拓展便民服务中心功能和“群工系统”运用成效。狠抓党风廉政建设，党政办公会专题研究布置党风廉政建设工作8次，制定落实《关于党风廉政建设“两个责任”配套制度》《来凤街道招投标管理办法》等文件6个，坚决执行“党政主要负责人不直接分管人财物等工作”的规定。

【经济发展】　2015年，完成工业总产值15.5亿元、同比增长9.1%，规模工业总产值8.76亿元、增长15%，全社会固定资产投资16.8亿元、增长20%，社会零售品销售总额3.15亿元、增长15.5%。辖区财政总收入7 221万元，完成年度目标任务的131.4%，增长47.0%。企业410户，其中微型企业92户、住宿餐饮企业8家。限额以上商贸企业6家，社会零售品销售总额193 764万元。新增土地流转23.33公顷，引进各类农业企业2家。组织召开实用培训会5次、阳光培训（葡萄技术）开班，50人的系统培训，发放技术资料5 000份。积极配合农资经营户搞好农用物资供应，保证农民的需求。同时，配合好区农产品质量安全监管站、强对农资市场的管理，依法巡查农资市场3次。积极配合街道其他部门，解决农业纠纷20宗，普通信访解决30项。汛前对全街道的水库、山坪塘、石河堰、河道及在建的水利工程安全大检查6次。巡查电力提灌站安全30处，整治2处。创建三星村农机安全示范村1个。完成机插秧示范8.47公顷。农机补贴154台，补助金额6.5万元。完成普新村高位水池二次供水整改。投入35万元建成鹿河村1组、魁塘村6、7组人饮工程。完成城际高铁三星村2组人饮工程。清理农村集体经济资产309个。完成集体资产量化确权示范（孙河村、来凤村10组）。

全街道市（区）级文物保护景点4处，旅游从业人数占本地就业总数的30%，游客人数达到本地常住人口数量的2倍，旅游收入占当地农民年纯收入的25%，旅游税收占本地地方财政税收的10%。辖区拥有大型酒店餐馆10家，可同时解决5 000人就餐；开设宾馆等休闲场所6家，能满足1 500人休息娱乐；结合乡村旅游发展的休闲农业企业35家，占地666.67公顷，可同时供20 000人对自然景观和农业种植的欣赏以及水果休闲采摘。来凤街道凤影像摄影基地跻身全国十大婚纱摄影基地之一。基地内拥有罗马广场、欧洲田园小镇、地中海风情、韩式花海等众多异国主题园区，以及2.67公顷风情草场、360度环视海景、西部马场、奢华游艇、梦幻夜景等特色景点数十处。服务范围覆盖重庆、四川、贵州、湖北等多个省市和地区，被亚太华人婚纱摄影交流机构授予“亚太婚纱摄影研发基地”的称号。

【社会发展】 全年城镇登记失业率控制在3%以下，新增登记失业人员416名，指导帮助下岗失业人员就业再就业359名，城镇新增就业1 429人，职业指导500人次；发布网络招聘信息80条，招聘岗位40个；职业介绍450人，申报社会保险补贴4 050就业困难人员75名，申报就业再就业小额贷款13笔，金额117万元；发放就业补贴11 914元，受理企业失业人员申请失业救济金46人。解决企业拖欠农民工工资10起，累计为农民工追回拖欠工资约100万元。认真做好城乡居民养老保险工作的数据日常维护，为82人新参保的人员办理参保手续，为294名符合领取养老待遇的人员办理退休手续,为91人办理领保人员死亡待遇领取手续。城乡合作医疗保险受理220人申报特殊疾病，合格办理120人;新制医保卡60张，补换卡400张。组织村、社区调查社会保险情况和基础信息参保登记36 500人，并录入重庆市全民参保登记管理系统。

为10户因暴雨倒房群众申报因灾倒房重建；为困难群众79户发放临时救助37 477元，解决急需救助的特困群众的困难。发放城镇低保194户次，304人次，发放911 185元。有177户，326人享受2015年度农村低保，发放554 928元。五保、三无人员291人，其中散居五保226人，敬老院59人，散居三无6人，帮助31人入住青杠福利院。为80岁以上老人每月发放营养补贴，全年累计发放73 630元。

筹集本级财政和争取上级资金，精准帮扶脱贫困难群众85户273名；发放各类救助资金518.5万元；发放就业再就业小额贷款117万元。有效妥善解决各类信访稳定问题151件次，全年没有一人到市进京非访。加大治安防范和违法犯罪打击力度，刑事立案8件，下降28%，破获盗窃案件5件，打击处理3人，群众安全感90%以上。加大食品药品安全有效监督力度，没有发生一起食药品中毒事件。加大烟花爆竹、非煤矿山、危化企业专项整治力度，没有发生一起安全事故。

加强农村交通工作，强化农村交通劝导站作用，没有发生一起重特大交通事故。

领导干部下访156件次，下访人数169人，解决153件次，疏导稳控3件次，办结率100%；街道每天安排1名领导干部公开接待群众来访，并做好相应记录，接访63人次；坚持主要领导阅批群众来信，受理上级信访件30件，正式受理14件，不予受理8件，不再受理8件，办结率100%。

【生态发展】 完成污水处理厂设计、预算、审核和招投标工作，主管网完成总工程量95%，（一标段完成1 800米，二标段完成2 500米，三标段完成2 400米）；三级管网完成85%工程量。完成来凤市政环卫基地、公厕和垃圾收集点工程设计、招投标工作，于12月初建成投入使用。协助市政局绿化改造来凤至青杠S108线2.7公里。对来凤场镇的清扫保洁纳入市场化管理的试运行；结合创卫工作，部署和开展全方位精细化管理工作。实施村镇环境综合整治，对村级以上干道的环境治理实行常态化管理；市场管理方面，取缔原有旧农贸市场，设立临时便民市场，专人全天候管理。对来凤农贸市场督促整改，彻底改变脏乱差的现状，对公厕实施改造和安排专人督促检查管理，解决几个公厕原有管理和设施的缺陷，均达到三级标准。日常清理和阶段性清飘河道7.8公里，清理各种漂浮物900吨，保证河道清洁；取缔、规范店招店牌、户外广告52起，规范户外广告的发布。补植街道原栽植的四季杨树死亡树苗，成活率95%以上，并通过区生态办、林业局、交委的验收；6月组织人员治理四季杨病虫害；在青鹿路新栽植美化绿化植物美人蕉1公里。安乐村、孙河村、来凤村、三星村创建为“市级生态村”。

【城镇建设】 争取建设资金约137万元，改造D级危房14户和C级危房99户，完成建设任务。清明安置片区群众还建房主体工程竣工。重医护理学院主体建设竣工，安置房规划设计图通过相关部门审查，进入招标程序。酒厂片区进入正常施工阶段，完成税收1 000万元。按生态创建要求，违法违规用地企业断电停止生产，后有死灰复燃现象，三星村4个违规开采的石厂全部复垦或复水。完成高铁建设一次大型保护性施工建设和小临用地复垦工作，无信访问题。获城市建设用地项目指标20公顷，正办理征地手续。九永高速公路建设全面开展。完成安乐村、四平村美丽乡村项目人行便道4.17公里，太阳能路灯20盏。整治大灌区渠道4个村23公里。按照区公路建设指挥部要求清理完成安乐村、孙河村青苗和房屋及附属设施，按时交付施工方。配合国土部门，鉴定城市危房64户。完成建委要求的危房改造住建部录入系统210户。完成老东街人行道及小广场市政建设工作；新安装路灯11盏，维修42盏。亮灯率达98%以上。协助供电局完成农村电力改造（含铁塔建设工作）。督促天然气公司完成场镇主管网改造4 500米，确保用气安全和保证气压；配合交委搬迁丝厂至花木公司路段公里改造水电气管线。结合污水管网，督促移动、电信、网络公司等弱电部门线路入地4 500米，解决多处“蜘蛛网”问题。（李茂）

丁家街道

【概况】 丁家街道位于重庆市璧山区南部，地处成渝高速公路主干道，北距区城区26公里，东距重庆市区32公里，辖区面积8 515公顷，城区规划500公顷，建成区380公顷，辖行政村16个，社区3个，村（居）民小组142个，2015年年末户籍总人口66 746人，其中非农业人口16 194人，常住人口56 204人。街道土地8 512公顷，其中耕地3 180公顷。

街道交通区位优势明显，成渝高速公路、渝隆路、丁广路、丁正路、丁健路和在建九永高速在此交会。基础设施齐全，辖区有医院2家、变电站2座、天然气站1个、水厂1个、污水处理站2个，境内拥有金融机构4家，营业网点9个，各项存款余额14.62亿元，贷款余额6.21亿元，居民储蓄存款余额12.76亿元；中学2所、小学5所，2015年年底在校学生5 324人，在职教师358人；全街道出生人口543人，死亡547人，人口出生率9.74‰，自然增长率-1.50‰，符合政策性出生442人，符合政策性生育率81.40%。辖区企业262个，私营个体3 501个，企业从业人员48 297人，其中私营个体26 223人，企业总产值96.18亿元，其中私营个体17.59亿元；农、林、牧、渔业总产值46 726万元；粮食产量19 822吨。

2015年，辖区财政总收入12 094万元，其中：公共财政收入11 098万元（其中：工商税收9 277万元）；总产值96.18亿元，同比增长3.1%；营业收入95.29亿元，增长3.1%；利润5.92亿元，增长5.5%；工业总产值66.59亿元，增长3.6%，其中：规模以上工业企业总产值33.68亿元，增长5.4%；利用内资完成5.75亿元；全社会固定资产投资22.47亿元，增长16.9%，其中，工业固定资产投资11.66亿元，增长1.7%；城镇可支配收入31 017元，农村可支配收入14 982元。

加强党的组织建设。不定期对村（社区）基层党建工作开展督查和指导，党工委督察组每月对村（社区）党建工作督查，进一步夯实基层党建基础。双联双帮双促活动有效开展，各方投入资金20万元结对帮联建卡困难户228户。组建党员志愿者队伍19支，开展访贫问苦、助学义诊等活动。严格执行《璧山区村（社区）工作事项目录》，切实减轻村（社区）工作负担。群工系统打通服务群众最后1公里，在群工系统反映事项180件，解决率100%，发布村（居）公开信息1 220条。

严格按程序发展党员16名，其中，35岁以下15名；高中及以上文化程度16名；农村党员6名，机关事业单位党员3名，一线工人党员3名，非公组织党员4名。扎实开展“三严三实”教育活动，街道党工委书记带头讲党课，党政班子成员分片到村（社区）为基层党员上党课，扎实开展基层干部办事不作为、乱作为专项整治活动，切实维护群众利益。整合非公组织党员，依据行业特点成立行业性联合党组织4个。认真开展“三会一课”，农村无职党员782名通过“灯盏工程”开展承诺践诺，非公党员142名通过“先锋工程”发挥骨干模范作用，机关事业单位党员354名通过“星光工程”。

做好文明单位创建、复查和重庆好人等评选申报工作。开展各类文体活动90场次，农村电影放映30场次，其中：参加区第八届镇街文艺调演，所参演节目均获得等次（二等奖2个，三等奖1个），创作获三等奖1个，优秀演员奖1名。在全街道公共服务中心19个村（社区）、居民集

莲花坝村苗木基地

（何燕雯　摄）

中居住点开展文化服务进基层文艺演出76场次。加强社会体育健身场地建设，完成天灯村农体工程建设，新申报农体工程8个，全民健身路径1条，完成村农家书屋16个的书籍补配工作。继续开展“梦想课堂”活动，推广志愿者招募注册工作，及时转办“966966”志愿服务热线转交的信息。推进义务教育均衡发展，教育资源进一步整合，辖区内各中小学基础设施和环境建设得到改善，教师队伍建设得到加强。

【经济发展】 改善农业生产条件。一是大力推广良种良法。向农民推荐2015年重庆市杂交水稻主导产品15个，杂交玉米品种11个，大力推广水稻测土配方施肥技术、水稻病虫防治技术、蔬菜无公害栽培技术、机插秧技术。二是切实抓好示范片建设工作。在高古、长五、三五村实施市级农综科技项目《2015年度璧山区稻田周年高产高效新品种新技术集成示范与推广》,核心区20公顷,带动实施80公顷；在八寿、铜瓦、大岚坳村实施《璧山区水稻万亩高产创建》项目，核心区33.3公顷，推广667公顷；在新民、大岚坳、铜瓦、八寿、三五村实施机插统一育秧、机插秧示范37公顷，带动机插秧233公顷。三是抓好农田水利建设。完成机耕4 800公顷，机插秧补贴37公顷。投资2 500万元整治完成马坊至三合的马坊场2.23公里河堤以及新修矮凳桥、翻板阀工程，马坊场镇行洪能力从5年一遇提高为20年一遇。总投资1 050万元完成杨寺、天灯、龙安、走马、八寿村实施的2014年度农业综合开发土地治理(高标准农田建设)项目333公顷（其中整治山平塘18口)；总投资700万元启动2015年度第一批农业综合开发土地治理（高标准农田项目)。

全年，新增土地流转51公顷，总流转土地2 497公顷，其中规模流转2 144公顷；璧山儿菜种植1 533公顷，蔬菜播种2 493公顷，其中蔬菜规模化种植800公顷；全街道苗木种植1 467公顷，其中规模化种植1 000公顷，以绿化和乔木为主，品种约400个，年产绿化苗木约400万株，年销售收入4亿元；苗木园林单位约280家，国家级龙头企业1家，市级龙头企业2家，区级龙头企业7家，带动发展中介组织约1 000家、苗木种植约1万户，常年吸纳农民做工约2万人，务工人均年收入约1.8万元。

夯实工业经济基础。引导企业加大技改投入，着力提高企业自主创新能力。继续做好企业服务工作，协助企业争取资金扶持，为福胜、金诚、世鑫、创普等困难企业12家申报并调整社保保险缴费基数。协调民发公司扩建项目新征用地3.33公顷，正实施拆迁工作；移民创业园获批，正积极筹措资金启动拆迁安置，解决企业发展土地瓶颈的制约。关注规下工业企业发展动态，有规模以上企业22家。

优化商贸服务。丁家历来就是璧南商品的集散地，商贸流通较发达，商贸辐射相邻区2个、镇街5个、25万人口以上，是相邻区、镇街区域商贸往来与合作的枢纽。辖区内有辣椒市场、木材市场、种子市场、苗木交易等专业市场；有名豪百货、宜客乐百货、绿优鲜超市等知名商业企业；有娱乐休闲场所30家、餐饮企业240家。有个体工商户3 500家，商贸企业2 500家，其中限上商贸企业5家，其中限上住宿餐饮1 621万元，限上批发零售9 379万元。

【社会发展】 一是社会事务：纳入城市低保户171户245人，发放城镇低保金975 146元。发放农村低保户445户705人，农村低保金1 623 948元。农村五保558人，散居三无人员33人，敬老院三无人员59人，发放救助金2 763 630元，困境儿童9人，发放救助金12 600元。优抚对象444人，发放2 994 736元，60岁退役士兵308人，发放302 580元。医疗救助92人次，救助金额263 200元。残疾人危房改造申报57户，发放助听器50个。育龄妇女14 328人，已婚育龄妇女11 088人；流入人口3 324人，流出人口12 656

人，上报出生人口（常住、包含漏统）664人，其中政策内生育569人，符合政策生育率85.69%。全年，查处政策外生育人数65人，落实国家奖扶1 689人。

二是社会保障：申报社会保险补贴39万元，岗位补贴5万元。申请再就业小额贷款55人，小额贷款504万元。累计发放低保就业补贴418人次，申报11.04万元。城镇新就业人员2 267人，城镇新增就业2 218人。新增农村劳动力转移就业287人。农民工返乡创业就业375人。处理劳资纠纷11宗，涉及工人38人，为工人追回拖欠工资30万元。

三是抓住平安和谐创建这条主线，推进社会矛盾化解、社会管理创新、公正廉洁执法重点工作3项，做好襄渝铁路伤残民兵、民工以及辖区民师等长期上访人员稳定工作。全面统筹服务经济社会发展、维护国家安全、打击预防犯罪、强化基层基础、加强队伍建设任务5项，实现无重大群体性事件、无重大进京到市上访案件、无重大安全责任事故、无重大民转刑案件、无重大恶性刑事案件发生。全年，排查调解各类矛盾纠纷520件，调处成功520件；排查重点矛盾纠纷7件，并落实责任人和化解措施。接受信访总量70件，上级交办45件，接访25批次，办结70件，办结率100%。开展逐级走访试点信访秩序，积极引导群众依法逐级走访，理性反应诉求，及时、就地解决群众问题，并被重庆市信访办确定为渝西片区逐级走访试点单位。

【生态发展】 一是抓好绿化改造：全年新建民生公园绿化工程40 000平方米，完成官堰公园绿化工程10 000平方米、莲花坝健身广场绿化工程13 000平方米，建成区公共绿地达到128 200平方米，人均公共绿地12.57平方米。二是建好场镇污水处理设施。丁家场镇完成修建1级管网1 725米，2级管网7 226米，3级管网5 217米。马坊场镇修建2级管网1 631米，3级管网1 000米，提升泵系统3个。三是完善垃圾收运系统。建有垃圾中转站1个、新修垃圾中转站及附属设施1个、农村垃圾亭60个、场镇垃圾池10个、密闭式垃圾箱体35个、垃圾桶600个、果皮箱100个、东风水车1辆、垃圾收集车2辆。四是创市级生态村。申报5个村（长五村、八寿村、铜瓦村、走马村、凉风村）创建为市级生态村。五是环保工作。数据审核工业企业“四清四治”186家，完善符合要求的企业118家网上相关数据的申报。同时按照要求，验收简易环评手续工业企业98家。处理环保投诉50起，检查和整治不符合环评办理手续的餐饮业60家，督促整改不符合养殖条件的养殖场7家。六是环境整治。新建审批农村房屋290户，改造C级危房280户和D级危房80户。整治占道经营52起，取缔骑门经营105家；取缔落地店牌100块，查处流动商贩60个；查处违章撒漏、带泥上路30次；纠正车辆乱停乱放505起，接受处罚实施简易程序案件28起，受教育人数达1 500人次。硬化场镇背街小巷水泥路面4 100平方米，改造人行道路3 820平方米，新修人行道路1 000平方米。建成区全天保洁，清运率和处理率100%；新建农村垃圾定点存放点47个，实行定点存放和清运模式。

【城镇建设】 编制丁家街道控制性详细规划，启动丁家街道总体规划修编。拆除渝隆路1期5号地块和2期1号地块用地范围内危旧房屋，该2宗地块进入土地出让阶段。沙堆社区的征地拆迁工作，达成安置协议。广场拆迁遗留问题，与拆迁户就拆迁安置达成协议。全年，建成区内在建房地产项目7个，184 047平方米，竣工5个。完成惠民路1 800米2级污水管网的安装及改造人行道板8 000平方米。完成禾悦酒楼与盾之王小区、盾之王小区与方月小区之间的道路建设及人行道板的铺装；完成惠民路电力线下地工程支线及套管的铺设；完成马坊场镇污水处理站配套2、3级污水管网建设，其中2级污水管网1 600米，3级污水管网1 070米。完成惠民路排污水渠改造工程和丁家街道污水处理厂配套管网工程的设计、财政审核和公开招投标工作；投资67万元建丁家街道4车位垃圾转运站工程及配套设施工程。

（丁家街道）

大路街道

【概况】 大路街道位于璧山北部，东邻沙坪坝，南界河边、璧城，西接铜梁，北连七塘，于2010年12月9日撤镇建街道，是璧山北部中心城镇。大路街道距璧山城区12公里，重庆大学城15公里，北碚区20公里，铜梁城区15公里，是重庆市委、市政府确定的“百个经济强镇工程”创建镇、“统筹城乡综合改革示范镇”，市商委确定的“商业贸易发展重点小城镇”、重庆市土地房屋管理局确定的“土地整治整镇推进示范镇”，同时也是“重庆市卫生镇”“重庆市环境优美镇”。

2015年，街道辖区面积116.22平方公里，耕地30.26平方公里，占辖区面积的26%。辖14个村、3个社区，城镇建成区2.8平方公里，规划区7.93平方公里。全年户籍人口6.2万人，常住人口5.12万人，其中非农业人口2.68万人，出生人口数438人，符合政策生育率89.95%。

辖区有医院1个，执业（助理）医师27人，学校6所，在校学生5 618人，在职教师408人。兽医站、工商所、国税所、地税所、派出所、邮政所、司法所、电管站、邮政所、电信、移动、网通、水电气等社会服务功能和基础设施齐全。

组织开展“三严三实”专题教育学习12次、学习理论和重要会议精神4次；党工委书记带头讲党课1次，街道班子成员到村（社区）上党课17人次；开展“七一”党建知识竞赛、观影谈感征文活动2次。组织街道党政领导班子成员、二级机构负责人、村（社区）“两委”负责人先后5次学习党风廉政建设“两个责任”及相关知识、中央八项规定精神、区纪委十三届五次全会等上级纪委会议精神，制定班子成员“责任”清单，让班子每名成员明责知责。为村（社区）居民小组长配发群工系统终端机199台，全年系统收到反映事项485件，办结率99.8%。按照民主、公开、竞争、择优原则，遴选27名本土人才到村（社区）挂职，进一步充实基层党建队伍；完成17个村（社区）的规范化建设，17个村（社区）均开展拓展服务项目3项以上，基层组织服务群众能力大幅提升。

【经济发展】 全年财政总收入10 405万元，同比下降23.7%，其中公共财政预算收入10 405万元，下降6.5%，工商税收7 400万元，下降23.8%。（主要财税指标同比下降的原因有2个方面：一是中铁任之健康城已入库土地出让金3.46亿元未计入收入任务。二是税收政策调整，导致工商税收减收2 800万元。2014年11月，重庆市国家税务局发布《重庆市收购业统一发票管理办法（试行）》，调整全市收购业发票管理政策。受其影响，

大路三担公园鸟瞰图

（陈曦源　摄）

2015年恒龙物资回收有限公司、特奇机电有限公司等纳税大户减收增值税2 000万元；受国家税收政策调整、混凝土行业增值税税率由6%降为3%的影响，纳税大户庆华混凝土有限公司税收预计减少约800万元）。非公有制企业194个，从业人员26 293人，总产值110.56亿元，增长12%。乡镇企业1 933家，其中私营个体1 659家，乡镇企业从业人员28 940人，其中私营个体15 462人，乡镇企业总产值110.56亿元，其中私营个体41.6亿。私营个体农村居民人均可支配收入14 586元，增长13%；城镇居民人均可支配收入31 254元，增长11%。金融机构3家，网点7个。

全年工业总产值72.63亿元，增长13%；全社会固定资产投资20亿元，增长9%；限上法人批零单位销售额67 665万元，增长20%；利用闲置土地、闲置厂房新引进工业项目10个，达成投资意向4个，协议总投资2.5亿元；投资1亿元，完成企业技扩改项目20个；新办市级、区级鼓励类小微企业30个。

全年农业总产值27 383万元，粮食总产量20 209吨，农业技术服务机构1个，农业技术服务机构从业人员55人，农民合作社41个，成员599人，耕地流转2 479公顷。新建13.33公顷以上蔬菜种植精品菜园3个、改扩建蔬菜基地农家乐3个；完成村蔬菜产业发展项目2个，修建水泥便道1 200米、蓄水池2口、400平方米蔬菜处理场1个、沟带路150米。“大路黄花”成为国家地理标志证明商标、“七蕊黄花”被评选认定重庆市名牌农产品。完成建设标准化农产品质量安全监管站1个，落实专人抽检农产品，完成检测任务250个。

【社会发展】 群众生产生活条件不断改善。改造C、D级危旧房58户、“一户一表”220户，山坪塘整治26口；新建标准化公厕1个；改造农村公路路基8.13公里、硬化10.6公里、断头路建设14.95公里。居民健康指数不断提高。完成农村饮水安全工程2个，解决农村507人饮水安全问题；优生检查已婚育龄夫妇孕100对，筛查农村妇女“两癌”800名；新建撤并村卫生室7个，新建标准化村卫生室1个，公共卫生服务能力大幅提高。居民文化生活不断丰富。安装农村广播电视“户户通”1 055户、流动文化下村演出68场；审批通过市民健身广场2 000平方米和综合球场750平方米建设项目，正在实施招投标；完成文化服务中心建设平面设计。社会保障水平不断增强。全年发放城乡低保、救助救济、独生子女一次性奖励、优抚金、80岁以上高龄老人营养补贴等扶贫救助资金约1 091万元，惠及群众6 000人；合作医疗参保率95%以上。整合资源，分类帮扶。脱贫贫困户76户。

办结上级部门转（交）办信访案件35件，下降48.5%；接待登记纠纷226件次，化解200件次，化解率91%。街道和各村（社区）调解委员会受理调解纠纷762件，调处751件，成功率98%。成立专职治安巡逻队1支11名队员、义务巡逻队17支136名队员，对重点区域开展不间断巡逻防控；投入15万元新增视频监控探头48个，实现辖区场镇路口和重点区域视频监控全覆盖；认真开展“春夏攻势”打击整治专项行动，破获案件60件，刑事立案96件，下降28%，治安状况持续好转，创建区级平安社区5个。开展安全生产专项整治行动，执法检查756人次，查出一般隐患753条，重大安全隐患3条，整改率100%；开展学校周边食品、药械、冻肉、火锅、酒类、餐饮等专项整治工作，关停生产自制烤酒作坊5家。

【生态发展】 完成大路、保家、六合3个场镇3 478米污水管网建设，彻底整治大路场镇流入三担水库污水问题；投入120万元，聘请保洁人员80名，确保街道3个场镇和硬化道路118公里干净整洁，生活垃圾日产日清，打扫清运生活垃圾4 000吨；投入92万元，改建垃圾收集站1个、新增果皮箱

200个、垃圾桶200个，疏通污水管道300米，更换下水道井盖40处。关停污染企业2个、非法采石场14个、未达标洗车场1个，整治水库1座、精养鱼池3口。辖区道路新栽（补）植四季杨2 000株、美人蕉14.58万棵，完成封山育林66.67公顷。积极开展美丽乡村（院落）创建评比活动，获得区级“美丽乡村”1个，被评为市级“美丽乡村示范片”3个，创建市级生态村6个。

【城镇建设】 完成大路街道7.8平方公里的城镇总体规划局部调整和渝遂高速大路道口重点区域5平方公里的控规编制调整，并通过专家评审和行政评审，将国家农业科技园区、中铁任之健康城和大路场镇建成区有机衔接，为道口经济发展开辟拓展空间。完成总投资8.8亿元的金山壹号等3个地产项目建设约13万平方米，出售约6万平方米。完成道路绿化管网等配套设施建设，大路场镇新的商业中心3.1万平方米——金山商圈初步形成。验收通过三江水库和黛山大道拆迁定向经济适用房2.54万平方米；投资约2 100万元，完成建设占地2公顷、建筑1.7万平方米的迎宾广场，新建、美化城市道路5公里。场镇人均公共绿地12.3平方米。完成市政道路新（改）建830米。

【中铁任之健康城】 中铁任之健康城位于璧山区大路街道三担村，距重庆市主城核心区不足30公里，半小时车程。项目规划总占地200公顷（其中征收土地约66.67公顷、流转土地约133.33公顷）。项目以国际化的视野和理念，以“居家养老和乡村生态旅游”为主题，规划“健康城”和“生态村”两大功能区。其中“健康城”规划占地约66.67公顷，主要建设内容包括：养老公寓、医院、体检康复中心、老年俱乐部、老年文体休闲活动中心（包括老年大学、老年图书馆、老年活动中心等）、商业以及其他适老服务设施多功能相配套。“生态村”即生态农业园，占地约133.33公顷，主要建设内容包括生态农业观光园、农业体验园、农业展示园、湿地乐园、体育乐园、养生乐园、乡村民俗酒店（洋家乐）等。2015年，完成征地拆迁86.67公顷，实施土地招拍挂66.67公顷，入库出让金6.1亿元，投资近7 000万元启动建设中铁任之健康城拆迁经济适用房2.6万平方米，计划安置群众800人。协助区农业园区投入900万元启动建设健康城项目连接道路800米。完成生态农业园区基础设施建设133.33公顷。“洋家乐”项目通过审批。投资2.44亿元，动工建设健康城体验区9 000平方米和养老论坛会所24 000平方米。 （大路街道）

正 兴 镇

【概况】 正兴镇位于璧山区西南部，东界永川区金龙镇，南接璧山区丁家街道，西接来凤街道，北接大兴镇等，距区主城23公里、距成渝高速丁家出口6公里。全镇辖区面积75平方公里，耕地面积24.67平方公里，场镇规划面积3平方公里；建成区面积0.91平方公里。辖12个村，2个社区，辖22个党组织，有党员1454人；建成镇公共服务中心1个，300平方米，便民服务中心14个，6 670平方米；2015年年末，户籍人口40 952人，其中农业人口31 364人，场镇人口9 588人。

场镇按功能划分为工业、居住、商贸、行政区域等区域，场镇面积1.5平方公里。镇机关在职人员105人。属于璧西生态涵养区和5万亩果木基地区，是主城产业西移的重要承接地。镇域经济形态以生态农业为基础，形成优质水果、花卉苗木、绿色草皮等特色农业产业。工业以机械制造、建材租赁、实木家具等产业为支柱。旅游产业以特色生态文化旅游为主题，定期举办柚子文化乡村旅游节，提升露德金堂景区（璧山唯一的AA级风景区）品质。连续保持“市级卫生场镇”“平安乡镇”等市县级荣誉称号，被住建部等七部委评为“全国重点镇”和重庆市第二批特色旅游

卫寺蜜柚

（陈富春　摄）

名镇。

2015年，全镇工业总产值11.9亿元，同比增长18.3%；营业收入11.7亿元，增长17.9%；实现增加值3.4亿元，增长18%；实现利润总额1.8亿元。完成工业固定资产投资6 000万元。辖区内非公有制企业132个，从业人员5 752人，总产值14.2亿元。全年财政收入5 024万元，为年度预算的178%，其中公共财政收入2 631万元，为年度预算的93.26%，工商税收1 904万元。本级财政收入932万元。农民人纯收入14 441元。农业总产值26 097万元，增长12.7%，粮食总产量16 770吨，增长1%。

镇辖区内有中小学3所，即正兴初中、正兴小学、石院九年制学校。中小学在校学生1 977人，在职教师147人。正兴中心医院在编职工51人，核定床位35张，全年医疗业务总收入236万元，其中医疗收入62万元。全年出生人口396人，符合政策生育率89.4%。有金融机构5个，即农业银行正兴支行、农村商业银行正兴支行、农村商业银行石院营业所、邮政储蓄正兴营业所、邮政储蓄石院营业所。

建成农体工程13处，每万人政府公共体育设施面积2.6万平方米。全镇开展56场公共文化演出服务。开展全民健身体育活动、“好体育人”健身技能指导、“好体育人”体育志愿者服务活动、“争做群众身边好体育人”为民惠民服务活动等，金堂村范恩禄荣登“重庆好人”榜。

安全监管全面加强。食品药品、交通、建筑等行业安全监管力度加大，投入30万元，整改安全隐患125起，关闭非法采石矿1处，建立260家监管对象信息台账，同时对全镇133家食品流通单位全覆盖日常监督巡查。社会矛盾化解、社会管理创新工作深入推进，排查矛盾纠纷209件，成功率100%，受理群众来信来访16件，办结率100%，确保全镇社会政治稳定。

建成14个村、社区便民服务中心，拓展电商、超市、金融网点三进服务，阵地功能更加完善。开展党的群众路线教育实践活动和“三严三实”专题教育活动，22个基层党组织和全体党员都参加教育实践活动。新发展党员9名，预备党员转正9名。

【经济发展】 农业基础不断完善，全镇人饮工程实现全覆盖。加快土地流转，种植优质蔬菜126.66公顷，草皮400公顷，柚子666.66公顷，花卉种植20公顷，拓展群众致富增收渠道。成功举办第三届柚子旅游文化节，推动正兴休闲旅游发展。完成市级贫困村大面坡村和190户建卡贫困户脱贫任务。工业企业发展态势良好。有规模以上工业企业3个（四通机械厂、钛钢机械厂、宏运机械厂）、骨干企业2个（正悦房地产开发有限公司、民生运输有限公司），便民微型商圈顺利建成，全年引进工业企业1个，新增租赁业7家，总产值约 8 000 万元，租赁完成入库税收 400 万元。全年规模企业总产值实现 41 860 万元，下降 6.5 %。限额以上批发零售额实现 2 910 万元，增长 24.6%；限额以上住宿餐馆营业额实现 2 543 万元，增长 43.7%。固定资产投资额完成 9 亿元，增长 10%。

【社会发展】　一是社会保障。全年全镇享受奖励扶助政策 1 278 人，办理 126 人独生子女父母增发养老金，4.3 万人建立城乡居民医疗保险信息档案，城乡居民参保率达 85%以上，城镇新增就业人员完成目标任务 131%，城镇登记失业人员完成目标任务 117%，城镇就业困难人员完成就业任务 233%，农民工创业就业回引率 138%，新增农村劳动力转移就业率 111%，完成高校毕业生就业岗位 10 人，完成任务 100%，新增创业人数 400 人，完成任务 100%。全年发放各类抚恤金、优待金及临救资金 247.8 万元，发放 1 332 名 80 岁以上老人营养补助 79.8 万元，打卡发放五保金 136.1 万元，发放三无人员生活费 81.74 万元和孤儿、困境儿童生活费 13.86 万元和 60 周岁以上的农村籍退役士兵生活补助 20.18 万元。二是医疗服务。大力促进基本公共卫生服务均等化，新农保实现全覆盖，落实计划生育政策，完成社会抚养费征收 400 万元。抓好“三查一治”工作，妇查率 98%，新型农村合作医疗保险参保人数 38 201 人，缴纳 290 万元，政策减免 2 718 人（其中残疾 725 人，独生子女 949 人，低保及退役军人 1 044 人），让农民真正得到实惠。三是教育事业。完成 2015 年义务教育的各项目标阶段性任务，保证适龄儿童按时入学，做好“希望工程圆梦行动”，出资 3.1 万元支助 15 名贫困大学生，注重师资队伍建设，教育质量稳步提高。

【生态发展】　生态环境保护和生态文明建设扎实推进。继续实施生态保护，在市级生态镇的基础上，继续创建国家生态镇，不断巩固生态镇创建成果。一是巩固绿化建设成果，全镇森林覆盖率 45%以上。建立长效管护机制，做好天然保护林的林木管护；抓好高铁沿线的山头绿化工作，完成造林 6.67 公顷。二是加强污染源的监管，关闭污染企业 3 家，为 23 家企业办理四清四治环保备案，开展生态环保巡查 200 次，全面完成室内改厕任务，做好小流域治理、人畜饮水改造项目。三是开展环境综合整治。抓好 12 个村的环境连片整治，加强农村饮用水源保护、污水和生活垃圾处理，为各村设立垃圾箱、垃圾桶，落实保洁人员，做到生活垃圾及时清理，实现村容整洁美观。四是对硬化道路绿化美化，栽植四季杨 15 000 株。在做好公路、河流绿化的同时，场镇和各村建立美化景点，栽美人蕉 8 公里，高标准做好正兴常绿美化工作。

【城镇建设】　以“全国重点镇”建设为抓手，立足城乡面貌改善，加快小城镇基础设施建设步伐，完善城镇功能，完成场镇规划修编。启动 5.7 公里路基改造和 9 公里公路硬化，建设成渝高铁、璧山生活垃圾填埋场定向经济适用房 1.8 万平方米。积极推进“半边街旧城改造”和“垃圾填埋场迁建点”项目建设，场镇至教堂的旅游道路拓宽建设，全面整治场镇背街小巷，新增绿化面积 14 600 平方米，更换路灯 146 盏，建成正兴镇垃圾压缩站 1 座，购置垃圾箱体 25 个和垃圾收运车 1 辆，投资 50 余万元对大兴至正兴入场口和丁家至正兴入场口绿化改造。被列入重庆市第二批特色旅游景观名镇。

【特色旅游与第三届蜜柚文化节】　以“生态涵养”为支撑，切实抓好特色旅游景观名镇和生态旅游镇建设，围绕“百年教堂、万亩柚林、生态草皮、绿色蔬菜、七彩花卉”主题打造特色景观旅游和生态旅游。完成正兴场镇到金堂湖道路拓宽工程，实施露德堂经卫寺新村至正石公路连接道路建设，使露德堂、金堂湖与周边草皮基地、万亩柚子林连成片，形成生态旅游条件。

12月18日，在正兴镇民生广场举行开园仪式，举办“2015正兴·卫寺蜜柚旅游文化节”。该节由璧山区卫寺蜜柚股份合作社主办、正兴镇蜜柚协会和正兴镇文化服务中心协办。开园仪式活动现场举办精彩的文艺演出，评选出“柚王”、种植能手，并举行海吃柚子比赛、“抱柚回家”的活动。活动现场璧山区卫寺蜜柚股份合作社与民生能源集团公司、璧山联鑫租赁站分别签订10万元和5万元的订单。（李洪川）

大兴镇

【概况】 大兴镇地处重庆市璧山区中西部，东连璧城、璧泉和青杠街道，南接来凤街道和正兴镇，西与铜梁区接壤，北通福禄镇，辖区面积1万公顷，其中：耕地4 892.87公顷，场镇规划面积233.33公顷。境内有大兴、丹凤、梅江、大鹏、同心5个场镇，辖17个村，99个生产合作社，2个居委会，5个居民小组。年末人口5.78万，其中：非农业人口0.79万，场镇人口0.58万，常住人口3.83万。有机关干部职工123人、村（社区）干部94人，基层党组织36个，党员2 018名。交通便利，中心场镇大兴场距璧山城区5公里，城丁路穿场而过。基础设施齐备，是市级卫生镇、市级重点镇，有文化站1个，敬老院1个、集贸市场3个，金融机构10个，有学校6所，其中：九年制义务学校1所，中学1所，小学4所；在职教师229人，其中：小学教师141人，中学教师88人；在校学生2 381人，其中：小学生1 728人，中学生653人。特色农业发展突出，有中国优质葡萄之乡的美誉。全年出生人口589人，符合政策生育率达到85%。

大兴镇公共服务中心“5S”服务获各方认可；便民超市、电子商务和金融网点“三进村”工作完成率82.4%；全年发放“连心卡”和《惠民政策选编》2万份以上；群工系统高效运行，全年受理录入群众反映事项577件，办结率和满意率达100%；开展“三严三实”专题教育活动，查找领导班子和村（社区）“两委”班子存在的问题62个，并全部完成整改；将村（社区）干部45名和机关干部38名换岗锻炼；开展村（社区）干部绩效考核，为19个村（社区）配备24名平均年龄31岁和20名平均年龄25岁的后备干部队伍和本土人才队伍；万民村党员匡仲全被评为璧山区“十佳雷锋传人”。

大兴镇环城路

（大兴镇 供图）

【经济发展】 工业总产值114 721万元，同比减少18.29%；营业收入114 721万元，减少18.1%；实现增加值31 663万元，减少16.9%；实现利润总额7 750万元，减少19.9%。完成工业固定资产投资54 810万元，增长29.88%。辖区内有非公有制企业109家，从业人员5 167人，总产值114 721万元，私营个体1 012个，从业人员9 131人，总产值51 352万元。辖区财政收入3 312万元，工商税收入2 374万元，减少14.1%。辖区内现有金融机构10个，各项存款余额115 521万元，增长24.44%，居民储蓄存款余额106 231万元，增长14.68%。农业总产值35 600万元，增长8.7%，粮食总产量2.23吨，增长0.75%。与四川椿叶食品有限公司达成上亿元的意向投资协议；协助泉海公司做好改组工作，牵头协调处理泉海公司劳资纠纷，使该企业在较短时间内恢复生产；向区政府上报招商信息5条；农业发展方面，整治山坪塘74口、病险水库2座，改造电力提灌站7座，整治大灌区渠道45公里；投入72万元在2个村实施“一事一议”“移民后扶”项目；投入300万元在3个村实施美丽乡村项目；投入525万元完成狮子、船形村农综项目。投入300万元在葡萄核心区新建生态停车场1个，扩建葡萄广场，统一制作核心区标志标牌，升级葡萄采摘“长廊”；先后引进夏黑、美人指、玫瑰香等优质葡萄品种100公顷，不断提升优质葡萄的占比；在狮子村打造油菜连片景观66.67公顷，前来参观的游客累计达1万人次以上；在梅江、同心片区的龙飞、高桥、平安等村新发展优质晚熟柑橘133.33公顷，在33.33公顷葡萄园里尝试套种草莓、西瓜、大头菜等水果和蔬菜，实现土地收益的最大化。高度重视农产品质量安全，完成农产品快速检测抽检样本260个，对不合格样品进行无害化处置，处置率100%；新增农民专业合作社1个，家庭农场9个，区级农业龙头企业1个。

【社会发展】 2015年，投入90万元，在船形村新建文体广场1个，在莲生、均田、长隆、狮子村新建农体工程6个，在油田社区新建健身路径1条；完成农村妇女“两癌”筛查500人，60岁以上老龄人免费体检4 291人；完成大兴中学运动场设施改造；17名大兴小学学生考入璧中，排全区镇级同类学校第一名；48名大兴中学学生考入璧山中学，名列全区前茅；顺利完成镇人口和计划生育生殖健康服务站与大兴卫生院整合工作。新增城镇就业人员529人，新增农村劳动力转移294人，农民工回引347人，创建市级充分就业村1个，城镇登记失业率控制在1.89%；发放创业担保贷款300万元，新增创业人数403人；城乡居民养老保险参保率95%，城镇居民大病医疗保险参保5.5万人，审核办理特病561人，办理农村小额保险2909份；发放农村、城市低保金187万元，定期补助金22万元，发放高龄营养补贴3万元，慰问困难群众357人，发放困难救助金16万元；办理重残人员护理补贴17万元，办理贫困残疾人生活补贴6万元，发放残疾人危房改造补助金62万元；享受国家、市、区奖扶政策的计生奖扶对象1 950户；投入20万元帮贫助困，完成218户563人的精准脱贫任务。在平安建设方面，全年破获刑事案件80件，查处治安案件323件，行政处罚23人，全年可防性刑事案件立案52件，下降8%；开展食品卫生监管、安全生产检查210次，排查整改隐患65条，对12家违规单位罚款1.8万元，实现全年安全生产零事故；累计开展交通安全执法800次，查处违规车辆1 200辆次，19个交通劝导站全年开展劝导1万人次，得到市、区交安办的肯定，全年未发生较大以上道路交通安全事故。继续实行乡场接访制度，全年领导干部下访群众147次，现场答复问题31个，办理信访件60件，减少67%，群众满意率达98.5%；区信访办转办58件，网上信箱、公开电话转来21件，全部按时办结，减少51%。

【生态发展】 对全面关停整治的7大类132个污染源实行全方位“监控”；彻底关停非法采石场2家并按规定复耕；向上争取资金900万元，关停原梅江乡煤矿；水库17座、山坪塘21口、精养鱼池14个，全部解除合同并完成整治任务，落实生态管护措施，杜绝肥水养鱼现象；5个场镇污水收集实现全覆盖，污水处理站6个、污水管网6.3公里高效运行，出站水质达国家标准；清理违章建筑3 000平方米，顺利拆除黛山大道南段两旁镇域可视范围内的违章建筑；巩固市级生态镇和10个农村环境连片整治成果，创建市级生态村6个，区级生态村11个。完成黛山大道南段大兴辖区绿化16.67公顷，梅江河、莲生河水系绿化5公里，成活率96%；实施荒山（坡）地绿化100公顷，新发展以晚熟柑橘为代表的经果林133.33公顷；完善环城路1.8万平方米和城丁路大兴至丹凤出口3 000平方米绿化工程，建成区人均绿化面积由原来的8.56平方米提高到12.15平方米；向上争取资金10万元，新增森林防火检查站5个，新聘护林员3名，强化森林防火，坚守梅江河以西森林保护“红线”；完成新硬化公路两旁行道树栽植12.2公里，对原93公里已硬化公路两旁栽植的四季杨全面管护刷杆防虫，成活率95%以上，对未成活的行道树及时进行补植；完成30公里省、县道两旁美人蕉栽植15万株。

【城镇建设】 完成大兴镇总规修编和场镇控规编制3平方公里，提前谋划双星大道西延线经茅莱山至合璧津高速连接线的规划编制；完成船形村整村发展规划编制和兴隆文化公园实施前的各项准备工作；完成原豪山生物有限公司占地地块、大鹏定向经济适用房选址地的拆迁工作。完成路面硬化10公里，路基工程12公里，村级公路硬化率70%；完成路面拓宽工程5公里，改造人行便道27公里，安装环城路路板1.3公里；向上争取资金300多万元，完成茅莱变电站进场道路建设1.04公里；投入资金80万元，完成农村公路养护100公里。完成高山生态扶贫搬迁二期安置房建设1.2万平方米，121户401人搬入“新家”，发放扶贫搬迁补助320万元；完成C级危房121户和D级危房46户改造；建新区1.5万平方米定向经济适用房主体工程建设项目工程量已过半；完成大鹏定向经济适用房的初设工作。投入52万元，新建三车位垃圾中转站1个；投入30万元新建标准化公厕1个；投入20万元，建成社区养老服务站1个；投入50万元，采购消防车、消防器材等设备，新聘5名专职消防队员，将二级消防站升级为一级消防站；新建成油田社区微型消防站；完成茅莱变电站、成渝客专专线塔基47座；完成低压线路改造的场镇5个，完成高桥、龙飞村农网升级改造；完成龙飞村天然气安装146户，全镇19个村（社区）全部通天然气；实施农村人饮工程改造，解决1 631人饮水安全问题；完成城镇自来水一户一表改造385户；完成农村直播卫星“户户通”工程620户；完成莲生村人居环境示范村建设。

【第六届重庆璧山葡萄采摘节】 6月15日至8月25日，由璧山葡萄协会主办，璧山区饮食行业协会、重庆市漫寰农业发展有限公司、重庆璧山紫琦农业开发有限公司、重庆璧山区腾飞葡萄种植股份合作社及重庆蜀都农业产品股份合作社协办的第六届重庆璧山葡萄采摘节，在大兴镇葡萄风情园举行。本届葡萄采摘节聘请专业公司进行整体策划宣传，并得到璧山区委宣传部、区农业科技园区管委会、区农业委员会、区商务局、区农业技术推广中心、区公安局交巡警支队及大兴镇人民政府的大力支持。采摘节期间，举行“葡萄仙子”选拔赛、优质葡萄评选、“海吃葡萄”比赛、亲子游等一系列丰富多彩的活动，区内外游客超过5万人，仅鲜葡萄1项，每公斤均价上涨达2元以上，群众增收4 000万元，葡萄产品的深加工企业增加到4个，销售葡萄酒2 000吨，使大兴葡萄的知名度、美誉度获质的飞跃。

（大兴镇）

七 塘 镇

【概况】 七塘镇位于璧山区北部，东接缙云山，毗邻北碚区歇马镇，西连云雾山，毗邻铜梁区蒲吕镇，南与大路街道接壤，北与八塘镇相连，璧北河贯穿七塘。全镇辖区面积57.48平方公里，辖8个村71个社和2个居委会5个居民小组；总人口3.46万人，其中非农业人口0.51万人，常住人口2.15万人；全镇有耕地2 803.07公顷，人均耕地0.1公顷，场镇规划3平方公里，城镇建成区0.41平方公里，城镇化率40.9%。

2015年，全镇工业总产值132 008万元，同比增长16.62%；营业务收入127 484万元，增长23.99%；增加值0.53亿元，增长21.56%；利润总额0.81亿元。工业固定资产投入79 540万元，增长21%。

辖区内有重庆市金盾橡胶制品有限公司、聚益橡胶制品有限公司、中阔机械制造有限公司等规模以上企业3家；有红旗煤焦有限公司、建新防水涂料有限公司、南雁防水涂料有限公司、美日建材有限公司、驰恒建设有限公司等工业企业6家和皮鞋生产企业56家，从业人员2 535人，总产值达到11.21亿元。全年镇财政总收入0.18亿元，减少27.4%；其中本级财政收入699万元，工商税收1 086万元。辖区内有农村商业银行、邮政储蓄银行等金融机构4家，各项存款余额35 085万元，居民存款余额12 167万元，分别增长9.45%和11.36%。农业总产值37 235万元，增长27.4%；农民人均纯收入13 859元，增长14.5%。

辖区内有中心卫生院1所，占地0.55公顷，总建筑1 704.5平方米；有七塘中学、七塘小学、依凤九年制义务教育学校3所，民办幼儿园3所，教师162名，学生2 279人；党校1所，学员1 164名。全年出生人口数547人，符合政策生育率86.8%。

文化娱乐主要以农民健身工程为主的休闲健身广场为主，全镇有6个；以镇文化服务中心为主体的阅览室、科教室和网吧全部免费对外开放，可同时容纳150人集中学习。以云雾后山特色水果种植带、蔬菜基地核心区为中心的休闲旅游、观光采摘于一休的乡村旅游年均接纳区外游客近4万人。

【经济发展】 七塘镇是“璧北十万亩蔬菜基地核心区”，同时也是“国家农业科技园区”建设的主战场。镇党委政府高度重视现代特色农业的发展，紧扣蔬菜、特色水果种植、花卉苗木种植三大农业板块，在生态循环上下功夫，在品片效益上做文章，有效结合乡村旅游全力打造景观农业、科技农业。一是完成璧北河河堤整治工程、农村水价综合体制改革项目、现代农业节水灌溉示范项目、郭戴路整治项目、中央资金现代农业产业蔬菜基地基础设施建设项目、美丽乡村建设项目和整治山坪塘23口，为辖区内农业经营业主27户申报农业产业发展资金450万元填充生产生活设施。二是公路种植行道树和美人蕉30.5公里、完成璧北河水系绿化苗木栽植14.6公里并制定出台苗木绿化补植、管护方案；完成小型水利工程确权工作，清理全镇口坪塘141、精养鱼池109口、养殖场45个建立台账并制定出台管护方案；完成盐

杨家桥河堤

（冯胜　摄）

店、三步梯、四合、跃进、将军五村 1 250 人的人饮安全工程，全镇农村人畜安全饮水率达到 99.8%。三是蔬菜产业新增土地流转 18 公顷，全镇蔬菜种植 1 166.6 公顷，全年蔬菜种植达到 2733.3 公顷，蔬菜产量 12.8 万吨，产值 1.31 万元。水果产业新增土地流转 76 公顷土地用于发展特色水果（百香果、火龙果、菠萝、沃柑、樱桃、血橙新系）种植；新开发坡瘠地、搁荒地 90 公顷用于发展经果林示点示范，至年底全镇水果种植达到 684.7 公顷，水果产量近 6 500 吨，产值 9 000 万元；花卉苗木产业新增土地流转 14.7 公顷，全镇花卉苗木种植达到 149.3 公顷，产值近 5 000 万元，带动当地群众户均增收 5 000 元，人均增收 1 500 元以上。在工业发展工作中，不断健全企业服务体系，企业结构不断优化，闲置资产进一步盘活。

【社会事业】 进一步加强困难弱势群体动态管理，通过实施医疗救助、临时困难补助等政策，切实解决困难群体生活;开展就业宣传、培训、指导，促进全镇富余劳动力人转移;实施城乡养老保险、合作医疗、就业补贴、失业保险、“4050”人员补贴等各项优惠政策，满足社会基本保障和促进就业。全年发放困难补助和临时救助经费 378.03 万元，发放计生奖励性经费 9.4 万元，城乡居民合作医疗参保率 99.7%，实现建卡贫困户脱贫销号 72 户。卫生服务到位，做好孕产妇、儿童、老人保健及中医药服务，强化预防接种、传染病防治、重性精神病管理，加强医德医风建设，增强医患沟通，全年无 1 例医疗事故发生。建设村（社区）一站式办公平台 10 个，完善村社公共文化健身设施;利用共青团市民学校积极开展各项文体活动和培训活动，如职工运动会、大学生志愿者“关爱留守儿童”活动等；完成“和美璧山精彩放歌”流动文化服务送文艺进基层文艺演出、纪念抗战胜利 70 周年等演出 100 场；开展组织安装户户通卫星接收器 479 户；在璧山区第八届镇街文艺调演中，荣获舞蹈类表演二等奖，曲艺、音乐类表演三等奖，曲艺类创作三等奖；镇综合文化站被市文广局授牌为“一级站”。义务教育阶段学生入学率、巩固率、按期毕业率均 100%，七塘初中、依凤九年制学校的初三学生升入重点高中人数比例居全区学校前三名；投入 24 100 元奖励考入重点本科的高中生 24 名和考入璧中名校班的初中生 4 名。

【生态发展】 围绕“碧水蓝天”“生态涵养”的工作目标，扎实开展生态文明示范区建设，群众生活环境显著改善。启动违章建筑清查、处置工作，坚决落实“八禁止”，即禁止新增生产型企业、禁止乱设搅拌场、禁止开山采石取土、禁止焚烧垃圾、禁止挖建鱼塘、禁止新增养殖场、禁止乱倒建筑垃圾及弃土、禁止肥水养鱼等。采用台账管理、服务外包、联合执法整治、规范管理污染源、硬化公路、场镇秩序等;综合整治璧北河七塘段、污水处理厂、农贸市场、养殖场、水库水源、污水管网、采石场等;关闭污染企业 1 家、采石场 2 家；整治工业企业 8 家，餐饮 1 家；加强监管坝坝舞、建筑工地噪音。整治场镇乱象，开展综合执法，规范场镇骑门摊、占道经营，取缔以街为市的现象，拆除不规范的店招店牌、宣传广告；规范场镇线路，整改移动、联通、电信、广电、电力等凌乱线路；提升场镇交通秩序，明确公交车停车位置、增设禁停标志，场镇环境卫生秩序明显好转。通过市级生态镇创建验收。

【城镇建设】 不断完善辖区内基础设施建设，完成余太路等农村公路路基改造 5 条 14.5 公里，投入 235 万元整治郭戴路工程，硬化机耕道路 6 100 米；实施完成农村 C 级危房 200 户和 D 级危房改造 40 户。采用大路自来水厂管网延伸方式，完成盐店、三步梯、四合、跃进、将军 5 个村人饮安全工程，全镇人饮工程实现村社“全覆盖”。铺装场镇人行步道透水砖 2 860 平方米、整治场镇人居环境1 500平方米；完善垃圾收运体系建设，实施杨家桥标准化垃圾中转站建设，新增标准化垃圾池62个、垃圾箱体12个、垃圾桶600个；改造公共配套设施，新建七兴望云公园，修建场镇到杨家桥人行步道，改造场镇公厕2座，新建成禽蛋市场1个，硬化依凤老街等场镇零星道路；推进绿化建设，实施行道树栽植、河堤水系绿化、美人蕉栽植等路段约90公里，完成七塘入场口、七塘卫生院、兴凤路等绿化改造，新增绿地2万多平方米。（七塘镇）

八塘镇

【概况】 八塘镇位于璧山区最北端，是璧山区的北大门，八塘镇东、北连北碚区十里温泉城，南依七塘镇，西邻铜梁区、合川区，境内福八、接八、澄八公路与外界相通，交通便利，区位优越。辖区面积65.26平方公里，耕地面积1 555.73公顷。辖10个村、1个社区，62个村（居）民小组，总人口3.23万人，其中非农人口1.01万人，场镇常住人口4 000人。镇党委辖基层党组织20个、党员1 037人。全年完成财政总收入735万元，其中：工商税完成586万元，非税收入完成149万元；完成农业总产值1.55亿元，同比增长4.73%；实现工业总产值10.2亿元，增长7.14%；农民人均纯收入13 725元，增长8%；辖区内有学校3所，分别为八塘小学、五龙小学、八塘中学，在校学生数1 838人，在职教师数118人；全镇企业131个，私营个体数463个；企业从业人员3 320人，私营个体1 803人；乡镇企业总产值90 960万元，私营个体21 105万元；金融机构6个，各项存贷款余额5.62亿元，增长5.44%，居民储蓄存款余额6.63亿元，增长5.57%。全年出生人口82人，人口出生率为3.16‰，死亡126人，自然增长率为-1.7‰，符合政策生育率为96.34%，增长5.51%。

全镇实现广播终端村村通，农家书屋全覆盖，建成4条健身路径，10个农体健身工程。完成农村电影惠民放映工程127场。坚持每月对镇辖区内所有文化市场进行安全检查，加强全镇26处文物管护，丰富人民业余文化生活。全镇11个村（居）农家书屋实现全覆盖。建成一品、敢英、智灯等4条健身路径，完成10个农体健身工程，对10个村已损广播终端实现常态化维修。开展服务百姓健康活动。结合“三好一满意”工作及“高血压日”“糖尿病日”等宣传日进行健康知识宣传，开展健康知识讲座、主题健康宣教活动、幼儿园体检、义诊等公益活动32次，接受教育群众约24 902人次。继续加大力度对辖区内居民的健康教育宣传力度。共举办健康知识讲座12次，接受教育群众约24 902人次，室外主题健康宣教活动9次，分发健康宣教处方等更各种宣传资料5 000份，设立宣传栏18个，更换宣传栏108期。教育教学环境进一步改善，义务教育学生营养餐全覆盖。强化宣传引领，累计宣传素材，整合宣传渠道和力量，构建起“全员参与、骨干支撑”的宣传考核

果农在樱桃树下采果

（谢捷　摄）

机制，培育宣传典型21个，累计40次在市级以上媒体报道（其中中央媒体报道2次）。

八塘镇党委在充分征询职工意愿和考察了解每位职工基础上，对60%的职工进行交流换岗，明确传帮带任务，同时，为调动老干部工作热情，根据有关规定，经镇党委研究，就处级非领导职务干部分工及协助分管、联系工作机构进行明确，用其所长，镇党委让他们协助党政领导分工，担任驻村居小组长，同时对二级机构实施精细化定岗定责，分组、划片让机关全员职工联系驻村居，将村居作为直接面对群众的最前沿窗口，着力破解服务群众“最后一公里”难题。针对镇、村两级执行力弱的问题，结合机关人事调整，配套完善考核管理机制，相继建立村居、镇属二级机构及区级部门延伸机构考核机制；党政决策机制、建立每周业务台账制、重大工作任务登载推进机制；优化机关办公楼便民布局，建设镇村公共服务中心，启用文件交换系统，推进镇村信息化进程。明确6人抓基层党建，调高村居考核经费。遴选“两委”后备干部110名。抓好本土人才建设，落实本土人才待遇，新选聘20名本土人才到村挂职，辅助村五职干部完成日常工作，优化村干部质量，提升服务能力。筹资120万元帮扶后进村，经整顿后，后进村的群众满意率87%。按规定事务目录安排村居事务，减轻村居工作负担。新建众尝、福源行、同力、八塘镇非公组织联合支部4个非公党组织。按照“六有”（有坚强有力的领导班子、有本领过硬的骨干队伍、有功能实用的服务场所、有形式多样的服务载体、有健全完善的制度机制、有群众满意的服务业绩）标准打造阵地，真正做到新建一个、规范一个，为党组织后续的规范化发展打下坚实基础。落实基层干部待遇、经费，争取各界支持党建经费10万元。全面建成镇村（社区）便民服务中心，规范化率100%。启用“群工系统”受理群众反映事项330件，问题解决率100%。

【经济发展】　全镇蔬菜种植面积1 200公顷，其中新增27公顷。建成蔬菜大棚63公顷，沟带路28公里，生产便道45.8公里，机耕道66公里；新修大型蓄水池3口、提灌站2座，整治山坪塘25口，蔬菜基地节水灌溉基本实现全覆盖；全年累计新增土地流转100公顷（其中：核心区新增土地流转面积20公顷，拓展区新增土地流转面积80公顷），截至目前，全镇已建成蔬菜基地核心区360公顷，蔬菜年种植面积2 133公顷（含复种）（其中：蔬菜基地核心区蔬菜种植面积347公顷），产量累计达17万吨；发展蔬菜种植和营销公司4个，培育龙头企业4个，新成立农民专业合作社23个，农民专业合作社总数50户。引进新品种18个，其中蔬菜优质品种15个，实现“种植有规模，技术有保障，经济有效益，观赏有亮点”的基本目标，蔬菜基地建设已初步成形。

个体工商户新设立182户，全镇个体工商户总数450户，新发展内资企业188户，内资企业总数达439户。新发展外资企业1户，外资企业总数达2户。工业总产值9.85亿，2014年同期9.23亿，增长6.7%；营业收入9.73亿，2014年同期9.15亿，增长6.3%；工业增加值1.98亿，2014年同期1.68亿，增长11.7%；新增规模企业1个，规模以上工业总产值2 513万元，2014年同期2 076，增长21%；规模以上工业增加值635万元，2014年同期524万元，增长21.2%。其中主导产业总产值7.33亿，2014年同期6.68亿，增长9.7%；营业收入7.33亿，2014年同期6.68亿，增长9.7%；增加值1.41亿,上年同期1.24亿，增长13.7%。工业增加值能耗0.87吨标准煤/万元，2014年同期0.90吨标准煤/万元，下降3%。限额以上住宿和餐饮企业1个，完成营业收入245万元，2014年同期187万元，增长31%；限额以上批发零售业1个，完成营业收入10 562万元，2014年同期8 545万元，增长24%；大规模个体餐饮业抽中样本3个，完成营业收入1 332万元，2014年同期1 119万元，增长19%；大规模个体零售业企业抽中样本1个，完成销售收入824万元，2014年同期700万元，增长18%。新发展微型企业目53户，带动就业383人。并组织50户微企创业者参加创业培训，培训完成率94.3%。鼓励微企申请后续扶持补助完成24户。同时创业回访工作，回访完成率100%。进社区、村社宣传微企发展政策3次。注册商标完成申报11件。

【社会发展】 全面落实发放城市低保、农村低保177.4万元，发放其他补助1 587人次67.5万元，对2 319人次进行临时困难救助和慰问，共计发放救助金13.6万元，对69个重病特病人员进行临时救助，发放救助金24万元，对促进社会公平，维护社会稳定，保障困难群众基本生活权益发挥重要作用。开展再就业职业指导400人次，职业介绍300人次，新增就业人员1 000人次。城乡居民养老保险完成申报1.77万人次，全部录入系统，参保率达87%；城乡居民合作医疗保险实际参保2.8万人，参保率95%。组织180名党员、干部参与精准扶贫精准脱贫行动，帮助145户建卡贫困户达到国家脱贫标准，一次性通过区、市督查组审验。

组织辖区内的企业50家参加璧山区安监局举办的职业卫生知识培训。按照“党政同责、一岗双责”和“三个必须”要求，精心安排部署，采用日常检查和大排查大整治相结合，全年深入企业生产经营单位或场所检查614个次，查处隐患93项，责令立即整改68项，下发的25份限期整改通知书，经复查均整改完毕，落实较好。有效地防范和遏制安全事故发生，完成辖区安全生产事故死亡零指标。投入5万元，规范建成青云村、智灯村、前进村等3个村级劝导站，并正式投入使用，运行状况良好，其余的7个村级劝导站正在抓紧建设中，预计2016年6月底前全部达到规范化。全年受理许可备案申请77件，其中餐饮服务许可21件，食品流通许可申请45件，受理保健食品申请4件，受理“三小一家宴”备案申请7件。立案查处食品安全案件21件，其中食品流通案件12件，餐饮服务案件9件。收缴涉案物品价值292元，处罚金额51 500元。八塘受多年积淀的历史欠账拖累，发展基础较差，党风、政风和民风方面的问题相互交织，干部、群众干事创业的激情与环境因此受到不良影响，以至于各项工作推进也比较乏力，经济发展、社会管理难度均较大。作为一个典型的较大、偏远农业镇，全镇信访量曾多年居高不下，为彻底扭转这一被动局面，镇坚持“防、化”结合，标本兼治，创新运用“四措四责”工作法治理信访“顽疾”（即：整合力量，统合“部门职责”；转办受理，强化“首问首责”；长效跟踪，实施“督办问责”；认真履职，坚持“一岗双责”），效果明显。2015年特殊时段较多，信访维稳工作难度大、任务重。我镇全面贯彻执行上级信访稳定工作安排，严格按照“属地管理、一岗双责”原则，明确责任、分解任务，落实奖惩制度，研究制定完善信访维稳工作预案，全年未发生到市进京上访事件，完成“9·3”安保、十八届五中全会等期间信访维稳工作，没有1次进京访和到市非访。认真落实安全生产“一岗双责”和企业主体责任，做好安全生产日常管理。加强校园安保，消除校园周边安全隐患，确保学校无安全事故发生。投入70万元新增消防设施设备，其中场镇新安消防栓20个，五龙场镇5个。切实加强村级综治工作站治安巡逻，组建236人应急队伍（其中治安应急分队11支170人、治安巡逻队11个66人），配备巡逻装备，创造巡逻条件，场镇区域刑事案件从35件大幅下降为15件、下降率68%，及时处置300件治安案件（20多件斗殴案件）和3起违反信访条例案件，调解各类矛盾纠纷342起。完成创建镇级平安家庭示范户860户，区级平安家庭示范户5户；镇级平安家庭示范村（社区）2个，区级平安家庭示范村（社区）1个。完善视频监控系统，从办公区域到场镇主街、次道，一直向背街小巷延伸，238个高清摄像头保护着百姓平安。在落实惠民政策过程中，严格落实“两个责任”，敢于揭丑、亮剑，对反映的10起涉及惠民资金的线索问题及时进行调查、核实、反馈、澄清，果断对3起侵占、挪用国家、集体资金的行为和办事不公、优亲厚友的行为进行立案调查，对4起侵犯村民选举权的行为已查处，明确3名农村“三资”管理人员，对村居开展自我财经审计，重塑镇党委、政府和基层干部的公信力。对6起违反工作纪律和不作为导致工作延误的行为进行通报，对5起真善美案例策划宣传，对7名违法违纪党员进行处理，通过惩恶扬善和建立赏罚分明机制，激发正能量，促进风气好转。

【生态发展】 巩固“市级生态镇”创建成果，推进国家级生态镇创建工作，新申报前进、江兴、五龙、石庙4个村为市级生态村。完成五龙污水管网和提升泵建设，顺利通过区环保局验收并投入使用。加强行道树和水系绿化管理，全年栽植、补植杨树2 884株，成活率95%以上。加强森林防火和日常管护，全年未发生森林火警火灾。

完成辖区内涉水污染企业、养殖户摸底普查，对辖区工业企业建立网上“四清四治”数据库，实施动态管理。广泛开展生态创建宣传，进一步健全完善创建方案和考核办法，构建创建体系，形成创建合力。完成污水管网改造1 000米，五龙场镇沿河污水收集管网建设完工并投入使用，五龙场镇污水全部接入污水处理站集中处理、达标排放，八塘、五龙场镇污水管网系统已基本改造完毕。完成三元、江兴2个村农村人饮安全工程，2 104人饮水困难问题得到根本解决。完成2个山坪塘、22个精养鱼池污染源整治任务。对3家无证采石场予以彻底关停并实施生态修复。完成大塘路、双塘路沿线景观打造，种植各类花卉苗木30 000平方米，摆放景观石20处。在三岔河两岸边坡栽植观赏树木600株。在同济广场、三元文体广场和场镇出入道口地区大量种植景观植物，场镇建成区人均公共绿地面积12.73平方米，主要道路绿化普及率达96.35%。集中式饮用水水源地水质达标率、农村饮用水卫生合格率均为100%，达到国家级生态镇创建标准。对2家存在较大污染的企业进行现场勘察，已经全部停产关闭，对2家重点企业实施限期治理，完善全部环保手续，治污设施运行正常，重点工业污染源排放达标率100%。完成18家畜禽养殖场整改并通过验收。确保璧北河水质长期保持在三类水质水平。

健全完善市场化环卫营运模式，日常保洁员18人，保洁车38辆，设立垃圾箱体24个，垃圾中转站1个，增设塑料垃圾桶78个，保证八塘面源道路的日常清洁。新建1个标准化垃圾收集转运站，并充分发挥128个农村垃圾池（房）的中转站作用，实现农村垃圾“不过周”。坚持疏堵结合，改善营运环境，规范车辆停放和经营秩序，镇域商圈项目建设全区领先，场镇“以街为市”问题彻底破解。对重车实行“限重、搭篷、限时、冲洗、防漏、处罚”等综合举措，群众拍手称快。区委、区政府高度重视城乡环境卫生，1月14日，区委吴道藩书记视察璧北，并在八塘座谈、巡查，给出“五年来镇街行最满意一次”的高度评价。

【城镇建设】 投入200多万元改造镇服务中心和办公场所，已建成投用；实施美丽乡村项目，投入246万元对五龙场的道路、人行道板、污水管网实施全面综合改造；三岔河桥梁改造工程建成通车；完成修建1公里休闲便道和凉亭的土地协调工作；完成四八路2.5公里、韩蛮路1.9公里、闵凉路2.4公里、双黄路1.2公里、双团路0.8公里、水高路1.2公里，共10公里行道树种植任务；强化行道树和水系绿化管理，成活率达95%以上；建成区人均公共绿地面积达12.73平方米，主要道路绿化普及率达96.35%；全面完成八塘、五龙场镇主要出入道口综合改造，进一步完善场镇功能，美化场镇居民人居环境。

【云雾山樱桃采摘节】 4月8日，八塘镇在敢英村健身广场开展首届“云雾山樱桃采摘节”，区领导敖斌、彭达宪、刘正忠、周英碧出席本次活动，包括八塘、七塘两镇机关工作人员和群众共计2 000人参加此次活动。首届“云雾山樱桃采摘节”由八塘凉水樱桃种植专业合作社、璧山区七塘梨檬樱桃种植股份合作社主办。此外，云雾山樱桃谷总占地面积200公顷，种植的红花樱桃具有皮乌、多汁、鲜甜的显著特点。核心区入社农户1 800户，年产量800吨，产值1 200万元。此次活动旨在依托璧北十万亩蔬菜基地良好的蔬菜品质、优美的田园风光，着力打造集休闲、观光、体验于一体的周末乡村旅游业，为发展生态八塘打下坚实的基础，以此助推璧山旅游业的发展。

（八塘镇）

河 边 镇

【概况】 河边镇位于璧山城西北部，场镇距城区8公里，与铜梁区接壤，319国道、黛山大道、渝蓉高速穿境而过，辖村6个社区1个，土地2 000公顷，其中耕地1 200公顷，场镇规划6.39公顷，是重庆市市级生态镇、市应急管理示范镇、市级气象标准示范镇。2015年年末人口2.53万人，其中非农业人口0.9万人，常住人口1.8万人。工业总产值33亿元，同比增长15%；营业收入32.8亿元，增长16%；增加值6.8亿元，增长15%；利润总额1.5亿元。工业固定资产投资13亿元，增长25%。辖区内非公有制企业72家，从业人员6 300人，总产值29亿元。全年财政收入5 312万元，增长7.5%，其中本级财政收入1 928.38万元，工商税收3 780万元。金融和非金融机构2个，居民储蓄存款余额4.7亿元，增长29.47%。农业总产值1.81亿元，增长6%；农民人均纯收入14 123元，增长9.2%。全年出生人口126人，符合政策生育率86.5%。

河边初中在校学生435人，教学班9个，教职工54人，学历合格率100%。其中，中学高级教师10人，中学一级教师32人。教学大楼2栋、教师办公大楼1栋、学生公寓2栋、食堂1座，教学楼配有图书室、阅览室、多媒体教室、网络教室和阶梯教室。

河边小学有小学教学班21个，辖区内有村小1所、幼儿园1所。在校学生1 046人，在园幼儿113人。在职教职工58名，其中璧城教管中心1人，借调区教委4人，区外支教1人，退休职工76名。取得副高级职称3人，小学高级任职资格教师38名，招聘幼师及保育员6名，招聘保安7名，食堂工作人员6名。辖区内学校空置教学点2个。中心校占地14 609平方米，教学班17个，教学楼3栋，操场5 794平方米，标准化篮球场2个，羽毛球场3个。学校内专设仪器室、美术室、书画室、阅览室、音乐室、科技活动室、劳技活

2015年9月18日，重庆市2015年秋期书法教研工作现场会暨书法教育百校行——走进河边小学

（河边镇　提供）

动室、党支部活动室、多媒体室、录播互动教室等功能室。市级书法家协会会员4人，区级书法家协会会员28人。2015年创建重庆市书法名校，重庆市依法治校示范校。

河边镇卫生院是新型农村合作医疗保险的定点医院，有职工25人。设有内科、外科、儿科、妇产科、中医科、骨伤科、牙科及B超心电图、放射、检验等科室，床位20张。镇下辖村6个村卫生室12个，乡村医生21人。

【经济发展】 全镇工农业总产值34.81亿元。其中，工业产值33亿元，增长15%；全社会固定资产投入13亿元，增长25 %；工业固定资产投入7.28亿元，增长12.7 %；财政总收入5 312万元，增长7.5%。社会消费品零售总额11.1亿元。场镇新引进大型超市2家；栽植猕猴桃、沃柑、清见果木基地苗木133.33公顷；流转土地66.67公顷，新成立专业合作社2家，发展家庭农场3家，改良经济作物73.33公顷。

【社会发展】 全镇脱贫建卡贫困户187户，人均可支配收入10 100元。全年出生人口126人，新增奖扶220人，发放奖扶金114.4万元；新增特扶4人，发放特扶金20.8万元；增发养老金155人6.6万元，兑现独生子女一次性奖励3.9万元。完成全民参保调查录入和人力资源台账建设工作，农村合作医疗参保率98%；新增城镇就业人员356人、农村富余劳动力就业200人；培训返乡创业农民工300人次，城镇登记失业率2.03%，严格控制在3%红线范围内。复核城乡低保275户414人，年发放城乡低保资金89.7万元，五保供养资金117.03万元，70岁以上老年优待补贴6.12万元，80岁以上老人高龄补助53.25万元，足额兑现223名重点优抚对象资金141.52万元。投入资金80万元新建农体工程4个、笼式足球场1个、健身路径2条，组织文艺下乡会演28场。在7个村（社区）聘请7名食品药品监管协管员，建成食品药品检测室。

【生态发展】 投资300万元修建同心水库至新四村连接路1.3公里，新四村纸同路2.7公里，蒲代路3公里；在铁石村、盐井河村、浸口村、同心村新建人行便道34.7公里；投资218万元整治山坪塘37口；投资17万元整治铁石村排洪沟450米；投资9万元整治电力提灌站2处；协助完成璧南河大型灌区续建配套与节水改造工程铁石片区2 700米、盐井河片区5 800米、新四片区450米渠道整治工程；二期13.33公顷农户宅基地复垦完毕；竣工验收C、D级危房改造30户；养猪场26家、山坪塘203口、精养鱼池12口、水库1个全部用上环保处理设施，实现污染零排放；改造农村卫生厕所2 132口；验收文昌居集中建设原房拆除户251户；栽植村级道路行道树12.1公里，投放垃圾桶300个，投入12万元定期保洁村级道路；荒山造林186 367公顷，场镇污水排放达一级A标标准。被评为市级生态镇。

【城镇建设】 投资80万元完成田园路及入口广场建设；投入153万元白改黑完成场镇临街道路；投入80万元绿化美化完成场镇入口4个；投入300万元升级改造完成白鹤嘴人行道及管网；投入3万元建成标准公厕1座；投入60万元改造完成垃圾中转站；投入20万元修复场镇破损人行道板；投入15万元维护和改造完成场镇污水管网；投入30万元完成场镇香樟树换植和栽植，新安装路灯35盏。完成河边镇城镇总规修编。定向经济适用房一期工程竣工，启动二期工程建设。

【生态公墓项目】 生态公墓项目完成安乐水库、殡仪馆征地拆迁前期工作，公墓专用公路建成并投入使用，该项目与上海福寿园签订合作协议。

（罗华利）

福禄镇

【概况】 福禄镇位于璧山城区西面。东临璧城街道、南连大兴镇、西连铜梁区华兴镇、北与河边镇、铜梁区原西泉镇接壤。距璧山城区11公里。辖区面积40.6平方公里。最高海拔638米。梅江河贯穿全境。渝蓉高速在福禄境内约4千米，在龙宝村设下道口1个。辖村民委员会6个，社区居委会1个，村民小组38个，居民小组2个。年末人口20 409人，其中非农业人口4 472人，常住人口2 480人。

2015年，工业总产值87 800万元，同比增长7.1%；营业收入47 512万元，增长17.2%；利润总额0.2989亿元。工业固定资产投资8 700万元，增长30.47%，辖区内非公有制企业36个，从业人员1 103人，总产值4.80亿元，全年财政收入1 733万元，增长19.8%，其中本级财政收入594万元，工商税收1 546万元。金融和非金融机构2个，各项存贷款余额1 200万元，居民储蓄存款余额1.6亿元，增长10%。农业总产值13 800万元，增长5.6%；农民人均纯收入13 622元，增长9.8%。医院1个、床位19张，职工13人，村卫生室15个，医务人员46名；中学6个班，在校学生230人，在职教教师35人；小学12个班，在校学生423人，在职教师44人；幼儿班77人。出生91人，政策生育率85.71%。加大单独二孩政策宣传，受理单独二孩申请37个。《人民日报》以“重庆璧山：服务群众向前延伸一公里”为题报道福禄镇改进服务好做法；中央媒体3家聚焦福禄，宣传工作取得重大突破；郭昌禄摄影《游仙景》《穿越》获《第五届国际摄影艺术展》优秀奖。《初春的菜田》获中国第二届蔬菜摄影佳作奖，《同夸政策好》获中国摄影报联展二等奖，福禄镇获“重庆市标准化气象灾害防御镇”。

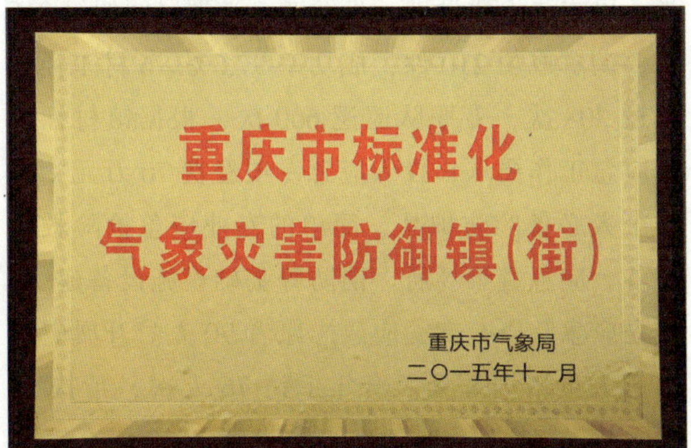

福禄镇获重庆市标准化气象灾害防御镇（街）
（郭昌禄 摄）

基层党建。遴选本土人才6名到村挂职，配齐村级便民服务中心“六大件”（电脑、打印机、指纹机、复印机、扫描仪、相机），“群工系统”受理群众反映事项219件，办结率100%，满意率99.5%，“三进村”全覆盖。投入180万元做好村级资金保障，为每村安排2 000元用于党员冬训工作，撤销活力不足非公支部1个，整顿后进村支部1个，新建非公联合支部1个。发展新党员5名，团支部27个发展团员25名，团员推优入党3名。开展“三严三实”专题教育，对班子存在的13个、班子成员存在的73个“不严不实”问题全部整改；以“廉”为本，“一岗双责”，一对一约谈150人次；开展各类督查34次，查纠突出问题2个，批评曝光村干部1名、镇干部1名；选配村（社区）纪检委员6名，聘请党风政风监督员20名；开展各级负责人述职述廉2次；选任事业单位负责人2名；查处党员干部4名、普通党员1名。

《光明日报》记者张国圣、《经济日报》记者吴陆牧专访村医邓世友，分别以“一天不到卫生室，我这心里就不踏实”、云雾山上的“120”为题专题报道。在清明、端午、中秋、春节等法定节日期间，集中开展纪念和庆祝活动4次。组织惠民工程文艺下基层演出28场、惠民电影放映76场。组织“我的中国梦”比赛、“舞龙、彩船、腰鼓”等民俗文体活动10次。

【经济发展】 全年累计争取区县农业切块项目资金以及水土保持项目资金等近千万元，农业基础

福禄镇郑华葡萄园

(郭昌禄　摄)

更加坚实，机耕733.33公顷，机播10公顷，机插秧16公顷。培育注册新型农业产业主体家庭农场2家，微型企业10家。胜利公路改造2 000米，建泥结石路1 600米。新增优质晚熟柑橘基地154公顷，“东方嘉之树”项目落户红山村，有水土保持项目经果林154公顷、沃柑73 498株、8号特晚熟塔罗科血橙50 230株。新建蓄水池5口。

全镇工业企业总产值44 589万元，增长15.81%；规模以上工业企业总产值15 247万元，增长11.54%；工业固投35 900万元，增长19.6%。淘汰落后产能企业。依法取缔污染严重的璧山县福兴矸砖厂。

做好微型商圈环境整治、基础建设、绿化美化工作，投入20万元，新建农产品交易区2 000平方米，引导近流动商贩200家入驻交易。按照区统一部署，做好福禄休闲旅游区准备工作，完成渝蓉高速下道口连接路建设及规划水库6座，全力做好渝蓉高速下道口土地控制、环境保护，拒绝污染企业近10家，配合做好裸心集团等考察接待，全年接待市内外招商考察团10次。

【社会发展】　惠民政策扎实有效。实施“一事一议”、美丽乡村、移民基建、水土保持等项目，改造农村公路3公里，新建人行便道18.8公里、农村生产生活便道8.83公里、蓄水池5口。及时发放粮食直补5 972户120万元、良种补贴5 987户46万元。完成退耕还林异地置换造林工程36.67公顷。验收通过2015年度巩固退耕还林成果专项工程186.67公顷。D级危房改造40户，安装“户户通”（通电、通水）369户。完善社会保障救助机制，核准城乡低保193户397人，发放低保、五保、高龄人员、优抚、计生奖扶等特殊群体补助431万元。为考入清华美院的福禄镇红山村贫困大学生解决困难补助5 000元。开展精准扶贫脱贫工作，脱贫建卡贫困户114户。改造残疾人危房12户，免费实施白内障复明手术35例。办理小额人身保险2 187人、计生（困难）家庭意外险311人，申报自然灾害公众责任险25家。扩大城乡医保、养老保险覆盖面，参保率分别达到99%、85%。

促进就业创业，新增城镇就业人数136人，发放就业补贴1.5万元，办理就业再就业小额贷款6件49万元，新建福禄初中食堂公寓1 000平方米。民主法治建设进一步发展。受理民间纠纷215件，调解成功210件，成功率97.6%。6村1社区巡逻208次，专职队巡逻600次，根据镇村社区的应急工作要求，投入应急专项经费70万元，用于个人必备的防护品、简单的专业应急抢险救援装备、应急避难场所、消防等基础设施设备建设。成立应急队伍8支，应急志愿者90人。开展应急队伍人员培训8天。全年下访76人次，帮扶20户，接访71人。建立完善隐患点35个，全镇配备监测人员76人，整改隐患点32个。人大代表评议满意率100%，办结党代表建议9件，人大代表建议8件，全年立刑事案件29件，查处治安案件6件，办理行政案件66件。

【生态发展】 启动龙宝、和平、福中3个村（社区）村庄连片整治，铺设污水管网近2 000米。城镇建成区污水集中处理率100%。集中式饮用水源水质全部达标，梅江河河流水质检测保持在Ⅲ类以上。农村卫生厕所改造775个，改厕率97%以上。和平村、龙宝村创建市级生态村。乡村主干道公路栽种美人蕉18.1公里63 100株，新增垃圾桶（台）80个，配备农村公路保洁员24人，建立农村公路常态化管护机制，全镇农村公路实现“一日一扫，全天保洁”。食品药品专项整治工作，出动工作人员80人次，检查相关单位100家次。

【城镇建设】 连接渝蓉高速的河福公路建成通车，启动千油路、桂观路、王接路路面硬化。维修整治水爬岩水库、山坪塘16口及改造电力提灌站1座，启动周家大堰塘、梅江河福禄场镇段拦河堰项目，实施竹林沟水库建设。改造场镇“一户一表”526户，新建镇水厂实验室。完成镇、村气象工作服务站规范化建设。城乡配套更加完善。投入10万元，在新农贸市场修建近400平方米露天集市，改善农贸市场拥堵的现状。完成橘园街、环城公路市政改造，铺设地下管网2 920米、供水管640米，新修人行道4 300平方米，白改黑2 026平方米，安装太阳能路灯50盏、路灯68盏，新建观景台1个、垃圾转运站1个、标准化公厕1座，建成标准化村级交通安全劝导站4个。完成福禄史上第1个公园（福兴公园）建设，占地2 200平方米，在场镇4个出入口及重要结点摆放鲜花15 000株、景观花盆28组，栽种各类乔灌木500株，新增场镇绿化6 000平方米。（郭昌禄）

广 普 镇

【概况】 广普镇位于璧山南端，距区行政中心38公里，辖区总面积47.15平方公里，耕地面积2 736.5公顷，场镇规划面积1平方公里。全镇辖8个村民委员会，45个村民小组，1个社区，2015年年末总人口数25 245人，其中非农业人口2 427人，场镇人口2 106人,人口自然增长率-2.07‰。

2015年，财政收入完成1 400万元,规模以上工业总产值完成4.2亿元，增速10%；完成工业固定资产投资15 100万元，同比增长96%。辖区内非公有制企业个数29个，从业人员人数957人，总产值达71 537万元。农村居民人均纯收入13 056元，增速9.8%;城镇居民人均可支配收入28 400元，增速11%。

全镇现有企业27个，工业个体工商户210户，企业从业人员近1 841人。全镇初级中学1所，在校学生395人，在职教师34人；中心小学2所，其中广普小学在校学生537人，在职教师31人，云平小学在校学生329人，在职教师21人；学生毕业率、合格率均为100%。卫生院1所；农村信用合作社2个，邮政储蓄所2所，年末各项存款余额50 142万元，贷款余额1 500万元，居民人均储蓄存款余额18 571元。

以严实作风开展“三严三实”专题教育，召开专题研讨会6次、专题学习会10次，查找班子“不严不实”问题15个、班子成员“不严不实”问题47个，全部整改完成。镇村两级服务中心全部建成投用，充分利用“群工系统”网络平台，让群众好办事，为98名村（居）干部、村（居）民小组长、网格长购买和安装APP终端，全年办理群众反映问题150件，办结率100%，评价满意率100%。落实120余万元服务群众专项工作经费帮助群众解决生产生活中的困难。新建非公联合支部党组织1个，发展党员6名，为全镇9个村居选派党建指导员和9名大专学历以上的本土人才到村居任职。因地制宜地推进金融网点、便民超市、电子商务“三进村”工作。坪中村后进党组织整改转化完成，实现晋级“脱帽”。反腐倡廉

广普脐橙

（陈富春　摄）

深入推进，党风廉政建设进一步加强。将党风廉政建设纳入年度重点工作，严格落实党风廉政建设“两个责任”，全年党委会研究党风廉政建设工作8次，开展警示教育活动10次、廉政谈话55人次，查处违纪违规党员干部4人，确保全镇风清气正、民风纯朴。

2015年，大力加强文化遗产保护，开展谢唯进故居“市级文物保护单位”申报工作，创建“全国文明镇”。通过多种方式方法积极开展主题思想教育活动，教育引导党员群众树立核心价值观；把握舆论导向，做好信息宣传，提高信息宣传质量，全年在区级以上媒体报送稿件700篇，中稿稿件300篇。其中，市级电视台报道5次，《重庆日报》及农村版中稿3篇，《公民报》中稿8篇。精心策划组织，抓好文体惠农，配齐设施，鼓励群众参与，新建农体工程2个，更换金龙村和柏杨村体育设施。

【经济发展】　加大财政投入力度，农业基础持续完善。整合土地整治、高标准农田、交通、移民及“一事一议”项目资金2 600万元，硬化农村道路26公里，整治农村公路7.2公里，新建农村公路1公里，人行便道16公里。投入资金49万元，改造广普至云坪饮水主管网3 000米。投入资金2 300万，整治灌溉沟渠29公里、改造提灌站14座。投入资金113万元，启动新民水库人行桥修复工作。投入资金706万元，完成坪中村、周家村、大石塔村、护普村、马鞍村部分农村电网升级改造，建设长度近40公里，新增变压器16台，受益农户2 400户。投入资金420万元，整治山坪塘74口。投入资金48万元，新建蔬菜生产道路1.8公里。投入资金60万元，建成星级农技站和标准化水务工作站。投入资金20万元，建成农产品质量检测室，全年检测样品151件。

新增花卉苗木33.33公顷，全镇苗木种植面积1 066.67公顷，打造13.33公顷脐橙观光采摘园1个。新发展6.67公顷精品太空荷花观赏园1个。向上争取资金600万元，完成坪中村农业综合开发项目。建成“星级苗木精品园”1个。发展高粱、花椒种植等优势产业。成功与重庆市农科院合作，建立双季高粱示范片13.33公顷。全年花椒种植面积达333.33公顷，加工鲜花椒500吨。扩大护普标准化养殖示范小区规模，大力发展土鸡等生态零排放养殖。企业转型升级成果显著。成功创建区级、市级农业龙头企业各1家。开展技术改造企业1家，技术创新3家，通过淘汰落后设备，生产效率明显提高。

引导企业加大技改投入，着力提高企业自主创新能力。继续做好企业服务工作，协助企业争取资金扶持，为重庆固美包装有限公司、重庆宇弘电力设备有限公司、重庆长江集装袋厂等3家困难企业成功申报并调整社保保险缴费基数。同时关注规下工业企业发展动态，全镇现有规模以上企业5家。

优化商贸服务。辖区内有标准化农贸市场1家；有知名商业企业凤梧超市；有餐饮企业36家；全镇有个体工商户约210家，商贸企业2家，其中限上住宿餐饮达793万元。

【社会发展】 坚持普惠性、保基本、均等化、可持续方向，统筹推进各项民生改善实事工程，人民幸福指数持续提升。全年办理城乡居民合作医疗保险23 923人，参保率93.5%；办理城乡居民养老保险16 614人，验证5 367人，验证率97%。协助区就业局举办“信息产业招工”活动，新增城镇就业人数112人，办理失业证9人。清理农民工工资拖欠问题，帮助2名农民工妥善解决劳务纠纷，13名失业人员和农民工创业人员办理小额贷款100万元。完善“低保、三无、五保”帮扶工作，社会救助40户，办理80岁老人生活补助手续827人，优抚和60岁以上当兵退伍人员入网调查覆盖率85%。全面提高各项供养标准，依法依规清理停发城乡低保43户。全面落实特别扶助政策，全年办理特别扶助对象53人。开展救灾、援助工作，稻草援助3户，洪灾倒房补偿19户。实施精准扶贫精准脱贫工程，通过党员结对帮扶，实现建卡贫困家庭112户全部脱贫，脱贫率100%。争取上级资金20万元，完成普兴社区养老服务站建设。坚持计划生育基本国策，强化指标控制，加强计生宣传教育和流动人口管理。

建立健全机制、强化源头防控，社会秩序持续稳定。组建巡逻队9支，严格按照社区每周4次、村每周2次的标准开展巡逻；派出所与村(社区)组建联防队，进一步震慑预防犯罪；完善网格化服务，社区网格入户登记600户、1 400人，实现社区全覆盖。新增高清监控探头9个，基本形成多层次、全方位、全覆盖的技防天网。全年“八类”主要刑事案件发案1件，可防性案件发案17件，与2014年基本持平。成立消防安全综合应急队伍，组织森林防火巡查60次。畅通诉访渠道，实施“阳光信访”；规范处理程序，落实首办责任制；健全矛盾纠纷分级调处工作机制，坚持化解走在激化前。全年收到各类信访案件20件，其中区信访办转办15件、受理12件、不予受理终结受理7件，回复率100%。妥善处置“护普村1组原永舟食品厂土地权属纠纷”闹访事件，实现到市进京上访“零”目标。解决马鞍村树线矛盾，消除供电安全隐患。创建区法治文化大院1座，普兴社区等4个村（社区）正积极开展“区级平安村（社区）”创建工作；获“区平安家庭”荣誉称号700户。建设标准化交通文明劝导站5个，全年处罚违章车辆450台次。强化食品安全隐患排查，全年处理食药违法案件4件次。做好公共安全事故预防、生产安全事故预防和敏感时间节点管控，未发生较大及重特大生产安全死亡事故。

【生态发展】 全年创建“市级生态村”3个，持续推进“国家级生态镇”创建工作。投入资金70万元，对广普污水处理厂进行升级改造，已投入使用。持续推进污水管网建设，原广普派出所周边15户居民生活污水进入广普污水处理厂处理，建成区生活污水处理率95%以上。完成农村垃圾收运系统的配套设施建设，新建垃圾中转站1个。健全道路保洁长效管理机制，实施环境卫生市场化，实现专人全天候保洁，全年完成定点垃圾清运550吨，垃圾无害化处理率达100%。强化农贸市场、洗车场、建筑工地等重要区域巡察，严禁施工车辆带泥上路。严格环境执法，持续开展环保“四清四治”，引导19家企业依法申报环保手续，督促15家企业实施整改，全年完成企业整改14家。持续开展环保“五大行动”，严查企业生产废水、废气排放，查处企业违法排污案件6起，关停污染企业2家；2家150平方米以上餐馆，完成油水分离池和油烟处理设施整改；2家150平方米以下餐馆，完成油烟上顶设施整改。严控农村养殖污染，以生态化养殖为原则，做好肉鸡粪便处理和生态养鱼，落实养殖“零排放”要求，处理养殖场环保投诉2起；3家养殖场，完成雨污分流设施、干粪储物间和污水沉淀池整改。完善环保物联网“一企一档”监管档案，全年未发现已关停污染源死灰复燃现象。强化水源涵养区生态保护，制定河道清漂长效管理机制和行道树管护长效管理机制，新补栽植公路行道树5 000株。

【城镇建设】 2015年，合理规划、点面结合，居民满意度持续提高。董家苑片区农民新村建设顺利推进，全年新建房屋1.8万平方米，新增住户200户。新建农村房屋12户，改建农村房屋48户，改造C级危房40户。投入资金43万元，完成周家、柏杨等人饮管网改造工作，保证农户生活用水质量，新惠及农村家庭116户。护普、马鞍、白鹤、坪中农村天然气建成投用、其余村正抓紧建设，基本实现农村天然气全覆盖。完成董家苑片区道路“白改黑”工程。全面完成市民休闲广场建设和镇服务中心建设，新栽行道树70株，改造公共厕所1座。继续实施场镇绿、美、亮、洁、车易行工程，健全场镇管理制度，落实场镇长效管理措施，加强对户外广告整治，从严查处乱搭乱建、乱停乱放、乱摆摊点等影响环境行为，广普场镇基本消除“骑门摊”现象。规范广普正街车辆停放，新增市政道路公共停车位50个，新建普兴农贸市场地下停车库1个，可免费停放100辆，合理规划公交车停车位4个，公交线路运行形成环线，缓解场镇交通堵塞。持续强化背街小巷整治，确保场镇干净整洁、规范有序。完成坪中村农村人居环境规划编制。

（广普镇）

三合镇

【概况】 三合镇位于璧山区南端，东邻广普镇，南接江津区，西连永川区，北依丁家街道，距璧山城区38公里，属典型的丘陵地形，梅江河横贯全镇,流长13公里。辖区面积35.98平方公里，土地2 101公顷，其中耕地954公顷，林地1 147公顷，场镇规划0.7平方公里。辖行政村7个,社区1个，村（居）民小组34个。2015年年末总人口16 645人，其中非农业人口3 555人,场镇常住人口1 643人。

2015年，全镇工业经济总产值2 765万元，同比增长25.4%，营业收入1 925万元，增长17%，增加值734万元，增长23.4%，利润571万元。工业固定资产投资6 797万元。非公有制企业10个，从业人员113人，总产值2 765万元。财政总收入232万元，下降6.5%，其中税收收入198万元，非税收入34万元。金融机构2个，年末居民存款余额2.1亿元，增长16%，贷款余额1 700万元，增长13.3%。农业总产值13 610万元，增长13.3%，农村居民人均纯收入14 357元，增长18%。

中心小学1所，村小1所，在校学生451人，在职教师29人；初级中学1所，在校学生204人，在职教师28人，毕业生合格率100%。

镇卫生院1所，在职职工19人,拥有床位25张，村卫生室6个，药店5个。有线电视管理站1个，闭路电视用户2 500户。农村广播31组，覆盖率100%。小型水电站2座，年发电130万千瓦时。

新发展党员5名，取消违纪预备党员资格1名。选聘本土人才7名。大力推进群工系统使用率，新配备手机终端72台。新成立非公组织联合支部1个，配备党建指导员1名，全力提升非公党建“短板”。在全镇各村、社区设置党代表工作室，认真开展党代表“五个一”活动，充分发挥党代表决策、监督、示范和桥梁作用，进一步提高党代表的履职能力。获“重庆市文明镇（村）”。

【经济发展】 新种植茶叶33.33公顷，改良茶叶

三合茶山
（郭昌禄　摄）

20 公顷，茶叶种植 466.67 公顷。新种植花椒 26.67 公顷，花椒种植 233.33 公顷。新栽植苗木 20 公顷，苗木 200 公顷。新引进农业企业 2 家，新发展农民合作社 4 个，家庭农场 4 个。新增土地流转 33.33 公顷。获绿色食品认证 3 个。年出栏生猪 13 368 头，肉兔 25.2 万只，禽类 98.4 万羽；年产水产 788.3 吨，果蔬类 41 466 吨。

启动九永高速公路建设，云雾山隧道建设顺利推进。硬化农村道路 14.9 公里，修建农村便道 61 公里，改造山坪塘 28 口，新建蓄水池 8 口，整治新场水库 1 座，整治油家桥电灌站 1 座。新修二郎水厂 1 座，铺设供水管网 2 万米。

全年，高标准建成二郎村便民超市、金融网点、电子商务“三进村”，打造成全区“三进村”工作典范。批发零售、住宿餐饮等个体商贸经营户 205 家，社会消费品零售总额 7 000 万元。

【社会发展】　发放民政社保资金 448 万元，其中城市低保金 29 万元，农村低保金 64 万元,五保金 200 万元，优抚金 106 万元，“三无”人员生活补贴 49 万元。发放再就业小额贷款 180 万元，医疗救助金 9.5 万元，80 岁以上老年人营养费 36 万元。兑现计生奖扶资金 107 万元，农机购置补贴 11.5 万元，粮食直补和农资综合补贴 101 万元，退耕还林和森林生态效益补偿金 81 万元。转移农村富余劳动力 78 人，新增就业 114 人。城乡居民养老保险参保 10 151 人，缴费率 72.6%。

大力推进教育、文化、体育事业发展，二郎村小学代表区接受国家均衡教育验收，受到验收组好评；三合小学被市委宣传部、市环保局、市教委评为“重庆市绿色学校”；三合小校、三合中学教学质量列全区同类学校前茅。充分利用“梦想课堂”“文化大院”等载体，积极开展“星级文明户”评选、学雷锋志愿服务等活动，提升群众素质。组织开展群众文化体育活动 6 场，文化演出 32 场。获全区老体协第十一套健身球比赛一等奖。新建农体工程 3 个，全镇农体工程实现全覆盖。完成“电视户户通”工程 350 户，受益群众 1 500 人。

全年开展干部下（接）访 104 人次，解决群众问题 103 件，疏导稳控 1 件。调解各类纠纷 198 件次，调解率 100%。治安案件发案率下降 5.6%。建成规范“劝导站”2 个，设置道路交通警示标牌 34 块。建成社区微型消防站 1 个。建设生物防火隔离带 2 067 米，建设森林防火碑 3 块。开展企业安全执法检查 120 次，整治隐患 240 条；加强道路安全排查检查，查处各类道路隐患 200 处，查处交通违法 720 件次。完成食品药品网格化建设，立案查处食品药品安全案件 3 起，建成食药检测室和农产品检测室 2 个。

全年受理“三进村”工作事件 179 件，办结

179件，办结率100%，满意率98.9%。

审批农村建房92户，建筑15 057平方米；改造农村C级危房20户，D级危房30户；启动程家苑子片区改造。完成场镇垃圾中转站改造1座，公共卫生厕所改造2座，新建污水管网600米，安装太阳能路灯16盏，建成场镇店招店牌1 000平方米。

场镇有市级贫困村1个，建卡贫困户99户244人。根据区委、区政府的部署，及时分解任务，落实工作责任，建立联系制度，成立工作小组，组建驻村工作队。区、镇派干部160人到村社指导扶贫开发工作。制定扶贫工作方案，建立贫困户档案，确定每户帮扶人员，发放便民服务卡99张、惠民政策选编6 000本，送去慰问品340份。深入农户找准致贫原因，制定每户具体精准帮扶措施，建立帮扶台账、贫困户家庭成员健康档案，购买人身意外伤害保险和住院医疗补充保险。改造农村C、D级危房50户，残疾人危房14户，无障碍改造46户，发放因灾倒房自然灾害公众责任保险金4.3万元。发放产业扶持资金11.88万元，贫困户人均纯收入10 408元，贫困户解决“八难”，贫困村实现“八有”，完成扶贫攻坚任务，脱贫攻坚得到市、区相关领导的充分肯定。

【生态发展】 重点实施定三路—马三路以及三合大桥—茶山生态带建设，新栽植公路行道树植物5 200株，定三路绿化美化工作成为全区道路绿化美化的范例。实施沿河水系绿化，补植水生植物500株，清漂梅江河水体12次，清理水面漂浮物及沿岸垃圾65吨。定期巡查饮用水水源地，无新增排污口，无污水直接流入饮用水水源地现象。推进农村环境连片整治，建成农村生活垃圾收集亭24个，添置垃圾桶110个。采取外包方式，将场镇环境卫生清扫保洁、农村硬化公路卫生、垃圾收运等工作交由专业的环卫服务机构进行管理、运作，环境卫生质量得到进一步提高。场镇建成区垃圾做到日产日清，无害化处理率100%；农村生活垃圾每2天收运1次，无害化处理率达到80%。治理畜禽养殖场污染19家，定期环保巡查企业9家。完成山坪塘和梅江河环境综合治理。农村人饮工程卫生合格率100%。评选“生态文明示范户”57户、“生态文明院落”22个，提升群众环境保护意识。新增场镇公共绿地6 500平方米，建成区人均公共绿地13.1平方米。获“重庆市生态乡镇（街道）”。 （三合镇）

健龙镇

【概况】 健龙镇位于璧山区东南部，东临江津区，南接广普镇，西连丁家街道，北倚来凤古驿。区位优越，得天独厚。辖区面积50.6平方公里，场镇规划1平方公里。全域土地肥沃，水源充沛，草木葱茏，景色宜人。璧南河蜿蜒逦逦，于境内长达15公里。缙云山巍峨绵延，纵贯南北17公里，保有森林1 800公顷。耕地2 264公顷，其中基本农田2 029公顷，是典型的农业镇。镇辖行政村9个，社区2个，村民小组55个，2015年总人口2.7万人，常住人口1.84万人，其中非农业人口0.35万人，全年出生人口数176人，符合政策生育率85.23%。镇内有卫生院2所，敬老院1所，学校3所，在职教师67人，在校学生627人。

2015年，以“三严三实”为契机，抓好党风政风建设。全镇组织“三严三实”专题学习研讨12次，查找出领导班子及成员“不严不实”问题51个，建立整改台账，明确责任领导和责任办、站、所实施清单式管理，确保整改率100%。建设投用机关食堂，削减“三公”经费支出，强化党风廉政建设力度。布好纪律“高压线”，支持镇纪委开展工作，约谈班子成员、二级机构负责人、村（居）干部40次，举办“庆元旦党纪法规知识竞赛”和全体机关、村（居）干部参加廉政知识考试，增强干部遵守党纪国法的意识。围绕生态创建、干部纪律、村务公开等明察暗访，印发督查通报12期，查处公车私用等违纪行为2起。组织机关干部参加巴渝廉政漫画展，确保全镇政治氛围风清气正。

夯实党建基础，提高服务质量。推进后进转化，由镇常务副镇长担任后进支部画眉村“第一书记”，规范画眉村服务管理方式，提升画眉村五职干部的精神风貌，强化其服务能力及业务水平。争取20万元硬化画眉6社与主公路之间近1.5公里的断头路和画眉2社陈家碑至小湾处1公里泥路，整治堰沟6.5公里，针对玉林村出现班子不团结，作风不实等问题，镇党委审时度势，果断派驻“第一书记”，提升玉林村班子精、气、神，激发其干事热情。强化非公引领。新建广天和非公组织联合支部非公党组织2个。参加璧山区“高新区杯”创业创新知识竞赛获第2名。黎燕家政服务申报为璧山区“共产党员示范经营户”。提升服务效能。全年配发群工系统专项手机112部，收集群众反映意见建议309条，解决率、反馈率100%，满意度97.2%。完成睦佳、新石、寨子、小河、弥勒等5个村的“三进村”工作，确保百货超市、金融网点、电子商务能为老百姓们带去实实在在的服务。选聘优秀本土人才12名到村挂职。按时保质完成区委各项考核工作。

以比促学，创建书香村镇。在“五四”青年节、“七一”建党节期间，在辖区学校开展“传五四精神、树青春之志”和“中国梦、青年梦”宣传教育活动，在学校广泛开展“中华魂”主题教育读书活动，开展自学、集体辅导、交流学习心得体会、竞赛评比“以比促学”等，指导青少年积极撰写征文和演讲稿，选送征文4篇和选手3名参加全区的征文演讲比赛，均获优异成绩。

【经济发展】 全年财政总收入1 188.94万元，其中工商税收1 024.86万元。工业产值11.2亿元，同比增长13%；其中规上工业3.6亿元，增长7.8%。全社会固定资产投资6.7亿元，增长24.6%。完成上报固定资产总投资5.8亿元，增长16.27%，其中：完成工业生产性投入1.85亿元，增长25.85%，商贸投资3.7亿元。限上批发和零售业销售总额4 153.7万元，增长34.18%；限上住宿和餐饮业营业收入632.4万元，增长44.68%。农村常住居民人均可支配收入13 614元，增长11.4%，城镇常住居民人均可支配收入28 945元，增长9.6%。金融和非金融机构4个，各项存款余额23 223万元，其中居民储蓄存款余额22 783万元，贷款余额2 500万元。

辖区工业企业39个，个体工商户284个。非公经济从业人员5 598人，其中私营个体3 335人；非公经济产值149 144万元，其中私营个体74 576万元。规上工业企业5家、规上商贸企业1家。

农业基础持续改善，现代农业蓝图初显。农林牧渔总产值1.86亿元，增长7.5%；粮食总产量9 387吨。投入650万元实施新石村农业综合开发

“重庆好人”毛泽生

（孙茜 摄）

项目，申报近1 000万元寨子村农综项目。以打造白果村“江安李”特色品牌为契机，推动和引导全镇水果产业快速发展。充分调动本土农村人才创业创新，申报国家科普带头人1名。新星果蔬专业合作社被区政府评为“十佳农民专业合作社”、被市农委评为“重庆市农民合作社示范社”。立足全镇“1+1+2+3”（即1个“外来武生”东泰华原公司，1个“本土花旦”新星果蔬合作社，2个支点：白果“生态甲鱼养生农庄”、睦佳13.33公顷“观光农业综合体”规划，3个现代农场：鱼洞“闽记农业”、睦佳“洋溢农场”、玉林“卫盾农庄”）农业产业发展格局，做好农业产业结构调整，加快发展花卉、苗木、蔬菜、优质水果和生态淡水养殖等特色产业。新增土地流转34公顷。龙头企业“东泰华原公司”在探索“蔬菜苗木种植—家禽喂养—生态养鱼”机制的道路上，带动卫盾农庄、融瑞农业等走“概念营销”模式，以“生态休闲”为目标，推动农产品生产与休闲观光有机融合，做强做大产业规模。全镇种植蔬菜600公顷、花卉苗木433公顷、水产养殖153公顷。

【社会发展】　多措并举，保障民生。筹措资金90万元，稳步推进“生态敬老院”建设，在居住场所种植香樟树、桂花树、枇杷树等苗木。向388名农村低保户人员发放保障金86.25万元，向229名城市低保户人员发放保障金82.59万元，向69名困难群众提供19万元的大病医疗救助，向250名五保供养对象发放五保金100万元，向112名三无人员发放补助51万元。实施“大众创业、万众创新”，新增创业303人，发放创业担保贷款147万元。解决新增城镇就业人员181人，失业人员再就业62人，城镇登记失业率控制在3%以内。发放廉租住房补贴76户，11.6万元。参加城乡居民医保24 200人，享受各类养老待遇5 523人，基本实现养老医疗保险全覆盖。按照全区统一部署，采用“一对一”“多对一”结对帮扶，采取资金帮扶、产业帮扶、技术帮扶、政策兜底等，全镇建卡贫困户185户全部越过扶贫标准线。

筑好安全“围墙”，建设平安村镇。认真落实“属地管理”和“谁主管、谁负责”原则，层层签订目标责任书，坚持矛盾纠纷排查，坚持领导接访和首访负责制度，做到有访必接，有接必办，有办必果。全年排查出重点信访事项12项，各类矛盾纠纷313件，调处306件，调解成功率达98%以上。成立夜间专业巡逻队和白天摩托车巡逻队，全镇监控探头增至223个，“空中亮探头、街上闪警灯、农村有巡逻”的社会治安防控体系基本形成。排查非煤矿山安全隐患20处，下达整改通知书5份，排查并整改火灾安全隐患企业6家，采用定期检查与重点节假日拉网式检查的方式日常监管食品药品单位，出动人员54人次，检查餐饮服务单位210家次，食品流通单位223家，药品及保健品经营户58家次，农村家宴一条龙112家次，未发生一起食品安全事故，群众安全感和幸福指数与过去相比有较大提高。

关爱行动，奖励扶助特殊群体。认真落实计划生育奖励扶助、特别扶助制度。累计享受奖励扶助872人，特别扶助66人，四级以下残疾扶助13人，增发养老金514人，独生子女死亡特别关爱金35人，独生子女残疾特别关爱金66人。结合场镇实际制定奖励措施，走访慰问贫困计生家庭22户，发放慰问金4 400元。对考取重点大学的3名独生子女给予每人1 000元的助学奖励。

【生态发展】　完成璧南河健龙段流域河堤整治，投入310万元改造山坪塘48口、提灌站1座，硬化睦佳、画眉、新石人行便道20公里，硬化红新路、杨永路、沿山路、代弥路、丁双路路面13公里，改造沙张路、打代路、大塔路路基约8.5公里和大江路泥结石路面2公里，整治杨永路、丁团路、石钟路、永观路“8·18”洪灾部分毁损路段。争取上级技改资金220万元,技改力源纺织、渝璧纺织、荣祥纺织、胡余纺织等企业，淘汰落后产能，关停整治污染企业8家，推动场镇空气水环境质量改善。改造农村D级危房30户、C级危房40户。村级公路保洁养护机制进一步完善，各类标志标牌安装齐备。创建市级生态村4个。

【城镇建设】 以国家卫生城区创建为契机，规范场镇环境。实施农村环境连片整治，新建健龙、龙江2个场镇污水管道450米。建成垃圾中转站1个400平方米，新购垃圾桶1 123个、手推保洁车20辆、压缩垃圾箱2个、垃圾车2辆，增设垃圾桶50个，配齐场镇、农村环卫保洁工38人，场镇清洁卫生全覆盖。健龙及龙江场镇路面“白改黑”1万平方米，铺设人行道6 000平方米、路沿石1 000米，打造沿河观景长廊400米，清掏污水管网25次，修复损坏管网150米。改造龙江公厕和健龙垃圾收运站，改造场镇路灯60盏，设置路灯74盏、新增视频监控68个，道路交通指示标牌45个、划定停车位126个，果皮箱46个，统一规划场镇店面360家。种植行道树56棵，场镇面貌逐步得以改观。新建红旗桥于4月通车。

（兰平　张余）

延伸阅读▶▶

“三级服务中心”

即区级、镇街级、村（社区）级服务中心。区级行政服务中心要加强对镇街、村（社区）服务中心的统筹、协调和指导，在镇街、村（社区）设立“一站式”办事大厅，开展各种公共服务和便民利民服务，对基层无力解决的群众事项进行受理、交办、督办、办理反馈和考核。

“干部对账”制度

将每年的区委工作报告、“两会”通过的政府工作报告以及区委、区政府日常安排的重要工作，细化分解到相关部门、镇街，形成“对账单”。各个单位主要负责人对照“对账单”，每两个月以表格或简要文字形式书面汇报完成情况。每季度督查一次完成情况，公开通报“对账”结果，并将结果作为干部创业的“成绩单”。

三年千人引才计划

从2013年到2015年，采取硬性引进、柔性引进、自主培养等三种形式，重点围绕经济建设、社会管理、教育、卫生、企业等五大领域，面向海内外引进和培养1000名硕士研究生（或副高级职称）及以上人才。其中，引进和培养的机关事业单位高层次人才不少于600名。引进到机关、事业单位的全日制硕士研究生或副高级职称人才，属于急需紧缺的，提供5万元安家补助及5年期免费人才公寓；非急需的高层次人才提供2.5万元安家补助。全日制博士研究生或正高级职称等其他高层次人才按照“一事一议”的原则确定优惠政策。鼓励机关事业单位职工在职学习提升素质，各单位要保障其必需的学习时间，在职人员取得硕士及以上学位的给予一次性奖励2.5万元。

五个专项行动

结合党的群众路线教育实践活动，围绕“整治‘四风’、加大政府职能转变、优化考核评价体系、解决群众实际困难、减轻基层负担”等内容，在全区范围内开展的以“正风肃纪专项治理、提升效能服务市场主体发展、优化考核推动科学发展、干部下访化积案解难题办实事、固本强基创建基层服务型党组织”为主题的专项行动。

人物　光荣榜

人物简介

全国劳动模范付才明

付才明，男，汉族，生于1975年5月，中共党员，大学本科，重庆瑞通实业有限公司副总经理。2006年4月获重庆市科协授予“重庆市科技创新奖章”；2009年2月获人社部、中国机械工业联合会授予的“全国机械工业劳动模范”。2015年4月获全国总工会授予的“全国劳动模范”。

2003年6月，该同志由青山公司变速箱二厂调到瑞通公司工作，一直负责技术工作。2008年至2013年，负责开发青山公司MR513A01前箱、后箱、延伸箱等系列产品，迷你奔奔汽车产品，G系列产品，MF515K海马轿车变速器产品，汽车箱体压铸生产等的同时，培育公司年轻的技术人才40人。2014年，该同志带领瑞通公司技术团队，获15项国家授权实用新型专利技术，节约资金500万元以上。

（区总工会）

劳模付才明（右一）在车间指导工人技术

（曾清龙　摄）

先进个人

一、全国奖

表 10-1

获奖个人	授奖单位	获奖名称	授奖时间
付才明（重庆瑞通实业有限公司副总经理）	全国总工会	全国劳动模范	2015 年 4 月
范祥南（区就业局）	中国就业培训技术指导中心	《“大材”未必能“小用”》获优秀奖	2015 年
范祥南（区就业局）	中国就业培训技术指导中心	2015 年星级职业指导师	2015 年
吴存松（区国土局）	国土资源部	2011—2015 年全国国土资源信访工作先进工作者	2015 年 12 月
朱堂林（顾地塑胶公司）	国务院农民工工作领导小组	“全国优秀农民工称号	2015 年 5 月
胡正好（区委宣传部）	《书法》杂志	第五届中国书坛中青年百强榜“谁是高手——百名书法家争霸赛”（由《书法》杂志主办）中获三等奖（十强）	2015 年 2 月
邓胜超（璧城街道）	中华全国总工会办公厅	全国优秀工会工作者	2015 年 12 月
刘华（区侨联）	中国侨联	2011—2015 年度全国侨联系统维权工作先进个人	2015 年
郭昌禄（福禄镇）	国际摄影协会	《穿越》、《游仙景》获第五届国际摄影艺术展优秀奖	2015 年 8 月
郭昌禄（福禄镇）	中国蔬菜协会	《初春的菜田》获第二届中国蔬菜摄影赛佳作奖	2015 年 5 月
郭昌禄（福禄镇）	中国摄影报	《同夸政策好》获中摄联展二等奖	2015 年 1 月

二、市委、市政府表彰

表 10-2

获奖单位	授奖单位	获奖名称	授奖时间
陈云梅（璧泉小学）	重庆市委	重庆好人	2015 年 10 月
朱堂福（副主席、重庆蓝黛动力传动机械股份有限公司董事长）	重庆市委、市政府	重庆市 2015 年度优秀民营企业家	2015 年
袁熙淮（工商联执委、重庆红旗缸盖制造有限公司董事长）	重庆市委、市政府	重庆市 2016 年度优秀民营企业家	2015 年
罗时光（璧城街道办事处）	重庆市委、市政府、重庆警备区	重庆市拥军优属模范个人	2015 年 8 月
毛泽怀（健龙镇）	重庆市委、市政府、重庆警备区	重庆市拥军优属模范个人	2015 年 8 月
曾伟（来凤街道办事处）	重庆市委、市政府、重庆警备区	重庆市拥军优属模范个人	2015 年 8 月

三、市级部门表彰

表 10-3-1

获奖单位	授奖单位	获奖名称	授奖时间
万成（区检察院）	重庆市人社局	重庆市检察系统先进个人	2015 年
冯文静（高新区党群工作部）	重庆市总工会	重庆五一劳动奖章	2015 年 4 月
彭昌芳（区职教中心继续教育学校办公室主任）	重庆市总工会	重庆五一劳动奖章	2015 年 4 月
王运昌（重庆市川东投资集团有限公司董事长）	重庆市总工会	重庆五一劳动奖章	2015 年 4 月
彭昌芳（区职教中心）	重庆市总工会	五一劳动奖章	2015 年 5 月
陈瑜（区卫生监督所）	重庆市总工会	五一劳动奖章	2015 年 11 月
韩君（区园林绿化管理所）	重庆市总工会	重庆五一巾帼标兵	2015 年 3 月
陈小莉（璧城街道文化服务中心）	重庆市总工会	重庆五一巾帼标兵	2015 年 3 月
韩君（市政园林局）	重庆市总工会	重庆五一巾帼标兵	2015 年 3 月
张扬 (璧山公安局)	重庆团市委、市人社局	2013—2014 年度重庆市青年岗位能手	2015 年 4 月
周强（虹源大饭店）	重庆团市委、市人社局	2013—2014 年度重庆市青年岗位能手	2015 年 4 月
徐卓君（璧山公安局）	重庆团市委、市人社局	2013—2014 年度重庆市青年岗位能手	2015 年 4 月
孙辉琴（国库集中收付中心）	重庆市人力资源和社会保障局和重庆市财政局	2015 年度重庆市财政系统先进个人	2015 年
宋国琴（璧城街道）	重庆市总工会	重庆市先进女职工工作者	2015 年 3 月
邓晓琴（居民）	重庆市文明办	“重庆好人”	2015 年 1 月
张义平（居民）	重庆市文明办	“重庆好人”	2015 年 9 月
陈云梅（璧泉小学教师）	重庆市文明办	“重庆好人”	2015 年 10 月
张强（居民）	重庆市文明办	“重庆好人”	2015 年 12 月
黄宗平（青杠街道）	重庆市委政法委、重庆市人力资源和社会保障局、重庆市综治委办公室	重庆市平安建设既社会治安综合治理先进个人	2015 年 10 月
胡荣（广普初中）	重庆市委宣传部	我推荐我评议身边好人活动中,被评为“重庆好人”	2015 年 2 月
陈云梅（璧泉小学）	重庆市委宣传部	感动重庆月度人物	2015 年 10 月
刘君朝（璧山中学）	重庆市人社局、市教委	重庆市名师奖	2015 年 9 月
魏小梅（区教委）	重庆市人社局、市妇联	重庆市三八红旗手	2015 年 3 月
向阳飞、黎国利（区普查中心）	重庆市人社局、市统计局	重庆市第三次全国经济普查先进个人	2015 年 5 月
吴正祥（福禄镇斑竹村书记）	重庆市委宣传部、重庆广播电视集团（总台）、重庆日报报业集团、感动重庆人物评选活动办公室	1 月“最美巴渝·感动重庆月度人物”	2015 年 3 月

续表 10-3-2

获奖单位	授奖单位	获奖名称	授奖时间
邓世友（福禄镇乡村医生）	市委宣传部、重庆广播电视集团（总台）、重庆日报报业集团、感动重庆人物评选活动办公室	2014 感动重庆十大人物	2015 年 2 月
陈云梅	重庆市委宣传部、重庆广播电视集团（总台）、重庆日报报业集团、感动重庆人物评选活动办公室	2015 年 10 月月度感动人物	2015 年 11 月
何福厚、卢静家庭	重庆“十佳书香家庭”评选	十佳书香家庭	2015 年 12 月
曾永平（区农业行政综合执法大队）	重庆市委宣传部	首批重庆市岗位学雷锋标兵	2015 年 7 月
钟邦玲（区统计局）	重庆市人社局、市统计局	重庆市第三次全国经济普查先进个人	2015 年 5 月

四、区委、区政府表彰

表 10-4

获奖单位	授奖单位	获奖名称	授奖时间
段世全、王章伦、梁小波、罗丽花、王莉侠、曾成君、毕波、周宗福、彭文建（璧山中学）	璧山区人民政府	与重庆一中联盟办学成绩突出 获嘉奖一次	2015 年 7 月
雷飞伦、戴宽宏、胡永富、张国敬、贺廷帮、陈许霞、李霖、杨勇、曾晋洲、陈永明（璧山中学）	璧山区人民政府	与重庆一中联盟办学成绩突出 获三等功一次	2015 年 7 月

先进集体

一、全国奖

表 10-5-1

获奖单位	授奖单位	获奖名称	授奖时间
璧山区	国家发改委、环保部、水利部等 11 个部委	全国生态保护与建设示范区	2015 年 5 月
璧山区	国家土地总督察办公室	2014 年度土地利用和管理形势观测分析工作成效突出观测点	2015 年 2 月
璧山区	中华见义勇为基金会	第十三届“昆仑奖”全国十大见义勇为英雄司机评选活动城市奖	2015 年
区地方税务局	中央精神文明建设指导委员会办公室	全国文明单位	2015 年 2 月

续表 10-5-2

获奖单位	授奖单位	获奖名称	授奖时间
区国税局	中央精神文明建设指导委员会办公室	全国文明单位	2015 年 2 月
璧城街道大旺社区	国家人力资源和社会保障部	充分就业社区	2015 年 6 月
璧城街道新堰村	中央精神文明建设指导委员会	全国文明村镇	2015 年 2 月
八塘镇	中国气象局	标准化气象镇	2015 年 11 月
青杠街道	中国气象局	标准化气象灾害防御乡（镇）	2015 年 11 月
来凤街道	中国气象局	全国标准化气象灾害防御镇街	2015 年 11 月
来凤街道来凤村	国家减灾委员会	全国综合减灾灭灾示范村	2015 年 10 月
璧泉街道办事处	中央精神文明建设指导委员会	全国未成年人思想道德建设先进单位	2015 年 2 月
来凤中学	国家机关事务总局、发改委、财政部	国家节约型公共机构示范单位	2015 年 12 月
璧山实验小学、来凤中学、城北小学、金剑小学、丁家中学、璧山中学	教育部	命名为全国青少年校园足球特色学校	2015 年 8 月
文风小学	教育部关工委、全国读书活动组委会	全国五好小公民读书活动示范学校	2015 年 7 月
城关幼儿园	全国总工会	模范职工小家	2015 年 12 月

二、市委、市政府表彰

表 10-6

获奖单位	授奖单位	获奖名称	授奖时间
璧山区	重庆市委、市政府、重庆警备区	重庆市双拥模范城	2015 年 8 月
璧泉街道办事处	重庆市委、市政府、重庆警备区	重庆市拥军优属模范单位	2015 年 8 月
璧城街道北门社区居民委员会	重庆市委、市政府、重庆警备区	重庆市拥军优属模范单位	2015 年 8 月
来凤街道新七村村民委员会	重庆市委、市政府、重庆警备区	重庆市拥军优属模范单位	2015 年 8 月
区政协	重庆市委、市政府	重庆市文明单位	2015 年 6 月
区人民检察院	重庆市委	重庆市文明单位	2015 年
重庆顾地塑胶电器有限公司	重庆市委、市政府	重庆市 2015 年度优秀民营企业	2015 年
重庆金冠汽车制造股份有限公司	重庆市委、市政府	重庆市 2016 年度优秀民营企业	2015 年
重庆市星极齿轮有限责任公司	重庆市委、市政府	重庆市 2017 年度优秀民营企业	2015 年
璧城街道大旺社区	重庆市政府	重庆市民族团结进步模范集体	2015 年 3 月
三合镇	重庆市委、市政府	重庆市文明村镇	2015 年 6 月
健龙镇政府	重庆市委、市政府	重庆市文明村镇	2015 年 6 月
青杠街道沙坡村	重庆市委、市政府	重庆市文明村镇	2015 年 6 月

三、市级部门表彰

表 10–7

获奖单位	授奖单位	获奖名称	授奖时间
河边小学团支部	重庆市人社局、团市委	2014 年度重庆市五四红旗团支部	2015 年 7 月
致公党璧山支部	致公党重庆市委	“创先争优”先进集体、参政议政三等奖	2015 年
河边小学	重庆市人社局	重庆市五四红旗团支部	2015 年 7 月
城北小学	重庆市总工会	五一巾帼标兵岗	2015 年 3 月

四、区委、区政府表彰

表 10–8

获奖单位	授奖单位	获奖名称	授奖时间
区政协（社情民意信息中心）	璧山区委	好班子	2015 年 8 月
区天然气公司	璧山区政府	中央和市属在璧企业安全生产工作先进单位	2015 年
璧山中学校	璧山区人民政府	集体嘉奖	2015 年 7 月
区教委	璧山区人民政府	集体嘉奖	2015 年 7 月

2015 年璧山区正高级专家名单

表 10–9–1

序号	工作单位	姓　名	性别	民族	出生年份	技术职务	现所在岗位
1	区医院	何福厚	男	汉族	1964	主任医师	专技岗位
2	区医院	王杨进	男	汉族	1958	主任医师	专技岗位
3	区医院	张　宏	男	汉族	1964	主任医师	专技岗位
4	区医院	黄先惠	女	汉族	1965	主任医师	专技岗位
5	区医院	夏庆弟	男	汉族	1963	主任医师	专技岗位
6	区医院	刘光碧	女	汉族	1965	主任护师	专技岗位
7	区医院	冯定奇	男	汉族	1965	主任医师	专技岗位
8	区医院	赵光荣	男	汉族	1963	主任医师	专技岗位
9	区医院	刘朝伦	男	汉族	1961	主任医师	专技岗位
10	区医院	向秀根	男	汉族	1965	主任医师	专技岗位
11	区医院	刘家文	女	汉族	1967	主任护师	专技岗位
12	区医院	张司兰	女	汉族	1964	主任医师	专技岗位
13	区医院	陶才莉	女	汉族	1964	主任医师	专技岗位
14	区医院	彭禄荣	男	汉族	1965	主任医师	专技岗位
15	区医院	曹廷容	女	汉族	1964	主任医师	专技岗位
16	区中医院	苏德模	男	汉族	1963	主任医师	专技岗位

续表 10–9–2

序号	工作单位	姓 名	性别	民族	出生年份	技术职务	现所在岗位
17	区中医院	程红彬	男	汉族	1966	主任中医师	专技岗位
18	区中医院	杨冬梅	女	汉族	1965	主任医师	专技岗位
19	区中医院	刘显章	男	汉族	1965	主任医师	专技岗位
20	区中医院	胡仁举	男	汉族	1966	主任中药师	
21	区保健院	龚琼华	女	汉族	1963	主任医师	专技岗位
22	区疾控中心	黄 翔	男	汉族	1959	主任检验技师	专技岗位
23	璧山中学	罗明乾	男	汉族	1956	中学研究员	专技岗位
24	璧山中学	巫正鸿	男	汉族	1963	中学研究员	专技岗位
25	来凤中学	先儒才	男	汉族	1966	中学研究员	专技岗位
26	区教科所	段世彬	男	汉族	1955	中学研究员	专技岗位
27	区疾控中心	何宗莉	女	汉族	1968	主任检验技师	专技岗位

延伸阅读 ▶▶

大力发展“道口经济”

伴随着“三条高速公路、一条高铁和一条轨道交通”的建设，拥有较好区位优势和8个道口资源的璧山，必将催生新的“道口经济”。要站在成渝经济区和重庆“城市发展新区”的高度，高起点制定8个道口规划，给予道口区域必要的财力和用地扶持，加快道口区域基础设施建设，打造一批现代物流园区和特色小镇，形成道口经济社会发展新格局。

加快农业现代化进程

深入推进璧北10万亩蔬菜基地、璧南10万亩苗木基地、璧西5万亩果木基地建设，着力打造“全链条、全循环、高质量、高效益”农业产业集群，提高农业集约化、标准化、公司化、产业化和农民组织化程度。推行生态健康养殖，发展生态循环农业。加快农产品质量安全体系建设，积极培育农产品品牌。建设一批休闲体验农业景点，发展“周末经济”，提升农业休闲观光水平。坚持每年至少新建或改造一座水库，千方百计留住雨水，加速璧山由“贫水”地区向“富水”地区转变。加快农村道路建设，全面实现“镇镇通沥青路、村村通水泥路”和镇镇通公交。强力推进“生态镇街、生态村（社）创建”和“村镇环境整治”，保护好青山绿水，建设都市美丽村镇。完善街道与镇结对帮扶制度，合理设置镇街最低财力保障线，推动城市要素向偏远镇转移。

大事记

1月

1日 璧山区城镇职工医保个人账户可提供给亲属或指定人使用。

6日 新华社重庆分社副社长、总编辑刘亢率队到璧山区对区委书记吴道藩进行专访。吴道藩与新华社记者畅谈城市规划建设璧山实践。

9日 重庆市副市长、市公安局局长何挺到璧山区调研公安、企业安全生产工作以及检查党风廉政建设"两个责任"（党委主体责任和纪委监督责任）落实情况。

12日 中国共产党重庆市璧山区第十三届委员会第四次全体会议召开。全会听取和讨论吴道藩同志代表区委常委会作的《顺应发展新常态，高标准建设重庆"城市发展新区"》的报告，讨论《关于区委常委会工作的报告》，审议通过《关于全面推进依法治区的意见》。

14日 市生产力发展中心专家委员会主任吴家农到璧山区，专题调研军民融合式发展进行。

15日 区第十六届人大常委会第二十六次会议决定重庆市璧山区行政中心驻地由璧城街道中山南路38号迁移至璧城街道双星大道369号

20日 感动重庆十大人物评选活动在璧举行。

21日 璧山区新添社区治安巡逻车44辆，分配到15个镇街，供社区专职巡逻队使用。至此璧山已配置69辆社区治安巡逻车，为进一步夯实社会面巡逻防控工作提供保障。

22日 璧山区第七届读书月"十佳读书人""十佳书香家庭"颁奖活动在璧山图书馆举行，朱智等5人获"十佳读书人"称号，柳庆君等5个家庭获"十佳书香家庭"荣誉。

26日 璧山区汽车商业商会成立。

26日至29日 中国人民政治协商会议重庆市璧山区第九届委员会第五次会议在正则中学举行。

28日至30日 重庆市璧山区第十六届人民代表大会第七次会议在正则中学体育馆举行。

是月 重庆秀湖公园被评为"国家湿地公园"。

是月 璧山区镇街实现公交车全覆盖。

2月

4日 中国共产党重庆市璧山区第十三届纪律检查委员会第五次全体会议举行。

5日 中国科协副主席程东红率队到璧山区，调研大兴葡萄基地建设发展情况。

10日 2015年"春风行动"现场招聘活动举行在文体广场举行。107家企业现场提供岗位5387个，2027人达成意向性协议。

11日 "时运新璧山·梦圆再出发"重庆市璧山区2015年春节联欢晚会在璧山中学新校区体育馆内举行。

13日 市委书记孙政才，针对璧山完成撤县设区后这个特殊时间节点，对璧山作出"四个更"

批示（“更好些”“更快些”“更加积极作为”“做出更大贡献”为主要内容的“四个更”批示）。

3 月

1日 区长章勇武接受央视记者专访。

7日 央视综合频道（CCTV—1）《新闻联播》节目以《共建绿水青山 同享生态红利》为题，对璧山“中水回用”工程进行专题报道，区长章勇武接受央视记者专访。

9日至10日 区委书记吴道藩、区长章勇武、区政协主席向邦俊率璧山党政代表团赴万州区、梁平县，对两地工业发展、城市建设情况考察学习。

11日 市人大调研组到璧山区，调研地方人大会议制度建设。

12日 璧山凭借“音乐与城市”营销项目高票当选“2014重庆十大年度营销事件”。

是日 副市长陈绿平到璧山区，调研城市建设、经济社会发展等情况。

13日 重庆市政协副主席刘光磊率队到璧山区督导检查干部接访下访群众工作。

17日 北京首都开发控股（集团）有限公司董事长刘安率考察团到璧山区，考察璧山城市建设、商贸发展等，并商谈相关合作事宜。

是日 璧山区新建三江中型水库向璧山城区供水。

19日 农业部党组成员、驻部纪检组组长宋建朝一行到璧山区，调研农业综合执法工作。

是日 重庆市委书记孙政才到璧山区调研。市委副书记、市长黄奇帆，市委副书记张国清一同调研。

4 月

2日 全国人大常委会委员、全国人大农业与农村委员会副主任委员陈光国，全国人大农业与农村委员会委员蒋省三率调研组到璧山区，专题调研《中华人民共和国农民专业合作社法》修改前相关工作。

7日 全国政协常委、副秘书长、民盟中央副主席徐辉到璧山区调研养老服务工作。重庆市副市长吴刚、璧山区委书记吴道藩、区政协主席向邦俊陪同调研。

14日 区委常委、常务副区长何平携区交委、教委、人社局等5部门负责人，做客FM96.8重庆之声《阳光重庆》直播间，就“实施‘三区一美’战略，关注民生实事，打造一生之城”话题，接受访谈并回复多位听众的提问。

是日 全国政协社法委副主任王巨禄、宋育英、张世平率队到璧山区考察养老服务体系建设。

20日 副市长谭家玲到璧山区调研文化旅游工作。

是日 璧山中学与重庆一中联盟办学推进会在璧山中学召开。

24日 重庆市政协委员璧山组邀请市级相关部门负责人及铜梁区、大足区市政协委员和相关部门负责人到璧山区，协商讨论渝蓉高速路内环延伸段建设工作。市政协委员璧山组组长、区政协主席向邦俊主持会议，市政协及相关部门负责人应邀参加会议。

是日 长江提水璧山供区工程（二期工程）动工建设。工程投资5亿元，设计日供水总量48万吨，其中为璧山日供水17万吨，工期24个月。

是日 台湾“中视”《大陆寻奇》栏目摄制组到璧山区，采访拍摄《大陆寻奇——走进璧山》电视专题片。

是月 “大路黄花”商标，获准注册为地理标志证明商标。至此，璧山区地理标志证明商标数量达到4件，分别是“璧山儿菜”“来凤鱼”“璧山葡萄”和“大路黄花”。

是月 璧城街道新堰村创建为第四届全国文明村。

5　月

5日　旅奥华人博士殷登夔到蒲元小学为900名学生励志演讲。

5日至6日　香港星光集团有限公司董事局主席林光如率考察团在重庆市委统战部副部长李联军陪同下，到璧山区考察城市建设和产业发展等情况。

7日至10日　区委书记吴道藩率璧山党政代表团赴上海市、浙江省招商考察，对接招商引资项目，学习两地先进经验。

9日至11日　璧山区原创歌曲《为什么》登陆重庆电视台，分别在都市频道及公共农村频道播出，是“璧山之声”首登市级传媒。

18日　璧山区召开市委第八巡视组反馈意见整改情况通报会。

19日　当代著名教育家、“中国苏霍姆林斯基式的教师”、成都市武侯实验中学校长李镇西，在璧山中学新校区学术报告厅作主题为“幸福班主任，快乐追梦人”的报告。全区中小学的校长、班主任及周边区县名师工作室成员近700人参加。

是日　璧山区举行工业投资项目集中签约仪式。这是璧山区2015年首次集中签约工业项目，涵盖汽车核心部件、智能化工程机械、工业自动化机器人、现代智慧物流等领域，总投资39亿元。

21日　红宇精工新建项目签约落户璧山高新区。本次签约的是红宇精工新建的自动变速箱和汽车底盘系统关键零部件生产项目，计划总投资10亿元。

25日　璧山区召开生态文明建设大会。

是日　重庆大学璧山校友会成立大会暨民生能源集团捐赠仪式在璧山区举行。民生能源集团通过重庆市慈善总会向重庆大学捐赠500万元，设立“重庆大学民生能源教育发展基金”。民生能源集团董事长薛方全成为重庆大学璧山校友会第一届理事会会长。

是日　央视财经频道《经济半小时》栏目组到璧山区实地拍摄和采访璧山区生态文明建设工作。

是日　重庆大学党委书记欧可平率队到璧山区考察，商谈进一步加强校地合作事宜。

26日　云南省政协副主席喻顶成一行在重庆市政协提案委专职副主任来江域的陪同下，到璧山区考察城市规划建设、产业发展等。

5月26日，重庆大学领导到璧调研

（刘畅　摄）

27日　《香港商报》《明报》《澳门日报》等10余家港澳主流媒体高层人士到璧山区参观访问，聚焦璧山的经济社会发展，宣传营销小城璧山的独特魅力。

28日　璧山高新区11家企业开工建设，总投资23亿元。涉及光电、装备制造、电子信息、现代物流等产业。其中，普洛斯重庆公司是世界500强企业普洛斯公司在璧山投资14亿元建设的现代物流加工区，该项目填补璧山在现代智慧物流服务上缺乏领军企业的空白。

29日　科技部农村司副司长侯立宏、农村司基础处处长秦卫东到国家农业科技园区璧北蔬菜基地考察，并为璧山金色郊区星创天地授牌，该基地是科技部全国首批星创天地试点。

是日 璧山区携热谷机器人、产业用机器人、抛球电缸、新型商旅房车等多款高新产品亮相第十八届中国（重庆）国际投资暨全球采购会（渝洽会）。区委书记吴道藩，区委副书记、区长章勇武参观璧山展馆。展会期间璧山区签约工业项目17个，协议投资39亿元。

是日 重庆市银监局、重庆市银行业协会组织开展的重庆市外资银行“走进区县”活动到璧山区考察经济社会发展情况。

是日 东亚银行重庆分行、汇丰银行重庆分行、加拿大丰业银行重庆分行等11家重庆外资银行负责人到璧山实地考察城市规划建设、产业发展等。

6 月

2日 重庆市轨道集团董事长王峙一行到璧山区实地考察规划展览馆、秀湖公园、人民广场、轨道交通尖顶坡至璧山段建设施工现场等。

3日 国家统计局核算司巡视员刘丽萍一行到璧山区调研。

是日 三合小学被评为“重庆市绿色学校”。

5日 由区人大常委会举办的以“生态文明、绿色梦想”为主题的璧山区2015年“6·5世界环境日”演讲比赛在璧山中学新校区举行。

是日 重庆市委、市政府督查组到璧山区检查防汛抗旱、地质灾害、安全工作。

6日 全国政协副主席、农工党中央常务副主席刘晓峰到璧山区专题调研“水污染防治与水资源利用”工作，并对璧山水生态文明建设工作给予充分肯定。

是日 晚9点20分，央视经济频道（CCTV-2）《经济半小时》栏目，在《生态文明建设前沿报告：水污染治理进行时（二）》节目中，报道璧山开展生态文明建设，强力推进璧南河治污的工作，区长章勇武接受央视记者专访。

9日至12日 区长章勇武率区党政代表团赴上海、苏州、广州等地招商考察学习。

12日 西南证券股份有限公司党委书记、董事长崔坚率团队到璧山区考察。

是日 璧山区本土企业——蓝黛传动登陆深圳证券交易所中小板，是璧山区首家上市的本土企业。

13日 由共青团重庆市委、市环保局、区政府、市青年商会主办的“践行绿色生活·共建生态文明”世界环境日主题公益健步走活动，在璧山区举行启动仪式。

25日 重庆市委常委、统战部部长宋爱荣到璧山区调研经济社会发展、城市建设和港台资企业落户及经营情况。

26日 重庆市政协副主席李钺锋到璧山区调研正兴镇露德堂修缮管理情况。

是日 由区委宣传部组织摄制的大型纪录片《美术教育家——吕凤子》在央视科教频道（CCTV—10）《人物》栏目播出。

是日 由璧山、丹阳两地宣传部联合主办的“怀念先生——吕凤子在璧山的抗战岁月”书画作品联展在区规划展览馆开幕。此次联展将持续6天，展出璧山、丹阳两地书画家精品书画60幅，吕凤子先生学生书画作品9幅。

7 月

1日 璧山区推行“一孩生育登记制度”。

2日 璧山区与西南证券股份有限公司签署战略合作协议，区长章勇武代表璧山与西南证券股份有限公司总裁余维佳签约。

是日 首届璧山“互联网+”电子商务生态峰会在天赐温泉酒店举行。本次大会得到阿里巴巴重庆区域的支持。

8日 中国侨联法顾委副主任王培生率中国侨联法顾委调研组一行到璧山区调研新侨创业工作。

是日 人民网重庆视窗、新华网重庆频道、华龙网等14家驻渝和重庆本地网络媒体，以及市政府新闻办等政务微博、微信和市内微博达人走进璧山，开展“践行‘四个全面’进行时”集中宣传活动，以网络媒体的视角，挖掘璧山打造“一生之城”的亮点。

9日 全国政协委员、中国科协副主席张勤，中国科协促进企业自主创新专委会副主任宋南平，全国人大常委、中国科协常委、全国总工会副主席许振超，中国高新技术产业开发区协会理事长张景安率调研组到璧山区调研企业科协建设、企业科技创新等工作。

是日 重庆市政协副主席何事忠到璧山区调研医养结合型养老护理机构的发展情况。

10日 由市肾脏学专业医疗质量控制中心主办的渝西南地区肾脏病规范诊治研讨会在璧山区召开。重庆市政协副主席、原市医学会肾脏病专委会主任委员张玲教授出席会议。

是日 中央电视台体育频道《体育新闻》栏目组到璧山区，拍摄20名自由搏击国家队队员在璧集训现况。

13日 第八届中国童诗年会暨儿童阅读策略研讨会开幕式在璧山区举行。这是在西南地区首次举办，此次会议持续至16日，包括张继楼、朱自强、周晓波、刘保法、雪野等儿童文学界的作家、诗人及来自全国各地的教师、小诗人300人参加。

14日 璧山区举行农业投资项目签约仪式。万家欢农业股份有限公司璧山国际农贸城和重庆沁园祥和农业开发有限公司生态农业2个投资项目签约落户璧山。万家欢农业股份有限公司拟在国家农业科技园区大路道口用地20公顷，投资6亿元，总建筑约40万平方米。重庆沁园祥和农业开发有限公司拟投资2亿元，在来凤街道普新村建设占地25.33公顷。

16日 经济日报社重庆记者站站长冉瑞成带队到璧山区，围绕“绿色城市”主题，专访区长章勇武。

30日 璧山区与凯成科技、金冠汽车、渝青机械等21家在璧山区重点企业签署股权投资合作协议。

是月 璧山区被中国老年人体育协会命名为“全国健身球操之乡”，是重庆市获国家级老年体育特色项目的唯一一个区县。

是月 重庆青山工业有限公司获批核定为全国工业品牌示范企业。

8 月

11日 全国总工会副主席、书记处书记李世明率国家职业病防治规划第七督查组到璧山区，专项督查国家职业病防治“十二五”规划实施情况，由区长章勇武陪同。

11日至14日 区委书记吴道藩率璧山党政代表团招商考察江苏省、浙江省。

12日 璧山区农产品质量安全监管系统投用。

是日 “2015新重庆·巴渝十二景”评选揭晓，璧山观音塘湿地公园获城市地标殊荣。

18日 “行走中国——2015海外华文媒体美丽重庆行”联合采访活动到璧，来自五大洲的16家海外华文媒体主要负责人聚焦璧山发展，宣传营销璧山。

24日 城市发展新区群团工作座谈会在璧山召开。重庆市委副书记张国清出席会议并讲话。

26日至9月3日 璧山区在大成广场展出抗战图片70幅。其中15幅展现璧山抗战的图片，由当年美军随军记者拍摄，现珍藏于美国国家档案馆，经过翻拍首次展示在公众面前。

29日 重庆市璧山中学、台南市崑山高级中学合作签约活动在璧山中学新校区举行。

是日 中央电视台《新闻联播》栏目组到璧山区拍摄抗战胜利70周年主题活动中的抗战图片展。

31日 由区纪委、区文化委承办的“巴渝廉画”——重庆廉政绘画作品展在区体育馆开展，200余幅优秀廉政绘画作品与市民见面。

是日 中央电视台新闻频道（CCTV-13）在《新闻直播间》栏目，以《人民不会忘记》为题，专题报道璧山区举办的“纪念中国人民抗日战争胜利70周年图片展”。这是2015年璧山第7次登陆央视，也是第21次被中央权威主流媒体聚焦。

9 月

1日 2015年西南地区主要污染物总量减排工作座谈会在璧山区召开。重庆市、四川省、贵州省、云南省、西藏自治区等省区市相关部门负责人参会。

2日 《重庆日报》采访组到璧专访区长章勇武。主题是璧山立足重庆“城市发展新区”定位，抢抓发展机遇，在城市化进程中如何凸显宜居、新定位下如何承接产业转移、新形势下如何缩小城乡差距等方面进行哪些有力的探索。

8日 意大利驻重庆总领事馆总领事马斐桐率团队到璧山区考察。

14日 2015年重庆水果争霸秀暨“葡萄十强”“梨五强”评选活动颁奖仪式举行，璧山区的3家本土葡萄果园“方家果园”“璧山明珠葡萄园”“一博阳光葡萄庄园”上榜“重庆葡萄十强”。

23日 由新浪重庆发起的“聚焦长江经济带”主题采访活动暨“做一回重庆人·2015微博达人重庆行活动”到璧山，36位知名微博达人，用新兴媒介传播璧山影响。

25日 水利部水资源司司长陈明忠率调研组到璧山区调研建设全国水生态文明城市试点工作。

28日 成渝高铁璧山站高铁广场、虎峰大道、村家公园投入使用。

是日 西南证券重庆第一分公司、工行璧山支行、农行璧山支行、中行璧山支行、建行璧山支行等30家金融机构签约入驻璧山CBD金融街，以及China-BBB国际采购平台、广东伟业集团、迪士尼、麦德龙等21家企业签约入驻天安城市综合体。

是月 国家图书馆向区图书馆捐赠中文图书5 000册、期刊5 000册，重庆市图书馆向璧山区捐赠中文图书20 000册，计30 000册书刊，总价值约150万元。此次获赠的图书种类，涵盖人文社科、医学保健、建筑施工等。

10 月

10日 由“和美璧山”政务微信发起的“璧山2015十大江湖菜馆”评选授牌活动在味庄举行。此活动通过微信投票加菜馆的服务积分，评选出鱼味源、新概念来凤鱼、滨江食府、味庄、玖大碗、大江龙青杠店、大江龙爱尚店、农家田院乡村菜馆、夜不收烤鱼、大江龙江湖会为“璧山2015十大江湖菜馆”。

13日 重庆市新一轮“全国科普示范区”创建检查验收组第四组到璧山检查验收2016—2020年“全国科普示范区”创建活动情况。

16日 区委书记吴道藩、区长章勇武会见全球汽车零部件领先企业—法国法雷奥集团（Valeo）高层。

是日 重庆市人大常委会主任张轩到璧山区专题调研人大代表工作开展情况。

20日 由国家互联网信息办公室主办，重庆市委宣传部、市互联网信息办公室承办的“网络名人探访长江经济带——重庆行”活动走进璧山。

是日 由英国驻重庆总领事馆新闻与公共事务处出资，重庆市妇联、市妇女儿童基金会主办的“贴心关爱·温暖同行”女性健康知识进农村公益讲座在璧山区举行。

22日 重庆市政协原主席张文彬、市政协原主席刘志忠、市委原副书记甘宇平等31名副市（省）长级以上离退休老干部到璧山区视察经济社会发展情况。

26日 重庆市科委通过市政府网站发布消息，

国务院下文批复同意璧山高新区创建为国家高新区（国函〔2015〕175 号）。这是自 1992 年重庆高新区获批以来，重庆市第 2 个获批创建的国家级高新区。

28 日 璧山区在重庆市新闻发布中心召开“挖掘历史资源·打造文化古城”新闻发布会。

是月 璧山烈士陵园被命名为“重庆市国防教育基地”。

11 月

2 日 美国“城市保护区栖息地管理”考察团到璧山区考察城市生态文明建设，交流城市栖息地保护管理以及公众环境教育和服务工作。

4 日 成渝高铁璧山段动车组动检试跑。

5 日 裸心集团再次到璧山区考察。集团董事长高天成率团队深入评估璧山投资环境、洽谈合作事宜，推进裸心璧山项目落地。

5 日至 6 日 中共重庆市委常委、政法委书记刘学普到璧山区调研政法综治暨平安建设工作。

11 日 众泰控股集团投资璧山国家高新区新能源汽车生产基地项目开工建设。中共重庆市委常委、常务副市长翁杰明，区委书记吴道藩、区长章勇武、区人大常委会主任薛方梅，众泰控股集团董事长、总裁金浙勇等出席开工仪式。

16 日 “九童圆梦·百家百校”书画作品巡展走进璧山，在大成广场展出海内外知名书画家作品 75 幅。

16 日至 17 日 重庆市扶贫攻坚领导小组第十二督查组到璧山区督查指导扶贫攻坚工作。

18 日 以“中意携手·创新共赢”为主题，由中华人民共和国科技部和意大利教育大学科研部主办的“第六届中意创新合作周”分会场活动——“中意产业创新合作重庆峰会”在璧山区举行。意大利教育大学科研部部长贾尼尼，中华人民共和国科技部党组成员、秘书长李平，意大利驻华大使谢国谊，重庆市人民政府副市长吴刚，区委书记吴道藩、区人大常委会主任薛方梅、区政协主席向邦俊等出席峰会开幕式。开幕式由重庆市科委主任李殿勋主持。

19 日至 20 日 中国皮革协会常务副理事长兼秘书长李玉中率专家组到璧山区，复评“中国西部鞋都”，经过专家组“听、看、查、立”4 个环节的考核后，一致通过复评。

23 日 重庆市农委公布 2015 年第二批无公害农产品产地认定名单:璧山区鑫瑞畜禽养殖农民专业合作社、四丰农业开发有限公司、元苗农业发展有限公司、西辰葡萄种植专业合作社、洋溢家庭农场、蜜员香家庭农场、嘻御农业发展有限公司、学田生态农业发展有限公司、一博农业发展有限公司、福源行生态农业发展有限公司获无公害农产品产地认证。

25 日至 26 日 由教育部督导办主任何秀超带队的教育督导检查组到璧山区，对璧山区申报全国义务教育发展基本均衡区开展督导评估工作。

26 日 全市首个超限超载不停车检测系统在璧接受调试。

27 日 央视综合频道（CCTV—1）《新闻联播》在《走村入企将全会精神传播到基层》专题中，报道重庆市璧山区在城乡社区采取讲故事、院坝会、互动问答等群众喜闻乐见的宣讲形式，让党的十八届五中全会精神深入人心的相关工作。

是日 中华海外联谊会海外理事重庆考察团一行 28 人到璧山区参观考察经济社会发展成就和招商投资环境。

30 日 璧山区举行“共产党员示范经营户”和“共产党员明星经营户”命名表彰大会，28 个“共产党员示范经营户”、8 个“共产党员明星经营户”受到表彰。

是月 重庆市科委公布首批重庆市众创空间授牌名单，璧山区璧山 CBD 金融街创业大厦、鑫智融汇众创空间、卓特众力众创空间 3 家获授牌。

是月 成渝高速扩能项目——九永高速丁家段在丁家街道龙安村正式动工修建。丁家段全长

9.4 公里，包含 1 个服务区和 1 个互通立交，占地 70 公顷。

12 月

3 日 重庆市政协主席徐敬业到璧山区调研经济社会发展情况。

是日 第 11 届全国中小学教师“文化作文与文化教学”优质课大赛在璧山中学学术报告厅开幕。山东、江西、重庆等全国 14 个省市的中小学教师代表参加，就如何将文化与教育相结合展开深入的交流探讨。

10 日 当代著名作家、北京大学教授曹文轩应区委宣传部邀请，先后到城北小学和璧山实验小学 B 区，举办中国儿童阅读优化基地重庆站“推开写作之门”讲座和签名活动。

11 日 中国共产党重庆市璧山区第十三届代表大会第四次会议召开。会议审议通过《中共重庆市璧山区委关于制定重庆市璧山区国民经济和社会发展第十三个五年规划的建议》和《中国共产党重庆市璧山区第十三届代表大会第四次会议关于区委工作报告的决议》。

16 日 重庆市副市长刘强率市农委、市扶贫办、市农综办相关负责人到璧调研农业综合开发和扶贫攻坚工作情况。

是日 成渝高铁采用国内运营速度最快的动车组—CRH380D，在成渝高铁璧山段试运行，并开放试乘。

17 日至 18 日 裸心集团高层第 3 次到璧山区，集团董事长高天成、集团主席兼首席设计官叶凯欣率专业团队，对璧山的自然风貌、生态环境、历史人文等深入考察，进一步磋商乡村度假村、特色酒店等高端旅游度假项目合作事宜。

22 日 璧山区中小微商贸流通企业服务中心挂牌成立。

23 日 在重庆市“海绵城市”试点城市申报评审中，璧山区以 94.57 分的优异成绩位列全市第 1 名，成为重庆市首批“海绵城市”试点城市。

27 日 《璧山区国民经济和社会发展第十三个五年规划纲要》民主协商会召开。

30 日 璧山区生态公园蜀望公园、余庆公园开园投用。

（璧山年鉴编辑部）

延伸阅读 ▶▶

提升主导产业规模

拉动经济，不能群龙无首。以全市在“城市发展新区”大规模布局工业为契机，围绕“装备制造、电子信息、食品医药”三大主导产业，整合发展所需资源，加快产业向产业链和价值链两端延伸，推动企业之间协作产生新的生产力，提升主导产业科技水平和规模能级，加速形成竞争力强的产业体系。到 2016 年，装备制造规模突破 1600 亿元，电子信息规模突破 600 亿元、食品医药规模突破 200 亿元，三大主导产业占比提高到 80%以上。

文 献

政府工作报告

——2016年1月19日在重庆市璧山区第十六届人民代表大会第八次会议上

重庆市璧山区人民政府区长 章勇武

各位代表：

现在，我代表璧山区人民政府向大会报告工作，请连同“十三五”规划纲要（草案）一并审议，并请各位政协委员提出意见。

一、“十二五”发展和2015年工作回顾

“十二五”时期，是璧山“全面升级提速，实现华丽转身”的五年。五年来，在市委、市政府和区委的坚强领导下，我们紧紧依靠全区人民，经历了世情国情的深刻变化，顶住了经济下行的巨大压力，用智慧破解难题，用激情点燃事业，以坚定的决心和务实的举措，圆满完成了“十二五”规划主要目标任务。

“十二五”时期，是区域经济“乘势而上”，综合实力大幅提升的五年

盘点这一时期，全区经济发展接连演绎“弯道超车、高位赶超”的精彩旋律，各项指标“亮眼提神”。地区生产总值达到381.8亿元，年均增长16.7%，总量翻了一番多，人均GDP达到8 134美元；地方财政收入达到130.2亿元，年均增长33.3%，总量进入全市一梯队；城乡居民人均可支配收入达到21 800元，年均增长15.2%；固定资产投资达到630.8亿元，年均增长36.1%，总量居全市前茅；规上工业产值突破1 000亿元，年均增长30.1%；社会消费品零售总额达到106.6亿元，年均增长16.7%；国有资产超过600亿元，实现总量翻番。五年急行军，我们又收获了“国家园林城市、国家城市湿地公园、中国人居环境范例奖、国家新型工业化示范基地、国家低碳工业园区、全国双拥模范城、国家农业科技园区、国家水利风景区、全国水生态文明城市试点、生态保护与建设示范区”等13张“国字号”名片；国务院批准璧山“撤县设区”，让跨越20年的梦想照进现实；璧山高新区升级为国家高新区，让重庆迎来时隔24年的第二个国家高新区。历史机遇一次次垂青我们，前行的道路永远充满想象。

“十二五”时期，是深绿城市“渐入佳境”，城市面貌焕然一新的五年

回望这一时期，“绿岛新区”脱颖而出，城市发展形成环境、区位“双轮驱动”新格局。城镇化率达到50.52%，常住人口增加到72.5万人。13平方公里绿岛新区核心区基本成型，行政中心、人民广场、规划馆、文化艺术中心、璧山中学、图书馆、人民医院、妇幼保健院、公共服务中心等城市功能要件相继建成。新建30个公园、20个

广场，城市公共绿地面积达到1 600万平方米，建成区绿化覆盖率提高到49%，人均公园绿地面积增加到27平方米，城市植物品种达到2 600种。不遗余力改善环境，在全市率先出台环保负面清单，累计关停污染企业572家。成渝高铁、渝蓉高速、黛山大道建成通车，九永高速、轨道一号线大学城至璧山段开工建设，实施国省道路面改造160公里，新建农村公路640公里，全区路网密度提高到181公里/百平方公里，打通了发展"经络"，融合主城、辐射周边的区域综合交通枢纽功能日渐清晰。

"十二五"时期，是产业发展"深度转型"，结构调整持续优化的五年

回眸这一时期，产业转型取得明显成效，三次产业比重演进为5.3:71.7:23。工业主导产业成功调整为装备制造、电子信息、食品医药三大主导产业，新能源汽车、智能装备、"大健康"产业等战略性新兴产业开篇布局。规上工业企业增加到322家，高新区成为全市第5个千亿级工业园区。"三农"支出累计达到126.8亿元，国家农业科技园区扬帆起航，农业三大基地基本建成。实施服务业倍增计划，服务业增加值五年增长66.7%，达到87.7亿元。天安城市综合体拔地而起，砂之船奥特莱斯、红星美凯龙、秀湖水街等大型商业体从无到有，观音塘湿地公园实现全区国家4A级旅游景区"零"的突破。

"十二五"时期，是社会事业"纵深推进"，民生幸福倍加温暖的五年

回首这一时期，财政收入60%以上用于民生，累计投入373亿元，发展成果惠及更多百姓。合理划分"四个功能区"，引导镇街走符合自身特色的科学发展道路。投入72亿元改善农村基础设施，大力实施村镇环境综合整治和生态创建，农村生产生活条件大幅提升。城乡居民收入五年翻番，城镇、农村常住居民人均可支配收入分别增长75.3%和103.2%。社保覆盖面逐年扩大，"五险"参保人数达到124万人次，城乡居民养老保险和大病医疗保险分别覆盖28.1万人、57.5万人。城乡低保实现应保尽保，108.1万人次从中受益。城镇新增就业7.6万人，帮助9 000人创业致富。深化教育领域综合改革，成功通过国家义务教育发展基本均衡区认定。实施基本药物制度，基本公共卫生服务实现全覆盖。三年投入32.1亿元，全面对接落实重点民生实事。"一生之城"涉及的教育医疗、生活娱乐、就业居住、健身养老等10个重要节点高标准服务体系逐渐成形。

"十二五"时期，是民主法治"稳步向前"，发展环境不断改善的五年

回顾这一时期，我们坚持用改革提升行政效能，法治政府、服务型政府建设纵深推进。强化依法行政，开展规范性文件合法性审查备案，废止失效文件303件。组建公共资源交易中心，累计完成交易金额410亿元，为政府增收节支10亿元。建成房地产交易市场，房地产市场稳定有序。深化投融资体制改革，坚持"三道防线"控制负债，政府债务保持在绿色安全区域内。坚持"政府投资瘦身，社会投资扩容"，政府投资和社会投资比例优化为1:6。深入推进机构改革，整合精简机构36个，清理撤销临时机构和议事协调机构146个。完成食品药品监管体制改革，15个镇街设立监管机构。深化行政审批制度改革，清理减少审批事项342项。积极构建三级服务体系，15个镇街公共服务中心和186个村（社区）便民服务中心建成投用。实施"三年千人引才计划"，引进和培养硕士研究生、副高级职称以上人才1 035名。开展"走进矛盾、破解难题""走进企业、助推发展""走进村社、融入群众"活动，落实领导干部信访包案、联系重点项目、结对包建村社制度，将"作业面"推进到基层一线。创新信访"三色告知"制度，坚持领导干部定期接待群众来访，化解突出信访问题和信访积案168件。立体化社会治安防控体系建设不断加强，社区网格化管理实现全覆盖。全面落实安全生产责任制，安全生产事故逐年下降。严格执行中央八项规定，

持之以恒纠正“四风”，以“三严三实”要求抓作风建设，着力预防和惩治腐败，立案查处违纪违法案件228件，政纪处分98人。通过群众工作信息管理系统受理群众反映事项10 456件，办结率99.7%，满意率99%。加强“阳光璧山一网一线”工作，受理群众诉求10.7万件，群众满意率99.6%。在全市率先开展网络投诉建议办理工作，受理959件，办结率100%。80项重大决策事前征求人大、政协意见，办结人大代表建议和政协委员提案1 802件，办复率和满意率均达到100%。全面完成“六五”普法。

各位代表！刚刚过去的2015年，是“十二五”规划收官之年。全区上下深入实施“三区一美”战略，坚持“有进有退有作为”的工作主调，努力拥抱新常态、引领新常态，以改革释放发展活力，以开放拓展发展空间，以创新赢得发展优势，全面完成了十六届人大七次会议确定的主要目标任务。

过去一年，是执着追求“不停步”，宜居功能日趋完善的一年

“绿城、水城、古城”加快建设。实施绿岛新区征地拆迁2 424亩，建设重点项目9个，新建市政道路8.1公里。完成御湖新区等8个片区控规编制，实现城区控规全覆盖。推进东岳、漫水湾公园建设，建成南康、村家、翠微、蜀望、余庆等5个公园；城市绿化从“平面”走向“立体”，完成公共区域立体绿化260余处、居民楼院立体绿化1 456户。建成4座水库、3处湿地，新增城区水域面积510亩、水网长度6公里。市级“海绵城市”建设试点获批，完成相关专项规划编制。建成仿古建筑5.4万平方米，新开工2万平方米。基础设施建设持续推进。轨道一号线大学城至璧山段控制性工程完成主体工程量的42%，缙云山隧道双向掘进1.5公里，完成换乘枢纽及连接道征地拆迁，启动车站及高架工程前期工作；成渝高铁广场、虎峰大道及换乘枢纽竣工投用；启动九永高速征地拆迁，协调开展渝蓉高速接北环立交前期工作。铜罐驿长江提水璧山供区工程开工建设，三江水库、盐井河水库正式向城区供水，千层岩水厂扩建工程投入运行。110千伏田秀东线改迁入地，温泉、茅莱变电站建设顺利推进。新建4G基站529个，实现所有镇街场镇4G网络全覆盖。城市管理更加精细化。建成智慧城管监督指挥中心，安装智能化控制终端5套。严格城市道路、绿化开挖审批，市政设施完好率98%以上。开展城区河道清淤清漂，疏浚城区下水道300公里。规范“骑门摊”，治理“牛皮癣”，拆除违规广告牌232块。新增公共停车位3 030个。环保物联网试点工作取得阶段性成效，“智慧环保”系统上线运行。深入开展环保“五大行动”和“四清四治”专项行动，空气质量优良天数达到346天，城区噪声达标区实现全覆盖。服务业实现新发展。CBD一期招商运营进展顺利，秀湖水街建成投用，南门唐城即将开业，红星美凯龙一期基本建成，150万平方米环秀湖商圈逐渐成形。出台金融业鼓励政策，金融机构增加到49家，引导30家入驻金融街。出台房地产企业诚信评价制度，完成房地产投资85.8亿元，新开工商品房113.5万平方米、竣工97.8万平方米、销售173.1万平方米。旅游招商取得突破，与亚洲生态酒店领先品牌裸心集团达成合作意向，正与世界知名主题游乐园品牌企业洽谈。“人生链条”服务体系逐渐完善。实验小学与巴蜀小学合作办学纵深推进，璧山中学与重庆一中联盟办学成效初显，高考重本上线人数增长55.4%。重医护理职业学院主体完工，人民医院和妇幼保健院“三甲”创建有序推进，中铁任之健康城项目进展顺利。

过去一年，是引领发展“不懈怠”，创新驱动能力不断增强的一年

工业经济提质增效。完成工业投资335.7亿元，增长28%。工业增加值达到244.2亿元，增长12.1%，对经济增长贡献率达到67%。产业集中度不断提升，三大主导产业在工业中占比提高到65%。实际利用内、外资分别达到239.6亿元、1.6

亿美元，进出口总额实现3.1亿美元。高新区建设扎实推进。建成区面积扩大到16平方公里，新建道路15公里、绿化30万平方米。高新区规上工业产值达到750亿元，增长17.6%。引进100亿级企业众泰集团、世界500强企业德国大陆集团、新加坡淡马锡公司等56个项目，37个项目开工建设，45家企业投产达效。污水处理厂一期电镀污水处理项目建成投用。科技创新逐步形成新的驱动力。启动高新区科技创新示范基地建设，与8所高校、25家企业合作打造大学生实训基地。新增16家国家高新技术企业、14家市级企业技术中心和工程技术研究中心、4家市级众创空间、1家协同创新中心。规上工业研发经费支出7.7亿元，增长18%，占GDP的比重达到2.1%。高新技术产业占规上工业比重达到35%。中意产业创新合作重庆峰会在璧山举办。推动资本市场服务实体经济发展。发挥资本市场在结构调整、产业转型、战略性新兴产业成长中的巨大能量，组建“两山火炬股权投资基金”和“两山西证股权投资基金”，30家企业改制上市有序推进，蓝黛传动成为首家上市的本土企业。

过去一年，是困难面前“不退缩”，城乡统筹更加协调的一年

精准扶贫精准脱贫任务基本完成。投入1.7亿元，落实六大类、46项重点任务，实现3个市级贫困村整村脱贫、1 891户建卡贫困户越过扶贫标准线。积极引导贫困村因地制宜发展特色产业，落实每户2 000元以上产业扶持资金。推出20项农村实用技术培训，帮助1 324人在城镇就业。投入354万元，为3 675名贫困学生提供教育资助。筹集5 000万元扶贫救助基金，用于解决因病因残因灾致贫返贫等问题。道口经济发展拉开序幕。完成8个道口片区发展战略规划及控规编制，明确各个道口功能定位。实施渝遂高速大路道口片区征地776亩，完成万家欢国际农贸城开工准备工作。效益农业加快发展。农林牧渔业产值达到31.4亿元，增长4%。璧北十万亩蔬菜基地播种面积10.9万亩、产量24万吨，璧南十万亩苗木基地、璧西五万亩果木基地分别新增种植面积2 000亩、5 000亩，三大基地实现产值15亿元。新建改造农村公路50公里。建设水利设施2500余处，恢复改善灌溉面积5.8万亩。流转土地30.1万亩，流转率51.4%，土地规模经营集中度达到44.4%。新增农业龙头企业5家、农民专业合作社19家，带动3.4万农户增收。新增无公害农产品基地15个、无公害农产品16个、绿色食品8个。加强农业科技创新，成功创建科技部全国首批农业“星创天地”试点。开展农村产权制度改革试点，实现“三权”抵押融资5亿元。生态创建深入推进。完成青杠污水处理厂管网及配套设施建设，新建改造14个场镇污水处理厂（站），城镇生活污水处置率达到80%以上。设置田间废弃物收集点150个，农村垃圾收集率达到50%。整治病险水库7座、河道18公里，严控水源地和次级河流水质。实施公路绿化870公里、水系绿化150公里，林木覆盖率达到49.7%。完成10个国家级生态镇街、1个市级生态街道创建申报，47个涉农的村（社区）创建为市级生态村（社区）。

过去一年，是务实为民“不含糊”，百姓生活更加舒展的一年

重点民生实事逐项落实。对接全市重点民生实事，基本完成全区25件民生实事年度任务。其中，污水处理厂（站）建设、农村饮水安全、山坪塘整治和撤并村卫生室建设等4件提前完成三年目标，生态停车场建设、关闭污染企业、农村危房改造等9件超额完成年度任务。完成14 500户城市供水“一户一表”改造。建设村社便道220公里，安装22.2公里农村公路危险路段安保设施。精神卫生中心开工建设，完成164个村卫生室基本设备配备，实施15个镇街卫生院、9个社区卫生服务站、269个村卫生室医用计量器具免费检定。建成社区便民商业设施10个、社区养老服务站5个。建成保障性住房33.9万平方米，完成高山生态扶贫搬迁401人。新建改造公厕19座、垃

圾收集站22个，实施45个行政村环境连片整治。完成殡仪馆迁建项目征地拆迁，项目连接公路建成通车。扩大就业技能培训4 283人。完成1 969名孕妇产前出生缺陷筛查和2.3万人次农村妇女“两癌”筛查。改扩建11所学校，义务教育阶段学生营养餐全覆盖。808场流动文化服务进镇街和村（社区），22个行政村光纤全覆盖。规范设置城区30个重要节点信号灯和交通标识，改造33栋老旧居住建筑消防设施。社会事业蓬勃发展。新建民办幼儿园5所，启动凤凰小学、御湖小学建设。实施教育绩效考核改革，12所试点学校课程改革有序推进。引进40名高层次教育人才，面向全国选调33名优秀教师来璧任教。深入推进医药卫生体制改革，区级公立医院实行药品零差率销售，让利群众3 275万元。实施体育馆改造，新建体育健身广场2个、全民健身路径10条、农体健身工程44个。基层文化阵地面积超过10万平方米，实现全免费开放。社会保障更加有力。城镇新增就业2.1万人，4 695名城镇登记失业人员和2008名就业困难人员实现就业，城镇登记失业率控制在2.31%。发放创业担保贷款5 030万元，新发展微型企业750户，帮助1 100人实现创业。连续11年调整城镇职工养老保险待遇，惠及4.9万人。2 194名参保居民获得大病医疗补助1 159万元。改扩建敬老院1所，新建社会养老机构3所。为9 479名城乡低保对象发放低保金2 670万元，2 069名城市“三无”人员领取供养金1 053万元。3 241人纳入农村五保供养，发放待遇1 417万元。1.7万余名80岁以上老人享受高龄营养补贴1 100余万元，692个失独家庭获得特别关爱金410万元。实施医疗救助、临时救助14.6万人次，发放救助金2180万元。平安建设扎实推进。新增治安卡点33处、高清监控摄像头1 223个，落实18个反恐重点单位安保措施，群众安全感指数达到95.8%。破获集资诈骗、非法吸收公众存款等经济案件46件，为群众挽回损失2.6亿元。优化应急处置流程，修订区级应急预案11个，开展应急演练32次。通过购买法律服务，在全市率先建立疑难复杂信访问题导入法律程序工作机制。关闭危险化学品生产企业5家、煤矿和非煤矿山7家，全年未发生较大以上安全生产事故。

在经济社会快速发展的同时，双拥共建、人口计生、妇女儿童、关心下一代、老干部、残疾人、老龄、民族宗教、外事、侨务、对台工作得到加强，审计、统计、武装、司法、气象、供销、地震、科普、民防、人事、编制、档案、修志工作取得新进步。

这一年，我们开展“情暖璧山人”活动，多形式多渠道向在外的政商界“璧山人”宣传推介璧山，并送去家乡的问候。这一年，我们深入开展“音乐与城市推广”，每月一首新歌唱响璧山大街小巷。这一年，我们着力塑造“来了就是璧山人”的城市包容性格，璧山美誉度和影响力远播四方。

不知不觉中，我们发现：一年来，111人次省部级领导和184批次外地党政考察团到璧视察、考察，璧山经验35次获中央主流媒体深度报道，央视《新闻联播》在2015年全国“两会”期间头条聚焦璧山。特别是政才书记去年2月视察璧山时，作出“更好些”“更快些”“更加积极作为”“为全市发展大局做出更大贡献”的重要批示，让我们更加坚定了发展的信心和底气。

各位代表！盘点过往，我们感怀付出的艰辛和收获的喜悦。正因为有市委、市政府的坚强领导和区委的智慧指引，有人大、政协的协力同心和历届政府班子的接续发力，有全区上下的务实苦干和社会各界的鼎力支持，让我们在发展路上毫不犹疑，让这份成绩弥足珍贵。在此，我代表区政府，向全区人民，向人大代表、政协委员，向各民主党派、人民团体，向驻璧部队、武警官兵、公安民警，向活跃在璧山发展台前幕后的社会各界人士，致以最崇高的敬意和最衷心的感谢！

改革之路从无坦途。我们清醒地认识到，发展多年积累的一些矛盾和问题还未得到根本性解决。经济结构性、素质性矛盾仍然比较突出；土地约束、环境容量、资金瓶颈仍未根本消除；产业发展内生动力不足，自主创新能力不强，民营企业融资难、融资贵的局面未彻底改变；城乡发展不平衡，公共服务水平不高，农村基础设施不健全；部分公职人员的思维方式、精神状态、工作作风，还未完全跟上发展节奏等。我们要直面问题，安不忘危、治不忘乱，少说多干、敢于担当，不辱历史使命，不负人民重托！

二、“十三五”时期经济社会发展总体要求

新一轮五年规划开篇的时间节点，璧山又站在新的起跑线上，在波澜壮阔的发展大潮中，我们是随波逐流还是勇立潮头？未来并非全然未知，五年积淀的发展基础，路径清晰的发展蓝图，都让我们面对新征程、迎接新挑战更有定力、更加从容。

“十三五”期间，经济稳中向好的基本面没有改变，璧山仍处于大有作为的重要战略机遇期。国家“一带一路”、长江经济带、西部大开发战略和成渝经济区、成渝城市群等区域发展战略持续“发酵”，促使重庆国际化进程加快；五大功能区域发展战略深度实施，以交通为标志的基础设施互联互通格局正在形成，占据“城市发展新区”区位制高点的璧山，展示的空间在扩大，发展的机遇在叠加。特别是成渝高铁的开通，促使资本、技术、人才等生产要素在璧山优化配置和集聚发展。已经到来的“高铁时代”将催生一种新的经济形态，改写璧山在重庆西部经济版图中的分量和地位。当前的璧山，各种能量和潜力正蓄势待发，实现新一轮发展正当其时！

思想是行动的先导。根据区十三届四次党代会精神和区委“十三五”规划《建议》，“十三五”发展的指导思想是，高举中国特色社会主义伟大旗帜，全面贯彻党的十八大、十八届三中四中五中全会及中央经济工作会议精神，以马克思列宁主义、毛泽东思想、邓小平理论、“三个代表”重要思想、科学发展观为指导，深入贯彻习近平总书记系列重要讲话精神，全面落实“四个全面”战略布局，紧扣“创新、协调、绿色、开放、共享”五大发展理念，切实落实市委四届五次、六次、七次、八次全会各项部署，大力实施五大功能区域发展战略，坚持发展第一要务，深度推进“三区一美”战略，全面建成小康社会，高标准建设好重庆“城市发展新区”。

“十三五”时期经济社会发展主要预期目标是，保持经济中高速增长，发展质量和效益显著提升，到2020年，地区生产总值比2010年增长3倍，城乡居民人均可支配收入比2010年增长2.6倍，全面建成小康社会，各行各业走在重庆“城市发展新区”前列。

通过几年的探索实践，“三区一美”已成为璧山发展的战略共识，成为璧山人共同的目标追求。“十三五”时期，要按照区委的路径规划，深度实施“三区一美”战略。主要任务是：

建设重庆“城市发展新区”的生态宜居区。城市建成区达到60平方公里，实施80万平方米立体绿化，城市公共绿地达到2 500万平方米，建成区绿化覆盖率提高到50%，人均公园绿地面积增加到30平方米，城市植物品种达到3 000种。城区水面比例提高到12%，人均水域面积达到12平方米，水网密度接近5公里/平方公里，建成“国家生态文明试验区”“全国水生态文明城市”和“海绵城市”示范区。合理布局古建筑空间，建成60万平方米仿古建筑，营造古城视觉效果。加快建设“人生链条”精准服务项目，完善人一生中10个重要节点的高标准服务体系。打通与主城连接的8条隧道，加快推进九永高速、渝蓉高速接北环立交、渝遂高速扩能改造、合璧津高速、轨道一号线大学城至璧山段、市郊铁路璧铜段建设，实现“15分钟主城”目标。打造“全域景区城市”，策划6大类、50个旅游项目，设立50亿元旅游产业引导资金和出台一系列招商鼓励政策，努力将璧山打造成为“重庆郊区旅游优秀目的地”。

建设重庆“城市发展新区”的新型工业化示范区。力争规上工业产值达到3 000亿元，高新区规上工业产值达到2 500亿元，高新技术产业比重提高到63.5%以上。大力发展生产性服务业和总部经济，配套建设创业大道和科技企业“孵化器”，为“大众创业、万众创新”提供综合服务。力争培育、引进30家企业改制挂牌上市。深化“3+3+N”招商引资模式，发展战略性新兴产业，加速形成先进制造业、互联网产业、“大健康”产业等竞争力强的产业体系。金融业增加值占GDP比重力争提高到5%。

建设重庆“城市发展新区”的统筹城乡先行区。按照“四个功能区”划分，进一步突出首要任务。科学确定各道口功能定位，精准策划一批项目落地。发挥国家农业科技园区聚集、辐射、示范功能，持续提升园区创新引领水平。大力发展现代特色效益农业，构建农业全产业链和农产品安全体系。积极推广“互联网+”现代农业模式，支持新型农业经营主体、农产品和农资市场运用电商平台。巩固扶贫脱贫成效，实现发展成果共享。针对小康社会指标体系涉及的经济发展、生活质量、社会和谐、文教卫生、生态环境等指标，找准差距精准发力，确保全面建成小康社会。

打造“和美璧山”。确保60%以上财政收入用于保障和改善民生。对接市委、市政府“民生实事”清单，拿出管用政策和举措，兑现对老百姓的承诺。全面对接全市重点改革任务和改革专项，推动改革举措落地。深化社会事业改革，简化行政审批。扎实推进平安璧山建设，加快建设社会治安防控体系。建立健全调处化解矛盾纠纷综合机制，推进基层社会治理网格化管理。突出严格执法、公正司法、全民守法，把经济社会发展工作纳入法治化轨道。加强安全生产监管，坚决杜绝各类重特大安全事故发生。注重提升市民素质，潜移默化提高市民文明程度。加大“清新璧山”营销力度，精心办好“音乐与城市推广”。发扬“古道驿站”的包容性格，塑造“来了就是璧山人”的多元城市心态。

各位代表！“气清更觉山川近，意远从知宇宙宽”。五年宏大叙事，今朝翻开新篇，面对新使命、新目标，我们深感责任重大。前行的道路注定不会一帆风顺，但历史的使命和人民的期待赋予我们披荆斩棘、破浪前行的无穷动力。我们唯有竭忠尽智、直面挑战，全力以赴、全情投入，在新一个五年，演绎更多璧山发展的“精彩故事”！

三、2016年目标任务和工作重点

欲事之无繁，则必劳于始而逸于终。2016年是开启“十三五”发展新图景的重要一年，政府工作的基本思路和主要任务是：坚定不移实施“三区一美”战略，坚持稳增长、调结构、惠民生、防风险，坚持发展实体经济不动摇，着力加强供给侧结构性改革，深化改革开放，突出创新驱动，着力改善民生，保持经济中高速增长，提升发展质量和效益，加快建设重庆“城市发展新区”的生态宜居区、新型工业化示范区、统筹城乡先行区，打造和美璧山。

起跑应有好速度。综合考虑各方面因素，2016年经济社会发展主要预期目标是：地区生产总值增长11%，一般公共预算收入增长12%，固定资产投资增长13%，工业增加值增长11%，社会消费品零售总额增长13%，实际利用内外资分别增长10%、11%，进出口总额增长10%，城乡居民人均可支配收入增长11%，城镇登记失业率控制在3%以内，单位GDP能耗、主要污染物减排等约束性指标完成市里下达任务。

风正时济，任重道远。做好2016年工作，关键是适应引领新常态，在适度扩大有效需求的同时，着力加强供给侧结构性改革，落实好重大改革专项。中央提出的“去产能、去库存、去杠杆、降成本、补短板”五大任务，是落实供给侧结构性改革的方向和指引。在明确主要任务和预期目标基础上，我们要力求在以下七个方面取得更大进步。

（一）围绕“全面迈进”，在提升发展质量效益上取得更大进步

以提高经济发展质量和效益为中心，坚决摒弃单纯依靠生产要素大量投入和扩张的粗放型经济增长方式，提高资源利用效率。2016年，要进一步放大交通区位优势，优化投资结构，集聚更多资源要素，提升区域核心竞争力。

大力推进交通重点项目建设，着力构建区域综合交通枢纽。加快轨道一号线大学城至璧山段建设，开工建设换乘枢纽及连接线工程，启动车站及高架建设，力争完成缙云山隧道70%的工程量。强力推进渝蓉高速接北环立交、渝遂高速扩能改造项目，积极协调合璧津高速项目，争取尽早开工。做好市郊铁路璧铜段、九永高速征地拆迁和协调服务工作。启动黛山大道延伸至来凤前期工作，力争年内部分开工。实施省道107线璧山段升级改造。

保持投资拉力，确保固定资产投资超过710亿元。投资是稳增长的重要抓手，要继续推进“政府投资瘦身、社会投资扩容”，保持必要的投资强度，优化投资结构，提升投资效益。做好政府投资项目储备和三年滚动投资计划编制，扎实开展项目开工前期筹备工作。切实抓好工商业投资，加大基础设施投资，稳定房地产投资。继续实施区级领导联系重点项目制度，持续优化投资环境，破除影响社会投资的“机制障碍”，努力将政府投资和社会投资比例保持在1:6。

全面对接中央和重庆一系列政策支持项目，争取获得30亿元以上项目资金。抓住国家应对经济下行压力，定向调控、拉动经济、促进投资消费出台的政策机遇，加大国家专项建设基金等项目资金争取力度，主动对接中央、市级投资项目、投资方向和财政政策。加强与政策性银行对接，争取期限长、成本低的融资项目。继续坚持“三道防线”控制负债，政府债务保持在“绿色”状态。正确引导民间投资，严厉打击非法融资，有效防控金融风险。

从供给侧谋划资源配置，提升资源要素配置效率。要加大供给侧结构性改革力度，提高供给的精准性和有效性，加强土地、能源、人才要素保障，加快交通、水电气、城市地下管网、“互联网+”信息基础设施建设。积极争取用地指标，完成4 000亩土地征地拆迁。完成铜罐驿长江提水璧山供区缙云山隧道主体工程，开工建设城市新区水厂，新建供水管网40公里，新增日供水能力3万吨。建成温泉、茅莱变电站，220千伏电网保障能力提高50%以上。继续强化人才保障，重点针对主导产业、高新技术、农业科技等领域，引进高层次和紧缺人才。

（二）围绕“绿色清新”，在打造重庆最佳人居环境上取得更大进步

璧山在生态环境建设上砥砺前行，塑造了鲜明的深绿城市性格，赢得了生态环境“话语权”。2016年，要紧扣“绿色”主题，着力提升城市宜居功能，围绕建设重庆“最佳人居环境城市”，打造主城人群“蛙跳”出城的首选地。

聚焦御湖新区主战场，全面提升绿岛新区城市品质。启动绿岛新区南部片区和轨道一号线璧山站片区4.7平方公里市政道路设计，完成田秀西线和茅秀线迁改入地工程。实施御湖新区滨水道路及环湖管网工程，续建市政道路5公里。力争出让经营性土地1 000亩，推动御湖国际生态旅游度假区项目落地，启动“千年重庆”旅游文化项目建设。招引知名企业来璧投资，打造高档特色酒店和大型高端商场。

持续推进“绿城、水城、古城”建设，让城市拥抱自然。坚持沿道路退让10至40米用于城市绿化，新增城市绿地200万平方米，建成区绿化覆盖率提高到50%，人均公园绿地面积达到28平方米。实施居民楼院立体绿化1 000户以上，建成5条立体绿化集中展示街区。建成东岳、漫水湾等5个公园和市民休闲广场。全面实施“海绵城市”建设试点，力争5平方公里城市建成区达到阶段目标要求。新建、扩建水库3座，新建湿

地5处，整治河道12公里，新增水域面积500亩、水网6公里。新引进植物200种，打造生物多样化生态城市。建成仿古建筑5.7万平方米、新开工6.8万平方米，建设仿古亭廊10处。

注重城市细节，城市管理提质提标。为老城区空间“留白、减压”，拆除一批机关事业单位危旧楼，修建市民休闲广场和生态停车场。启动生态停车场新能源汽车充电桩规划建设。推进市政基地建设，城乡生活垃圾无害化处理率达到95%。建设夜景灯饰80余处，安装远程智能控制终端40处，路灯亮灯率保持在98%以上。实施老城区4个“老旧小区”综合整治，彻底取缔“城中村”。建立规划执法网格化巡查管理制度，全面查处违法建筑，减少“存量”、杜绝“增量”。科学设置交通线路、信号灯，提高出行便捷度。持续推进环保“五大行动”和“智慧环保”建设，严格执行环保负面清单，“三河”水质保持在Ⅳ类以上，城乡集中式饮用水源和饮用水水质稳定达标。

加快完善“人生链条”重点项目，增强城市服务功能。完成人民医院迁建工程并投入使用，推进人民医院和妇幼保健院“三甲”创建工作，启动中医院迁建项目。新加坡伊顿幼儿园建成招生，璧山中学与重庆一中、实验小学与巴蜀小学联合办学模式持续深化，扩建璧山职教中心。殡仪馆搬迁工程开工建设，完成公墓征地拆迁。

（三）围绕“创新开放”，在产业调整升级上取得更大进步

国家高新区获批，拉开璧山产业深度调整和转型升级帷幕，迎来优质创新资源向国家高新区集聚的发展机遇。2016年，要用“创新、开放”的思维谋划“绿色”工业集群，围绕建设重庆“城市发展新区”自主创新示范区、重庆转型发展的创新引领区、长江经济带的高新技术产业联动发展区，提升科技创新能力，力争实现规上工业产值1 200亿元。

建好国家高新区，提升科技创新水平。整合高校、企业、市场资源，建设国家级公共实验平台，逐步实现与大学城融合发展。完善科技创新服务体系建设，建成高新区科技创新示范基地，高水平建设科技孵化园，创建国家级孵化器2个、市级孵化器和众创空间3个。建立“创业种子投资引导基金”，培育科技型企业100家，引进和培育市级企业技术中心、工程技术研究中心和协同创新中心15家，新增高新技术企业15家。专利申请量2 800件以上、授权量1 400件以上，规上工业研发经费投入占GDP比重达到2.2%。

坚持开放发展，加快战略性新兴产业布局。抓住“中新（重庆）战略性互联互通示范项目”签署机遇，推动高新区升级发展。对接国家及重庆战略性新兴产业发展规划，加快布局新能源汽车、液晶面板、新材料、机器人及智能装备、“大健康”产业等战略性新兴产业。启动中新示范园、互联网产业园一期建设，力争引进企业20家。打造总部基地，实现高新区制造业与现代服务业、产业与城市融合发展。深化“3+3+N”招商引资模式，注重“以商招商”和“口碑招商”，形成一批关联性强、成长性强、影响性强的“强筋壮骨”项目，形成“榕树”效应，力争引进100亿级项目1个、50亿级项目3个以上。启动新能源汽车展示中心建设，新开工项目30个，众泰汽车等30个项目建成投产。

继续实施“企业成长计划”，增强企业发育能力。对接落实企业减税降费政策，降低企业在要素保障、劳动用工等方面的成本，为实体经济发展营造良好环境。遵循“创新+资本=新动力”逻辑，做大股权投资基金投资规模，加强基金使用管理，积极推进企业改制挂牌上市。支持新技术、新模式、新业态、新产业发展，使其落地生根；实施传统产业改造项目200个以上，推动传统企业高端化、低碳化、智能化改造；扶持本土骨干企业上档升级，打造一批小微企业集群，厚植创业“土壤”，形成“雁阵齐飞”效应。新增规上企业25家以上。

加快高新区基础设施建设，提高项目承载能

力。建成区面积拓展至18平方公里，新建道路20公里、绿化20万平方米。按照“20分钟步行半径”布局完善生活服务设施，方便群众和企业工人生产生活。强化生产要素保障，努力满足企业水电气和用工需求。推进两山丽苑、两山景苑、两山秀苑定向经济适用房建设。继续抓好“百千万”培训工程，培训企业高管100名。引导企业加强内部管理，重视人文关怀，落实安全生产主体责任。

（四）围绕“融合发展”，在发展现代服务业上取得更大进步

发展现代服务业，是产业结构调整的战略关键，是动力转换的重要方面。2016年，要坚持发展生产性服务业与提升生活性服务业相结合，推动现代服务业加快发展和传统服务业同步提升。

全面激活旅游业，打造“全域景区城市”。实施大项目带动大发展战略，加快形成大旅游格局，创建“国家全域旅游示范区”。深度策划6大类、50个旅游项目，设立50亿元旅游产业引导资金，抓好一批重点旅游项目的招商落地。形成“吃住行游购娱”六要素对游客的全方位吸引，带动旅游产业向综合产业转型。以秀湖公园、观音塘湿地公园等旅游景区为核心，整合公园、文化、餐饮、温泉、休闲、娱乐等资源，打造旅游精品线路。加强旅游市场营销，扩大对外知名度和影响力，努力将璧山打造成为“重庆郊区旅游优秀目的地”。

加快商圈建设，增强商贸集聚效应。做好轨道一号线璧山站片区商务商贸和娱乐服务业发展规划布局。结合秀湖公园4A级旅游景区创建和CBD、秀湖水街、南门唐城、红星美凯龙等商业项目，加快环秀湖商圈业态培育。引进知名网络交易平台和大型网商，建设区域性电商分拨配送中心。加快普洛斯公共仓储等项目建设，推动物流业与优势产业联动发展。

坚持政策引导，加快金融业发展，稳定房地产市场。落实金融鼓励政策，积极引导区内外金融机构进驻CBD金融街，力争新引进8家金融企业，金融业增加值占GDP的比重提高到3%。通过户籍制度、土地制度等改革，提高户籍人口城镇化率，扩大房地产市场需求；科学调控土地出让量和房地产开发量，探索建立购租并举的住房制度，促进房地产业健康发展。

（五）围绕“协调平衡”，在统筹城乡建设上取得更大进步

城乡差距的客观存在，让补齐农业农村发展“短板”的任务更加迫切。2016年，要“对标”全面小康指标体系，围绕拉长“短板”开展工作，继续实施镇街结对帮扶，加大政策扶持和财政投入力度，切实提高农业效益，努力形成以城带乡、以工促农、城乡互动协调发展格局。

科学确定道口功能定位，释放道口经济活力。着眼成渝经济区和成渝城市群等区域发展战略，科学确定各道口功能定位，发挥道口片区承接产业转移功能，策划一批项目落地，注入区域经济新活力。结合道口功能定位，渝遂高速大路道口主要围绕康体医疗、养生养老和农产品物流集散布局项目；成渝高铁璧山换乘枢纽片区重点布局智能制造、电子信息和现代物流重点企业；轨道一号线璧山站片区重点发展现代服务业，成为城市向北拓展的重要“承接地”；渝蓉高速福禄道口要利用好云雾山自然资源，打造高品质郊区旅游休闲度假区和特色小镇；渝蓉高速璧山道口片区要高起点策划大型主题游乐项目，引爆“假日经济”；成渝高速丁家道口片区要利用重庆苗木基地优势，建设大型综合苗木交易市场。其余道口遵循错位发展理念，合理制定道口规划，广泛吸纳社会资本投入，形成道口区域发展新格局。

发挥国家农业科技园区示范引领作用，加快农业现代化进程。启动万家欢国际农贸城市场主体施工，完成中铁任之健康城4万平方米养老项目建设。蔬菜基地新建钢架大棚3.4万平方米，全区蔬菜产量达到70万吨，产值达到7.5亿元；启动苗木基地综合交易市场建设；果木基地新增种

植面积 5 000 亩。完成全年稳粮保供任务。培育新型农业经营主体，新发展农业龙头企业 5 家、农民股份制合作社 15 个。积极培育农产品品牌，构建农业全产业链和农产品安全体系，新增无公害农产品基地 6 个、无公害农产品 12 个、绿色食品 6 个。积极推广“互联网+”现代农业模式，发展一批农村电商，提升农业信息化服务水平，力争信息进村入户率达到 50%。

将“生态创建”贯穿始终，保护好山水、留得住乡愁。继续推进农村环境综合整治项目，实施农村房屋改造和生态治理，全面实施道路、山体、水系、庭院等景观绿化美化工程。成功创建 6 个美丽乡村，80%涉农的村（社区）达到市级生态村（社区）创建标准，启动国家级生态文明建设示范区和 13 个国家级生态文明建设示范镇街创建工作。

（六）围绕“共建共享”，在构建和美幸福家园上取得更大进步

民唯邦本，本固邦宁。始终坚持民生优先，努力把群众的期盼变成实实在在的“获得感”。2016 年，要继续坚持财政支出 60%以上用于民生，切实抓好各项民生工作，全力推进社会事业发展，不断增强人民群众幸福感。

全力推进重点民生实事，把好事办好、实事办实。动态调整民生实事“清单”，把一批群众重点关心的“民生热点”纳入民生实事实施范畴。实施 20 个城区重要交通节点改造，新建村社便道 60 公里，整治山坪塘 439 口，完成 13 500 户城市供水“一户一表”改造。建成精神卫生中心，新建社区便民商业设施 11 个、社区养老服务站 6 个、生态停车场 5 个，实现 6 个镇街敬老院建设达标。改造农村危房 1 200 户，建成保障性住房 22.2 万平方米。关闭污染企业 16 家，新建改造公厕 8 座、垃圾收集站 16 个，完成 25 个行政村环境连片整治。完成 3 所学校宿舍建设，改善 7 所义务教育薄弱学校基本办学条件，继续实施义务教育阶段学生营养餐全覆盖。

解决好就业、社保等问题，进一步提高社会保障水平。城镇新增就业人员 1.8 万人，帮助和引导 3 500 名城镇登记失业人员、1 000 名就业困难人员、2 000 名返乡农民工实现就业。发放创业担保贷款 5 000 万元，新发展微型企业 600 家，新增就业岗位 3 500 个，让 1 200 人实现创业梦。继续完善“五险统征”工作机制，扩大社会保险覆盖面，积极推行社保卡“一卡通”，重点做好城乡居民、非公经济组织从业人员、灵活就业人员和建筑施工企业、个体工商户从业人员参保工作，做好机关事业单位养老保险改革工作。城镇职工医保政策范围内住院报销比例达到 85%以上，城乡居民医保二级及以下医疗机构政策范围内报销比例达到 75%。加强劳动保障监察和劳动人事争议仲裁工作，营造和谐劳动关系。

大力推动教育、卫生、文化事业发展，化解民生难题。继续坚持教育投入占一般公共预算支出比例超过 1/5。御湖小学、凤凰小学主体工程完工，新建民办幼儿园 3 所。深化教育绩效改革，面向全国选调优秀教师，引进高层次教育人才 25 名。探索开展区级医院综合改革，逐步解决“看病贵、看病难”问题。全面落实 41 项免费公共卫生服务，城乡居民电子健康档案建档率和合格率均达 90%以上。启动博物馆建设，推进谢唯进故居修缮工程。完善文化馆功能设施，启动来凤、大路文化中心建设。加快推进城区体育馆改造，新建 1 个体育健身广场、10 个农村体育健身工程、10 条健身路径。完成 1 450 户直播卫星电视安装、1 万户有线数字电视转换，办好第一届老年人体育健康运动会和“全民健身日”活动。加强青少年思想道德建设，做好关心下一代工作。

深化平安建设，构建和谐稳定的社会秩序。加强社会治安防控体系“五张网”建设，提升维护稳定能力，确保重大群体性事件、暴恐事件、重大网络舆情事件处置有力。社会安全事件应急联动指挥系统建成投用，实现对街面巡逻力量实时点对点、扁平化指挥调度。发挥好反信息诈骗

中心作用，遏制网络通讯诈骗高发势头。推进城市交通智能化示范，机动车管理中心建成投用。启动消防指挥中心综合消防站建设。强化突发事件风险管理，实现基层应急管理规范化建设全覆盖。落实安全生产“三基”工作，完善食品药品网格化监管，坚决遏制重大以上安全事故。

（七）围绕“执行能力”，在提升政府服务水平上取得更大进步

执行力是政府的生命力。璧山前行路上不会是一场轻松的“旅程”，容不得半点懈怠。全体政府工作人员必须增强执行能力，按照既定蓝图，咬定目标不放松，切实强化政府自身建设，向全区人民交上一份满意的答卷。

全面深化改革，不断加强执政能力建设。对接全市重点改革任务和改革专项，列出任务清单、施工图、时间表，用“干部对账”倒逼改革举措落地。坚持问题导向和结果导向，注重谋长远、谋机制、谋活力，用改革突破发展“瓶颈”。坚持市场化改革方向，注重放管结合，以关键环节为突破口，深化社会事业改革，简化行政审批，为各类经济主体创造机会均等、公平竞争的社会环境。优化配置行政资源，稳步推进国企改革、公务车改革。

全面依法治区，不断提升依法履职水平。健全政府工作人员学法用法制度，牢固树立法治意识，提升依法履职能力。严格依法行使权力，推进职能、权限、程序、责任法定化。健全科学、民主、依法决策机制，坚持重大决策和规范性文件制定过程公众参与、专家论证、风险评估制度。推进政务信息系统互联互通和政务公开信息化，提高政府工作透明度。

倡导“落实、落细、落小”工作作风，不断提高执行能力。严格落实区委各项决策部署，切实转变工作方式和思维方式，将“落实、落细、落小”的要求融入具体工作中。奉行“能干事、会干事、干成事”的工作理念，将决定的事一件件落实，把承诺的事一件件办好。主动接受人大工作监督、法律监督和政协民主监督，重视民主党派、工商联、无党派人士和人民团体的集体智慧，强化监察、审计、媒体和人民群众的监督作用。用心用情做好人大代表建议和政协委员提案办理工作。

始终坚持清廉守纪，不断强化规矩意识。把遵守政治纪律和政治规矩放在更加重要的位置，杜绝对上对下、对内对外“两张皮”。严格落实中央八项规定，坚决纠正“四风”。严格落实“权力清单”和“责任清单”，不断强化制度的刚性约束，既不能“无所作为”，更不能“任意妄为”，坚决打掉“权力寻租”空间，努力铲除滋生腐败的土壤。始终保持惩治腐败高压态势，严肃查处违法违纪案件。做好来信来访、网络舆情办理和阳光政务工作，畅通民意诉求渠道。

各位代表！时代赋予璧山发展兴盛的历史机遇。气势如虹的“十三五”蓝图已经拉开，激情奔涌的2016已经到来。“潮平两岸阔，风正一帆悬”，让我们一道，在区委的坚强领导下，在“三区一美”战略指引下，以更大的决心、更足的劲头、更实的举措，共同谱写“十三五”的华彩乐章！

中共重庆市璧山区委　重庆市璧山区人民政府关于加快推进生态文明建设的意见

（2015年5月22日）

加快推进生态文明建设，是实现璧山“三区一美”战略和全面建成小康社会的必由之路。全区各级各部门要从战略和全局高度，扎实推进生态文明建设，全面提升璧山生态文明水平，为建设美丽重庆作出更大贡献。现就加快推进生态文明建设提出如下意见。

一、指导思想、基本原则和目标

（一）指导思想

以中国特色社会主义理论体系为指导，深入贯彻党的十八大，十八届二中、三中、四中全会和习近平总书记系列重要讲话精神，牢固树立保护生态环境就是保护生产力、改善生态环境就是发展生产力的理念，牢牢把握“五个决不能”生态环保底线。按照全区一体化、镇街发展差异化、资源利用最优化和整体功能最大化要求，着力树立生态观念、完善生态制度、优化生态环境、维护生态安全，实现遵循自然规律的可持续发展。

（二）基本原则

坚持保护中发展、发展中保护，在统筹推进“新四化”中突出抓好生态文明建设，坚定不移走可持续发展道路。坚持以人为本、问题导向，着力解决人民群众反映强烈的生态环境问题，最大限度满足人民群众对良好生态环境的需求。坚持正确处理政府与市场的关系，规范和引导全社会生产和生活行为，激发全社会参与生态文明建设的积极性和创造力。坚持深化改革、创新驱动、文化引领，为生态文明建设注入持久动力。坚持依法保护、依法治理，为生态文明建设提供强有力的法治保障。

（三）工作目标

到2020年，努力将璧山建成深绿型生态化的“一生之城”，实现全区生态文明水平与全面建成小康社会目标相适应。

——生态格局更加优化。严守生态保护红线，构建起科学合理城镇化格局、产业发展格局和生态空间格局。以璧山的山、水、林、田、湖为空间元素，以自然山水脉络和自然地形地貌为框架，着力构建“两山一带多走廊”区域网状生态安全格局。加强全区耕地和林地保护力度，林地面积不低于54.8万亩、森林面积不低于53.4万亩。

——发展质量和效益不断提升。产业结构和布局持续优化，各类资源要素科学配置。全区三次产业结构更加合理，服务业增加值比重稳步提高。完成主要污染物总量减排、节能降耗和控制温室气体排放任务。万元GDP主要污染物排放强度和能耗逐年下降。

——生态环境质量持续改善。污染防治水平不断提升，环境质量持续向好，生态系统保持稳定，环境安全得到保障。构建“三山三河”生态屏障，境内缙云山、茅莱山、云雾山生态系统得到有效保护；璧南河、璧北河、梅江河水质分别稳定达到Ⅳ类、Ⅳ类和Ⅲ类，璧南河城区段水体水质持续好转，城乡集中式饮用水源水质和饮用水合格率100%。城区环境空气质量优良天数逐年上升。全区所有场镇（含自然集镇）生活污水处理设施建设全覆盖，城乡生活垃圾收运处置实现一体化、同质化。地质灾害、水土流失得到有效治理。

——生态文明法治水平进一步提高。执法监管能力明显提升，环境司法保护取得新进展，法治意识不断增强，公众合法环境权益得到依法维护，形成更加良好的生态文明法治环境。

——生态文明制度体系建立健全。系统的制度体系基本形成，生态保护红线、生态补偿、生态环境保护责任追究和损害赔偿等制度不断健全。完善综合考核评价体系，优化行政监督管理方式和手段，综合运用行政、法律、经济手段和市场机制推进生态环境保护与建设。

——生态文化日益深厚。生态文化不断培育，生态文明宣传教育和创建活动广泛开展，全社会节约意识、环保意识、生态意识不断增强，绿色低碳生产生活方式和消费模式成为政府、企业和社会公众的广泛共识和自觉行动。

二、优化国土空间开发格局

(四) 优化区域空间格局。划定生产、生活、生态空间开发管制界限，注重各规划功能衔接，保持规划的连续性和约束性。璧中城市区按照100平方公里规划布局，建设生态城市、发展新型工业和现代服务业；璧北生态区、璧南生态区、璧西生态区坚持“点上开发、面上保护”的原则，科学引导人口相对聚集和梯度转移，注重涵养和保护生态环境，因地制宜发展有机蔬菜、花卉苗木和优质水果等特色农产品生产。

(五) 优化城镇布局和形态。因地制宜建设各具特色的生态文明城镇，形成符合四大功能区功能定位的城镇化空间格局。璧中城市区围绕“完善城市功能、拓展城市空间、产城融合发展”思路，建成“活力水城、秀美绿城、千年古城”。璧北生态区、璧南生态区、璧西生态区围绕“城乡统筹、涵养生态、提供生态产品、乡村旅游、小城镇建设”发展思路，打造重庆“金色郊区”，全面建设生态文明示范镇街和美丽乡村。

(六) 优化生态空间格局。严守生态保护红线，严格分级分类管控，形成科学合理的生态空间格局。自然生态保留区以林地为主要空间载体，严格保护好缙云山国家级自然保护区、青龙湖国家森林公园、云雾山湿地生态带等自然山体生态屏障，强化对集中式饮用水源保护区等重要生态功能区的保护，保留永久生态保护空间。生态功能调节区要构建以铁路和高速公路等交通干线、河湖滨岸水源涵养保护区等为主体的绿廊生态调节区，保持水生态系统的稳定性，保护好城镇周边山、水、林、田、湖等多元自然开敞空间，给自然留下更多修复空间。

三、进一步转变经济发展方式

(七) 调整优化产业结构。严格执行环境保护负面清单制度，项目环保审批做到“四个不批”“三个严格”；强化投资政策分类指引、土地资源分类配置和资源环境分类约束，促进产业特色发展、绿色发展和集群发展。坚持环境污染“零容忍”，铁腕治污，引导工业企业向高新区集中，升级改造传统产业，推进璧山国家高新技术产业开发区建设。发展现代生态农业，推进璧山国家农业科技园区建设。发展生态旅游业，推进璧山集商业、旅游、文化为一体的“旅游城”建设。

(八) 加强资源能源节约集约利用。严格土地管理，加强土地集约利用，严格推行开发强度核准。强化工业节能，推进高耗能行业企业节能改造和能量系统优化。开展绿色建筑行动，推广绿色照明。发展节水农业，实施企业节水改造，强化城市节水。推进中水回用工程，全区城镇中水回用处置能力达到50%以上。

(九) 发展低碳循环经济。加快调整能源结构，推进璧山国家低碳工业示范园区建设。建设循环型工业，推进工业“三废”综合利用，开展高新技术产业开发区循环化改造。建设循环型农业，实施示范工程，培育循环农业模式。建设循环型服务业，构建覆盖全社会的资源循环利用体系，推进再生资源回收体系建设。

四、加强环境保护和生态修复

(十) 加强大气污染治理。强化大气污染物协同控制，持续改善城区空气质量。加快燃煤设施达标治理或清洁能源改造，推进污染企业关闭。加强城市工地和道路扬尘、机动车排气、餐饮油烟和挥发性有机废气污染综合整治。实施重点区域黄标车限行，加快淘汰黄标车和老旧车辆。推广使用新能源汽车，加强车用油品质量监管和升级。

（十一）加强水环境保护。强化集中式饮用水源地保护，实施农村饮水安全工程，持续改善饮用水源和供水水质。加快完善城镇污水处理厂（站）及配套管网建设，健全城镇污水处理厂（站）运管机制，城镇生活污水收集处置率达到85%。加强工业企业污染集中治理，实现高新区内生产生活污水收集处置率100%。

（十二）加强农村环境保护。持续开展农村环境连片整治，实施农村垃圾和污水治理设施统一规划和建设，完善运管长效机制。严格执行畜牧业发展规划和污染防治规划，引导畜牧业合理布局、适度发展。全区畜禽养殖容量红线控制在21万头猪当量，完成禁养区内经营性畜禽养殖场（户）关停、搬迁。加强农业面源污染防治，实施农村清洁工程和生态家园工程，引导农村使用清洁能源，合理控制化肥农药施用强度。

（十三）加强噪声污染防治。优化城市规划布局，严格环境准入，减少新噪声源产生。加强工业噪声污染防治，严格执行工业企业噪声排污许可制度。完善施工现场噪声管理制度，严格夜间建筑施工审批，严惩夜间违法施工行为。加强交通噪声源头控制，扩大禁鸣区范围，完善禁鸣标志。加大广场、营业性文化娱乐场所和商业活动噪声污染综合整治力度。

（十四）加强生态保护与修复。加强森林、绿地、湿地和野生动植物保护，实施生物多样性保护工程，提升病虫害生物防治水平。大力实施天然林资源保护、退耕还林等林业重点工程，开展林相改造，提升林分质量。加强水土流失预防和综合治理，加强对矿山、林地、湿地等资源生态保护和修复。推进“一河三湖九湿地”建设，打造“海绵城市”，增强城市生态修复功能。

（十五）保障生态环境安全。加强生态环境矛盾纠纷排查，切实解决损害群众健康的生态环境问题。实施环境风险防范全过程管理，建立完善环境风险防范体系。加强危险化学品、核与辐射安全监管，加大重金属污染防治力度，规范危险废物管理和利用处置。强化环境风险防范和应急处置能力建设。

五、加快生态环境保护法治建设

（十六）加大执法力度。加强环境保护、能源监察、安全生产等重点领域基层执法力量，建立权责统一、权威高效的生态文明行政执法体制。加大对环境污染、生态破坏等违法行为的查处力度。强化环保与公安等部门联动机制，充分运用按日计罚、查封、扣押设施设备、行政拘留等强制行政权严厉打击环境违法行为。

（十七）强化司法保护。健全完善环境行政执法与刑事司法衔接机制。加强公安机关环境保护犯罪侦查能力建设，严厉打击生态环境犯罪行为。严肃查办生态环境领域的贪污贿赂犯罪及渎职犯罪。对造成生态环境损害的责任者严格实行赔偿制度，依法追究行政、刑事责任和民事责任。依法推进环境公益诉讼，提升生态环境法律援助水平。引导群众通过法定渠道解决环境纠纷，维护公众环境权益。

（十八）加强普法教育。深入开展生态文明法律法规宣传教育，增强全民保护生态环境法治意识。将生态法治教育纳入各级干部教育培训计划，提高领导干部运用法治思维和法治方式推动生态文明建设能力。强化企事业单位和其他生产经营者环保主体责任意识。建立法律顾问制度，引导法律服务组织参与生态文明建设。

六、加强生态环境保护制度建设

（十九）严格源头保护制度。健全自然资源资产产权和用途管制制度，明确各类国土空间开发、利用、保护边界，落实用途管制。健全能源、水、土地节约集约使用制度，确定煤炭、水、土地等消耗上限。完善水资源管理制度，实施水资源开发利用控制、用水效率控制、水功能区限制纳污控制管理。坚持严格的耕地保护制度，对新增建设用地实行总量控制。

（二十）强化监督管理制度。强化生态文明建设管理职能，加强资源环境监管。完善污染物排放许可制度，健全污染物总量减排机制。严格环境影响评价制度，重大敏感建设项目必须开展社会稳定风险评估。健全建设项目环境监理制度，实施建设项目全过程管理。完善能评制度，探索建立节能“三同时”和验收制度。

（二十一）完善信息公开和公众参与制度。推进环保部门和其他负有环保监管职责部门依法公开环境信息。加强重点排污单位环境信息公开。建立企业环境行为信用评价制度，定期公布评定结果和违法者名单。推进环境决策、环境监督及环境影响评价等重点领域公众参与。鼓励和引导公众依法举报环境污染、生态破坏及未依法履行环境保护监管职责行为。

（二十二）健全考核评价与责任追究制度。完善生态文明建设考核办法和奖惩机制，实施差异化考核。对保护和改善环境做出显著成绩的单位和个人予以奖励；对未履行生态文明建设职责或履职不到位的镇街及相关部门负责人进行约谈。建立完善领导干部任期生态文明建设问责制和终身追究制，对不顾生态环境盲目决策、造成严重后果的实行终身追究。

七、完善政策措施和保障机制

（二十三）健全投入补偿机制。建立民间资本和社会力量投入生态文明建设多元化投资机制。加大政府对生态文明建设财政投入，重点用于节能减排、污染防治及生态保护与建设等领域。建立健全生态补偿机制，坚持区级财政对镇街财力和人均财力保障制度，坚持对违规引进、瞒报污染企业的镇街实施财力挂钩扣减制度。

（二十四）引入市场化机制。推进政府购买环境服务，推行环境污染第三方治理。对污染物排放符合法定要求，进一步减少污染物排放，能效达到更高标准，以及为改善环境加快转产、搬迁、关闭的企业，给予认定、鼓励和支持。实施排污权有偿使用和交易，推进政府采购和优先采购认证产品。

（二十五）强化科技创新支撑。依托重庆环保物联网试点工作，升级建设璧山智慧环保系统。提升辖区工业企业、养殖、餐饮等污染源网格化、智能化管控水平，实现水、气、声等环境质量在线监测、预警及快速联动响应，建立智慧城管、智慧水务、智慧安监等关联系统数据共享和联动响应机制。

（二十六）强化环境监管能力。推进环境监察、环境监测标准化达标建设，满足辖区环境污染源监管需求。加强基层环保能力建设，各镇街要根据污染源分级监管工作量，合理配置镇街专职环保工作人员，村（社区）要配置专兼职环保工作人员。镇街、村（社区）环保人员工资及办公经费纳入镇街财力预算予以保障。

八、培育和繁荣生态文化

（二十七）增强生态文明意识。把生态文明纳入国民教育、成人教育、社区教育体系和各级各类教学培训计划。开展生态文明进社区、进家庭等活动。拓宽生态文明宣传渠道，加大媒体对生态文明的宣传力度。开展生态文明主题宣传教育活动和公益活动，发挥工会、共青团、妇联等群团组织和社会组织作用，推动社会各界和公众广泛参与生态文明建设。

（二十八）倡导生态文明行为。推广绿色办公和绿色采购，推进政府部门和政府投资项目使用节能节水节材产品。抓好公共机构节能工作，开展重点用能单位节能行动，充分发挥公共机构示范带头作用。在全社会提倡勤俭节约的低碳生活方式，倡导绿色出行。引导消费者购买节能环保低碳产品，严格执行“限塑令”，限制过度包装。推行垃圾分类和家庭废旧物回收利用。

（二十九）培育特色生态文化。加强生态文化理论研究，将弘扬优秀传统文化与培育现代生态理念紧密结合，不断丰富生态文化内涵，积极构建璧山特色的生态文化体系。把生态文化作为公共文化服务体系建设重要内容，积极开展生态文化保护、环保科普教育和生态文明宣传活动。

（三十）开展生态文明创建活动。依托村（社区）、镇街和区三级生态创建载体，大力推进全区生态文明示范建设。全区80%涉农村（社区）达到市级生态村（社区）创建标准，13个镇街创建为国家级生态文明建设示范镇街，全区创建为国家级生态文明建设示范区。

九、加强对生态文明建设领导

（三十一）加强组织领导。各镇街要自觉担负起本辖区生态文明建设主体责任，把生态文明建设摆上重要议事日程，形成党政主要领导亲自抓，分管领导具体抓，其他领导配合抓的生态文明建设工作格局。坚持将生态文明建设纳入经济社会总体规划，确保生态文明建设与经济建设、政治建设、文化建设、社会建设共同部署、共同推进。

（三十二）强化责任落实。建立健全生态文明建设责任制，把生态文明建设任务逐级分解、落实到位。区人大、区政协要加强对生态文明建设工作的监督。区政府每年向区人民代表大会或其常务委员会报告生态文明建设工作情况。区纪检监察部门要强化生态文明建设工作监督检查和效能监察。区委督查室要把生态文明建设工作落实情况纳入重大事项督查范围，加强日常督查和重点督查。

本意见自印发之日起施行。

中共重庆市璧山区委办公室

2015年5月22日印发

名词解释

1.“五个决不能”：决不能以牺牲生态环境为代价追求一时的经济增长，决不能以牺牲绿水青山为代价换取所谓的金山银山，决不能以影响未来发展为代价谋取当期增长和眼前利益，决不能以破坏人与自然关系为代价获得表面繁荣，决不能对环保突出问题束手无策、无所作为，对苗头性问题疏忽大意、无动于衷。

2.“新四化”：新型工业化、信息化、城镇化和农业现代化

3.“两山一带多走廊”：两山：指缙云山和云雾山两山为区域核心生态源地；一带：指依托区域中部贯穿南北的山体，建设南北贯穿的生态走廊；多走廊主要包括沿河渠绿色生态防护廊道、城镇建设空间隔离廊道，形成生态网络体系。

4.“四个不批”“三个严格”：“四个不批”：即国家明令淘汰、禁止建设不符合产业政策的一律不批；环境污染重，产品质量低，能耗、物耗高，污染物排放不能达标的项目一律不批；环境质量不能满足环境功能要求的，没有总量指标的，一律不批；建设项目拟建在自然保护区核心区、缓冲区的项目一律不批。“三个严格”：即严格限制涉及饮用水源保护区、自然保护区、风景名胜区、重要生态功能区等环境敏感区的项目；严格控制高能耗、高污染、高耗资的项目；严格控制项目总量，把污染物总量指标作为项目建设的前提条件。

5.“一河三湖九湿地”：一河是指璧南河；三湖是指秀湖、御湖、白云湖；九湿地是指在城市规划区内建设九个湿地公园，包括观音塘湿地公园，以及将已建成或新建的非饮用水源水库（养鱼水库、打鼓塘水库、王家沟水库、菜子沟水库、冉家沟水库、百家店水库、东岳水库、虎峰水库）改造成为湿地公园。

6.“海绵城市”：是指城市能够像海绵一样，在适应环境变化和应对自然灾害等方面具有良好的“弹性”，下雨时吸水、蓄水、渗水、净水，需要时将蓄存的水“释放”并加以利用。

（区委办、区府办）

统计资料

璧山区国民经济和社会统计公报

璧山区统计局

2016年2月

2015年，在区委、区政府的坚强领导下，璧山区紧紧围绕重庆“城市发展新区”定位，深入贯彻“三区一美”战略，积极推进高新区建设，不断加快城市建设和生态环境打造，全年经济持续稳定发展，城乡面貌进一步改善，居民生活水平稳步提高。

一、综合

全年完成地区生产总值381.76亿元，同比增长12.1%。按三次产业分，第一产业增加值20.40亿元，同比增长4.4%；第二产业增加值273.63亿元，同比增长12.6%；第三产业增加值87.73亿元，同比增长12.2%。

从三次产业对经济增长的贡献程度看：第一产业贡献率为1.6%，拉动经济增长0.2个百分点；第二产业贡献率为77.1%，拉动经济增长9.3个百分点；第三产业贡献率为21.3%，拉动经济增长2.6个百分点。

全年居民消费价格总水平同比上涨1.0%，其中食品类价格同比下降0.2%。在食品价格中粮食价格同比下降2.0%、水产品价格同比下降0.1%、

2015年地区生产总值表

表13-1　　　　单位：亿元

指　标	2015年	比上年±%
地区生产总值	381.76	12.1
第一产业	20.40	4.4
第二产业	273.63	12.6
工业	244.23	12.1
建筑业	29.40	17.2
第三产业	87.73	12.2
交通运输、仓储和邮政业	17.52	10.7
批发和零售业	15.64	13.3
住宿和餐饮业	5.89	10.0
金融业	9.44	6.1
房地产业	8.40	5.9
营利性服务业	10.84	12.4
非营利性服务业	19.82	20.1
农林牧渔服务业	0.18	14.7

菜价格同比上涨1.6%、蛋价格同比下降3.6%、肉禽及其制品价格同比上涨2.2%、油脂价格同比下降7.6%。

二、农业

全年完成农林牧渔业总产值31.4亿元，按可比价计算，同比增长4.5%，完成增加值20.4亿元，按可比价计算，同比增长4.4%。农业产值

2015 年居民消费价格表

表 13–2

指　　标	比上年±%
居民消费价格总指数	1.0
食品	−0.2
烟酒及其制品	−0.1
衣着	0.4
家庭设备用品及维修服务	−3.4
医疗保健和个人用品	3.2
交通和通信	−1.7
娱乐教育文化用品及服务	3.9
居住	3.5

14.8 亿元，同比增长 4.0%；林业产值 0.4 亿元，同比增长 8.5%；牧业产值 13.6 亿元，同比增长 2.3%；渔业产值 2.3 亿元，同比增长 20.0%；农林牧渔业服务业产值 0.3 亿元，同比增长 20.0%。

全年水果、蔬菜、禽兔、花卉苗木四大主导产业产值 20.4 亿元，同比增长 9.6%，占农林牧渔业总产值比重达 65.0%。

全年粮食产量 17.48 万吨，同比增长 0.2%；水果产量 14.0 万吨，同比增长 7.5%；蔬菜产量 70.3 万吨，同比增长 3.8%；全年出栏生猪 28.89

2015 年主要农产品产量表

表 13–3

指标名称	单位	产量	比上年±%
粮食	万吨	17.48	0.2
蔬菜	万吨	70.30	3.8
水果	万吨	13.99	7.5
生猪出栏数	万头	28.89	−1.1
家禽出栏数	万只	3232	1.5
肉类	吨	77200	0.7
禽肉	吨	50006	1.3
猪肉	吨	21336	−1.3
禽蛋	吨	7512	−0.2
水产品	吨	17906	7.0

万头，同比下降 1.1%；出栏家禽 3 232 万只，同比增长 1.5%；出栏肉兔 363.8 万只，同比增长 1.0%。

璧北 10 万亩蔬菜基地 3.7 万亩，本年新增蔬菜基地面积 0.2 万亩，播种面积达到 11.6 万亩，蔬菜产量达到 26.4 万吨。绿化（花卉）苗木基地 7.73 万亩，本年新增绿化（花卉）苗木面积 0.2 万亩。璧山葡萄风情园 2.1 万亩。

全年粮食作物播种面积 28 723 公顷，同比下降 0.5%。油料种植面积 2 849 公顷，同比增长 3.4%。蔬菜种植面积 21 613 公顷，同比增长 3.1%。

全年新型职业农民培训人数 1 100 人。农村劳动力转移新增 2 354 人，全区农村劳动力转移累计总人数达到 18.32 万人次。

三、工业和建筑业

全区完成工业增加值 244.2 亿元，同比增长 12.1%。工业对全区经济增长的贡献率达 67.0%，拉动经济增长 8.1 个百分点。

全区规模以上工业企业 324 户，完成工业总产值 913.0 亿元，同比增长 18.1%。主营业务收入 870.8 亿元，同比增长 18.3%。利税总额 82.8 亿元，同比增长 16.5%。利润总额 54.6 亿元，同比增长 17.1%。从业人员平均人数 95 871 人，同比下降 6.2%。规模以上工业经济效益综合指数 258.9%，同比提高 23.2 个百分点。其中产品销售率 98.9%，同比提高 0.3 个百分点;总资产贡献率 18.7%，同比提高 0.3 个百分点;资本保值增值率 116.2%，同比降低 12.2 个百分点；成本费用利润率 6.6%，同比降低 0.3 个百分点；资产负债率 55.9%，同比降低 3.6 个百分点；流动资产周转率 3.8 次，同比增加 0.1 次；全员劳动生产率 243 113 元/人，同比提高 19.4%。

全区完成在地建筑业产值 158.5 亿元，同比增长 24.5%。全区完成建筑业增加值 29.4 亿元，同比增长 17.2%，对经济增长的贡献率为 10.1%，拉动经济增长 1.2 个百分点。我区注册的资质建筑企业有41个，其中三级以上施工总承包建筑企业27家，三级以上专业承包建筑企业12家。全区注册地建筑企业完成建筑业产值61.9亿元，同比增长19.5%；房屋建筑施工面积442万平方米，同比增长19.0%，其中本年新开工面积257万平方米，同比增长20.2%；房屋建筑竣工面积220万平方米，同比增长66.2%。

四、固定资产投资

全年完成固定资产投资630.8亿元，同比增长15.7%。分经济类型看，国有经济投资133.3亿元，同比增长6.0%；集体经济投资0.9亿元，同比下降56.5%；私营个体经济投资416.8亿元，同比增长28.5%；港澳台及外商投资3.8亿元，同比下降48.9%；其他经济投资76.0亿元，同比下降11.5%。分产业看，第一产业投资19.6亿元，同比下降6.9%；第二产业投资335.7亿元，同比增长28.0%，其中工业投资335.7亿元，同比增长28.0%；第三产业投资275.5亿元，同比增长5.1%。高新区完成投资268.0亿元，同比增长28.0%；绿岛新区完成投资77.8亿元，同比下降5.6%。

固定资产投资总量及其增长速度

房地产开发投资85.8亿元，同比下降23.8%。全年房屋施工面积689.3万平方米，同比增长5.6%，其中新开工面积113.5万平方米，同比下降8.9%。住宅施工面积501.5万平方米，同比增长0.7%；住宅新开工面积67.7万平方米，同比下降17.8%。全年房屋竣工面积97.8万平方米，同比增长9.6%，其中住宅竣工面积78.6万平方米，同比增长6.2%。全年商品房销售面积173.1万平方米，同比增长10.2%，其中住宅销售面积134万平方米，同比下降8.1%。

五、国内贸易

全年完成社会消费品零售总额106.6亿元，同比增长15.4%。其中限额以上法人企业完成社会消费品零售额40.9亿元，同比增长24.9%。分行业看，批发业零售额5.5亿元，同比增长14.9%；零售业零售额29.2亿元，同比增长25.6%；住宿业零售额0.2亿元，同比增长36.3%；餐饮业零售额6.0亿元，同比增长31.5%。

六、交通、邮电、旅游

年末全区公路里程1 656公里，其中等级公路1 355公里。全区汽车拥有量62 383辆,同比增长20.6%。全社会公路客运量2 292万人，旅客周转量136 543万人公里；公路货运量2 141万吨，货运周转量198 370万吨公里。

全年完成邮电业务收入3.9亿元，同比增长2.2%。其中邮政业务收入0.8亿元，同比增长18.8%；电信业务收入3.1亿元，同比下降1.3%。年末固定电话用户9.90万户，比年初增长7.8%；移动电话用户54.6万户，比年初增长11.2%；互联网用户13.1万户，比年初增长51.0%。

全年接待游客1 260.72万人次，同比增长114.9%；完成旅游收入29.3亿元，同比增长151.2%。

七、对外经济、招商引资

全年实际利用内资239.6亿元，同比增长15.9%。实际利用外资15 923万美元,同比增长19.2%。

完成进出口总额31 119万美元，同比增长7.7%，其中进口额4 098万美元，同比下降29.2%；出口额27 021万美元，同比增长17.0%。

八、财政、金融、保险

全年辖区内财政收入143.8亿元，同比增长4.2%。地方财政收入130.2亿元，同比增长3.6%。一般公共预算收入50.2亿元，同比增长18.7%，一般公共预算收入中，税收收入完成25.4亿元，同比增长16.5%；非税收入24.8亿元，同比增长15.5%。地方财政支出149.6亿元，同比增长5.0%，其中一般公共预算支出71.2亿元，同比增长17.0%。在一般公共预算支出中,教育支出8.2亿元，同比下降25.7%；社会保障和就业支出5.9亿元，同比增长23.8%；医疗卫生与计划生育支出8.0亿元，同比增长1.4%；节能环保支出3.5亿元，同比增长26.9%；城乡社区支出24.0亿元，同比增长43.3%；农林水支出5.9亿元，同比增长4.0%。

年末，全区金融机构本外币存款余额343.2亿元，比年初增长11.0%，其中人民币存款余额339.0亿，比年初增长11.0%。人民币住户储蓄存款余额247.4亿元，比年初增长12.8%。全区金融机构本外币贷款余额279.2亿元，比年初增长8.5%。

全年保费收入5.4亿元，同比增长2.2%；赔付支出3.1亿元，同比增长28.4%。

九、科技、文化、教育、卫生

全区市级以上技术中心30个，高新技术企业33家，高新技术产品68个。全年全区共获得授权专利1 943件。

年末全区拥有文化馆1个，公共图书馆1个，档案馆1个，镇街文化服务中心15个，电影发行公司2个，歌舞娱乐场所54家，综合性体育中心1个，体育馆1个，承办各类比赛50场次。

年末全区拥有各类学校197所，其中普通中学24所、小学38所、幼儿园132所、职高2所、特殊教育学校1所。全区各类学校在校学生87 442人，其中普通中学在校学生27 087人，小学在校生38 284人，幼儿园在校生19 108人,特殊教育学生101人，中职生2 862人。全区各类学校招生人数25 778人，其中普通中学招生9 153人，小学招生7 033人，幼儿园招生8 504人,特殊教育学校招生14人，职高学校招生1 074人。全区各类学校教职工人数5911人，其中专任教师5 197人。在专任教师中，普通中学2 045人，小学2 082人，幼儿园915人,特殊教育学校26人，职高学校129人。高校录取专科及以上璧山户籍考生3 474人，其中本科1 655人。

年末全区共有各级各类医疗卫生机构486个。其中，医院12个、卫生院15个、妇幼保健院1个、疾病预防控制中心1个、卫生监督所1个、私人诊所135个、卫生所（医务室）11个、村卫生室285个、门诊部13个、社区卫生服务中心（站）12个。全区共有医院、卫生院床位3 414张。卫生技术人员3 157人。全区执业医师和执业助理医师1 434人，注册护士1 205人。

2015年卡介苗、糖丸、白三联、麻苗接种率分别达100.00%、100.00%、100.00%、99.70%；流脑、乙脑接种率达98.70%、100.00%；乙肝合格接种率、乙肝首针及时率分别达100.00%、99.50%；产妇住院分娩率99.98%；5岁以下儿童死亡率7.04‰；婴儿死亡率4.69‰。

十、人口、人民生活、社会保障

年末全区总户数25.21万户，总人口（户籍人口）63.95万人，其中非农业人口28.39万人，农业人口35.56万人。在总人口中,男性32.50万人，女性31.44万人。全年出生人口6 747人，死亡人口4 473人；人口自然增长率为3.22‰。出生人口性别比为101.3（出生人口、死亡人口含漏统数据）。2015年，全区常住人口72.52万人，其中城镇人口36.65万人，农村人口35.87万人；城镇化率为50.54%。

全体居民人均可支配收入21 800元，同比增长11.0%；城镇常住居民人均可支配收入29 744元，同比增长9.1%。在总收入中，人均工资性收入20 809元；人均经营性收入1 801元；人均财产性收入2 860元；人均转移性收入4 274元。人均生活消费支出17 206元，同比增长4.4%。城镇居民恩格尔系数为0.367。

农村常住居民人均可支配收入14 229元，同比增长11.1%。在农村常住居民人均可支配收入中，人均工资性收入8 509元；人均经营性收入3 167元；人均财产性收入605元；人均转移性收入1 948元。农村常住居民人均生活消费支出10 471元，同比增长27.3%。农村居民恩格尔系数为0.392。

全年城镇职工基本养老保险参保人数118 145人，同比增长6.9%；城乡居民社会养老保险参保人数280 072人，同比下降0.5%；城镇职工基本医疗保险参保人数84 318人，同比增长0.8%；城乡合作医疗参保人数 574 840 人，同比增长 0.5%；失业保险参保人数 77 591 人，同比下降 5.3%；工伤保险参保人数 79 147 人，同比下降 2.1%；生育保险参保人数 60 994 人，同比下降 1.0%。城镇失业人员登记数 2 227 人，同比下降 9.6%；城镇登记失业率 2.03%，比去年同期降低 0.21 个百分点。

十一、资源、环境、安全生产

全年水资源总量 49 544 万立方米。全年降水量 1 269 毫米。年平均气温 19.0℃。年末水库蓄水总量 7 514 万立方米。全区总用水量 11 608 万立方米，其中农业用水 4 152 万立方米，工业用水 3 399 万立方米，生活用水 2 390 万立方米，其他用水 1 667 万立方米。全区总用电量 21.3 亿千瓦时，其中工业用电量 15.9 亿千瓦时。全区天然气用气量 8 557 万立方米，其中工业用气 2 491 万立方米。

全区林木面积 63.3 万亩，林木覆盖率 47.5%。全年新增城市绿地 78 公顷，城市绿地面积达到 1 519 公顷，其中本年新增公园城市绿地 58 公顷，公园城市绿地面积达到 594 公顷。人均公园绿地面积 22.67 平方米，生活垃圾无害化处理 99.0%。

城区空气质量优良天数达到 346 天。地表水质达标率 100.0%，区域环境噪声和交通干线噪声平均值控制在 53.5 分贝和 65.1 分贝。医疗废物、危险废物集中处理率 100.0%。

全年各类事故死亡 18 人，同比下降 35.7%。其中生产安全事故死亡 8 人,同比下降 11.1%；交通事故死亡 9 人,同比下降 50%；火灾死亡 1 人。

注：本公报为初步统计数据，最终数据以《璧山统计年鉴 2015》为准。

2015 年璧山区国民经济主要指标排位表

表 13-4-1

指标名称		单位	2015 年	排位		
				全市	与主城九区比	城市发展新区（12 区）
GDP	总量	亿元	381.8	15	9	6
	增速	%	12.1	4	2	3
工业增加值	总量	亿元	244.2	9	5	4
	增速	%	12.1	5	2	4
服务业增加值	总量	亿元	87.7	19	10	8
	增速	%	12.2	5	3	3
固定资产投资	总量	亿元	630.8	8	4	4
	增速	%	15.7	26	5	12
社会消费品零售总额	总量	亿元	106.6	15	9	5
	增速	%	15.4	2	1	2
实际利用内资	总量	亿元	239.6	14	8	6
	实际利用内资	%	15.9	21	6	12
一般公共预算收入	总量	亿元	50.2	10	7	3
	增速	%	18.7	7	1	4
地方税收收入	总量	亿元	25.4	14	8	6
	增速	%	16.5	13	2	8
城镇常住居民人均可支配收入	总量	元	29744	9	9	1
	增速	%	9.1	16	1	1

续表 13-4-2

指标名称		单位	2015 年	排位		
				全市	与主城九区比	城市发展新区（12 区）
农村常住居民人均可支配收入	总量	元	14229	7	7	1
	增速	%	11.1	22	1	5
进出口总额	总量	万美元	31119	15	9	6
	增速	%	7.7	15	5	7
实际利用外资	总量	万美元	15923	12	9	4
	增速	%	19.2	10	1	6
全体居民人均可支配收入	总量	元	21800	14	10	5
	增速	%	11.0	19	1	2
常住城镇化率	%	%	50.54	18	10	8
	提高百分点	%	1.74	1	1	1

街镇主要经济指标排序表

规模工业总产值表

表 13-5

单位名称	规模工业总产值（万元）		增速（%）	
	绝对额	位次	±%	位次
璧城街道	298690	4	-10.0	13
璧泉街道	4148032	1	8.6	6
青杠街道	3689325	2	24.4	2
来凤街道	87618	7	1.5	9
丁家街道	336785	3	2.6	8
大路街道	199120	5	-1.9	10
河边镇	149621	6	-3.3	11
大兴镇	41393	11	-37.7	14
正兴镇	42801	8	-4.4	12
广普镇	41620	9	10.2	5
七塘镇	41470	10	28.4	1
八塘镇	2415	14	13.6	4
福禄镇	15288	13	23.6	3
三合镇	-	-	-	-
健龙镇	35653	12	7.8	7

固定资产投资表

表 13-6

单位名称	固定资产投资（万元）		增速（%）	
	绝对额	位次	±%	位次
璧城街道	488058	3	-8.5	15
璧泉街道	3041311	1	11.6	13
青杠街道	1190396	2	18.6	11
来凤街道	167669	7	19.3	10
丁家街道	268816	4	26.5	8
大路街道	264349	5	43.7	7
河边镇	130637	8	18.3	12
大兴镇	167899	6	49.3	6
正兴镇	88027	10	0.3	14
广普镇	72794	12	65.6	4
七塘镇	97082	9	82.9	2
八塘镇	82827	11	62.5	5
福禄镇	59324	14	70.8	3
三合镇	54093	15	86.4	1
健龙镇	66976	13	24.6	9

限上法人批零销售额表

表 13-7

单位名称	限上法人批零销售额（万元）		增速（%）	
	绝对额	位次	±%	位次
璧城街道	306202	2	23.2	8
璧泉街道	658216	1	69.7	1
青杠街道	39783	5	41.6	2
来凤街道	13509	6	24.1	7
丁家街道	11411	7	37.9	3
大路街道	65894	4	13.9	10
河边镇	110838	3	-19.5	11
大兴镇	4379	9	28.7	5
正兴镇	3399	11	25.1	6
广普镇	-	-	-	-
七塘镇	-	-	-	-
八塘镇	4419	8	17.5	9
福禄镇	-	-	-	-
三合镇	-	-	-	-
健龙镇	4153	10	34.2	4

限上法人住餐营业收入表

表 13-8

单位名称	限上法人住餐营业收入（万元）		增速（%）	
	绝对额	位次	±%	位次
璧城街道	22752	1	19.2	12
璧泉街道	13159	3	40.7	5
青杠街道	17541	2	41.0	4
来凤街道	2055	6	23.0	11
丁家街道	2012	7	40.5	6
大路街道	5859	4	41.8	3
河边镇	500	11	35.8	8
大兴镇	1566	8	34.3	9
正兴镇	2791	5	37.2	7
广普镇	793	9	56.4	1
七塘镇	–	–	–	–
八塘镇	265	12	29.9	10
福禄镇	–	–	–	–
三合镇	–	–	–	–
健龙镇	632	10	44.7	2

千万元以上内资表

表 13-9

单位名称	千万元以上内资（万元）		增速（%）	
	绝对额	位次	±%	位次
璧城街道	329843	2	–	–
璧泉街道	439300	1	–	–
青杠街道	196616	3	–	–
来凤街道	–	–	–	–
丁家街道	57542	5	–	–
大路街道	60243	4	–	–
河边镇	–	–	–	–
大兴镇	–	–	–	–
正兴镇	–	–	–	–
广普镇	37698	7	–	–
七塘镇	–	–	–	–
八塘镇	38968	6	–	–
福禄镇	–	–	–	–
三合镇	–	–	–	–
健龙镇	24431	8	–	–

农村常住居民人均可支配收入表

表 13-10

单位名称	农村常住居民人均可支配收入（元）		增速（%）	
	绝对额	位次	±%	位次
璧城街道	15644	1	10.8	11
璧泉街道	15629	2	10.7	12
青杠街道	14714	4	10.7	12
来凤街道	14426	5	10.6	14
丁家街道	14982	3	10.6	14
大路街道	14135	7	11.7	1
河边镇	14123	8	11.4	4
大兴镇	14276	6	11.6	2
正兴镇	13908	9	11.0	9
广普镇	12994	15	11.5	3
七塘镇	13744	10	11.1	8
八塘镇	13623	11	11.2	7
福禄镇	13484	13	10.9	10
三合镇	13039	14	11.3	6
健龙镇	13614	12	11.4	4

城镇常住居民人均可支配收入表

表 13-11

单位名称	城镇常住居民人均可支配收入（元）		增速（%）	
	绝对额	位次	±%	位次
璧城街道	31844	2	9.4	4
璧泉街道	32203	1	9.5	3
青杠街道	31401	3	9.2	6
来凤街道	30310	6	8.8	11
丁家街道	31017	4	9.0	9
大路街道	30663	5	8.9	10
河边镇	29960	7	9.2	6
大兴镇	29931	8	8.7	12
正兴镇	29204	9	8.4	15
广普镇	28393	14	9.7	1
七塘镇	28936	11	8.6	13
八塘镇	28719	13	8.5	14
福禄镇	28762	12	9.3	5
三合镇	27637	15	9.1	8
健龙镇	28945	10	9.6	2

辖区内一般公共预算收入表

表 13-12

单位名称	辖区内一般公共预算收入（万元）		增速（%）	
	绝对额	位次	±%	位次
璧城街道	62018	2	17.1	4
璧泉街道	121011	1	10.9	6
青杠街道	53658	3	20.0	2
来凤街道	7221	6	47.0	1
丁家街道	11098	4	4.6	7
大路街道	10405	5	–6.5	10
河边镇	4492	7	14.7	5
大兴镇	3312	8	–8.7	12
正兴镇	2631	9	–3.9	9
广普镇	1263	12	–13.1	13
七塘镇	1553	11	–1.6	8
八塘镇	735	14	–20.1	15
福禄镇	1734	10	19.9	3
三合镇	195	15	–7.6	11
健龙镇	1189	13	–15.2	14

辖区内工商税收表

表 13-13

单位名称	辖区内工商税收（万元）		增速（%）	
	绝对额	位次	±%	位次
璧城街道	55621	2	24.4	3
璧泉街道	104960	1	13.0	7
青杠街道	51097	3	26.8	1
来凤街道	5610	6	21.1	4
丁家街道	9277	4	11.3	8
大路街道	7197	5	–23.8	15
河边镇	3780	7	7.1	9
大兴镇	2374	8	–2.6	10
正兴镇	1904	9	25.3	2
广普镇	1195	11	13.7	6
七塘镇	1185	12	–7.8	11
八塘镇	564	14	–18.6	14
福禄镇	1542	10	20.5	5
三合镇	163	15	–9.9	12
健龙镇	1025	13	–17.9	13

（区统计局）

附　　录

璧山区组织机构及其负责人

区级党政机关

中共璧山区委

书　记：吴道藩

副书记：章勇武、李文勇

常　委：陈　强（11月任职）　李金泉
刘启海　何　平　张献强　敖　斌
卢　红（女）
夏庆英（女，11月离任）
朱朝阳　刘　晋

璧山区人大常委会

主　任：薛方梅（女）

副主任：杨红军　彭达宪　张远明　程　明

璧山区人民政府

区　长：章勇武

副区长：何　平　张献强　李　丹（女）
张树金　黄文杰　程　虎

政协璧山区委员会

主　席：向邦俊

副主席：张正刚　刘正忠　罗恩德
周英碧（女）　杨　靖

秘书长：周厚强

区委机构

纪　委

纪委书记：陈　强（11月任职）
夏庆英（女，11月离任）

纪委副书记：刘廷忠　陈洪涛　陈　文

纪委常委：祝晓琴（女）　雷　荣　蒋学远
曾　率　殷朝阳

纪委工作部门

办公室主任：祝晓琴（女）（代管）

组织部部长：祝晓琴（女）

宣传部部长：曾　率

党风政风监督室主任：蒋学远

信访室主任：张　莉（女）

案件监督管理室主任：殷朝阳

第一纪检监察室主任：雷　荣

第二纪检监察室主任：王　宇

第三纪检监察室主任：殷朝阳（代管）

案件审理室主任：李焰梅（女）

区委工作部门

区委办公室（机要局、保密办、国家保密局、密码管理局）

主　任：罗志军（兼任区委机要局局长、保密办主任、国家保密局局长、密码局局长）

副主任：王亚东（女，7月离任）

曹登桥（1月离任）　莫　珣

肖伦友（7月任职）

陈荣才（兼、9月离任）

刘子立（兼，9月任职）

组织部（区委非公经济和社会组织工委）

部　　长：卢　红（女，7月兼任区委非公工委书记）

常务副部长：余祖明

副 部 长：徐继东（7月离任区委非公工委书记）、张咏梅（女）

区委非公工委专职副书记：钟华琴（女）

宣传部

部　　长：刘　晋

常务副部长：胡正好

副 部 长：陈　亮　李　航

纪检组组长：钟昌群（女，7月离任）

统战部（区委台办、区政府台办、区民宗侨务办）

部　　长：刘启海

常务副部长：彭朝英（女，兼任区委台办、区政府台办、区民宗侨务办主任）

副 部 长：肖绍国（兼任区工商联党组书记、副主席、区总商会副会长）　王兴伟

纪 检 组 长：胡世礼

政法委（区综治办、防邪办）

书　　记：李金泉

副 书 记：张树金（兼）

常务副书记：张中华（兼任综治办主任）

区综治办副主任：彭晓春

副 书 记：周　伟（兼任区防邪办主任）

区防邪办副主任：高　锋

副书记、国安办主任：钟　新（挂职）

政治处主任：陈贵宗

纪检组组长：邓　敏（女）

编办（区事业单位登记局）

主　任：魏晓凤（女，兼任区事业单位登记局局长）

副主任：叶和定

直机关工委

书　　记：王复梅（女）

副 书 记：万　华（7月任职）

纪工委书记：张天翔

区委部门管理机构

督查室

主　任：王忠宇（1月任职）

老干局

局　长：余有全

副局长：孙　萍（女）

区委直属事业单位

党校（行政学校、社会主义学院）

党校校长：李文勇（兼）

社会主义学院院长：刘启海（兼）

行政学校校长：何　平（兼）

常务副校长：甘昌福（1月任职）

副校长：蓝　建（1月任职）

张长林（1月任职）

璧山报社

党组书记、社长、总编：张　伟

副社长、副总编：刘家宏　李春鸣

陈云刚（7月任职）

纪检组组长：汪永燚

党史研究室

主　任：黄文斌

副主任：罗长洪

区人大常委会工作机构

人大办公室

主　任：吴建卿（女）

副主任：彭　昱　黄　强

人大常委会人事代表工作委员会

主　任：林华伟

副主任：黄　宏

人大常委会法制工作委员会

主 任：廖福容（女）

副主任：彭定伦（7月任职）

人大常委会农业工作委员会

主　任：韩维萍（女）

副主任：张开强

人大常委会教育科学文化卫生工作委员会

主　任：王禧华

副主任：沈　亮

人大常委会预算工作委员会

主　任：曹　彬（10月离任）

副主任：伍仁斌

人大常委会城乡建设环境保护工作委员会

主　任：王大全

副主任：张青令（10月离任）

区人大常委会信访办公室

主　任：吴建卿（女，兼）

副主任：张巧玲（女）

区政府机构

区政府工作部门

区政府办公室（法制办、民防办、应急办）

主　任：董奕锋（兼任法制办主任、民防办主任）

副主任：郭清荣　刘子立（9月离任）　张光汉

饶　静　聂源极

发改委

党组书记、主任：陈荣彬

副主任：蒋永福　刘　平（女）　杨　俊

纪检组组长：吴　荣

财政局

党组书记、局长：彭禄友（兼任金融办主任）

副局长：张显鸿、董其鑫、戴雪平（女）

纪检组组长：甘华学

经信委

党委书记、主任：刘光中

党委副书记：刘居明（7月任职）

副主任：张箴华　谷山岗　曾佑勇

姜　何（挂职6月离任）

纪委书记：杨伙清

教委

工委书记：朱朝阳（兼）

主　　任：张　忠

专职副书记：张继仁

副主任：徐安茂　吴明平

彭　鹏（7月任职）

纪工委书记：李　好（女）

教育督导室副主任：唐　刚（7月任职）

科委

党组书记、主任：周　梁

副主任：雷　鸣　李泽元

陈正明（挂职，6月离任）

纪检组组长：李小琴（女）

城乡建委

党委书记、主任：张玉平

专职副书记：刘　勇

副主任：陈维焕　罗秀君

胡金炜（6月离任）

纪委书记：邓绍红

交委

党委书记、主任：钱蜀光

专职副书记：王光常

副主任：陈荣明　谢永胜　赖晓明（7月任职）

纪委书记：邹　勇

农委（农综办）

书　记：敖　斌（兼）

主　任：欧文礼

专职副书记：陈　宇

副主任：陈　健（9月离任）　罗亨伦（女）

李　刚

纪工委书记：王万全

商务局（旅游局）

党委书记、局长：谢玉红（女，6月任党委书

记，7月任局长）

林达明（6月离任党委书记，7月离任局长）

党委副书记：洪　彬

副　局　长：徐远达　邓沛伟

纪 委 书 记：吴泽均

公安局

党委书记、局长：张树金

党委副书记、政委：刘建中

党委专职副书记、副局长：秦俊才

纪委书记：王复健（1月任职）

副 局 长：王复健（1月离任）　姚文华　雷　勇

政治处主任：张　静（女）

警令处主任：严永红

警务保障处主任：谢恩义

刑侦支队政委：胡廷东

治安管理支队支队长：杨帮强

治安管理支队政委：胡勤勇

交巡警支队支队长：邹　宇

交巡警支队政委：廖　伟

监察局

局　长：刘廷忠

副局长：祝晓琴（女）　雷　荣　张　伟

民政局

党组书记、局长：叶太中

副　局　长：罗英良（6月离任）　刘　勇　常爱书（女）

纪检组组长：雷贵建

司法局

党组书记、局长：何中毅

副　局　长：周成伟　杨正华　郑富华

纪检组组长：朱奕桦（女）

人力社保局

党组书记、局长：李定明（女）

副　局　长：程锡萍（女）　周厚建　邱长江

纪检组组长：邱　仟

国土房管局

党组书记、局长：朱家庆

副　局　长：郭逢义（2月离任）　周善平　万　华

纪检组组长：李　德

环保局

党组书记、局　长：张　川

副　局　长：甘平兴（9月任职）　毛发蓉（女，9月任职）　罗　俊（9月任职）

纪检组组长：郑　义

规划局

党组书记、局长：吴永彬

副　局　长：张荣华　张　兴

纪检组组长：杨春华（女）

市政园林局

党组书记、局长：谭良宽

副局长：梁德平　王　涛（兼任区市政监察支队支队长、区园林绿化执法支队支队长）　李剑锋

水务局

党委书记、局长：王继超

专职副书记：杨　毅（女）

副　局　长：付洪江（12月离任）　周成炬　傅福明

纪 委 书 记：田云健

文化委（体育局）

主　　　任：王复莲（女）

党 组 书 记：黄　林

副　主　任：洪　军（7月任职）

纪检组组长：王新宇

卫生计生委

党委书记、主任：胡守国

专职副书记：汪国琴（女）

副　主　任：黄登科　唐怀彬　陈大明

纪 委 书 记：鲁荣毅（女）

爱卫办主任：赵治中

审计局

党组书记、局长：舒朝勇
副局长：杨用明　李小红（女）
　　　　龚建烈（女）

安监局

党组书记、局长：谢传武
副　局　长：巫正宏　颜广宇　夏庆龙
纪检组组长：叶和生

统计局

党组书记、局长：郑发利
副　局　长：王洪波　杨　玲（女）　黄　伟
纪检组组长：王　春

林业局

党组书记、局长：廖光明
副　局　长：徐　刚　任志成　冯大俊
纪检组组长：郑祖旺

机关事务局

党组书记、局长：丁翠碧（女）
副　局　长：姜　虹（女，7月任职）
纪检组组长：杨后平

信访办

党组书记、主任：陈荣才（9月离任）
　　　　　　　　刘子立（9月任职）
副　主　任：谭　信　赵德奎　郭大荣
纪检组组长：车　昕
信访督查专员：万东洪（女，7月任职）

区政府派出机构

绿岛新区管委会

党工委书记：李文勇（兼）
党工委副书记、主任：万永生
党工委专职副书记：刘居明（7月离任）
　　　　　　　　　蒋杭航（女、7月任职）
党工委委员、管委会副主任：蒋杭航（女、兼）
　　　　　　　　　　　　　罗　东　戈　刚
　　　　　　　　　　　　　陈　承（挂职，6月离任）
党工委委员、纪工委书记：龙泽会（女）
管委会委员、综合部部长：牟祖伟（9月离任）
管委会委员、企业服务部部长：尚晓波
管委会委员、财务部部长：陈国庆
管委会委员、规划展览部部长：胡正国

国家高新区

党工委书记：卢　红（女，兼）
主任：黄文杰（兼）
党工委副书记、常务副主任：田　中
党工委副书记、副主任：候咏梅（女，6月离任）
党工委委员、副主任：蒋道军　陈　志
　　　　　　　　　　葛　勇
党工委委员、纪工委书记：熊　文
管委会委员、安监办主任：周基伟
管委会委员、办公室主任：张华荣
管委会委员、两山中心主任：曾维波
管委会委员、征地拆迁部部长：曹　伟

国家农业科技园区管委会

党工委书记：敖　斌（兼）
党工委副书记、主任：程　虎（兼）
党工委副书记、常务副主任：刘　刚
党工委专职副书记、副主任：李元荣
党工委委员、副主任：严灿丰（9月离任）
　　　　　　　　　　卢朝锋
党工委委员、纪工委书记：李贵春
企业服务部部长（副处级）：王鸿伟

局馆合一机构

档案局（馆）

党组书记、局（馆）长：陈启江
副局（馆）长：曾　健　刘　静（女）
　　　　　　　苟映平
纪检组组长：孙登洪

其他机构

供销社

党委书记、主任：肖世忠
党委副书记：罗庆华（1月离任）
　　　　　　李荣宝（12月任职）
副主任：王洪乾　吴光学
纪委书记：陈世龙

区政协工作机构

区政协办公室

主　任：周厚强

副主任：柯昌蜀（女）

提案社法办公室

主　任：张兴亮

副主任：岳万勇　钟晓涛

社事学习文史办公室

主　任：瞿显贵

副主任：袁平安

经济人环建设办公室

主　任：骆成勇

副主任：廖　涛　何孔其

委员联络办公室

主　任：罗庆利（7月任职）

机关纪检组

组长：叶　兰（女）

社情民意信息中心

主　任：石怀伟

专门委员会（驻会领导职务）

提案委员会

主　任：张兴亮

副主任：岳万勇

学习及文史委员会

主　任：傅应明

副主任：叶　兰（女）

经济委员会

主　任：骆成勇

副主任：廖　涛

农业委员会

主　任：郭清洪

人口资源环境建设委员会

主　任：何大树

副主任：何孔其　石怀伟

科教文卫体委员会

主　任：瞿显贵

副主任：袁平安

社会和法制委员会

主　任：刘宗彬

副主任：钟晓涛

审判机关

法院

党组书记、院长：陈宏宇

党组副书记、副院长：伍顶军

副　院　长：吴宏斌　赵红敏（女）

纪检组组长：王雪松

政治处主任：王昌遂

执行局局长：曾星灿

检察机关

检察院

党组书记、检察长：孟卫红（女）

党组副书记、副检察长：唐　洪

副检察长：万　成　刘海东

纪检组组长：石孝忠

政治处主任：张海军

检委会专职委员：赖　华　王云蜀　肖忠荣

区级部门管理事业单位

研究室

主　任：曹登桥

副主任：陈兴谊

行政服务中心管理办

主　任：袁道国

副主任：徐寨锴　李　川

公共资源交易中心

党组书记、主任：万小力

副　主　任：张兴良　周开绪　李美忠

纪检组组长：叶龙娟（女）

广播电视台

党组书记、台长：胡玉华（女）

副　台　长：罗时全　林勇华　张　琴（女）

纪检组组长：左三刚

国资中心

党组书记、主任：刘隆平

副主任：李　刚　黎洪友

宋明泽（1月任职）

党政信息中心

主　任：黄　建（6月离任）

副主任：徐　刚　黄义臣　马孝荣

工程建设中心

主任：王济民

副主任：沈　林（6月离任）　彭定勇

凯祥孟

绿岛中心

主　任：陈国庆（兼，挂职重庆绿岛资产经营管理有限公司副董事长、副总经理）

远教中心

主　任：余利华

社保局

局　长：罗庆利（7月离任）

钱大学（7月任职）

就业局

局　长：郑　勇

疾控中心（区卫生进修学校、区健康教育所）

主　任：王　旭（兼任区卫生进修学校校长、区健康教育所所长）

副主任：苏德模（保留副处级）

卫生监督所

所　长：赵品江

文化执法支队

支队长：周显勇

区武警、消防

武警中队

中队长：唐霄涵

政治指导员：梁志鹏

消防大队

大队长：谢厚春（7月离任）

政治教导员：申双全（7月离任）

副大队长：王茂靓（7月离任）

陈橹伊（7月离任）

支队长：李卿元（7月任职）

政治委员：申双全（7月任职）

综合办公室主任：王小华（7月任职）

综合办公室副主任：陈橹伊（7月任职）

防火处长：雷　波（7月任职）

防火处副处长：王茂靓（7月任职）

工商联、民主党派、关心下一代工作委员会

工商联（总商会）

主　席（会长）：雍　湘（女）

党组书记（兼）、副主席（副会长）：肖绍国

副主席（副会长）：白　均

纪检组组长：邓昌谷

秘　书　长：刘庆荣（女）

关工委

主　任：卢　红（女，兼）

名誉主任：胡朝木

执行主任：罗中华

副主任：朱俊堂　王正洪　张宗伦　彭时万

雷飞武　周世平

群众团体机构

总工会

主　席：钟昌国

党组书记、副主席：徐泽平

总工会副主席：杨金亮（8月离任）

纪检组组长：王登益

团区委

书　记：韩　霄（女，7月离任）

　　　　李佳敏（7月任职）

副书记：任仲泉（7月任职）

妇联

主　席：曾中群（女，7月离任）

　　　　钟昌群（女，7月任职）

副主席：伍琼琦（女）

科协

党组书记、主席：龙泽源

副主席：冯大春

纪检组组长：李仕宏

社科联

主　席：徐安绪

副主席：尹　宏

侨联

主　席：刘　华（女）

残联

党组书记、理事长：周明进

副理事长：游凤敬

纪检组组长：王贵康

红十字会

常务副会长：肖祖兴

副会长：胡玉洪（7月离任）

　　　　杨　玲（女，7月任职）

计生协会

常务副会长：罗庆华

市级以上直属工作部门

国税局

党组书记、局长：胡　睿（4月任党组书记）

副　局　长：刘　涛（10月任职）　柏兴明

纪检组组长：杨　艺

总经济师：苟　伟（4月任职）

地税局

党组书记、局长：刘　萍（女）

副　局　长：徐廷中　廖小林　谭　兴

纪检组组长：温万辉（11月离任）

工商局

党组书记、局长：黄　超

副　局　长：杨金城　陶世明

　　　　　　钟世永（1月任职）

纪检组组长：刘　江（6月任职）

质监局

党组书记、局长：王　敏

副局长：朱　勇

副局长、纪检组组长：汪　中

食品药品监督局

党组书记、局长：王安礼

副局长：黎　伟　荣腾举

烟草专卖局

书记、局长、经理：罗晓庆

副书记、副局长：刘　建（女）

副经理：谢秀丽（女）

气象局

局　长：徐之华

副局长：徐　燕（女）

邮政局

局　长：朱　洪

副局长、纪检组组长：宾友华

镇街机构

璧城街道

党工委书记：李长征

党工委副书记、办事处主任：孙　东

党工委副书记、人大工委主任：肖绍波

党工委委员、办事处副主任：刘　铁

　　　　　　　　　　　　　向　华（女）

办事处副主任：蔡大丰

党工委委员、纪工委书记：谭其一
党工委委员、政法委书记：林　箭
党工委委员、武装部长：何远德
党工委组织委员：邓胜超
党工委宣传委员：赵　东
党工委统战委员：邹德平（女）

璧泉街道

党工委书记：刘全模
党工委副书记、办事处主任：杨　勇
党工委副书记、人大工委主任：罗庆中
党工委委员、办事处副主任：叶合全
副主任：薛方勇　肖其建
纪工委书记：马安利（女）
党工委委员、政法委书记：胡　勇
党工委委员、武装部长：杨明禄
党工委组织委员：刘顺英（女）
党工委宣传委员：沈　洪
党工委统战委员：王姝尹（女，7月任职）

青杠街道

党工委书记：杨志勇（6月离任）
侯咏梅（女，6月任职）
党工委副书记、办事处主任：王华伟（9月离任）
张　余（9月任职）
党工委副书记、人大工委主任：曾永德
党工委委员、办事处副主任：汪　勇
党工委委员、办事处副主任：肖朝旺（9月离任）
牟祖伟（9月任职）
办事处副主任：欧文龙
党工委委员、纪工委书记：罗荣亮
党工委委员、政法委书记：张　健
党工委委员、武装部长：张　礼
党工委组织委员：伍晓琴（女）
党工委宣传委员：田　强
党工委统战委员：张元毅（7月任职）

来凤街道

党工委书记：陈根然
党工委副书记、办事处主任：张　东
党工委副书记、人大工委主任：刘家洪
党工委委员、办事处常务副主任：袁　遥
办事处副主任：张福友、薛祖泉
党工委委员、纪工委书记：代修智
党工委委员、政法委书记：张华勇
党工委委员、人武部部长：江宗富
党工委组织委员：余永波（7月任职）
党工委宣传委员：方平萍（女）
党工委统战委员：刘　华

丁家街道

党工委书记：柯　斌
党工委副书记、办事处主任：陈代忠
党工委副书记、人大工委主任：彭定伦（7月离任）　王亚东（女，7月任职）
党工委委员、办事处副主任：罗　强
陈　兵
办事处副主任：李祖彬
党工委委员、纪工委书记：李开良
党工委委员、政法委书记：龙贻坤
党工委委员、人武部部长：周志刚
党工委组织委员：曾利维
党工委宣传委员：高道素（女）
党工委统战委员：唐光军

大路街道

党工委书记：代兴义
党工委副书记、办事处主任：魏　虹（女）
党工委副书记、人大工委主任：陈维焕（7月离任）　严灿丰（9月任职）
党工委委员、办事处常务副主任：肖祖海
办事处副主任：郭义斌　韩　艳（女）
党工委委员、纪工委书记：周家勤（女）
党工委委员、政法委书记：邓勇刚
党工委委员、人武部部长：李正洪
党工委组织委员：周华鹏
党工委宣传委员：徐孝辉

正兴镇

党委书记：王万书

党委副书记、镇长：黄佑强
党委副书记、人大主席：刘智国
党委委员、副镇长：曹　立
副镇长：程　健　叶宝利（女，7月任职）
党委委员、纪委书记：刘开金（7月任职）
党委委员、政法委书记：朋晓波（7月任职）
党委委员、人武部长：梁　勇
党委组织委员：石国永
党委宣传委员：彭朝富
党委统战委员：王洪英（女，1月任职）

大兴镇

党委书记：柯真碧（女）
党委副书记、镇长：石德军（1月离任）
向　勇（2月任职）
党委副书记、人大主席：刘啟发
党委委员、常务副镇长：刘志鸣
副镇长：曾　红（女）张　钢（7月任职）
党委委员、政法委书记：谢　斌
党委委员、人武部长：易　军
党委组织委员：黎　端（女，7月任职）
党委宣传委员：雷　华
党委统战委员：姚　敏（女）

八塘镇

党委书记：刘兆奎
党委副书记、镇长：陈力胜
党委副书记、人大主席：李世强
党委委员、常务副镇长、政法委书记：张　诚
党委委员、副镇长：艾　强
副镇长：邓定轩（7月任职）
党委委员、纪委书记：周华林
党委组织委员：雷凤平（女）
党委宣传委员：胡　光
党委统战委员：彭　波（11月离任）

七塘镇

党委书记：舒　俊
党委副书记、镇长：石德军
党委副书记、人大主席：何　平
党委委员、副镇长、政法委书记、人武部长：
毕贵礼
副镇长：汪德全（7月任职）
刘明利（女，7月任职）
党委委员、纪委书记：胡天伦
党委组织委员：张　正
党委宣传委员：彭定余

河边镇

党委书记：彭开华
党委副书记、镇长：唐应容（女）
党委副书记、人大主席：张敬晔
党委委员、副镇长、政法委书记、人武部长：
刘光华
副镇长：李江涛　牟　标
党委委员、纪委书记：杨万洪
党委组织委员：李华东
党委宣传委员：向怀宇（女）
党委统战委员：卓　阳

福禄镇

党委书记：谢玉红（女，6月离任）
彭长春（6月任职）
党委副书记、镇长：彭长春（7月离任）
韩　霄（女，7月任职）
党委副书记、人大主席：张世帝（1月任职）
党委委员、副镇长、政法委书记：向义华
副镇长：何中政　陈　昌（9月离任）
党委组织委员：黄　剑（11月离任）
党委宣传委员：陶晓瑜（女）
党委统战委员：周厚和

广普镇

党委书记：刘友忠
党委副书记、镇长：徐开祥
党委副书记、人大主席：孙仁尺
党委委员、副镇长、政法委书记：左　斌
党委委员、副镇长、人武部长：黄常见
副镇长：张　军
党委组织委员：郑　兵

党委宣传委员：邓义忠（1月任职）

三合镇

党委书记：张　余（9月离任）
　　　　　陈　健（9月任职）

党委副书记、镇长：范祥波

党委副书记、人大主席：张　宁

党委委员、副镇长、政法委书记、人武部长：万　洪

副镇长：徐晓渝（7月任职）
　　　　张世会（7月任职）

党委委员、纪委书记：唐云财

党委组织委员：凌财全（7月任职）

党委统战委员：王祖全

健龙镇

党委书记：徐华福

副书记、镇长：李佳敏（8月离任）
　　　　　　　曹　彬（9月任职）

副书记、人大主席：范祥波（1月离任副书记，2月离任人大主席）

孙　华（1月任副书记，2月任人大主席）

副镇长、政法委书记、人武部长：陈　勇

副镇长：周世俊、何祖秋（7月任职）

纪委书记：王才福

党委组织委员：张　杰

党委宣传委员：向宗孝（7月任职）

党委统战委员：王贵书（1月任职）

市级以上部分在璧国有重点企业

国网重庆璧山供电公司

党委副书记、总经理：洪　涛

党委书记、副总经理：陈　宾

党委副书记、纪委书记、工会主席：杨友利

党委委员、副总经理：游文钧　陈特炜

总工程师：沈红莲（女）

璧山天然气公司

党委书记、执行董事：胡　浩

总经理：帅兴德

副总经理、安全总监：彭定川

副总经理、工会主席：贺志强

渝山水资源公司

党支部书记、董事长、总经理：卢祖华

副总经理：李　军　黄　丽（女）　陈伦生

重庆盐业集团璧山分公司

经理（局长）：熊剑成（2月离任）
　　　　　　　雷　音（2月任职）

副经理（副局长）：熊剑成（2月任职，5月离任）

经理助理（局长助理）、支部副书记：龚　勇

（区委组织部）

延伸阅读▶▶

“三走进”活动

即“走进村社、服务群众”“走进企业、助推发展”“走进矛盾、破解难题”活动。

十个专项整治

针对群众对第二批教育实践活动单位反映强烈的突出问题，专项整治拖欠群众款项、疑难复杂信访、违法建设、执法监管部门“三乱”、窗口单位吃拿卡要、教育系统乱收费、医疗行业损害医患利益、机关干部纪律涣散、党员干部赌博敛财、基层干部办事不公等发生在群众身边的十大“顽疾”。

索　引

一、本索引采用主题分析索引法编制。按主题词首字汉语拼音（同音字按声调）顺序排列，若首字拼音相同则按第二字音序排列，以此类推。索引主题词后的阿拉伯数字表示该主题内容所在页码。

二、“大事记”“统计资料”“文献”“附录”等部目的具体内容和区的“综述”“概况”，镇街的“经济发展”“社会发展”“生态发展”“城镇建设”统一条目以及正文中的图、表、名单未做索引。

三、部目、分目和次分目的索引款目用黑体字排印，其余款目用宋体字排印。

四、索引款目下缩进两格各占一行分别排列的款目为同一主题的“附见”，索引款目后标有2个以上页码的为同一主题的“参见”。为便于读者检索，内容有交叉的款目在索引中重复出现。

五、以引号、书名号等符号开头的索引词与其他索引词混编。

A

B

C

D

E

F

G

H

J

M

N

P

Q

R

S

X

Y

Z